领土论

THE BIRTH OF TERRITORY

[英] 斯图尔特・埃尔登◎著　冬初阳◎译

时代文艺出版社

图书在版编目（CIP）数据

领土论 / (英) 斯图尔特 · 埃尔登著；冬初阳译．—长春：时代文艺出版社，2017.5
书名原文：The Birth of Territory

ISBN 978-7-5387-5387-5

Ⅰ. ①领… Ⅱ. ①斯… ②冬… Ⅲ. ①领土－政治思想史－研究－西方国家 Ⅳ. ①D091

中国版本图书馆CIP数据核字（2016）第322200号

出品人 陈 琛
产品总监 郭力家
责任编辑 方 伟
装帧设计 孙 利
排版制作 隋淑凤

领土论

[英] 斯图尔特 · 埃尔登 著 冬初阳 译

出版发行 / 时代文艺出版社
地址 / 长春市泰来街1825号 时代文艺出版社 邮编 / 130011
总编办 / 0431-86012927 发行部 / 0431-86012957 北京开发部 / 010-63108163
官方微博 / weibo.com / tlapress 天猫旗舰店 / sdwycbsgf.tmall.com
印刷 / 三河市万龙印装有限公司
开本 / 710mm × 1000mm 1 / 16 字数 / 560千字 印张 / 34.5
版次 / 2017年5月第1版 印次 / 2017年5月第1次印刷 定价 / 59.80元

图书如有印装错误 请寄回印厂调换

致 谢

本书酝酿多年，如果没有获得利弗休姆重点研究基金[①]的话，只怕还要延迟更久。我非常感谢基金会使本书得到了极佳的出版机会。我受达勒姆大学的聘任，几乎将所有时间都用于此项目的工作，然而工作假期和利弗休姆奖使我能够花时间去别处访问。我要感谢弗吉尼亚大学、塔斯马尼亚大学、不列颠哥伦比亚大学、加利福尼亚大学、洛杉矶大学、纽约大学、新加坡国立大学、伦敦大学玛丽皇后学院、西雅图华盛顿大学以及澳大利亚国立大学对我的热情接待。以上所有这些机构的图书馆及大英图书馆、伦敦大学议会大厦图书馆、沃保研究协会、哥伦比亚大学、约克大学为我提供了材料。达勒姆大学地理系为本书的出版费用提供了财务支持，克里斯·奥顿、艾米·库特纳和碧翠宫图书馆为我提供了图片。

很多人的热情、支持和建议使我受益良多。在此我特别要提及约翰·阿格纽，苏珊娜·康克林·阿克巴莉，路易莎·比娅拉谢维茨，尼尔·布伦纳，艾德·凯西，杰雷米·克兰普顿，维罗妮卡·德拉·多拉，埃尔金·迪亚兹，科林·戈登，劳伦斯·亨明，芭芭拉·胡珀，爱玛·哈钦森，恩金·埃辛，基思·利利，大卫·利文斯通，杰夫·马尔帕斯，爱德华多·门迭塔，阿莱克·墨菲，妮莎·夏，查理·威瑟斯和海姆·雅克比。在达勒姆我有一批优秀的同事，其中我要特别提及露易丝·埃穆尔，本·安德森，安加拉德·克洛斯·史蒂芬斯，雷·哈德逊，乔伊·佩因特和马丁·普拉特。芝加哥大学出版社的艾比·科利尔是一位非常杰出的编辑，她给予了我很大支持，苏珊·科恩是一位十分细心的技术编辑，萨穆埃尔·A. 巴特勒和安德鲁·伯里奇为校样和索引的汇编提供了帮助，另外我还要特别感谢向我提出很多建议的三位匿名审稿人，正是他们促使我的论证更为严谨。最重要的是，我要特别感谢苏珊的爱和支持。

① 利弗休姆基金会是根据英国贵族初代利弗休姆子爵威廉·利弗的遗愿，在1925年成立的全国性资助基金会，支持学者们进行教学和研究项目。重点研究基金项目，为获奖者提供为期三年的教学长假，从而使获奖者可以专注于某一课题的研究，通常这项研究课题都能够出版研究专著。

多年来我就这一课题在许多地方做过演讲，包括在澳大利亚（塔斯马尼亚大学，西悉尼大学，新南威尔士大学，澳大利亚国立大学），加拿大（多伦多大学，不列颠哥伦比亚大学，维多利亚大学），塞浦路斯（塞浦路斯大学），芬兰（图尔库大学，拉普兰大学），丹麦（丹麦国际问题研究所），德国（柏林技术大学，埃尔朗根-纽伦堡弗里德里希-亚历山大大学），荷兰（奈梅亨大学），以色列（本古里安大学），中国香港特别行政区（香港浸会大学），意大利（巴勒莫大学，比萨圣安娜高等学校），日本（京都大学），中国澳门特别行政区（澳门大学），新加坡（新加坡国立大学），美国（美国地理学家协会，旧金山，波士顿，华盛顿；社会研究新学院；匹兹堡大学；弗吉尼亚大学；西雅图华盛顿大学；俄亥俄州立大学；俄勒冈大学；加利福尼亚大学洛杉矶分校；加利福尼亚大学伯克利分校；亚利桑那大学；纽约大学；耶鲁大学），英国（伦敦大学希思罗普学院，达勒姆大学，巴思皇家文学和科研学会，斯塔福德郡大学，索尔福德大学，斯旺西大学，莱斯特大学，兰卡斯特大学，伦敦大学皇家霍洛威学院；伦敦大学玛丽女王学院；开放大学；伦敦大学学院；剑桥大学；贝尔法斯特女王大学；纽卡斯尔大学；威斯敏斯特大学；阿波利斯特维斯大学；英国皇家地理学会；伯明翰大学；伦敦大学国王学院；利兹大学）。

一个较早的较长版本导言曾在《人类地理研究》第24期（2010年）以《土地，地形，领土》为题（799-817页）发表。第一章的部分内容曾在《民主化》第10期（2003年）第135-156页的《另一种意义上的演示：克里斯提尼和希腊城邦的区分》一文中出现过，也在《理论和实践》第8期（2005年）《城邦的位置：朱迪斯·巴特勒"安提戈涅宣言"一文中的政治盲点》的部分章节中出现过。第三章第一部分引用了《文化地理》第16期（2009年）477-463页的"贝奥武夫中的位置象征和土地政治"的内容。第九章关于莱布尼茨的讨论发展了《英国地理学研究所议事录》第30期（2005年）第8-19页《失去重点：全球化，世界的疆界和空间》中最先提出的观点。在此我要感谢塞奇，泰勒与弗朗西斯，约翰·霍普金斯大学出版社和威利-布莱克威尔允许我再次使用这些材料。

所有引用的主要文本都参考了原始语言的版本，并在适宜的地方标注英文译文。我对现存的翻译做了多次修改。为方便参考不同的版本，参考文献，在可能的情况下，都一一指明了第几卷，第几章，第几部分。

斯图尔特·埃尔登

目录

注 释

导 言

让·雅克·卢梭在《论人类不平等的起源》第二卷开头写道：

谁用栅栏圈出一块地（enclos un terrain），而且想到："这块地是我的。"并且找到一些轻易就相信他的话的人，谁就可以说是文明社会真正的奠基人。如果有一个人拔掉圈地的木桩，或者把圈地的壕沟填平，而且向同类高喊："小心那个骗子的谎言，如果你们忘记大地（terre）的果实是属于所有人的，而土地不属于任何一个人的话，你们就会不知所措了。"那么这个人能免除多少人类的罪恶、战争、谋杀，多少灾难和恐怖啊。（注1）

在各种为土地而产生的矛盾，是人类事务中的一项重要内容，如卢梭所言，它的影响几乎是完全消极的。他的话有两层意思，其一，土地争夺是文明社会的基石，在他写作的当时，文明社会还只意味着拥有某些体制和权力关系**开化的**社会。事实上，文明社会是有一定形式政府和国家的社会。这个概念与"自然状态"相反，而不是黑格尔之后才出现的互为对比的文明社会和国家。（注2）其二，如果冲突的后果可以被避免，那迎来质疑的时刻也正是此时。这并不是一种派生性竞争，以免这种质疑会被视为一种为了分配而提出的对立计划，而不是将分配本身看成一个问题。相信那个骗子的话就意味着失去一切。所以卢梭马上承认：

但是十有八九，事情当时已经发展到一个不能再像过去那样继续下去的地步了；而私有权这个观念，只能在很多从前陆续产生的观念基础上产生，而不可能瞬间就在人类的思维中形成：在人类到达自然状态的最后阶段之前，必须经过很多发展阶段，获得工业技术和思想启蒙知识，经过一代又一代的传承和发扬，将这些技术和知识流传下去。所以让我们到更早的时候追溯线索，并且尝试把这些事件的缓慢进程和从同一观念中派生出的认识，以最自然的顺序串联起来。（注3）

在这一连续过程中有几件事值得一提。卢梭意识到土地私有权的问题并不是突然产生的，而是一系列最终将需要解决的复杂关系的一个阶段。如他随后所说："从土地（terre）开垦之时，分配（partage）问题就必定随之而来；而一旦承认私有权，也就必然会随之产生最初的法律规范。"（注4）同样的问题也会出现在对私有权完全不同的理解及对土地的政治权力上，也就是国家和领土之间的关系上。

在所有的记录中，领土直到今天都一直是个问题。举个1989年以后中东欧国家领土变化的例子，那些从苏联、捷克斯洛伐克和南斯拉夫分裂出来的国家为了界定边界冲突不断；科索沃、德涅斯特沿岸共和国、车臣，还有格鲁吉亚的分裂地区也为这个问题争论不休。同样的例子还有东非的埃塞俄比亚与厄立特里亚之间的冲突，事实上脱离索马里的但还未得到承认的各邦；南苏丹的独立和持续发生的边境冲突；阿拉伯与以色列的冲突；"反恐战争"的领土范围、生态危机、资源所有权、移民，以及气候变化，特别是在北极冰川融化和海域划界问题上都会体现出领土问题。民族自决运动，比如库尔德斯坦的独立运动、东帝汶的独立运动、西撒哈拉及很多其他地区的长期冲突，都说明了很多集团都试图控制一个国家占据的领土。（注5）然而这些组织师出何名呢？哪些地方正在起冲突、被划分、被勘察和绘上地图、被分配，或是被改变呢？对土地实行排他私有权这一概念又从何而来呢？隐藏在这看似简单直接的定义背后的种种复杂问题是什么呢？按照通行的说法，领土划分诞生于1648年的《威斯特伐利亚和约》，但这就足够了吗？现代的"领土"概念是哪些不同的元素组成的？在不同的历史脉络中，它们的根源何在？帕斯卡说过："三个不同的纬度扰乱了整个法理学，而一条经线决定了什么是正确的……用河流来标记是一种奇怪可笑的裁决方法!在比利牛斯山的这一边这样做是正确的，在另一边就是谬误。"（注6）为什么会这样呢？

虽然关于特定的领土组成、冲突，或者问题，进行了一些精彩而重要的学术研究，（注7）而且关于这些课题有一些很有价值的文章，（注8）不过关于领土一词的概念或历史问题的研究却少之又少。造成这一现象的部分原因可能是因为人们普遍认为领土一词在含义上不证自明，以及它特有的表现形式——领土争端和具体国家拥有领土等，可以在对“领土”本身不进行理论性思考的基础上进行研究。尽管在政治理论、地理和国际关系方面，领土都是中心词汇，但对它的概念还是缺乏研究。（注9）在定义上，领土要么被视为一种关系，这种关系可以被理解为领土性质的结果，要么被视为一种有界空间，按照这种理解，吉登斯将国家描述为一种“有界限的权力容器”。（注10）前一种定义忽略了历史意义而按照后一种定义理解的话，这样一种结构的各种可行性条件是被假定的，而没有经过检验。两种定义都拿需要解释的事情来进行解释。

对于领土的相对忽视有很多原因。首先，存在对国家研究的逃避，排斥与领土有关的词汇，比如“边界、定位、整体、主权和空间的一致”。（注11）其次，存在对约翰·阿格纽提出的“领土陷阱”的恐惧，（注12）他的告诫总结道：“权力的空间性……无须被国家的领土性质所削弱。”（注13）虽然他坚持领土只是一种空间状态是正确的，（注14）但他的警告一直都没有让大家更仔细地研究领土是什么，其内在限制是什么，而是逃避了这些话题。通过一项历史概念性的研究越过“领土陷阱”，而不是简单地绕过它，是可以办到的。（注15）再次，关于**领土**和**领土性质**这两个术语的定义在概念上存在一种不正常的不严密性。这让一切看起来好像是因为有大量的围绕领土性质的著作，所以对领土已经进行了充分的讨论一样。

首先要指出的是领土性质不同于空间性，空间性基本上被人们理解为一种所有权或是空间状态，领土性质与空间性有一定关联，但在今天有一个更具主动性的内涵。另一方面，旧式意义上的“领土权”，是领土的状况或状态，而不是对领土的操作方式，这种意义基本上已经丢失，尽管还是重新找回它比较好。意识到在以更现代化的意义上使用这些术语的时候，会与传统用法存在冲突同样重要：首先是在生物意义上的，其次是在社会意义上的。这两种意义不必明确区分，应当注意的是，要提出一种带有自然/文化意义的划分，但是领土权的鼓吹者们会以旧方式来表现后两种意义。因此就存在一种逻辑，在研读这些著作的时候，需要依据它们本身的术语进行划分。早先的著作为我们勾勒了一些方法，根据这些方法，领土可以在一种基本生物性驱动的基础上来理解，也能够以一种动物联合体的形式理解。（注16）他们的著作通常涉及广阔历史范围以内的大量土地问题，但他们还是混淆了领土和领土性质，把领土权视为一种在不同背景下逐渐展开的持续的人类因素。他们的著作中有趣的是，他们在书中引入了动物行为学——“动物行为学”这个词本身从对人类的分析当中引用了一个术语，目的在于理解人类行为。（注17）这样做的问题是它虽然可以告诉我们人类在空间当中的行为，但却完全无法清楚地告诉我们有关“领土”的事情。造成这个问题的部分原因是人类社会的组织体系比生物驱动的变化快得多，这样一个显而易见的事实。

在《人类领土性质》（Human Territoriality）一书中，罗伯特·萨克提出了另外一种方法。（注18）尽管书名如此，但萨克并没有说这是一种纯粹的生物性的决定方法。他认为领土性质是一种地理战略，而不是一种基本的维持生命所需的本能。萨克声称尽管他认为“领土性质是一种权力基础，却不是本能的一部分，而我也不认为权力本质上带有侵略性”。（注19）萨克将通过领土性质界定并控制的地区称为一片“领土”。这说明他在用一种非常宽泛而并没有特定意义的方式使用这一术语。一个地方可能有时被称为领土，而在其他时候就不是领土；“领土需要一直尽力去建立和维护”；基于对从前定义的推论，它们是“为了去影响，感染和控制人群、某些现象和各种关系的战略的结果”。（注20）确实，在他日后的著作《人类地理》（Homo Geographicus）中，萨克设想过基本上“土地扮演着领土的角色”，指出“在此书中土地的含义与领土十分相像”。（注21）

萨克主张领土性质是一种社会结构，在竞争和互动中形成，而且被各种社会关系全程渗透。尽管他的作品有一些精彩的分析，但没有真正掌握“领土”一词本身的复杂性。这种分析模式的问题——一种与生物性分析共有的问题，在于在历史和地理两方面都不严密。这样的理解看似超越了各个历史时期和地理发展不均衡的界限，而且应变量还超出了地理范畴。领土似乎一直存在，而且存在于所有地理环境之中：这一**概念**的历史并没有意义。这可能是因为已有的关注焦点只放在领土权上而不是领土上造成的。特定的领土都有历史，萨克在探索领土权历史属性的这个问题时尽了最大的努力，比如说在关于文艺复兴思想的文章中，或是在阐明对资本在空间和时间上的理解时。（注22）不过这些都是为了减少同一问题在不同历史协定中的复杂性，而不是为了提出那些本身就拥有历史的重要概念的这一更具挑战性的问题。如索杰所说，“不论是我早期的著作还是萨克的著作，都没能提出一个关于领土权的、令人满意的社会本体论”。（注23）索杰恰当地提出了当前正在探求的问题所缺失的根本基础。领土这一概念是怎样出现的呢？

和萨克相关的分析可以从瑞士地理学家克劳德·拉菲斯汀的著作中找到。像萨克一样，拉菲斯汀对过于直接地在动物和人类领土权之间设定一种关系非常谨慎。（注24）相反在阅读福柯和勒非弗著作的基础上，他发展出一种更为丰富的解释。虽然这在近年很常见，但1980年在《地理权力学》（Pour une géographie du pouvoir）一书中，拉菲斯汀是这样解读这两位学者的著作的。他发展了福柯关于权力的理论，指出“时间—空间的相关性是被能量和信息的一种联合体组织起来的”。（注25）某种意义上来说，能量可以被解读为权力；而信息可以解读为知识，这两者是福柯式空间、知识和权力三元素的另外两种术语。对于拉菲斯汀来说，“人口，领土和主权”是国家的三种组成要素，他还提出“整个地理上的国家都来源于这三要素”。（注26）

拉菲斯汀认为“空间”和“领土”并不是等价的，无差别地混用这两个术语造成了大量的混乱。对于拉菲斯汀来说，“空间”是早期术语，因为领土是通过某个“领土化”空间的行为者的行为而生成。（注27）这是一种潜在的危险，虽然拉菲斯汀想要为领土进行一个概念上的精确定义而提出了论述，但他将领土权卷入了对这个术语的解读方式当中。领土权对领土的取代让他分析的潜能变得迟钝。（注28）这就是说空间成了某种变换过的东西，而不是本身社会化的产物，社会化空间的领土是一种具体的、受历史限制的形式。不过有时拉菲斯汀提供了一些非常有价值的观点，特别是他对于边界这一概念细致而历史性的研究。（注29）

佩因特在试图找出领土一直受到忽视、没有作为研究的主题的一些原因时，指出“‘领土权’通常被看作是复杂而多变的，而‘领土’则是更为直白而不需要精心分析的”。（注30）而很难对围绕领土权的复杂性加以讨论，它的多变性看来也不是历史问题。确实，鉴于领土权在动物与人类行为中如此普遍，它只能使我们将领土理解为一个好像没有历史的术语。然而从概念上讲，领土是先于领土权的，即使从存在的意义上来说，它是后出现的。语言学上的历史记录当然支持这种说法。在产生领土的种种策略与过程中——领土权只是其中的一部分——在概念上设定了它们在现实中产生的目标。因此，按领土的本意去接近它的概念将会更有成效。

对**领土**的最出色的基本研究著作仍然是戈特曼1973年出版的《领土的重要性》（The Significance of Territory）一书。这部书是在他的早期著作《国家政治与地理》（La politique desÉtats et leur géographie）的基础上写成的，他在早期的这本著作中提出："在没有对一个国家的空间，即领土进行定义之前，你是不可能理解作为政治组织的国家的。"（注31）可是，在他的这两本书中，往往都在一种无差别的历史意义上使用领土这一术语，把它当作在全部历史中使用的一个概念。（注32）因此，尽管他进行了详尽而有价值的分析，但他仍然可能不太愿意看到领土在各种不同的空间范围和历史时期存在的状态。这样往往就会产生出一种非历史性的、也可能非地理性的分析。萨斯基亚·萨森与杰里米·拉金斯的最新著作已经承认，领土这一概念确实有它的历史。（注33）然而，与他们二位的著作不同的是，本书将"领土"当作一个需要进行历史分析的概念，而不是只按不同时期进行简单的不同排列的概念。在研究**空间与权力**之间的关系时——我们暂时在中性意义上使用这些术语——在广阔的历史背景和文献当中，我会揭示领土这个概念是怎样在西方政治思想和实践中出现的。这个概念的历史为更为基本的观点提供了基础：即**领土**这一术语是用来描述特定的具有历史限制的一系列实践和观念，而这些实践与观念同地域与权力之间的关系有关。

因此，对"领土"也需要进行像爱德华·凯西对另一个重要地理概念"地域"所做的同样的历史和哲学性分析。（注34）当然，这并不是认为，领土是社会/空间理论中的首要课题，而是比起其他概念来说，它受到的重视不够。目前还没有可以与凯西对地域所做的研究相比，关于领土的研究著作，从概念上来说，对领土细致的历史分析，也比对其他概念，如"网络""地形"和"自然"的分析少得多。（注35）

在接下来的各章中，我们需要探讨一系列关于领土出现的问题。其中的一个问题就是，领土是一个词、一个概念、一种实践，而它与这些概念之间的关系只能通过研究历史才能把握。比塞伊提出，领土“可以通过与主权类似的方法进行研究——即通过概念史来研究”。（注36）概念史（Begriffsgeschichte）的研究最早由莱因哈特·科泽勒克和他的同事开始进行。他们最先对名称的使用给予了有益的重视。（注37）如科泽勒克所指出的，“通过语义学和名称学问题的交替使用，概念史的最终目的就是要研究事件史”。（注38）翻译过来就是，在词汇所表达的概念（含义）与用来指代特定概念的词汇（指代）之间，进行交替，从而使概念史让我们能够谈论真实的历史。可是，这本著作在实践方面很薄弱，除了少数例外，还不能清楚地转向领土的问题。（注39）除了比塞伊，其他少数几个试图提出领土概念史的人之一是保罗·埃利斯。他的著作《领土的发明》（L’invention du territoire）最初是1977年在尼克斯·普兰查斯指导下写的一篇论文，原来的题目是《国家形成中的领土》（Le territoire dans la formation de l’Etat national）。埃利斯在这篇著作中指出，“领土似乎总是与国家可能的定义相联系，这就提供了一种看上去令领土必然存在与永恒存在的实质依据”。（注40）正是为了打破这种必然性和永恒性，对领土状态的反复追问才会成为必要。

剑桥语境学派在政治思想史研究应用方面的最重要人物，可能要数昆汀·斯金纳和J.G.A.波科克了。他们虽然在方法论原则方面提出了一些指南，但是对于关键主题只是一带而过。（注41）他们提出的一定要尝试回到文本原先被创造出来的框架中进行阅读，以及避免给文本强加回溯性联系的方法，是非常有帮助的。正因如此，我们才在这里格外强调语言，以及使用的具体词汇和构成法。同样，在使我们的论点在语境上具体化方面也进行了一番尝试。正如斯金纳所强调的，重要的是，要理解文本所要达到的目的是什么，还要知道作者为什么要写这些，以及这是写给谁的。他指出，否则的话，“我们就会把自己置于仿佛是这样一个犯罪审判旁听者的位置：只听控方或辩方一方的证词，而不去二者兼听”。（注42）

这些方法虽然重要，但还是更近似于福柯从尼采和海德格尔（Heidegger）[①]

---

① 即马丁·海德格尔（1889—1976），德国哲学家，二十世纪存在主义哲学创始人和主要代表之一，对存在主义哲学和心理学影响巨大。海德格尔出身天主教家庭，曾经加入纳粹党。他著作颇丰，曾为尼采撰写传记，影响较大的著作有《存在与时间》《形而上学导论》等。

的著作中发展出来的谱系分析法。（注43）福柯曾明确指出，虽然词汇与事物之间的关系重要，但是我们不能因此就将二者混淆起来。福柯对知识与权力之间的关系的重视至关重要，因为它使我们越过词汇与概念的关系，从而进入实践领域。尽管如此，正如我们在本书里将要进一步进行分析证明的那样，福柯关于领土的大部分特定论述，充其量也不过一种误导。（注44）但是，谱系分析法作为一种对事物可能性条件的历史性追问，在很多方面会有所帮助。我们本来就不用限定在谱系分析法和其他各种方法之中只能选择其中一种。（注45）虽然我在这里使用了谱系分析法，还使用了概念史法，也就是剑桥学派所提出的各种文本与语境分析法，但是对各种概念，即对意义建构的批评，则取决于作者的意图。（注46）我在这里采用了全部可以使用的方法——包括词源学、语义学、语言学和解释学——来阐发各种想法的历史，但同时将这些方法与对权力的实践和运作机制的分析匹配起来。这样一本专著不可能只简单地成为一种挑战和反对现有的观点的反历史研究。虽然在有些情况下，对那些通行的历史说法会提出不同的观点，会将通行的说法还原成一个谱系，但是对于像领土这样的一个完全不存在独立历史的概念，就需要详细地重构它的历史，这样才能为我正在讲述的故事提供可以依靠的基础。也就是说，为了揭示反映实践的概念，有一种回归文本的基本需要。因此我们这里所采用的方法既是文本的——通过所有的参考资料回溯到它们的原始语言，又是语境的——将文本重置于它们当时所在的时空。要将这本著作当作渴望成为一部“当代史”的更大项目的一部分的话，就要坦率承认这本书带有政治色彩。（注47）

领土应当被视为与另外两个概念——土地和地域——既紧密相关但又是完全不同的一个概念。土地属于一种财产关系——可以分配、划分和拥有的一种有限资源——是一个政治经济学方面的问题。土地可以购买、出售和交换，是人们竞相得到的一种资源。在马克思的一些著作中，提出了“土地——资本——劳动力”这样的三方关系，但他对这方面的论述比较粗略。（注48）还有其他一些作者也对这方面进行过论述，其中最重要的也许就是佩里·安德森的《从古代向封建时代的过渡》和《专制国家世系》。这两部著作从内部的广阔视角，对国家的发展进行了大规模分析，对不同政治结构中的物质力量和经济条件的分析尤为集中。

财产是一个重要指标。但是正如安德森和其他研究者所指出的，针对土地的冲突具有两重性：既是为了它的占有权，同时这种争夺还是在它的地域上进行的。（注50）也就是说，土地既是争夺的地点同时又是争夺的目标。这让土地争夺与对其他资源的争夺完全不同。因此，军事战略原因就变得十分重要。对军事战略原因，可以通过地域概念、权力关系、地理和军事传统，以及掌握了这片土地就能建立和维护秩序等方面来理解。土地作为一个“场地”，即工作和作战的场所，属于政治战略方面的问题。然而地域被看作是土地的形态而不是一个过程——也就是说，某些事物会对它产生作用，而它自身无法行动——关于土地军事应用的著作已经证明了地形分析对军事胜利的重要性。

虽然马克斯·韦伯在他对国家的历史分析著作中，以及迈克尔·曼的对权力更替动力的研究著作中（注51）都讨论过领土，但看得出来，他们都是把领土当作地域，即当作一种政治—战略关系来看待的。福柯在接受《希罗多德》（Hérodote）杂志①地理学家采访时，有人问他是如何使用空间范畴的，他转移了话题，认为这不是个地理学上的问题，而是涉及权力的问题。他说：“领土无疑是一个地理学概念，但是它首先是一个司法—政治学上的概念：即被一种特定权力控制的一个区域。”（注52）而采访他的人回应道：“特定的空间象征同时具有地理和战略属性，这也很自然，因为地理学就是在军事学的影响下发展起来的。”他们明确了地理学家们所说的地区与从“regere”一词演化出的“控制地区”；从“vincere”一词演化来的“一个行省的征服领土”；以及作为战场的一处地域各自之间的关系。然后福柯指出“这个政治—战略学术语是一种军事和行政标志，确实能够在实质的土地上和话语形式上将这两层意义都表达出来”。（注53）

土地和地形显然都是重要的概念，而对领土的政治—经济和政治—战略意义上的种种认识，是非常有价值的。然而，就像通过领土权研究领土的方法一样，这样的认识会倾向于舍弃具体的历史考察。土地财产权是一种政治—经济关系，其重要意义可以清楚地在人类历史记录中追溯。同样，涉及地域冲突的政治—战略关系，也可以在类似的文献长卷中找到。至少在现代意义上，领土是可以区分

---

① 这是一本法国同业评审地理杂志，内容以地理学和地缘政治学为主。

的，但在进行具体领土划分的时候，看来要依赖一定数量的技术手段，还有更具历史和地理特性的法律。顾及这诸多的因素，这种方法就超出了纯粹的概念史，而开始在领土的谱系叙述当中融入实际案例的分析。即使实际上，土地、地域和领土在很多情况下都是互相交集到一起的，但还是需要在概念上对它们进行区分。可是，如果在严格孤立状态下看待政治—经济、政治—战略、法律或技术上的各种模式的话，那就会异乎寻常或者过于简化了。政治—经济方面的解释通常表示的是一种战略关系；而战略著作承认对测量和计算的依赖。因此，只有把所有的因素综合在一起，而且把法律和技术的问题优先考虑的时候，才能达到对领土的充分理解。而如果只集中考虑政治—经济模式，就会冒着把领土降为土地的危险；如果光强调政治—战略模式，又会把它与地域意义混淆起来。只有在同时承认领土是这两个方面的问题，并且认识到各种技术的出现使发展成为可能的前提下，我们才能理解作为独特的社会/空间组织形态的“领土”，这是一种受到历史和地理因素限制，并且依赖于这两者的概念，而不是一种生物驱力或社会需要的概念。“领土”要求我们按照它的特性进行思考。

因此，本书试图为西方政治思想中的领土概念的出现提供一份说明。要达到这个目标，主要通过对领土这一传统说法的各种文献和关键问题进行背景解读，这个问题就是地域与权力之间存在何种关系。因此可以说，本书对领土行为的实施进行的是历史性的解读，对文献的分析是哲学性的解读，对其意义进行的是政治和地理性的解析。本书涉及广阔的历史时期——从古希腊时代到十七世纪——会在一系列不同的文献和背景当中，追溯政治与地域的关系。在这一段漫长的历史时期中，我们主要考察那些导致各种现代概念形成的关键时刻。本书详细地揭示了古典、中世纪和文艺复兴时代思想的各种因素与我们当代的差别，又是如何交汇，在新的形势下被重新解读的，又是怎样转变形成我们今天的领土概念的。因此，本书的大部分内容都不是在狭义的现代意义上讨论的“领土”。实际上，现代意义的领土范畴对于古希腊思想来说是陌生的，甚至与它同根的非常少见拉丁词汇“territorium”也与现代的领土概念不完全相同的。重点是要考察在这些不同的文献和背景中，对地域与权力如何理解，并且追溯领土的现代观念是怎样从那些争论中诞生的。

本书的第一章以讨论“人类土生（autochthony）”这个希腊神话为开端，神话的意思是指城市的建立者恰好就出生在他们所在的这片土地上。本章提供了对一系列历史学家和诗人著作的解读，包括荷马、欧里庇得斯和埃斯库罗斯，但是特别集中在索福克勒斯的戏剧《安提戈涅》，告诉我们的地域与城邦的关系上。然后，本章转向克里斯提尼对雅典的城市改革，并且解读柏拉图的《法律》和亚里士多德的《政治学》两部著作对政治统治的定义，以及政治统治的地理基础。从中我们看到，柏拉图关心的是为城邦概述一种设计方案，而亚里士多德则更加关注勾画出城邦的各种特征，并从中归纳一些更为普遍的规则。本章的结束部分，是讨论我们应当怎样理解“城邦”既是一个地方同时又是一个社群，即希腊语意义上的“koinon”——一个地方和在这个地方定居的人群。

第二章提供对尤里乌斯、恺撒和西塞罗著作的详细解读，前者处理的是当时他所使用的地形和军事地理术语问题，后者是关于国家（res publica）的。随后是对一些拉丁历史学家，以及他们所使用的空间术语的讨论，对塔西佗给以特别关注。然后是对两个关键术语的重要分歧：统治权（imperium）和界限（limes）。这有助于形成对古罗马时代的政治，以及边境或边界的理解。罗马人以一种与同时代政治迥然不同的方式来理解空间关系，尽管现代的各种概念经常要回溯到那个时期。要恰当地将拉丁文的“领地（territorium）”翻译成英文也并不是一件易事：它意味着围绕一个地方的土地，这个地方通常是一座城市。这里所指的土地位于城墙以外，主要是农业耕地。可是，另一方面，罗马人还有很多其他描述属于人民或城镇的土地的方式：如“无主土地（terra）”和“有主土地（ager）”，或者“边界（fines）之内的地区”，等等。对于边界即帝国的边界或边境的讨论，引出了罗马人是怎样看待他们之外的世界这个问题。另外，本章还讨论了内战、土地改革的各种实践、罗马建城的神话，以及屋大维·奥古斯都名字的由来等。最后，本章在结束时讨论了《罗马农业大全》（Corpus Agrimensorum Romanorum）一书，以及后来的历史学家阿米阿努斯·马尔切利努斯概述过的土地测量的各种实践。

第三章以圣奥古斯丁的著作《双城》中的一段开始。然后是在蛮族入侵的背景下，对他和圣哲罗姆、保卢斯·奥罗修斯著作的解读。然后，本章转入对波爱修斯和圣依西多禄著作的分析，同时也介绍了这两个人为保护古典文化遗产所做的努力。当时的政治背景是，在罗马帝国崩溃后，西方随之分崩离析。而这一时期被不公正地称为“黑暗时期”。当时，基督教方兴未艾，而且各个日耳曼部族的民族史繁荣发展，包括图尔的格里高利写的《法兰克史》，比德写的《英国史》，圣依西多禄写的《哥特史》，以及萨克索·格拉玛提库斯写的《丹麦史》。以上这些著作都不仅记载了这些民族，而且也积极体现了他们的身份认同意识以及随之而来的政治实践。本章还从交换、赠予和继承的经济事务方面，以及更具“地缘政治”意义的土地冲突方面，对史诗《贝奥武夫》所反映的土地政治进行了分析。

第四章考察了加洛林帝国的建立。首先从对君士坦丁献土的讨论开始。这种说法据称来自一份四世纪的文献，但实际上是八世纪晚期伪造的，并且最终在十五世纪被库萨的尼古拉和洛伦佐·瓦拉彻底揭露。然后本章转向讨论查理大帝的加冕，以及随之而来的政治仪式和命名。然后，通过对一系列著作的分析，准确说明究竟建立了什么：一个新的罗马帝国，一个基督教王国的政治形式，或者更简单地说是一个法兰克王国。同时，本章还讨论了尤其与伊斯兰教兴起有关的欧洲形势，之后讨论了从罗马时期到中世纪的地图绘制问题。地图绘制是一种关键的政治实践，不仅表现，而且催生了政治空间。在这个时期绘制的地图上，耶路撒冷通常都位于地图中央，提供了理解十字军致力于收复圣地的背景说明。本章最后讨论的是封建制度，着重强调的是土地财产权在政治经济意义上的重要性，以及相关的一些实例。

第五章提供了对索尔兹伯里的约翰著作中的政体的系统概念的解读。本章剖析了“两柄剑”的概念，教皇正是根据这一理论既要求世俗权力（对凡间的人类生命范围），也要求宗教权力（对于罪、拯救以及人类永恒的灵魂）的。教皇自称他理所当然地拥有宗教权力至高无上的地位，以及为诸如皇帝和国王之类的世俗统治者进行任命和加冕，从而使他们成为他世俗权力的代表。可是，这种最初由教廷理论家提出的权力分割，开始清楚地表达权力分离的机会和目的，世俗统治者和理论家们就开始对此进行发展。本章还详细地讨论了对亚里士多德政治著作的重新发现，以及这些著作最初经过阿拉伯语翻译成拉丁语的过程。实际上，这项翻译工作不只是一个文本问题，同时是一个实践问题，因为这些翻译文本的可用性不仅会改变语言，同时也会改变政治思想的实质。在这方面集中讨论的是托马斯·阿奎奈和卢卡的托勒密的著作，尤其是他们对政治行动的指导。

第六章开始讨论的是教皇卜尼法斯八世与法国国王美男子腓力（腓力四世）之间的争端。这场斗争事关国王是否能向他王国内的教士征税，以及如果教士犯罪，谁拥有司法管辖权的问题。从这里我们可以看出，行政行为对政治论述中的术语的形成会产生直接的影响。这次争端还直接催生了一些极其重要的政治理论，其中最著名的是罗马的吉尔斯与巴黎的约翰的著作。他们在精神统治者与世俗统治者各自的职能持相反观点。然后本章转向了对三位世俗权力理论家——但丁、帕多瓦的马西略和奥卡姆的威廉的详细解读。但丁因诗歌《神曲》而更为著名，但他同时还是另外一部重要著作《帝制论》的作者。他在这篇著作中提出，要建立一个摆脱教皇控制的复兴的帝国。马西略为更小型的城市政体提供了一份辩护词。奥卡姆在人生后期才成为政治理论家，他是方济各清修誓言的倡导者，而且信奉教会应当清贫。但是，这已经不仅仅是关于教会是否应该清修的问题了，而是教会是否应该摆脱一切世俗牵连的问题。

第七章讨论罗马法的重要性，尤其是关于它在拜占庭皇帝查士丁尼主持下的编纂。几百年来，整个西方拉丁世界对这些文献一直一无所知，当它们被发现的时候，为了要读懂它们，就必须借助于注释法学派学者们的学术工作。本章的重点放在两个重要的后注释法学派，或者评论学派的人物身上：萨索菲拉托的巴特鲁斯与巴尔德斯·德·乌巴尔蒂斯。巴特鲁斯和巴尔德斯在十四世纪的意大利城市推行这些法律，并且非常关键地提出了领土与管辖权相互依存的论点。在确定法律权力的空间界限过程中，他们把土地概念，或者属于某一实体的土地，当作管辖权适用的对象，从而提供了统治的范围。关键在于，领土不仅成为统治者的财产，而且也成了统治的对象本身。这是一组内在的实际论据：巴特鲁斯和巴尔德斯都以向人们提供法律咨询为生。实际上，巴特鲁斯在河流边界法方面的著作就是把法律观念与各种实践技术结合起来的结果。本章的最后部分考察为什么巴特鲁斯的著作为世俗权力的主张提供了一种缺损的基础：与教皇对普世权力的渴求不同，世俗权力是被地理因素决定的。这部著作对后世的影响体现在库萨的尼古拉进行的教会法改革，世俗法律理论家弗朗西斯科·德·维多利亚关于殖民地的著作，以及胡果·格劳秀斯关于海洋法和战争与和平的权利等著作中。再一次，这些文献全部涉及当时的各种政治问题。

第八章探讨文艺复兴与对“新世界（新大陆）”的征服和测绘。这些政治事件为在这一时期出现的文献提供了基本的背景。尽管马基雅维利的著作被大量阅读与翻译，但是他并没有具备领土的概念，也不认为政治权力在很大程度上与土地相关。此外，我们需要理解他使用的具有双重意义的“国家（lo stato）”概念。本章第二部分关注的是宗教改革，特别介绍了伊拉斯谟、托马斯·摩尔和马丁·路德。基于对天主教教义不同理解所建立起来的政体，在神圣罗马帝国内部造成了宗教和政治上的分裂。这些问题在让·博丹和乔瓦尼·博泰罗的著作中都有论述。其中前者因其对主权的讨论而知名，而后者因国家存在理由的概念而闻名。但是，博丹的著作《国家六论》的法文版和拉丁文版都同样艰深难懂；而博泰罗关于城市与世界的著作也需要加以仔细分析。本章结尾对莎士比亚的戏剧《李尔王》中财产权的作用，以及为争夺土地进行的斗争进行了解读。

第九章从对十七世纪初期一些不公平地被忽视的思想家的详细讨论开始，他们的著作已经成为思考宗教改革的政治和地理遗产必须使用的工具书。这些人包括理查德·胡克、安德里亚斯·科尼申、约翰内斯·阿尔瑟修斯。本章的下一部分解读的是科学革命的政治含义，尤其着重介绍了笛卡尔、斯宾诺莎，以及牛顿与莱布尼兹之间的争论。然后，在讨论政治与土地（有时是领土）之间关系的时候，介绍了霍布斯、费尔默和洛克等人的著作。殖民时代的背景对于理解洛克尤为关键。但是本章的最后部分指出，戈特弗里德·莱布尼兹是这一时期关于领土问题的最重要的政治思想家。莱布尼兹像西奥多·莱金、博吉斯洛·菲利普·冯·开姆尼茨以及塞缪尔·普芬多夫一样，试图厘清神圣罗马帝国支离破碎的政治地理问题，尤其是在签订《威斯特伐利亚和约》之后。在对皇帝的至高权力与诸侯的领土统治权进行区分的时候，莱布尼兹做出了引人注目的现代意义上的定义。

全书的最终又回到了卢梭身上，并且提出他在概念上放了马后炮。卢梭曾经提出过要阻止一个人筑篱笆或是挖壕沟的最好时机，是在他刚刚开始的时候。但是，到了他写作的年代，领土状态已经被广泛设定：它几乎已经成为政治斗争行为背后的固定背景。卢梭本人的著作也正是在这样的背景之中发挥作用。后来的思想家如孟德斯鸠、休谟和康德都是在这样的国家—领土政治学框架下进行有效著述的。因此，从概念上来说，这本书到此就结束了。可是，国家的各种实践和制图、测绘和统计等方面的技术都在继续发展，因此也就发展出许多国家及其领土的具体历史。所以，我们在最终章概述了一些把领土当作一种政治技术理解和运用的方式。这种政治技术是我们能够理解现代国家的出现和发展状态的手段之一。本书的目的在于重新审视同时存在于政治理论史和国家史中的空间历史。在这个方面，本书是空间的历史，也是受空间条件限制的历史，其中空间变量既是对象，又是分析工具。（注54）因此可以说，本书为从领土角度观察现代国家的诞生提供了一部另类的历史。我们以领土诞生的故事为观察点，就能够为政治思想史带来新的启示。

需要强调的是，本书使用的是从西方政治思想中发展出来的方法，而且针对的是西方政治思想。这里使用的“西方”一词，当然是接受公开质疑的，但是用在这里，要参照追溯从希腊起源、到罗马借用、再到中世纪晚期拉丁世界再发现的思想年谱，从而为现代国家及其领土的起源提供概念框架的解读。其他地区的传统可能会有截然不同的历史、地理和概念谱系。因此，这一分析的特殊性在这方面妨碍了它的普遍化，也不能自称具有普世性。（注55）尽管如此，本人仍然希望在本书使用的历史概念方法及其具体内容能够在其他类似的分析中会有用处，哪怕还需要补充、发展和批判。

关于政治思想的定义一直存在广泛争议。（注56）大思想家们已经提供了一套现成的方法论——柏拉图、亚里士多德、奥古斯丁、阿奎奈、马基雅维利、霍布斯等——所有人在本书中都受到了应有的重视，即使他们中的某些最知名的人物对于领土概念的发展并没有起到核心的作用。但是，还有一些重要的思想家，要么是在其他领域著名（如笛卡尔和莱布尼兹），要么是几乎不知名（如巴托鲁斯、巴尔德斯和科尼申）也做出了重要贡献。并不是所有这些人都自称为“政治理论家”，但是他们的著作却为政治问题提供了有价值的真知灼见。在本书中，对于一系列其他文献和例证——法律文件、宪法、教皇敕令、论文、历史以及文学作品，等等——都遵循引用的原则。在这个意义上，我所采取的是对一切类型的问题都兼收并蓄的研究方法。对于我而言，索福克勒斯的《安提戈涅》不仅是一部可以进行政治解读的伟大文学作品，而是一部以文学形式写成的政治作品。《贝奥武夫》中也反映了一些那个时代人们对于土地所有权、转让和冲突问题的态度。莎士比亚最伟大的作品中也揭示、评论和提及当时的政治事务，尽管这些作品所说的远不止这些问题。

领土这个概念是包含政治、地理、法律、技术、实践和相互关系等问题的一个混合体。我们按照现代的概念以一种特定方式对它们进行了排序。然而，对于这些不同因素的来源，并不都是很容易就能直截了当地指出来的，因为它们各自都有不同的谱系、诞生和衍生方式。关于这些不同的因素在其他政治体系中是如何组合以及如何命名的，是这项研究的一个关键所在。在考察地域与权力的关系的过程中，本书通过考察西方政治思想史，试图追溯这个政治技术术语的起源。

说领土是一个政治技术术语，并不仅仅因为它的技术属性。虽然随着几何学的进步，土地测量、航海、绘图、统计等技术都在领土的发展中起着重要的作用，但技术问题却远比这些还要宽泛。正如海德格尔指出的那样，技术的精髓不在于它本身的技术性。相反，它是一种掌握和思考世界的手段。这些使狭义的技术成为可能的思考手段，正是这项研究的关键。然而技术也意味着隐含意义更加广泛的希腊词汇“工艺”的含义，这也正是福柯在他人生的最后十年研究的对象。这些统治的技术或工艺，对于本书研究对象的发展过程有着重要意义。这些技术包括各种法律体系和观念；政治辩论，理论，概念和实践；殖民与军事行动；文学作品和词典；历史研究，神话和——狭义上的技术——几何仪器，统计手册，地图，土地测绘仪器，以及人口控制等。

领土并不仅仅是一个对象：即对它采取的各种行动的结果，或者如前面所提到的一些中立地区。领土本身就是一个过程，是创造与被创造，塑造与被塑造，作用与反作用。正如大卫·哈维指出的那样，我们应该像思考城市化过程那样，思考领土化过程。（注57）但是，这可能还不够。最近出现了一种有助于在一开始扩大这一过程范围的有用方法叫作“城市组合”概念。（注58）城市组合这个词是对德勒兹（Deleuze）和瓜塔里（Guattari）[①]所使用的“配置（agencement）”一词稍带误导性的译法。它寻求的是掌握住那些多元性的、异质性的、对抗性的以及多维性的因素，把它们组合在一起，在城市的结构中，在它们的不断转变和对抗中，完成分离和重组。但是，这项工作在分析的时候往往由于有时缺少政治要素——不仅仅是政治—经济要素——因而受到忽视。（注

① 德勒兹和瓜塔里都是法国的后现代主义哲学家，因合作《资本主义与精神分裂》——即《反俄狄浦斯》和《千座高原》姐妹篇，而赢得世界性声誉。

59）政治技术的理念试图掌握一组政治技术中的属于过程的、多样的、冲突性质——在扩大的意义上——用来构建并转化领土的那些冲突而多变的概念。不能把领土简单地理解为土地的政治—经济概念，也不能单纯理解为地形的政治—战略概念，而是要反过来包含用于其他因素中的测量土地以及控制和管理地域的技术。这些构建我们现代概念的不同因素，可以在希腊政治思想的译文，罗马法的编撰和重新发现过程中，日耳曼人政治行动的各种斗争中，以及其他实践的科学革命的进步中发现。

有时，领土的问题，甚或更普遍和多义上的地域权力的概念问题，似乎会从本书的研究中消失。比如其中一个重要的例子就是，中世纪晚期世俗权力与神权之间关系的讨论。但是，这并不意味着这些争论与这项研究的更广义上的探索无关。实际上，本书的关键论述之一，就是有时候看起来本不相关的讨论会以具有重要意义的方式记录下来。世俗—精神，或世俗—宗教的权力划分——这种划分部分是基于对时间的理解——对于后世思想家讨论与政治相关的空间的理解有着重要启示。在这里粗略一提，也为后续各章中的详细讨论做个引子，简单来说，宗教权力是教会和教皇的权力，被理解为不受尘世限制的权力，反过来世俗权力，由于它本质上的多元性、被分割、受限制，而且在空间上受到束缚。后一种形式的权力将会被理解为在领土上实行并受到领土限制，并且最终发展成为领土主权的概念。但是，这需要一个漫长而复杂的故事，或者是一系列故事。

《领土论》一书是对我的另一本著作《恐怖与领土：主权的空间范围》（Terror and Territory: The Spatial Extent of Sovereignty）中形成的这一主题的发展。那本书中，我聚焦于后冷战世界的普遍情况以及“对恐怖的战争”的特殊情况，证明了为什么领土在今天的全球政治中依然十分重要。而本书与那本书的区别在于，更偏重于对这一重要主题的历史性和概念性研究。我所使用的方法是，努力掌握不同的时代和地区，人们究竟如何理解政治地理关系，而不是假设其他时代和地区的人们对政治地理关系的分类与我们相同。把领土概念看作是一群人控制下的一个封闭空间，有固定的边界，排外的内部主权和平等的外部地位，是历史的产物。本书试图了解的问题是领土是怎样和因何产生的。当然，也存在着对于我们正在寻找而后来找到的事物进行预设的危险。但是，本书的意图，一方面更加注重考察名为“领土”的术语与那些同源的术语之间的关系；另一方面是特定的政治—权力—地域—各种行为是怎样命名的。这些语义学和名称学上的问题——意义与指代之间，以及概念与实际之间的关系——让我们去追溯现在可以毫无问题地称为“领土”的这一事物的诞生过程。

第一部

第一章

城邦与土地

人类土生和起源的神话

福柯警告过我们，谱系学家永远都不要为追根寻源自我迷惑。（注1）正因如此，我们不能简单地将领土的起源定为某个可以概述的，而且有脉络可以追溯的时刻。相反，本书所用的方法是就各种文献提出的地方与权力之间的各种关系提出问题，去理解这些文本如何以不同的方式，使用不同的词汇来理解各种事物，这是为了努力发现不同的线索在何处出现、交织、不知所终、又被找到和转化。那么，我们从哪里开始？有哪些怀疑和疑问？本书的目的在导言中已经大致说过，但从哪里开始的问题仍有待解决。以原始国家、最初的起源（Ursprung）或一个原始的政治突变来开始对领土状态的探索并非此书的意图。相反，我们会沿着探索路径，在某处进入这段历史，这是一个熟悉的，但不如人们想象的那样为人所知的切入点，那就是希腊的城邦（polis）。马丁·伯纳尔重要的、仍在进行的研究，应当成为将希腊城邦视为西方文化的起源或基石看法的警示，（注2）而更早的各种地方结构和政治统治不应被低估。（注3）可是，一项研究必须从某处开始，而且这里进行的研究法需要对时间、范围和特定语言学知识进行一些限制。

希腊神话是众所周知的复杂而富于争议的领域。引用它支持某一论点看上去可能与滥用未经证实的资料无异。一个更为可靠的资料来源是希腊悲剧，虽然用它佐证观点也值得商榷。但是，神话和悲剧对于城邦生活必不可少，于是它们在回顾“城邦”这一词汇的用法具有潜在价值。

本章讨论的神话，往往会在悲剧中被使用，也就是人类自土而生的神话，即人类自大地诞生，一跃而起完全成形。人类土生土长的神话有很多变形版和变化的解释。洛罗在柏拉图的创世神话与雅典或底比斯本地的创世神话之间划上了一道分界线，前者认为人类从大地诞生，而后者认为人诞生于家乡的土地。（注4）这三个主要领域——柏拉图、雅典和底比斯神话中人类自大地诞生和诞生于家乡的土地的作用——将是本章的重点，不过你将会看到，两者之间的界限并不像洛罗所说的那样泾渭分明。

“土生”故事的一个早期版本，许多其他版本的源头，是在伊索克拉底（Isocrates）[①]的《议会演说集》（Panegyricus）中发现的：

我们成为这块土地的居民，不是通过驱逐他人，也不是因为发现这里没有人烟，更不像一群乌合之众走到一起。我们的血统如此高贵纯正，我们一直占有这块让我们诞生的土地，因为我们是土生土长的本地人，可以用我们最近民族的名字来给我们的城邦命名，因为只有我们希腊人才有权同时称其为父土、母土、养育之土。（注5）

在柏拉图的著作中，有很多处提到土生神话。在鲜为人知的《美涅克塞努篇》（Menexenus）中，苏格拉底重复了伯里克利（Pericles）[②]的情妇阿斯帕齐娅（Aspasia）[③]的一段讲话。这段话是葬礼上的致辞，因此不难察觉对修昔底德转述伯里克利本人演讲的一种讽刺。（注6）不过，这段有关土生的发言也是对伊索克拉底的戏谑模仿。（注7）据苏格拉底所说，阿斯帕齐娅称雅典人是这些人的后裔：

---

① 公元前436—338年，古希腊著名修辞学家，古典时代的阿提卡十大演说家之一，有大量演讲稿传世。他同时是一位杰出的演说教师，开办的演说学校，为古希腊培养了大批杰出人才。

② 公元前495—429年，被誉为古希腊最杰出和最具影响力的政治家，雅典黄金时代的演说家和将领，希波战争和伯罗奔尼撒战争时期扮演了重要角色。其母是赫赫有名的古希腊豪门阿尔克马埃翁家族成员。公元前461年至前429年，他历任雅典多项要职，以至于这一时期被称为“伯里克利时代”，与他同时代的历史学家修昔底德称他为“雅典第一公民”。

③ 约公元前470—前400年，既是伯里克利的情妇，同时也是政治伙伴。因为阿斯帕齐娅是从米利都迁居雅典的外来侨民，而且以伯里克利情妇的身份影响政事，故而毁誉参半。在西方学术界，学者们普遍认为，对其生平的研究，相当于对那个时代妇女的研究。她和伯里克利有一个儿子小伯里克利，后来成为希腊将领，在前406年的阿基努塞战役中被斯巴达人俘获后处决。

（祖先）并非异国人，也不是那些从海外来到我们的异乡人留下的，在这片土地上定居的后裔。这些人是土生土长的本地人，就在这片土地里破土而生，生活和居住在他们真正的父土，不像其他人那样被继母养大，而是由他们居住的亲生的母土（khoras）养大。现在，他们既死，躺在适合他们的地方，又被生养他们的（大地）母亲迎回。（注8）

在《理想国》（Republic）中，“土生”的神话是“高贵谎言”的基础。它认为统治者自身，或至少城邦的其他人，只需要一个高贵的谎言就能被灌输信仰。（注9）这个谎言被称为“腓尼基谎言”，（注10）也许是指腓尼基人卡德摩斯（Cadmus）的传说①，（注11）即：

我们提供的所有抚养和教育发生在一个梦幻世界；实际上，他们在大地深处成形，并且被养育……待他们养成，大地母亲把他们送到地上；现在，在他们的决策中，必须把自己所处的地方认作他们的母亲和养育之人，必须保卫她对抗侵犯，而且他们应当把城邦的其他居民当成大地所生的兄弟。（注12）

这个高贵的谎言有一种重要用途：它会使所有人都去宣称自己高贵的出身。（注13）它使人、土地和城邦之间形成的紧密而有机的联系清晰可辨。在《理想国》中，柏拉图认识到，这会有重要的政治意义，虽然他曾经在《美涅克塞努篇》（Menexenus）中讽刺了这个主张。这虽然不是真的，但假如可以被人相信，它可以作为一个立国神话发挥有力影响。这一见解在名为《政治家》的对话中也有过表述。政治家（Statesman）相当于希腊语“Politikos”，意为“具备政治技术或团结和组织一个政治群体的技能的人”。（注14）在这里，访客讲述了一个过去的故事，在故事中，人是从土地中诞生的，而非从其他人的人体。（注15）土生的种族死后会在土中改变形态，重获生命。这将与“所有自然循环经历的轮回”一致。（注16）土生的种族消亡时，是因为每个灵魂都已经用完了其转

① 卡德摩斯是古希腊神话传说中的底比斯城的开创者，初代国王，最早的希腊英雄之一，相传他原先是一位腓尼基王子。

世轮回的份额。（注17）

《政治家篇》（Statesman）使用神话的重要意义在于，它提到追溯到一个旧日岁月，一个之前的时代，所有的人类是在那时从大地出生的。这意味着，没有人可以声称唯独自己是土生人类的后裔，因为在同一时刻，全人类从无到有。莱恩这样说："没有城市能声称它的创建者是那些土生人类，土生人类肯定暂住在一个没有政治的年代，而且无需性交，后者使城邦得以长存。"（注18）柏拉图设想这个神话可以放到《理想国》中，可是，在《政治家篇》中的处置似乎是个例外，这是对雅典和底比斯的实际情况的反映。（注19）雅典人或底比斯人的本土出生神话足以将他们划分开来。（注20）其他人或为一开始的迁居者，定居于某特定地区，但是雅典和底比斯人却深深植根于此，与土地和这个特定的地方相连。他们不止生于此，而且出于此。正如亚里士多德在《修辞学》中所说，对于一个国家或一个城邦，好的出身应当要么是本地出生要么至少出身古老。（注21）

雅典的故事大多由神话传说代代相传，如阿波罗多洛斯（Apollodorus）的叙述，也可见于希罗多德的《历史》，而且在欧里庇得斯（Euripides）①的戏剧《伊昂》（Ion）中被使用过。一个标准版的故事是厄利克托尼俄斯（Erichthonios）是个生于大地（ge）的神奇孩子，或者说大地之母盖娅所生，是因为赫菲斯托斯对处女雅典娜的欲望而使盖娅受孕生下的。（注22）雅典娜是宙斯的女儿，赫菲斯托斯为她接生，打开宙斯的脑袋让她跳出来。不清楚的是，赫菲斯托斯是当时就想得到她还是以后。通常的故事是，她找赫菲斯托斯定制武器，后者就想强暴她，为此，他的精液滴到她的腿上，被她用一团羊毛擦去。她把这团毛丢到地上，厄利克托尼俄斯就出生了。大地把孩子交给了雅典娜，她在她的神庙中把他养大。欧里庇得斯说，厄利克托尼俄斯是"大地之子"，雅典娜女神用"处女之手"从地上将他抱起。（注23）厄利克托尼俄斯的名字取自这样的行为：erion（羊毛）或eris（争执）与khthon（大地）结合。（注24）有时，他与他的孙子俄瑞克修斯（Erechtheus）被混淆起来，他们的故事被合而为一。

---

① 公元前480年—前406年，古希腊雅典悲剧大师。按照古典文字记载，他的剧作数量超过90篇，其中有近20篇，内容或多或少存留至今，是极少数作品流传至今的古希腊剧作家。流传下来的作品包括《美狄亚》和《特洛伊妇女》等。

（注25）这给雅典人提供了叙述城市起源的一种说法。对欧里庇得斯来说，厄利克托尼俄斯和俄瑞克修斯是“著名的土生（autokhthonas）雅典居民”（注26）；对阿里斯托芬（Aristophanes）[①]来说，“真正生于雅典的人是真正的古代土生之人，大地所产的本土的孩子”。（注27）

厄利克托尼俄斯既是土生之人，也是两性交配的产物。于是雅典人可以宣称他们为大地和天神的孩子，（注28）而且在荷马的《伊利亚特》中，雅典娜让大地代孕生下了他。（注29）洛罗指出，雅典的首任国王凯克洛普斯（Kekrops）见证甚至仲裁了这次神的争执，尽管他是首任雅典王，厄利克托尼俄斯仍然是第一个雅典人。“凯克洛普斯统治一片鲜有文明的土地，并且建立了秩序。厄利克托尼俄斯，按照希罗多德的叙述，行使的是已经政治化的权力。”（注30）为此，洛罗称雅典人在“所有希腊城邦中最政治化”。（注31）她提到土生概念如何起到纽带的作用，尤其是在葬礼致辞中，其中伯里克利的最为有名。她提出，为了促进雅典社群的团结，悼词运用了爱国主义的和公民性的土生神话，而这“与其说是军事主题，不如说一种政治象征”。（注32）尽管有最初的雅典王凯克洛普斯，或者第一个雅典人厄利克托尼俄斯，但雅典人并非忠于这两个人，而是雅典人土生土长的这种观念。

并非一切筑城传说都有记录。亚历山大大帝来到法罗斯（Pharos）[②]，为此地的各种地利震惊。法罗斯所在地位于潟湖和大海之间，尽头是开阔的港口，是一处面积广大的地峡。他决定筑一座城，就用他的名字命名为亚历山大城。他想要标出这座新城的外围工事，只是没有粉笔来画线。一个人建议，用士兵行囊里的大麦，沿着亚历山大的足迹撒在地上。普鲁塔克（Plutarch）[③]记录道，画出来的“是个半圆，按半径线分成等份”。（注33）在阿里安（Arrian）[④]的著作中，

---

① 公元前446年—前386年，古希腊喜剧作家，根据文字记载共写作44部喜剧，留存至今的共有《云》《骑士》和《黄蜂》等11部。

② 埃及亚历山大港口外的一座海中小岛。

③ 约公元46年—120年，罗马帝国时代的著名希腊作家，历史学家和哲学家。代表作为《希腊罗马名人传》。他在欧洲文艺复兴时期受到很高评价，但近现代史学家一般认为他过于重视作品的道德教化意义，文学性较强，而史学家应有的严谨态度不足。

④ 约公元86年或89年—146年或160年，罗马帝国时期，生于希腊的一位历史学家、军史将领和哲学家。最著名的著作为《亚历山大远征记》。

预言者说，这意味着这个城市将会兴旺发达，尤其是会靠它土地上的果实获益。（注34）普鲁塔克提供了进一步的细节，他说，正当国王（亚历山大）欣赏他的设计时，突然从附近的河流和潟湖飞来各种各样的鸟群，吃光了地上的粮食。亚历山大正为此担忧，占卜师们告诉他，这预示着这个城市不仅能自给自足，还能给附近的土地供给粮食。（注35）

在悲剧中也可以发现底比斯的土生故事。（注36）卡德摩斯想给雅典娜祭献一头牛，于是带着他的人到艾维斯（Aves）取泉水。为艾维斯守卫山泉的那条龙或者大蟒将他派去的大多数人杀死。据欧里庇得斯描述，这条龙从大地出生。（注37）卡德摩斯杀掉了龙，献上了牛，而雅典娜命他把龙牙种在地里，收获了戴着金盔的武士，他们破土而出，互相厮杀。（注38）这个故事中的厮杀有人说成是无缘故的，也有人说是卡德摩斯往他们中间扔了一块石头，他们互相责怪，打了起来。可是，故事有一点是一致的，他们直打到还剩五人——厄喀翁（Ehion毒蛇氏）、乌代俄斯（Udaeus土氏）、克托尼俄斯（Chthonius大地之子）、许珀瑞诺耳（Hyperenor自负者），以及珀罗洛斯（Pelorus巨人）。（注39）这五人在他们的出生之地，建立了底比斯城邦的贵族家族。在欧里庇得斯的《酒神的伴侣》（Bacchae）中，厄喀翁是彭透斯（Pentheus）的父亲。这个故事发生在卡德摩斯必须为杀了艾维斯的龙赎罪一年之后。在柏拉图的《法律篇》（Laws）中，雅典的陌生人说，“种龙牙收获武士”说明了一位潜在的立法者认为“只要年轻人愿意，他们的灵魂可以听从任何劝说”。（注40）

萨克森豪斯曾经提出，土生的主题有一系列功能。首先，如前所述，它使得城邦团结一致；其次，城邦的边界由自然而非人类的协议制定。城邦是自然的，而非与自然对立建成；再次，土地被看作理应归人们所有，是与生俱来的权利，没有必要去征服或强迫之前的定居者迁移。与许多世纪之后的《社会契约论》的作用相仿，城邦的起源可以被设想为和平的。合乎逻辑的结果是现有的政权是初始的、唯一的。换言之，它不是一个必须推翻前政权的政权，而唯一可行的政权，由增强其合法和安全性而来。（注41）然而，土生的神话也有些结果不尽如人意。一个负面后果就是明显地仇外，排斥其他出身的人，并且与之相伴随的是，倾向于贵族政治。（注42）另一个消极结果就是对女性的态度，公民投票是大地诞生的男性战士的专属。（注43）在城市诞生的起源神话中排除女性，使得她们的地位基本趋于被边缘化。实际上，就雅典而言，正是雅典娜合乎情理地厌恶赫菲斯托斯的追求，才使得土生而非母生发生。雅典人，正如雅典娜自己一样，“可以只是父生的赤子”。（注44）然而，值得一提的是，伊索克拉底的著作中存在大地之母的女性意象，柏拉图的《美涅克塞努篇》和《理想国》中也是一样。（注45）

这个话题使得城邦概念背后的一些问题有其意义，出生之地以及在它之内的人民的社群是关键问题，城邦、母土、社群的交互作用是核心内容。通过解读索福克勒斯（Sophocles）[①]的《安提戈涅》（Antigone），探究这些问题时，底比斯和悲剧仍是重点。

安提戈涅和城邦

尤本写道：“希腊悲剧讲的是空间、时间和地点的边界，事关边界的内部和外部。”（注46）《安提戈涅》尤其是这样，在城内还是城外埋葬和流放的问题成为该剧的核心。这出戏剧为很多著名思想家阅读和评论过，其中就有亚里士多德、黑格乐、尼采、海德格尔、拉康（Lacan）[②]，还有最近的巴特勒。这里不是长篇讨论他们的解读，而是不轻易接受将城邦翻译成“国家”或“城市”的简化译法去解读《安提戈涅》这出戏。（注47）

故事的重要元素如下。主要角色，活着和死了的都是王族成员。俄狄浦斯（Oedipus）的四个孩子都是其母伊俄卡斯忒（Jocasta）所生[③]。两个儿子厄忒俄克勒斯（Eteocles）和波吕涅克斯（Polyneices）一直在为争夺底比斯城邦而战：厄忒俄克勒斯守卫城邦，波吕涅克斯攻打。他们在第七座城门相遇，都死在对方的手里。他们的舅舅底比斯王克瑞翁（Creon）宣布让波吕涅克斯遗尸荒野，不予下葬哀悼，“若有人稍加违抗，必死无疑：众人在城墙之内，投掷石块将他

---

① 约公元前496—前406年，古希腊悲剧作家，与埃斯库罗斯、欧里庇得斯并称为古希腊三大悲剧作家。据说他的作品超过120部，但存留至今的大多剧目仅存少量残篇或者完全散佚无存，篇幅完整的除《安提戈涅》外，还有《埃阿斯》《菲罗克忒斯》等。

② 全名雅克·拉康，1901—1981，法国心理学家、哲学家、医生、精神分析学家，被称为“自弗洛伊德以来最具争议的精神分析学家”，受弗洛伊德影响极深，镜像阶段理论是其主要心理学和精神分析学成果。

③ 俄狄浦斯与其母这种既是母子又是夫妻的复杂关系，详见相关希腊神话传说故事。

打死”。（注48）开场戏是安提戈涅和伊斯墨涅（Ismene）——两兄弟的妹妹，在讨论应当怎么做。因为伊斯墨涅宣称无力“反抗城邦的众人”，安提戈涅决定独自埋葬尸体。（注49）安提戈涅被当场抓住，克瑞翁刚一责问，她立即坦白。安提戈涅拒绝了伊斯墨涅要分担罪名的请求，说道：“我不在乎只在嘴上表示爱的亲人。”（注50）她被判处活着关进坟墓，宣称“城邦由此免受污名”。（注51）可是，不给予死者仪式性的哀悼和下葬，其实是对十分重视这些仪式的人的具有象征意义的惩罚。（注52）同样的，鉴于污名是由于波吕涅克斯不能下葬和克瑞翁的不敬造成的，免受污名的愿望似乎还是有些不够。（注53）其实，克瑞翁这次似乎认识到，公然处以石刑——那不是简单的当众扔石头，而是由众人来扔石头处决——最初提出并不会得到社群支持。（注54）尽管克瑞翁的儿子海蒙（Haemon）——安提戈涅的未婚夫劝说他，他也不为所动，只有当盲人先知提瑞西阿斯（Tiresias）说，神会为之不安，克瑞翁才有所缓和。他认识到自己忽略了对波吕涅克斯的神圣职责。他的尸体此时已经被鸟兽毁坏。克瑞翁清洗了他的尸体，然后将它焚烧下葬。他又来处理被关入墓穴的安提戈涅。提瑞西阿斯的预言提到将活人葬入墓穴，不将死者埋葬的事情，（注55）而且当歌队告诫克瑞翁遵从这一预言时，也给出与他的做法相反的指示。（注56）也就是说，克瑞翁应当尽快先处理安提戈涅的事情。（注57）可是他的拖沓造成他来到她的墓穴时，已经太迟，安提戈涅上吊自尽。（注58）海蒙因此悲伤地自杀了，克瑞翁的妻子欧律狄克（Eurydice）也自尽了。认识到自己的行为造成的可怕后果，克瑞翁被引导着走下舞台。

底比斯的王室——拉伊俄斯（Laius）与伊俄卡斯忒、俄狄浦斯与伊俄卡斯忒、厄忒俄克勒斯、波吕涅克斯、安提戈涅，以及伊斯墨涅——似乎都难逃宿命。在剧的开始，安提戈涅问姐姐，是否知道宙斯会不会不让不幸的事发生在俄狄浦斯的后代身上。（注59）正是想避免类似的命运降临在家里其他人身上，伊斯墨涅才没有与安提戈涅一起去埋葬兄弟。（注60）当歌队对着安提戈涅演唱时，他们猜测她受的折磨是不是在为父亲还债。（注61）安提戈涅承认这是她最痛苦的念头，这是降临到她家族身上的宿命，之前歌队对此也有过提示。（注62）克瑞翁本人是伊俄卡斯忒的兄长，凭借与死者的近亲血缘关系宣示权威，但他很难免除灾祸。（注63）尽管他自己不是拉伊俄斯的血亲，他的家人海蒙和欧律狄克却成了剧中最后的死者。但不应忘记的是，这样的个人的、家族的悲剧也是一个“政治”悲剧，亦即城邦的悲剧。希腊城邦是以亲缘关系为基础建立的，而因此遭受这种命运的家族必然会影响到城邦。（注64）即使克瑞翁也认识到，他引起的血亲家族内部的混乱将会波及家族以外的各种关系——正确地在家族中行事将会关系到在城邦尽责。（注65）同样地，当他面对两姐妹时，把家人的背叛比成毒蛇。布劳恩指出：“克瑞翁是政治上的暴君，也许在家中早已如此。”（政治与家庭这些术语是有问题的，不过观点很好）（注66）对现代观众来说，布劳恩指出这种二分法“与其说是真实的，不如说显而易见”，对雅典人来说，这两者无疑是密不可分的。（注67）

在《俄狄浦斯在科罗诺斯》（Oedipus at Colonus）①中，俄狄浦斯问：“他们还会将底比斯的土盖在我身上吗？”（注68）由于他的罪过，这是不可能的，他被忒修斯在远离底比斯的地方悄悄埋葬。（注69）正如巴特勒所说，安提戈涅“模仿忒修斯有力而正确的行为，把她的兄弟悄悄埋葬，确保覆盖波吕涅克斯的是底比斯的泥土”。她暗示，这样埋葬“可以理解成是为了两个人，一次埋葬同时反映和强调了父亲与兄弟的模糊属性。归根结底，这两个人对她来说，已经有一种可互换性”。（注70）在别处，巴特勒宣称，将为兄弟乞灵置于克瑞翁的命令之上仍是含混不清的，因为没有“什么可以成功地限定乞灵是针对波吕涅克斯个人的”。（注71）它也可以指俄狄浦斯或厄忒俄克勒斯。明确地说，要考虑两点：俄狄浦斯既是安提戈涅的父亲又是兄弟，因为他们有同一个母亲伊俄卡斯忒，（注72）并且，尽管波吕涅克斯的安葬不为人知，但却不是在城外，因为埋葬地点在底比斯城邦边界之内。（注73）

要注意到这出剧最初似乎是在暗示对一种平衡的需要，这很重要，因为双方之间存在真实的两难困境。一方面，是应当为死者举行的宗教仪式，这是神的法律，而在另一方面，是死者对城邦和它的法律构成的威胁。正像韦尔南尖锐提出的那样：“安提戈涅指定的nomos（法律或习俗），对另一个处境里的克瑞翁所称的nomos相反……而且实际上，对他人来说，nomos的语义领域已经大到足以包括这两种含义。”（注74）似乎对更广大的社群的忠诚应当优先于血缘关系，

① 同样是出自索福克勒斯之手的希腊悲剧。

即使是王族血统。这种忠诚由歌队、底比斯年老的市民，最明白地体现出来。他们把城邦的边界称为“我们的边界”，城墙也称为“我们的墙”。（注75）克瑞翁提到，“不论谁证明了自己对城邦的忠心，我都要奖赏这个人，不管他是死还是生”。这时，领唱认真赞同。（注76）但这不是指对国王的忠心，因为当提瑞西阿斯揭示克瑞翁的行为会对社群造成威胁时，歌队转而反对克瑞翁。（注77）歌队反对的歌声持续了一段时间。当他们提出最初的埋葬是众神所为时，他们表达了一些怀疑，（注78）但克瑞翁恫吓他们顺从。当克瑞翁告诉安提戈涅只有她一个人这样想时，她敏锐地指出，歌队同意她的看法，但是“因为你他们不敢开口”。（注79）正如她之前说过的，“恐惧堵住了他们的嘴”。（注80）海蒙后来指出，城邦的人民支持安提戈涅。（注81）歌队在剧中是群体的代表，显示出城邦可以变成既不是严格的家族所有（在剧本原文的第875行，歌队还唱道，权威是不应被冒犯的），也不受国王的统治。对“城邦”必须从双重意义上理解——它是一个行为发生的地方，也指一个生活在那里的人民。

城邦作为地方需要保护——用城墙守卫，用完整统一保卫——作为一群人也需要保护。安提戈涅的忠诚是特定的（对多重含义的兄弟），也是对广义的（神的法律）。如前所述，起初埋葬被发现时，歌队发问，这是否是神所为（theelaton）。但是，到了著名的第二段合唱，他们断定这个城邦逐出那些“与残忍为伍的人”（注82）——即为了人类社群之外的目的。因此，因为安提戈涅的忠诚看似与城邦冲突，他们站在克瑞翁一边。可是，当克瑞翁的行为看来对城邦形成更大挑战时，他们又倒向她一边。从另一方面来说，克瑞翁起初的行为似乎完全是为了维护城邦，因此歌队支持他。他认识到，身为一位新统治者，他的行为会使他立足或使他倒台。（注83）当他的行为变得越来越暴虐时，明显成为更大的危险。这一点包含在与他儿子的对话中。起初，歌队支持克瑞翁，（“你似乎说话很有头脑。”），（注84）之后，感到克瑞翁和海蒙应当互相学习（“你们二人说得都很对。”），（注85）当克瑞翁不听从这一建议，指责安提戈涅背叛时，转变就完成了：

海蒙：底比斯的整个社群（homoptolis leos）都反对。

克瑞翁：难道城邦要告诉我怎样去统治吗？

海蒙：你看见没有？是谁像孩子一样说话？

克瑞翁：是我替别人管这个地方，还是为我自己？

海蒙：根本没有任何城邦是被一个人独自拥有的。

克瑞翁：什么？城邦是国王的——这是法律！

海蒙：你把自己变成了多么奇妙的一个荒岛的国王啊——你，而且只有你一个人。（注86）

这一段揭示是多角度的。就克瑞翁而言，安提戈涅违抗禁止埋葬的法令是在效仿波吕涅克斯的反叛；但是，社群反对这样的法令，克瑞翁立即同意城邦告诉他如何统治的建议。在这个戏剧文本中，此时的群众可以看成是城邦的化身。正如海蒙指出的，按个人意愿简单统治城邦，会忽略对城邦的不同看法。在这个意义上，安提戈涅的反抗可以被当作在坚持一个公正城邦的价值观。（注87）克瑞翁将城邦等同于国王法律的态度对众神来说十分极端，后来歌队也认识到他是个更大的威胁。换言之，社群是城邦很重要的一部分。临近结尾，安提戈涅的哀悼里有这样一行：“噢，我的城邦，你所有英俊富有的儿子（按照字面意义理解是‘男人们’andres）!还有底比斯的土地，我所有祖先（astupatroion）的城市。”（注88）安提戈涅还引领歌队合唱“我父土的公民”（patrias politai）。（注89）家族和政治实体被结合起来，正像合唱用复合词“母邦（matropolin）”将这种结合明显表达出来那样，而且在克瑞翁所用的“patroian”一词中再次表达出来。（注90）血统和先民遗产的世俗历史意义的观念被明确强调。

而同样地，城邦坐落在一个地方。克瑞翁问：“是我替别人，还是为自己统治这片土地（khthonos）？”而在另一处，克瑞翁将自己称为王国（khoras）的国王。（注91）对于避开“城邦”一词，索福克勒斯强调，地点逻辑上在城邦之前出现，尽管它明显形成了城邦的基础。（注92）这种地方与城邦之间的对立也可以在《俄狄浦斯在科罗诺斯》中找到。（注93）海蒙在《安提戈涅》最后的反驳也说明了这一点：只有一人的一座荒岛不会成为城邦。这个荒岛有地点，但没有一群人。虽然地点对城邦来说是必需的，而且认识到这个问题对于理解何为城邦是必要的，但地点本身不足以形成一个城邦。

克里斯提尼的改革

假如《安提戈涅》这出戏剧表现出城邦既是一个地方，也是居住其中的人们，看似也很明显的是，应当以定性的方式，而非定量的方式去理解这些衡量。数字和计算问题似乎会让希腊城邦的衡量变得怪异。不过，后来对希腊城邦的理解展示了一系列关于土地和民众划分的问题。我们没有直接转向柏拉图和亚里士多德的著作，而是先讨论政治家克里斯提尼（Kleisthenes）①对雅典的重要改革。

这些改革的确是以城邦和民众这些项目，尤其是“民众”为中心的。后一词传统上被理解为“人们”，有时是整个社群，尤其是当人们聚集在一起时，或者理解为社群中一个特定部分。（注94）然而，这个词有时也被翻译成“族群区”，一处地方。例如，在荷马史诗《伊利亚特》中，demos这个词有时指人，有时指地。（注95）Demos，英语译作“deme”，是克里斯提尼用来划分阿提卡市区的单位。（注96）《雅典政制》（The Athenian Constitution）一书，多认为是亚里士多德所著，但更加可能为其学生所写。在这本书里，对改革的叙述有些短，语焉不详而充满争议，某种程度上，是以希罗多德的《历史》（Histories）为基础。（注97）

我们将在这里研读三个关键的段落。第一段，是对改革的总体范围的概述。克里斯提尼“将阿提卡的土地（khoran）分为三十个区（demous），十个在城市（astu），十个在沿海地区（paralia），十个在内陆（mesogeois）——而他将这些部分称为三分（trittyes），每个部族都分到三个。这样一来，每个部族在所有地区（topon）都分到一份”。（注98）第二段讨论了成员和命名。“他让生活在每个区的男人成为其他人的平等成员，这样他们就不会使用他们的父姓，而且明确市民应当用他们区的名称。他建立了区政机构，这个机构负有早先naucrari（早期雅典的分支机构）的职责；因为他给有些区按原来的地名命名，同时有些区以创立者的人名（已经不在世）命名了。”（注99）第三段的位置在上两段之前，而且提到克里斯提尼拒绝再用现存的四个部族：“他拒绝把雅典人分成十二

① 约公元前570—？，出身阿尔克马埃翁家族。他在家族的支持下，推翻雅典僭主统治，实施民主改革，对雅典城邦的发展产生了巨大影响。

个部族，避免分配已经存在的三分（这四个部族会分为十二个三分），似乎他启用了他们，就不能成功地使人们融合到一起。”（注100）这四个先前的部族以伊昂[①]的儿子命名，是该列昂（Geleon）、埃依吉科列乌斯（Aegicones）、阿尔伽戴斯（Argades）、荷普列斯（Hoples）；新的部族以其他英雄的名字命名。（注101）亚里士多德的《政治学》有一个相关的论点："克里斯提尼在雅典使用的机构，在他想扩大民主时……是有用的……因为应当组成更多的不同部族，把私自的仪式转成几个共同的仪式，使用种种诡辩术，把人们尽可能相互混合起来，解除以前熟悉的各种紧密联系。”（注102）

几个不容怀疑的论点可以在这里归纳：阿提卡被分成多个区，而这些区再组成trittyes，也就是“三分”，这些区十个在城市，十个在沿海，十个在内陆；而且每一个新建的部族都有三个三分，城市、沿海和内陆各占一分。然而有很多争议性问题。所有这些疑虑都围绕着“区”一词的含义和特征。在这些改革的领土性质的改革中，有一个主要问题需要密切关注。从这个问题衍生出一些次级问题。一个次级问题是过去一直引人关注的区本身的数量。如果按照字面意义读解希罗多德的著作，克里斯提尼“给每个部族10个区”，（注103）那应当一共是100个区。可是，怀特海德认为应当读成“将各区分成十组，给予各部族”，这似乎更加合理。（注104）在特雷尔的详细研究中，他提出开始一共有139个区（其中12个是南北划分的），后又增加了两处。（注105）最佳考古证据来自斯特拉波（Strabo）[②]，他提出有170或174个deme，但是，（注106）这是在改革过去一段时间之后的数字，因此，反映的可能是后来有所增加的数字。不过，特雷尔认为，数字上的出入是因为，实际上斯特拉波所说的deme的意思是指“村子”，不是克里斯提尼的改革的政治单位“区”。（注107）

因此，可以明显看出，“deme”一词的含义至关重要。莱维克和维达尔-纳克提出，在克里斯提尼之前，“deme”只是指乡村地区，但在改革时，也指雅典的各个卫城。（注108）然而，克里斯提尼改革中的“deme”指的是什么仍存

---

① 希腊神话传说中太阳神阿波罗与雅典公主克瑞乌萨之子。

② 公元前64或63—公元24年，罗马共和国与帝国之交的希腊地理学家、哲学家和历史学家，主要著作为《历史学概览》和《地理学》，前者几乎全部散佚，后者内容涵盖当时已知世界不同地区的风土人情历史，大部分内容留存至今。

在争议。长期以来，人们达成的共识是，这是个地理意义上的、范围相对固定的名词。怀特海德指出，甚至在《雅典政制》一书出现之前就存在，“人们认为显而易见的是，克里斯提尼进行的确实是领地划分。——本质上是一种地图制作的工作，在区（deme）之间划定界线是关键措施”。（注109）埃利奥特在关于沿海区的重要著作中指出：“克里斯提尼的区是划分好的，带有一个居住中心的一块土地，这个区就是由居住中心来管理的。”（注110）而且“在克里斯提尼安排时，每个乡间的区有一个或多个居住中心或村庄，而且是围绕着一片或多片定居点土地的地区。”（注111）因此埃利奥特认为，一个区既包括中心的村庄，也包括周围各地区，这个地方都是标定界线和划分好的。埃利奥特提出，克里斯提尼确定了“每个区的地理范围”，（注112）但是，“区”一词在克里斯提尼之前和之后都有村庄的意思，这样就会造成混淆。

莱维克和维达尔-纳克对改革做了很有价值的研究，他们指出，因为行政管理的各种需要，要对政治组织进行细分，他们提出，这一政体与部族世袭的架构不同。他们提到四十八个“诺克拉里”（Naucrary）①自公元前七世纪就存在了。不过他们说，不幸的是，我们对“诺克拉里”一无所知。然而他们认为，有了诺克拉里制度，阿提卡就有了初步的空间划分法，“同时用于世俗的和实用的目的，同部族、氏族、吉恩（血统），这些自出生就有，与大量宗教元素相通的古老制度并存。”（注113）或者说阿提卡有两种划分方式，一种是宗教的、部落的和人口有关的划分，（注114）一种是世俗的、与地域有关的划分。

维达尔-纳克在回顾这部书时提到，他与莱维克最初曾经怀疑，克里斯提尼改革中“三、五、十”这几个在同时代毕达哥拉斯追随者的思想中也很重要的数字的重要性值得商榷。（注115）“三”在三分（trittyes）中明显是重要的，一共有“十”个部族，但是“五”的作用不太确定。莱维克和维达尔-纳克将希罗多德的著述解读成意味着每个部族有十个区，这似乎不太准确。（注116）然而，这本书的结论是：“不是毕达哥拉斯启发了克里斯提尼的改革，而是克里斯提尼的改革使得我们得以领略毕达哥拉斯主义的某些方面，包括他的政治学说。”（注117）“如果说克里斯提尼创造了第一个几何化城市，那么最早有几何思维

① 克里斯提尼改革前，雅典国家对阿提卡半岛人民进行，最为古老的细分制度。

的人并不是雅典人”——我们不会因此认为几何创造了城市，或创造了城市几何学。（注118）然而，他们提出“这一切意味着世界的几何构想，如阿那克西曼德（Anaximander）①明确构想的那样，以及对理性均一的城市的政治构想，如克里斯提尼实现的那样，二者之间确定的一致性为公元前6世纪末的理性氛围定了性。（注119）不考虑因果关系，数字和空间的政治与几何概念之间的相互作用，在这里可以略见一斑。他们提出：毕达哥拉斯有可能是泰勒斯（Thales）或阿那克西曼德的学生，然而无论如何，他对于宇宙（cosmos）有一种整体设想，这个设想既基于天文学也基于几何学。（注120）但这一联系在公元前五世纪消失了。然而，不论后来如何变化，莱维克和维达尔-纳克提出，克里斯提尼改革的关键特征是，“创建了一个大致保持完整的政治时空”。（注121）他们研究的数字问题仍然值得商榷，但最重要的是使用了“空间”一词来形容区域划分。其实，这些改革的一项重要争议，就是各“区”是否有严格的领土边界这一问题。

凯恩和贝格内提出，在希腊的各殖民地，系统化规范化的城乡划分有着充分的地形和考古方面的证明，然而却没有证据显示，这一切被绘制成了地图。（注122）可是，按照埃利奥特、莱维克和维达尔-纳克所说的方法划分各区，需要大规模的土地勘察和地图绘制。迪尔克明确质疑这个假设，“很少有证据显示进行过系统地土地勘察”，而且土地基本上没有被划分过。（注123）所以不足为奇的是，他们的观点和之前的共识受到了长期检验。对共识的挑战来自于汤普森的著作，他指出，虽然区是地方单位，但分区后它们不像拥有正式的边界，或边界对克里斯提尼来说并不重要。对汤普森来说，区就是孤立的村庄，而不是领地的区划，而这些村庄所在的位置人们可以登记。他提出，当时没有资源、技术或时间来进行一次准确的土地清册测量。（注124）正像兰伯特所说，区有私人特征和领地特征：人们在离住处最近的区中心登记，但区不可能被绘成地图。（注125）这会成为地方社区居民自我身份证明的一种举动。（注126）由此推断，三分（trittyes）也不是土地单位，因为（三分中的）各区是不相连的。（注127）在

① 公元前610—前546年，前苏格拉底时代的希腊哲学家，一直生活在爱奥尼亚的米利都。他属于米利都学派，接受过科学贤人泰勒斯的教导。代表作为《自然论》，但已散佚无存。

刘易斯的著作中也能找到相关的质疑，他指出，克里斯提尼会发现，很难在地图上画线，尤其在城市中。（注128）他认为："强调他是一个几何学者，完全掩盖了实地地理学的各种困难。"（注129）埃利奥特认为，南方的三分有着天然的边界，是地理单位。但是，刘易斯提出"埃利奥特的三分地图没经过充分论证，因此，地理上的划分是否像他认为的那样明显是值得怀疑的"。（注130）刘易斯指出，关键问题是克里斯提尼关心的是土地还是人；是地图上的线条还是区里的登记人员；是作为领地的区还是生活在那里的居民。（注131）

虽然，这样的质疑不受欢迎，但如怀特海德所说，"这种说法的吸引力日益令人信服，而传统地理三分看法……应该必须得到修正，甚至被丢弃。"（注132）实际上，虽然最近的研究遵循汤普森和刘易斯的路线，但兰登提出了反质疑，他提出，大多数区已经进行某种领地性的划分，因此"无须进行仔细的勘察或地图绘制"。兰登坚持主张，克里斯提尼的改革之前就存在的区和在改革之中建立的区，"最终结果都一样：是由村庄加上官方边界之内的土地构成的各单位"。这种改革会耗时数月而不是数年。（注133）关于城墙内的城区（astu），兰登认为大多数学者，包括汤普森，都承认需要划分边界。（注134）对于兰登来说，边界可以是街道，或者由卫城来限定，这些地方本身都不属于区。（注135）她引述了阿里斯托芬的喜剧《鸟》中饱受争议的批注，这个批注说："这个剧本是在城市的分界线（Horismoi）写成的。"（注136）她认为，这个批注意味着都市城区的边界应留存了书面记录，而且"雅典的情况可能也反映着阿提卡乡村的情况"。（注137）可是，早在二十世纪五十年代，芬利就已经反对把"horoi"一词简单地解读成字面意义上的"界石"。通过阅读石头上的刻字，芬利认为地理上的考虑要次于法律和财产方面。（注138）虽然他在文字中保留了希腊文的"horos"一词，但他提出比起"界石"、"契约石"或"记录合法产权的石头"这样的说法可能更为准确。（注139）"Horos"一词确实指"界限"或"边界"，因此可以去指代标志边界的对象，但是这可以理解为法律意义上的界限，而不是地理上的分界。（注140）

在这种背景下，请注意斯特拉波以下这段：

假如没有，比如界石（stolon）组成的精确边界（akribon horon）或围墙

(perubolon)——以科利泰斯(Colytus)和墨利忒(Melite)(阿提卡的两个区)为例——我们只可以说“这是科利泰斯,那是墨利忒”,但我们不能指出边界(horous),这就是为什么关于各个地区总是会产生纷争的原因。(注141)

这似乎意味着,那两个区没有界石或围墙,但是本地人大致知道哪里是科利泰斯和墨利忒。斯特拉波——在克里斯提尼的这些改革之后所写的内容——似乎认识到了模糊难辨的各地区的各种局限性。(注142)

这种争论引出了一系列问题。第一个就是,克里斯提尼是否根据抽签将各个三分分配给各部族,在《雅典政制》中的一段翻译如下:“每个部族分到三块。”而更常见的翻译是“抽签分给每个部族三块”。埃利奥特认为,很明显,分配需要大量时间,而且由克里斯提尼主持,而不是随机进行的。(注143)这根据的是埃利奥特的假设,即三分有明显的天然边界,而且在本质上是地理单位。如路易斯指出,如果这个设想成立,“地理单位将面积大小不一,因而在人口上也有很大差别”。接着他指出,克里斯提尼既然建立了均等的部族,他必须要把大三分与小三分的匹配,小三分的与中三分的匹配,依此类推。这样一来,“亚里士多德”就不足信了。(注144)不过,虽然各区的地理依据受到争议,仍然很难明白怎样才能简单地把各区分配到三分里,又怎样以简单的方式把三分分给部族。如果分配是按抽签进行,那么真是很难设想部族如何才能均等分配。对于绘制区、三分和部族划分的地图,已经进行过各种尝试,(注145)可正如罗兹所说,“(划分的)地区边界完全是简单的示意图”。(注146)安德鲁斯认为:“有人想当然地认为三分是连续领地上的分区,这一设想早就开始瓦解了。”(注147)

第二个问题是克里斯提尼“用一些地名为区命名,还有另一些区用创建者的名字命名(并不是所有的都还在)”的说法。(注148)译文又再度保留了原文的歧义。问题在括号中的“并不是所有的都还在”。这个短句所说的对象到底是什么?可以指是demoi——“区”也可以是ktisantes——“创建者”。这个短句已经有多种译法,如“因为不是所有的都仍与特定的地方相关”,(注149)“因为不是所有地方的创建者都还健在的”,或者“不是所有区的创建者的名字都还为人所知”。(注150)罗兹认为,最能接受的解读是强调创建者的译法——这当

然与上文的内容更加一致——不过他认为，即使这种译法仍不明确。（注151）

兰登认为，这个短句的含义“要么是构成某些区的人们已经不住在与使他们的村庄得名的创建者有关联的地方，这种情况显示出克里斯提尼新建各区的人为领地性质，或者就是不是所有地方的人都还记得或者会纪念这些地方的创建者，在这种情况下，没有什么不符合‘区’确实具有明确领地特征这一结论的”。她认为，后一种说法得到了更多支持，但是这句话很模糊，两种说法都不能以它为依据。（注152）这当然不够坦率，因为她的解读或有力或无力的形式支持了她的论点，但是无力的形式却是最有说服力，它与两种解读完全一致，认为克里斯提尼改革的主要目的是登记人口，而且粗略的土地划分是达到这个目的最容易的方式。正如罗兹指出的，一个用于这个目的的“区”“可以是村庄和它周围的土地（或者可能更确切地说，是一个村庄和它的居民）”。（注153）这不意味着各区有固定的边界，不是那些严格建立，而且有公共记录的（真正意义上的）“区”。

的确如此，而且这种对最终结论的强调，证明了这些改革的地理性质只是临时性的，这是因为成员资格是世袭的，之前四个部族的成员资格以血缘关系世袭。（注154）尽管试图将人们重新分进十个新部族，但可以肯定，克里斯提尼将他的这些部族定为世袭部族，正如单个的区一样。（注155）然而，新的划分在改革的当时可能是地理上的，但在之后仍然是世袭的。因为即使一个人迁移，他仍然属于他父亲的那个区。（注156）通过使区属资格世袭，克里斯提尼放开了土地的流动，即使只是在模糊意义上，而且使这种资格更加密切地回归血缘关系。（注157）然而，区域的名称，即通称，开始代替父姓。（注158）换言之，此前的情况被混杂起来，在这种新情况下，位置是相当重要的分配原则，然而潜在的理论基础仍然大体未变。斯坦顿的见解不无道理，以十个人为部族取代四个爱奥尼亚部族，并不是寻求城邦统治逻辑的根本改变，而是有利于克里斯提尼本人的派系改革。（注159）

虽然这些改革明显富有争议，仍然可以看出三个关键点。第一点，“区（demos）”一词——如同城邦——有两重含义，既是特定的地方也是这个地方中的社群。（注160）第二点，将城邦划分成区的机制，可能与当时数学概念的流行有关。两者之间没有直接因果关系，只是有关而已。然而关键点是，与莱维克与维达尔-纳克的论点相反，数量的划分与基于算术的各种理解胜于几何意义上的理解。（注161）第三点，也是最后一点，这些是实际的改革——政治实践，而非柏拉图和亚里士多德等哲学家的设计。

柏拉图的《法律篇》

虽然柏拉图的《理想国》是他被最频繁引用的文章，但是较晚的对话录《法律篇》因为包含更具体的分析，其实更具建设性意义。（注162）《法律篇》讲的不是《理想国》的乌托邦思想，而是为一个实际的城邦设计的计划。《法律篇》与《理想国》的刻板严格不同，而是与《政治家篇》相近，柏拉图在这一篇不再认为政治统治应当有数学性的设计和实施。（注163）像在《安提戈涅》中一样，这篇对话录也有地方与社群的交织。《法律篇》是三位长者之间的对话，他们是克里特的克勒尼阿斯（Kleinias）、斯巴达的麦吉卢（Megillus）和一位雅典的陌生人——实际上是柏拉图本人。（注164）在第三卷中，最初的序言之后，克勒尼阿斯向另外两人透露，克里特正在试图建立一个殖民地（定居点），他请求他们帮助——最初在理论上——订立这个殖民地的法律。（注165）一个殖民地通常都是一个现有城邦的定居者建立的，他们在新的殖民地享有自治权。（注166）虽然他们与原来的城邦分离，但比起其他城邦来，他们还是会与原来的城邦有更紧密的联系，（注167）但是，他们自然不会宣告独立。这里有一系列有趣而重要讨论，可以帮助我们达到分析的目的。因为现代作家们，如戈特曼，宣称我们在柏拉图的作品中，特别是《法律篇》中发现使用了“领土”一词，这里的讨论就尤其需要强调。

戈特曼引用了两段，一段出自第四卷，一段出自第五卷。（注168）前一个段落是雅典人和克勒尼阿斯讨论应当把新城邦建在哪个位置。第二个则是他们讨论新城邦土地如何划分。（注169）戈德曼认为，这个段落说明的是领土的概念隐含在建国讨论之中。（注170）这样解读的危险在于，用现代概念倒推去解读古代的思想。能为我们解读这些段落的目的服务的有四个重要的词：“城邦（polis）”“地方（topos）”“国家（khora）”和“土地（ge）”，但有趣的是，对这部著作的各种翻译或评论很少对这四个概念提出问题。

前三个概念可以在讨论新城邦的情况中找到。正如施特劳斯所说：“然而，第一个重要问题关系到未来城市的地点，或者更基本的——它的领地的自然条件。”（注171）雅典人询问了这个城邦是临海还是在内陆，还有它的港口及周围土地的情况，是否有相邻的城邦。（注172）第一个词“城邦”本身已经讨论过了，但在这里值得注意的是，它通常被译成“国家（state）”（桑德斯与伯里的译本），“城市”（施特劳斯与潘格尔的译本），或“城邦”。在对《安提戈涅》的解读中，为了在讨论的过程中让这个词的意思自己显露出来，将不予翻译。第二个词“topos”经常被译为“场所”或“地方”。在这里，潘格尔用的是“场所”，伯里用的是“所在”，施特劳斯用的是“位置”，莫罗用的是“地点”，桑德斯用的是“真正的基础”。这些词基本上够到位了，但是“场所”及相关词汇源于拉丁文“locus”，容易引起混淆，所以我们用“地方”代之。然而，结合上下文，用“地点”或“位置”实际上也许更好，因为讨论的是新城邦建立的地点。雅典人问它离海多远——80斯塔德，大约10英里；（注173）有没有好的港口等问题。（注174）实际上，莫罗提出，克勒尼阿斯“给出的对新殖民地的描述……表明了柏拉图心里想的是南克里特的一个具体位置”。（注175）

在雅典人问城邦四周的土地这一段中，出现了第三个词“khora”。“Khora”一词是整个柏拉图词典中最麻烦的词之一。它只在《蒂迈欧篇》（Timaeus）被简短地提到过，这一篇已经得到亚里士多德、普鲁塔克、普罗提诺、谢林、黑格尔、海德格尔、德里达等一系列思想家的评价。（注176）这个词有一种被强调的哲学上的重要意义。约翰·萨利斯有将“khora”的意义与“地方”等同的嫌疑，如他提出“khora”应当被视为“存在的另一面，是存在的外部，那会使外在性成为可能，还使得某种食物的外部存在成为可能”。（注177）正是这一点决定了它被女权主义的文本解读成母亲、接受器、子宫的可能性。（注178）萨利斯提出，“khora”在《法律篇》中频繁出现的频率是“任何其他对话无法比拟的（包括《蒂迈欧篇》）”，“然而，在绝大部分篇幅中，这个词的意思似乎回到了前哲学意义上，即土地、领土（领地）、国家，而不是在生物分布学方面围绕这个词的讨论层面的要求”。（注179）但即使在《法律篇》中，这个词也相当复杂。重要的是要注意，柏拉图没有提到城邦的土地，而是在讲它周围的土地，戈特曼和莱奥·斯特劳斯都将它当作“领地”。（注

180）那么，这样合理吗？雅典人并没有把它当作新城邦的版图，而是把它当作资源，更像是周边地区情况的问题，而不是地产勘测问题。桑德斯的翻译是“周围的乡野”，伯里的翻译是“周围的乡村”，或者潘格尔的“周边土地”更为忠实准确。用“peri”似乎是表示“khora”是相对于城邦的外部地区。莫罗在他的评论中提出，重要的是地形（terrain），（注181）皮卡德曾经提出希腊文“khora”在希腊化的小亚细亚使用过，在那里“指的是村庄的附属领地”，而它对应的拉丁文词汇应当是“terra”“agex”或“pagus”。（注182）这个例子里有趣的是，这不是可能被其他邻近城邦声称拥有的土地，因为克勒尼阿斯告诉雅典人没有这样的土地。现代的领土概念，指的是一种有政治和地理界限的空间，属于一个国家，或由它控制，似乎与这里讨论的不一致。

要讨论的第四个词在土地的划分和分配中出现，（注183）现在出现了非常重要的问题。柏拉图提出土地要分成相等的部分，并且分片分配。因此必须对土地（ge）进行丈量和划分，土地分配人员（geonomoi）负责制订出一套公平分配方案。在设计新城邦的时候，雅典的陌生人指出，这个新城邦的人们是幸运的，因为他们可以避免关于土地和取消债务，以及财产分配恶意而危险的各种争议。那些老城邦则被迫立法来解决所遇到的困难，因为置之不理和进行改革都是不可能的。（注184）解决方案被提了出来，而且本质上混合了公平的意味和漠视财富的需要，（注185）因为贫穷是一个增加贪欲，而不是减少财富的问题。（注186）虽然新建立的城邦被提议不需解决已经存在的问题，但是应当在它建立的时候，采取这种宽泛的政策，以避免后来发生这类问题。既然假设在这个城邦定居的人们之间不存在问题，那么产生恶意的分配将会是极端愚蠢的。（注187）

为了避免这些问题，人口的数量应该根据可耕地的数量推算出来，然后把土地平分。土地显然需要大到能支持这些人过上小康生活，更多的就不需要了。同样，人口数量也应该达到足够自卫，并且能够帮助邻近社群。这里没有对土地进行实际测量，而雅典陌生人假设有5040个成年男子和家庭。正如莱西指出的那样，这些人既是农民又是士兵，（注188）而且选择这个数量是因为它能被大量数字整除——一共有59个，包括1到10。这个数字容易被整除，便于军事、管理、合同和税收上的多种用途。（注189）划分的土地也必须包括为神灵、亡灵或英雄准备的宗教用地。（注190）

尽管一个理想的社会应该共享一切，但是柏拉图认为这不现实，甚至认为共同耕作应该在这几位立法者必须考虑的那批人之外的事情。（注191）因此，在这5040个人中，要进行土地分配，虽然每个人都领受了一块土地，但柏拉图认为应该将全部土地视为整个城邦的共同财产。继承法应该优先考虑最受疼爱的儿子，目的是不惜一切代价保持5040这个数字。（注192）对于柏拉图来说，重要的是，城邦并不是一群彼此漠不关心的公民的集合，而是"家族或家庭的联合"。（注193）（重要的是认识到，这里的"公民"是"polites"的一种译法，是与把城邦（polis）翻译成"城市"一样，本质上是成问题的。）（注194）公民权资格并不是土地的拥有权，因为其他人也可能拥有土地，而且还因为妇女也被描述为公民，但并不拥有土地。（注195）那些拿分配到的土地进行买卖的人，将受到严厉的处罚；土地的财产权将不可转让。（注196）同样，那些试图移动边界——以此试图不正当获得土地的人——也将受到严厉惩罚；（注197）而且对于逾越边界、到边界外放牧、过于靠近别人的土地种树或烧柴，以及试图吸引别人的蜂群等行为，也会明令禁止。（注198）然而，柏拉图并不认为土地应该平均分配，而是应该根据最初丈量时的情况，按照四个等级来分配。这样分配是基于无差别的平等会导致不平等的观点。（注199）然而，随着人们变得更富裕或更贫穷，他们可以结束这些不同等级，（注200）但是怎样结束还不清楚。清楚的是只租种一块土地的价值应当是财富的下限，而四倍于此的价值就是上限。拥有高于上限财富的人，应该把高出的部分交给城邦，而城邦应该确保没有人的财富会低于租种一块土地的价值。（注201）正如莫罗指出的那样，在《理想国》中，监护人没有自己的私人土地，而他怀疑这是不是一种背离。（注202）

整个城邦（polis）同样应当进行划分。城邦本身应该位于这片土地（khora）的中心，或者如果中心位置不适合的话，尽可能地接近。城邦的中心应该被指定为卫城（acropolis），充当供奉赫斯提（Hestia）①、宙斯和雅典娜的圣地。正如卡特利奇指出的那样，"从空间上说，市民广场（civic agora），即凡人集会的地方，以及卫城，这个通常让神栖息的'高城'，是成双的，古希腊

① 也译作赫斯提亚，希腊神话传说中的女灶神，克洛诺斯和瑞亚最大的女儿，也就是宙斯的大姐。

政治网络的象征性节点”。（注203）对此，洛罗补充道，在雅典的市民广场上也有一座“众神之母”的神庙。（注204）整个地区应该被分成十二部分，它们之间的边界从中心点向外辐射。对此，莫罗指出，这样一来每一个部分都将是从城市（中心）的卫城通往城邦边界的连续区域，其中都包括市区和城郊。（注205）这十二个分区里，每个区都会有一个村庄，每个村庄都有一个集市，供奉雅典娜、宙斯和赫斯提，以及本地的守护神的神社。（注206）然后，应该把这些分区再划分为价值相等的5040块，每一块的价值应该相等，拥有土质贫瘠的较大区域等地区。这些小地块还要分成两组。让每一个人都在接近市中心的地方有一块地，在靠近边缘的地带也有一块地。这十二个分区应该分给大致穷富差相当的人，以及各自的神灵。它们都被称为部落，由420个公民组成（这个数也可以被很多除数整除，包括1到7、12、15和20）。（注207）每个部落都由一些部分组成，汤普森认为这与雅典的“族群（demes）”类似。这种对数字的迷恋还延伸到他们管理的其他方面，对全体公民的所有衡量和划分，都可以由此推导出来。（注209）

虽然保卫城邦是中央当权者——执政官、将军，以及其他军事指挥官的职责——但是，保卫当地（khora）其他地区却是个别部落的任务。每个部落都指定若干地区监察官，由他自己选定若干助手，每个月负责一片不同的区域，这样他们在两年的任职期间，就能够在所有的季节里，在所有地区取得任职经验。（注210）他们一旦上任，就要履行各种保卫当地的职责。他们要建造堡垒和挖掘沟渠，还必须保持道路的通畅，并且管理排水和灌溉。他们必须给神庙供水，为社群民众的身体健康修建健身场所，储存充当燃料的干柴，还要履行其他职责。（注211）对于柏拉图来说，整座城市的建筑设计很重要，而且雅典人认为，出于保卫和卫生的考虑，必须把神庙建在广场的周围和卫城的半径以内。（注212）但是，柏拉图却反对为城邦本身建筑围墙，因为那样会激发居民头脑中的自满情绪，土地上的堡垒和沟渠已足够防范侵略。如果一定要建造围墙的话，那么也应该从私宅造起，这样他们自家的围墙也就成了城邦的城墙。（注213）

亚里士多德的《政治学》

如果说柏拉图把注意力放在了描绘城邦的设计轮廓上，那么亚里士多德则更加关注它的一系列特征，并从中归纳出一些更基本的规则。因此，亚里士多德的《政治学》（Politics）通常被认为是对城邦的经典定义。当然，还要以《尼各马可伦理学》（Nicomachean Ethics）中的论述加以补充，因为这本书实际上就是《政治学》的后续研究著作。亚里士多德提出，人们为了改善生活，以团体或社群的形式聚集到一起，第一级团体或社群就是家庭（oikos），而这些团体就是更大型的政治社群（politikes），即城邦的基础，而城邦也就是某种类型的团体。（注214）当这种聚集起来的村镇规模的团体达到自给自足的程度的时候，这样的团体就可以称作城邦。（注215）所有这些社群看起来都是政治社群的组成部分，而人们来到社群聚集，是因为心怀为生活提供某种有用东西的目的。在亚里士多德来看来，政治社群的聚集最初是为了利益，而且后来也一直如此。（注216）由于最初的团体是自然天成的，而且人们因为生活得更好的意愿而聚合也合乎自然，于是城邦也就是自然形成的。因此，人类就是——用常用的词组来表达就是——天生的政治动物。用更符合亚里士多德风格的语言来表述的话就是：人的定义就是一种生物，他的天性——也就是他的最高目的或目标——是住在一个城邦里。亚里士多德继续说道："任何不是由于运气，而是由于天性没有城邦的人，要么是一个典型的可怜人，要么是一个超人。"（注217）

亚里士多德指出，十个人不会建成一个城邦，十万人也不行，合适的人数是在某个特定范围以内。（注218）他用了一艘船的类比来描述城邦的理想规模。一艘一拃（七英寸半）长的船，与两个斯泰底（Stade）（一千二百英尺）长的船，根本都不是船。（注219）因此，理想的规模与可用的范围有关。太小就不能自足，太大就成了国家了，就不易于形成一个组织，数量太大也难于控制，而且通报也很难被听到。（注220）他总结道，因此，理想的城邦的规模"是作为一个整体容易计量的自给自足的人群的最大值"。（注221）在亚里士多德看来，土地的面积也是如此。（注222）

事实上，亚里士多德曾经指出，在柏拉图的《法律篇》一书中，"它提出一个立法者在立法时所要考虑的只有两件事：土地和人民"。（注223）亚里士多德并不同意这种观点，而是强调人民比土地更重要。但是他也提出过一些关于土地的重要观点，值得在这里讨论。土地，或者是城邦的所在地，面积必须足够大，但是不能太大了。就像人群的规模一样，作为一个整体应该容易测量，因为易于测量的土地也易于防御。防御部队应该能够容易到达土地的各个地区。土地的布局应该不是很难描述，因为它必须让敌人难于入侵而自己的公民容易离开，但在有些方面也要听从军事专家的意见。实际上，在为城邦选择一个理想的城址时，必须考虑它与海洋和周围的陆地之间的关系。“剩下的选址原则就是城邦应该接近交通线，这样周围地区的粮食或木材，以及其他此类物产等就可以很容易运进来。”（注224）

在第七篇第十一章中，亚里士多德进一步更详细地讨论了城邦的选址问题。他认为，尽管排列的方法多种多样，但是实际上一共只有四个因素。首先，卫生条件必须保证，这包括清新的空气和清洁的水源，另外还有政治和军事上的要求——应该让“居民易于从城邦出动，但是让敌人很难靠近和封锁”——以及秩序或美感。（注225）亚里士多德认为，是米利都（Miletus）①的希波丹姆（Hippodamus）②在公元前五世纪发明了城邦的分区，并为庇拉伊斯（Piraeus）③设计了街道规划图。对城邦的划分包括对市民的划分（分为匠人、农民和拥有武器的守军）和土地的划分（圣地、公共场所和私人场所）。（注226）按照希波丹姆的方法，城邦的格局应该拥有直线排列的住宅区，按亚里士多德的说法，这样做虽然更顺眼，各种基本用途都更方便，但是如果出于安全目的考虑，那么还是古代的方法更好些。（注227）因为，这样一来就会使外来军队难于进入和辨别方向。亚里士多德建议房屋应该按葡萄串的方式排列——也就是，像骰子上的五个点的排列一样——或者是呈“X”形。这就意味着，某些部分和地区以直线排列，但整个城邦并非如此。这就既能满足安全需要又能够满足美感的要求。（注228）对城墙的要求也应该达到类似的平衡。城墙是必要的，有了城墙的城邦就可以当作拥有城墙或没有城墙那样进行行动上的选择，而没有城墙的城邦则别无选择。要建议一个城邦不设城墙，就相当于是把一

---

① 今土耳其境内的古希腊城邦，位于小亚细亚半岛西海岸，靠近大门德雷斯河河口。

② 公元前498—408年，也译作希波达莫斯，古希腊建筑师、都市规划家、物理学家、数学家和哲学家，被誉为“城市规划之父”。

③ 古希腊时期阿提卡地区的一座港口城市，属于雅典都市区以内，距离雅典中心城区约12公里西南方的萨洛尼卡湾海岸。

座山推平了，好让它的土地更易于被入侵，或者是说围墙使房子里的居民懦弱。因此，军事要求是非常重要的，尤其是在近来围城武器引入之后，应当允许军事专家来决定需要建设什么样的城墙。但是城墙同时还应该提高城邦的美感。（注229）

亚里士多德指出，土地“应该属于那些拥有武器并参与城市构建的人”，同时他还解释了为什么农民阶级应当与他们不同，以及应该有多少土地以及是何种土地。因此他觉得讨论土地的分配有一个次要任务，即农民应该是怎样的以及农民应当成为哪类人的问题。他认为他不能同意“那些认为土地所有权应该公有的主张，但是却认为土地应该共同使用，就像朋友之间那样，这样就没有公民需要别人供养了”。（注230）因此，“土地必须分成两部分，一部分是公有的，而另一部分是属于私人。而其中的每一部分还要再分成两部分：公有土地的一部分是应该用于敬神的公共服务，另一部分则用于支付军用开销。而在私人土地中，一部分必然接近边界，另一部分必然接近城邦，这样一来每个公民都会分配到两块地，所有人就会在两个位置都有一块地”。这样做的原因并不仅仅是为了正义与公平，而是因为在与邻邦发生战争的时候，这样做会有利。否则，那些住在远离边界的地方的公民就会对战争的前景漠不关心，而那些住在边界附近的人则会过于担心。（注231）

因此，在亚里士多德看来，公民的资格首先必须是要求“共享他们的位置，因为一个城邦就是占据一方，而且公民共享一个城邦”，这是核心问题。（注232）亚里士多德在讨论城邦的身份认同条件时指出：“探讨这个问题的最表面的方法就是着眼于它的位置和人民。”一个城邦的人民可以彼此分离，“一些人可以住在这个地方，而另外一些人可以住在另一个地方”。（注233）不足以说居住在相同位置的人们应当被认为属于一个城邦。（注234）同样对于城邦的组织来说，不足以称那些共享城邦居住区的人属于一个城邦，因为诸如外来人和奴隶这样的其他人也居住在居住区里：

然后显而易见的是，城邦不是人们对共同位置的共享，也不是为了彼此交换物品和防止互相危害的目的而存在的。当然，如果有一个城邦的话，那么这些现象就必定存在，但在这些现象都存在的情况下，却还是不能构成一个城邦，而是只有当许多家庭和家族生活富足，是一个以全面自给自足的生活为目的团体，才能构成城邦。但是，这种情况只有在他们居住在同一个地方，并且彼此通婚时才会发生。（注235）

因此，在亚里士多德看来，城邦的根本定义就是，它是“一种团体，一种共有一个组织的公民团体”。（注236）这种家族团体与城邦之间的联系不是无关紧要的。在《欧德美亚伦理学》（Eudemian Ethics）中，亚里士多德提出，人类不仅是政治动物，也是家庭动物——也就是说，人是一种天性要过家庭生活的生物。（注237）亚里士多德继续写道：“在家庭中存在着友谊、政体和正义的原始本原。”（注238）在《政治学》第三篇的开头，亚里士多德承认，关于组织的第一个真正的问题是什么是城邦。第一个问题还需要进一步细分，因为城邦是一个混合体，它的第一部分是公民，因为“城邦就是由一群公民组成的”。正如前面已经指出的那样，公民并不是指住在同一个地方的人，因为外邦人和奴隶也可以分享住宅区。相反，公民是指有资格参与城邦公共事务的人，因此城邦就是由这样一群足够自给自足的人构成的。（注239）

可以把亚里士多德对城邦的理解，与柏拉图或克里斯提尼的理解做一番有益的比较。在两种更早期的规划里，更强调对土地和居民的数量划分，而亚里士多德则相反，强调的是对关系和平衡的需要。正是因为这两种规划引入大量的除数，柏拉图才提出数量上的要求，并选择精确的数字，而亚里士多德则对规模的可能范围更感兴趣。正如亚里士多德对几何学的理解与算术不同一样，他对政治地位的理解也不引入任何简单的划分。柏拉图对城邦土地的理解贯穿着一种粗略的量化——是把几何学简化为算术模式——而克里斯提尼的各种改革很大程度上是依赖于当时的数学模型，亚里士多德提供的理解则是基于定性化方法。正如维拉特所说的那样，在亚里士多德看来，“对于城市、人和空间的一切量化定义都是有缺陷的”。（240）

因此，算术与几何学之间的区别是个关键。在亚里士多德看来，关键是要记住算术是关于单元的，而几何学是关于位置点的。单元是与独有或者单独联系在一起的，在数量上是不可分的。而位置点，也像单元一样，是不可分的，但是与单元不同的是，它还有另外一个属性，就是位置、方向、次序或排列上的属性。

单元是不可定位没有位置的；而点是可定位，有位置的。（注241）亚里士多德指出，单元和点不能相提并论，因为它们的连接方式是不同的。数字有序列。另一方面，任何可感知的事物都是有长度和体积的，因此应该被理解为连续体。它是连续的，不仅在于它的端点汇聚于一处，而且因为一个端点与下一个端点是相同的。点的特征就是接触性，事实上它们是由接触决定的一种序列。但是单元却只有序列。几何上的点的连接方式的特征就是连续体，而数列——它们不需要有接触——的特点则是次序。（注242）

换句话说，几何学与分配无关，因为这样永远也达不到问题的核心。在亚里士多德看来，更高级的几何图形不是由低级几何图形简单组成的——比方说，一条线永远要比一串点多。（注243）算术的对象是数字，是关于分配的可能性。亚里士多德认为，几何学更多关注的是地点和位置。因为一切都趋向于它的正确位置，因此是属于定性工具而不是定量工具，在计算中，使用的更多的是比例、关系和平衡，而不是可分性与可计量性。另一方面，在柏拉图和克里斯提尼那里，对于人民和土地的划分是以定量化而不是以定性化方式来理解的。数字与计算问题对于他们对希腊城邦的测定至关重要，这并不符合当时流行的几何学上的理解。在柏拉图看来，比起埃及人的实际土地测量来，几何学更属于一种抽象的演绎科学。（注244）而在亚里士多德看来，城邦与人民关系到的是定性化的尺度——关系和平衡——这个项目与他对几何学的理解更为接近。（注245）

这种区别可以在他著作中的很多地方找到。在《政治学》中，亚里士多德提出所有的城邦都既可以用定性化方法测量，如自由、财富、教育和地位等，或者可以用定量化方法，用更大的数值来表示。（注246）这就意味着，在城邦中的穷人会在数量上超过富人，但是富人也可能在定性化的测量中超过穷人。因此，有两种平等，即数量上的和价值上的平等。亚里士多德主张，他将“数字”用在平等和在体积或数量方面平等和相同的事物上，而把“价值”用在通过比例相等的事物上。（注247）在亚里士多德看来，民主的问题就是建立在一种粗略型的平等之上（算术平等），其中所有人都被同等对待，而不是更合乎关联性或比例类型的平等（几何平等），其中只有均等的才受到平等对待。（注248）这就是为什么他主张在选举中，应该把数值权重和定性加权结合起来。（注249）实际上，按照他的说法就意味着要把有些选票的计数比其他选票多。他在《尼各马科伦理学》

中，关于正义也提出了类似观点——正义是合乎比例的，而不是合乎粗略平等的，因此是几何上的平等，而不是算术上的平等。（注250）

这样就出现了一个有趣的矛盾。虽然柏拉图对土地的划分看似几何学划分，但是它实际上却与他所理解的算术更接近。同样的结论也同样可以用在克里斯提尼身上，尽管在书中对他有很多种不同的说法，但是比起土地来，他更关心的是人群的划分。而在亚里士多德那里，土地和位置的重要性都被降低了，因为在他看来，几何学——属于定性化而不是定量化的方法，使用的是关系、比例和平衡而不是计算——比算术更重要。

地点与社群

如前所述，亚里士多德的定义通常被当作经典定义。但德·波利尼亚克指出，这种认为城邦是一群公民的集合的定义太狭隘了。即使在古典时代，它也排除了所有不亲自参与政治事务的人，而更早的时期，当各种区别还不那么明显的时候也不准确。德·波利尼亚克认为，在当时，应该是一种更松散的社会实体——基于特定位置而形成的一个社群的各种成员间的关系网络，（注251）城邦就是“在一片领土上，在政治机构所在的中央居住区周围形成的社会单位”。（注252）而在妮可儿·洛罗看来，“城邦是建立在它的领土上的一个公民集团”。因此，在这个城邦的定义中有两个关键成分：土地与人。（注253）“公民”明显是指一个特定群体：不是外邦人，也不是奴隶，而且只是男人。而她对此进一步论述道：

> 在这片土地的中心，市区空间，即城市生活的实际区域，被三座高耸建筑物分隔开来：卫城、公共广场和国家公墓。这个社群是由公民和他们的妻子（她们也被称为雅典人，但不是雅典公民），以及两种非公民群体——外邦人和奴隶组成。（注254）

洛罗的（城邦）由两部分组成的定义，再加上德·波利尼亚克和其他人的补充说明，看来是对于城邦的最好的广义上的阐释。这样一来，前面的那些解读——关于神话、悲剧、克里斯提尼、柏拉图、亚里士多德——就都可以在这个整体背景内部理解。但是，正如我们已经了解的那样，这些解读并不都是在简单的意义上符合这个定义。

里夫提出，在亚里士多德充实他的抽象理论的时候，“我们发现一种亚里士多德式的城邦，在一些重要方面，它很像一个现代国家：它制定宪法，设计和颁布法律，制定国内和国外政策，控制军队和警察，宣战，实施法律和惩罚犯罪的权力。”（注255）然而，正如海德格尔令人信服的证明那样，要把现代政治观点放回到希腊思想中去解读是有问题的。虽然我们对政治的理解是从城邦发展而来的，但是已经随着时间的推移而发展和改变了，因此我们已经无法用现代的政治理念去理解城邦了。（注256）从前文的讨论中可以看出，城邦的概念确实既不等于也不能简化为现代国家的概念。对于希腊城邦概念与现代国家概念之间的区别，卡特利奇做过有益的概括。（注257）在卡特利奇看来，二者之间的差别在于，希腊政治行为的直接、非中介式的参与特性，缺乏任何黑格尔式的公民社会，缺乏分权，没有真正意义上的主权，没有政党、反对派、警察、或者个人权利。所以说，把城邦译成“国家”看来是不恰当的，因为这会使人产生一种以现代国家的定义去理解它的倾向。（注258）正如卡斯托里亚迪斯指出的那样，“希腊城邦不是现代意义上的‘国家’。‘国家’这个词在古希腊不存在（因此，现代希腊人不得不发明一个新词。实际上，他们选择了用一个古词kratos代替，意思是‘纯粹的力量’）”。（注259）

同样，翻译成“城市”也是有问题的，因为这会让我们从现代城市的意义上理解它的含义。一个城邦当然会有一些郊区，因为它需要供养它的居民，而且尽管城市地区通常是注意力的焦点，但是城邦这个词并不仅仅是指城市中心。（注260）正如西利指出的那样，有时更大型的城邦也有附属的农村。（注261）德·波利尼亚克认为，当农业成为食物生产的主要形式时，永久地获得土地的需要就变得更加重要，光靠临时的劫掠是不够的。（注262）他认为，这引起了对军事力量的理解上的转变，也就是说不能再像短跑冠军那样，偶尔靠突然袭击进行掠夺，而是有必要对领土进行系统地防御。因此，农业导致了城邦的领土性社群的诞生。（注263）从词源上说，城邦这个词与城堡（akropolis）有关联，而且可能还与迈锡尼[①]式的词根ptolis有关系。曼维尔注意到一种模棱两可的情况——即城邦既可以指“城市”，而且不包括周边城郊地区，希腊语对此用“astu”一词，或者指“一个更大而且更正式的实体……意思是小型而分散的政治单元，由一个中心城镇和它的周边领土组成”，这个我们通常译作“城市国家”或者“国家”。（注264）斯塔尔指出，“实际上，城邦是指一个确定的地理单位，其中公共活动集中于一点，即城邦区”。（注265）然而，这个中心也没有明显地与其余部分从地形上——正如亚里士多德指出的，并不总是有城墙——或政治上分开。（注266）

一方面，城邦是一处地点或地方，是地图上的一个确定的位置。以柏拉图的《法律篇》一书为例，在这部书的一开始，雅典人与克勒尼阿斯之间的关于建立城邦的讨论中，第一个关键的问题就是选址问题。雅典人问是在海上还是在内陆建立城邦，并且提出了关于它的港口、周围的土地，以及是否有邻近城邦等问题。（注267）在结束了关于选址的讨论之后，这位老人又把话题转向了居民。（注268）曼维尔认为，在对城邦定义的过程中，“国家”这样的政治术语和“公民主体”这样的概念都受到了考验：实际上，公民权既有法律上的被动意义，又有社会上的主动意义，同时也意味着“宪法”，因此它与城邦之间是互相依存的。（注269）城邦与政体并不是分离的。

在此，曼维尔的总结性定义是值得记住的，他说：“希腊城邦，是由居住在一个确定的，周边有可耕地的公民中心构成的领土范围内的人民，组成的一个政治自治社群。”（注270）因此，尽管城邦肯定含有今天我们所想的类似国家的政治机构，但是却没发现这个政治机构控制或管制一个独立的公民本体。尽管洛罗的提法肯定是对的，她说：“一场冲突，在还没有演化成争斗的时候，就已经在城市中间存在了。”（注271）这不是统治者与被统治者之间的简单划分。正如卡斯托里亚迪斯所指出的，政体同时意味着政治机构和人民处理公共事务的方式。（注272）而城邦是在一个界限明确的区域之内的，带有各种政府特征的社群。

---

① 指古希腊公元前1600年至前1100年的古典文明时期，因雅典西南约90公里的迈锡尼城遗址得名。

在许多地方，社群方面的特征超过了地理特征。据亚里士多德所述，修昔底德提出凡是士兵扎营的地方就成了城邦的说法后，接着说道：“是人创造了城邦，而不是城墙或没有船员的舰队。”（注273）在另一处，修昔底德还记下了伯利克里说过的话：“我们应该哀悼的不是房屋的损失，或土地的损失，而是生命的损失。人们还可以重新获得这些财物，但是他们却不能再重新获得人。”（注274）埃斯库罗斯在《波斯人》一书中，也提出过类似的观点。他说，只要人还在城邦里，那么它的防御就是有保障的。（注275）斯坦博指出，在修昔底德记录的伯利克里的葬礼演说中，他并没有提到城邦的纪念碑，而只提到了私人的房屋，而且相当强调成就和思想：“雅典人的认识是组织性的而不是物质的，是政治的而不是土地的。”（注276）这正如本章第一部分所概述的那样，本土的观念——就是从那个地方的土地出生后，他在那里生活的地方——对于雅典人和底比斯人来说，都是极为重要的。

而在可以发现位置和社群的相对重要性之后，由此看来显而易见的是，在思考城邦的时候，需要把这两个概念放在脑子里。在思考人民的概念的时候，也会遇到这种类似二重意义，在克里斯提尼的改革中，表现得很明显。尽管在古典和现代作者那里都表达了对城邦的这种双重理解的支持，但是大多数现代译本中，这个名词还是被翻译成“城市”或“国家”。偶尔会使用“城市国家”的译文，其中一个原因是这种译法可以用来描述后来的政治组织，如罗马共和国或十五世纪的意大利。但是这也导致了混淆。

本章的讨论显示的是，希腊的城邦并不总是同一种类型的政治组织或团体，而且在不同的情况下，侧重点会在它的不同方面转移。比如，在土生神话中，人民与他们所出生的土地直接联系起来。在这里，两个关键术语就有了一种有机的无法割裂的联系。《安提戈涅》这部戏剧，本质上是关于安葬的仪式和权利的问题，特别是在城邦范围之内，剧中也表现了人民内部的各种紧张关系。从城邦的统治者到另一个王室成员，通过更广泛的社群和他们在歌队的代表中介，以地域与居民之间的紧张关系突出城邦的本质。然后，在克里斯提尼的改革中，在毕达哥拉斯数字的影响下，人们可能首次共同努力思考这些特征的可分性、可控制性和可划分性。在柏拉图的《法律篇》中，这种对土地和人民计算性理解，被提到了一种象征性的，但仍然是粗略的水平。然而在亚里士多德的《政治学》中，这种定量化的理解被一种对关系和平衡的定性化的理解取代。

正如德·波利尼亚克所认为的，雅典可能并不是城邦的最佳范例，而是一个特例。其他城邦的结构更加松散，并不是这样向中央集中。同样，他也提出使用“城邦”这个术语来描述“几何时期”——公元前八世纪前的希腊艺术时期——可能会极有误导性。他在分析中并没有放弃中心点的构思，而是辅之以中点，并且提出了正是位于边界与中心、边界圣殿与中心圣殿之间的中点，才是理解城邦的核心。他提醒人们不要不加选择地任意使用这些词汇，但是建议：“如果没有把奠定公民社会文化因素的中点供奉在神龛的顶端，政治就不可能存在。”（注277）他指出远郊的圣殿通常都设置正处边缘的位置上，或是在整个领土的边缘，或是在城邦中心与土地交界的地方。（注278）在莱斯博斯岛（Lesbos）①，有一座圣殿处于与四个城邦等距离的位置上，由这四个城邦共享。（注279）德·波利尼亚克认为：“从根本上说，这些城外的圣殿象征着从土地向领土地位的过渡。”（注280）不同类型的城邦，边界的情形和对边界的态度也不同。如果他们在城外占有大片土地，而又没有邻邦，那么他们就不会像一个土地与城邦中心联系更加密切，而且宗教游行队伍一直会从中央通往边界圣殿的城邦那样在意边界。（注281）

可是，以上种种对城邦的理解，都不能简单地等同于对一个在明确划定的领土边界范围以内拥有人口的对国家的现代理解。德·波利尼亚克指出，“城市（城邦）与领土”对于我们看上去是那么熟悉，以至于看来不需要任何提醒，尽管它们可能并不适合他所讨论的时代：

> “领土”概念，在古典的意义上，即在有明确边界的空间内部行使排他性主权的概念，在对几何时代末期的希腊的使用上，要小心使用。因为在那个时期，对于“公民的空间”的严格意义上的边界的设立，以及据此预设的政治完善程度，都并不总是像古老时期晚期和古典时期那样明确。（注282）

然而，把土地翻译成“领土”，即使在这些后来的时期，也仍然是一种简

① 位于爱琴海东北的一座希腊岛屿，为全希腊的第三大岛。

单化的做法。战略学家会在修昔底德的著作中发现某些国家和领土的现代概念，但是一旦与希腊文进行比较，那么其中的许多关键段落就马上变得相当模糊。比如，在波斯王与斯巴达王的条约中写道：“现在国王所管辖的所有土地和城邦，以及他的祖先过去所管辖的土地和城邦，都归国王所有。”（注283）在这里，城邦和土地是不能进行简单化翻译的两个术语，需要在不同的语境和时代背景下理解。因此，古希腊的理论和实践并不能成为各种现代观念的直接来源。

第二章

从城市到帝国

自从古罗马城在意大利半岛，以一个小小定居点简陋草创之后，便迈向了统治欧洲西部、中东以及北非地区一千年的历程。塔西佗（Tacitus）[①]的《编年史》（Annales）——一部古罗马历史叙述的开场白，解释了“当古罗马最早成为一座城市的时候，它的统治者是国王”。（注1）直到这部编年史事件开始的年代即公元前1世纪的内战时，（注2）罗马还是个共和国。这将涉及到两个关键人物，这两位是同时代的人，而且共同展现了罗马共和国晚期的军事力量、法律与政治体系。对这两位进行简短评述是值得优先进行的。

最先关注的是政府模式。古罗马政治有时可以用罗马元老院与人民（senatus populusque Romanus）来概括，其标识“SPQR”常常出现在钱币、古罗马军团的徽标，以及其他物品上。它显示了元老院——年长者的立法机构（“senex”意为“老年人”）——掌握了相当大的权力，人民是元老院的补充，保留了一些权力，如宣战权。不过，元老院在投票权上大大超过了人民。贵族与平民的区分起源于一种社会性的、非种族性的划分。（注3）第一章提过古希腊语“demos”一词表达的“人们”这一层含义，这个词能够表示公民或许多穷人。拉丁语“populus”同样具有这种双重含义。（注4）时过境迁，政府机关在程序方面变得越发复杂而且晦涩难懂。（注5）立法机构是根据罗马的古代部落组织起来的，部落也是征税、人口普查及征兵单位。这些部落是综合世袭制度与地理因素组建的，开始时是三个以家族为名的部落，后来的各部落以各地区为名。公元前3世

① 全名普布里乌斯·科内利乌斯·塔西佗，约公元55—120年，罗马帝国时代的元老和著名历史学家。

纪，罗马一共有35个部落，城区中有4个，其余的则在乡间。在古罗马共和国晚期的时候，这些部落越发不易区分。（注6）这有许多原因，而基本原因是各地人口的大量增加。罗马本身的居民数量当然也在增长，但是也有一些人口变化是因为同盟者战争（Social War）（公元前91—前88年）[①]产生的，这场战争使公民权在意大利扩展得更为广泛。（注7）

这就导致了第二个重要问题。罗马的政府发生了变化，而它行使职权的疆土也在发生变化。罗马最初地处古城，即圣域边界之内，但疆域随着时间推移不断扩张，而且罗马肯定对周围各地区行使了控制。贝洛赫认为，在公元前5世纪末，16个旧部落地区面积为822平方公里，到布匿战争[②]时期已经扩张到23226平方公里。（注8）布匿战争中的某些战事可以被理解为是防御性战争，为保护罗马免遭敌人侵袭，意在确保罗马的防线安全；另外一些战事则是侵略性的，而且更明显是为了掠取土地。（注9）发动战争的关键需求之一是农业用地：哈里斯估计在第二次布匿战争时期，罗马统治区已经扩张到9000平方公里。（注10）这种情况对了解组成由附带农地的城镇组成的日益扩张的帝国——一种以罗马自身为模板的扩张是极为重要的。这为政治管辖与征税权提供了一个清晰的统治架构。（注11）城市或城镇被称为“urbs”或者有时被称为“civitas”；周边地区被称为田野（ager），或者城郊（pagus）。（注12）这些城市是政治的根基，但是公民权与家族出身及法律地位联系在一起，而不是由出生地及居住地决定。然而，罗马城本身直辖的各部落，随着时移世易变得更为复杂。军人在兵役结束后所得的回报成了核心问题。自从土地往往被视为关键财源后，仅仅给予金钱是不能被接受的，于是土地成为越来越普遍的酬劳来源。（注13）在普鲁塔克的希腊文作品《罗慕路斯传》的记述中，就有萨宾人的土地被分配给罗马公民的例子。（注

① 公元前四世纪至三世纪，罗马征服意大利全境后，被征服的意大利部分居民与罗马居民一样享有罗马公民权，另一部分则没有这种权利。“同盟者”就是对不享有罗马公民权，但在内部可以实行自治的被征服城邦和部落居民的称呼。前91年，罗马护民官德鲁苏斯提议给予同盟者公民待遇，遭到抵制，遇刺身亡。德鲁苏斯之死，导致原本就对不能享有罗马公民权不满的同盟者决意起兵反抗罗马。反罗马同盟以马尔西人为首，所以这场战争又被称为“马尔西战争”。经过三年鏖战，反罗马同盟被罗马软硬兼施的手段瓦解，以罗马的胜利告终，但多数意大利同盟者获得了不同程度的罗马公民权。

② 布匿战争是古罗马与迦太基争夺地中海西部霸权的战争，一共三次。最终罗马获胜，灭亡迦太基，取得地中海西部的霸权。因迦太基是腓尼基人的殖民地，而罗马人称腓尼基人为布匿，因此历史上把这三次战争统称作布匿战争。

14）在当时，进一步建立殖民地背后的主要目的之一，就是以土地回报那些在为获得土地征战的部队。（注15）但是，认识到生活在某片土地上的一群人会被否认拥有土地产权，还会经常被驱逐的时候，地块的划分导致土地所有权的分化是很重要的。在土地、财富与政治权力之间存在清晰的关联性，这是就反作用于罗马的影响力而言的权力，而不是从紧密结合的、连续性的以土地为基础的各种权力。（注16）

恺撒与战争地理

无论怎样评价，盖乌斯·尤利乌斯·恺撒都堪称一个非凡人物。他是一位政治家、战士，而且也是一直被认为是堪称措辞清晰、文辞优雅的拉丁文作家的模范，他被谋杀成为西方历史中最为臭名昭著的事件之一。（注17）在这里关注的是他的两部名作：公元前51年到公元58年，他在高卢时期的记述，即《高卢战记》（De bello gallico）；（注18）另一部是记叙他返回罗马时所发生的内战的《内战记》（De bellum civili）。（注19）《高卢战记》是按照战报的形式来写的，这些内容多大程度上经过事后润饰存在争议。然而，如爱德考克所说，这些内容几乎可以肯定是在他开始对罗马共和国的各种理念耍弄政治阴谋前写成的。（注20）第二部《内战记》则详细叙述了内战中的争斗。（注21）按照卡里的评价："在作品流传至今的罗马历史学家中，恺撒对地理学具有一种超越他历次战事细节之外的了解。"（注22）

《高卢战记》的开篇中就说明了他对地理的兴趣："整个高卢被分为三个部分，其中一个由比利其人（Belgae）定居，另一个被阿基塔尼亚人（Aquitani）占据，第三部分被一个按照他们自己的语言称为凯尔特人（Celts），按照我们的语言称为高卢人（Gauls）的一群人占据。（注23）"这一则和其他各种记述中都非常清楚地说明高卢远远大于今天的法国，它包括低地国家（荷兰、比利时、卢森堡），瑞士和现代德国。高卢南部地区已经成为罗马的行省。许多年后，当恺撒以内战中胜利归来，有一个故事讲述了他委托4位希腊地理学家游历世界的各个角落去收集地理信息，很可能是为了绘制一幅世界地图。（注24）这个故事也被尤里乌斯·霍诺里乌斯（Julius Honorius）（译者注3：生卒年不详，欧洲古典时代晚期的地理学教师。）详述过，称尼科迪默斯（Nicodemus）被派往东方，迪代默斯（Didymus）去了西方，修德特斯（Theudotus）前往北方，波利克里托斯（Polyclitus）去了南方。（注25）然而，由于我们今天所熟知的罗盘方位，并不是古人所知的，根据各大陆制定的方向，所以这个故事和这些名字难免有些惹人怀疑。（注26）无论如何，恺撒在他们返回前就被谋杀了，而且就赫福德大教堂（图见下文第4章）发现的世界地图来说，奥古斯都被认为是派遣地理学家执行游历世界和绘制地图任务的人。（注27）

然而恺撒没有按照一个拥有地理思维的历史学家的方式写作。例如，罗森就提出，值得注意的是，恺撒花费如此多的时间来讨论高卢的地理，这样的问题“哪怕有一份标注了主要河流的简单地图”，就会更加清楚。罗森注意到，没有任何迹象说明曾经有过这样一份哪怕可能在后来遗失的地图。（注28）许多最新版本的《高卢战记》填补了这个空白。（注29）但这是在推测当时对于事物的一种共同理解，而且罗马人使用地图，或者为了他们的地理工作需要使用地图的证据是缺失的。（注30）

例如在现存的恺撒的所有著作中，从未提及使用地图，而且即使他曾经使用过，也只可能是一份“小尺寸的草图”。（注31）恺撒是从地面视角描述的：各地之间的交通线就是行程的连线，对各地见闻的详细描述，也就是他和他的部队行军通过各地的所见所闻。（注32）在这些描述中，通常来讲，恺撒的语言一丝不苟而且往往不经任何修饰。爱德考克指出，恺撒有一种倾向，那就是用最恰当的词汇描述事物，然后坚持这么做，强调措辞的精准与重复性。（注33）对地理学术语的使用来说，这当然是正确的。（注34）尽管是根据译文的推测，但恺撒从未使用过“领土”这个词，代之的是标出各处土地的界限，而且会偶尔超出军事地理意义的经济关注范围，使用“土地”一词表达大地或地面的意思。他对历次战役的描述具有强烈的地理意义，将空间视为一种战略媒介，而不是被动的背景。以下是一个很有代表性的例子：

我们的军官为营寨选择的自然地形特征如下：那里有一座山，从山顶而下的匀整斜坡一路延伸到前文提及的桑布尔河。从河边地势沿着另一座山的类似斜坡上行，两座山彼此相对，这座山的山脚下大约有200步的开阔地，再往上半山腰有丛林覆盖，因此从外面不易察看内情。敌人就隐藏在这片树林之中。在沿河的

开阔地里，可以看见一些骑兵的身影。河水大约3英尺深。（注36）

然而当恺撒使用间隔“spatium”这个词的时候，他的意思是指距离或长度，而不是容器意义上的空间，或者有时候表示一个简单的时间跨度。（注37）例如他在详述一个时刻时写道：“当第一军团已经到达营地时，其余部队还间隔着很长一段距离（magnum spatium）。”（注38）以及描述一种砌墙方法：每一块屏障都“通过将一块块石头码放在一起，彼此保持一定间隙的状况下，将其紧密地垒砌在一起”。（注39）间隔（隙）“spatium”这个词用于表达这个意思，在古典拉丁语中是最显著的用法。它的另外一个意思是二轮战车的马鞍，通常以复数使用。（注40）恺撒只是很少使用这个词来表达正在接近一个地区，描述砍伐森林这种防御战术的方法，例如：“用难以置信的速度在几天内清除了很长一段距离。”（注41）有一次，他用这种用法来谈论土地的范围与一个地方的人口，在阿基塔尼亚的这个例子中，他使用的短语是“这一地区范围的家庭人口的总和”。（注42）

恺撒时常用“fines”这个拉丁文词汇来表述边境，例如通过塞夸尼人（Sequani）①与埃杜伊人（Aedui）②的土地越过赫尔维蒂（Helvetti）③，“进入圣通斯人（Santones）（译者注7：高卢部族名，活动区域大致位于今圣特斯市周围的旧圣通地区。）的边境（fines）”。（注43）他多次受到如何在被高卢人、日耳曼人或者比利其人的一个特定群体控制的土地上设定边界的这个想法考验。（注44）偶尔他会具体说明那些边境容纳着一些事物，诸如当他“开进安比亚尼（Ambiani）④边境内的土地”时，（注45）或者表达“土地上最远的部分”这个意思使用这个词时。（注46）当他多个地方派驻各军团的时候，就会出现两种意

---

① 高卢人的一支，占据今索恩河上游盆地、杜布山脉和侏罗山脉谷地，大致对应今法国弗朗什-孔泰大区和旧勃艮第公国一部分。

② 属于卢格敦高卢的一个高卢部族，在索恩河和卢瓦尔河之间定居，大致对应今法国索恩-卢瓦尔省、科多尔省和涅夫勒省。

③ 即下文的赫尔维西亚人居住地的通称。赫尔维西亚人是一个高卢部族或者部落联盟。公元前一世纪，恺撒率领罗马共和国军队与之遭遇时，其正占据着瑞士高原。据恺撒所述，根据缴获的赫尔维西亚人的希腊文文字记录，其人口总数达263000人。

④ 一支说凯尔特语的比利其人，居住在萨马拉河，也就是今天的索姆河河谷地区。据说在恺撒进行比利其战事期间，这个部族能动员一万武装人员。

思之间的明显对立。有些“fines”是指各部族的界限，而另一些“fines”指的这些部族土地上的边境。（注47）有时他谈到在袭击、撤退或者流亡时，在一个地区边界（fines）外围运动，（注48）而执行这些边界的小团体频繁被恺撒描绘为“civitas”——在一个特定地域之内的一群人，有时会被误译为“部落”。（注49）

空间词汇的独立使用也能在文中找到：“这些德鲁伊（Druid）[①]，在一年中有一段时间会在卡努特人（Carnutes）[②]境（finibus）内会面，他们的那个地区（regio）据估计处于整个高卢中部，德鲁伊们会在一个圣地（loco）举行秘密会议。”（注50）然而在其他时候，他就不那么严谨了，但还是提供了一个赫尔维西亚人所拥有的多片土地的分析，他提出赫尔维西亚人受到“自然地形（loci natura）”的严格约束。一边是河面十分宽阔，水非常深的莱茵河，它将赫尔维西亚人的土地同日耳曼人分开；另一边是高耸的侏罗山脉区域，横亘在他们与塞夸尼人之间；在第三边，日内瓦湖与罗纳河将他们同罗马人的行省分隔。（注51）这个地区有时也被称作山外高卢，即现代法国的普罗旺斯大区。

就恺撒本人的历次征战来看，这是一个基本的主题。在日后对恺撒的赞颂中，西塞罗援引了“莱茵河、大海、尼罗河”来作为他历次征战的界限，事实上在对日耳曼、不列颠及亚历山大里亚的战争中他都超过了这些界限。（注52）马克斯菲尔德指出：“恺撒在高卢征服地的边界拓展到了从地中海到大洋，从大海到大海，即从地中海到英吉利海峡”。可是她继续写道：“在北面与东面，没有抵达这样的天然边界。从恺撒对这一事实的评述中可以清楚了解到，如果是临时性的，被罗马人视为受罗马直接管辖下的土地边界是莱茵河。”（注53）

这产生了非常重要的结果。马特恩已经注意到，“在恺撒对高卢战争的评述中，不确定的‘日耳曼’这个概念被发明出来”。（注54）虽然在恺撒使用这个术语的方式中，存在许多问题，而且有多处不准确，（注55）但这个词在他的书中兼具记述性与战略性用途。恺撒为方便起见，可以将莱茵河东面的所有人都称为日耳曼人，但是这种称呼也给予了这些不同的族群一个统一的称谓，为他

---

① 凯尔特人部落中的高级祭司，同时掌握司法裁决权，在凯尔特人的社会中享有较高地位。

② 中高卢地区，在今塞纳河和卢瓦尔河之间的活动的一个凯尔特人部族。

在莱茵河停止扩张的政策提供了一个正当理由。（注56）然而尽管恺撒使用了这个词，而且塔西佗在公元一世纪采用了“日耳曼尼亚（Germania）”这个术语，但两者都不是真正认为存在日耳曼人文化身份认同的内聚力。（注57）事实上，“高卢”同“日耳曼”的区分其实仅仅承担了罗马扩张界限的意义；然而那多个族群固定为一个民族或者地理实体之前，还要过一段时间。（注58）的确，恺撒拒绝了苏刚布里人（Sugambri）[①]“莱茵河是罗马帝国边界”的主张，（注59）为了推动他的目标有时会跨越莱茵河。（注60）

莱茵河既不是特定的优越的战略边界，也不是一条清晰的文化边境。（注61）塔西佗认为对于高卢人本身来讲，这种分隔并不是一道障碍，还猜测他们过去曾经渡过这条河，并且对于他们来讲，莱茵河仅仅是一道“小小的障碍”。（注62）恺撒或许因此已经相信这是一种文化分隔，但是他不希望看到它成为一道战略界限。苏埃托尼乌斯（Suetonius）[②]承认恺撒是“建造跨越莱茵河的军用桥梁，并且导致日耳曼人在远方东侧河岸遭到重创的第一个古罗马人”。（注63）舍文-怀特因此提出了一个观点，恺撒及庞培至少在一件事情上达成了共识：拒绝将“一条大河，莱茵河或者幼发拉底河，视为罗马势力范围的精确分界线。恺撒给阿利奥维斯图斯（Ariovistus）[③]的答复与庞培给弗拉特斯（Phraates）[④]的回复在本质上是相同的：‘我会划定看上去适合我的边界。’”（注64）

或许与恺撒相关最重要的边界是卢比孔河（Rubicon）。这条河将恺撒拥有统治权威的山南高卢（内高卢），与并无权威的意大利分隔开来。（注65）公元前60年庞培、恺撒与克拉苏组成的前三巨头掌权，在地理上相隔的各地区分治。

---

① 居住在今荷兰等地区的日耳曼人的一个部族。

② 公元69—122年以后，罗马帝国前期的骑士阶级历史学家。他留存下来的最重要作品是叙述恺撒至图密善为止的十二位罗马统治者的《罗马十二帝王传》，是现存的最早拉丁文传记。叙述古代文化学者事迹的《名人传》和其他一些作品部分留存至今。《罗马服饰》和《名妓传》等作品则散佚无存。

③ 公元前75—前50年左右的日耳曼苏维汇部族首领，同时也是与其他日耳曼部族结成的同盟领袖。他曾率部参与高卢战事，援助阿维尔尼人和塞夸尼人击败对手。战事结束后，苏维汇等日耳曼各部迁徙大量人口进驻今阿尔萨斯地区。公元前58年，恺撒率军在佛日战役中击败日耳曼部族盟军，将阿利奥维斯图斯的部族驱赶到莱茵河东岸。

④ 即帕提亚帝国君主弗拉特斯三世，公元前70—前57年在位。前65年，他曾与庞培结盟，共同对付西亚的大敌，亚美尼亚国王提格兰二世。但庞培出尔反尔，不仅推翻将美索不达米亚割让给帕提亚的承诺，而且转变态度，支持提格兰二世。前57年，弗拉特斯被他的两个儿子杀死。

高卢与意大利的分界，是元老院命令恺撒放下武装，穿上托迦袍（toga）[①]的位置。恺撒穿过这个地方，同他的军队会合后，道出了他挑战庞培的意图，打破了三人执政格局，发动了内战。（注66）恺撒这样做，无论意图如何，他都摧毁了共和制度。（注67）使广大民众动荡不安是一回事；但是如果军队被领兵的那些将军们带领转过来对付共和国（res publica），那么变革将不可避免。（注68）“跨越卢比孔河”已经成为一个代表重大决定的常用谚语，就像相传恺撒说出来的那些话那样，例如“木已成舟”或“游戏开始”。（注69）然而后世历史学者的叙述比恺撒本人写的更加戏剧化，恺撒仅仅提到这一事件，而且根本没有提过卢比孔河。由于他没有地图，而且还迷过路，所以几乎不能做很详细的叙述。（注70）这次过河意义重大，因为它清晰地说明罗马人有一条线性边界，哪怕仅仅标出同一个帝国的不同部分。

本章会在下文讨论帝国的外部边界。但是在此有必要先做个评述。在恺撒《内战记》的记述中，他详细描述了他是如何给梅特卢斯·西庇阿（Metellus Scipio）送一封信[②]的，这封信是对他政治目的清楚明白地叙述：“为了意大利的安宁，各省的和平与统治的安全。”（注71）根据格尔泽的观点，恺撒的政治活动超出了作为城市的罗马，而且“包含了意大利及各省的纵横范围”。（注72）尽管这样的目的只有通过别处的战争才能实现：为安定和拓展帝国边界进行一场持续斗争。他尝试在内战中提出的议和是关于类似的帝国构架的。恺撒宣称他为共和国的缘故愿意做任何事情，“我的条件如下：庞培将去他的那些行省；我们双方都将解散军队；在意大利所有人将会解除武装；恐怖统治将终止；将会进行自由选举，而且元老院与罗马人民将会全面控制这个国家”。（注73）

击败庞培期间，恺撒同样企图声称他的地位完全是临时性的，最终目的是让共和国恢复原状——设想成为确立共和的独裁官（注74）——但是他后来变成了永久独裁官，并非终身独裁官，但没有通常的具体任期限制。但这种独裁地位并

---

① 一种古罗马长袍。

② 全名昆特斯·凯西利留斯·梅特卢斯·庞乌斯·科内利阿努斯·西庇阿·纳西加，现代史学家们一般简称为梅特卢斯·西庇阿，公元前100或98—前46年，共和国晚期的执政官和军事指挥官。恺撒与庞培内战时期，他率部与恺撒为敌，在法萨鲁斯和萨普苏斯两次大战中均不敌恺撒，后自杀身亡。在他死后，罗马共和国时代赫赫有名的西庇阿家族日益凋零。

不能长久持续。公元前44年，恺撒被一群元老院成员在广场上谋杀，他个人至高无上的权力冒犯了这些元老院成员，而且挑战了他们的寡头统治。（注75）最终恺撒遇刺之后的战争了结了整个共和国制度，但曾经有那么一刻，有人认为事情可以逆转。格伦提出早一代苏拉发动的战争并没有摧毁共和制，而且只有随着罗马历次内战进行的一系列漫长战争才最终导致了这个制度的灭亡。（注76）

西塞罗与论国家

西塞罗是罗马共和国晚期及帝国初期的一位关键人物，他经历过多次纷乱时期，最后因为他的政治信念灭亡。（注77）他是一位政治家、哲学家和法治提倡者，流传下来的他的作品涵盖了许多古罗马思想与实践的基础项目。他的演讲稿保留了古典雄辩术的许多亮点，由此产生了“Ciceronian（雄辩的）”这个形容词。（注78）在格兰特的总结中这样写道：“他是古罗马时代最具启迪意义的政治思想家，或许也是最伟大的政治思想家。”（注79）赛姆描述过西塞罗的特点，而且他本人也认同西塞罗，他声称：“罗马人极为不信任抽象推断，特别是与国家、社会相关的内容。如果政治理论是国外的和古希腊的，就会被认为要么是明确有害的，要么是空洞和多余的。”（注80）这种看法引出了他的论断：“罗马共和国后期表现出了政治理论的匮乏，而西塞罗是唯一例外。”（注81）

然而即使是西塞罗的政治理论，也只是他政治活动的一个副产品。他曾经出任执政官，并且于公元前63年，在将罗马从喀提林阴谋（Catilline conspiracy）[①]中挽救出来的行动中起到重要作用。虽然恺撒有过提议，但是西塞罗拒绝加入第一次三头同盟政权，因为他相信罗马应当仍然是一个共和国。（注82）西塞罗洞察了庞培与恺撒共同的特点；“两者都追求统治权，而不是社会的福祉与美好声誉。”（注83）共和制在恺撒跨越卢比孔河之前很久就已经死亡了。（注

① 喀提林是罗马贵族，生于约公元前108年，死于公元前62年，罗马共和国晚期的元老，两度竞选执政官未果，纠合部分贵族和失意退伍军人，企图推翻罗马共和国。前63年，他的阴谋被西塞罗揭露，被从罗马驱逐。阴谋败露对喀提林的打击很大，此后他虽然纠合了一支军队试图进攻罗马，但次年即败亡。他的名字此后便成了阴谋家的代名词。

84）西塞罗的名字据说就像恺撒之死那样，被布鲁图斯（Brutus）[①]用于高呼保卫共和反对独裁；尽管这时西塞罗本人已经意识到君主虽死，但君主制度依然存在。（注85）如赛姆所说，塔西佗的名言："没有道德，就没有法律。"道出了那个时代的特征。（注86）马可·安东尼（Marcus Antonius）[②]，恺撒的盟友与副司令官，被允许存活下来，并且迅速掌权。西塞罗声称如果他"被邀请参加3月15日最荣耀的宴会（指公元前44年3月15日刺杀恺撒的阴谋）"，那里将不会有"漏网之鱼"。（注87）如果他牵涉其中，安东尼也将会被杀。西塞罗严厉地批评安东尼，在作品中被称作"抨击性演说（Philippic Orations，直译为'反腓力演说'）"，原名是根据德摩斯梯尼（Deomosthenes）[③]反对马其顿国王腓力（Philip of Macedonia）[④]的谩骂而取。（注88）公元前43年12月，西塞罗最终被自己身边为安东尼效力的两位军官谋杀，这是恺撒死后大约20个月的事情。安东尼得到西塞罗的首级与双手——西塞罗就是用他的口舌发表演说，用双手写作讲稿批评他的——当作纪念品。

尽管伍德提出"今天看来，除了古典主义者之外，很少有人非常认真地对待西塞罗"，（注89）伍德却因为两个关键因素对西塞罗很感兴趣。首先是西塞罗的政治与哲学著作，包括如下作品：《论责任》（De officiis）（注90）、《论演说家》（De oratore）（注91）、《论法律》（De Legibus）（注92）和通常被译为《论国家》（De re publica）的两部姊妹篇。后两部作品或许是最令人感兴趣的，但是《论国家》仅有一部分留存下来，而《论法律》是一部未完成的著作。事实上，《论国家》全书遗失了好多个世纪，直到1819年，其中一部分才被发现，并作为一册圣奥古斯丁加注的《诗篇》（专指载于《圣经旧约》的《诗篇》）的重写版重新使用。（注93）对西塞罗感兴趣的第二个关键原因是对于词

---

① 公元前85—前42年，罗马共和国末期的政治家。前58年，布鲁图斯当选为元老，与恺撒过从密切，甚至有传闻说仅仅年长他十五岁的恺撒，才是他的亲生父亲。但布鲁图斯是坚定的共和派，反对恺撒的独裁统治，最终在前44年成为刺杀恺撒的主谋。两年后，布鲁图斯兵败被杀。

② 按照拉丁文音译应为"马库斯·安东尼乌斯"，但现在一般按照英文音译为马可·安东尼。

③ 公元前384—前322年，古希腊时代的雅典著名政治家和演说家，捍卫雅典民主制，反对马其顿的扩张图谋。在雅典成为马其顿附庸后，坚持独立运动，最终献出了自己的生命。西塞罗称他"在众多演说家中鹤立鸡群"。

④ 公元前382—前336年，即亚历山大大帝之父腓力二世。他因一目失明，又被称为独眼腓力，在世时奠定了马其顿强大的基础，于前336年遇刺身亡。

汇“领土”的使用，这个词在现存的古典拉丁文作品中极为罕见。

就像他的两本最为政治化的作品书名可能提示的那样，西塞罗深深地感激柏拉图，后者的两部最伟大的政治作品为他这两本著作提供了样板。然而，西塞罗也从斯多葛学派和历史学者波利比乌斯（Polybius）①的著作中汲取了许多养分，特别是对于国家体制的讨论。（注94）的确，一个学术研究的早期分支，“原始资料研究法（Quellenforschung）”派，对西塞罗各项主张的所有来源都认真努力地追根溯源。道格拉斯较为公平地为这项研究定了性，他提出：“可以充当研究性假设，但肯定不能被当作公理。”（注95）他阐明了五个设想：（i）人们永远都对第一次使用的资料来源说不出所以然来，特别是如果这个是罗马人，而且有作品流传下来的话。（ii）没有人能拥有全面的认识——他一直在使用某一种“原始资料”。（iii）如果他能够使用单一的原始资料，任何人都始终无法比较多种原始资料。（iv）如果能够使用文摘或者手册的话，那么甚至没有人会阅读一本单一的可靠原始资料。（v）当现存著作的作者们犯下了大错的时候，遗失了的原始资料却从未犯错。（注96）然而西塞罗应该会接受像罗森提出的说法，即他“很少对于创意性的事物提出自觉的主张”。（注97）他明显尊崇古希腊哲学家，除了他直接翻译的很少片段之外，他的著作的大部分是将古希腊的各种理念在古罗马语境中的重新描绘。（注98）这塑造了一个拉丁词汇表，不仅编定术语词汇，而且还是经常用于辩论的词汇。（注99）琼斯指出就这个项目而言，西塞罗的拉丁文能力也是一种限制，提出“他在使用拉丁文充当传播抽象思想的充分载体方面是不成功的，而他的失败准确地说是因为他对本人的母语的敬畏造成的，因为对母语的敬畏而避免词语变形，而且对使用新词无所适从。”（注100）然而克拉克指出，这是一个将这些观念的集合融入一个西塞罗本人成果的完整和谐的整体，可以注意到“对话的精神忠于它被安置的背景，西庇阿·埃米利安努斯（小西庇阿）的圈子”。（注101）西庇阿·埃米利安努斯（Scipio Aemilianus）是公元前2世纪的人物，他领导了对迦太基的围攻，而且是一位共和国元老院成员。

---

① 也译作波利比阿，公元前200—前118年，希腊历史学家，他的著作《通史》现仅存前五篇，是叙述罗马共和国成为地中海霸主和迦太基衰亡的重要史料。他对政府分权的分析评论对后世尤为重要，孟德斯鸠和美国宪法的起草者都受其影响。

《论国家》是在恺撒与庞培的内战爆发前，西塞罗完成的最后一部作品。恺撒的胜利终结了共和制政府，所以这本书不能被理解为反映共和政府为何物的作品。相反，这是对为什么共和制已然失败的诊断，以及对未来的期望。（注102）在后来《论责任》一书中的几个地方，他指出共和制度已不存在，（注103）或者叹息它已经“失去”“衰落”“被颠覆”或者成为“弑亲”的受害者。（注104）但是这里的论点不是将“共和制”简单地当作一种特定的、已经衰落、并被帝国所取代的政府类型，而是更为深刻地认为世事的常识被抛弃了。（注105）然而如斯托克顿所主张的，这种常识早已结束，西塞罗“出生太晚了”。（注106）因此在《论国家》中，西塞罗不是在理论上提出罗马应向何处去的理想化版本，而是要恢复到它的旧观。（注107）《论法律》则是一部适用于这种政体的法典。（注108）于是，对西塞罗而言，这两部作品应当被看作一体，施密特甚至主张它们是整个政治学的起源部分。（注109）

从这项研究的角度来看，《论国家》最重要的因素，是西塞罗阐明这个主题的方法。“论国家（De re publica）”的字面意义是“论公共事务”“公众事务”或者“公众利益”。下面是最重要的定义：

一个国家是人民的财产，但是，人民不是人类以任何方式聚在一起的集体，而是数量庞大的人们基于对正义的尊重缔结的协议，也是一个利益共同体。形成这样的团体的首要原因，不是个人的软弱性，而且一种自然天性已经植入人类的特定社会精神。因为人类不是独居或者说是非社会性的生物，而是与生俱来就有这样一种天性，即使所有的物资都十分富饶，也不（愿意离群索居。在很短的时间内，零散而四处游荡的众多民众，通过相互达成协议，已经变成了一个公民集体）。（注110）

“res publica”这个术语，有时会被当作“城邦”（civitas）的近义词使用，而且还同希腊语的“城市（republic）”“理想国（politeia）”甚至“民主（demokratia）”联系起来，而且英语译文倾向于将对这些词的翻译多样化，选用“共和制（republic）”“国家（state）”“共同体（commonwealth）”“公民秩序（civic order）”“宪政（constitution）”与“政府（government）”等其他词汇。（注111）伍德断言西塞罗是“对国家给出简洁正式定义的最早的重要的社会与政治思想家”。但是这样下结论确实太草率了，至少在专有名词使用上如此。（注112）他补充说明其“主要目的”的构想“基本上是在非伦理方面的，是用于私有财产的保护和安全的”，这是非常重要的。（注113）可是，西塞罗在《论责任》中提到的“社区与人类社会的天然法则”的讨论，借鉴了亚里士多德在《政治》中提出的语言是将人类从动物中分离出来的重要事物，因为其提供的理性、公正、公平与美德与亚里士多德的描述更加接近。（注114）

因为自然赋予所有动物的共性是让它们拥有繁衍后代的本能，于是人类最初的“联系（societas）”就存在于婚姻之中，然后是与他们的孩子组成一个家庭，在这个家庭里共享一切。的确，那就是一个城市的起源，而且是一个国家的基础。接下来出现的是兄弟之间的关系，然后是第一代堂（表）兄弟与第二代堂（表）兄弟关系，他们不会被一个家庭完全容纳，就像是去移民地一样，会走出去组成别的家庭。最终随之而来的各种婚姻与姻亲关系形成了更多的亲属关系。这种繁衍与扩充就是“政治”的起源。进一步说，血缘的关联通过善意与爱将人们联系在一起：拥有共同祖先的纪念碑，行同样的宗教礼仪，共享共同先祖墓地，这是一件很伟大的事情。（注115）

然而哪怕西塞罗似乎在祈求人民的地位，但是他对谁有资格发言有一个非常清晰的观点。从他给密友阿提库斯（Atticus）信中的两段文字可以看到他保留了精英的姿态。其中一段他描述群众为“可怜的饥饿的乌合之众，国库的吸血鬼”。（注116）另外一段中他描述加图（Cato）[①]的演讲和表决“就仿佛他在柏拉图的理想国中，而不是在罗慕路斯留下的渣滓之中”。（注117）

在遗存下来的文献中，西塞罗对“领地（territorium）”一词仅仅使用过一

---

① 公元前95—前46年，罗马共和国政治家老加图的曾孙，通称为小加图。小加图是一位斯多葛学派成员，在罗马共和国晚期从事政治和国务活动。加图为人清高，痛恨共和国晚期普遍的政治腐败。因为他传奇般的坚韧和顽固，在后世比曾祖父老加图更为有名，尤其是他坚决的反恺撒立场。尽管小加图是坚决的共和主义者，但苏拉和恺撒前后两位独裁者，都对他个人并无恶感。前46年，梅特卢斯·西庇阿的军队在萨普苏斯决战中被恺撒击败后，反恺撒派大势已去。小加图不愿向恺撒屈服，自杀身亡。

次。（注118）这仅有的一次使用出现在他对马可·安东尼的第二次猛烈抨击中（公元前44—前43年），西塞罗指责他在恺撒已经建立过一块殖民地的卡西利农（Casilinum）[①]那里又建立了一块殖民地。“用犁划出了新殖民地的边界”，西塞罗断言他“几乎蹭过卡普阿（Capua）的城门，并且缩小了一个繁荣的殖民地的‘领地’”。这里的“领地”一词清楚地意味着属于卡普阿的那些土地，卡普阿的周边地区，根据常用的构词法，变成了“衙门（praetorium）”和“营舍（dormitorium）”这样的词。（注120）不久前，在一部提及西塞罗的作品中（公元前47—前45年），瓦罗（Varro）[②]从土地一词导出了“领地”一词。他做了如下描述：“留置在一片定居点附近，让许多农民用作的公共用地的地方是领地，因为这片地方被践踏得最多。”（注121）德拉蒙德与尼尔森认为，“territorium”或者更普遍使用的“partum”一词，即公共牧场（放马场）的土地，也是被指定由罗马军团或者其他军事单位用于食物生产的土地。（注122）而领地变成了一个用于任一定居点周围农业用地的词语。（注123）这是后来塞内卡（Seneca）[③]的一种用法，在他著作中的一例是“你将看到巨大的城市本身，它的领地更大范围地延伸到了城市边界以外的很多地方”。（注124）塞内卡由此清楚地区分了城市与其周边的土地。在老普林尼（Pliny the elder）[④]著作中有用到这个词的例子，这个词在一大群苍蝇飞离献祭一头公牛的奥林匹斯山领地的讨论的语境中被用到，这里的“territorium”明显表达的是“地区”的意思。在古典拉丁文作家的著作中，这些就是使用“territorium”一词仅有的几个例子。这样一些平淡无奇的开始产生了伟大的结果。第三章中将展示，在中世纪早期的拉丁文中，这个词开始变得更为普遍，但仍旧没有出现我们今天赋予这个词的特定意义。在中世纪晚期的拉丁文中，这个术语才开始被以一种更具专业精准性与政治重要性的方式使用。

---

① 位于今意大利坎帕尼亚大区卡普阿市西北约5公里的古城。

② 全名马库斯·特伦修斯·瓦罗，公元前116—前27年，罗马共和国末期的学者和作家。

③ 指老塞内卡的儿子卢西乌斯·安纳埃乌斯·塞内卡，又被称为小塞内卡，罗马斯多葛学派哲学家、国务活动家、剧作家。

④ 全名盖乌斯·普利尼乌斯·塞库恩都斯，公元23—79年，既是罗马作家、自然史学家和自然哲学家，也是帝国早期的海军和陆军指挥官，韦斯巴芗皇帝的友人。著《自然史》一书传世。

根据第七章的表述，“territorium”一词是通过在法律领域的使用普及化的。然而西塞罗著作的译文反倒更加频繁地使用英文的“领土（territory）”一词。这个词的使用不只是用来表达属于一群人或者其他政治实体的拉丁文词语“terra（土地）”，而且应用到了“ager（场地）”一词的使用中。例如，西塞罗提及弗里西亚（Phliasians）的土地时用到的“agri”一词，被译为“领土（territory）”。（注126）虽然从这个例子中可以非常清楚地看到，对于西塞罗而言，“ager”不只意味着农业土地。根据他的记述，“拉哥尼亚人（Lacaedaemonians）（译者注27：拉哥尼亚现在英文一般写作“Laconia”，是古希腊时期，位于伯罗奔尼撒半岛东南的一个王国。）宣称他们的长矛所及之处的所有土地都属于他们”。（注127）

当罗马扩张时，在战争中获取的土地的所有权是一个关键的政治问题，这也是西塞罗经常关注的。他特别关注那些在人民之中分配土地的计划，而不是那些名义上保留它们为公共土地，但是基本上由在异地居住的地主的雇农们耕种的土地。（注128）被征服的土地，或者至少在这些土地的一部分，是初始的“罗马人民的公共土地”。鲍威尔与拉德提到，当时有两种意见：“它（土地）会被租赁给愿意向国库支付地租的佃户，或者被分割，然后分配给私人所有者。”（注129）在《论国家》中，这个问题出现了数次，时间能回溯到半传说的罗马国王努马·庞皮留斯（Numa Pompilius）①的时代，他“将罗慕路斯通过征战赢得的土地分给了公民们”。（注130）

人们推测努马·庞皮留斯的孙子，安古斯·马奇路斯（Ancus Martius）也做了同样的事。（注131）在西塞罗那个时代，他长期反对将土地分割。他老年反思时，说了以下的话来赞美昆塔斯·费比乌斯·马克西姆斯（Quintus Fabius Maximus）②：“与战时相比，他在文官生涯中也毫不逊色。在他的第二届执政官任期内，尽管斯普里奥·卡维利奥（Spurio Carvilio）碌碌无为，但是他尽可能长时间地抵制了护民官盖乌斯·弗拉米尼乌斯（Caius Flaminius）蔑视元老院权

---

① 公元前753—前673年，传说中罗马王政时代的第二代国王，罗慕路斯的继任者。

② ？—公元前45年，罗马共和国晚期的将领和政治家，与下文的卡维利奥、弗拉米尼乌斯和鲁拉斯等人都是西塞罗同时代的人。

威，将皮赛恩（Picenians）[①]与高卢的土地（agrum）瓜分给个人的提议。”（注132）西塞罗明显认同罗马的土地要作为一个整体进行扩张，看重的是一个民族的根本成就：

> 古训敦促我们增加资源，扩大财富，拓展边界——如果最伟大的将军们没有从别国手中夺取土地，而使土地增加，就没有其他的理由在他们的墓碑上镌刻上“他拓展了统治的疆界”这样的赞美之词……我们的疆域如今已坐拥已知世界。（注133）

在他的一份法律讲稿中，他还将律师与将军的生计做了比较。“他（将军）用时间扩大边界，你（律师）付出时间去界定这些疆界。”（注134）将军的生计关系同罗马的各种政治界限，律师的生计与委托人财产的私人界限相关。

公元前63年的元老院，西塞罗质疑P.塞维利尤斯·鲁拉斯（P.Servilius Rullus）提交的预案，即将很大的权力交给一个由10个人组成的小型委员会，这10个人被允许卖掉意大利之外，从25年前苏拉与庞培任执政官时代起成为国有的土地。（注136）这些问题涉及公地的土地法——那些土地是国家拥有的国有土地，而不是私人所有。（注137）这次演讲是具有说服力的，但同时也是狡黠的，因为西塞罗自称人民的利益是他基本的底线，但实际上这也是为一种保守的姿态辩护。（注138）西塞罗对一项条款特别尖刻，这一条款提到这一预案适用于“能够被开垦或耕种的土地”，不是已经种了庄稼的土地。换句话说，根据西塞罗的说明，这一条款会无限制地适用。（注139）尽管在标准的译文中，“ager”一词有时会被翻译成“领土”，但是这个词看来基本上就是“乡野（fields）、土地（lands）、领土（territory）”这些英文译文中用词的简单多样化。（注140）值得注意的是，在《论法律》中他回顾了罗马基本法已经明令一些土地不能被私有化的规定：“十二铜表法已然提出条款规定（沿土地分界线的）五尺阡陌的土地所有权永远不能被（私人）占有。”（注141）根据凯斯的解释，“这种阡陌是留给耕犁自由转向及充当小路的。它的所有权永远不能被

---

① 亚平宁半岛的旧称，特指半岛中南部。

‘擅自占用空地者’获得”。（注142）

除了在上文涉及到土地法之外，地理因素并没有在西塞罗的作品中被叙述过。然而有一些值得注意的例子。例如在《论国家》中，他提到：

人们在地球上只能居住在一些限定的地区内。在那些像小点一样的居民区之间，有大片可拓展的空地。以这种方式在地球上分散居住的人们，从一个人口聚居区穿越到另一个人口聚居区并不容易。（注143）

虽然这大致上是一个对于不同半球的温带地区分离状态的评述，但它也与人口散居的其他方面有关。在他的一份辩护讲稿中，他提到希腊语在整个世界通用，但是“拉丁语局限在狭隘的范围内使用”。（注144）在另外的一份这类讲稿中，他在以下这一段引用了一些地理上的说法：“盖乌斯·尤里乌斯·恺撒现在离我们很远，他在世界范围的边远地区，这些地方是通过他本人的成就取得的罗马人民统治区的最边缘地区。”（注145）

就像恺撒那样，西塞罗偶尔会使用“agris”来特指一个群体所拥有的土地，（注146）而且在他称赞恺撒谈及他已经征服的“广阔的分离的多处土地”及“无限遥远的地方”。（注147）他也非常关注罗马的地理位置，称赞罗慕路斯在选择城址上的远见。

在一个长治久安共同体的建立过程中，城市位置的选择要求最为长远的眼光，罗慕路斯找到了一个令人叫绝的有利城址……因而，在我看来，罗慕路斯一定是在一开始就得到了神谕，有一天这座城市会成为一个大帝国的中心与基石：在意大利的任何其他地方建造一座城市，来更方便地维持我们现在广大的统治几乎是不可能。（注148）

如果这好像几乎不可信，甚至特别不真实的话，那么城市布局的描述与周围城郊地区的关系还是为西塞罗的论述提供了一些依据。

至于罗马城本身的各种天然屏障，谁会迟钝到在他的脑海中不能形成一个清晰的轮廓呢？罗慕路斯与继承他王位的历代国王睿智地规划出城墙的边线和走向，它们被置于陡峭险峻的山坡，唯一的入城通道坐落在埃斯奎林（Esquiline）山与奎里纳勒（Quirinal）山之间，这条通道被一座面朝敌人的巨大堡垒与一条深壕包围；而且我们的城堡得到环绕它的悬崖峭壁的极佳护卫，而且这座要塞看上去每一面都被刀削斧凿一般，甚至在高卢人来犯的危难时刻仍然坚不可摧。另外，尽管处于瘟疫流行的地区之中，罗慕路斯选择的城址却气候暖和，而且有利健康。由于这里多山，使得城市不仅可以尽享微风，而且同时还可以享用山谷下的阴凉。（注149）

然而还有与此处相关的另一种争论。《论国家》及《论法律》尝试为一个真实的城市描述理想的章程，反之柏拉图的著作是为理想城市中制定理想章程的模式。让这些规划得以实现的正确途径当然是复杂的，但是西塞罗在这个问题上是清楚明了的，他提出柏拉图的《法律篇》一书是以在“未占领的一大片土地”上建立一个城邦为起点的，所以对“人们的实际生活与习惯”来说是不现实的。（注150）如果说柏拉图是一位毋庸置疑的更加伟大的哲学家，那么西塞罗则是一位更现实的政治家。

历史学家们：塞勒斯特、李维、塔西佗

大多数被保留下来的，直接与政治有关的古罗马重要著作，都是历史研究专著。强调可用的各种文本只是原始文献中的极小一部分是很有必要的。根据马特恩的看法，“在恺撒之后，就再没有经常报告地理信息的评述、回忆录或公函保留下来了。可能使用过这些原始资料的重要著作，诸如老普林尼的《日耳曼战争史》与阿里安的全十七卷《帕提亚》，也都已散佚”。（注151）这里的焦点对准的是拉丁文作家们，而不是与罗马有关的希腊历史著作，诸如普鲁塔克、波利比乌斯、卡西乌斯·狄奥（Cassius Dio）、阿庇安（Appian）与约瑟夫斯（Josephus）等等这些人。（注152）李维（Livy）①和塔西佗的作品，以及著述

① 全名提图斯·李维乌斯，公元前59—公元17年，通称为李维，罗马共和国与帝国之交的历史学家，其著作《罗马建城以来的历史》留存至今，是今日知名度最高的古罗马时代史学家之一。

较少的塞勒斯特（Sallust）[①]的作品，虽然本身不完善，但是这些作品提供了一些对这类地理问题的耐人寻味的研究。在这三位历史学家的一些著作中，尤其是塔西佗所著的，他岳父不列颠总督阿格里克拉（Agricola）[②]的传记中，就有地理元素。

塔西佗讲述日耳曼尼亚的著作——可能完整的书名是《日耳曼尼亚志》（De origine et situ Germanorum）（即《日耳曼人的起源与现状》），这是最早的人种学研究著作之一，书中也包括了一些地理信息。（注153）尽管这些信息并不是分析的中心，而且在他更完善的历史类作品——《历史》和《编年史》中，有关地理的内容明显被淡化了。（注154）赛姆以一种很普遍的看法抨击这一现象："罗马的作家们掌控的地理学肯定是困难重重，艰涩难懂，而且难以掌握的课题。"（注155）因此很难去同卡里的评价争论，他说：

> 塞勒斯特与李维对特定的地理位置进行了很好的描述，但是没有就它们的历史提供全面的地理学背景记述，塔西坨应该被称作最不具地理知识的一位罗马历史作者，就像蒙森已经称他为罗马历史作者中最不了解军事的那样。（注156）

不过，这些作者还是带来了关注土地所有权和地形冲突的一些重要见解。值得立即一提的是，就像恺撒那样，这些作者中就没有任何人——至少在现存的他们的著作中没有使用过"领地"一词。（注157）

就保留下来的著作而言，塞勒斯特的著作价值最低。他的《历史》（Historia）一书几乎完全散佚无存，而且他留下的最重要的文献是《喀提林阴谋》和《朱古达战争》（Jugurthine war）。但是无论怎样，塞勒斯特有非常多的理由值得去关注。（注158）这些理由之一是他是第一批可以被恰当地描述为"帝国时代"的作者之一，他的作品写于第一次三头同盟时期。（注159）

---

① 全名盖乌斯·塞勒斯蒂尼斯·克里斯普斯，通称为塞勒斯特，公元前86—前35年，罗马共和国末期的历史学家和政治家。他在政治上支持恺撒，与西塞罗对立。恺撒遇刺后，塞勒斯特基本退出公职生涯，专心著书。

② 全名格涅乌斯·尤里乌斯·阿格里克拉，公元40—93年，高卢出身的罗马将领，在罗马军中先后服役达27年之久，军旅生涯始于不列颠，出任过阿基坦行省和不列颠行省总督，在85年结束不列颠总督任期后结束军事和公职生涯。

在塞勒斯特的作品里，我们发现他承认地理因素的描述对他的著作是至关重要的。他提到：“我的主题好像需要对非洲地理进行简述，而且要对罗马已经在非洲与之交战或者结盟的各国人民进行一些描述。”（注160）他也提供了一种罗马人如何理解世界划分问题的洞见：“地理学家们在他们对地球表面进行划分时，普遍认为非洲是第三块大陆，少数一些人之承认亚洲与欧洲大陆，阿非利加被包括在欧洲之中。”（注161）在这个问题上他追随斯特拉波与希罗多德的观点，而不支持瓦罗，后者仅仅将世界划分为两个大陆。（注162）

尽管如此，（塞勒斯特的）历史著作中的地理因素本身普遍被轻描淡写。汉德福德抱怨，他“经常给我们留下不是很了解的地理位置，诸如城镇和战争的位置，还有行军的方向等”。（注163）但是无论如何，他还是在这种轻描淡写中暴露出两个小例外。塞勒斯特的记述告诉我们，了解到在昔兰尼（Cyrene）城①与迦太基（Carthage）城②之间，有着“一座别无其他的沙化平原。那里既没有河流也没有山川可以来标记边界，这种情况使得两地人民陷入了尖锐的长期纷争”。（注164）在同一章的下文，他还讲述了迦太基人的故事，腓莱尼（Philaeni）兄弟被“活埋在他们称之为他们国家边境的地方”。后来为纪念他们，在“这个地方”献上了祭坛。（注165）这个故事的重要意义在于，就像恺撒那样，塞勒斯特使用“边界”一词来标出统治界限。

李维也提供了一些战斗中的有趣的地形事例，（注166）而且提到了罗马通过战争获取的几乎所有土地。（注167）他举了一些战利品是如何在罗马人民之中分配的例子，还有从罗马派遣一群人们去拉比齐（Labici）③的土地上定居的故事，每人能分到2尤格（iugera）（大约1.5英亩）土地。（注168）还有一则关于萨特瑞科姆（Satricum）④殖民地的类似事例，被派去定居的人每人分配到2.5尤格土地。（注169）他也详细讲述了人民与元老之间关于土地分配的纠纷。（注170）如果说这里对他的讲述还不够详细的话，那是因为他留存下来的著作都是早期的作品，类似的情况会有助于比较他与塔西佗著作中的地理词汇。

---

① 位于今利比亚沙哈特镇附近的一座古希腊和古罗马时代的古城。

② 与罗马争霸的迦太基国的同名都城，位于今突尼斯突尼斯省突尼斯湖东岸。

③ 位于今意大利拉齐奥大区境内的蒙泰孔帕特里。

④ 位于今意大利拉齐奥大区境内，罗马东南约60公里。

李维用于一群人控制的土地的主要词汇是“agris”，这个词通常被用于区分城市与那些属于它们的土地。（注171）例如他说，利古里亚人觉得能够采取行动是因为“罗马的军队在他们的城镇或者土地（agro urbisque）附近不存在”。（注172）他用一系列的文字来描绘人民或者土地是怎样被分隔的，例如谈到拉里萨斯（Larisus）河“将戴马埃（Dymae）[①]的土地与厄利恩（Elean）[②]的那些土地分割开来”；（注173）谈到敌人的边界；（注174）谈到一个王国的边界；（注175）还谈到作为“罗马统治界限”的托鲁斯山脉（Taurus mountain range）[③]。（注176）罗马的其他地方与伊特鲁利亚（Etruscan）[④]各地则被简单的称之为毗邻地区（adiacet）。（注177）他详细叙述了“元老院拒绝承认一个独裁官可以合法地在罗马以外的土地上，即意大利边境以外的地方得到任命”；（注178）而且谈及“已知世界最遥远的界限”。（注179）有的时候，这些术语会一同在一个短语或者分析中出现。他提出，早期的罗马国王安库斯统治时代，“不仅仅是一个罗马城（urbs）的，也是罗马的土地与边界成长扩张的时代”。（注180）高卢人被告知“让他们留在自己的土地边界之内”。（注181）他还提供了一个马其顿定居点的多个细节，在这个定居点“马其顿人是自由的，保留他们自己的城市与土地”。马其顿被分为4个地区，每一个地区都设置了清晰的地理界限，特别河流山川。（注182）边界被分别描述为界限（fines）或者一个具体地方的临界线（terminaret）。

两个建城的例子成为理解有关土地的法律权利的有趣例子。李维提到罗慕路斯与雷穆斯进行的一次仪式，一个他们通过占卜来决定为他们建立的城市命名的仪式。这个仪式需要一篇祈祷文，命名的神迹征兆，以及占卜师眼界所及的描述。罗慕路斯选中了帕拉蒂尼（Palatine）山，雷穆斯选的是阿文丁（Aventine）山。雷穆斯最先看到了6只秃鹫的神迹，罗慕路斯随后看到了12只秃鹫的景象。

---

① 位于今希腊阿哈伊亚州境内。

② 位于今希腊伊利亚州境内。

③ 位于今土耳其境内小亚细亚半岛南部，是地中海沿海地区与中部安纳托利亚高原的天然分界线。

④ 大致位于今意大利北部托斯卡纳、翁布里亚西部和拉齐奥北部地区的古代意大利文明地区的统称。

两兄弟的支持者们都欢呼他们看到的神迹，“一方的主张基于（雷穆斯）先看到的神迹，另一方的主张则基于（罗慕路斯看到的秃鹫）数量更多”。在争斗中，雷穆斯被杀。李维还讲述了这个故事的另一个版本，就是雷穆斯翻过罗慕路斯城址未建成的墙，然后被他的兄弟杀了。（注183）普鲁塔克讲述的故事略有差别：争议是关于谁选的城址更好，而且他提到有些人非议罗慕路斯对鸟的数量说谎。雷穆斯听说了这个骗局后，嘲讽了罗慕路斯的筑城计划，最后翻过他的城墙，导致自己死在罗慕路斯或者他的某个伙伴之手。（注184）无论哪个版本，新城都以罗慕路斯的名字命名。对土地的征服伴随着对人的征服，最臭名昭著的强掳萨宾妇女事件[①]是为了繁衍人口和延续国祚。（注185）

第二个例子是关于迦太基人的：

当时国王的代表们就土地问题发生了争议。迦太基人的诉求基于他们的边界权利，以此为由，存在争议的土地位于普布利乌斯·西庇阿（小西庇阿）给迦太基人设置的管辖权界限之内……努米底亚人反驳说迦太基人就西庇阿规定的管辖权限撒谎，他们诘问道：如果一个人想去追溯财产权的真实起源的话，那么在非洲的什么样的土地才是迦太基人有权享有的财产？迦太基人是获得许可的移民，根据这种恩惠，为了建造一座城的目的，他们可以用一张剥下的公牛皮圈出一个地方，用于建设一个城市的目的。无论如何，他们已经获得的“布尔萨（拉丁文写作‘Bursam’）”界限之外的土地，是通过暴力取得的，对这些土地没有权利。（注186）

这里有一些事情值得一提。再一次，上述有一系列的术语用于表述土地、边境和界限。公牛的皮是指被切成能够被切成皮条，搓成一根绳子去圈定一块

---

① 相传公元前750年，罗慕路斯率众建成罗马城后，因部众大多都是男性，为了组织家庭，向邻近的萨宾人求萨宾妇女为妻。萨宾人唯恐罗马人的壮大会对自己构成威胁，拒绝了他们的要求。罗马人不甘就此罢休，定计在海神尼普顿的节日祭礼上发难。萨宾人和其他邻近部落应邀参加祭礼，一同欢庆。就在祭礼上，罗慕路斯发出信号，罗马男子强行抢走了参加祭礼的萨宾妇女，击退了猝不及防的萨宾男人。根据李维的《罗马建城以来史》记载，被抢的妇女经罗慕路斯的劝说——实际上很可能是被强迫的，答应成为罗马男子的妻子。而在复仇的萨宾人与罗马人的战争进行到关键时刻，已经成为罗马人妻子的萨宾妇女赶到战场，向双方哭诉，不希望自己的父兄和丈夫互相杀戮下去。战争就此结束，双方化干戈为玉帛，萨宾人同意与罗马合并为同一个国家。

地方，城堡的名称“布尔萨”，来源于古希腊的表述牛皮（oxhide）的词语。表述法律或者权利的概念的“ius”，被用于对边界的权利主张与漠视两种看法之中。

鉴于可用文献的稀少，现在去比较塞勒斯特与李维是不公平的，但是塔西佗本人一定觉得自己通过争议得到了锻炼。（注187）他的著作就像恺撒的那些著作那样，值得对语言的使用进行分析。（注188）第一件要注意的事，是塔西坨有时会用他自己的方式写作，来避免诸如土地或者场地这样的地理术语。他告诉我们例如：“凯基纳（Caecina）①在赫尔维西亚人中间（in Helvetiis）待了一些日子。”（注189）在乔西斯（Chaucis）②爆发了一场兵变。（注190）在这两个例子中，译者选择译为“赫尔维西亚的领土”与“乔西斯的领土”不是没有道理。在这里，塔西佗似乎选择了在一群人以内指定位置而不是在一个地方，然而无论赫尔维西亚人还是乔西斯人，看来对这则记录都不重要。相关的例子可以在他对“布鲁特瑞斯人（Bructeris）的尽头”（注191）的描述中找到，当时他指的肯定是他们的土地的边缘；或当他使用简单短语“越过敌人”时，他的意思越过敌人的阵线。（注192）

令人感兴趣的是，按照他这样处理这些内容时的说法，他试图提出主题内容或许会成为问题的一部分。他提出“我了解许多我已经记述的内容，以及将要记述的内容，或许看上去无关紧要而且平淡无奇”。（注193）对比以前的各个时期，在刚过去的最近时期，“和平几乎没被破坏——姑且这么一说。罗马落入意气消沉的阴霾之中，统治者对扩张帝国没什么兴趣”。（注194）而这些还不是话题最精彩之处：

有趣并且可以刺激读者的是一种地理性的描述，一场战役变幻的命运，一位司令官的壮烈牺牲。我另外一方面的各种话题则涉及野蛮的强制执行，持续的指控，不可靠的友谊，被毁掉的无辜者——一种显而易见充斥着没落与没落根源的

---

① 指罗马将军奥勒斯·凯基纳，公元14年平定日耳曼罗马军队的兵变，次年，他负责指挥罗马军的两个军团对日耳曼盟军作战，立下军功，获得举行凯旋仪式的荣誉。

② 生活在埃姆斯河和易北河之间，威悉河两岸，直至威悉河上游内陆地区的一个古代日耳曼部族。

乏味记述。（注195）

然而，这种情况不等于他的著作中没有地理因素。尽管他有时做了回避，像更早期的作者一样，他极偶尔地使用“场地（ager）”一词谈及一群人所拥有的土地。例如，他谈到“克雷莫纳的土地（in Cremonensem agrum）”。（注196）而且在他对不列颠行动的叙述中提到侵入“直到特伦特河（Trent）与塞文河（Severn）的整个地区……蹂躏他们的土地（agri），并且掠夺了大量战利品”。（注197）

更有趣的是，尽管有过上文的那一段说明，他偶尔还是会进行地理描述。例如，有一段莱茵河的地理解说，（注198）以及一段对亚美尼亚的描写，他在文中认为亚美尼亚人有“一种民族特质和一种同样模糊的地理条件，这是因为他们有一条与我们的一些省份毗连的宽广边境……亚美尼亚人栖息在两个庞大的帝国之间”。（注199）这里极偶尔地提及地形问题。他也记录了日耳曼尼库斯（Germanicus）①的一番言论，后者认为“开阔地（campos）不是对罗马军人有利的唯一战场，如果他能理智行动的话，树林与林中空地（silvus and saltus）也会有利”。（注200）即使不是恺撒，塔西佗对战役的描述偶尔也会使用地理因素：“凯基纳在奥斯迪利亚（Hostilia）（维罗纳附近的一个村落）与塔特罗（Tarturo）河沼泽之间筑起一座有壕沟的营垒，选择这个营址可以利用一条河保护后方，而且两翼能利用沼泽地的天然屏障保护。”（注201）

就塔西佗讨论土地范围的方式来说，他是很有意思的。像那个时代的其他作者一样，他精确使用“空间”（spatium）这个词的词义。例如他声称“事后的建议到来时，距离是如此遥远”。（注202）或者“这片广袤的土地不仅仅被乔西斯人（Chaudi）占领，而且还被他们住满了”。（注203）在这两个例子之中，“空间（spatium）”用作“大地（terra）”的修饰语。在他关于“叙利亚与幼发

① 公元前15年至公元19年，罗马帝国儒略-克劳狄乌斯王朝皇室成员，生于罗马，尼禄·克劳狄乌斯·德鲁苏斯和小安东尼娅之子，帝国次代皇帝提比略的侄儿。原先他的名字与父亲相同，公元前9年，为了纪念其父在日耳曼尼亚取得的多次胜利，改名为日耳曼尼库斯。公元4年成为提比略的养子和继承人，娶大阿格里皮娜为妻。他追随其父的足迹，在日耳曼尼亚建立功勋，以洗雪罗马大军的条顿堡森林败绩耻辱之役最为知名，成为帝国早期的名将，深孚众望。日耳曼尼库斯虽然英年早逝，但名声不堕，使他的儿子卡里古拉最终继承了提比略的皇位，但卡里古拉偏偏成为罗马帝国历史上第一位无可争议的暴君。

拉底河之间的辽阔土地”（注204）的描述中同样如此。然而在其他时候，关键的地理术语是要假设的而不是陈述的。例如，皇帝的军队被表述为已经“蹂躏并且烧毁了方圆五十罗里[①]（的土地）”；（注205）“许多罗马将军已经意识到神圣不可侵犯的不仅仅是神庙，还有周围方圆两罗里（的土地）”。（注206）后来在一次内战期间有一种暗示，即皇帝几乎失去了一切。“除了特拉西那（Tarracina）与纳尼亚（Narnia）[②]之间的土地，没有什么留给掌控世界的维特里乌斯（Vitellius）[③]了。”（注207）他有一种对土地质量的认识，而不是简单地了解土地的疆域大小。他讨论了提比略（Tiberius）在色雷斯老国王的兄弟列斯库波里斯（Rhescuporis）与儿子科提斯（Cotys）之间划分这个国家的情形。“分配给科提斯的是适合耕种的土地、城镇以及希腊城市的周边地区，而列斯库波里斯得到的是毗邻敌对邻邦的未开垦的、荒芜的土地……而很快，列斯库波里斯开始侵犯和吞并分配给科提斯的土地，而且在科提斯抵抗的时候，还攻击了他。”（注208）

如果这些就是塔西佗著作中仅有的地理因素，那么（涉及地理的内容）真是微薄。然而他的著作有意思的并不是他对边境包围的空间的各种描述，而是他对边界本身使用的词汇。他记录道，克劳狄乌斯（Claudius）[④]皇帝的功勋不仅仅在于罗马帝国的壮大，而且还在于对帝国内部边界的重新划分。意大利行省“本身已经拓展到阿尔卑斯山，合并的不只是个别地区，而是在罗马名义下合并（意大利）所有的土地与土地之上居住的人们”。（注209）塔西佗写道：

皇帝也在扩张罗马城的城界。他沿袭了一种古代惯例，即那些已经拓展了

① 罗马长度单位，1罗里约合1.49公里。

② 特拉西那位于今意大利亚平宁半岛西海岸的拉蒂纳行省以内，纳尼亚又名纳尔尼，是位于意大利中部翁布里亚大区的一座山城。

③ 公元24—69年，罗马皇帝。嗜血者尼禄死后，罗马帝国陷入大规模内战，公元69年一年之中，先后有四人成为罗马皇帝，维特里乌斯是其中第三位。年底，支持韦斯巴芗的部队攻入罗马，维特里乌斯兵败被杀。

④ 全名提比略·克劳狄乌斯·尼禄·日耳曼尼库斯，公元前10—公元54年，前文提到的罗马名将日耳曼尼库斯的弟弟，罗马帝国的第四位皇帝。公元41年，罗马禁卫军暗杀暴君卡里古拉后，被拥立为皇帝。他是儒略·克劳狄乌斯王朝最后一位有作为的皇帝。54年，他被第四任妻子小阿格里皮娜毒杀。

帝国疆土的人，也有资格扩大城市边界。然而除了卢西乌斯·苏拉与圣奥古斯都以外，没有任何罗马统帅行使过这项权利，无论他们征服的土地有多大。（注210）

这提出了城界的各种重要问题，城界（pomerium），即环绕着城市设定界限，并且形成它的规范边界的条状土地；于是普鲁塔克将其记为“城墙后面（post murum）”（注211）的收缩部分，这种说法还得到了李维的认同。奥鲁斯·格利乌斯（Aulus Gellius）[1]援引过这类早期说法，他将之定义为：“城界是四野之内，城墙之外，沿着整个城墙外圈的地区，从而形成了一个固定的确定区域，并且形成了城市辖区的尽头。”（注212）这条线之外的任何东西都不是真正的罗马城，而仅仅是属于罗马城。随着时间的推移，当罗马城的含义与它的人口已经远远超过这条线的时候——仅仅将那些在城界之内，或者在城界外一罗里之内居住的人称作罗马人，已经名不副实了——但这条城界线仍然是一种有力的象征物。（注213）根据传统，这道城界最初由罗慕路斯划定，后来经苏拉与奥古斯都拓展过，除了塔西佗说过的这些人，可能还有其他人拓展过，现在克劳狄乌斯也拓展过城界。（注214）罗慕路斯划定的边界，就像是新殖民地的边界，如西塞罗在他的第二份（对安东尼的）《激烈的抨击》中讨论的，是由公牛犁出的。（注215）塔西佗则讲述了石头铺设的（城界）路径：

标记罗马城的（犁出的）沟痕起始于屠牛广场（Forum Boarium）（这里展示着一尊公牛的铜像，因为牛是被用来犁出城界的），一路延伸到赫拉克勒斯的大祭坛外侧。然后许多石头按照规则的间隙，沿着帕拉蒂尼山脚到康苏斯祭坛，旧元老院（curiae）、拉列斯的神社以及广场神社的地面充当标识。我们可以确信将广场与议事堂纳入城中的不是罗慕路斯，而是提图斯·塔提乌斯（Titus Tatius）[2]。后来由于财富的扩张而使得城界扩大。克劳狄乌斯建立的边界是很容

① 公元125—180年，罗马帝国时代的拉丁文作家和语言学家。格利乌斯著述颇丰，涉及语法、哲学、历史和其他领域。

② 传说中罗马建城时代的萨宾国王，在上文所述的强掳萨宾妇女事件发生后，率兵攻入罗马，但在被掳的萨宾妇女劝说下，与罗慕路斯握手言和。

易在公共文档中搜索和查询到。（注216）

城界不仅仅只具有象征性和历史性功能。它区分了不同类型的职权。在城疆之内称为“domi”，意为“本城的”，或者我们现在所称的内政事务，而且是为权力的行使设定的界限。军事领导人在战争中行使军权，即战事领导权，但是不得不在越过城界后将军权搁置一旁，包括将军服换成托迦袍，并且放下武装。（注217）在城界之内，执政官和行政长官行使一种受到更多限制的权力——内政权。（注218）

塔西佗对城界路线的描述，提到了他曾经用于表述一条边界的词汇之一“terminus”。例如，他这个词描述莱茵河，（注219）而且提出，因为克莱德（Clyde）河与福斯（Forth）河仅仅被“一片范围狭窄的土地”分开，可以在不列颠境内构成一条边界（terminus）。阿格里克拉用一列城堡防御这条边界，将敌人赶到这条界线北方，赶进他描述为“另一个岛”的地方。（注220）在塔西佗之后多年，这里的确会成为37罗里长的安东尼长城（Antonine Wall）的城址，修筑这道长城，是为了将罗马帝国的边界移到比哈德良长城（Hadrian’s Wall）更北边的地方。此事被塔西佗的叙述提前料到了。另外两个例子也值得一提：另一次以河流的标识来充当边界，尽管没有使用具体词汇表述——“有一条河在雷蒂亚（Raetia）与诺里库姆（Noricum）[①]之间流淌”，（注221）还有一例使用“conterminae gentes”这个术语，意指边境或者“相邻的各族人群”。（注222）

而与恺撒和李维类似，塔西佗仍然使用“finis”这个术语。如同恺撒一样，他使用这个词意指一个地区，如不列颠（注223）或者弗里斯兰（Frisians）[②]这样的一个部落的边境。（注224）这个词也可在一个地区更具体的意义上使用：“我们也要求你杀死你们土地（in finibus）上所有的罗马人。”（注225）或者“这是提图斯当时开进敌人土地（finis hostium）时率领的军队”。（注226）这个词还可以用来表述更加具体的边疆地区本身：“特雷维里人（Treveri）[③]建造的垛口

① 两地均是古罗马行省。

② 最早居住在今荷兰和德国沿海地区的古代日耳曼人族群。

③ 从公元前150年前后开始，在摩泽尔河下游河谷定居的一个比利其部落。

城墙与城堡遍及他们的边境（per finis）。”（注227）或者“经验丰富的马尔迪（Mardi）匪帮，凭借一座山脉来对抗入侵，确保他们的安全，当他从他们的边境（finis）绕行时，这些盗匪会来骚扰他”。（注228）他同样使用了其他术语。在奥古斯都之下，他认为“帝国得到海洋或大河护卫”。（注229）他也谈到海洋“被认为是以带状环绕着大地，因为最后的落日余晖，在海上一直徘徊到星光暗弱日光渐现的黎明”。（注230）

而由于塔西佗给“界线（limes）”这个术语赋予了一个新的含义，这十分重要。虽然界线（limes）一词已经被李维用于标明一条道路或者小径，（注231）但是塔西佗使用这个词的方式已经变得非常重要：沿着这条界线的防御工事这一层意义。在《编年史》一书中出现了两个重要的例子。第一个是当他描述“自提比略开始划界的界线”，这个词亚德利根据一些正当的理由，译为“要塞化边境”。（注232）第二个是当他提到“在阿里索堡（FortAliso）与莱茵河之间的整个地区（cuncta inter castellum Alisonem ac Rhenum）得到新的交通干线与土垒严密守卫（novis limitibus aggeribusque permunita）”。（注233）要注意的第一件事地区（region）一词是拉丁文原文的引申，“cuncta inter”仅仅意味着“在……之间的全部……，或者是指“在……之间的所有……”；第二件值得注意的事情是“limitibus”这个术语的使用。这个词的词意存在争议，这里翻译为“交通干线”。在《日耳曼尼亚》一书能找到一种相关的用法：“在界限被划定，而且哨所前移后，它们（十个行政区）就被看作帝国的规划区和行省的一部分。”（注234）惠特克的主张：“界限这个词在这里明显不是指一条用于防卫边疆的边界，而是一条公路，可能它的原始意义是一条作为行政管理界限的一条公路。”（注235）然而，同样的意思能够被用于《阿格里克拉传》中的一个段落吗？“它不再是帝国的界限和河岸，而是罗马军团的冬季营房，和处于危险中的财产的保管所。”（注236）这会是在表达“帝国的道路与河流”的意思吗？还是更加接近“土地与河流边境”的意思呢？这为随后的部分提出了两个主题：帝国与界线的含义。而在第四章会讨论古罗马的制图学与科学。

奥古斯都与帝国

恺撒遇刺后的公元前44年，安东尼、屋大维和雷必达（Lepidus）组成了一个三头统治集团，执掌共和国政权。（注237）具体计划是这三人会拥有五年的执政权威，分别控制帝国的不同部分。（注238）安东尼执掌包括埃及在内的东部的土地；而西部由雷必达与屋大维分治。屋大维拥有意大利，但这被安东尼视为是“毒酒一般的事情，因为预料到分崩离析会由此产生”。（注239）卡西乌斯·狄奥描述了三人各自控制的地区，随着雷必达出局，土地（khora）这个词被应用到了地缘政治意义上。（注240）第二次三人执政（后三头同盟）随着屋大维与马可·安东尼为获得全面控制权的争斗走向终点，在公元前31年具有决定性意义的亚克兴（Actium）海战时结束。屋大维战胜了安东尼与克里奥佩特拉（Cleopatra），恢复共和制看来已不可能。而他足够精明地意识到他必须以一种不同的方式建立自己的新政权。他辞去了多项职务，将权力还给元老院与人民。（注241）出于对他废除共和的恐惧，元老院恳求他继续行使对共和的保护权。他被赋予对关键地区为期10年的军事控制权，而且被授予荣誉称号“奥古斯都”。（注242）按照塔西佗的记述，屋大维“既不是以国王也不是以独裁者，而是以第一公民的身份出面构建国家”。（注243）以“元首（princeps）”的名义，他似乎仅仅是为了显得卓尔不群；然而这是个障眼法。如迈耶指出的那样：“当西塞罗声称共和制已经丧失的时候它却仍然存在。当奥古斯都说共和制被恢复的时候，它却已经走向终结。”（注244）

在恺撒死后，奥古斯都带着盖乌斯·尤利乌斯·恺撒·屋大维的名字，突显他是恺撒养子的身份，经常舍弃“屋大维”这个名字，以隐藏他低微的出身。（注245）由于恺撒在生前没有就屋大维的收养问题进行过清楚的表述，于是有不少关于屋大维养子身份合法性的疑问，（注246）但这个身份还是伴随了他很长一段时间。后来对恺撒的神化，意味着他不仅仅简单地把自己看作恺撒的儿子，而且还是神之子，足以让他自我神话，接受崇拜。（注247）他在公元前39年被授予皇帝（Imperator）的头衔。这不只是传统的对取得军功的将军授予称号的重复行为，而是给予一个荣誉的首席名号。卡西乌斯·狄奥①说他不是“autokratos”，

① 全名卢西乌斯或克劳狄乌斯·卡西乌斯·狄奥，公元155—235年，罗马帝国时期，在希腊出生的执政官和用希腊文写作的历史学家。狄奥出版过一部八十卷本的《罗马史》，自传说中埃内阿斯抵达意大利开篇，直到公元229年为止，叙事时间跨度超过一千年。狄奥的这部鸿篇巨著，有许多留存至今，部分尚存残篇，是当代学者详细研究罗马史的重要资料。

这是狄奥用以表述“最高统治者（imperium）”的词汇，而是占有权力，或者被标志着掌权的“执政者（kratos diasemainousan）”。（注248）屋大维于是成为罗马皇帝、恺撒、神之子，公元前27年，名衔又加了奥古斯都。（注249）的确，因为这个原因，有人甚至认为公元前27年足以像一个休止符那样，标志着共和制与帝制之间的转换，以及统治特征的转化。（注250）奥古斯都是一个与“占卜（augur）”和“增长（augere）”相关的词汇。（注251）已经有人认为这个名号蓄意将他与罗马建城时的“奥古斯特占卜”联系在一起，而奥古斯都也与权威（auctoritas）一词有关。（注252）这个词以前还没有用作一个人的名号，它等同于希腊语的“至尊至上者（Sebastos）”的拉丁文词汇。（注253）如吉本所述，“由此奥古斯都是一个人，而恺撒是一个家族，两者有所区别”。（注254）

这些名称未来具有重要的意义。“皇帝（Imperator）”是一个在一场大胜后，给予军事领导人的传统称颂。在第二次布匿战争期间，将士们对阿非利加的西庇阿（Scipio Africanus）[①]就用这个词称颂他，这是已知的这种称谓最早使用的记录。（注255）奥古斯都在《神圣奥古斯都功德录》（Res gestae divi Augusti）一书中记录道，他“21次被称颂为皇帝”。（注256）按照屋大维将奥古斯都用作他名字中恒久不变部分的这一点来看，这个名号十分重要，但是韦斯巴芗（Vespasian）（公元69—79年在位）是第一个因为给这个名号赋予皇帝意义而为人所知的罗马皇帝。（注257）奥古斯都偏好使用“princeps”，即“元首”“第一公民”的名号。（注258）基于这个原因，他的统治也被称为元首制。“恺撒”仍作为一个皇帝专称的通用部分保留了下来。此外，屋大维的后继皇帝们使用“奥古斯都”这个名号，它就成为一个头衔而不是名字。（注259）到那时为止延续性还是很重要的：共和制仍然被继续当作政治体制使用，但是领导人已经被称作元首很久了。（注260）

对统治权（或帝国）（imperium）这个词的概念同样可以这么说。这是古罗马政治词汇表中最重要的一个术语。（注261）它原来为国王专用，共和国中的意思是“命令”或者“控制”，与更普通的权力（potestas）相区分。通常统治

① 即在第二次布匿战争时期，在扎马决战中击败汉尼拔，最终迫使迦太基签订城下之盟的罗马名将大西庇阿。

权是受限制而且有地理界限，虽然不是一种特别精确的方式设限。这种权力受到具体时间范围限制，而且还会存在最高统治权的各种限度，这不是一种绝对权威。有时“最高统治权（imperium maius）”这个概念会得到许可，这是一种支配一切的统治权。（注262）公元三世纪，法学家乌尔比安（Ulpian）声称：“皇帝所做的决定均具有法律效力，因为人民通过皇家法律赋予他统治权以及权力，皇家法律就是表决通过的关于他统治权的法律。”（注263）奥古斯都对这个概念从对指挥权的有限理解的意义，发展成如今与帝国相关联的概念负有责任。尽管更早期已有先例——特别是庞培与恺撒获得的例子，他们两人都曾在不同时期被委以“最高统治权”——但是罗马帝国的概念起自奥古斯都统治时期。（注264）最高统治权的形成过程，使得统治权从控制方法转换为开始划定一个可以实施控制的区域。“imperium Romanum”既是罗马的控制权，也是我们所理解的“罗马帝国”。（注265）理查森认为：“作为领土实体的罗马帝国的概念是奥古斯都的产物。”（注266）词汇使用的变化可以从那个时期发行的硬币追溯。（注267）据尼科莱的记述：“帝国的开始，标志着对行使权力的空间——既包括地理空间，也包括社会与政治空间——的了解、感知与掌握的一系列转变。换句话说，地理空间即土地和海洋，社会与政治空间即居住在这里的人们。”（注268）然而在《功德录》（Res gestae）一书①，使用的术语不是“imperium”而是“auctoritas”，这个术语很难译成英语。它不仅仅是“权威（authority）”，因为这个词更多地意味着基于公权力的职位；更确切地说，它涵盖了诸如影响力、声望、财富、出身以及社会关系等词汇的意思。（注269）这种更广义的权威的基础，是为规模几乎空前的平民百姓提供食品与游乐的能力，按照后来尤维纳尔（Juvenal）②辛辣的短语来说就是“面包加马戏”。（注270）

《神圣奥古斯都功德录》是一个主要的资料来源，即使不太可靠。这本书的开头是：“奥古斯都神的功德在于他将世界置于罗马人民的统治之下，他在罗马人民与国家上花费了大量精力，就如同已经在罗马竖立的铜柱上铭刻的那样。”（注271）这两座铜柱竖立在奥古斯都的陵墓外面，是对他的各种成就的永久纪

---

① 又译作《行述》，即《神圣奥古斯都功德录》。

② 全名德西姆斯·吕尼乌斯·尤维纳利斯，英语汉译为尤维纳尔，生卒年不详，公元一世纪和二世纪初活跃的罗马诗人，擅长讽刺诗，著《讽刺诗篇》传世。

念。（注272）这段描述明显有些过于夸张，但因为术语方面的使用，使得这些陈述显得很重要。（注273）它描述了置于罗马统治下的征服地区，而且这对已知世界是正确的，“世界（orbis terrarum）”这个短语，西塞罗也使用过，即希腊人所知的整个有人居住的世界（oikoumene）。（注274）奥古斯都全方位地叙述了他开疆拓土的经历：

我拓展了不臣服于我们帝国部落（gentes）毗邻的、所有的罗马人民行省的边境（fines auxi）。从加的斯到易北河口的高卢、西班牙、日耳曼的临海各省，由我实现了和平。在阿尔卑斯，从最接近亚德里亚海的那个地区直到托斯卡纳海，我未向任何部落发动非正义战争就实现了和平……

我将潘诺尼亚（Pannonians）[①]的多个部落……置于罗马人民的统治之下，我将伊利里库姆的边境推到多瑙河岸。一支跨过多瑙河南进的达契亚人（Dacians）[②]的军队，在我的指挥下被击败，并且崩溃，后来我率自己的军队跨过多瑙河，迫使达契亚各部臣服于罗马人民的统治。（注275）

这些成就需要根据他陈述的各种条件得到承认。他确实比任何其他统治者为帝国扩张了更多的土地，而且对这一成就怀有些许自豪——在他同时代的人看来肯定如此——也并无不可。（注276）在这方面，他同时代的诗人维吉尔（Virgil）扮演了一个重要的辩护者和散布者角色——我们几乎可以说是一个宣传者的角色（注意拉丁原文“propagare”是“去散布”的意思）。他描述了朱庇特（Jupiter）[③]对罗慕路斯的承诺：“我正通过强制在他的王国消除边界，消除世俗的限制/我已经给予了他没有尽头（fine）的统治权。”（注277）只有后面的一些与奥古斯都有关的文字进行了详述：“从这一高贵的血统，将会诞生一位恺撒，一个特洛伊人[④]/他的统治权将到大海为界，他的荣耀遍洒星空。”（注278）

---

① 即巴尔干半岛西部的古伊利里亚地区。

② 即黑海西岸喀尔巴阡山脉周围，古代被称为达契亚地区聚居的民族。

③ 罗马神话中的众神之王。

④ 根据罗马神话传说，最初到罗马一带定居的，是在特洛伊城被希腊联军攻破后，漂洋过海来到这里的特洛伊英雄埃内阿斯，所以罗马人自称为特洛伊人的后裔。

这实现了维纳斯对于那些“在他们的统治下会拥有所有土地，所有海洋”（注279）的人的期望。他同时代的人贺拉斯（Horace）提出帝国的名望与尊荣将从日落延续到日出。（注280）在奥古斯都统治时期稍后写成的，奥维德（Ovid）[①]的著作声称：“其他地方的人民已经确定了边界（limite certo）/罗马的范围包括罗马城与整个世界。”（注281）后来的希腊雄辩家P. 埃里乌斯·阿里斯提德斯（P.Aelius Aristides）谈及罗马人的边境已经建成了一个“在有人居住的世界最外层圈子之外的一个圈子，的确就像一座城邦防御体系内的第二道防线”。（注282）这些边界是“红海、尼罗河大瀑布和梅奥蒂斯湖（Lake Maeotis），即前人所说的地球的尽头”，但是对这座城邦它们就“像庭院的栅栏”。（注283）阿里斯提德斯继续说道：“一个城邦是对它的边界和它的土地而言的，所以（罗马）这座城邦就是整个有人定居的世界城邦。”（注284）然而在帝国的许多地方，特别是南部及东南部，为获得对相邻部落的权力的各种努力要比积极谋取他们的土地更多，林托特已经称之为“对生活在沙漠边缘或者从沙漠漫步进入可耕地地区的人的一种心理优越感”，根据他的正确提议，开疆拓土和战事的关键地区是欧洲北部——不列颠与日耳曼。（注285）现实情况是，无论奥古斯都的雄心如何宏大，纵然在已知世界范围内，有一些地区都是永远不可能被征服的。（注286）

这个要点要始终牢记，因为罗马人相信只有已知世界才是可以居住的，但这并不意味着他们相信世界是平的。“Orbis”一词的意思是“环绕”或者“圆圈”而不是“球体”的意思，但当时有几张图片显示了球体图案。公元前44年的一枚硬币的图案上可以看到的尤利乌斯·恺撒头戴王冠，铭文为“永久独裁官”，还带有说明恺撒与军队关系的握手符号，以及一个代表主张世界统治权的球体。（注287）庞培更早期的胜利已经使得球体被纳入凯旋仪式中，而且另外一枚硬币上的图案显示着一个被花环围绕着的球体。（注288）甚至更早的硬币图案上还显示着罗马与一只踏在球体上的脚在一起，姿态“像一场足球比赛之前的裁判员”。（注289）被征服的对手身上被踏上一只脚的象征图案是反复出现的一种图案，尤其是在哈德良（Hadrian）皇帝治下，他的雕像与硬币上的图案可以看

① 普布利乌斯·奥维迪乌斯·纳索，通称为奥维德，公元前43—公元17或18年，奥古斯都统治时期的罗马诗人。

到他本人用脚踩在一个被俘的男孩（或许是一个犹太人）身上、一头狮子和一条鳄鱼。（注290）克劳狄乌斯的图案呈现的是征服不列颠，不列颠被描绘为一个裸胸的女性形象。（注291）

在一只博斯科雷亚莱（Boscoreale）①杯上，一开始描绘了奥古斯都伸出手宽恕被俘的蛮族人，之后描绘的是他在维纳斯（Venus）与玛尔斯（Mars）之间，手持一个球体。

杯子上呈现的人物来自非洲、高卢和西班牙，根据库特纳的解释，这些人"是当时奥古斯都治下的罗马治理的各族人民的象征性样本"。（注292）维纳斯手持着一尊象征胜利的雕像。（注293）在庞培、奥古斯都和图拉真（Trajan）各个时期都可以找到其他例子。（注294）库特纳提出："球体，作为世界的象征物，同时也是世界统治权的标识物，在古罗马艺术中远远比古希腊艺术中流行，而我认为拉丁文"世界（orbis terrarum）"这个词汇的直观译法代表的事实可以部分解释这种现象。"（注295）"orbis terrarium"或者"世界圈子"，这个词汇的确意味着比希腊语"oikoumene"——有人居住的世界这个词更清晰地表述了一种空间及球体概念。（注296）

而奥古斯都实际上对他的雄心壮志（比艺术品表现得）更加谦逊。虽然奥古斯都的征服地区广大，但也同时给罗马的持续扩张画上了句号。大多数的土地收益是在共和国时期取得的；罗马在成为帝国前就已经是个帝国了。（注297）奥古斯都起初没有为开疆拓土设置界限。在东方，他的军事行动延伸到莱茵河以外，但有时也有人认为他的野心可能甚至已经瞄向了易北河，以及南方的多瑙河。日耳曼尼亚因此变成了一个战场，即使他并不一定渴望去将其全部征服。（注298）根据威尔斯的记录，让易北河与多瑙河成为边界的想法并没有根据——没有任何证据证明这点；无论如何，这两条河都将成为脆弱的边界；而且那时候的地理知识水平对于认为那两条河将会成为边界的想法几乎不能提供依据。（注299）然而向东的扩张还在继续，往往代价巨大。在公元9年9月9日，瓦卢斯（Varus）指挥的三个罗马军团在条顿堡森林遭到伏击被歼。这是一次史无前例的败仗，而且

① 博斯科雷亚莱是意大利坎帕尼亚那不勒斯都市区的一个市镇。在当地的一座古代别墅遗迹中曾发掘出大量金币、银器和其他珠宝，被称为博斯科雷亚莱之宝。如今这批宝物大部分为巴黎的卢浮宫馆藏，另有部分为大英博物馆收藏。

被描述为“世界史上的决定性战役之一”。（注300）奥古斯都为3个军团的损失痛哭流涕，蓄发蓄须表达悼念之意，而且哭诉道：“瓦卢斯，让我的军团回来啊！”（注301）

这次战役后，又进行了多次间歇战争，主要由提比略指挥，后来提比略本人成为皇帝，便由日耳曼尼库斯领导。塔西佗主张进行这些战争的真实原因是为瓦卢斯复仇，而不是为扩大帝国版图。（注302）基本上，援军是被派到日耳曼尼亚地区，开始加固他们的兵营和补给站，成为永久性据点。塔西佗记录道：奥古斯都指定的后嗣和皇位继承人提比略，在元老院诵读《功德录》。奥古斯都补充了一个要注意的建议，提出：“帝国应当在它的边界之内维持要么通过敬畏要么通过嫉妒。”（注303）这不是一个他自己遵循的政策，但或许能解释塔西佗最后一个分句的含义。关于这个政策的效力已经有人提出了问题。例如，格鲁恩认为，这或许是提比略自己的说辞，这样就为他打算去施行的政策提供了合法性。（注304）尽管如此，但似乎可能是诸如3个军团的重大损失之类的事件，已经使罗马相信自己的权力的确是有界限的。（注305）东方一直有更多的部落，准备占据那些罗马人战败的地区。（注306）根据德拉蒙德和尼尔森的记录，“以这种几乎意外的方式，罗马在西方的边境被确立，所建的工事防线承担了近400年的防御任务。”（注307）威尔斯总结了这一情况：“奥古斯都的司令官们没有马其诺防线心理。他们没有考虑将蛮族拒于国门之外，而是要亲自出击去征服蛮族。”（注308）因此，初始的意图并不是防御性的，而且奥古斯都特别注意不要让边境看上去像是这种性质的，但是多起大事件还是让这条边境变成了一条防线。（注309）这对继任的历代皇帝仍然是一个问题。按照吉本所说，奥古斯都选择“放弃了征服整个地球的宏图”。而且“他将一份宝贵的遗产赠给了他的继任者们，即将帝国限制在那些自然地理条件看上去已经成为帝国永久壁垒和边境的那些界限之内的建议”。（注310）

帝国的界限

“limes”的含义广受争议。有一件事看来是无可争辩的：只有在奥古斯都之后，谈论边境即“limes”才是有意义的。（注311）在共和国时期，罗马的扩张并没有清晰的界限，尽管意大利海岸和北部的阿尔卑斯山脉提供了一些地理屏障。（注312）一些古典作者描述阿尔卑斯山脉像一堵墙，而不是一条他们需要尊重其本身的界线。（注313）西塞罗称阿尔卑斯山脉一度是一道“壁垒”，而且用以防止高卢人遏制罗马人的崛起；但是现在它们应该沉入大地，因为直到海洋，罗马人都没有什么要畏惧的了。（注314）李维称这座山脉为一个“不可逾越”的障碍，（注315）但是汉尼拔告诉他的军队，这座山脉并非不可逾越，（注316）而且后来在攀登阿尔卑斯山时，告诉大家，他们不仅仅正在进入意大利，还是在进入罗马城本身。（注317）

在共和国治下，罗马肯定还没有清晰标识的界限与防线。（注318）当然，内部地域的划分是很普遍的。原因是划分地域能应用于可征税财产。（注319）统治权限（pomerium）这个概念已经被提及，但那也只是各行政区，也就是行省之间偶尔划分的界线。一个行省意味着一个角色或者任务，引申为意味着一个行政长官控制下的地区。诸如西西里岛、科西嘉岛或者撒丁岛就是一个行省，但是在亚平宁半岛也存在，而且在最新被征服的土地上肯定也有。（注320）

林托特声称最早的大型边界是在两个西班牙行省，即远西班牙（Hispania Ulterior）（西班牙南海岸）及近西班牙（Hispania Citerior）行省之间划分的。他认为这道界线有些不精确，而且就像仅仅能“在主要公路或者高地上”（注321）能看见的界碑。他提出随着时间的推移，地方行政官的控制同一个离散地区的关系变得更加固化，而且一个行省的某些领地性（territorial）意义并非不合时宜，提出对此不要“太僵化地去理解”，以及并没有得出“这些行省是根据绝对精确的边界来被考虑”的推论。（注322）认识没有罗马绝对控制的同质性空间也是很重要的。既然边界是不准确的，那么就会存在重叠的管辖权，以及其他统治者的飞地。（注323）根据迪尔克的记录：

从法律的观点来看，在地形学意义上，管辖权的延伸，准确地达到多远的位置是很重要的。从更大的范围上，可以理解为每一个省，只要与意大利相邻，就拥有与意大利以及其他行省相连的边界。罗马帝国的外部边界使用同样的术语“limes”为人所知，正如我们在多项调查中发现的那样，使用非常普遍。但是存在一个差异，例如就一个殖民地而言，界限（limites）全部在它的领地之内，而且它的边境被称作边界线（fines）。（注324）

“agrimensores”，即土地测量师或者测绘员，负责土地测量任务。他们不是简单地丈量土地，而是使用多种技术去规划并且布置土地，特别就新殖民地的情况而言。（注325）设定边界是他们最重要的职责，随后就是土地分配。（注326）城市空间的网格土地被称作“insulae”；城郊野地的方格土地被称作“centuriae”。（注327）还有一个军队使用的细致规划的类似方法：当军队建立一座兵营的时候，无论兵营设在什么地方，都是完全一样的规格，从而营地就容易在附近绕行。这要求地面平整，能用来打地基，并且进行详细工作。（注328）公元二世纪初，一位军事工程师详细描述了要求他做的这项工作：

在我们首次进入敌方领土后，塞尔苏斯（Celsus）①，我们那位皇帝的土木工事开始要求我进行各种尺寸的计算了。在预先安排的列队行进长度被确定后，必须沿着一个预定建造大型防御性护栅土木工事的（地面）画出两条平行直线，将会建起的土木工事是为了保护交通线。依靠你（塞尔苏斯）的发明，当土木工程的一部分挡住视线的时候，使用测量工具就能延伸那两条平行线。至于对桥梁的测量，即使敌人想来骚扰我们，我们也能够在河岸附近来判断河流的宽度……在我们的（图拉真）大帝最近通过他的胜利为我们打开达契亚的门户之后……可以说等我有了空闲时间，就能重新开始我的研究工作。（注329）

由测量员们自己编纂的《罗马农业大全》（Corpus Agrimensorum Romanorum）（注330）留存了下来。这套书在公元五世纪编成，但后来书中又收入更多的材料。土地测量是一个从古埃及与底比斯时代传承下来的古老职业，在那两个国家确定土地财产的面积是征税的基础。（注331）在古希腊，如第一章中所示，出现了一些土地规划，但只有很少会测量。在罗马，虽然没有发展出新的数学理论或技术，但是在以更为严格的方式对将测量投入实际应用，这是对数学科学的一种实际应用。（注332）在古拉丁文剧作家普劳图斯（Plautus）

① 古罗马时代有数位知名的同名人物。按照本节叙述的时间来看，这位塞尔苏斯指的应当是罗马元老院成员，曾经先后出任罗马执政官和亚洲总督的提比略·尤里乌斯·塞尔苏斯·波勒马埃努斯。

的作品中有这样一些话："现在我将标定这里的各个地区的分界线，划出边界（limites）及界限（confinia）；我已经指定了测量员（finitor）。"（注333）这里边界这个词的使用很重要。迪尔克注释道："'Limes'这个词严格说来是指一个边界区域；在农业耕地中，是指一条小路或者田垄。科技作者们所说的直线边界线则没有宽度，他们严格使用了替代词汇。"（注334）

在这部汇编作品中的一些重要文献一般被认为出自弗朗提努斯（Frontinus）之手，他是公元一世纪的一位军事战略家与水利建筑师，但是也有可能非他所作，而是后来另有出处。（注335）这些文章中的第一篇《浅谈土地质量》（De- agrorum qualitate）声称："有三种类型的土地：第一，已经被分割与分配的土地；第二，已经在一次全面测量中被勘测过的土地；第三，未确定边界（arcifini），不在任何测量范畴内的土地。"（注336）根据坎贝尔的注解，"这或许是一篇更长的文章的摘要，而且我们并不清楚什么内容被省略，或者保留下来的文字已经修改了多少"。（注337）在一篇相关文章中，"弗朗提努斯"提出有十五种土地争议，包括界标的位置、土地的所有权与占有权，及他所称的"领土（领地）管辖权（iure territorii）"。（注338）他指出，这些类型的争议是双重的，同时涉及一个城镇内的各地区及其周围的农业用地。（注339）他还补充道："领土为了使敌人恐惧的目的而确定的一种东西。"（注340）这篇文章《争议》（De controversiis），是在弗朗提努斯的作品中唯一出现"领土（territorium）"一词的文献，（注341）这应当给我们理由暂停，特别是由于他对战略的书写可能会被认为要去处理对土地的军事控制问题。然而在那里他使用了那个时代更加标准的词汇——他比老普林尼晚生17年，而且比塔西佗早生16年——来描述这样的问题：使用"ager"与"fines"这两个词。（注342）很难否定坎贝尔的判断，即"弗朗提努斯"在土地测量中的角色以及他对此项研究的贡献，尽管看起来使人印象深刻，但还是很模糊"。（注343）

还有一个锡库拉斯·弗拉库斯（Siculus Flaccus）的著名定义，即"由于公民们被恐吓与驱逐，他们将这些遭遇称为遭遇领土行为（territoria）"。（注344）（他指出这个词的解释是有争议的，而且说他会在下文回到这个话题，但在这篇文章中没有完成。）（注345）锡库拉斯·弗拉库斯很有意思，因为他不是简单地在词源这一点上坚持己见，而是将其在实践中进行了论证。他提出，有关土地划分的问题是一个随着征服出现的问题："当罗马人成为所有国家的主人时，他们就在胜利者之中分配从敌人那里夺取的土地。"（注346）他在下文回到了这个话题，提出"战争创造了分配土地的动机"，因为战利品是被给予那些夺取它的官兵的。（注347）这自然就产生了获得新征服土地的酬劳与激励因素。这就造成对原住民的驱逐，对征服地方的记录，还有新法律秩序等问题："一旦战争结束，胜利者便将失败者从他们的土地上赶走，而且宣称这些土地为公地（ager publicus）和共有领地（territorium）；并且在这些公地的界限之内实施强制决定法律的权利。"（注348）锡库拉斯·弗拉库斯还提供了这些土地是如何分配的详细描述，尽管必须强调这些土地在更广阔的罗马帝国之内。

领土（领地）行为是指在城邦（civitates）之间，即在自治城市（municipia）与殖民地以及县（praefecturae）之间，有时通过河流，或者通过山脉的顶峰和分水岭，甚或通过立摆放与标识私人边界（terminorum）的界石不一样的显眼石块来划分界限；的确有时在两个殖民地之间，边界会用连续的界标（limitibus）标识。如果对这些内容产生了一个问题的话，那就是关于领土（领地）（territoriis）的问题，法律授予城邦的领地要受检验的问题，对殖民地、自治城市还有县都一样。我经常在公共档案中发现对于"territoria"这个词有不同的描述；因为描述开始于对包括一些带有地点名称的地区的走访。（注349）

在弗拉库斯的文章中，有一些词语，早期简单写作"p R toria，"后来由编辑们增添为"p R <terri>toria，"后来又被坎贝尔增添为"p(opuli) R(omani) <terri>toria"即"罗马人民的领土"。（注350）有意思的是，译者的工作比辑者还少。去掉前缀，这个词就只剩后缀——"orium"，意思是"周围的事物"，仅指那些罗马人周围的土地。但随着文章的继续，土地延伸到了更为遥远的地方，驱逐与恐吓产生的论点变得更加令人信服。这篇文章的写作日期未知：坎贝尔认为时间可能在公元二世纪的某个时候；（注351）迪尔克则认为写作时间是在公元三世纪。（注352）坎贝尔将这篇文章描述为"在现存的测量资料中论述最连贯，而且写作最完善的作品之一"。（注353）

因此，"界限（limes）"一词是一个测量员的专业术语，意思是一条小径或小道。它充当一条补给线路或者公路，被赋予了军事意义，这种意义刊载在测量员的手册中。（注354）于是，“界限（limes）”这个词至少有这么一次，意味着事物的联结而不是分割，是帝国（imperium）内部之内的联系各要点的模式。在《罗马皇帝纪》（Historia Augusta）的时代，“limite”这个词被用于引述马可·奥勒留（Marcus Aurelius）正在征战的军事地区。（注355）显然某些事情发生了根本性的改变，对此有一系列的叙述。皮加尼奥尔（Piganiol）认为：“‘limes’一词，在图密善（Domitian）与图拉真的时代，指的是一条用于攻击政策的军事公路。然而自哈德良时代起，它是一条重要性在法律意义上大于军事意义上的边界线。”（注356）{有必要简短说明一下罗马皇帝的帝位与各皇室家族的传承。从奥古斯都开始的王朝持续了几乎100年——从提比略，经通称卡里古拉（Caligula）（“小靴子”）的盖乌斯，传至克劳狄乌斯与尼禄（Nero）。尼禄在公元68年自杀身亡引发内战，加尔巴（Galba）、奥托（Otho）以及维特里乌斯相继短暂即位。（注357）韦斯巴芗在公元69年成为皇帝，在位10年，建立了提图斯（Titus）与图密善（Domitian）继位的弗拉维王朝（Flavian dynasty）。后来被涅尔瓦——安东尼王朝（Nervan-Antonine dynasty）接替：这个王朝的涅尔瓦（Nerva）、图拉真、哈德良、安东尼·庇护（Antonius Pius）、马可·奥勒留【在他统治的前八年，卢西乌斯·维鲁斯（Lucius Verus）为共治皇帝】以及康茂德（Commodus）先后继位为帝。这个年表将我们从公元一世纪末带到了公元二世纪中期。}

罗马边境体系的建设经常会追溯到这个时代。佩勒姆主张这个体系是弗拉维王朝与安东尼王朝的历代皇帝组织建设的，而肖特则提出弗拉维王朝关注的是维持早期获取的土地而不是它们的增长。（注358）特别是图密善，加固了东面和东南面面临日耳曼尼亚的日耳曼尼库斯长城（limes Germanicus）和莱提库斯（limes Raeticus）长城。（注359）在弗朗提努斯的著作中，称他将边境线（limitibus）推进了120罗里。（注360）哈德良经常因为巩固这个防御体系得到赞颂，以他的名字命名的古罗马长城成为唯一最详细的佐证。（注361）哈德良让自己的行事风格像一位新奥古斯都，将他治世的大部分时间都用在意大利以外，而且几乎巡阅了整个帝国版图。（注362）他几乎肯定视察过以他的名字命名的长城所在的地区。（注363）他从图拉真在幼发拉底河东部新拓的几个新行省，经多瑙河以北的土地上撤出，更加注重他正在谋求的防御性边界的各种相关理论。（注364）在将这一政策正当化过程中，他无疑得到过秘书苏埃托尼乌斯的帮助，后者在哈德良统治时期写成了《罗马十二帝王传》，而且据伯利所说，他赞誉“奥古斯都奉行与哈德良的政策性质非常相似的纯粹和平政策”。（注365）这不是提议不去采取任何努力开疆拓土，而是在奥古斯都之后，仅有两次导致长时期扩张的主要的征战：公元43年的征服不列颠与公元105至106年的征服达契亚。（注366）这也许会显得在公元三世纪以后，罗马回避了进一步殖民的道路，但是断断续续的殖民行动还是扩张到了日耳曼尼亚及其他沿边地区。（注367）这些行动有时被解释为一种通过扩张而确保帝国的土地安全，并且寻求最适合防御边界的举动，但是这种举动在多大程度上是事先计划的，又在多大程度上是环境的产物，是存在争议的。

为改变体制这一点进行的最详尽论述的是勒特韦克，他认为到尼禄时代为止，罗马的意图是稳定边疆；从韦斯巴芗到二世纪末，意图是去确立“系统性的”不变边境；而自二世纪末以后，“纵深防御”成为帝国努力防止其崩溃的策略。（注368）第二阶段某种意义上是最重要的：“帝国的陆地界限在那时非常精准地勘定，于是所有人可以确切地区分哪里属于罗马，哪里不属于罗马。已经确立的附庸邦国都被吞并，而几个重要的例外阐明了其余地方的目的，帝国的陆地边境得到多条防线守卫，这些防线是河流与海洋这样的天然屏障的补充。”（注369）他的方法是试图通过调查“在逐次相连的各个时期部队和边境设施的实际部署”来辨明这些时期背后的战略。（注370）勒特韦克的论文因为太过粗略的图表和细节不够精确，而受到批评。（注371）考古学家似乎证明了界限只有在极少的时候能被视为固定，而且即使是固定界限时，也得不到完全的尊重；而且对这些文献的检验及其他文书证据表明，勒特韦克提出的那种“大战略”根本就是罗马人不具备的。地理信息的欠缺，包括地图不足，意味着皇帝与将军们根本就不会了解到他们什么时候已经到达战略要点，或者敌方的情况如何。（注372）根据伊萨克的注释，“大多数罗马的边境线是有选择性的，而且怀有阻止不明确的所有进一步推进的有意识的愿望来决定是不可能的”。（注373）勒特韦克最大的一个纰漏是，他以现代领土术语来解读罗马帝国的上层建筑及其管制体制。（注374）尽管如此，甚至连批评家们都承认的一点就是，勒特韦克的书“可能会成

为从考古学家的铲子下拯救古罗马边境的催化剂”。（注375）

罗马的一些界线（limes）是沿着河流走向的。以莱茵河与多瑙河这两条大河最为著名，尽管易北河与内卡河（位于今巴登-符腾堡州内的莱茵河的一条主要支流）在不同的时代也被用作界线。至少在后来的情况下，界线（limes）的作用更偏重于一种战略补给线，即使用河流用于运输。（注376）被选中的河流选择适合承担这些运输项目：莱茵河流入北海，而多瑙河可被用于在黑海与地中海形成一条运输线。（注377）这些更加清晰地分隔罗马人与蛮族的河流被用于运输，甚至体现了罗马人要求控制河的两岸。惠特克指出河对岸在“蛮族土地上”的防御工事建筑物，并且认为政治控制越多单纯界线以外是常态。（注378）这可以通过直接的军事存在或者战术同盟来实现。（注379）根据马克斯菲尔德的看法，尽管河流是共同边界，但并非大型边界，除非得到双边认同。“它们（河流）可以提供便利……但是它们还是很难加强的界限，是军事上的弱点；它们是用于联通的公用交通线，而不是用来分隔的屏障。”（注380）因此很清楚的是界线（limes）不是简单的零宽度的线条，而是河流本身某一边的地区或区域。（注381）只有这样理解能使奥索尼乌斯（Ausonius）①在公元四世纪的演说中提出的主张显得合理，他宣称：“多瑙河与莱茵河的界线（limes）是能被平复的。”（注382）或者如弗朗托（Fronto）②所言：“图拉真皇帝将罗马人民的统治权延伸到了敌方的河边以外。”（注383）

其他边界线在陆地上，最著名的是英格兰北部的哈德良长城。（注384）在《罗马皇帝纪》作者的记述中，它是用来“分隔罗马人与蛮族的”。（注385）然后作者继续提到有关哈德良长城区域的整体战略中的一些事：“在蛮族不是被河流，而是被边境的屏障工事分隔开的许多地方，他通过在深深的地下打入木桩，并且将这些木桩系在一起加固成栅栏的方式，来分隔这些地方。”（注386）伯利断言长城的是用石头筑成的，部分是因为缺乏像在日耳曼尼亚那样合适的森林，来制造圆木栅栏。（注387）然而长城在更多的当时的记述中，都从未被当作界线

---

① 公元310—395年，罗马帝国后期，阿基坦波蒂加拉——即今法国波尔多出身的诗人和修辞学教师。

② 马库斯·科内里乌斯·弗朗托，公元100—170年前后，罗马帝国时代的语法学家、修辞学家和律师，生于努米底亚的科塔，142年出任过执政官。

被提及，（注388）而且事实上，长城看起来不像曾经被打算承担比一条临时界线更多的作用，因为考古学证据显示（罗马人的）碉堡建在长城北侧，而且长城在建成大约二十年后，一直都被置于碉堡后方。（注389）在安东尼·庇护皇帝治下的公元142年，这道界线向北移动。这条界线的目的地，是塔西佗在写到阿格里克拉（出任不列颠）总督时期提到的，位于克莱德河与福斯河口之间的地带，在那里修筑的防御工事被称为安东尼长城。这就是罗马不列颠行省在撤回到哈德良长城一线之前，在大约二十年间所达到的范围。米勒记述道，有证据证明北面的长城（安东尼长城）在两次不同的战事中被破坏，或许最后于公元二世纪八十年代中期被完全废弃了，（注390）但最新修正过的看法认为早在公元二世纪五十年代就被废弃了。（注391）有关这第二座长城的考古与文献证据事实上要少得多。（注392）尽管或许已经打算用石头建造，但基本上还是用泥炭土修筑的，配有一条壕沟和防御土墙，（注393）同更加南面的修筑计划更完善的哈德良长城的城墙相比，这座长城更像是一系列相互联结的堡垒。（注394）哈德良长城似乎只有到罗马人离开不列颠之前才被废弃了，时间大约是在公元四世纪末。（注395）

这两道长城都是由罗马军团修筑的，而且部分目的或许简单到就是要让他们有事可做。（注396）更重要的原因是要控制，而不是防范与行动。长城的每一个里程堡（Milecastle）[①]都建有堡门，这种门当然可以打开和关闭，而且可以监督人们的行动和向他们征税。（注397）虽然长城本身并不足以防范入侵，于是需要一支军队进行周期性的战役，长城的重要作用是防止小股突击部队越过界线，更重要的是防范他们轻易带着掠取的东西返回敌境。（注398）军队的使用是很重要的，士兵们会从长城推进到开阔地厮杀，而不是将长城当作防御工事使用。（注399）根据后来拜占庭历史学家普罗科庇厄斯（Procopius）的记述，戍守这些边境哨所的部队被称作边防军。（注400）普罗科庇厄斯在边防区即士兵们驻守的边防哨所所在地（即“limes”）和帝国本身的边境之间进行了区分。（注401）这些边防军是意在抵挡入侵的轻装部队，而不是一支为了未来进行征服的重装大军。（注402）的确，这已经提出两道长城“本质上是一座失败的纪念碑”，因为需要修筑长城，就是承认罗马尝试征服整个世界的意图已经不复存在。（注403）

---

① 罗马长城间隔约一罗里修建的矩形防御工事，一种小堡垒。

这或许已经修筑哈德良长城的一种深思熟虑的努力，那是为了显示这道长城更重要的是为了后代保持住它，而不是去继续拓展疆土：是时空压倒空间的胜利。（注404）

在不列颠另有其他路线。福斯公路，这条贯穿英格兰中部的公路，被当作交通线与补给线使用。但是，科林伍德力主在与爱西尼（Iceni）①部落的战役中，这条公路也在为一个战略目的服务：当部分军队正在作战的时候，这是一条由另一部分军队守卫的防线。（注405）即使这个想法符合事实，看来它也没有体现出什么特殊的战略意义，至少没有这一特定战事之外的战略意义，那么就应该被视为罗马不列颠交通网络结构的一部分。（注406）在今天的威尔士，我们可以看见各种哨所与碉堡建筑的遗迹，这些古建筑的修筑时间一直延续到整个威尔士被韦斯巴芗最终征服为止。（注407）

在帝国的其他地方，也有类似的困惑景象。在北非及今天我们称为中东的地区，也可以发现战壕、公路和碉堡工事，不过这类建筑看来至少与交通运输的相关性和充当防御设施一样多。（注408）图拉真皇帝在大马士革与红海（被称作via nova Traiana，即“新图拉真公路”）之间建造的公路，能够连通地中海同阿拉伯各地，而且能到更远的地方，沟通印度贸易。（注409）更早期的观点认为这是一个系统防御体系的一部分，但是近年这些观点已经趋于被抛弃，或者至少被修正。（注410）无论如何，除了哈德良长城可能的特殊情况，这些设施并没有显著的防御性能。它们或许可以抵抗小规模突袭，但是无法防御更大规模的攻击。（注411）然而这些设施仍然构成一种心理上的冲击：“例如新图拉真公路与哈德良长城，在其他相对原始及未开发的中部乡间地区之间是宏大而复杂的设施。这两项工程看上去令人深刻印象，甚至会产生恐惧。”（注412）

在阿米亚努斯·马塞利努斯（Ammianus Marcellinus）②撰写的帝国晚期历史中，有一种针对抵抗蛮族入侵的心理围攻意识：“在这个时期，当最野蛮的

---

① 罗马帝国早期，在不列颠岛东南部定居和活动的一个不列颠人部落，活动区域大致包括今诺福克郡全部、萨福克和剑桥郡一部。

② 公元325或330—391年以后，公元四世纪的罗马军人和史学家，代表作为用拉丁文撰写的从公元96年涅尔瓦皇帝登基，直到378年瓦伦斯皇帝在阿德里安堡战役败死为止的编年史书。有人称他是罗马帝国最后的历史学家。

各族兴风作浪，并且劫掠最近的边界地区时，整个罗马世界到处都可以听到战争的号角声。”（注413）他还讲述了“在不列颠、苏格兰与皮克特的野蛮部落是如何破坏他们维持和平的谅解，将废物丢弃到边境附近的乡间”。（注414）阿米亚努斯提供了“territorium”这个词的另外几个例子。他认为蛮族正在占领斯特拉斯堡（Strasburg）、布吕马（Brumath）、萨维尔纳（Saverne）、赛尔茨（Seltz）、沃尔姆斯（Worms）以及美因茨（Mayencee）的领地，但是避开了城市本身“使得城市好似变成了被天罗地网包围的坟墓”。（注415）这里再一次清楚地指明领地是围绕一座城市的土地，而不是整个占领区。但是，在其他地方，他开始用领地这个词汇表达未分化意义上的完整的土地的意思。这里有两个例子：乔诺多玛（Chonodomar）[①]国王逃离了战场，并且意识到他只能通过跨越莱茵河到达“他自己的地盘（sua territoria）”。（注416）西奥多勒斯（Theodorus）藏匿在“这个国家的偏远地区”。（注417）其他同时代的文字记录也以这个意义来使用这个词汇。（注418）

另一位与阿米亚努斯同时代的作者书写的佚名文章即人们所知的《军事》（De rebus bellicus）一文。（注419）这篇文章最关注的关键问题之一就是边境问题，特别是生活在边疆地区的人民的状况。（注420）这个关键问题的一部分是为提议税制改革，从而“废除税务系统的种种恶习，边境居民或许可以对工事防御体系建成后，帝国边界在安全之中孤独的延伸致敬”。（注421）作者提出那样“老兵们会随着帝国授予的各种待遇生活富足，而农民们仍然强有力的四肢”耕种田地，在边境地区（limites）定居，屯田戍边，而且将最终成为纳税人。（注422）

首先必须被承认的是，狂暴的各土著部落，在周围到处叫嚣，在四野包围着罗马帝国，而且奸诈蛮族得到自然屏障的保护，威胁着我们的每一段边境。我提到的这些人中的大多数要么隐藏在森林中，要么处于我们势力所及的群山之外，

---

① 日耳曼语译作“冈多玛”，生卒年不详，在今德国西北部活动的古代日耳曼人一支阿勒曼尼人国王。君士坦提乌斯二世与马格嫩提乌斯争夺罗马皇位期间，乔诺多玛与马格嫩提乌斯交战。357年，乔诺多玛成为阿勒曼尼七国王同盟首领，率大军越过莱茵河进攻罗马人，为罗马副帝尤利安所败。乔诺多玛本人被俘，最终客死罗马。

或者用炽烈的阳光阻挠我们。这些人以沼泽和河流设防，我们甚至不能很容易地确定他们的具体位置……（注423）

对于四面环绕帝国的边境的适度担心也对这个国家有利——居安思危：一条连绵不断的堡垒环将会最大限度地确保对边境的保护，根据计划，这些堡垒应当每隔一罗里的距离就建造一座，带有坚固的城墙与非常强大的塔楼；地主们会根据他们的个别责任建造这些防御设施，这并不用花费公帑，当然瞭望哨与乡间巡逻队也应当由他们来组织，从而使各行省的和平得到一种警戒圈的保护，可以让各省在安定中不受侵害地休养生息。（注424）

从这份简要调查应当可以看出，很明显罗马人还没有一个体系用于解决如何控制帝国边境的问题。哈德良长城并不能被视为其他地区的样板；一些地方的设施更加类似于有人不断巡逻的道路；其他一些地方的设施则在居民点与沙漠地区之间，诸如北非。（注425）因此，这很难给出太多的凭据来证明那些将长城、边境哨所，以及河流视为形成一个连贯体系的陈述。（注426）边界线（limes）不应该被理解为仅仅是固定的线，而应该是流动的区域，河流与陆地上的防御工事两者都是如此，这意味着人们在这些地区里居住。（注427）这里需要强调三点：第一，罗马人要保护这些名义上的边界线两侧的土地，即远方对岸的河岸或者防御工事以外的土地。因此这更多的是一种控制的情形，而不是防止通行。但以这种方式，他们能迫使别人从各个具体位置通行，并且去征收税款。（注428）第二，他们把这些看作是防御工事或者临时驿站，而不是他们扩张的不变绝对界限。边境线的另外一侧不是一个被承认为平等的主权实体的领地，而仅仅是与罗马有别，而且还不是罗马的土地而已。（注429）罗马人经常会越过这些界线，从谋求扩张和他们的普遍行为两种角度来看都是如此。这一结论有足够的考古学证据支持。（注430）第三，根据以上情况，将罗马帝国视为拥有类似一种毫无疑问的现代意义上的边境是不合理的。这一点，已经被一些但绝非全部国际关系学者认可。（注431）马特恩总结道：“于是，古罗马的边境呈现为一种复杂的现象，解释这个问题的课题只会陷入麻烦。罗马的边境并不是一种连贯的、基本上是防御性的体系，我们发现了它的变动以及含糊不清的多重意义。”（注432）

罗马帝国在几个世纪的时间里，稳定地控制着地中海的广大地区及毗邻各地。林托特正确地断言道，就这种控制本身而言，是一种成功——它提供了安全保障，而且设立了一种治理机制，这种体制授权的代表机构，哪怕在罗马不稳、皇帝暗弱时，可以让各行省的控制得以延续。这是将罗马当作一个帝国来进行的评价：共和国早已远去。“成为一个国家，去履行一个公民社会即一个城邦或者一座城市的社会政治职能，不是帝国的职责。”（注433）这在某种意义上，是一个帝国过度扩张的经典案例，如坎利夫所述：“到公元二世纪时的核心问题是——罗马帝国——扩张得如此之快，乃至于它没有完全整合外围地区就将这些地方吞并了。”（注434）持续的战事意味着军事力量与政治力量随着时间的推移变得越发交织纠缠。（注435）皇帝们的统治根本不能在中央花费太多时间。“政治权力中心的核心不再是首都，而变为边疆地区的军营。”（注436）但是罗马的政治和军事实践从领土问题的角度来看，留下的遗产比法律与测量技术方面要少一些。

牢记罗马帝国的交通运输体系运作非常缓慢是很有必要的。部队拖着武器辎重以每小时3罗里的速度行军，在状况良好的公路上，平均大约一天可行军20罗里；风力理想时，船只的速度大约是2～3节，但是当然一天可以持续行进更加长得多的距离。（注437）这些当然都是正常速度，文献中也记载了一些特殊的速度。塔西佗声称6个意大利军团曾经日行军达到30罗里；（注438）而老普林尼详细记述了超过日行100罗里的各种行军速度的成就，还记录了提比略·尼禄[①]（Tiberius Nero）乘坐马车以24小时200罗里的速度到达他兄弟临终前的床前；（注439）还有尤利乌斯·恺撒8天之内每天平均行军100罗里的记录，苏埃托尼乌斯将其形容为“难以置信的速度”；（注440）还有一份急件从美因茨到罗马城用了8天或者8天半时间，相当于一天160罗里的速度。（注441）因此有一个很好的理由能让帝国扩张到环地中海地区，即使这意味着会导致陆地上的补给线极不方便。运输成本已经被认真测算过，一船货在地中海全程运输的花费，相当于内陆运输75罗里的费用。（注442）琼斯提出，这意味着谷物运输超过50罗里是很不经济的。（注443）当然这些只是故事的一部分。海运的风险因素有时比纯粹的成本或时间因素更大。尽管如此，在罗马帝国有组织良好的公路体系，桥梁以及其他

① 即罗马帝国的第二位皇帝提比略，下文那位临终的兄弟应该就是其弟德卢苏斯。

交通基础设施及技术可供使用，这些设施主要由军方建造。（注444）季节与天气也是一个重要因素，航海仅仅在夏季，而且天气状况比较好，但也不能特别宁静的时候才可行。当冬天来临的时候，“各处山口被积雪覆盖，罗马公路上的大块铺路石板陷在淤泥里，驿站的饲料储备在减少，小船在锚地里摇晃。地中海失去了活力；皇帝与他的臣民之间的距离增加了两倍。”（注445）日常生活的水平下降了，布朗已经估算出食品、庇护所和衣物的供应半径仅30罗里，一个饥饿的动机等候着当年的歉收或绝收的城镇。（注446）

因此技术条件的限制，根本就不允许进行快速沟通或者集中式决策。军队和文职总督必须不经磋商，便立即做出决策。（注447）表达的重要性——礼物的交换，口头沟通——不应该被低估。（注448）行省总督们就好像可以变得与罗马发生的事件中分离一般，首都同样可以变成大事件的局外人。这意味着多站点的逻辑变得越来越有吸引力，这不足为奇。帝国西部的分离性，导致权力在不同的多个地方扎根，而不是去通过一个正在变得过于庞大，而无法有效统治的帝国来集中。这种分离性有很长的历史渊源。在安东尼与屋大维公元前40年签署了布林迪西协议（pact of Brundisium）后，罗马的帝国被分为两部分。安东尼拥有帝国东部，包括亚洲各地、埃及和希腊。（注449）而当东西两部合并统一后，塞姆正确地提出了此时能料到东西两部将来会分裂，他认为这种分裂是“由自然、历史和文明，以及西部拉丁语与东部希腊语的语言差异”来充当分界线。他论述道：“被掩盖得如此之好，而且被延迟了很长时间才发生的西部与东部的分裂，是罗马历史长河中的奇迹之一。”（注450）语言这一方面是值得强调的问题。在帝国东部，即使存在着地方语言比如科普特语（Coptic）及阿拉姆语（Aramaic），但是通用的语言还是希腊语。（注451）有一段时间官方语言希腊语与拉丁语双语并用，但是当分裂扩大化之后，拉丁语的用处便更不重要了。在西部的情况，第三章将更加详细地讨论有关希腊语知识的消失。这对政治与信仰都造成了重要的后果，君士坦丁（Constantine）皈依基督教导致了帝国的皈依，而且基督教——当时还是一个没有广泛支持的少数派宗教——被给予了一个可以在上面平地起高楼的基础。（注452）

后来，基督教世界与罗马的世界重叠在一起。（注453）这会成为未来试图复兴罗马帝国的目标。然而罗马被各种问题困扰。内部存在意见分歧，外部又发生冲突，而且政治意愿衰竭不堪。罗马帝国内部的虚弱仅仅是一个方面，而且可以说不是帝国崩溃的主要因素。（注454）从罗马军事状态的角度来说，发生了一个戏剧性的变化。吉本提到：“约维安（Jovian）之前的历代皇帝有时会放弃远方的版图和无利可图的行省；但是，自罗马建城以来，罗马的天赋之灵，守护国家边疆的土神特尔米努斯（god Terminus），从未在得胜的敌人的长剑之前退缩。”（注455）公元406年，莱茵河结冰，蛮族过河进入高卢；（注456）四年后，罗马城被西哥特人洗劫，近八百年来，这座城市首次沦入一支外族军队之手。

第二部

第三章

西方的分离期

接下来的四章试图从政治权力与行使这种权力的地方之间的关系这一角度，来解读经常被称作“中世纪”的时期。如此斗胆尝试，会产生许多错综复杂的问题。或许最重要的问题是“中世纪（Middle Ages）”这一术语或者“中世纪的”这个形容词。（注1）这个术语始创于公元十五世纪，而且是应用于回顾性分析文章的。例如，海（Hay）认为1469年之前的时代，应被称为古代与现代世界之间的“中间时代”，（注2）而且提到大约1452年弗拉维奥·比翁多（Flavio Biondo）所写的被称为《罗马衰落以来年代史》（Decades of History from the Decline of Rome）的著作，这是一部记叙公元472年至公元1440年的史书。（注3）那是个时间跨度很大的历史时期——从日耳曼将军李希梅尔（Ricimer）①接管西罗马帝国残存部分到普鲁士联盟（Prussian Confederation）②的建立——“中世纪”是指这一时期的说法基本是被接受的，但是结束日期有时被修正为1453年（君士坦丁堡陷落的那一年）或是在之后（发现新大陆的时间）。③（注4）然而这个时期的许多重要方面受古代风俗习气影响很大，古代继续持续着它的重要影响，而且这一时期和古代肯定没有清晰的界限。对中世纪的另一端（即末期），雅克·勒高夫等人，已经提出文艺复兴对中世纪至关重要，因为文艺复兴形成了一座历史的分水岭。（注5）然而其他一些学者已经提出，实际上我们需要“将从

---

① 公元405—472年，罗马化的日耳曼蛮族将领，从456年到472年逝世为止，一直掌握着西罗马帝国的实权。

② 1440年2月21日，为了对抗条顿骑士团的专横霸道，普鲁士的53名贵族和教士，以及19座城市的代表，在今属波兰的克维曾成立的一个组织。

③ 即哥伦布发现新大陆的1492年。

1150年到1650年的整个时期，当作一个本质上持续发展的单一历史时期”。（注6）而且，对于奥尔森来说，“令人生气的是，标签化的中世纪对欧洲来说不是‘中间’而是一个开端。”（注7）

因此需要对中世纪观念中固有的时期划分进行一次挑战。如赛格尔指出的那样，对各个时期命名，然后将这些时期当作先已存在的历史要素来研究，存在许多危险。（注8）这里我已经试图避免在之前、之后和中间进行严格的划分，尽管那是一种有用的简写，而且是研究这个时期的许多历史学家使用的一种简写。最特别的是，我已经避免了从古典时期到现代的跳跃，或者用两个象征性人物去代表那上千年的历史。在政治思想史上，中世纪时一个在传统上被忽略的领域，充其量通常也就圣奥古斯丁和圣托马斯·阿奎那（Saint Thomas Aquinas）这么两个标志性人物。然而对内德曼，这位对忽略拉丁世界中世纪哀叹的学者而言，奥古斯丁“更准确地说，是一位古典时代晚期的人物”，而阿奎那是仅有的属于那一千年岁月的人物。（注9）在许多天才学者集体中，这两位杰出人物——都被进行了比较详尽的讨论——被放回到了那多姿多彩的各思潮之内。在追溯地盘与权力的关系——领土概念的史前学表述——接近这项研究的方法，伍德沃德认为需要的是对制图学历史进行研究。他提出，像科学史一样，进行这项工作的过程中对前人的探究变得少了，而这更多的是尝试用前人自己的术语去理解以前的时代。（注10）

另一个受到许多批评的关键问题，是“中世纪”一词带有原始或未开化的言外之意。这个时期，或者至少这个时期最早的几个世纪，经常被描绘为“黑暗时代”。在达格奈斯和格里尔看来，“中世纪是欧洲历史上的黑暗大陆时期，就像非洲处于它的地理黑暗期一样”。（注11）阿布-罗格哈德已经指出，这一描述需要说明历史和地理两方面的具体特征。欧洲的大部分地区，特别是那些仍然与拜占庭联系的地区，继续走向发展和繁荣。同亚洲的贸易，以及同各种文明的文化联系也在坚持进行。（注12）谈到这个时期很容易被某些特定印象淹没——十字军、围困城池、战争和宗教裁判所——艺术、文学和宗教成果，没有提及日常生活中更加平实的那些方面，这些都被遗忘了。（注13）这一时期的学术研究当中，也能发现许多争议。例如，比迪克指出，19世纪的“中世纪研究著作”是如何试图将他们自己的研究本身从更加大众化的研究中区分出来，那些研究被他们称为“中世纪精神”。“中世纪精神”这种标签最近被重新接受了，不过比迪克认为，这种经常在中世纪研究著作中出现的标签是“一种由来已久的历史性创伤”。（注14）新中世纪精神已经被用来描述当代“反恐战争”（注15）全球化（注16）或政治地缘角度的欧盟演变的一些方面。（注17）或者，用阿兰·明克的话来说，自从柏林墙倒塌后，我们已经进入了一个“新的中世纪”。（注18）

第三个问题是这个时代的地理学话题，这一话题将会被重新提起。这里的焦点是通常所称的“拉丁化的西方”——也就是那些基本上原属罗马帝国西欧部分的土地。而其他罗马帝国在东方的大片土地，继续在东罗马皇权统治下存续了一千年。另外，南方及东方的穆斯林地区，在一系列领域，从政治与哲学到数学与文化，对西方施加了可观的影响。而且在这个大时代末期，部分是中世纪消亡的产物，部分是由于中世纪的催化，对于西方来讲，“新大陆”的发现迫使西方反思人类知识与实践的许多部分。（注19）

在莫莱尔看来，宗教的上升压倒政治权力是这个时代定义的核心：“迄今为止，与其说是宗教，倒不如说是宗教形成的公共政治传统的支撑，被至关重要地提升到凌驾政治范围之上，并且从这个超然的高位赋予政治权威，而不管这种政治权威拥有的只是有限的正当性。”（注20）金布尔基于这个原因认为中世纪是一个知识贫乏的时期：“在中世纪……希腊的公正研究传统在西欧受到神学专制的遏制，这种专制确实在一段时间内，摧毁了真正的知识复兴的所有希望。”（注21）乌尔曼更加积极，他写道：“主导中世纪的政府和政治理念，缔造了属于我们的世界。我们的各种现代化概念，现代机构、政治责任和宪政理念要么是中世纪类似事物直接产物，要么就是在两省直接对抗的过程中成熟起来的。”（注22）

这里的总体看法是，我们只能理解古典时代的遗产，尤其是在“中世纪”时期的微光中，对希腊政治思想与罗马法的重新发现。后来几个世纪的变革，需要被放在教会与世俗政治权力之间的各种变化关系的背景当中。不论法律还是思想都没有以一种更早期的形式重获新生，而是在这些新的背景当中彻底改变。斯图尔特提出，这种巨变使得认为这个时期“在旧世界的灭亡与新世界的诞生之间，进行着必需介入的无声准备和坚定的自我学习”的一个时期，是合理的。（注23）在西欧有几个关键要素值得注意。罗马的语言（lingua Romana），拉丁文是主导性语言，这种语言基本上抹去了那些已经成为罗马帝国一部分的各个地区以前的语言。方言的发展以口头语言和书面语言的区别为基础，同时受到各蛮族的影响，从而形成了罗马系（拉丁系）的各种语言。这样的语言霸权没有在不列颠、巴尔干半岛和北非实现，拉丁语对英语的影响来自诺曼征服，而不是直接来自罗马。然而，根据海的说法，“在罗马人掌控的莱茵河与阿尔卑斯山的更加古老的地区，一种持久的语言界限保留至今”。（注24）在更遥远的东方，希腊仍是主导性语言。这是说，“欧洲”这个词本身是一个误导性词汇，很少有人拥有一种超越村庄或教区的规模感。对于那些有规模感的人来说，这种规模会扩展到“县或者主教教区，或者王国”。超出这个界限，人们会称自己为“基督教世界的居民”（至少从公元1000年起）。（注25）

近些年来，具体的各种地理问题已经更受关注，大量的著作致力于一系列地理类主题的研究项目。例如托马士和吉勒斯，已经讨论了文本与他们称之为“领土”的事物之间的关系：

> 领土的文本化与文本的地域化，是两种发生联系进程的相互作用，这或许最清晰地阐明了地理愿望的普遍性和效能。通过这些进程，土地以领土的形式再现，开展测量、勘察、定位和界定边境等各种工作。而这些工作就像领土那样，成为书面文件。（注26）

这些章节认为，一份对“中世纪”地理的分析，对于理解历史、政治及地理学之间错综复杂的关系，尤其是地盘和权力之间的关系是有益的。

奥古斯丁的两座城市

希波的圣奥古斯丁（Saint Augustine of Hippo）①是他那个时代最重要的基督教思想家，他查阅了许多经典资料，为日后的思想发展奠定了基础。（注27）然而他熟悉大量的拉丁文资料，却对希腊文几乎一无所知。据他在《忏悔录》

① 公元354—430年，早期的基督教神学家和哲学家，曾经出任罗马在非洲努米底亚行省的希波·雷吉乌斯教区的主教。他的著作对西方基督教和哲学的发展都产生了深刻影响。

（Confessions）中所言，“甚至到现在我都不能完全理解，为什么我对从小就开始学习的希腊文那么反感。”（注28）根据布朗所说，奥古斯丁“学习希腊语失败是罗马晚期教育体系的一个重大意外损失：他将成为唯一一个几乎对希腊语一无所知的古代拉丁哲学家”，（注29）这意味着他的知识结构几乎完全由拉丁文资源形成，而他所能了解的希腊文资料只能来自于已经存在的拉丁文译本。这将会成为之后几个世纪的一种趋势。根据金布尔的看法，那几个世纪确实存在衔接的问题：“从五世纪到十二世纪，希腊文学术研究或许已经不复存在——所以它对于西方文化的影响如此之小。”（注30）在奥古斯丁的时代，罗马帝国以“古代世界知识与宗教遗产”的“政治化身”的形象屹立于世，这个世界对奥古斯丁影响深远。（注31）奥古斯丁的主要政治著作*De civitate Dei*通常被译为《上帝之城》，这部著作被认为是《圣经》之后，可能“在中世纪的西方世界被最为广泛阅读的一本书”，（注33）并且“对以后中世纪政治思想的影响比任何中世纪早期所著的书籍都大得多”。（注34）然而它不是一部主要与我们现在称之为政治事物相关的专著。

众所周知，奥古斯丁在他人生的最后阶段皈依基督教，写下《忏悔录》来概括他过去的种种错误与他的皈依。公元410年，阿拉里克率领的西哥特人（Visigoths）首次洗劫罗马城，这场浩劫被视为创作《上帝之城》的灵感之源，（注35）但是这种说法有些夸大了。奥古斯丁死于汪达尔人（Vandals）兵临希波城门之时，罗马帝国的崩溃肯定形成了他著作中的时代背景。但是，比帝国崩溃这一事实更为重要的是，一些异教徒作家提出罗马变得衰弱是因为改宗基督教。挑战这种观点是奥古斯丁的主要目的之一——一个他与保卢斯·奥罗修斯（Paulus Orosius）[①]共同的主题。奥罗修斯概述了罗马帝国基督教化之前的种种危机，以此来驳斥那种认为基督教信仰导致古罗马衰落的观点。（注36）奥罗修斯的著作是一种历史性更强的叙述，奥古斯丁的著作则更重神学性。奥罗修斯提出了帝国西移的观念，这是一种帝国统治从波斯东部到希腊再到罗马的渐进式运动。老年奥古斯丁在他的《再思录》（Retractationes）中写道：“许多僭神

① 公元375—418年，英语译成中文为保罗·奥罗修斯，希普的奥古斯丁的弟子，基督教教士、历史学家和神学家。

的信徒，就是我们习惯称为异教徒的人，试图将它（帝国）的毁灭归因于基督教，开始更尖刻地且比通常更为恶毒的亵渎真神。”（注37）如圣哲罗姆（Saint Jerome）[①]所言，他引用并修改了卢坎（Lucan）[②]的话：“如果罗马太小，那么什么足够大？……如果罗马消失了，什么是安全？”（注38）后来，超越了这个狭隘目标，而且使得它在广大范围内有其意义，奥古斯丁想推动一种人与神的关系的理解，一种“能包括并且超越罗马历史的历史哲学”。（注39）

因此奥古斯丁没有写一本关于罗马城被洗劫的书，而是写了一本关于寻找这些大事件的刺激因素和受众的书。当然，那些事件意味着在当时和后来，这本书一直被看作一本与政治目的和信息有关的书，而不是一部简单的神学或训诂学作品。的确，奥古斯丁对《创世纪》（Genesis）的早期评论致力于高度关注天堂和凡间的区分，表明写一本论述这一主题的书的想法，早已经过深思熟虑。（注40）这种观点看上去比诺尔斯“它的起源几乎就是一篇偶然的文章”的说法，要合理得多。

《上帝之城》是庞杂的长篇随笔，涵盖了广阔的范围。其中许多内容是关于基督教对比新柏拉图主义和异教徒主义的优越之处的。（注42）因此要系统化奥古斯丁的著作，重构事实上从未真正构建起来的东西是危险的。（注43）问题从书名开始，不过问题当然不只是这个书名而已。虽然使用的短语肯定意为上帝的“城市（civitate）”，然而并不清楚的是这个词是否应当直译为“城市（city）”，更不用说“国家”了。（注44）据布朗所述，奥古斯丁将“上帝之城（de civitate Dei）这一术语当作一个取自《圣经·诗篇》（Psalms）技术性术语，诗篇中用这个词来表达我们所可以称之为‘圣徒们的圣餐仪式（The

---

① 又译作圣热罗尼莫，圣耶柔米，圣杰罗姆，约347—420年，古代西方基督教会首屈一指的圣经学者，以善于研究圣经和注释经文著称。为了修得教义真谛，曾前往旷野荒漠修道。385年，圣哲罗姆永久离开西方，在耶路撒冷朝圣后，定居伯利恒，直到420年去世为止。在艺术作品中，经常会有一头狮子陪伴在他左右，这是因为传说中圣哲罗姆在荒野修道时，曾为一头狮子的爪子疗伤，感化这头狮子驯服，从此伴随左右。

② 全名马库斯·阿纳艾乌斯·卢卡努斯，英语将他的姓氏译作卢坎，公元39—65年，生于西班牙贝提卡行省科尔多瓦的罗马帝国时代的诗人。虽然早夭，但卢坎被视为古典拉丁文时代最杰出的诗人之一。

Communion of the Saints）’[①]的概念。”（注45）的确，奥古斯丁引用了几段使用了术语的诗篇。（注46）表述城市更为标准的古典拉丁语词汇“urbis”在书名中没有出现。“上帝的子民”，或者一定程度上被引申的“上帝的共同体”已经被某些人认为是备选译法。（注47）尽管“上帝之城”已经成为一种根深蒂固的译法，但肯定至关重要的是去记住奥古斯丁用“城”一词表达的意思与现代“城市”概念完全不同，而当然在他脑海里完全没有一点点城市环境的影子。的确，或许译为“上帝之界（Community of God）”更接近他的意图。在接下来对奥古斯丁作品的解读过程中，“civitate”将被译为“城市（city）”，特别是因为这是约定俗成的译法，而且间接学术权威的引文都是这样翻译的。（注48）但是这个术语的多重含义应当一直牢记于心。

奥古斯丁将人类分为两部分，即人类的两重境界，或者用神秘主义的说法而言，分居两种城市。因此他在上帝之城和世俗之城（civitas terrena）之间进行了区分。这两座城其实都属于“社会（societas）”。对奥古斯丁而言，这两种城市暂且在形式上合为一体，（注49）然而在心灵上是分离的，并且一直贯穿人类历史的始终。一座城市好比耶路撒冷（Jerusalem），这个名称意味着“和平理想”，它的爱是神性的，而且它的欢乐是永恒的安宁；另外一座城市好比巴比伦（Babylon），这个名称意味着“困惑”，它的爱是尘世的，它的欢乐是世俗的安宁。（注50）他强调罗马帝国是“一个世俗的而不是天国的政权”，（注51）并因此质疑罗马成为永恒之城的愿望，同时打开了一条为全新的罗马帝国准备的潜在道路，新帝国将是神圣的，而且代表基督王国灵魂以内的一块地方。（注52）中世纪的教皇信徒作者们往往将奥古斯丁书中一座城市的建造者和统治者都是基督这一概念，去表述为一座城市被教会、制度化教会统治，但是奥古斯丁要表达的是不同的意思。（注53）奥古斯丁脑海中的那种正义只有在这个世界末日来临之际才能全部实现。（注54）上帝之城不是教会领导的，而是“高雅的社会：在过去和现在都是那些真诚热爱上帝之人的社区”。（注55）奥古斯丁本人

---

① 圣餐是基督教的一种传统宗教仪式。根据《圣经》的叙述，耶稣在最后的晚餐会上，将饮品递给弟子说：“这是我的血。”又将一种饼递给弟子说：“这是我的骨。”后来基督教便将之发展成一种圣事。基督教各派别对饮品（圣血）与饼（圣骨）的具体材料，还有圣餐本身的具体意义看法不尽相同。个别教派认为圣餐仅具象征意义，并不举行圣餐仪式。

提到这座城市通过信仰和希望降临人世间。“上帝之屋”“上帝之殿”或“上帝的城市”意味着相同的事物；（注56）而且“人在尘世徜徉之时，生命怀着对上帝之城的希望，上帝之城会因对耶稣基督复活的信仰而生”。（注57）于是，虽然马库斯认为“人类的成就感只有在元初的社会才能被找到，那一个天使和圣徒在天堂的社会，而不是城邦”是正确的，（注58）但最重要的是记住奥古斯丁在涉及这座圣城问题上的作用是双重的：他寻求“在这座圣城临凡时……并且当这座圣城屹立在它永恒的安全之境时”去捍卫它。（注59）

如果上帝之城不是在现实世界中能直接寻觅到的事物，或者不是一个为未来政治安排准备的项目，注意到“世俗之城”似乎与任何具体国家或者政治局势没有直接关系也是非常重要的。（注60）世俗之城就像上帝之城那样，相当于是一个神学（mystical）实体。

尽管全世界存在许多庞大的民族，根据不同的信仰和道德规范生活，并且通过复杂的各种不同语言、武器和服饰来互相区分，然而事实上，在这世间已经形成的只有两个最主要的集团，就像我们在人类社会称呼的那样，而我们应当遵循《圣经》的指引，称他们为两座城。实际上，有一座选择肉身生活的人们的城，还有另一座选择以灵魂生活的人们的城。（注61）

然而，不可避免的是，尽管在正式意义上来说这种区分是清楚的，可是当着眼特定的人类社会时，两座城之间仍然是重叠的。（注62）在那些追随一位真神和那些尊崇传统罗马异教神灵的人们之间，存在某种程度上更加严格的区别——这是一个反复出现的主题。奥古斯丁宣称：“我们已经知道存在一座上帝之城：我们被它的缔造者的爱所激励，一直渴望成为这座城的公民。但是世俗之城的公民敬拜他们自己的那些神灵而不是这座神圣之城的缔造者。”（注63）这远远不只是神学上的描述，而是包含重要的政治推论：“真正的正义只存在于那些缔造者和统治者是基督的共同体之中；如果我们同意称之为一个共同体的话，应该明白我们不能否认它是‘社会的福祉。’”（注64）尽管他的主要任务是“对抗宁可敬拜他们自己的神灵而不崇拜那座圣城缔造者的那些人，来捍卫荣耀的上帝之城”。（注65）他也意识到：“他无法克制谈论这个世界的城市（世俗之城），这是以统治为目的、让人民受奴役，而其本身被权力欲统治的一座城。（注66）”于是，他谈及“罗马这个国家”如何从辉煌的巅峰跌落到衰败的谷底的”。（注67）

人民（populus）的概念值得更加详细地审视。虽然人民是指一群人，但继西塞罗之后，奥古斯丁宣称那根本就不是“任何乌合之众或者暴民，而是‘通过共同权利意识的人结合成的一个团体，也是一个利益和共同利益联合体。’”（注68）西塞罗提出共和制是人民的制度，共同体属于人民所有，一群人民是“数量庞大的，按照尊重公平的协定的人们形成的一个集合体，也是一个利益联合体”。（注69）人民只有通过权利或公平来界定时，才真正存在的这种想法是一种吸引人的观念，这使奥古斯丁认为权利或公平只有在上帝之城才能真正出现。这产生了很多影响。第一，它意味着“populus”是比人民（people）更具体的术语。亚当斯曾描述“人民”这个词是一个“宽泛的发散性多义词”，更像是“populus”的派生词而不是同义词。（注70）第二，“populus”的定义往往是通过一个政治团体的成员资格、通过法律、礼制和普遍同意，这些能被构成，就可能会被改变，或者拆散。（注71）它是一个人类群体——奥古斯丁在这个问题上和亚里士多德的看法一致，即将人类视为通过他们的合理行动来进行区别的（注73）——这群人包括男人、女人和儿童，即使后两者以其他方式被排除了政治公民身份；形形色色的阶层；而且仅仅因为出生或者地理位置很巧合地成为一体。（注74）第三点，也是最受争议的结论，但这是一个以西塞罗本人预料的方式进行总结。

西庇阿给国家，或者共同体（res publica）下了一个简要的定义即“人民的幸福”。如果这是个正确的定义，那罗马共同体是不存在的，因为根据西庇阿的定义，罗马这个国家从来就不是“人民的幸福”。他将“人民”定义为一群“通过共同的正义感联合而成的群体和一个利益共同体”……没有正义国家就无法维持，没有真正的正义也就不存在权利……如果没有人民，那么也就没有“人民的幸福”，而只有一群乌合之众，不配称之为人民。（注75）

在罗马从未存在过人民，因此也就从来不是一个国家，因为在罗马没有真正的正义，这看起来很荒谬，特别是因为，如果真按照这个来定论，就意味着人世间将永远不会存在一个国家。（注76）奥古斯丁有效地发挥了一个国家需要正义的观念，正如对西塞罗的解读中所作的那样，对这种观念来说，正义只能在基督教精神的意义上才能被理解。（注77）

奥古斯丁意识到了这个问题，于是提出了一个修改后的定义："人民是一群理性的生命，通过他们对他们爱的目标的共同协定联合起来的团体。"（注78）他提出在这个定义的基础上"罗马人是人民，而他们的事（res）也毋庸置疑是一个共同体"。（注79）无论他们爱的对象和他们的道德准则如何，"只要在一群通过对共同的爱的目标的认同结合起来的生命之间存在某种或其他团体，我就不会有理由断言这不是一群真正的人民，或者他们的事不是一个共同体。"（注80）尽管如此，他坚持认为："因为上帝不统治罗马城，那么这座城的基本特征就缺乏真正的正义。"（注81）这在他对世俗社会的分析中一以贯之：

脱离正义，那么除了一大群强盗团伙之外，还有什么国家？除了是卑鄙的国家之外，强盗团伙还能是什么？团伙是一群由一个领导号令，由一份盟约结合在一起的人，在这个团伙之中，根据共同的约定来分赃。如果这个罪恶团伙从那些道德败坏的阶层赢得许多新成员，掠取土地，建立据点，攻占城市，奴役人民，这个团伙就公然自行僭称王国，在世人眼中，他们不是通过放弃侵略，而是只要有罪不罚就能得到这个名号。有一名被俘的海盗在亚历山大大帝面前有过一番巧妙而正确的对答。亚历山大国王问道："你们在侵扰海洋时在想什么？"海盗傲慢不羁地答道："同你们一样，侵扰世界！只是因为我用的是小船，就被称作海盗；而你拥有强大的海军，因而被称作皇帝。"（注82）

从这一点来看，至关重要的是，罗马成为霸主也不应当被给予特殊荣誉。显然正义并不是成功的必要先决条件。奥古斯丁提到亚述王国（Assyrian）[①]的

① 一个主要从美索不达米亚平原兴起，从公元前25世纪一直存续到公元前6世纪初的古代近东王国和帝国。

国王尼努斯（Ninus）[①]也非常强大："如果这个亚述王国达到如此庞大的地步，而且维持如此长久，却得不到来自众神的护佑，那为何众神不及时给予罗马帝国不断开疆拓土和长期维持的荣誉？无论亚述得不到神佑的原因是什么，那肯定也是罗马无法取得神赐予的荣誉的原因。"（注83）这又引起了另一个有些不同的问题：人民也像城邦，是具有确定规模的事物吗？人民显然到达超过一定规模的群众（multitude），但是奥古斯丁没有明确指明究竟是何等规模，而人民也需要团结的自我意识。但正如亚当斯指出的那样，奥古斯丁没有提到两个问题，亚里士多德对此曾给出过更清晰的答案，即人民会因为数量太多，而不再成为人民吗？人民能由其他的人群构成吗？（注84）尽管如此，很清楚的是奥古斯丁认为自己是几个不同人群中的一员，这意味着成员身份不是排他性的：包括基督教徒（Christianus），教会成员和地方社区人员的身份。他也承认罗马人民和以色列人民的存在。（注85）

这对于对个体的理解有重要启示。道德决策一直是社会性的；个体一直是集体，人民和最终城市的一部分。（注86）因此，《上帝之城》是关于我们在这个世界上的精神生活及我们的精神灵魂与那个世界之间的关系的一本书。一座城市"信奉这个尘世世界上的事物，另一个城市信奉的是上帝的希望"，但两者都和我们在应对必死命运时做出选择的方式有关，这种命运源自亚当。（注87）如布朗所说："这本书说的不是如何逃离这个世界……而是如何在这个世界超脱尘世。"（注88）至此，我们的关键主题出现了：那就是"爱"。"两种爱创造了两座城市：创造人间城市的爱是利己主义，一种达到藐视上帝地步的自我之爱。创造天堂之城的爱是上帝之爱，怀着这种爱达到忘我的地步。事实上，世俗之城是城市本身的荣耀，天堂的城市是主的荣耀。"（注89）尤其值得一提的是，吉尔森发展完善了这一主题，他提及如果"城市（city）"之名意味着"任何由于为了某些对象的共同之爱而结合起来的一群人，我们就会说有多少集体的爱就有多少城市……既然人类存在两种爱，那么也应当有两座城市，在这两座城市中其他类型的人类群体都被消除了。众多引导老人、普通人，为世俗事物的共同之爱

---

① 尼努斯这个名字在亚述帝王世系表中根本就找不到，是一个半神话、半用亚述早期几代国王故事杂糅的传说中的人物。

团结起来的那些人，是第一座城市——世俗之城的人；那些与神之爱结合在一起的一大群人，是第二座城市——上帝之城的人”。（注90）诺尔斯将这一点置于结论之中：“因此两座城市是两种爱，而且是源内心和精神层面的城市，而不是外在政治区别。”（注91）

因此很容易将两座城市的理念同空间概念分开。这两种社区是信仰的社区，附属于爱，而不是地方。尽管如此，奥古斯丁多次强调地方对各种人民团体的重要性。（注92）他谈到许多不同民族的土地，比如“迦勒底人（Chaldean）[①]的土地”。（注93）其中最重要的是迦南（Canaan）[②]的土地：“（上帝）许诺的迦南的土地从埃及的某条河流一直延伸到幼发拉底这条大河。”（注94）这是一个“关系到土地的许诺……就尘世的兴旺而言，希伯来人（Hebrew）应该一直在同一片不受干扰的土地上生活安泰”。（注95）约书亚（Joshua）[③]“粉碎了当时占据那些地方的国家后，以上帝授予的权威带领人民进入那块应许之地（terra promissionis），让他们安居”。（注96）因此《圣经》关于人类土地的叙述，不是现代领土概念的直接来源。对地方的依附性可以采取更原始的方式。奥古斯丁详细讲述了厄利克托尼俄斯（Erichthonius）的故事，（注97）并且指出它在《创世纪》中可不是微不足道的，上帝“从大地的灰尘中造出了人类”。（注98）迦南因此对犹太人的身份认同是很重要的，就像阿提卡半岛对雅典人那样，但不是绝对的，甚至有时这似乎更像一种对失落的往事怀有的一种含糊的渴望感觉。（注99）对犹太人来说尤其如此，他们在全世界的被驱逐，却始终带着他们的神圣书籍。的确，马库斯指出这对于他比罗马帝国更具象征意义，哲罗姆和安布罗斯（Ambrose）[④]曾以此来强调“使徒们的普世使命”。（注100）在区分方面，他认为基督的统治是没有界限，以下内容见《颂所罗门之诗》：“他将统治，从大海到大海，从河流（幼发拉底河）到天涯海角。”（《诗篇》71[72]：8）（注101）

---

① 一个在公元前10世纪末和9世纪初出现，存续到公元前6世纪中的闪族小国。

② 公元前20世纪末期起，在古代近东地区存在的一个闪族语地区。在《圣经》之中，迦南指的是黎凡特，尤其是黎凡特南部各地区。

③ 《妥拉》书中的人物，摩西的助手，希伯来圣经《约书亚纪》的中心人物，据说在摩西死后，成为以色列各部落的领袖。

④ 全名奥勒里乌斯·安布罗修斯，在英语中被称为圣安布罗斯，公元340—397年，出任过米兰主教，是公元四世纪最具影响力的基督教人物之一。

奥古斯丁古罗马帝国地理学的态度是模糊不清的。一方面，他强调帝国掌握土地的方式是无可争议的，必定来自众神，或上帝的厚爱恩赐：

战神玛尔斯的后裔（即罗马人）不会将他们所拥有的任何地方丢弃给任何人；感谢上帝的界石，永远没有人能去移动罗马的边境……事实上，他们已经能向基督臣服，帝国之内没有任何土地损失。（注102）

现在让我们前去检验因为怎样的道德素质，以及什么样的原因使真神打算帮助罗马人拓展他们的帝国；因为所有地球上的国家都在上帝的控制之下。（注103）

他当然意识到，有时罗马会扩张过度，而且给出了哈德良的例子，为了结束图拉真在公元114年开启的同帕提亚的战争，哈德良在公元117年重划了东部到幼发拉底河的边界。于是奥古斯丁指出，哈德良改变了“罗马帝国的东部边境……（并且）将三个著名行省亚美尼亚、美索不达米亚和亚述，割让给波斯帝国”。（注104）奥古斯丁对权威界限的想法很感兴趣，而且在他讨论木炭的性能时，提供了一种有价值的当时划定边界实践的记述。他写道：值得注意的是炭笔是脆的，而且很容易被折断，但与此同时，它又是潮湿和时间不能摧毁的耐用品。他列举这样一个例子：“在树立界标的时候，在界标下放木炭是一种惯例，以免在遥远将来的某个时候，任何当事者站出来坚持说固定在地下的那块石头不是界石。（注105）”这也是在引用的游斯汀（Justinius）[①]的说法，多个世纪后巴黎的约翰（John of Paris）重拾这种说法道：“任何一个人的统治的扩张都仅仅能到达他本人家乡的界限。”（注106）另一方面，他问道：“如果没有用一条具体的和平纽带联合起来的一群人，城市算什么？”（注107）“如果没有罗马人，罗马算什么？”而且认为“一座城市就是它的市民，而不是它的城墙”。（注108）至此我们会发现奥古斯丁一直都希望强调的是人际关系构建的政治团体，而不是他们的所在地或者这些实体的抽象本质。他倾向于不使用“统治权（imperium）”和“国家（res publica）”这类词汇，而是去谈论皇帝与国王。

① 英语写作“Justin”。

（注109）

奥古斯丁在政治记录中论述土地的基本评论，带有一些有关于位置和空间问题的更基本的思考。他关注“spatium（空间）”和“locus（位置）”这两个拉丁词汇之间的相互关系，这两个词我们现在用英语译为“space”和“place”，但前者偏重于更保留古典拉丁文中一段距离，一种延伸，或者一个范围的意思，而不是我们现在所表达的一种容器的意思。因此，当奥古斯丁问道，上帝是否是“某种在空间中的扩展的物质，要么弥漫到整个世界，要么在世界之外的各处无限扩散”，（注110）空间限定了位置的界限，在《忏悔录》的其他部分，他详细阐述了这一主题：

如果我试图想象一些没有维度（spatiis）的东西，对我来说似乎没有任何东西保留下来，绝对没有任何东西，甚至连虚空都没有。因为当一件东西被从她占据的地方搬走后，那里什么东西都不会留下，不论大地的、水中的、空气中的或者天空中的东西都不会留下，这个地方将成为虚空的地方，然而它却仍然是虚空的境界。（注111）

《忏悔录》最知名的段落之一是关于时间这一概念的思考难度。奥古斯丁声称：“这个世界不是在时间中创造出的，而是与时间一起被创造的……如果创世的时间、变化和运动成为现实，那这世界实际上就是与时间同时被创造。”（注112）在这里，空间及其同源词理解时态。“因此，我将时间视为一种延伸（distentionem）”，（注113）或者进一步来说：“在我看来，时间仅仅是一种延伸，虽然我不知道是什么的延伸，而我开始怀疑或许就是思想本身的延伸。”（注114）他认为“时间的无限延伸”伴随着“空间的无限延伸”，而且谈及“延伸到寰宇各处的广阔无边的空间”。（注115）在这里，同其他地方一样，他用通过一个位置在三维空间的延伸来对这个位置进行理解的想法，同后来的作家们，尤其是笛卡尔赋予空间的意义非常接近。他确实偶尔认为空间具有多重属性，而并非仅仅是某一种其他东西的属性。例如，他谈及“与空间相关的各种性质，诸如密度、稀疏、或体积”；（注116）或者“在一个有限空间”或“狭窄界限（ampliora spatia）”之内的源泉要素。（注117）然而他仍离对这种要素的全面定义有一定距离，倾向于将一种更加亚里士多德式意义归于的位置的各种属性：

物体因其自身的重量向最适合他的位置倾斜。重量并不总是倾向于最低的位置，而是最适合它的位置，例如石头会下落，火焰会上升。每种事物都根据自身的重量运动，各安其位。如果将油倒入水里，它会在水面浮起，但如果将水倒入油中，则会沉到油下。出现这种情况是因为每种运动都是根据自身的重量，各安其位。当事物不得其位，便会一直运动，直到能得其位，才会安定下来。（注118）

奥古斯丁著作中的两个主题在随后的几个世纪当中，将会根本性地塑造位置（地方）与政治的关系。尽管他从未清楚说明教会与世俗国家之间的关系，这是一个以教会在几个方面干涉政治为中心的问题。法兰克国王加冕为罗马人的皇帝仅仅是它最明显的表象。奥古斯丁声称，哪怕腐败的统治者也会从上帝那里获得权力，将这一点同他关于臣民应该服从他们的统治者的论述联系起来。（注119）更加正规地通过实践去巩固统治位置与政治的关系是一个不可避免的步骤。有人将奥古斯丁所说的天国之城和世俗之城，理解为后来所说的精神和世俗领域的区别，这显然是一种误导，特别是如果这种理解是在这一解释性框架内使这种说法定型的话。（注120）然而在某种意义上，这里的关键不是奥古斯丁要表达什么意思，而是他怎样被人利用的，而且他的各种想法在那种后来的背景中无疑被重读过。（注121）奥古斯丁强调的其他关键主题是迦南，这个上帝应许之地的特殊地位。虽然奥古斯丁没有特意选定其地理位置，但是这个问题在后来的几个世纪中被更加强烈地突出，尤其是在十字军东征时。我们将在第四章和本章余下的部分来阐述这两个主题。

但是在探讨那些问题之前，有必要对这个过渡时代的其他两个人物进行探究，他们试图阻止那个理性黑暗的时代到来，尝试着保留一些古典传统：他们是波爱修斯（Boethius）[①]和塞维利亚的依西多禄（Isidore of Seville）（译者注16：

---

① 全名阿尼修斯·玛留斯·赛弗利努斯·波爱修斯，也译作波依提乌，公元480—524年，东哥特王国统治时期的罗马元老、执政官、首席行政长官，也是一位公元六世纪初期的哲学家。波爱修斯在东哥特国王狄奥多里克大王治下出任罗马公职，但最终被狄奥多里克指控阴谋推翻国王下狱，在524年被处决。波爱修斯在狱中写成《哲学的慰藉》一书，是中世纪最受欢迎，而且影响最大的著作之一。

即圣依西多禄，公元560—636年，是一位学者，曾经出任塞维利亚大主教三十余年，留下《词源学》一书传世。）。本章接下来将转入对中世纪早期政治和文化情况的讨论，着眼于“日耳曼”部落，并且以诗歌《贝奥武夫》（Beowulf）窥一斑而见全豹，来展现当时土地政治的组织状况。

波爱修斯与塞维利亚的依西多禄

波爱修斯不是一位颇具独创性的思想家，而他在主要著作《哲学的慰藉》（The Consolation of Philosophy）（注122）中，杂糅了柏拉图主义、亚里士多德及斯托葛派哲学，有些资料来源不是原始材料，而是经过一些后来译者的过滤。（注123）根据斯图尔特的记述，波爱修斯的“天赋是模仿而不是首创，如果没有依赖其他学说则一无所有”。（注124）然而作为亚里士多德著作的译者和古典思想的传递者，他的重要性却无可置疑。瓦特曾说，他“站在中世世界与古典世界的十字路口上”。（注125）

波爱修斯给自己设置的任务是翻译“只要是我能够理解的，亚里士多德的全部著作……以及所有柏拉图的对话录……完成这些工作之后，我将不揣冒昧尝试证明亚里士多德与柏拉图的构想在每一方面都是一致的，而不像大家广泛认为的那样，是互相完全抵触的”。（注126）他仅仅完成了这项工作的一部分，但是他的成就不论以什么标准来衡量都是非凡的。他翻译了亚里士多德的《范畴篇》（Categories）《前分析篇》和《后分析篇》（Piror and Posterior Analytics）《解释篇》（On Interpretation）《诡辩篇》（Sophistical Refutations）《论题篇》（Topics）——即亚里士多德的逻辑学著作集《工具论》（Organon）。这些著作中的一些作品，特别是那些被称作“新逻辑”的（《分析篇》《诡辩篇》《论题篇》）几篇都散佚了，直到十二世纪中期才被重新发现。（注127）他了解亚里士多德的其他著作，包括《形而上学》《物理学》《论生灭》《论灵魂》《诗学》。他还翻译了波尔菲里（Porphyry）①以前为《工具篇》所作的前言——《亚里士多德类目导论》（Introduction to the Categories of Aristotle）

① 即蒂尔的波尔菲里，公元232—305年，罗马帝国时代，出生在蒂尔的一位新柏拉图主义哲学家。

[有时被称作《导论》（Isagoge）]（注128）及托勒密、欧几里得（或许包括《几何原本》的前五卷，尽管它们没有留存下来）的著作，此外还有尼科马库斯（Nicomachus）[①]的算术著作及阿基米德的机械学著作。（注129）这些仅仅是他打算翻译的全部作品的一部分，但是直到十二世纪早期，他的译作是了解不再有希腊语的拉丁语西方了解亚里士多德的主要工具书，而且在受到伊本·西那（Avicenna）[②]与伊本·鲁世德（Averroes）[③]的阿拉伯文版本冲击之前，他的译著是非常重要的译本。（注130）他的译作主要缺失了亚里士多德在《政治学》《伦理学》和《修辞学》中的政治类文章。鉴于这些文献的历史和十三世纪它们被重新发现造成的冲击，坎托洛维茨提出了一个很有趣的问题，如果波爱修斯完成了他的翻译工作，那么是否还会存在为大家所知的中世纪。（注131）

身为亚里士多德传人和古典思想保存者的角色，波爱修斯给后世的思想家们留下了极其重要的礼物。按照萨瑟恩的话来说，他是"中世纪欧洲的首席大师"。（注132）他的影响力甚至也能在一些不太可能的领域被发现。比如阿尔弗雷德大王（Alfred the Great）[④]、乔叟（Chaucer）[⑤]及伊丽莎白一世（Elizabeth I）都翻译过波爱修斯的著作《哲学的慰藉》，而乔叟的著作更加普遍的，特别是《特洛伊罗斯与克丽西达》（Troilus and Criseyde），更是从波爱修斯的译作受益良多。（注133）波爱修斯的学生之一，卡西奥多罗斯（Cassiodorus）[⑥]在知识划分方面走得更远，他是对三学科（trivium）（文法、修辞与逻辑）与四学科（quadrivium）（音乐、天文学、几何学与算术）进行区分的发明者，享有盛誉。（注134）这种划分显然缺少了地理学，还少了历史学。公元五世纪，马尔

① 公元60—120年，罗马帝国时代的一位重要数学家，以《算术入门》一书最为知名。

② 公元980—1037年，波斯博学家，被视为伊斯兰黄金时代最重要的思想家和作家之一。一生著述作品达450部，大约240部留存至今。

③ 公元1126—1198年，生于今属西班牙的安达卢斯科尔多瓦，卒于今摩洛哥玛拉喀什，是一位涉猎广泛的穆斯林博学家，作品涵盖逻辑学，亚里士多德主义和伊斯兰哲学、神学等多个领域。

④ 公元849—899年，自871年至899年之间，为韦塞克斯国王。阿尔弗雷德在位期间，成功保卫自己的王国，抵抗维京人入侵，成为整个英格兰最为举足轻重的统治者，死后被尊为大王。

⑤ 杰弗里·乔叟，1343—1400年，被广泛认为是中世纪最伟大的英语诗人，英语文学之父，《坎特伯雷故事集》享誉世界。

⑥ 全名弗拉维乌斯·马格努斯·奥勒留斯·卡西奥多罗斯·塞内特，公元485或490—585年，波爱修斯同时代的罗马国务活动家和作家，同在东哥特国王狄奥多里克大王的政务机关效力，编著有《狄奥多里克政书》等著作。

提亚努斯·卡佩拉（Martianus Capella）在《墨丘利与非洛洛姬的婚姻》（The Marriage of Mercury and Philology）中记述墨丘利的结婚礼物是七个艺术之仆。（注135）这些学科中的知识状况是基于对重要历史人物的概述：多纳卢斯（Donarus）与普里西安（Priscian）为文法奠定了基础，修辞学基于西塞罗，逻辑学基于亚里士多德，音乐基于亚里士多塞诺斯（Aristoxenus），天文学基于托勒密，几何学基于欧几里得，而尼科马库斯为算术奠定了基础。照柯里希所述，尼科马库斯的方法论“强调数字理论、比率及相称性，而不是计算的技巧”。（注136）

塞维利亚的依西多禄的主要著作是多卷本的《词源学》（Etymologiae），其中前七卷与上文的七个学科相对应。（注137）他是另一位产生的冲击性远大于其本人作品创造性的思想家。（注138）七世纪初期，他写下了《圣经》、神学与礼拜仪式（注139）的多部研究著作，以及多个满足部落的一部历史著作，这部历史著作以对他的家乡西班牙的诗化的描述开始：“从西方延伸到印度的所有土地之中，你（西班牙）是最美丽的……所有行省的女王……世界的荣耀与华美首饰。”（注140）《词源学》的第13与14卷是关于地理学的。这部著作被恰当地描述为“既是罗马传统百科全书的最后一部，也是大部分中世纪编译文献的起点”。（注141）它在一定意义上是作品选集（florilegium）的先驱，是一份“摘录作品选集，在这部选集中个体僧侣为了让自己使用和满足而整理了他们的阅读成果……有时在介绍性段落中，我们发现他们为了以有序的方式解读典籍，在安静、勤奋、毫无奢望地潜心工作……学术方法是对作品选集的升华”。（注142）注意这个问题以及引证与编纂的这些实践工作是很重要的，中世纪的作者们经常以他们仿佛在忠实翻译的修改方式将引文呈现给读者。（注143）

依西多禄的著作将古典罗马的科学、哲学与文学的遗产归集到一起，用于充当思想概述和指南。他对他引用的那些资料的理解，并不总是非常清楚的，也无法找到贯彻始终的前后一致性。（注144）尽管他频繁提起词汇的词源，根据词汇的语源来领会它们的意思，而且经常使用希伯来与希腊语词根，但几乎可以肯定的是这两种语言他都没有专门学习过。（注145）海将依西多禄的著作形容为“一部可怜的思想贫乏的拉丁文作品，书中动辄暴露出作者语言方面（与原文）的格格不入”。然而，尽管承认这个问题，但随着《上帝之城》与《哲学的慰藉》的完成，这两部著作依然奠定了之后六百年“古代世界知识的基础”。（注146）

依西多禄是第一批提出提供一份世界地图充当模板的作者之一，为此这类地图以“T/O”地图知名。（注147）这样的地图将已知世界看作一个O形圆盘——从左到右是奔流的顿河与尼罗河，中央到底部是地中海，在O之内形成了一个T形。亚洲占据了圆盘的上半环，非洲在右底部，欧洲在左底部。每一部分用诺亚的儿子的名字来命名：闪（Shem）（亚洲），可汗（Cham）（非洲），雅弗（Japheth）（欧洲）。（注148）环绕他们的是海洋（Mare oceanum），无边无际的汪洋大海。大海之外是许多罗经点，而东方（Oriens）则画在顶部，从（这个位置）“通往东方”。图底部右侧的略表用英语读作：“注，（本图表示）大洪水之后，诺亚的儿子是如何划分世界的。”

关于他是否认为世界是平的，或者更加合理的说法是，他是否认为已知世界是一个在球体的海洋中漂浮的盘子，这一点存在一些争论。（注149）这幅地图的一些版本在盘子的下方有其他的大陆，有时会标记为“未知的南方大陆”。虽然各版T/O地图（上的地球）看起来像一个“扁平的地球”，但是它们只表现已知世界，而不代表整个地球。大多数现代投影地图将地球以东西半球的方式呈现，而且与人们的普遍意见相反，自从公元前三世纪以来，（注150）对地球为球状的认识，中世纪的人们不认为地球是平的。依西多禄的《词源学》一书是十三世纪西班牙文著作“Semeiança del Mundo”资料来源之一，因此也很有影响力，这部著作经常被误认为是依西多禄的著作。（注151）

词源学最引人入胜的部分之一是，他对面积不同的地区之间进行的区分。他对地球（Terra）、土地的某一单独部分（terrae），诸如非洲与意大利，位置（loca）是土地的大片区域（terrae spatia），本身包括行省（prouincias），行省的各部分即行政区（regiones），口语称之为州（cantons），等等一一做了区分。依西多禄写道：“行政区被指定给管理官员；各领地是某个行政区的各个组成部分。”（注152）在他对更普遍的“度量”的定义中可以找到类似模式。

度量是一种为重量、容量、长度、高度设定的范围和想法。所以古人将这个星球（orbem）分割为若干部分，各部分又分为若干行省，各行省分为若干行政区，各行政区分为若干地方，各地方分割为若干领地，各领地分为若干场地，各场地分为若干公顷（centuriis），每公顷分为若干英亩（iugerebis），每英亩分为若干克里马塔（climata）（约合60平方英尺），每克里马塔分为若干海得（actus）、以下分为杆、码、步（gradus）、腕尺、英尺、墩距、英寸与指距等，以此类推。就此，我们看到了古人创造力是多么伟大啊！（注153）

亨德森将此描述为“在（一个）俄罗斯套娃内的中国盒子里安置桌子”，（注154）这种层次结构和容器模式非常有趣。较小的度量单位是线性的，在度量面积时，随着尺寸的增加，以平方数为单位增加。但是，就我们的研究对象而言，将“领地（territorium）”一词降到这样一个次要地位，这点很不同寻常：“领地”仅仅是一个地方的一部分，这个地方属于一个行政区，而行政区隶属于一个行省。值得注意的是地方一词被描述为拉丁文“terraespatia”一词，意为大面积的土地或开阔地，在这里，空间（spatium）是一个地理术语的修饰词，而本身不是地理术语。实际上，“spatium”一词很少会在依西多禄的著作充当实词，有一处指的是两轮马车赛的跑道。（注155）“领地”在这里明显意味着开阔地，而且还不是特别巨大的那种。它是一片土地，比单块的场地大些，不过主要用于农耕。据他所说，根据塞尔维乌斯（Servius）的说法，“一片领地被这样称呼，是因为它看上去像一个tauritorium，那是‘被一副犁和一群公牛分隔的地’——因为古人常常用一群牛拉犁翻地沟来标明他们领地的边界，于是地（territoria）就被一道犁沟分开了。”（注156）

亨德森提到依西多禄看到“环绕城市的旷野中遍布着乡村”，（注157）这一定意义上暗示了政治权力集中在特定的场所中，而在这些中心以外随着距离增大而减弱。关于这些农地，再次形成了网格化或区分化模式：乡间的土地被分为田地（agri）。依西多禄断言“边界（fines）被如此称呼，是因为田地是用绳子分割的。测量线被拉伸出来，在田地中划块，以使面积相同……界标之所以被这样称呼，是因为它们区分和标识了所土地面积”。（注158）这个重要的农地测量技术的概念使读者想起他对几何学的描述。和希罗多德一样，他也将农地测量技术归因于埃及人测量尼罗河洪水泛滥冲积形成的土地。（注159）然而尽管依西多禄的作品正式框架旨在论述所有知识的学科，可是在《词源学》一书中关于几何学的资料很少。只有对术语的简单正式定义，而没有具体例子，也没有可以弥补和他的一些前辈差距的地理学内容。（注160）

依西多禄相对很少谈及可被称作政治理论的内容，但是华莱士-哈德里尔认为他概述了西哥特王权的观点。国王应该制定法律，对人民行使权力；他应当掌控王国内的教会。这应该是“真正的权力，是恩威并施定性的权力”。（注161）值得一提的是，在第七章我们将会讲到，尽管查士丁尼一世的《罗马法典》在依西多禄写作《词源学》一书之前一个世纪已经编写完成，但他是那些永远不会听说这部法典的人之一。然而，他会知道查士丁尼一世的编写者所使用的一些素材。（注162）

各蛮族部落和国家史

与前人相比，波爱修斯与依西多禄是相对贫乏的思想家，然而与后来者相比，他们却是巨人。直到十二世纪以前，几乎没有用西方拉丁文写成的符合当代概念的政治理论著作。政治活动的分析材料需要从其他材料中寻找，比如查阅一系列相当不同的著作——宪政类、法律类、历史类及宗教类文献。（注163）正如马库斯所说，在奥古斯丁之后的变化之一是像塞维利亚的依西多禄、保卢斯·迪亚克努斯（Paulus Diaconus）、保罗·迪肯（Paul the Deacon）①和比德（Bcdc）②等作者们在撰写他们的史学作品时，将罗马帝国只当作国体之一，而不是一种普世模式。时光来去匆匆，各蛮族部落，诸如哥特人、伦巴第人和英国人“有他们自己的基督之命运”，而且他们的历史作品“可以在无须带入与罗马帝国有任何联系的情况下写成。它留存的遗迹在东方，在‘希腊人的帝国’，在他们的眼中，没有普世使命或主张”。（注164）当试图去重申一个后来出现在中世纪的基督教普世模式时，很长时期以来最连贯的叙述中都是支离破碎的世系。在对约达尼斯（Jordanes）③，图尔的格雷高利（Gregory of Tours）（译者注27：也译作图尔的额我略，公元538—594年，一位专攻高卢和罗马史的历史学

① 公元720—799年，本笃会修道士、书吏，同时也是一位伦巴第史学家，最重要的著作是六卷本《伦巴第史》。

② 公元672或673—735年，英国基督教僧侣和历史学家，因《英吉利教会史》一书而为人熟知，被称为英国历史学之父。

③ 生卒年不详，公元六世纪的东罗马帝国官僚，后从事历史写作，著有《罗马史》一书，但最知名的作品是在君士坦丁堡写成的《哥特史》。

家，同时是图尔主教。）、比德、保罗·迪肯这四位历史学家的一篇有力分析中，戈法特提出他们占据了罗马衰落和从其遗址中崛起的基督教欧洲时期之间的“低谷曲线”。（注165）

这些历史学家中的每一位叙述中都触及地理细节问题，极少明确关注土地政治事务，然而却经常流露出一些重要暗示。（注166）例如，依西多禄认为：

在获得专制权力后，他（阿塔那吉尔德）（Athanagild）①很长时间以来一直试图篡夺阿吉拉（Agila）的王位，请求查士丁尼一世皇帝派兵来帮助他，后来，尽管他做了许多努力，也未能够将东罗马军队逐出王国的边界。（注167）

因为对阿基塔尼亚（Aquitania），②王国无法满意，他（狄奥多里克）（Theudered）拒绝了东罗马的和平条约，占领了大多数附近的罗马自由城镇，并且袭击了高卢最著名的城池阿尔勒（Arles）③，用许多军队将其包围。（注168）

这些内容，指出了多位国王占领的土地的某种意义上的地理范围，即使有些不好界定。（注169）的确，正如多尼尼和福特在他们的译本，将第二处引文中的附近（nearby）译作“在他们的领土附近”。有人抵不住诱惑，想要对这些描述提供一些更加详细的说明。同样的情况在西班牙历史学家海达提乌斯（Hydatius）④的著作中也可找到。海达提乌斯在研究蛮族部落如何入侵西班牙，最终实现和平，并且“为了定居，在他们自己分配各行省的各地区的”。（注170）戈法特将这句话译成“为了（长期）居住，通过分派在他们自己之间划分各行省的领地”，并且让许多翻译人员分派任务，来解读这个段落的各部分

---

① 公元517—567年西班牙和塞普蒂玛尼亚的西哥特国王。下文的阿吉拉即前任国王阿吉拉一世。551年，阿塔那吉尔德起兵反叛自立。阿吉拉先后在科尔多瓦和塞维利亚兵败后，东罗马帝国介入双方冲突。554年，阿吉拉死后，阿塔那吉尔德到去世为止，成为唯一的国王。

② 即阿基坦，罗马帝国旧行省，位于今法国西南部地区，以比利牛斯山脉、加隆河与卢瓦尔河为大致边界。

③ 位于今法国东南罗讷河口省的历史名城。

④ 公元400—469年，罗马加利西亚行省阿奎耶弗拉维耶——即今葡萄牙查韦斯市的主教，当时的编年史作者，为后世研究五世纪伊比利亚半岛历史留下了非常珍贵的史料。

内容。（注171）但是“各省的领地”隐含的地理特征比这一段实际能发现的大得多，这样翻译的延伸含义表达的，是那些行省在被分配，而不是更加严格的在这些行省之内的各地区。

与依西多禄同时代的图尔的格雷高利的著作中也有类似迹象，格雷高利的著作《历史》，经常被更具体的描述为《法兰克史》。（注172）法兰克人原来也是一支蛮族，他们逐渐向西迁徙，但是不像其他部落，如东哥特（Ostrogoths）那样始终在他们的本土为扎根，而是一直在扩张。（注173）公元406年，法兰克国国王克洛维（Clovis）皈依基督教，墨洛温王朝（Merovingian dynasty）统一了法兰克人的土地。克洛维的王朝持续了三百年时间，最后被矮子丕平（Pepin the Short）终结。丕平的两个儿子是查理（Charles），后来以查理曼（Charlemagne）更为人熟知，以及卡洛曼（Carloman）。（注174）加洛林王朝的这些历史人物，开启了新的篇章，但对墨洛温王朝期间的分析很少。我们所知的克洛维在很大程度上经过格雷高利的过滤，（注175）这就是为什么他的作品是如此有价值。

格雷高利和在他之前的塔西佗一样，都曾努力用拉丁文概念“rex”，即“国王”来理解法兰克人或者日耳曼人的各种相关行为。（注176）这个特定问题的重要性略逊于它产生的结果：在西欧，国王的概念至少有两条谱系。一条源于拉丁文，国王一词代表着他是统治者（regere）；另外一条是日耳曼的君主（Cyning）或家族（kuning），“指这个家族的人，或来自这个家族的人，或者代表这个家族的人”。（注177）国王通过最高权力（majestas）的概念被理解，成为比他的家族里的其他人重要和优越的人。（注178）国王是一个民族的国王，不是一个王国的国王。埃杰菲尔特认为，“国王是法兰克人的国王（rex Francorum），一个确定的国家或者地理领土上的国王是后来的概念”。（注179）这不是在说土地的交换、征服土地，以及土地的耕作不是那个时期的关键主题。华莱士-哈德里尔将之放入关于法兰克墨洛温王朝的记述中：

领土，新的和旧的土地，捐赠，这些字眼就像叠句那样出现在那个时代的所有法兰克文献中。新获取的土地用于农耕……新的各家庭在自己所有的土地上定居；新教堂与修道院寻求捐赠；王室的主动权留在大部分土地事务后面。墨洛温

王朝捐赠、确认、见证、批准（土地事务手续）。（注180）

华莱士-哈德里尔对“领土”这一词汇的使用并非完全的时代错误。格雷高利在一系列的拼写中使用了领地这个词，但这显然指的是更加宽泛意义上的“土地”，而不是这个词后来所包含的更加具体的意义。（注181）根据华莱士-哈德里尔本人的记录，格雷高利没发现有必要解释他对“领地”这术语的使用。虽然对华莱士-哈德里尔来说，这个问题意味着（当时）拉丁文仍然被广泛使用，但可以用另一种方式来解释：根据那种解释，“领地（territorium）”这一术语仍然带有周围土地或者地区的非强调性意义。（注182）

在格雷高利的历史著作中，有许多例子表明这一术语仅仅是指城镇的邻近地区：“在第戎的邻近地区（in Divionensi territurio）”；（注183）“阿维尼翁附近的某处（in Avennico terreturio）”；（注184）“欧塞尔周围地区（Audisiodorensim territurium）”（注185）“在桑利斯地区（in Silvanectinse vero terreturio）”（注186）“在图尔附近（infra Toronicum territurium）”（注187）“来到他在里摩日的土地上的修道院（eius Limovicino in termino）……然后我们来到特雷韦（territurium Trevericae）”。（注188）在这些语句中将“territorium”译作“在第戎的领地上”，于是就严重扭曲了词意。有时格雷高利书中会有关系到政治经济学的意思，特别是与所有权相关的时候，诸如当他谈及“在苏瓦松地区的王国的土地（quas ei rex a fisco in territurio）”（注189）一个很有趣的问题是在有些内容中，他将“territorium”视为与城镇或城镇所在地不同的地方。例如，他谈到“城镇与邻近地区（urbis territurio）”；（注190）“卢瓦尔河的一座岛屿，位于图尔市城的土地上（terreturium urbis Toronicae）”；（注191）以及事情“在城市和周边地区（civitatis territurio）”发生；（注192）或者“在沙特尔城的邻近地区（intra Treverici termini territurio）”。（注193）有几处格雷高利将“territorium”和“termini”这两个词配对连用，来描述一个界定地区。例如，他说有人“生活在特里尔土地的边界之内（intrac Treverici termini territurio）”（注194）或者发生在“昂热的土地边界之内（infra Andegavensis territorii terminum）”的那些事件。（注195）在这些例子中，“territorium”肯定更接近于现代意义上的领土概念。类似的一些事可以被说成各种不同的战略性描述，诸如当描述贡特朗（Guntram）①国王“命令封锁所有途经他的王国的道路，以防止所有来自于希尔德贝尔特（Childebert）二世王国的所有人经他王国的土地（per eius regni territurium）过境”。（注196）最后，值得一提的是，甚至当这个词本身没有被使用时，在说到王国和行省的时候，仍有些描述非常接近现代意义：“这时冈多巴德（Gundobad）②和高德吉赛尔（Godigisel）两兄弟统治着罗讷河（Rhône）和索恩河（Saône），以及马赛行省周围的王国。”（注197）

对其他蛮族的历史，也能进行地理学分析。约达尼斯所著的哥特史作品，尽管比较粗糙，却意识到地点对于叙事的重要意义，特别是在引言部分，讨论了各个不同部落的位置。（注198）萨克索·格拉玛蒂库斯的丹麦史著作也是如此，尤其是在前言部分。（注199）拿保罗·迪肯所著的伦巴第编年史来说，在叙事中有一个引人入胜的时刻，能回想起西塞罗关于拉科尼亚人的叙述。即当奥塔里国王（King Authari）③到达意大利南海岸时，用他的长矛尖抵住海中的一根柱子说道：“伦巴第的边界将会直到这里。”（注200）

将西罗马帝国崩溃和查理曼称帝成为罗马人的皇帝之间的这段时期，视为一个完全同帝制时期完全断裂的时代并不罕见，但更适合的做法是将其看作多种实践、理念和文化相重叠的复杂体系的产物，这很大程度要归功于罗马与各个部族的影响。这提示着410年，罗马帝国没有简单的“沦陷”，或在公元476年就此终结，而是随着时间的推移慢慢瓦解。（注201）戈法特坚持认为，只有将日耳曼时代同加洛林王朝一起讨论才是合理的，而且当然那个时代很大程度上得益于重建罗马的构想。（注202）的确，在罗马沦陷以前的很长时间，许多土地已经被分给蛮族部落的定居者。（注203）这一恒久遗产的关键因素之一是，罗马人一直

① 公元532—592年，561—592年间的勃艮第国王。他是墨洛温王朝法兰克国王洛泰尔一世的第三子，在父亲死后取得四分之一的王国统治权。贡特朗治世期间，与他的侄儿，即下文的奥斯特拉西亚国王希尔德贝尔特二世时有冲突。

② 前文提到的终结西罗马帝国的日耳曼将领李希梅尔的侄儿，在其父冈迪奥克去世后，成为勃艮第人的国王。当时的勃艮第王国史称第一勃艮第王国，国王还不是墨洛温王朝的法兰克人，疆域一直延伸到瑞士。冈多巴德从480年起成为全勃艮第的国王，但王国全境，实际上由他和三个兄弟分治，其弟高德吉赛尔的统治中心在维埃纳和日内瓦一带。

③ 公元584—590年在位的伦巴第国王。其父克莱夫在574年逝世后，由于伦巴第贵族拒绝承认一位新国王，伦巴第王国在奥塔里登基之前，经历了长达十年的诸公爵共治。

以城市为行政中心，以周边的耕地和乡村作为遍布全国的网络。（注204）在这些政治单位之间没有清晰的土地分割，但实际控制在逐渐衰弱，边疆而不是边境在占据优势地位。（注205）这些基于城市的政体，经常用来称呼它们的术语即城市（civitas），将成为以后政治斗争的焦点。个人的，而不是地理学的制度因素也预示着各蛮族部落对于世袭的理解，这种世袭不单单是父系继嗣，根据这种世袭制，土地或者领地有时会被健在的继承人分割。（注206）在大量的研究著作中，P.D.金讨论了西哥特人如何理解他们在领土方面的法律，他认为直到十七世纪中期，它更依赖于亲属关系或我们可以称为国家基础的东西。（注207）如果图尔的格雷高利可以被视为法国历史之父，那么保罗·迪肯就是后罗马时代的意大利历史之父，而约达尼斯的《哥特史》为德国史奠定了基础，戈法特清楚地写道："这些人的著作同比德的《英吉利教会史》中发现的一致公认的大量优点相比，真是苍白无力。"（注208）比德的企图是在涉及罗马、世界史和基督教的更广泛的背景之中，提供一份英格兰的文化、政治、社会及宗教史的记述。（注209）这部作品具有很强烈的地理元素，主要记述的是不列颠各地与各民族，涉及对地志、野生动物，及自然资源的记述。（注210）比德是一系列推理的发明者，其中包括两种与时间度量有关的方法。我们应该感谢比德对复活节历法满月与春分的精确设定，而且将这种历法起源上溯到基督诞生之日。（注211）

他的作品中有三个值得特别注意的要素。第一个要素是我们被告知，比德"出生在修道院的土地上"。（注212）在阿尔弗雷德大王所作的比德《盎格鲁-撒克逊史》译本中写道，他出生在"修道院的外围土地上"，这些土地是同教会地产分隔开的，但仍属教会财产权管辖之下，而且由此成为这座位于英格兰东北的城镇命名的基础，尽管不清楚此sundorlonde是不是彼桑德兰。（注213）但是这清晰地表明八世纪早期的"领地（territorium）"一词保留了它作为在一些实体的财产权之下的土地范畴的意义——在这个例子中，这个实体是修道院——而不是政治统治对象——这是这个词在后来具有的意义。这部著作中出现的所有涉及领地（territorium）的地方都写作"territoria"一词的复数形式，在短语"领地和属地（territoria ac possessiones）"或者"属地和领地（possessiones et territoria）"中出现，意即国王根据宗教命令赐予的土地和土地产权。（注214）

第二个要素是，他使用的主要土地度量单位是"海得（hide）"，定义为可以维持一个家庭一年生活的土地。这块土地的大小面积显然有别，取决于土地的质量，而不是简单的数量，这个数量不是说家庭规模，因此是一个相当含糊的术语。（注215）尽管如此，比德提出，例如，肯特郡东部的萨尼特（Thanet），“被英格兰人认为面积六百海得”。（注216）他也从土地授予的角度谈及海得，提到埃塞尔威尔（Æthelwealh）国王[1]给予威尔佛里德主教“八十七海得土地”。（注217）他偶尔使用土地（terra）的概念，来谈及一个民族所有权下的海得数量。例如他描述道“南撒克逊王国，从肯特郡向西南一直延伸西撒克逊人的土地（terram），面积为7000海得”。（注218）他也谈及“皮克特人的土地（terra）”及“英格兰人的土地（terras）”。（注219）

弗莱登堡认为，在中世纪的英格兰经常在具体术语上经常含混不清：

> “Terra”一词可以指土地、乡村、地区，有时与patria一词搭配使用。Terra（土地）、patria（祖国）与natio（本地人）经常是同义词或者近义词，频繁和其他词搭配出现。每个词都强调领土概念的一个特定方面（土地本身、我父亲的土地、我的出生地），但是这些词通常只有细微的差别，而不是明显的不同。但是这些术语的紧密联系表明了领土概念的丰富性。（注220）

第三个要素是，他提供了国王们皈依基督教，他们的各行省也皈依时，会出现怎样的早期迹象的记录。例如，公元653年，皮达（Peada）[2]国王治下的中安吉尔斯（Middle Angles）皈依时的情形。（注221）鉴于后来不同基督教派之间的交流，以及这对教皇和皇帝的各种普世愿望的影响，国王改宗基督教将会其土地上和土地上的人民产生影响的是一个重要话题。

《贝奥武夫》中的土地政治

新兴基督教和异教信仰之间的冲突在古英语诗《贝奥武夫》（Beowulf）

---

① 英国苏塞克斯历史上历史地位最重要的国王，660—685年在位，是苏塞克斯的首位基督徒国王，在位期间苏塞克斯皈依基督教。

② 公元653年前后被其父潘达指定为中安吉尔斯国王。公元655年11月，其父死后，短暂地成为南麦西亚国王。

（注222）中是一个次级主题。这是存留至今的最早的英语文学作品之一，或者说是真正的北欧地区本土语言创作的作品。《贝奥武夫》是一部庞杂的文献，可以当作严谨的创造性文学作品一样阅读，也可以谨慎地当作对这部作品写作时背景的初步认识。它的地理学因素没有被很好地探讨过。著名的中世纪研究史学家尼古拉斯·豪在他最后的作品中声称"《贝奥武夫》是一部关于地方的深刻著作"。（注223）尽管豪就此提出了许多意见，然而他分析的是一些特定的段落，而不是整篇长诗。另外，虽然他概括性地提到了关于地方的主张，但具体分析的是祖国（epel）的概念。尽管这篇长诗的地理学内容不能简单地将各种地方弱化为地点，然而在构建戏剧场面时能够看到，并且包含重要的多重政治含义，特别是在土地问题上。（注224）

许多现代版的《贝奥武夫》在扉页都有一张诗歌涉及的地理地图，表述今天瑞典南部的耶阿特人（Geats），北部的瑞典人和海索利姆人（Heathoreams），及现代丹麦西兰地区的丹族人（Danes）。古英语"Geat"一词经常被看作和现代瑞典语的"Göt"相同，即哥塔兰（Götland）地区，以及生活在那个地区的历史上的哥塔（Götar）部落。（注225）其他多个部落散落在北德意志、波兰及低地国家，还有现代罗斯基勒（Roskilde）附近的雷尔（Lejre）村，经常被描述为鹿厅（Heorot）的所在位置。（注226）虽然这部作品中的一些内容是有价值的，但试图去为事件的发生地找到历史依据不是这个章节的目的，因为《贝奥武夫》中没有谈及文本中提到的那些地方的任何特定具体事物。（注227）也没有寻求总结归纳那些能够与考古学证据佐证的文字中存在的各种见解。（注228）更确切地说，我们感兴趣的是诗歌本身展现或暗示的地理交换，特别是涉及土地问题的内容。

尽管诗篇故事提及许多场部落之间的战争，但主要围绕着三场与怪兽的战争建构。在赫罗斯嘉（Hrothgar）统治丹麦人的地方，一座被命名为鹿厅的雄伟大殿（Mead Hall）已经建成。鹿厅遭到该隐族（Cain）的后代怪兽格伦德尔（Grendel）袭击。耶阿特人贝奥武夫到鹿厅旅行，赤手空拳杀死了怪兽。第二天夜里，怪兽的母亲意图复仇，贝奥武夫追踪来到她的洞穴或者说池沼中，最后也把她杀死了。贝奥武夫回到家中，而且很快成为耶阿特国王。大约五十年后，贝奥武夫的臣民遭到一条龙攻击。贝奥武夫在战斗中与龙遭遇，并且在战斗中将他杀死，然而他自己也死了，这一切发生在埋藏着宝藏的古墓边上。失去了国王的保护，耶阿特人被来自北方的瑞典人与南部的部落征服。

同格伦德尔，格伦德尔的母亲和龙的每一场战斗，都发生在一个特定场所：分别是鹿厅、池沼（mere）和古墓边。（注229）诗歌中给出了详细描述，混合了基本的、符号化的，以及实质性的地理内容。然而，尽管他们对诗歌的戏剧故事是非常重要的，但是土地的问题超出了这些特定地点，而且能够被视为一个贯穿始终的极为重要的主题。在盎格鲁-撒克逊《箴言集》（Maxims）中，警句“国王渴望王权：保留土地（londes）他会被记恨；给出许多土地，他就会得到广泛的爱”，有时被视为对那个时期的土地政治的陈述。（注230）在《贝奥武夫》中基督教诗人描述上帝：

在人类之中分配智慧、土地与高尚的人格……他将在他祖国的土地赐予他尘世间的幸福，他的人民的据点的支配权，而且让他统治世界各地，辽阔的王国：以他的愚蠢，不能想象，末日将会来临。（注231）

然而，在《贝奥武夫》中有两个相当不同的经济形式在运转。第一个是赫罗斯嘉的分配式政治。诗歌的开头告诉我们赫罗斯嘉将分配“上帝赐予他的礼物……除了公地（folcscaru）与众人之外”。（注232）尽管第二个特例被认为是用来表现他不是个暴君，但前一处——虽然肯定同这种理解相通——暗示了更多东西。这会在下文中由他的各种行为得到印证。

在格伦德尔死后，赫罗斯嘉慷慨地向贝奥武夫和他的家臣赠送了许多礼物，甚至将其认作义子，但王后进行了干涉，以便确保将王国传给她的儿子们。这番谈话很值得注意，因为尽管这是一个父系社会，王后在重定继承权上仍然扮演着重要的角色：

鹿厅已被净化，环形厅堂重现微光：由此你获得了慷慨的天赐之福，当你的过世被正式宣告后，王国与它的人民将留给你的亲属。（注233）

赫罗斯嘉听从了王后的建议，对赐予宝物并不吝惜，同时留下了所有充当礼物的土地。甚至在格伦德尔的母亲死后，贝奥武夫从丹麦出发，赫罗斯嘉送给了他十二件新宝物，贝奥武夫的启程“为黄金饰品自豪”。（注234）但他还是离开了，除了友谊与忠诚，与（丹麦的）土地不再有任何关联。当贝奥武夫回到耶阿特时，他接下来向他的舅舅海格拉克（Hygelac）国王送上宝物。（注235）

海格拉克欢欢喜喜收下这些礼物，而且回赠了礼品。将海格拉克的父亲，雷瑟尔（Hrethel）的佩剑赠给贝奥武夫，然后这位国王又送给他土地：

他（海德格尔）赠给他（贝奥武夫）七千海得土地、王公地位和一间会堂。继承的土地，一片与生俱来的地产，在耶阿特国内都传承到他们手中；先祖的疆土，更加广大的王国（rice）给予他们中出身更高的人。（注236）

很快，在诗中稍后部分的叙事中，贝奥武夫在海格拉克被杀后，继承了他的土地上的“广大王国”。（注237）在诗篇后面的部分，讲完了全部故事。海格拉克的遗孀给予贝奥武夫“宝藏与王国、指环和君主地位”。因为她不相信她的儿子强大到足可击退外来入侵。贝奥武夫拒绝了这份荣誉，仍仅居于顾问与盟友地位，直到海格拉克的儿子本人被杀死，“此事让贝奥武夫得以拥有君主地位，并且统治耶阿特人”。（注238）在这些段落中强调了两个关键事物：因（原主）死亡通过继承得来的土地，以及通过赠予获得的土地。虽然贝奥武夫通过世袭拥有自己的土地，在海格拉克死前他被给予七千海得土地，但只是在后来才继承了剩余部分。我们从诗中其他部分得知海格拉克将“土地与价值十万的相扣指环”赠给在与瑞典的战斗中立功的家臣依欧佛（Eofor）和沃尔夫（Wulf）。（注239）

很久以后，贝奥武夫已经当了多年国王，海格拉克的父亲，贝奥武夫的祖父雷瑟尔国王之死——作为瑞典人与耶阿特人之间的战争前奏被详细叙述，而这也是贝奥武夫本人行将殒命的前奏。其中还提及遗产问题。诗中告诉我们，雷瑟尔“像幸运之人做的那样，在他弥留之际，将土地和城镇留给了他的儿子们”。（注240）贝奥武夫补充说，在战斗中他能够偿还海格拉克“给我的财物。他给了我土地，把祖国的宅邸和快乐留给我的继承人”。（注241）另外，当贝奥武夫面对恶龙的时候，他所有的同伴都跑了，只有维格拉夫（Wiglaf）复返。他对贝奥武夫效忠，他记得的从主君那里获得的所有关怀时，具体回顾道：“有韦蒙丁斯（Waymundings）的富饶居所，确保他父亲拥有的公有土地权利。”（注242）因而此处重要的不是作为礼物的土地，而是对公地财产权利的支持。

贝奥武夫死时，没有继承人，使事情更为复杂。因为前来帮助贝奥武夫的人太少，维格拉夫告诉他们（回来的部下们）：

现在，结束你们为了获得宝藏，赐予的宝剑，一切所有权的满足，祖国舒适的一切进行的争夺。一旦世界上的贵族们得知你们是如何逃跑的，知道这种名誉败坏的行径，你们家族（cynne）的每一位亲属就将成为没有土地权的游民。（注243）

这件事（丧失土地权）发生了，不过没有以预期的形式发生。因为失去声望的影响远远小于贝奥武夫海外的敌人因他的死亡变得胆气大壮所带来的影响。（注244）

此外谈到这些分配的意义，单词“土地（land）”——一个与古英语“lond”一词直接关联的词——有着多种意思。其中很多在诗歌中体现了出来。土地一词可以直截了当地，在无重音意义上用于表示与大海相对应的陆地，诸如当水手在航海的终点看到或者抵达陆地，（注245）或者当贝奥武夫在与格伦德尔的母亲战斗后从小池沼（mere）醒来的时候。（注246）土地可以用一条边界为界限或标记，尽管这里仅仅使用海岸线（landgemyrcu）。（注247）在某种形式上，土地一词能用于表述比“地方”小得多的地点，如格伦德尔与他母亲居住的“神秘之地”。（注248）或者表示地区的意思，如谈及一块土地（一个地区）上最坚固的东西，（注249）或者一块土地（一个地区）上的人们。（注250）它是可数名词，如赫罗斯嘉会厅中有“照耀着许多土地的光辉”。（注251）它也能够成为一个有利条件，如“很了解这片土地”会“活着离开”。（注252）

然而哪怕事关分配问题，使用“土地”一词也并不是简单地描述一个人或者一位国王的土地产权，如希尔德·瑟芬（Scyld Scefing）[①]被誉为“当地（leof landfruma）受人爱戴的领袖”，（注253）而且也用于表示更加普遍的一个民族

① 传说中丹麦最早的国王之一。

的土地产权。当贝奥武夫抵达和格伦德尔对阵的地方时，丹麦人的土地（land Dena）一词被提起，（注254）而且在他和家臣们离开时又被提到。（注255）例如，贝奥武夫描述他和布雷卡（Breca）进行游泳比赛时，声称洋流将他“带到了拉普人的土地上（on Finna land）”。（注256）诗篇中还有些其他的例子——提到布隆丁人（Brondings）的土地和弗里斯人（Frisians）的土地。（注257）土地的这种释义及它与一个民族的关系是这一处的话题，因为它引发了对这种资源的冲突的问题，土地既是斗争的目标，也是斗争的地形。

豪写道：“盎格鲁-撒克逊人构想了土地本身和在土地上长出的一切，这些比人类能够在上面建造的事物更持久，因此也对各种法律标的更有用。”（注258）尽管他没有在诗中穷究这个术语的所有特殊意义，但他提供了他早期引用的主张的例证，他主张“这（《贝奥武夫》）是关于地方的一部深刻作品”。（注259）豪说明了上面讨论的第2200～2214行“时间跨度巨大的年表”是“一份政治系谱……（一部）王朝承袭表”，记述了从海格拉克到赫德莱德再到贝奥武夫的传承经过，但那不仅仅是各位国王的谱系，而是确定了他们统治的土地：“《贝奥武夫》中的这十几行诗文，通过呈现王朝继承谱系，清晰地界定了一个王国的界线。”（注260）他提出这篇史诗在某种程度上“是一篇政治诗篇，询问了成为一名卫国英雄（epelweard）的意义，所以它必定也是一篇关于地方、关于祖国（epel）意义的诗篇”。（注261）

诗人使用的“祖国（epel）”和“王国（rice）”这两个词，这两个词经常会没有明确区分地在全篇长诗中混用。例如，一位君主的儿子，“应该雄才大略，继承父亲的地位，保卫人民，保卫英雄们的王国（rice），希尔丁斯的祖国（eðel），为了它囤积财宝。”（注262）和使用“eþelweard”一词同时并存的是贝奥武夫描述赫罗斯嘉为“rice weard”，即王国的保卫者或者守卫者，（注263）而且诗中有几处将赫罗斯嘉或贝奥武夫描绘为“rices hyrde”，实际和“rice weard”意思一样。（注264）多么有趣啊！豪提出，只有两处使用动词“ricsian”的例子，该词起源于“rice”，意思是“去统治”。但是这些不用在人称上。这些词用于描述掌管宝藏的龙，以及更早的时候、在贝奥武夫到来之前，格伦德尔实际上控制着会堂。（注265）在这两个例子中，都是怪兽统治对抗祖国的一位英雄领导者——在龙的例子中，诗篇在贝奥武夫祈祷扮演卫国者

（eþelweard）的角色后，立刻出现了这样的诗句。（注266）

垂死之际，贝奥武夫回忆起，他统治人民五十年，而在这五十年之间，“没有哪个邻近民族（ymbesittendra）的国王胆敢和他的朋友们发动战争或威胁恐怖行径来冒犯我”。（注267）然而全诗的第二部分——即贝奥武夫返回耶阿特，海格拉克死去，将王国传给贝奥武夫——涉及三件大事：与龙的战斗，耶阿特人与瑞典人之间的战争，南部边境的动荡。（注268）这些故事一直纠结在一起，所以当贝奥武夫在与龙的战斗中死去时，其他冲突中的全部力量没有释放出来不足为奇：诗人一直预想着这个故事。

贝奥武夫的前任国王海格拉克，实际上是在一次对南方弗里斯与法兰克部落的不幸突击中死去的。诗中向我们讲述道：“当他出于骄傲，去自找麻烦，和弗里斯人结仇的时候，命运将他带走了。”（注269）贝奥武夫游水从这场战斗中逃了出来。（注270）杰克与斯旺顿提到关于这场战役与海格拉克之死是有历史证据的，至少在图尔的格雷高利的历史著作与《法兰克人史》（Liber historiae Francorum，有时拉丁文书名写作Gesta Francorum）中都能找到证据。（注271）在诗中，很清楚的是贝奥武夫已经阻止了耶阿特人的毁灭，而且详细讲述了弗里斯人的突袭预示着“险恶的将来”。（注272）在诉说他这一脉的历史时，贝奥武夫追忆在雷瑟尔，即海格拉克的父亲死后，“瑞典人和耶阿特人之间存在敌意和冲突，双方的仇恨跨越了广大的水域”。（注273）然而海格拉克因为在南方激化同弗里斯人和法兰克人的各种紧张事态，把形势弄得更糟，将耶阿特人置于两线作战的险境。贝奥武夫之死，使维格拉夫认识到，“一旦国王之死变得在海外的法兰克人与弗里斯人之间人尽皆知，我国人民可以预料到将出现一个动荡时期”。（注274）后面一些诗文就发展到这个地步的各个阶段进行了叙述，维格拉夫提道：“这是世仇和敌意，致命的人类仇恨，一旦知道我们的君主已经死去，我料到瑞典人会为了这种仇恨前来找我们的麻烦。”（注275）失去了国王（cyning），使他的亲族变弱，失去了卫国者（eþelweard或riceweard），使祖国和王国失去了保护。此处，地缘政治冲突和贝奥武夫以前与怪兽的三场战斗是非常相似的：抵挡住怪兽的力量，而人类世界因各自为政的困顿和混乱无序，陷入了困境。诗篇继续强调两者的相互关系，并且在这样的任意而定的边界之间穿行。（注276）贝奥武夫之死导致了一场广泛得多的世界性入侵：远近关系被重新排序了。

土地，作为混合经济与政治事务一系列关系的指示器，是《贝奥武夫》这首长诗中的发挥作用的地理问题，人民和他们居住的土地的相互关系是关键主题。（注277）“领土”是非常后面才出现的类目，在《贝奥武夫》诗篇中的时代和地方不太讲得通。（注278）有时，尽管在诗中几乎没有提及，但土地变成了一个政治战略问题，而不是简单的政治经济问题，这意味着我们可以通过“地域”这一问题来思考。当然地域本身是一个复杂的术语，拥有独特的词源，而且与土地词源有渊源，而且严格来说，它是与这篇诗不相干的术语。但是位置和斗争的风险的相互关系是很重要的：土地不仅仅是历次战役的发生地，而是往往成为斗争本身的焦点。因此这篇史诗在对土地的政治经济学问题进行特定描述的同时，对政治战略问题窥斑见豹。

第四章

帝国再现

君士坦丁献土

在梵蒂冈，有一个房间以最早信奉基督教的罗马皇帝君士坦丁（Constantine）的名字命名。这个房间里的画作被归入拉斐尔画派，拉斐尔1520年去世后，失去导师的学生们，在继续创作。在这个房间的窗户一边的墙上，就是最有名的杰作之一《君士坦丁献土》（Donation of Constantine）。

在这幅画中，教皇西尔维斯特一世（Pope Sylvester）（314—335年在位）坐在高耸的御座上，罗马皇帝君士坦丁则跪在教皇脚下的台阶上。西尔维斯特举起右手为他祝福，同时左手正在接受君士坦丁给他的一份献礼，君士坦丁正把左手按在胸口。据说，这份礼物是一封由君士坦丁亲笔签名的书信，第一部分是对他皈依基督教之前的生活的忏悔；第二部分就是他的“奉献”。这幅画的场景被设置在画家那个时代的圣彼得大教堂（Saint Peter’s Basilica）内，大教堂呈现的是作画年代的风貌，而且西尔维斯特一世也明显地具有作画时的教皇克莱芒七世（Pope Clement VII）的一些五官特征。（注1）但这幅画的问题不仅是场景和教皇都不怎么像君士坦丁大帝时期的地方和人物风貌，整个君士坦丁献土的故事本身就是虚构的，书信则更是毫不足信的赝品。（注2）

这份据称是《君士坦丁献土》的文件，大约是在八世纪中叶被伪造出来的。一直以来人们争论的是：究竟是谁，为了什么明确的目的要伪造文件。但这个故事也向我们提出了一些重要的问题，因为文件中的捐赠就是赠予土地。这份文件宣布的是，首位罗马信奉基督教的皇帝，把帝国的很大部分都转让给教会，从而给历代教皇提供了世俗权力的基础。九世纪中叶，这些内容还被收进了《伪西多尔教令集》（Pseudo-Isidorian Decretals）（这是一部教会文件手册，其中很多内容都是伪造的），而且部分内容被编入了《中世教会法规概要》。（注3）长期以来，人们一直以为这是一份真实的文献，因此，对于这份文件的使用和解释，对神圣罗马帝国的初期历史来说，就非常重要。尽管它的影响不是直接性的，而且在九世纪也仅有较小影响，（注4）但是，就连像但丁这样的人都信以为真了，虽然令人遗憾，但他曾经对这份文件批评道："这把教皇变成了一个富人。"（注5）即使这份文件是伪造的，但麦伊尔文的说法是对的。他说这并没有降低它的重要性，因为很多世纪以来，人们一直都信以为真，将它视为一份历史性文献。（注6）

这一伪造的献土与历史上一次真正的献土有特殊关系。公元756年，法兰克国王丕平[①]承诺把法兰克人从伦巴第收回的土地，献给圣彼得的代表，教皇史蒂芬二世（Pope Stephen II）。（注7）这次捐献的确把土地献给了教皇，让他在这片土地上不仅实行宗教权力，同时也实行世俗权力。梵蒂冈城就是这次献土行为的最后遗留物，一度属于罗马帝国的那些土地从此再也没有被征服过。（注8）尽管还无法确定，但是，《君士坦丁献土》文件有可能在丕平与史蒂芬二世之间的那次谈判中被使用过。因为这样一来，就像教会后来热切地指出那样，丕平献土就只不过是恢复过去的旧观。

《君士坦丁献土》文献中，包含一些受人瞩目的段落——虽说不是四世纪时的真事——却揭示了八世纪时人的各种动机。

君士坦丁皇帝放弃他的皇权，他在罗马城和意大利，以及帝国西部各地区的所有的皇家特权，把它们交给教皇……（注9）

为了使教会的最高权力不会衰落，并且会相反地让它获得比尘世统治的威严更大的荣耀和权力；注意，我们放弃上述的权力，献给我们最受爱戴的教宗西尔维斯特，全世界的教皇，还有已经说过的我们的宫殿，罗马城、意大利的所有行省、地区和城市，以及帝国的西部各地区，为此，我们通过颁布这份庄严而攸关

① 即上章中的矮子丕平，公元714—768年，原为墨洛温王朝宫相，于751年起称为法兰克国王，创立加洛林王朝。

国务的许可状裁定，这些地方会由教皇与他的继任者控制，而且我们承认这一切在神圣罗马教会的法律之下将维持不变。（注10）

这就是创造那个故事的基础，君士坦丁不仅放弃了他的皇权，还有他的土地，和“他的所有皇家特权”，也就是他统治的一切。教皇反对“世俗统治”，于是要把法律管辖权转化为教会法律。“君士坦丁”继续道：

我们的统治权和我们王国的权力应当被转移到东部各地区，而且在拜占庭行省，在最适合的地方，应当以我们的名义建造一座城。我们应该在那里确定我们的统治权，因为在上帝已经赋予了教士和基督教首脑最高权力的地方，世俗皇帝拥有权力（potestatem）是不合适的。（注11）

这样一来，君士坦丁就不仅是把对罗马、意大利以及帝国西部各省的统治权移交给了教皇，而且，他还说他会退居拜占庭——那是一座位于博斯普鲁斯海峡沿岸的一座希腊城市——这样一来就不会有世俗权威与宗教权威之争了。他所说的那座“以我们的名义建立”的城市，当然就是指君士坦丁堡了。

十二世纪初，奥格斯堡的霍诺里乌斯（Honorius of Augsburg）①写了一份对这次献土的分析。他认为，在西尔维斯特教皇接受君士坦丁献出的皇权时，这实际上是基于两项关键内容：即西尔维斯特攫取了政治权威，但是他知道只有在获得皇帝的实际支持的情况下，才能掌握它；而未来的诸位皇帝的政治权威要重新从僧侣那儿获得。一共有两柄剑：一柄是上帝神谕之剑，一柄是高压的物质之剑。西尔维斯特同时需要两柄剑，而后者只能由君士坦丁提供给他。（注12）僧侣统治就是宗教等级制度，神职，而且统治权在精神上的对应物。（注13）然而对于教廷的理论家们，这二者是教会这个整体的两个部分，后者的权力来自于前者。（注14）比起仅仅承认西尔维斯特地位的政治现实，以及由此而引起的权力关系的逆转，霍诺里乌斯叙事的价值存在更加重要的东西。他将君士坦丁的做

① 1180—1154年，十二世纪颇受欢迎的基督教神学家，著作颇丰，涉猎课题极广。他的文风与一般的经院派作者不同，非常生动，因此受到广泛欢迎。

法看作是对他认为的事物的适当秩序的简单确认：世俗权力顺从于教会而已。通过这样做，他就预料到了后来对教会和教皇将世俗与精神权威集于一身的各种论点。对于卡莱尔兄弟来说，这是对这种信仰的首次明确肯定。（注15）而教皇英诺森四世（Innocent IV）宣称，更应该把这次“献土”解读成对教会权力的承认，而且在此之前，君士坦丁“行使的是篡取的非法权力”。而霍诺里乌斯对“两柄剑”理论同样至关重要，在接下来的第五章中，我们会更加详细地探讨这一理论。

这份“献土”文件曾经在十三世纪中叶，被教皇格雷高利九世（Gregory IX）引用过，他试图为教皇对意大利的权力，以及给皇帝加冕的权利提供合法依据。（注17）因此有两个部分的需要被转让：即人间的帝国与皇家的徽章。后者意味着教皇“获得迄今为止还一直为皇帝独自拥有的世俗的完整权力”。简单地根据献土文件得出，帝国进行了交换这种结论是一种虚弱的论述，因为它还存在被一位继任皇帝简单地推翻的可能，如腓特烈二世（Frederick II）[①]努力去做的那样。（注20）拥有完整的权力和任命皇帝的权利的主张，更加强烈。在当时，这份文件的合法性虽然受到质疑，但是人们基本上都认为它是真的。尽管这份文件长期以来，一直受到人们以政治、圣经，甚至宗教为基础的反对，但是一直到文艺复兴才受到强烈质疑，最重要的质疑要数洛伦佐·瓦拉（Lorenzo Valla）[②]于1440年写的《君士坦丁献土辨伪》（De falso credita et ementita Constantini donatione declamatio）。而比瓦拉早七年，库萨的尼古拉（Nicholas of Cusa）[③]就在他为巴塞尔委员会所写的重要著作《论天主教的和谐》（D econcondantia catholica）一文中，提出过许多与瓦拉类似的观点。（注21）

瓦拉对这份文件的有效性的批驳是多方面的。他认为这件事在心理上是不合情理的，在历史上是值得怀疑的，在文本上是错误百出的。他的研究的第一部分揭示出君士坦丁不可能会进行这样的献土；第二部分揭示出这份文件在语言学

---

① 1401—1464年，德意志哲学家、神学家、法学家和天文学家。最早支持文艺复兴人文主义的德意志人，是欧洲历史上对宗教和政治贡献相当大的人物。

② 1407—1457年，意大利人文主义者，修辞学家和教育家。

③ 1194—1250年，即霍亨斯陶芬王朝的腓特烈二世。他1198年成为西西里国王，1212年成为德意志国王，后于1220年加冕为神圣罗马帝国皇帝。在他统治时期，与教廷的关系一直很紧张，多次与教皇公然敌对。本章提到的教皇格雷高利九世和英诺森四世，都曾经与他进行过激烈的政治斗争。

上错误百出，因此明显出自后来人的手笔，显然是伪造的。他一开始就以怀疑的态度发问：考虑到统治者都设法增加他们的土地，那么君士坦丁是否真的会把那么大一部分帝国献出去呢？君士坦丁会不会“亲手把他的帝国的两只眼睛中的一只，挖出来送给别人呢？我不相信任何理智健全的人会这样做”。（注22）

那么，是不是因为君士坦丁皈依基督教（才有献土行为）呢？瓦拉不这么认为：“我认为在献土之后去统治是一种犯罪，一起骇人听闻的事件，一项重罪，而且那样一个王国与基督教不相容的！……君士坦丁，如果这是你的主意，那么你必须给你的城市恢复自由，而不是给它们更换主人。”（注23）他怀疑政治上这件事也是可疑的，对君士坦丁发问道：

现在，你身为一个基督徒皇帝，权力竟然比你做一个不信教的君主时还小，这是极不得体的。因为君主的统治权是上帝的特殊赐予，而且就连异邦人的君主据说也是由上帝选定的。（注24）

虽然将“principatu”译作“主权”，将“principes”译作“统治者”是很诱人的，但是，这也带来了将后来的术语引入这一讨论的危险——这一术语在瓦拉写作的时候就已经具有某种特殊意义，但是直到让·博丹（Jean Bodin）的时候，才真正实现了可以识别的现代形式。然而统治的界限是重要的，因为君士坦丁所转让的只不过是他通过挪用从罗马元老院及其人民那里窃取的土地。因此，他的献土已经是非法的了。（注25）

瓦拉还认为，从教皇的角度看，这种献土也是不太可能的，他称西尔维斯特教皇会因为这不适合神圣统治者而加以拒绝。耶稣“我与世俗统治毫无关系”这句话把这个问题说得很清楚了。瓦拉还引用了《约翰福音》（Gospel of John）中的句子来证明他的观点：“我的王国不在这尘世间；假如我的王国在这尘世间，那么我的仆人们就会为此争斗。”接着，他又引用了《马太福音》（Matthew’s gospel）里说明宗教与世俗权力分野的著名段落，他有教皇的如下发言：

“皇帝的东西属于皇帝，上帝的东西属于上帝。”因此，据此而言，请陛下一定不要放弃属于你的东西，而我也不会接受属于皇帝的东西；你就是捐献一千

次，我都永远不会接受。（注28）

此外，瓦拉还质疑对这一干系重大的事件，为何会没有更加耐久的记录保存下来？他说，许多没有这件事重要的文件都被以更加完好的状态保存了下来，不是刻成碑文就是以金字书写，然而我们却假定要信服“君士坦丁仅仅在纸上用墨水签署了一份献出世界的文件”。（注29）考虑到这种纸质文件的脆弱性，以及中世纪文件誊写过程的重要性，瓦拉无法鉴定任何一份单本文档的真实性。因此，他的矛头就不得不指向文本的内容了。

在这次文本内容考证过程中，瓦拉在使用语言学和语法学论据充当分析工具方面，成为了先行者，他受到了“历史发展成果在语言风格和用词意义上，是一定会有所反映的观念”影响。（注30）在这份文件的文本中一些语言学上的用法，能被用于论证推定成文时间是在后世。（注31）关于其中的多种历史谬误，在于这份文件提到了君士坦丁堡（注32）——考虑到君士坦丁的皈依时间，以及设定的献土时间，实际上君士坦丁堡还没有建造，而且要等二百年后才能成为重镇。瓦拉惊叹道：“那时候，它还不是一个大主教区，也不是一个主教教区，而且不是一座基督教城市，更不叫什么君士坦丁堡，还没有建立，甚至还没有规划！”（注33）而且确实，正如上文提到的和瓦拉也指出的那样，这份“献土文件”本身后来提及君士坦丁意图在拜占庭建立一座城市，而不是这座城市当时已经存在。（注34）即使排除历史方面的证据，文本本身也是漏洞百出。其中还有词汇使用方面的漏洞，如使用“总督（satraps）”一词称呼较低级别的统治者，因为这个术语仅仅从八世纪起才开始使用。（注35）瓦拉的多种论据都如此有力，而且这次“献土”的时代情况又如此令人生疑，因此一些人甚至认为，这项考证一定程度上是为了阐释一种方法论，而非证明其观点。（注36）

可是，瓦拉多分析并不符合后来这类分析的许多预期标准。正如德尔夫所指出的那样，“他的论文反映了文艺复兴早期文本批评方面令人印象深刻的局限性。”（注37）德尔夫指出了阿戈斯蒂诺·斯图科（Agostino Steuco）（1496—1549）[1]对瓦拉所使用的语言学、语法学和历史学论据是怎样批评的，尤其是瓦

① 意大利人文主义者，旧约圣经学者，反宗教改革辩论家。

拉没有找到他能用来分析的最佳版本的文本，而是依赖一份“被删节的，错误修订了的文本”。（注38）考虑到文本誊写的问题，这是很重要的，因为在誊写过程中，会产生拼写、语法和省略等方面的问题，而且还存在将其他文本吸纳进早期文本的潜在可能。实际上，尽管从今天看来，瓦拉的著作最杰出的部分是在分析的文本基础方面，但是从某种意义上说，它的政治方面却更有意思。综合起来说，瓦拉的论据是极为有力的，因为这次“献土”不仅是伪造的，而且从理论上说也存在本质缺陷，它所采用的是一种在那个时代根本不存在的土地交换方式。在这份文件写作的八世纪，土地作为有价值的商品，经常进行交易，然而在罗马时代，土地是帝国积累的财富，而且不可能以那种方式进行交换或捐献。

尽管意图证明瓦拉文本分析能力的论点不能被完全无视，但重要的是注意他不是没有别的动机。瓦拉的赞助人阿拉贡的阿尔方斯（Alphonse of Aragon），继承那不勒斯和西西里王位的权利受到教皇尤金四世（Eugene IV）质疑。在这一具体事件中，通过对这份文件的证伪，来从更广泛意义上质疑教皇在世俗世界的权力，会是特别有效的一招。（注39）因此瓦拉的有力不仅在说明这份文件为伪造上，而且还在说明一种方式上有所体现，通过这种方式，地方与政治之间的关系形成了一种转变。这就是从一个不承认罗马皇帝角色的早期教会，成了一个为了承认这一点而会去依赖一份伪造文件的教会的转变。实际上，虽然瓦拉继续指出一种双重角色与西尔维斯特教皇不相容，但是他承认了教皇以剑来象征的世俗权力，还有教皇在宗教上，即精神上的权力。（注40）

查理曼登基

出于许多原因，君士坦丁都是一位重要的皇帝。他皈依基督教是原因之一，但是在他造成东罗马帝国与西罗马帝国的事实分裂也是一个方面。这次分裂最初出现在293年，但是直到364年才成为永久性分裂。这条分界线就位于意大利东面。（注41）罗慕路斯·奥古斯都（Romulus Augustus），匈奴王阿提拉（Attila）副手奥瑞斯特斯（Orestes）的儿子，公元475年成为西罗马帝国的皇帝，第二年就被他父亲的一名军官弗拉维乌斯·奥多维克（Flavius Odovacar）废黜。这一事件被视为西罗马帝国的终结。（注42）虽然东罗马帝国，尤其是查士丁尼一世统治时期，进行过多次收复失地的尝试，但都不能持久。在帝国不存在

的三百年间，帝国的观念却从来没有消失：它继续在人们的想象领域里作为一股强大的政治力量存在。（注43）

在前一章，我们讨论过的那些蛮族王国，往往都皈依了基督教。因此，西方的教会哪怕在西罗马帝国灭亡之后，都一直拥有强大的政治力量。前文提到的法兰克国王丕平，就是与教廷建立最紧密关系的统治者之一。把土地从世俗统治者手中转让给教皇，或者说让土地回到教皇手中，巩固了他们之间的关系。这种关系，从教皇史蒂芬二世给法兰克国王丕平加冕的时候就开始了。这种关系在丕平死后仍在继续。史蒂芬二世指定丕平的两个儿子查理，也就是后来的查理曼和卡罗曼，为丕平的继承人；（注44）在丕平死后，他的土地分给了两个儿子。卡罗曼本人死于771年，此后，这些土地又重新由一个统治者治理。丕平、查理曼和卡罗曼都被冠以意大利保护人和圣彼得教区主教头衔——这是教皇能授予的最高的世俗和荣誉教职。（注45）

这种情况持续到公元800年圣诞节的那天，当时查理曼正在罗马参加大典。他就是那天在圣彼得大教堂被加冕为皇帝的。编年史家艾因哈德（Einhard）[①]这样记录道：

查理曼真的来到罗马恢复教会，当时教会的状况确实很糟糕，但是结果他整个冬天都在罗马度过。就是在这次庆典上，他接受了罗马皇帝和奥古斯都的称号。一开始，他根本没想要这个头衔。他说，虽然这是这座教堂举行的最盛大的庆典，但是如果他事先知道教皇安排的这一切，他就根本不会踏入那座教堂，这表明了他的心意。（注46）

教皇利奥三世（Leo III）的计划是通过给查理曼加冕为皇帝，他就可以完成一系列事情。首先，他能够承认既成形势——当时，查理曼已经是西欧的主宰者，他控制了包括今天的法国、德国、低地国家、意大利北部这样一个帝国——但是通过加冕这种方式，却使得这个帝国看起来成了教皇赐予他的礼物。利奥三

① 公元775—840年，法兰克学者和廷臣，查理曼与其子虔诚路易的忠实臣仆，主要作品为《查理曼传》。

世一系列举动的聪明之处在于，他让人看起来好像是通过他给查理曼加冕，才使他成为皇帝，从某种意义说，首创皇帝之位是由教皇赐予的观念。（注47）帝国和教廷对此事重大意义的诠释也会聚焦于这一点。教皇在加冕过程中，扮演的只是一个仪式性的角色，还是根据世俗权力，他真的拥有授予皇帝头衔的权威呢？（注48）后来研究教廷与帝国关系的政治理论家们，都会把这件事当作他们的关键论据之一来争论。（注49）正如福尔茨所指出的那样，通过这样的仪式，“查理曼被正式承认为新立的皇帝，或者换一种更好的说法，这是一次公开宣告——就像主显节那样，名副其实地正式承认法兰克国王的皇帝地位”。（注50）

其次，利奥三世可以把这个帝国的世俗权力和教会捆绑起来，这样就有效地重建了古罗马帝国，只不过这个帝国与基督教联系坚固得多。这是赋予物质性、政治性和地理性形式的基督教王国的理念。正如查理曼写给利奥三世的信中所说的那样，他明白他的职责是用武力保护教会免受异教攻击，同时教皇的职责是照顾他们（基督徒）的精神需要，并为他们祈祷。（注51）从某种意义上说，这也是将已经存在于法兰克人与教皇之间长达一个世纪的关系神圣化的一种手段。（注52）

再次，这样做，利奥三世能够使东罗马帝国的统治者手忙脚乱。实际上，在给查理曼加冕之后，帝国的皇冠就从拜占庭转移到了罗马。君士坦丁将帝国首都迁到君士坦丁堡；教皇利奥三世把帝国从希腊人那里转移到法兰克人手中，后来又转移给了日耳曼人。艾因哈德提到东罗马历代皇帝对这种转移的故意，但是认为查理曼本人曾尝试与东罗马皇帝调解。其他国家，如西班牙、英格兰以及后来的法国，都不承认神圣罗马帝国皇帝的权威，但是，教皇和帝国都不认为这些王国除了现实意义之外，在任何方面是独立的。从法理上说，他们都要拥护罗马.教皇以及教皇指定的皇帝。然而利奥三世此举，同样使查理曼手足无措。查理曼可能也确实想当皇帝，但不是当罗马人的皇帝：在君士坦丁堡已经有一个了。查理曼将自己视为高于其他国王的国王，一位皇帝，即与东罗马帝国皇帝地位平等的人，而不是他的替代人。教皇却另有打算。（注54）

（国家的）新名称是“罗马人的国家（Respublica Romanorum）”，而不是“罗马国（Roman res publica）”。正如乌尔曼所指出的那样，“后一个称呼总是等同于帝国。前一个无疑仿照了旧称，但是却带有完全不同的意义”。（注

55）差别的确巨大。这个新称号的意思是“平等权利的团体”，或“罗马人的共同体”，是关于罗马人的信仰，即拉丁基督徒的。因此，它在地理上与罗马这座城市的联系就不是那么重要了。实际上，教皇继续维持对罗马城本身的政治统治。对教皇来说，查理曼就是罗马人的皇帝（Imperator Romanorum）。这个称号中的“罗马人的”是关键问题，因为这意味着这是一个人的称号，而不是土地的称号，而且法兰克帝国因此，从某种重要意义上来说，与教皇利奥三世放在查理曼头上的皇冠是截然不同。

查理曼本人的称号稍有不同。他并不使用“罗马人的皇帝”这个头衔，而是强调“奥古斯都”这个与古代皇帝有直接联系的概念。（注56）他使用的头衔全称是“Carolus serenissimus augustus a Deo coronatus magnus et pacifus imperator Romanum gubernans imnperium, qui et per misericordiam Dei rex Francorum et Langorum”。（注57）转译成中文就是“查理，最庄严的奥古斯都，上帝加冕，伟大的、和平的统治罗马帝国的皇帝，蒙上帝的恩赐，他还是法兰克国王和伦巴第国王”。（注58）后来的几位皇帝也都采用大致相同的措辞，其中“皇帝奥古斯都（imperator augustus）”是他们共用的。关键词是“皇帝奥古斯都统治罗马”。（注59）也就是说，查理曼自己把罗马人包括在他的法兰克帝国里，但是并不以他们为中心。（注60）他的正式印玺上的刻字是“罗马帝国复兴”，这种铭文也出现在他的证章上和806年至814年的钱币上。（注61）因此，这一系列的表述方式要平衡帝国、教廷以及拜占庭的愿望与担忧。（注62）

这并不是政治意义上的帝国的复兴，因为政治意义上的罗马帝国在东方；相反，是一种宗教意义上的帝国，是罗马基督徒的帝国。（注63）然而，正如华莱士-哈德里尔强调的那样，它的意义比这还要深远。罗马人使上帝成为他们本身皇权的放大形式，是为给他们的统治提供神圣合法性的企图的一部分，而且会以这种合法性去为那种统治建立一种非常强大的范围。（注64）当利奥三世意欲对拜占庭提出一次公开挑战时，罗马没有将拜占庭当作篡权，只不过是认为拜占庭已经失去了统治的权利。797年，拜占庭皇帝去世，他的遗孀试图在没有他的情况下，继续统治。这是有违拜占庭的法律的，科利什认为，这意味着拜占庭的皇位出现了合法的空缺。（注65）因此，出现了转移的想法，即为了不让它在东方死亡，就要让它在西方复兴。（注66）这种延续是极其重要的，因为它允许宣告在（西罗马末代皇帝）罗慕路斯·奥古斯都与查理曼之间没有真正断裂过，只不过是在别处行使权力罢了。这将会对后来的几个世纪产生影响深远的意义，因为它实际上暗示这种转移是教皇的赠予。西罗马帝国的列位皇帝、拜占庭的列位皇帝，以及现在的查理曼，他们的地位都来自教皇的赐予或者默许。后来对教皇拥有与精神权力同等的最高世俗权力的各种诉求，都是基于君士坦丁献土本身和帝权转移的基础之上。（注67）

通过这些举动，罗马再次成为罗马帝国的中心，而且据教廷理论家们所说，拜占庭已经丧失了权利，这意味着现在东罗马皇帝“只不过是一个希腊人的国王或皇帝”。（注68）这样的结果是“希腊人”变得被视为更加像外人，由此愈加疏远了东西方之间的历史渊源。东罗马帝国并不是西方基督教世界的一部分，实际上就意味着它不是欧洲的一部分。用乌尔曼的话来说，西罗马帝国是一个“完整的拉丁基督徒实体”。（注69）就战略性联盟方面而言，这将会产生一种直接冲击，查理曼本人与哈里发哈伦·拉希德（Harun-al-Raschid）①以及拜占庭结盟，攻击教皇国。（注70）而这对十字军与东正教会之间的关系，会产生长远得多的冲击。查理曼与穆斯林之间的关系是个主要话题，并由此引发了一场意义重大的笔墨官司。争论起于亨利·皮雷纳的论文，他认为是伊斯兰教的征服，而不是日耳曼人对西罗马帝国的入侵，才结束了古代时期，并且应当被视为中世纪的开端。他的论据既是关于经济方面的，同时也是关于文化方面的。经济论据一直基本不被采信，而文化方面的论据更加重要，强调了日耳曼各部落对罗马文化规范的继承和采纳。他不认为日耳曼人的入侵造成西罗马帝国根本性的瓦解，而是认为由于拜占庭帝国的衰弱，使得伊斯兰征服者真正挑战罗马的支配地位。（注71）然而，在另一方面，皮雷纳在经济和文艺两方面，质疑加洛林复兴的观念。（注72）

皮雷纳认为，是伊斯兰的崛起从根本上改变了欧洲，因为地中海的南面、东面和西面都被征服了，从而使欧洲帝国与古代罗马帝国截然不同，成为一个更加以土地实现秩序化的社会。（注73）这与查理曼关系重大，因为皮雷纳认为，假如没有伊斯兰，那么法兰克帝国就根本不会存在，而且“假如没有穆罕默德，那

---

① 公元763或者766—809年，阿拔斯王朝的第五代哈里发。

么查理成为查理曼将是不可思议的”。（注74）这一定程度上是因为，在伊斯兰形成各种挑战之后，欧洲出现了权力真空，因此法兰克—教廷的权力轴心才成为一种安全保障方式。这也是教皇利奥三世试图保护他既有利益的努力。在这篇分析文章中，查理曼的登基典礼是东西方之间分裂的完成仪式，因为它反映的是对依然在君士坦丁堡存在的古老帝国的弃绝。（注75）从地理战略上讲，这是一种有力的分析：至少他提出了正确的问题。（注76）

正如皮雷纳指出的那样，“在穆罕默德时代以前，整个（罗马）帝国实际上几乎与阿拉伯半岛没有打过交道”。（注77）随着时间的推移，这种情况发生了变化，因为这时在包含在一个新的，或者说复兴的帝国中的基督教，同时受到来自东方和西方的威胁。这就是教皇格雷高利七世（Gregory VII）在十一世纪，被迫面对的在精神上无限制的教会，与真实存在的基督教世界的地理界限，（注78）即他称之为“基督教界限”之间的矛盾时的感受。（注79）西面有在西班牙出现的穆斯林，他们试图阻止西欧被基督教统一信仰。在东方，有拜占庭和伊斯兰的土地，当时后者还包括耶路撒冷。用勒高夫的话说就是，这就为“一种地理上的对峙”铺平了道路，那是“被认定要传遍全世界的基督教与已经从这个世界攫取了大片土地的伊斯兰教”之间的对峙。（注81）

查理曼死后，他成了一个越来越脱离历史的英雄传奇人物。（注82）或许最著名的例子就是《罗兰之歌》（The Song of Roland）了，这是一首关于在西班牙对抗摩尔人战事的史诗。（注83）正如艾因哈德详细叙述的那样，查理曼的墓志铭这样写道：“在这块墓石下长眠的，是查理大帝，一位基督徒皇帝，他大举为法兰克王国开疆拓土，成功治世四十七年。”（注84）墓志中有许多与旧时代皇帝们非常类似的颂词，尤其是对他开疆拓土的赞扬。艾因哈德还讨论了法兰克人与萨克森人之间的地理分界问题：“我们的边境和他们边境接壤，而且实际上除了很少几处有大森林和山脉让我们两个民族的土地形成了清楚的分界线外，几乎每一处都是平坦空旷的田野。”（注85）

可是查理曼的领土界定并没有持续很长时间。在他尚不知何时离世时，一份806年的公告，将他的各王国在几个儿子们之间进行了划分。这份文件的标题是“分治协议（Divisio Regnorum）”，是一份关于地理界线的文件，但措辞相当生动。比如，在第四款中，它规定“（小）查理将接受伊夫雷亚（Ivrea）、韦尔切利（Vercelli）、帕维亚（Pavia），而且从这里沿着波河，顺着河流走向，一直到雷吉奥（Reggio）的边界（fines），以及波河流域，沿着圣彼得教区的边境的新城和摩德纳等地。”不论英语译文是怎样将“fines”和“terminus”译为“领土（领地）”的——如“雷吉奥的领地……圣彼得教区的领地”——在拉丁文本里只有接下来一行使用了“territorium（领土或领地）”一词，即“这些城市以及它们的郊区、领地（civitates cum suburbanis et territoriis），以及附属它们的乡村”应当分配给小查理。（注86）九世纪初，显然“territorium”一词仍是指城市周边领地——也就是，城市以外，周围的、属于城市的土地——而不是指包括城市本身在内的更广大的一个地区。

最终，这些具体分割都是无用功，因为三个儿子中只有路易（louis）[①]活得比查理曼久。更能说明问题的是，查理曼亲自给路易加冕，而并非教皇。路易一直到本人去世之前，一直拥有这些土地和皇帝头衔，然后传给了他的儿子们。路易的遗产被分成三份，其中洛泰尔（Lothar，通常写作Lothair）继承了皇帝头衔和许多土地，但查理和路易也得到了大片地区。这个帝国与法兰克的关系——现在变成了法国国王的土地——从此变得更加遥远了。这种情况在十世纪加洛林王朝失去对法国和德意志土地的控制之后，显得更加明显。正如福尔茨认为的那样，在十一世纪末，已经不再使用“法兰克人的帝国（empire of the Franks）”和“法兰克人的王国（kingdom of the Franks）”的说法了。而他认为这是一个关键性的转变：“随着法兰克传统的消失，对罗马帝国的记忆相反却得到了加强。尤其是从奥托二世（Otto II）[②]和萨利安王朝（Salian dynasty）[③]时代开始。”（注87）尼古拉斯也持类似观点。他认为从962年德意志国王奥托一世（Otto I）[④]

---

① 通称为虔诚路易，公元781—840年，三岁即受封阿基坦国王。813年，其父查理曼为其加冕，成为法兰克国王和共治皇帝。814年查理曼死后，他成为帝国的唯一统治者。下文提到的他的三个儿子，洛泰尔一世、德意志的路易和秃头查理，在事实上将法兰克王国分为中法兰克王国、东法兰克王国和西法兰克王国，形成了后来欧洲大陆三个主要国家意大利、德意志和法兰西的雏形。

② 公元955—983年，从973年起成为神圣罗马帝国皇帝。

③ 中世纪中期的一个德意志统治家族，从康拉德二世开始，先后出过四位德意志国王和神圣罗马帝国皇帝。

④ 公元912—973年，又称奥托大帝，是上文奥托二世的父亲，936年即继承亡父亨利一世的地位，成为萨克森公爵和德意志国王，一直在继续完成其父将德意志各部纳入一个单一王国的事业，削弱贵族势力，大大加强王权。成为皇帝之后，继续改革德意志的天主教会势力，加强其个人和皇室对教会的控制。

加冕为皇帝的时候开始，这个帝国就已经与查理曼的帝国没有任何直接联系了。从十一世纪开始，帝国就已经是指在德意志国王统治下的德意志、意大利和勃艮第的广大地区。（注88）值得强调的重要一点是：这段历史上有一些时期是没有皇帝的。九世纪初期至奥托一世之前，以及被称为“大空位期间”的1250年至1273年（在腓特烈二世与哈布斯堡的鲁道夫之间），皇位两度出现空缺。同时，也有两人同时自称皇帝的时期——奥托四世（Otto IV）①和士瓦本的腓力（Philip of Swabia）在1198年同时自称皇帝；后来在1212年至1218年，奥托四世和腓特烈二世也同时自称皇帝。（注89）而且，在德意志选举皇帝与在罗马的加冕之间，通常都有一个很长的间隔期，有时甚至长达七年。（注90）

在这些国王中，红胡子腓特烈（Frederick Barbarossa）②拒绝承认皇位来自教皇的恩赐。（注91）相反，他要求得到对其他王国的普遍权威，并且自称“皇帝和永远的奥古斯都”，应天受命，永远保留这个头衔，是领导“神圣帝国和神授国家的（罗马）城市与世界领袖”等。（注92）这里的措辞让人回想起古罗马时期的各种声明，其中罗马被称为“城市（urbis）与世界（orbis）”。腓特烈是德国、意大利和勃艮第的国王。对于斯旺森来说，“忽略所有‘帝国’的普世含义的话，这些王国的领土边界确定了他实际权力的界限”。（注93）尽管使用“领土边界”这个词还有些言之过早，但是它毕竟是一种能够说明问题的，对权力主张的地理范围的认识。腓特烈年谱的作者弗赖辛的奥托（Otto of Freising）（1114—1158），不仅写下了对这位皇帝的颂词（这位皇帝，通过姻亲关系成了他的外甥），还企图为圣奥古斯丁的连续相关性理论的列举一个案例。（注94）奥托将耶路撒冷与巴别（Babel）当作两个国度对比，二者都是在人间存在的王国，而区别在于一个忠于上帝，一个忠于人。（注95）他言下之意，耶路撒冷会真正成为人间王国，而实际上“神圣罗马帝国（Sacrum Romanum Imperium）”

---

① 德意志豪族韦尔夫家族唯一的德意志国王和神圣罗马帝国皇帝，与霍亨斯陶芬家族的士瓦本的腓力对立，一度得到教皇英诺森三世的支持。腓力在1208年遇刺身亡后，奥托四世成为唯一的德意志国王和皇帝。然而奥托很快与英诺森三世失和。1212年，在教皇煽动下，德意志贵族重新推选霍亨斯陶芬家族的腓特烈二世为德意志国王和神圣罗马帝国皇帝，帝国再度出现二帝并立的局面。

② 1122—1190年，即神圣罗马帝国皇帝腓特烈一世，霍亨斯陶芬王朝最有政治抱负的君主，先后获得德意志国王、意大利国王、神圣罗马帝国皇帝和勃艮第国王冠冕。治世期间多次入侵意大利，扩大帝国统治区域，加强中央集权，但无法扭转德意志诸侯各自为政的局面。1190年，腓特烈一世在率领第三次十字军东征途中去世。

这个术语，是从十二世纪中叶开始使用的名号。（注96）

“神圣（Holy）”一词因此是在帝国的衰退已经无可避免的时刻才加上去的，可是在礼拜仪式的手稿中，一再使用的却是“基督教帝国（Imperium christianum）”这样的字眼。（注97）照教皇的理解，罗马人的帝国的概念，并不是罗马帝国，他一直隐含的就是这种意思。在后面的章节中我们将会看到，教皇与皇帝在对这个问题的理解上的分歧在不断增加。如莫莱尔所说，自查理曼以来，西欧就从来没有统一过，“但是，复兴西罗马帝国的理想，却一直在德意志君主制的神盾（aegis）下延续”。（注98）神圣罗马帝国一直存续到1806年——而且在拜占庭于1453年陷落以后，成为唯一宣称继承罗马传统的帝国——但长期以来，它不过是一种名义上的存在罢了。塞缪尔·冯·普芬多夫把它描述成“像个怪物一样”难以简单分类；（注99）而伏尔泰则有一个著名的说法，说它“既不神圣，亦非罗马，也不是帝国”。（注100）然而，事实却并不总是这样。（注101）

强调皇帝选举与教皇选举之间存在重要区别，这一点至关重要。虽然两者都是由人来委任，但是教会相信在选教皇的时候，他们以上帝助手的身份行事，委任的权力实际上来自上帝本人。而对于选举皇帝来说，选侯们自己都拥有权力，只不过要把它们转让给他们中的某个人罢了。（注102）可是，也有一些皇帝，最著名的就是腓特烈二世，他们的权力拥有更坚实的各种资源，因此他们能运用这些资源有效地挑战教皇。正如基恩指出的那样，在腓特烈二世身上，“中世纪教廷面对的是它一直以来遇到的最可怕的政治对手……从纯粹的领土权威角度来说，他是自古以来，西欧所出现的最强势的皇帝。”（注103）

然而，整个西方有一个皇帝，而且只有一个皇帝的这种观念，也受到了挑战。神圣罗马帝国是德意志民族的帝国，这一观念在十六世纪成为主导思想，而这种排他性抛弃了帝国对普世性的主张。但是在这一时期发生了另一项重大的转折性事件：法兰克人的王国向法兰克的国度转变，也就是一种从人向土地的转变；从种族向地域的转变。麦伊尔文将这种转变称为法兰克时期最重要的事件：“从关于人的法律转向关于领土的法律。”（注104）然而，在细节的健全上，还要经过许多个世纪才能完成。

从罗马到耶路撒冷的地图学

本章的第二部分共讨论两个主题：土地的各种表征和土地的财产权。第一个问题要回溯到罗马，以提供一个直到中世纪晚期的广泛的地图学记述。这就引出了一个讨论，即耶路撒冷在地图上的位置同与土地政治和十字军关联的方式。第二个问题要探讨封建制度与“末日审判书（Domesday Book）”。关于这两个项目，已经有非常多的优秀资料讨论过类似问题，所以我在这里只进行相对简要的论述。但是在思考地域与权力的关系时，这两个问题都至关重要。

罗马地图学范围有限，缺乏技术创新。（注105）他们模仿了希腊人在数学和几何学上的发现，却并未完全理解，当然也就不能发展。（注106）即使是在最详尽地列举罗马人成就的著作中，也承认“看来几乎毫无疑问的是，除了极少数例外，在罗马帝国的晚期，地图绘制的标准已经衰落了”。（注107）尽管如此，还有一些关键问题需要稍稍留意。关键讨论都围绕这样一个简单的问题：罗马人的地图跟我们现在的地图是接近的吗？也就是说他们的使用方法跟我们一样，只受制于技术方面的各种局限性，还是他们以某种不同的方式来处理表征的方法与表现对象之间的关系呢？（注108）大致上说，奥斯瓦尔德·迪尔克和克劳德·尼科莱持前一种观点；而彼得罗·雅尼、托内斯·贝克尔-尼尔森、理查德·塔尔伯特、凯·布罗德森持后一种观点。（注109）认同第一种方法，意味着对古代地图学的研究将会给我们带来进入地理观念的一些洞察力；第二种则需要一种完全不同的研究法。

在迪尔克的一系列重要研究中，包括他收入《地图学历史——希腊和罗马人的地图》第一卷和《罗马土地测量员》等著作的文章，他已经充分列举了罗马存在地图学的证据。（注110）迪尔克相信，土地测量（agrimensores）技术使大面积土地测绘能够进行，并且从而构建了大型空间的概念化。（注111）类似的观点可以在尼科莱的著作中找到，他提供了“一种关于空间的历史思考”。（注112）尼科莱主张，罗马人为了像他们做到的那样征服大片土地，拥有一种土地边界的意识，并且拥有一种可持续控制大量土地的手段，一定会拥有空间观念。（注113）因此，他通过“两种相关方法：即对罗马人的地理学的历史性回顾，以及地理空间在行政管理中应用的历史的阐述”来着手进行他的研究。（注114）这是一项引人注目的研究，但是却被指责过分夸大了实际情况：“尼科莱

给古代地理学和空间思考创作了一幅丰富而复杂的夸张画面。”（注115）

与他们不同，雅尼、贝克-尼尔森和塔尔伯特等学者则认为，我们需要避免把我们现代的空间和地理思想转用于古代世界。（注116）虽然我们的空间观念是同现代科技可能形成的感知联系在一起的，但是罗马人在处理空间问题时不具备这些技术工具。反之，我们需要意识到，他们对于他们所走访过的地方和战斗过的土地的经历和理解，是与我们完全不同的。更多主流战略学学者也都持这种观点，他们提到罗马人缺乏许多现代技术，而且对地形的了解都是通过军事行动。（注117）

这并不意味着罗马人对空间关系毫无意识，只不过是他们不一定会（按照与现代人）相同的方式理解罢了。（注118）凯·布罗德森写了一份非常有用的关于罗马地理学证据的概要。他提出，有确实的证据表明，存在过土地和城市的大比例尺地图，大片地区的小比例尺描绘也有一些证据；但是却没有任何证据证明处这两者之间的存在什么关联。这意味着，可用的地区、行省或道路地图可能并不存在。（注119）雅尼对此也持近似观点：他认为罗马人无法制作地中海世界的地图，理论上这完全超出了他们的能力。（注120）可是，他们却能够征服和控制大片土地。这就提出了一个问题，他们是怎么可能做到这一点的？雅尼解释说，关键是道路，以及道路的表征，即路线。（注121）

道路在已知地点之间建立联系，穿过的是人们往往几乎不了解的周边地形。罗马人道路通常都是直线，这需要一定程度的技术能力。但是，这也形成了他们思考被征服地区地理便于转化为各种标示的可行方式。所有赶路的人需要知道的实际信息，就是各地点之间的距离和他们沿途可能会遭遇的各种事物。对雅尼来说，这意味着罗马人经常以一种较小的维度来思考我们现在称之为空间的概念。雅尼描述道，与我们的地图空间不同，罗马人的头脑中是矢量空间。矢量这个词是从希腊语“hodos”一词演变而来的，意思是路径或道路的意思，它指的是更加线性的空间连接，而不是有更多种复杂可能性的一个平面。（注122）他因此将多边形化——即对平面的填充和拼贴——与网格化相对，我们应当说空间与线条相对。按照罗马人的思维方式，那些处于轨迹线之外的事物，等于不存在。（注123）有海岸线而无内陆，有河流而无堤岸，有道路而无地貌，有街道而无市镇，这就是他们的思维的特征。

当然，应该注意到，我们并没有多少证据可以下结论。因为留存下来的资料如此之少，让人难以据此作出定论。这没能阻止迪尔克做出如下推论：

罗马人为许多不同目标使用地图。世界地图地理学论文和文学作品中会插入地图；还有能够帮助旅行者找到道路的道路地图和路线图；有官方和军事地图；有详尽的城镇规划图；还有测绘员的地图。其他技术性地图和规划图可能存在，但都没能保存下来。（注124）

正如布罗德森据理力争的那样，“到目前为止，那些被学者们所引证的，用来证明‘罗马人使用比例尺地图的传统’物证的文物，并不能证明这一传统存在，而且诉诸‘一定会是这样的’的逻辑陷阱，不会解决罗马人的地理知识该怎样表现出来的问题”。（注125）正如一些迪尔克著作的批评家认为的那样，他对古代地图学广泛调查实际产生的，是与他所希望得到的相反的结果。他所进行的研究巨细靡遗，恰恰显示出证据是多么稀少，因而加强了大多数罗马人“几乎完全缺乏地图意识”的观感。（注126）塔尔伯特对迪尔克总是要把每一项零星证据都解释成符合他的地图非常重要的主张，尤其持批评态度，而且用非常有说服力的论述反驳，罗马人不仅缺乏绘图技术，而且没有相应物资，意味着要在相当困难的各种条件下制作和保存地图，因为纸草纸太脆弱，而丝绸当时只有中国人才会使用，而不是罗马人。（注127）

肯定有一些无法证实的假设，诸如汤姆森令人怀疑地认为：“罗马人一定见过希腊地理书上的地图，并且像后人一样，使用旅行地图和军事地图，只不过碰巧那个时代没有人在书中明确提到这一点罢了。”（注128）然而要做出相反的假设，即它们既然已经不存在了，也就从来没存在过，也是危险的。试图想象罗马人在没有地图的情况下怎样行动也不是不可能的。布罗德森在他的《已知地域》（Terra Cognita）一书中指出，罗马人没有真正的地图，而且在他们的帝国的组织和管理中，也不需要它们。他提到，历史学家们倾向于假设罗马人一定有地图，只是在中世纪都遗失罢了，他对这种假设的基础持怀疑态度。（注129）他承认罗马人可以测绘小型地区，但是认为还不能肯定他们是否能测绘更加大型的地区。对罗马人有使用比例尺地图的传统这种说法，他极为怀疑，认为“根本没有任何证据，就连测绘员的地图都不是比例尺地图”。（注130）因此，多数研究罗马战略的学者都相信，罗马人没有足够发达的地形学意识，能够让他们的地图在战争中产生许多作用。（注131）各种类似地貌特征的连绵不绝，人类记忆对此的无能为力，以及在其他资料中缺乏任何这种详细标示，都使得相反论调很难站得住脚。（注132）这与尼科莱的假设正好相反。他认为，“要治理一个地方，就必须了解这个地方，测量这个地方，并且最重要的是把这个地方描画下来”。（注133）因此，地图就成了一件必不可少的管理工具。（注134）他说：“很明显，帝国疆界以内的地理空间，很可能首先是一个管理空间。”

在此，我们要对罗马时代的两个重要例子加以探讨。第一个是“阿格里帕地图（Mappa Agrippa）”，那是一幅世界地图，陈列在罗马一处柱廊的墙上。在阿格里帕本人死去的时候，这幅地图还没有完成，据说它最终是由奥古斯都完成的。至今还不知道它到底是绘画还是雕刻。（注136）据说它描绘了整个已知世界，而不仅仅是罗马控制的地区。（注137）尼科莱以奥古斯都的《功德录》为例，说明“至少它的第二部分应该被视为一种真正意义上的地理调查”，（注138）因为它的文本内容看起来“几乎就像是对一张地图的评注，同时它也需要一幅图来补充”。他在这里所指的，实际上就是阿格里帕地图。（注139）他认为，在这篇文献中“宣告要为了罗马人的利益，在奥古斯都的领导下，会征服世界”，但是这一宣言“没有丝毫地指向象征性的概念，也没有使用隐喻。相反我要说的是，它所使用的地理、历史和政治上的概念的精确性是无可辩驳的”。（注140）普林尼和斯特拉波在他们各自的地名词典中所引用的资料，也被一直追溯到这幅地图，尽管斯特拉波从未提起这幅地图是一种资料来源。（注141）尽管如此，时间点却正好吻合，正如尼科莱指出的那样：“古代流传下来的最完备的地理著作——即斯特拉波的著作，出自奥古斯都的时代，这不是一个巧合。”（注142）普林尼承认这幅地图是一份可靠的资料来源，使用了它的数据，而且简单地将它称作被陈列出来的“对世界的测绘”。（注143）人们普遍承认，伴随着这幅地图的还有一份评注，它显然是由这幅地图衍生出来的一份书面文本，激发了人们要尝试着利用这份文本的残片，或者从普林尼或斯特拉波这样的资料出发，去重修这幅地图的热情。（注144）

但这又引出了一个关键问题：真的有这幅地图吗？就连迪尔克也承认，普林尼的参考资料可能完全是单独从《功德录》的那篇评论本身引用的；（注145）而布罗德森则更进一步认为，（那篇评论）只有对已知世界的细节和它的各构成地区的铭文，是一种纪念碑式的叙述，而不是细致描述。现在还不完全清楚的是，普林尼的著作中“spectandum”这个词是否是“地图”的意思，他在其他地方使用它是用于指一篇文字的。（注146）布罗德森还提到，在古代文献中讨论过陈列这份文件的建筑物，但是并没有提到有一幅地图。（注147）他的这种怀疑论已经受到很多人批评，尤其被本内特·萨尔维抨击。他认为布罗德森的这种说法只不过是重复“理论化的希腊人和现实化的罗马人”的陈词滥调。（注148）同时他认为在这一特定个案中，证据都是模棱两可的，他反驳道：“罗马人公开展示地理图像——既有世界地图，又有详细的当地规划图——这是无可否认的。”（注149）他的主要证据是，“曾经在罗马广场附近陈列的，一块巨大的大理石罗马城市规划图”留存下来的残片，但是这块大理石板的年代属于公元三世纪。（注150）另一项证据来自李维的著作。他说，在一座神庙里竖着一块匾，是献给朱庇特的，而且呈现的是撒丁岛的形状。然而他并没有告诉我们有关这个图形的任何细节，只是说“在它上面绘画了表示战役的内容”。（注151）布罗德森对萨尔维进行详细的回应，而且看上去更加令人信服。（注152）

第二个例子也同关于表现模式紧密相连。这些是路线图，存在着更加广泛的证据。最重要的是《安东尼尼路线图》（Itinerarium Antonini）。它列出了沿途的地名清单，以及各地之间的距离。（注153）这可以被拿来充当这类文档的样板，这类文档的依据文章作者的看法，既可以证明罗马绘图人员的技术，也可以印证罗马人的头脑里都是“矢量空间”的看法。正如贝克-尼尔森所指出的那样，这些路线图能够帮助人们理解那些并不总是走直线的，看上去有些怪异的运输路线：“唯一可能的解释就是，他们不知何故，将他们的世界，看作与我们现在从地图上看到的世界有所差别的东西。”（注154）这种观点更具普遍性。如果我们用现代的地图，来看一下罗马的扩张，那么我们就会发现他们在地中海的两面漫长的边境线，使他们的帝国看起来相当脆弱。可是这只是我们现在所获得的信息，以及我们自已表现这个帝国的方式看到的情况。正如莫伊尼汉所做的合理推断一样，“在奥古斯都时代，罗马的领导人对他们地理位置的认识与今人大相径庭……这个帝国不是欧亚大陆的一隅的、一片环绕地中海的易遭攻击的环形

土地，而是占据了宜居地球的大部分地区，在世界秩序的起点稳如泰山”。（注155）

事实上，确实存在一幅用图形化表现的路线图，但是这却无疑是一份来自于1200年前后的中世纪文件——即波伊廷格尔图表或波伊廷格古地图（Peutinger Table or Map）。（注156）争议在于这份文件究竟在多大程度上是按照罗马原件复制的，由此成为“唯一现存的古罗马文字，特别是拉丁文版罗马人绘制整个已知世界地图的证物”。（注157）塔尔伯特相信它是属于公元300年前后的地图，但他承认有人认为这是加洛林时代的产物。（注158）这幅波伊廷格古地图画在很长的一条羊皮纸上，纸长近7米，却只有34厘米宽。（注159）这让人想到原件可能是一份纸草纸卷，设计成这样是为携带方便，而且也许正是这种限制决定了地图的版式。其他可能性包括，它是阿格里帕地图的复制品，或者是它的衍生物；或者设计这幅地图表述的仅仅是已知世界，淡化了未知世界。（注160）因此，图上对距离的表现极度扭曲，尤其是Y轴部分，许多地方往往会被压缩或被忽略。远离罗马大道的陆地和海洋都表述得很糟糕。这是一份关于旅程的图形描述，它的里程是累加的，这反过来消除了在X轴上采用比例尺的必要。（注161）

可是它却不仅仅是一份图示。那上面的地名书写方式看上去经常会很奇怪，对这个问题，萨尔维已经指出，那是因为这些地名取自多次旅程，这样地名就会形成句子或词组，如“从X到Y，是Z公里”。（注162）然而尽管它不是一份纯装饰意义上的图示，可还是很难确定它究竟在多大程度上是一些罗马人原件的产物，又有多大部分是后来的复制者加上去的。换句话说，也许这份复制品只是一份更有使用价值的原件的点缀。（注163）当我们考察托勒密《地理》一书的不同版本时，我们就会发现这一点。虽然这部书的原文来自二世纪的原始文献，但是唯一留存下来的文稿带有后来加上去的地图。（注164）学术界的共识是，拜占庭和文艺复兴时期文稿中所使用的数据和测量，取自托勒密的原文，而不是得自对更早期版本的文献的复制。（注165）因此，已经不可能分辨出原地图究竟会是什么样子了。

中世纪的地图几乎都倾向按照塞维利亚的依西多禄首创的T/O模式绘制。这种方法把耶路撒冷放在地图的正中心，通常还要在上面附加一个十字架，如赫里福德地图，这是一幅舆图，是“一幅世界的帷幕”。（注166）

可是，这张保存得如此完好的地图，却会产生误导。中世纪的欧洲是一个对地图不很重视的社会，只有极少数人使用它们，因而很少有人知道。（注167）但是，在罗马帝国时期以及随后的蛮族时期的西方，地图的使用却更加普遍。（注168）

虽然哈利和伍德沃德基本上认为：“地图是图像化的表现方式，这种方式有助于对人类世界的事物、概念、条件、过程或者事件的空间化理解。”这话仍然不错，但是如爱德森所说，中世纪的地图往往与关注空间的表现方式一样，同时关注对时间的表现。（注170）这是因为它们常常被用来表现旅行或旅途。尽管当时的人们已经了解了一些天文和其他技术，但是它们对当时的地图绘制几乎没有产生任何影响。（注171）相反，制图与神学的关系却要明显得多。（注172）关于这一点，可以从耶路撒冷的位置强调地图的精神性——而不是实际地理位置——的中心地位，而且让伊甸园出现在地图顶端的东方这些现象中看出来。（注173）正如科利什指出的那样：“中世纪的绘图师们无意通过科学的精确性或者比例尺，来表现那个时期的地理知识。地图对他们来说，具有一种说教和精神价值。”（注174）

这些考虑因素与十字军有关，他们试图为基督教索取，或者说夺回圣地。这种宗教感情建立在早期朝圣之旅上的，在一种宗教信仰内部，用海的话来说，“《新约》不仅仅是一部宗教著作，还是一部地理课本，几乎是一部朝圣指南”。（注175）他认为，十字军东征只不过是朝圣之旅中的一小步，其实里面还有一些其他因素。特别是西方的罗马教廷与东方的拜占庭教会之间的冲突，因为前者急于建立它的至尊地位。对于1074年征召十字军东征的教皇格雷高利七世来说，这才是根本原因，哪怕他以支援东方教会的名义加以掩饰。（注176）格雷高利七世征召没有成功，部分原因是由于教会内部发生了“主教任命权之争”。但二十余年后，教皇乌尔班二世（Urban II）又进行了一次征召，引发了史称“第一次十字军东征”的远征。（注177）在这里要强调的关键一点是，圣地本身一直被视为一种圣物——很明显，这一点在重要性上优先于其他一切具有宗教和象征意义的物品。基督和他的诸位门徒就在这些土地上行走；他们在约旦河受洗；他们的血浸染了这片土地；他们的躯体埋葬在这里的泥土之中。（注178）

有时有人认为《圣经》里就包含领土意味，尤其是其中的“应许之地”的观念。（注179）然而在拉丁文《圣经》（Vulgate）里——中世纪时期使用的《圣经》关键文本——从来也没有使用过“领土（territorium）”这个词来表达任何地理概念。（注180）目前，学术界就应不应该使用领土这个概念解释当时的问题还存在尖锐分歧。当然，也存在过一些关于土地、边界和分割等问题的讨论，这些都贯穿在我们前面章节里审视过的关于希腊和拉丁文献之中，但是，这些术语需要仔细区分。拉丁文《圣经》也使用“界限（fines）”“土地（terra）”和“边界（terminus）”一词，这与拉丁历史学家们并无二致。有趣的是，在本章以及其后章节讨论的中世纪政治文献中，涉及政治权力、权威以及地域问题的时候，那些文献中并没有引用《圣经》来加强他们所行使的政治权力的意义。也就是说，在西方，本书所探讨的现代意义上的领土概念，似乎是从另外一套论辩中发展出来的。事实上，福柯在他的《安全、领土与人口》系列讲稿中，确实认为，正是从《圣经》的以色列模式衍生出来的一系列犹太教—基督教概念，引出了一整套并非基于领土意义的完全不同政府的历史。（注181）在十九世纪末和二十世纪，为了给现代以色列的领土要求提供依据，《圣经》里的关于这方面的记述，被按当代关于领土的各种争议和概念重新解读，但这已经是一个截然不同的问题了。（注182）

与格雷高利七世一样，教皇乌尔班二世也以援助东方教会的名义，即担心君士坦丁堡会落入穆斯林军队手中，（注183）征召十字军。从很多方面来说，这都是最成功的一次十字军东征，导致了耶路撒冷王国的建立。他们对耶路撒冷的占领，一直持续到1187年被萨拉丁（Saladin）①占据为止。据说，教皇乌尔班三世就是在听到这个消息的时候去世的。（注184）第三次十字军东征是一次光复圣城不成功的尝试，由红胡子腓特烈、法王腓力二世（腓力大王），以及英王理查一世率领，应教皇格雷高利八世的征召而战。耶路撒冷王国本身一直存续到1291年，大部分时间都以阿卡（Acre）为都城。哪怕在耶路撒冷城本身没能守住时，这里还是为西方教会以及打着它旗号行军的世俗统治者提供了一个重要的

① 1137—1193年，埃及阿尤布王朝开基始祖，埃及和叙利亚苏丹。萨拉丁是逊尼派穆斯林，领导穆斯林抵抗十字军入侵，是中世纪穆斯林世界著名的军事统帅和政治领袖，雄才伟略和骑士风度在基督教世界也广受赞誉。

战略位置。虽然理查未能重新夺回耶路撒冷，但他却能通过谈判，为基督徒到圣城朝圣提供了一条安全通道。然而，历次十字军东征的影响已经超出了宗教和战略上的考虑。从大的方面来说，它将整个西欧重新整合进一个更大的“世界体系”之中，这是自从几个世纪以前，西罗马帝国崩溃以来他们一直都脱离的世界。（注185）另外，通商线路的开辟和文化接触对于随后西方的发展都有重要意义。（注186）

赋予十字军的正当化理由很多，可是却很少有人就他们对于领土意识发展史的重要性给予多少关注。他们当然都怀有一种圣地被异教徒占领而遭亵渎的宗教感受，而且圣地的战略重要性也不能低估。在以圣地为焦点的多部重要著作中，皮埃尔·杜布瓦（Pierre Dubois）大约写于1305—1307年的《光复圣地》（De recuperatione Terre Sanctum）一书，对以上两个主题都进行了讨论。他曾经听过托马斯·阿奎那的讲课，同时也是法王美男子腓力四世（Philip the Fair）的廷臣。（注187）杜布瓦特别强调“圣地因耶稣基督的圣血、圣举，还有他的身体力行而如此神圣”，（注188）使这块特别的地方具有极为重要的意义。教皇英诺森四世曾经提出过这样的问题，即基督徒是否被允许“入侵被异教徒占据的领土（terram）”。他的答案是肯定的，援引《圣经》里的《诗篇》为这种说法辩护。《诗篇》第24篇宣称地球、地球上的一切，还有所有在它上面的圣物，都属于主，而且只有那些具有“纯洁双手和纯净心灵的人”才能“登上主的山峰”并且“站在他的神圣之地”。但是，英诺森四世也提到，在异教徒中间也可以存在“领地权、所有权和管辖权”。（注189）然而他们要为此付出巨大的代价，这主要是就“异教徒”会发生的情况而言，但在欧洲本土也是如此。用吉本的话来说就是：在削弱整个中世纪社会结构中的“哥特体系”过程中，“重要的位置必须让给十字军”，所以“在这些耗费巨大而凶险的远征中，这些贵族的财产被耗费一空，他们的种族往往遭到灭绝”。（注190）

还有另一种文化上的接触在此值得一提。当蒙古人西进之时，乃至他们1241年12月进抵维也纳城下时，他们将许多其他族群都驱赶到了西方。（注191）正如基恩所指出的那样，这对欧洲地理学产生了深远的影响，因为它使欧洲人意识到，在伊斯兰的土地以外，还有“无数的多神教和异教徒”存在。这产生了两个重要结果。一是鉴于事情的优先次序需要重估，使十字军失去了部分在宗教上的重要意义。（注192）二是欧洲意识到它自己的地理位置，用布劳岱尔（Braudel）[①]令人印象深刻的话来说就是“一个亚洲半岛”。（注193）基恩甚至认为：“从地理上说，蒙古人入侵的后果，使欧洲人发现辽阔亚洲腹地形成的冲击，不亚于后来美洲新大陆的发现。”（注194）

封建制的各种限制

在腓特烈二世之后，相继出现多位皇帝——或是自称皇帝的国王——都试图重新统一德意志各族，但是，精神和世俗权力的联系仍然分裂，纷争不断。（注195）早在1231年，神圣罗马帝国的地方势力就被描述为“土地领主（domini terrae）”，德语将他们统称为“领主（Landsherr）”，而一项最重要的原则就是这个“领主”拥有土地的所有权，即“领主所有权（landsherrschaft）”。（196）领主所有权附属于一个人，而且可以继承，它不是对土地的一种权利。（注197）换言之，土地是领主身份的次要因素，而非决定因素。重要的是注意到，拉丁文中“terra”一词与德语中“土地（land）”的对应关系。虽然土地最高权力（Landeshoheit）的概念——是在威斯特伐利亚被最终承认为领土权益和土权原则，但是在当时，土地仍然是统治者的所有物。（注198）实际上，领主所有权和土地最高权力被理解为是对封建庄园领主关系的一种扩展。（注199）

按照次序，我们应该对封建制度这一概念做一个简单的讨论了。论述这个课题的文献卷帙浩繁。（注200）它已经成为历史唯物主义关于社会政治变迁叙述的主要构成部分。（注201）近年来，出现了针对这个术语是否有用的反弹。（注202）关键是我们要记住，封建制度是历史学家们使用回顾性的术语，而不是当时流传下来的描述。（注203）正如斯特雷耶和库尔本指出的那样，它是“从欧洲早期历史的一些事实得出的一个抽象概念，但它本身却并不是其中的一个事实”。（注204）它的核心是一种为理解土地的政治经济学的尝试。卡莱尔兄弟认为，封建制度很可能是中世纪历史中最困难的课题，因为它的起源“仍然模糊不清，且矛盾重重”。（注205）“封建制度”一词来源于拉丁文的“封地（feodum）”一词。十八世纪，布鲁塞尔认为，拉丁文的“封地”正好相当于法

① 费尔南·布劳岱尔，1902—1985年，法国历史学家，年鉴学派的领袖。

语里的“mouvance”，而麦伊尔文则认为“tenure”意思上与“封地”更接近。（注206）“封地”在习惯上总是被翻译成“采邑（fief）”：是指一块土地，但是也包括它上面的农业和住宅基础设施，以及在那上面工作的人群。这些土地可以继承，但是如果是通过征服或者其他手段获得，那么就需要经过国王准许。

争议在于，政治形式在多大程度上是直接从经济制度上发展出来的，还是应该把“封建制度”理解为一种领主与农奴之间的权力关系制度，而这种制度在经济、司法、军事以及许多其他方面都有了发展呢？（注207）其实最明智的做法，是在把它看作是包罗万象的制度与把它看作一个纯粹法律术语之间，选择一个中间立场。（注208）看来相对没有争议的是，封建制度意味着土地是权力的主要来源。（注209）土地本身的重要性，并不意味着其他经济因素就不重要。很明显需要人们来耕种土地，让土地产出财富。当时土地充足，而劳动力相对稀缺。通常最大的问题是要确保土地得到耕种。（注210）这就意味着，在人口与所在地之间产生了某种紧密的联系。随着人口的增加和政治控制的发展，以前开放或共有土地的大量地区，会被封闭起来，农民或领主会宣布对这些地方的排他性权利。（注211）但也没有一成不变的东西，因为在统治者死去之后，或者通过婚姻，或者在政治权力变化后，土地也经常会重新分配。这种政治权力类型是建立在复杂的等级制度——王室、贵族、骑士和农奴，以及教会权力之上的，但实际上总是通过分权来进行的。海（Hay）认为这就意味着在十三世纪以前，欧洲史是地方史。（注212）当时有限的交通方式，以及长途旅行的各种困难，意味着虽然权力可以从中央流出，但是在实际执行过程中，只能一直分散化。

1066年，诺曼人对英格兰的征服非比寻常，因为征服者威廉把整个英格兰都当作是他征服来的私有财产，而且可以随意当作采邑分封。而在欧洲其他地区的国王，却并不拥有全部王国的国土，（注213）因此威廉把封建关系引入了英国，这种关系比在其他任何地区都更加纯粹。（注214）这同时还意味着，一定程度上，虽然在地方上还保持着一定的延续性，但是整个社会结构发生了变化。一个新的诺曼贵族等级制度统治着业已存在的撒克逊土地关系体制。（注215）在入侵二十年后，威廉进行了一次被称为《末日审判书》的大型土地普查。虽然这次普查为当时英国的土地情况提供了极为详尽的记录，但是，正如胡克所认为的那样，它实际上“揭示的是一种把过去许多历史阶段都抹去重写的社会演变图景”。（注216）“末日审判书”一词来源于它是对土地所有权的最后认定，即“最后审判”，不许上诉。这是一部非常量化、评判土地所有权的文件，而且用“有多少”之类的数量问题来建构。（注217）威廉是在以现代化和技术创新的手段，给他新征服的王国造册。（注218）

在第三章中关于比德的讨论中，提到了“海得（hide）”这个概念，它是产生于自给经济的计量单位。（注219）高卢人的计量单位“足以供养一家的田地（mansion）”与此意义相近；（注220）德语中的“Hufe”和“Manse”也是这个意思。查理曼曾经试图把它引进作为军事和税收计量单位。（注221）这些大量增殖的计量术语，其中很多都只适用于某些具体地区，而其他地区的人不理解，是政治和经济权力的一个重要因素。就土地面积而言，英国人还使用雅兰（30英亩）和牛耕（一头牛一天可耕的地）等计量术语；（注222）而且中世纪的亨廷顿与剑桥两郡在沼泽地或湿地之间边界的划分上，是以“一个人能用他的撑蒿到达岸边的最近点”为边界。（注223）勒高夫指出：“时间和空间的计量单位是一项非常重要的社会控制手段。不论是谁成了它们的主人，都可以享有这种控制社会的特殊权力。”（注224）有些计量单位有实用价值，但是对另一些计量单位的选择却是出于其他的经济原因。以“海得”为例，它后来就从一种计量单位演变为一种更抽象的税收单位。（注225）计量单位的改变经常会受到抵制——1340年，英王爱德华三世（Edward III）就曾经试图将英格兰的计量单位标准化，但是基本上不成功。（注226）土地的重要性导致确定边界和财富计算技术上的发展。（注227）当然，还有使用界石的例子，以及不许追逐处于不同管辖区森林之间鹿的规定。（注228）

通常认为，封建制度起于十世纪，而从十三和十四世纪开始衰落，尽管对这一时间划分还有争议。（注229）当然，如果仅仅从英国、帝国（法兰克和后来的神圣罗马帝国）或法国的土地权力模式出发就得出普遍性的推论，那是危险的。（注230）在这一时期，同时有多种法律制度并行。随着时间的推移，这些法律制度越发适用于一群人当前的所在地，而不是他们过去的所在地和他们的出身。但是，这种法律上对地理的关注是分散的、模糊的，而且通常在管辖权来说，往往是重叠的。（注231）要把这些土地与在这些土地上执行的法典统一起来，这在当时超出了大部分统治者的能力。比如，十三世纪出现在英国的《大宪章》

（Magna Carta），就是在国王与他的王国之内拥有土地的贵族之间的一种妥协，是为了保护他们的权力，避免权力的集中化。（注232）不管怎么说，中世纪的封建制度根本就解不开这个难题，虽然中世纪是如此地强调土地权益，但是却没有一套领土制度，而且还缺少一种整体性的领土概念。对此，我们只能到其他时代去寻找了。

第五章

教皇的两柄剑

索尔兹伯里的约翰与他的政体

十二世纪，一位英国主教的横空出世，改变了讨论政治运作的各种条件。这件事他做得相当低调，但他的主要政治著作《政治原理》（Policraticus），却提供了很多将从这个问题导致争论的话题。（注1）约翰只读拉丁文，所以只能被迫依赖古典希腊典籍的拉丁文译本。这限制了他只能汲取少量文献，尤其是柏拉图的《蒂迈欧篇》和亚里士多德的《工具论》，但是他也了解一些关于亚里士多德《物理学》的知识。亚里士多德关于道德和政治的著作，还有他最重要的哲学著作，的确已经不再适用于另一个世纪。（注2）因此约翰论据的主要来源是《圣经》，但是他也借鉴了很多其他经典著作，包括圣奥古斯丁和圣哲罗姆的著作。虽然涉猎的经典著作范围很宽，他被称为是那个时代最博览群书的人之一，然而事实上有些资料来自选集——引用语的汇编——而不是文献本身。（注3）除《政治原理》以外，关于教育法和哲学推理的《元逻辑》（Metalogicon）是约翰的又一本主要著作。（注4）这本书基于他对《工具论》的了解，是对亚里士多德的逻辑学观点进行辩护。尽管这可能使他成为十二世纪关于古代思想研究最重要的学者，然而他和古代思想仍然隔着一段明显的距离。（注5）

约翰在1115到1120年间的某个时刻，生于教堂城市索尔兹伯里，曾在法国师从彼得·阿伯拉尔（Peter Abelard），此人对学术思想的形成影响深远。约翰担任过前后两任坎特伯雷大主教西奥博尔德（Theobold）和托马斯·贝克特（Thomas Becket）的秘书。部分源于贝克特的关系，约翰被卷入英格兰的政治动荡，几度流亡在外。（注6）其中有一段流亡时期从1163年持续到1170年，他返回时正值贝克特被国王亨利二世的骑士在坎特伯雷大教堂谋杀。虽然他的著作《政治原理》成书于1159年，而且题词献给贝克特，（注7）成书早于谋杀事件，然而其主题明显关乎王权与教会的冲突，还提出了限制王权的思想。（注8）1176年他被任命为沙特尔（Chartres）主教，直至1180年去世。（注9）

《政治原理》是一本意义非凡的著作，本质上是第一本实质性的关于中世纪政治思想的手册。（注10）虽然有点不连贯和离题，但书中概述了理想的统治者应当是怎样的人，该如何行事，还有理想统治者和暴君该如何区分。（注11）他对君主的个人生活方面甚少有兴趣，主要关注其公众作用。（注12）正如这本书的副标题所显现的那样，他很鄙视那些侍臣们的轻浮举动，认为统治者应该更多地与哲学家为伴。（注13）《政治原理》之所以重要，其中一个原因是因为它写在亚里士多德的《政治学》被重新发现之前，因此代表了纯粹的中世纪传统。约翰明确地称自己的书为“政治的（politica）”。（注14）据约翰所说，君王的权威来自教会，这种权威的标志是剑。“剑”一词将会变得非常重要。约翰最重要的、引起广泛注目的创意，就是他将政府组织与人体作比较，提出了政体（body politic）概念。这种比喻的更早的模型可见于希腊思想中，而在拉丁文的中世纪，约翰也并不是第一个这样使用的人。可是，他对这一模型进行了意义深远的发展。（注15）

约翰在他这本著名的书中，引用普鲁塔克的文句开篇：

> 对于一个国家，正如普鲁塔克所宣称的那样，它就是一个上苍赋予生命的、受至高的公正支配的有机整体，并且进行理性化的管理统治。（注16）

可是，这段据称引自普鲁塔克的《图拉真训谕》（Instruction of Trajan）的文字的出处，却是可疑的。除了约翰自己的引用，没有其他证据显示有这样一部著作存在，不论是普鲁塔克还是某个托名他的人所写。现在，大多数学者都认为这部作品从来就不存在，可能是约翰为了让他的思想具有古典作品的可信度而编造出来的，或者是——也许更重要的是——为了避免被指责为别出心裁，这在当时是不受欢迎的。（注17）这是现在的普遍观点，但是以前人们认为他在这部著作所引用的内容，或来自于普鲁塔克著作的简版拉丁语译文，或是来自于一部伪托普鲁塔克作品的拉丁文原文。（注18）约翰继续写道：

> 然而，一个国家的首脑之位，要由一位只服从上帝，与那些在凡间代表上帝的人支配的君王担任。这就像人的身体，头脑是受灵魂刺激和支配的。国家的心脏部位由元老院（议会）占据，从那里开始了善行或恶行。而耳、眼和口的职能则由法官和行省总督担任。手就相当于官员和士兵。那些总是帮助君主的人就是他的侧肋。财务官和书记员……就像是他的肠和胃；这些部队，如果它们贪婪地积累，而且顽固地保存它们的积累物，那么就会引起很多不治之症，造成的感染就会威胁到整个机体。此外，脚正好与那些永远被束缚在土中的农民相合，对于他们首脑要格外小心，因为他们服从于全身的意志在地上行走的时候，常常会遇到事故。那些笔直地支撑并不断地带领全身向前运动的就能够获得庇荫和支持。如果从最强健的身体上去掉脚的帮助，那么他就不但无法用上他的力量前进，而且不是可耻、徒劳而令人厌恶地靠双手爬行，就是要靠野蛮的群兽来驮载。（注19）

然后，我们得到的并不是一个那么理想的国家，而是一个有生命的躯体，其各部分组合起来形成了一个更大的整体。正如约翰在1159年的一封信中所申明的那样，这个躯体的每一部分都是不可分割的，并且在严格意义上说是不可替代的。躯体的所有部分都“联合起来，确保机体的健康；它们的功能各异，但对于身体的健康来说，它们却全部在为同一个目标而工作”。（注20）因此，身体不仅仅要遵从有序的原理，各部分的连通性才是问题的当然关键。（注21）把国家当作一个有机体，这种比喻同教会是个别教徒组成的躯体的说法大有关联，因此，这里明显地是在寻求一种让二者联系起来协调运作的途径。（注22）列博舒兹认为，约翰的“态度就像是一个对那些承担控制职责的人们十分在意的牧者”。（注24）正如乌尔曼指出的那样：“这里说的是拉丁世界，是信众因合作本性结成的聚合体。”（注24）约翰也确实是在讨论拉丁人世界——例如在他获悉贝克特遇刺的死讯之时。（注25）

需要重点强调的是，虽然他把国家比作生命体的比喻是很有力的，但是他并不认为它是完全独立的。君主是首脑，但是他要受灵魂控制，在灵魂中他们要接受上帝的指令。约翰将“皇家的牧首”——也就是教皇——描述为“政体（corporum）的教区长”。（注26）当然，这也正是问题所在：当身为政体首脑的君主不再按照与他的灵魂协调一致行事的时候，也就是出了教皇和皇帝各为首脑这个双头怪物的时候，那么那个时代就由他们的争端而不是和谐塑造成的。（注27）

约翰关于国家可比作躯体的想法的来源之一，很可能是来自于卡尔希狄乌斯（Calcidius）①对柏拉图《蒂迈欧篇》的注释，但是他为什么没有指明这一点呢？这确实成了一个疑问。（注28）卡尔希狄乌斯是《蒂迈欧篇》的拉丁文译者，他的译本是中世纪流传的主要版本。当时出版的他的译文的大部分版本都包含他对正文的注释。（注29）但是这个注释已经远远超出了对柏拉图原文的解释，而是融入了一系列作者在相关论题上的一系列观点。（注30）其中，他提出了解读一个社会的三维模型——即领袖、军人和大众以及商人，分别代表头脑、心脏和身体的下半部分。而这三个部位又依次对应着理性、活力和尘世欲望。正如达顿所说，他对《蒂迈欧篇》17c和44d部分的注释尤为重要。（注31）因为约翰在他的《元逻辑》一书中提到了卡尔希狄乌斯的注释，因此我们知道他读过这个版本。（注32）可是，它们之间的近似之处相当模糊，而且他的详细的讨论部分，与《蒂迈欧篇》偶有相同之处。事实上，达顿指出约翰也同样可能是从更为常见的，对古代城市成型的理解中而得出这个模式的，即元老院位于最高位置，贵族阶层处在稍低的地方，而农民和猎人则处于城市的外围。（注33）约翰的理想模式确实看上去就是古典时代的罗马：

如果把所有民族的历史都考察一遍，那么没有比壮丽尚德的罗马人更光芒耀眼的了。这一点，也由他们最为辉煌的帝国所证明，所以在人类的记忆之中，没有哪个帝国从更小的规模起步，通过不断地扩大和扩张，达到更加宏大的程度。（注34）

上面这段话中，有趣的是关于扩大和扩张的说法，因为它构成了基督教世界

---

① 是一位公元四世纪的哲学家。

发展的各种前景的基础。然而，在谈到“外国的百姓（extraneae regionis）”，而且提到其他一些部落的扩展主义倾向时，他也能理解界限存在的必要性。比如，斯诺登山（Snowdon）①地区的不列颠人，“通过攻击和扩展他们的边界。离开了蛰居地和森林，占领了平原，并且猛烈地攻击，攻占城池，把我们主要贵族的防御工事毁灭或是占为己有”。（注36）

从某种意义上说，约翰是正路旁的一条弯道。但是从更多意义上说，他都是个重要人物，因为摆在这里的是一部政治学著作的依据，一定程度上既不完全依赖于古代经典，也独立于基督教神学。它对过去的继承显而易见，但是却经过了多层次的过滤。它的基督教内容非常重要，但毕竟世俗方法论研究政治思想基础的发端能够从中辨识出来。用坎托洛维茨的说法就是，发生了一种从以基督教为中心的王权向以法律为中心的王权的转变。（注37）其中的一个方面来自于他的暴君诛杀论，这是一个在文学上受到广泛讨论的题目。（注38）虽然在他的著作中，没有一个特别前后一致的理论，但显然他也不是简单地为弑君辩护，或者提供论据。相反，他认为在一个政体里的任何成分，如果不能够满足关键的标准，就应该被清除。这就是说，在整个有机体内部的地位不论，世俗权力和宗教权力都会被滥用。（注39）解决的办法是，在统治与权力和公平的条件上达成协议。如果有机体内不同部分没有为追求一个共同目标运作，那么整个机体就失败了。（注40）正如弗朗所言，“所有的暴君都将受苦……从头到脚至关重要的都是美德”。（注41）此外，关键是要每一个部分都完成它的具体职责，而不要试图去为其他部分越俎代庖。（注42）这个观点的新奇之处在于，他提到的这些标准：即公正和美德与地位无关。不合标准的统治，就是权威的滥用，就是暴君。君主与暴君的区别就在于，他的行为是否符合这些理想。正是因为这一点，而不是一种直截了当地对政治暴力的宣扬，才使得这部著作与众不同。这当然又引出了另外一个问题，即正当、公正和美德又要怎样定义呢？让我们应用迪金森的主张来回答：“现代世界是中世纪制度和思想的直接继承人，而它所继承的古典精神只是间接的。比起柏拉图的《理想国》和亚里士多德的《政治学》来，约翰的《政治原理》对1688年和1789年的各种问题来说，更具启迪作用。”（注43）而此

---

① 英国威尔士地区的最高峰，海拔1085米。

外，这部书的书名也很有意思。它既可以指城邦的权力，也可以指多种权力，而且书中还承认，没有分权，而且没有各部分的恰当行动，就会产生暴君。然而另一种意义上说，迪金森前面的言论是极大的错误，因为正是那些古典著作，尤其是亚里士多德《政治学》的重新发现，塑造了下一个世纪的政治思想。

两柄剑：精神权力与世俗权力

在《圣经》里，关于教会与政治权力之间关系的陈述几乎没有，充其量也是模糊不清的，而且因此，各方就经常把一些选段从上下文里抽出来，加以重新解释。虽然瓦特正确地指出，“中世纪的政治公理”之一，就是基督本身“把国王与教士的职责分开”，但这句话在实践中意味着什么却备受争议。（注45）在《路加福音》（Luke’s Gospel）中，有人问耶稣，应不应该向世俗权力付税。耶稣就问，是谁的头像在银币上。当人们告诉他说是皇帝的头像时，耶稣就对那些人说，你们应该“把属于皇帝的归皇帝，把属于上帝的归上帝”。（《路加福音》20：25，《马太福音》22：21）（注46）如果说这句话看似为忠诚设立了清晰的界限和明确的分野，那么对教廷来说，在两章之后的一段里，一定程度上却又说出了相反的意思。那是在耶稣让他的门徒为即将来到的迫害做准备时，他告诉他们把东西卖了去买剑（《路加福音》22：36）。他们就对耶稣说：“主啊，看哪，这是两柄剑。”耶稣回答说：“这就足够了”。（《路加福音》22：38）后来，当耶稣被犹大出卖时，门徒们问：“我们应该拿剑反击吗？”（《路加福音》22：49）他们中的一个人——据约翰所说，是彼得——砍掉了大祭司仆人的耳朵。耶稣就对他说：“将你的剑还回剑鞘。”（约翰福音18：10）或者更完整的说法是：“把你的剑还回它所属于的地方：因为所有那些持剑的人都因剑而亡。”（《马太福音》26：52《马可福音》14：47）（注47）

这句话直白的解释就是，两柄剑足够保护耶稣和他的门徒了。而一开始，耶稣明明白白地说，他们每个人需要一把剑。然而，历代教皇和其他人指出，耶稣说“够了”。但是他并没有说“太多了”或“太少了”，因此，教会就被赋予拥有两柄剑的权利。如果不拘泥于字面上的解释，那么这两柄剑究竟指的是什么呢？勒高夫认为，这两柄剑是精神权力之剑和世俗权力之剑的说法，可以追溯到早期的教会长老。（注48）但是在查理曼时期，约克的阿尔昆（Alcuin of

York）[①]认为，一把剑是为了内部使用（对付异端），另一把剑是为了对外使用（对付异教敌人）。而据坎宁所说，只是从十一世纪中叶开始，精神和世俗权力之说才开始兴起。（注49）不论哪种解释是对的，无可置疑的是，最终双剑象征精神和世俗权力这种说法成为主流，而且被经常引用。附带的解释是，尽管双剑都属于教会，但是世俗权力的那把剑是用来发令的，不是为了使用，所以耶稣才告诉彼得把剑收起来：按理说，这把剑是你的，但是你却不能直接使用它。《出典》（locus classicus）是克莱沃的圣伯尔纳铎（Bernard of Clairvaux）[②]为教皇尤金三世所作的指导手册。他在里面讲到："这把剑（世俗权力之剑）也是你的，会按照你的命令出鞘，虽然不是用你的手……这两柄剑，也就是精神之剑与物质之剑，都属于教会；可是，后者是会为了教会而出鞘，前者是由教会直接使用。这把精神之剑要由教士之手抽出，那把物质之剑要由骑士之手拔出，但是很显然，要在教士的敕令和皇帝的御令下拔出。"（注50）

因此一开始的分别是精神与物质之间的，尤其是精神的劝诫功能和物质的惩罚作用之间泾渭分明，只是后来，才出现了精神权力和世俗权力之别。（注51）将这两种权力合为一种，最早是由教皇格拉修一世（Gelasius I）在公元五世纪末提出的，他说在世俗权力（potestas）与精神权威（auctoritas）之间，后者是教皇的至高权威（superioritas）的来源，而皇帝只有"皇权（regia potestis）"。（注52）乌尔曼指出，这些术语都来自于罗马宪法。其中统治者的"权威"是超过和凌驾"权力"之上的。（注53）斯坎兰认为："中世纪的政治思想史非常清楚地表明，中世纪文化撇开'权力'是无法理解'权威'的，而这两者之间是典型对立的。"（注54）尽管权力和权威这两个词在词义的区分上不是那么严格，但是这种区分对于在僧侣统治制度下，理解教皇与皇帝之间的角色关系，是很重要的。下面的1159年的中世纪宪法，甚至更清楚地表明了这一点：

---

① 公元735—804年，英格兰诺森布里亚王国约克地方出身的学者、教士、诗人和教师。780年左右，应查理曼之邀，成为加洛林宫廷学者和教师。按照艾因哈德《查理曼传》中的说法，阿尔昆是"加洛林文艺复兴"时期最重要的缔造者之一。

② 1090年—1153年，一位法国修道院长和基督教熙笃会的主要改革者，留有多部宗教论著传世。

耶稣激动地说，他对两柄剑很满意，这意味着罗马教会和罗马帝国因为这两个魁首和领袖的存在，整个世界才在神圣和人伦中井然有序。因为有一个上帝，一个教皇，因此对于一个上帝的教会来说，只有一个皇帝也就够了。（注55）

在《约翰福音》中，耶稣非常明确地宣告说："我的国不是这个世界。"（约翰福音18：36）。可是在《马太福音》中，他又对彼得说："我要把我的教会建在这磐石上，我要把天国的钥匙给你。凡你在地上所系的，在天上也要系住。"（马太福音16：18～19）。在第一段中，耶稣好像在区分罗马皇帝的人间权威与上帝的神圣权威。因此，尽管世俗权威与神圣权威不同，但基督还是赋予它某种特殊的合法性。正如莫纳汉所指出的，尽管所有的基督徒都肯定精神统治的优越性，但是他们也并不完全否认世俗统治。（注56）可是在第二段中，耶稣通过援引天堂的钥匙，再一次提到地上和天上之间的关系问题，尤其是他提到了系之于地就是系之于天。此外，他还提到了精神权力与世俗权力为人所知的其他术语：永恒的与暂时的。精神权力作用于人的永恒的灵魂，是为进入天堂所做的准备；而世俗权力作用于人们在凡间暂时的生活。接下来，就将是精神权力与世俗权力之间的标准区分，因为这是最常用到的，但是将会返回到后者的尘世属性。但是，这两种权力之间的联系也很重要：正如《约翰福音》里，耶稣对彼拉多（Pilate）①说："假如不是上天赋予你的话，你根本就毫无权力对付我。"（《约翰福音》19：11）（注57）

当然，精神权力与世俗权力也可以以多种混合形式存在，而不仅仅以这种或那种形式孤立存在。弗朗西斯·德·梅罗内（Francis de Meyronnes 1285—1328）②曾经概述过四种可能的社会形态：异教社会，那是完全的世俗社会，没有任何精神成分；公民社会，本质上还是世俗的，但是有一定的精神成分；宗教社会，本质上是精神的，但与世俗利益有关联；最后就是天国。（注58）

涉及土地控制时，精神权力和世俗权力牵涉面难以区分的性质就特别明显。

---

① 全名本丢·彼拉多，生卒年不详，公元26—36年间，出任罗马帝国犹太行省的第五任执政官。因审判和将耶稣基督处刑而广为人知。在圣经的四部福音书中都提到过，他本人并不愿意对耶稣判罪行刑。

② 法国经院哲学家，邓斯·司各脱的学生。

虽然教会也是一些土地的直接世俗统治者，尤其是在意大利半岛。困扰历代教皇的问题是，他们的世俗权力范围超出了那些地区。在1076年，教皇格雷高利七世在《教皇敕令》中，试图扭转僧侣必须服从统治者的观念。他提出，统治者会被神圣性否定。（注59）他引用《马太福音》（16：19）里的一段话，充当他的基本论据之一，宣称根据文献的权威，只有教皇自己“可以使用帝国的证章”。（注60）这篇教皇敕令变得臭名昭著，因为它以毫不隐晦的方式宣扬教廷对权力的诉求。实际上，他所引用的许多文件都来自早期的《伪西多尔教令集》，我在第四章中已经指出过。这部教令集是一部文件的汇编集，其中很多内容都是伪造的，可很明显的是，格雷高利七世与他的同时代人似乎都并不知道这一点，而且对记载的内容深信不疑。（注61）否定统治者神圣性的含义具有非常重要的意义，因为它使宗教统治与政治统治之间出现了明显的分离。从某种意义上说，这比试图达成主从关系更加重要：后一种说法将会长期受到质疑，而认为这二者处于不同范围的思想，将会很快变得无法控制。在尘世的，即世俗统治与宗教统治之间进行划分，是有重要意义的。（注62）

尽管如此，教会仍然觉得有权利去支配世俗权力，并把它们看作是完全从属于教会的。实际上，把这一点完全地表达出来要到晚一些时候，就像克莱沃的圣伯尔纳铎敦促教皇的那样，“为了保卫东方教会，我认为现在是拔出双剑的时候了”。（注63）尽管无疑圣伯尔纳铎说过这话，但存在争议的是：这究竟是在1146年，为了肯定第二次十字军东征而写的，还是在1150年，为了发起一次新的十字军东征而写的呢？（注64）对此，阿奎那更进一步说道：“教会同时握有两柄剑……它有一把精神之剑，这是要由它亲手使用的。而还有一把世俗之剑谭从它的号令。正如圣伯尔纳铎所说，这把剑听命于教会才能拔出。”（注65）可是，阿奎那还从耶稣让剑还鞘的指示，明白了为什么教士不会亲身参加战斗的原因。（注66）在《思考书》（De consideratione）中，圣伯尔纳铎向教皇提出：“你虽然没有普通君主的权力，但是你却必须把恶兽从你的疆域里赶出去，好让你的羊群安然吃草。战胜饿狼，但不要主宰羊群。”（注67）接着，他提到了两种权力都来自教会，但同时也指出了它们的界限。他认为，应该建立一套特殊的关系，而不是建立绝对的等级制度。（注68）正如卡莱尔兄弟指出的那样，虽然这些论述后来被人们以更加僵化和极端的形式利用，但是这并不意味着在当时，人们的内心也在以同样的方式思考。（注69）他们还提到，在当时，相信世俗权威来自精神权威的思想只是一些作者私下的想法，并不是教会的政策：“这种思想肯定不会以具备任何教会官方权威的面目出现，并且不是普遍的或者广泛持有的看法。它没有得到来自任何组织或教皇的准许。”（注70）

但是，十三世纪初，教皇英诺森三世（Innocent III）却真的开始提出这样的要求了。（注71）英诺森三世也像他后来的卜尼法斯八世（Boniface VIII）一样，引用《圣经》里关于天国的钥匙那一段（《马太福音》16：19），（注72）并将自己称为基督的替身要求尘世权威。（注73）以前，教皇曾经被描述成圣彼得的替身，但是这次却走得更远了，英诺森三世把他自己凌驾于其他人之上，而且至关重要的是把他自己不仅视为彼得的继承人，还是基督本身的继承人。（注74）按照这样的理解，基督的替身就是基督统治的直接中介人。持这种观点的还有一些作者，如埃吉迪乌斯·罗马努斯（Aegidius Romanus）[①]等。（注75）正如坎托洛维茨指出的那样，“基督的形象”与“基督的替身”通常被用来指代中世纪的统治者，但是“基督的形象”往往是指统治者的本质，而“基督的替身”则指的是统治者的行为。（注76）然而就这个故事来说，最重要的是，英诺森对要求私生子合法化的一个请求给予了裁决。

以前，这都是国王能做出的裁决，但是这次的请求关系到法兰西王国的一位伯爵的后代。在英诺森的教皇敕令《可敬畏之书》（Per venerabilem）中，他驳回了这个请求。实际上，这个案子所牵涉出的基本原则要比它的实情重要得多。英诺森在敕令中，非常重要地为自己要求了身为教皇的一定程度的世俗权力：

> 从《旧约》和《新约》中，我们可以推断出，不仅是在教会世代传承的产业中，我们可以对世俗事务行使全部权力，而且在对某些案例进行研究后，在其他地区，我们也可以偶尔行使世俗的管辖权。并不是我们想侵夺任何其他人的权利，或者僭越任何不属于我们的权力。（注77）

---

① 即罗马的吉尔斯，1243—1316年，天主教布尔日大主教，以对亚里士多德《工具论》一书的逻辑性评注闻名，且留有多部重要的宗教著作传世。

因此，在某些土地上——也就是教会世代相传的产业内——教皇既是世俗统治者，又是精神统治者。而在其他地区，教皇除了精神权威以外，也有一定程度的世俗统治权，但是这既不是绝对的，也不是简单的事情。英诺森指出了将分别属于上帝和皇帝的分别给他们的重要性。关键是，他把法国国王看作（是与皇帝）有同种权力的人；在他的王国里，"在世俗事务上，国王由此不承认任何比他更高的权威"。（注78）言下之意，神圣罗马帝国皇帝的管辖权不能超出帝国国界，哪怕教皇的精神权威（包含在这次裁决中）可以越过。这是一种权威的等级制度：国王必须服从教会，但是国王并不低于皇帝，因此他"没有任何世俗上的上级"。这就意味着，如果这是国王的后代，那么教皇就是裁决的合适人选，因为国王没有世俗的上级。在这个伯爵后代的案例中，他有一个世俗的上级存在——也就是国王——教皇因此驳回了请求。由此帝国的界限限制了皇帝的权力。可是，正如斯科特指出的那样，这种对特定王国独立统治权的认定，部分是为了挑战帝国的普遍权力，可是也为后来挑战教会本身的普遍权力提供了把柄。（注80）

重新发现亚里士多德

在波爱修斯死后，西罗马帝国就陷入了缺乏希腊知识的局面，这意味着，在很多个世纪里，重要的古典作品无人能够接触。有些作品在古代就译成了拉丁文，其中也只是部分在有限的范围传播。但是更多希腊文作品则完全接触不到，包括大多数亚里士多德和柏拉图的重要著作。两个关键因素使这些作品得以再度传播。首先是阿拉伯学者的开拓性工作，他们将希腊文著作译成他们的语言，产生的一个次要效果，是提高了这些著作在西方的知名度，从而有人能通过阿拉伯语版将它们译成拉丁文。比如在西西里，希腊语、拉丁语和阿拉伯语都是常用语言，而且对西西里宫廷人员来说，掌握这其中两门以上的语言是很必要的。（注81）第二个因素是希腊语学术研究本身的重现，以及希腊思想更大范围的传播。（注82）某些传播方式是良性的，而1204年第四次十字军东征对君士坦丁堡的劫掠，造成了古典著作手稿的西移，（注83）就如1085年西班牙托莱多（Toledo）城陷落时的情形一样。（注84）

阿拉伯人对古典学术研究的不断更新与更加普遍的学习的贡献，形成了一个非常广阔的论题，而我们在这里只能非常简略地提及。（注85）阿拉伯学者们的工作，特别能够在数学领域体会得到，尤其是在天文测量与地图绘制的同步发展上。（注86）正如金布尔指出的那样，要为清真寺正确地测定方位，也是他们从事这方面研究的一个原因。（注87）派因斯甚至主张，绝对空间和相对空间的准牛顿式区分，可以在阿布·巴卡尔·艾尔-拉齐（Abu Bakr al-Razi）①的著作中找到。（注88）欧几里得的《几何原本》在九世纪的时候可能就已经被译成阿拉伯语。这本书成为整个古代和中世纪最重要的数学著作。（注89）可是在十二世纪以前，它还只是在波爱修斯的译著中被提到过，其中只有片段保留到了八世纪和九世纪。（注90）但是，当它被重新发现以后，仅仅在十二世纪，就从阿拉伯语翻译了三次，而且从希腊语翻译了一次；而同是欧几里得著的《已知数》，在同一时期，用阿拉伯语和希腊语各翻译过一次。（注91）这些著作的翻译实际上奠定了现代几何学研究的基础，（注92）随后的进步和发展都由此而来。正如尼古拉斯指出的那样，在此之前，几何学主要是实际应用，而中世纪晚期，匠师们“根据数据，只用很少的算术，就发展出了测量物体表面的各种方法”。（注93）

在哲学方面，十一世纪的伊本·西那（Avicenna）和十二世纪的伊本·鲁世德（Averroes）等思想家的著作也具有重要意义。伊本·鲁世德编写了一份柏拉图的《理想国》解读本，因为亚里士多德的《政治学》在当时的伊斯兰世界还很难找到，包括当时在摩尔人控制下的西班牙。（注94）但是他却了解亚里士多德的其他著作，包括《修辞学》和《诗学》，这些作品在当时都被认为是逻辑学著作集《工具论》的一部分。（注95）从这些文献中，伊本·鲁世德发展出一种更强有力更唯物主义的亚里士多德解读，按照这种解读，物质世界最终战胜了精神世界。（注96）他对一系列古希腊文献，尤其是对亚里士多德著作的注释，尤其具有重要意义，而伊斯兰学者扮演的接触异教文献的中介人角色，是不能低估的。实际上，那时伊斯兰教的知性生命力，远远超过拉丁基督教世界。

尽管柏拉图从来都没有离开过人们的讨论，但在这一时期，对柏拉图的解读意义尤其重大。古代晚期柏拉图主义者的存在，意味着他的许多思想已经在长期流传，只不过是以淡化而变形的形式而已。这些信徒中，最重要的是普罗

---

① 公元854—925年，波斯博学家、物理学家、炼金术士和哲学家，医药史上的一位知名人物。

提诺（Plotinus）（205—270）。他被描述为“一个与古代导师如此相似的灵魂，在他身上，柏拉图仿佛重生了”。（注98）然而他从亚里士多德那里学得的知识可能一样多。（注99）他的主要著作是六部《九章集》（Enneads）。（注100）普罗提诺的学生波尔菲里（Porphyry）（232—305）受到了更为正规的训练。他的《导论》（Introduction）长期以来一直是哲学系学生的入门教材。一般来说，波菲利发展了普罗提诺从柏拉图那里继承来的思想，并且将这些思想变成了一个系统。（注101）普罗提诺和波菲利两人的贡献不是能称为原创性的工作，而他们自己也仅仅自视为柏拉图的学生。从历史上说，他们都应该被称为“新柏拉图主义者”，但如布朗所说，他们自视为纯粹而简单的“柏拉图主义者（Platonici）”，即柏拉图的直系继承人。（注102）然而，克里班斯基却认为，不论是把他们看作是柏拉图主义者（柏拉图主义的直接延续者），还是新柏拉图主义者（对柏拉图主义进行了发展，以柏拉图主义为新思想的出发点），都是对中世纪解读柏拉图复杂性的低估。（注103）

而在柏拉图的作品中，有一篇最为重要，即《蒂迈欧篇》。正是《蒂迈欧篇》而不是《理想国》占据着支配地位。索尔兹伯里的约翰把政体比喻为有机体的思想就是从那里发展出来的，但意义还远不止于此。正如克里班斯基概述的那样，其中最重要的一个因素就是，“把对这个世界的宗教目的论的肯定，与对创造物的理性揭示形成综合体的尝试”，这为勾勒一种“科学的宇宙观”的种种努力提供了基础和出发点。（注104）在十二世纪亨里克斯·阿里斯提普（Henricus Aristippus）（译者注9：生于1105—1110年之间，卒于1162年，中世纪宗教学者，卡塔尼亚的会吏长。）的译文中，还包括了《蒂迈欧篇》《美诺篇》和《斐多篇》。十三世纪，穆尔贝克的威廉（William of Moerbeke）[①]翻译了由普罗克洛（Ploclus）[②]注解的《巴门尼德斯》（Parmenides）节选本。尽管当时可用的文献一直在改变，但是克里班斯基不认为，在古典、中世和文艺复兴之间，存在对柏拉图理解的明显界限，而且同样对每一次柏拉图流行，就表示人们都能够对

① 1215—1286年，是一位多产的中世纪翻译家，将多部希腊文哲学、医药学和科学著作译成拉丁文。他的译文在当时备受推崇，少有竞争，至今依然得到当代学者钦佩。

② 公元412—485年，东罗马帝国统治时期的希腊新柏拉图主义哲学家，古典时代最后的重要哲学家之一，极大地完善了新柏拉图主义体系，对中世纪的哲学产生了非常大的影响。

他进行真正解读的想法保持警惕。（注105）

在十三世纪，亚里士多德地位的上升，挤掉了柏拉图和奥古斯丁。这一方面发生在形而上学和宇宙学上，另一方面发生在政治学上。在拉斐尔的名画《雅典学园》里，对此作了形象的描绘：画中柏拉图手拿一本《蒂迈欧篇》看着天，而亚里士多德则手里拿着一本《伦理学》看着地。伊本·鲁世德提出唯物主义者亚里士多德与理想主义者柏拉图并驾齐驱。然而坎托洛维茨认为，这显示了那种不是/就是的选择变成了一种组合：即柏拉图加亚里士多德。（注106）

这个时期的译文是不规则的，并且有些零散，因此亚里士多德的影响也就是不连贯和渐进的，至少不是立即生效的。（注107）然而，当时却存在一种引人注目的翻译工作的集中化。其中有三个关键人物：伟大的阿尔伯特，即艾尔柏图斯·马格努斯（Albertus Magnus）（1200—1280），（注108）德意志的赫尔曼，即赫尔曼努斯·阿莱曼努斯（Hermannus Alemannus）（1202—1272），（注109）以及穆尔贝克的威廉（1215—1286）。（注110）与他们并列，而且因为是一位原创思想家，远超他们之上的是托马斯·阿奎那（1224—1274）。阿奎那、威廉和阿尔伯特都是道名会士（Dominicans）。他们工作的时代背景是教皇格雷高利九世的教皇敕书《科学之母》的发表（1231年）。敕书宣布禁止在巴黎研究亚里士多德的著作。（注111）这种禁止是针对公开或者私人授课的，但是明显地并不针对私人阅读他的“自然哲学”著作，其中包括《形而上学》《物理学》和《论动物》等，但是排除了《工具论》和《伦理学》。（注112）格雷高利敕书并不是历史上限制亚里士多德著作影响力的首次禁令。早在1210年，桑斯省宗教会议就宣布：“不论是亚里士多德的自然哲学著作，还是对它们的评述，都不能在巴黎公开和私下阅读，违者将受到革除教籍的处罚。”（注113）在1215年，负责大学法规的红衣主教使节，罗贝尔·德·柯曾（Robert de Curzon）对巴黎美术学校再次申明了这项禁令。但是，神学家和其他教外人士却可以阅读亚里士多德的著作。（注114）格雷高利要求，那些著作的内容在被更加广泛地传播以前，要先“检查和净化所有可疑的错误”。（注115）重要的是要理解，教皇这样做的原因，并不仅仅是因为那些著作里面有与基督教相左的思想，而且还因为存在着很多翻译上的问题，当时希腊文原著与来自异教的或阿拉伯的注释混杂难辨的缘故。（注116）为此，建立了一个由巴黎神学家欧塞尔的威廉（William of Auxerre）领导的，包括欧蒂的西蒙（Simon of Authie）和普罗旺斯的史蒂芬（Stephen of Provins）在内的三人委员会，来审查这些文献，但是威廉在上任的当年就去世了，因此委员会也就从来没有报告过。实际上，这些著作能在外部教授的事实，已经说明这些禁令基本上无效。（注117）尽管教会因此不情愿公开接受亚里士多德，但是它也承认他的著作中包含有用的资料。另一方面，乌尔曼注意到，在这段历史中，存在着接受亚里士多德的几个不同阶段：即敌视，在基督教体系范围内使用他的著作，以及后来重申他只是身为思想家的独特性。（注118）正是这第二个阶段才是我们这里要考察的重大时刻，就从那个时期最伟大的哲学家托马斯·阿奎那的著作入手。

值得一提的是，这些重要政治著作的翻译年代。《尼各马科伦理学》的全本大约是在1240年，由赫尔曼从阿拉伯语转译过来的。（注119）他同时还翻译了伊本·鲁世德在原文旁写下的注释。第一部直接译自希腊文的全本，是由罗伯特·格罗斯泰斯特（Robert Grosseteste）在几年后完成的。在十三世纪五十年代，穆尔比克的威廉又对这个译本进行了校订。（注120）《修辞学》的翻译过程与《伦理学》完全一致——首先由赫尔曼在十三世纪五十年代由阿拉伯语版翻译过来，然后由威廉在十三世纪六十年代用希腊文直接翻译。（注121）赫尔曼同时还是亚里士多德的另外两部论述动物的著作《动物之行动》和《动物之行进》，以及《诗学》的译者。同时他还对以前传播过的一些译本进行了重译或修订。（注122）赫尔曼的许多译作都是为了（神圣罗马帝国皇帝）腓特烈二世的宫廷所作的。（注123）

《政治学》由此成为亚里士多德最晚才为人所知的著作之一，穆尔比克的威廉1260年的译本是直接从希腊文翻译的。（注124）这本书对政治理论的发展所带来的冲击，是很难高估的。科尔曼对整个欧洲普遍受到亚里士多德著作译本的“风暴般的冲击”的说法，持怀疑态度，（注125）但是乌尔曼认为《政治学》引起了“观念上的革命”的说法是有一定真实性的。（注126）这不是一种简单的政治思想的革命，而是关于应该怎样思考政治的革命。这次对亚里士多德的重新发现，不仅改变了政治思想的语言，也改变了政治思想的实质。正如乌尔曼认为的那样，这不仅在于去明确阐述针对等级制度的更加民粹主义的观点，也不是现在有人提出恰好相反的情况。相反，因为亚里士多德思想的明确性，使得不同的更加确定的状态得以表达出来。（注127）此外，在与当时截然不同的历史条件下形成的“城邦”概念，促使人们重新考虑它的应用范围。亚里士多德的术语开辟了一条对当时集体组织进行思考的新途径，但是人们对这些术语也要进行改造以适应新的形势。国家、王国，以至新生的国家，都可以按照亚里士多德的分类进行思考。（注128）这里值得强调的是，这些中世纪的注释者都不只是重复原文，而是能够创造性地化为己有。如果说亚里士多德的政治或伦理著作还不能为那个时代的问题提供指南的话，那么他其他著作中的思想可以用来生成答案。（注129）

早期的译文往往是粗陋的，或者误导性的，而且还注定要重复阿拉伯译本的错误、窜改和改写等缺点。（注130）然而赫尔曼一代引人注目的各种努力很快就被后人取代了。在这方面，阿尔伯特和威廉的工作非常关键——他们的目的是直接从希腊原文翻译出可靠而准确的拉丁译文来。阿奎那使用过他们的这两种译文以及更早期的版本。那种说这些译文是他们与阿奎那分工合作的结果——他们认识到阿奎那发挥的理解才能，提供了译文给他的说法，似乎是不可信的。（注131）可即使这些译文也通常都是按照字面直译，而且有时还只是音译。（注132）这是一个特别同政治概念相关的问题，因为译文受到了当时使用的拉丁术语的限制。为此他们有时就把希腊术语直接音译过来，有时又会拿一个词简单地变化来翻译，如由“civis”的三个变化“civitas（城市或城邦）”“civis（公民）”和“civilis（政治）”来翻译希腊文的“polis”“polites”和“politicos”三个词等。（注133）这里的关键要点在于两方面：civis以及与它相关的术语看来要回溯到那些希腊原词；（注134）而且现在已经有一个新的代表公共事务、公民权以及共同生活等思想的词汇表。这些人类活动看来首次被赋予了与我们今天的意义相同的政治内涵，把人类称为“政治动物”这种说法对于人们的思维来说，也具有类似的变革性。（注135）然而某些特定的政治地理词汇方面不准确的现象依然存在。

托马斯·阿奎那与城市

阿奎那的最高成就在于，他试图把亚里士多德与基督教思想糅合起来，让哲学家为神启提供理性基础。他意识到，没有基督教思想，亚里士多德的思想就像脱缰的野马一样无法控制。（注136）无论他对亚里士多德的解读正确与否，充满多少争议，然而正是在他的工作的基础上，到十四世纪，教廷已经开始接受亚里士多德能为基督教所用的思想了。（注137）亨明称之为“令人吃惊的综合成果，而且是对许多亚里士多德著作壮观的洗礼”。（注138）可是，阿奎那不仅仅是一位信奉亚里士多德学说的人，因而不能把他的思想简单地称为“基督教亚里士多德主义”。（注139）阿奎那首先是个神学家，在经院哲学的框架内工作。经院哲学在具体意义上，是一种通过提问、论辩和结论来表达哲学真理的方法。（注140）当然，阿奎那还吸收了斯多葛主义和新柏拉图主义的思想。（注141）尽管如此，他与亚里士多德的近似性却最为明显。起初他通过解释他的道明会（Dominican译音注，又译作多明我会，1215年，西班牙教士道明·古兹曼在法国南部创立的一个天主教托钵修会派别。）士兄弟们正在翻译的古典文献，从而能够在这些著作的基础上建立自己的思想；更正翻译中的不足，用其他的神学或哲学材料加以补充，并且在与原作者写作时完全不同的语境下阐明它的含义。（注142）经院政治理论有三种不同的类型：“一是对《尼各马科伦理学》和《政治学》作注释；二是写给某个具体统治者的说教性文字；三是出现在神学著作中的讨论。”阿奎那写过全部三种作品。

然而，要想在阿奎那的著作中找出他的政治理论也是困难的。尽管他确实为亚里士多德的《伦理学》和《政治学》写过注释，但是都没有全部完成，而且对它们现存部分的真伪还有争议。（注144）现在大多数学者都认为，阿奎那只为《伦理学》注解到第3卷第8章，《政治学》注解到第3卷第6章，而这两部书的注解都是由奥弗涅的彼得（Peter of Auvergne）[①]完成的（1304年完成）。卡托主张虽然《政治学》为阿奎那提供了某些关键规划，但是他对“《政治学》的内容使用得很少”，而《伦理学》仍然是他的基本文献。（注145）献给塞浦路斯国王的论著《王国》（De Regno）或《君主制》（De Regimine Principum）的作者也存在争议。大多数学者认为论著的第一卷和第二卷的一小部分，应该出自阿奎那之手，但是其余部分是卢卡的托勒密（Ptolemy of Lucca）（？—1326）[②]的补

① 他是阿奎那的一位学生。

② 又名卢卡的巴托罗缪，中世纪意大利历史学家，最重要的历史著作是《编年史》，记述了1061—1303年间的主要大事件。

作。不论这部书的真实作者是谁，它都极为重要，因为多年来，人们一直把它看作是对托马斯主义政治思想的阐述。正是在他的神学著作里，他的一些重要讨论被发现，尤其是在《神学总论》（Summa Theologiae）里，关于法律和正义的讨论。实际上，正是这部让他呕心沥血的《神学总论》，让他放弃了其他著述项目。

在阿奎那的注释里蕴藏着一些根本性的洞见。阿奎那与亚里士多德一样，也把政治学看作是应用伦理学的一个分支。他说："很明显，政治科学是关于人类指导的科学，属于行为科学，是道德性科学，而不属于制造科学，那是机械技术。"（注146）他赞同亚里士多德的观点："涉及人类事务的哲学在政治学中完成。"（注147）这是由伦理学的三重结构决定的：

> 道德哲学应该分成三个部分：第一部分将人当作为了某种特定目的的个体来研究，也叫个人修行；第二个部分是关于家庭社群的，也称作家庭道德；第三个方面是研究公民社群的行为，也叫政治学。（注148）

在阿奎那看来，这意味着政治与公民是紧密地结合在一起的。一定程度上这是翻译的结果。因为有时他们把希腊术语"城市（polis）"和"公民（politeia）"，都翻译成同源的拉丁词"civis"和"civitas"，有时干脆直接音译。这样做就产生了两方面的结果：一方面扩大了拉丁词汇，使它包含了新的但是接近同源的术语；另一方面，每当人们使用"civis"这类同源词时，就不由地会想到亚里士多德。这种关系可以从下面这个段落中发现："因此，有必要在一门完备的哲学中，建立一门研究城市的学科：这个学科就叫政治学，或者叫作公民科学。"（注149）

阿奎那把亚里士多德描述人类的著名词组，如人是会说话的动物，人是政治动物，人是家庭动物等，按照不同的方式挑选出来。穆尔比克的威廉也使用过政治动物这个提法。阿奎那在对他的译本的注释中也反复使用过这种说法。在对《政治学》中的关键章节"论演说"和"论政治社群"的讨论中，阿奎那宣称，由于人类的交流"产生了家庭和政治社群，因此人类天生就是家庭和政治动物"。（注151）他把亚里士多德的论点概述如下：

然后他通过三个方面，说明了公民社群的联合是天然的。首先，他说明了城市是天然的；其次，他说明了人从本质上是政治动物；再次，他说明了人的天性中最重要的特性，不论他是个人，还是处于家庭或城市之中。（注152）

亚里士多德的希腊语“政治动物（zoon politikon）”的提法，正好和阿奎那在《神学总论》以及其他著作中的拉丁语“公民动物（animal civile）”“社会动物（animale sociale）”“政治动物（animale politicum）”的提法相对应。（注153）使用多种形容词来翻译亚里士多德的一个术语是很重要的，这样就能分别将人类这种动物表述为家庭动物、社会动物、城市动物和政治动物等。然而还有一种对人的本质概念的强调，这虽然不是阿奎那的发明，但却非常重要。实际上，他的学生雷米吉奥·德·吉罗拉米（Remigio Dei Girolami），也可能是但丁的老师，就提出“如果你不是公民，那么你就不是一个人，因为‘人天生就是政治动物。’”（注155）把这一切综合起来就可以看出，阿奎那把人的政治行为看作是他们天性的一部分。政治深深地植根于他的社会生活中，而不是通过个人意志强加的。（注156）这种把政治社群理解为根植于人类本质天性之中的观点，是与旧神学的根本决裂。而以前的神学，都是遵循教会神父的观点，把政治权威看作是必要之恶：即由于人类与生俱来的腐败本质，用来对付这种罪的一种手段。（注157）这意味着政治机构，或者将会成为国家的思想被看成是自然而然产生的，而无须来自外界的肯定。（注158）

当然，在阐释了人的社会性、公民性和政治性之后，阿奎那极力强调：“人不仅是尘世城市的公民，也是天国的城市耶路撒冷的公民。这座天国的城市由上帝统治，市民由天使和所有圣徒组成。这些人不是在光荣地统治，就是在家乡安息，或者仍然在地上朝圣。”在这里，阿奎那也像奥古斯丁一样，引用了圣保罗的《以弗所书》。他说：“你是与圣徒和上帝家族为伴的公民。”（2：19）这里的等级是明显的：虽然你可以通过独自一人，成为尘世城市的公民；但要成为另一个城市的公民，却要通过上帝的神圣力量或恩典。（注159）因此，尽管阿奎那从来不讨论神圣罗马帝国，而且也基本不对教皇和教会的直接政治权力进行讨论，（注160）但是这并不意味着精神层面被忽略了。相反，阿奎那的功绩在于，他是以当代宗教的各种目的来融合古典术语的。

那么，阿奎那的政治社群究竟是什么呢？他有时将希腊语“polis”一词译为“政体（politiae）”，（注161）但这个词也可解释为“城市（civitas）”。（注162）他认为，“城邦不过是人的集合体”，（注163）但是它更普通的意义却是城市。按照亚里士多德的说法，它必须是比家庭或一个小型社群更大的自给自足的集合体。这样一来，就有了建造完美社群的一个定性化要素，这是其他自然群体努力的目标。（注164）正如他在《政治学》注释中所说的那样，“在这些群体中，有不同的等级和次序。其中最高的是政治社群。它是按照满足人类生活的所有需要进行安排的，因此也是最完善的”。（注165）阿奎那在《神学总论》中也表述过类似观点：“正如一个人是一个家庭的成员一样，一个家庭也是一座城市的一部分，但是一座城市是一个完善的社群，正如亚里士多德在《政治学》第一卷中所说明的那样。”（注166）他使用“社群人群”翻译亚里士多德的“团契”一词；但是他还使用了“集合体”和“社会”的概念，这与社群这个词的含义并不能完全区分开来。（注167）而在某一层次上，“城邦”就等于“civitas”，后者可以解释为“城市，”但是也会有规模上的变化，达到行省或是国家的程度。（注168）阿奎那并没有迈出那最后一步，即把普世帝国当作成果，但这却是可想而知的合乎逻辑的结果。对于亚里士多德来说，这样的政治实体已经超出了可行的规模，但是罗马帝国的经验，以及更多的新近王国的兴衰，已经向那么多世纪以来一直追随他的那些人，说明了一些相当不同的结果。当然，阿奎那是在借用亚里士多德的术语，来反映当时的意大利、法国和神圣罗马帝国的各种现实。（注169）

通过人民构成政体，这是阿奎那决心的关键。一个城市可以分割开来，让一些人住一个地方，而另一些人住在另外一个地方。这样一来，阿奎那就淡化了地理，地理因素虽然也是一个关键问题，但并不是政体的决定性因素，就如地理对希腊人那样，对一座城市来说，人群的迁入和迁出才是关键。此外，阿奎那还承认亚里士多德所说的“一个国家，就是一个遵守所有在它内部建立的规则的城市组织，但主要遵守它的最高规则，这项规则统领其他一切规则”。（注171）因此，城市就是它的土地、人群和法律。

法律的重要性是不能低估的。阿奎那认为“积极的法律可以分成国家法和民法”。他认为前者是自然法则的直接结果，是基于人作为社会动物的基本定义，来规范“买卖以及其他类似的社会交流所必需的活动”。“另一方面，那些从自然法则衍生出来的规范成为特定的应用法，构成了民法。任何城市都根据它的各种特定要求制定民法。”（注172）这里具有重要意义的一点是，政治权力无疑被理解为法律权威，它的基础可以在社会组织或社群里找到。（注173）自然法的神圣属性具有深远的影响。它实际上就是一个普世帝国的代名词。正如德恩特列夫认为的那样，这种法律的共享意义可以为任何可能从它衍生出来的任何特定法律制度提供基础。因此，阿奎那把信仰上的基督教社群，与所有个别王国与政治单位，统一了起来，而且超越了这些王国和政治单位，同时使教会成为唯一的神秘实体。（注174）乌尔曼曾经指出，社群“就是一个重视公民的社会风俗习惯的，具有道德追求的政体。而教会则是一个神秘主义实体”。（注175）每个人不论从现实意义上，还是从潜在意义上说，都是这种群体中的一分子。（注176）因此，普世性不是来自政治组织，而是来自于共同的人性和神性。然而，正如每个教区只有一个首脑，一个主教一样，整个教会也只能有一个首脑，一个牧首，即一位教皇。（注177）因为基督把这个职位授给了彼得，又通过他授给他的继任者，因此，彼得的继任者教皇也就是基督的替身，也是“首要和最高的主教”，是凌驾整个教会的大主教。（注178）正如比格尼亚里所说的那样，“教会包含了国家”。（注179）在他对《马太福音》的注释中，阿奎那对于两把“钥匙”的著名段落（16：19）进行了点评。在那一节中，彼得被授予了对天国的普世权力，然后在下一段中（18：18），他又被赋予了天上的权力。阿奎那认为，在前一段中，圣徒们被赋予了对各个教区的权力；而在后一段中，彼得被赋予了对整个教会的权力。（注180）

正是这两种权力，即精神权力与世俗权力之间的区别和联系，对阿奎那和他以后的政治斗争和政治思想至关重要。阿奎那自己很清楚这两种权力之间的关系：

不论是精神权力还是世俗权力，都来自神权。因此世俗权力只能在上帝号令的范围内，也就是说，在有关拯救灵魂的事务中，听命于精神权力。在这类事务中，精神权力应该先于世俗权力得到服从。而在那些有关公民福祉的事务中，应该遵从的是世俗权力，而不是精神权力。《马太福音》（22：21）中说，要把属于皇帝的归皇帝。或许除了精神权力和世俗权力交织的地方才是例外，如教皇占据的两种权力的至高点：他是精神和世俗的权力的中介，他既是教士又是永恒之王。（注181）

世俗权力服从于精神权力，就如同肉体要听命于灵魂一样。因此，在那些世俗权力居于从属精神权威或已经放弃权力的地方，如果精神权威进入了世俗事务的领域，那么也不应该裁定为僭越。（注182）

因此，阿奎那认为，彼得被基督授予了普世权力。正如一位日本学者（Shogimen）所指出的那样，“在阿奎那看来，彼得权力的‘普世性’具有领土意义”。（注183）

然而，阿奎那却很少使用“领土”这个词。在他对什一税[①]的讨论中，他指出，“共同法要求教区教会接受在他所领（territorio）土地上的什一税。”但是，有时个别教士与教会可能在“另外一个教会的领地内拥有土地”。（注184）关于对羊群征收的什一税，他认为那是因为在教会领地上的是牧场，而不是羊圈。（注185）其中还有对应该保留果树为人民所用的讨论，因为对他们而言，“城市及其领地就是被用来”充当战争的战利品的。（注186）在每一个例子中，很明显，领地的意思是教会的土地或城市的土地，或者属于一座城市或教会的土地，是这些社群的所有物，而不是管辖对象意义上的“领地”。阿奎那也不使用其他术语或在实践中暗示什么是接近我们今天所理解的“领土（领地）”。对于“空间”概念的使用也是如此。阿奎那相对很少用到，它通常保持着它的原意，即范围、延伸或距离上的意义，而不是说它本身是个容器。（注187）尽管如此，在他对亚里士多德的《物理学》的讨论中，给出了这些概念将怎样发展的一条线索：

古人认为，位置就是具有长宽高三维空间的容器上的端点之间的范围（spatium）。可是这样的空间，似乎并不与任何可感知的实体完全相同。因为

① 又称为十一奉献，即将收获物或其他财货的十分之一，以捐献的名义或者征税的方式，缴纳给教会。

当不同的可感知物体来去时，这个空间却仍然不变。因此，我们据此可以说，位置就是分离出的长宽高三维空间。（注188）

阿奎那在他的《神学总论》中，再度借鉴亚里士多德的《物理学》，把“空位（vacui）”定义为：“一个可以容纳物体但是却不能占据物体的空间。我们认为在世界存在以前，既没有位置，也没有范围。”（注189）

在《论国家》或《论君主制》这部作者身份存在争议的著作中，着重点更多地是集中在狭义的政治上。（注190）对此，最具可能性的解释是，阿奎那确实参与了早期部分的写作，但是于1267年放弃了，当时这本书预定的接受者，塞浦路斯国王于格二世（HughII）去世了。最终托勒密在十四世纪完成了这部著作。因此，这当然是两位作者的著作，因为在各部分之间，存在着深刻的差别，尽管还有很多问题，就是在第一卷与第二卷的部分内容中，那些普遍被认为是阿奎那所写的部分之间，有多少是存在抵触的？在此，我们仅把它当作一部有趣的著作来对待，而不考虑它的作者是否为阿奎那。尽管这部书是题献给一位国王的，但是这本书的内容，却批评王权是暴君，并且视罗马共和国，而不是帝国为政府的理想形式。（注191）尽管亚里士多德的《政治学》为他提供了许多概念术语和结构，但是西塞罗和奥古斯丁也非常重要。其中的许多观点，都与阿奎那的其他著作中能发现的相近，比如说“人类本质上是政治的和社会动物，按照天性的必然要求群居”等这类根本性断言。（注192）对于精神权力与世俗权力之间的等级制度的论述也是一样：

因此，精神上的和世俗上的事物可以保持区别。这个王国的神职，不是交给世俗的君王们，而是教士们，尤其是最高级教士，即彼得的继任者，基督的替身，罗马教皇。所有基督教民族的国王都应该听命于他，就像对耶稣基督本人一样。那些负责前期目的的人，应该听从负责最终目的的人，而且接受指示。（注193）

这部书甚至从更加根本上宣称，在新的法律，即基督的法律之下，“国王应该服从教士”。（注194）但是书中也承认，国王拥有一定程度的自治权，而且这是由地理决定的。书中还援引《传道书》（5：8）中所罗门所说的话："国王掌管所有臣属于他的土地。"（注195）在托勒密接过这项工作以后，理想王国的地理条件就成了讨论的题目。作者们开始讨论这座城市或王国初建时的情形，甚至涉及应该把它选在气候温和的地区之类的问题，（注196）因为那里有健康的空气，（注197）足够的食物供给，其他种种便利，自然资源，以及金银币之类的人工资源等。（注198）托勒密在考虑政治社群的物质条件方面，以及提出各种系统模型方面，比阿奎那走得更远：

更深一层，如亚里士多德和《政治原理》所告诉我们的那样，在王国、城市、营地或联合体与人体之间，存在着一种相似性。在《政治原理》中，公库被比作是国王的胃，因此正如胃接受食物，并把它们分配给身体其他部位一样，国王的宝库里也充满了金银财宝，它们是用来共享和分配，用于支付国家和臣民所需要的必需品的。（注199）

阿奎那的著作，似乎证实了他的政治著作只是更大的道德项目中的一部分这样的观点。虽然托勒密是一位更专业的政治作家，而且他可能是大约写于13世纪晚期，即1281年左右的另外一部重要著作——《罗马帝国管辖权概论》（Determinatio Compendiosa de Jurisdictione Imperii）的作者。在这篇著作中，他提出了重要主张："虽然在世俗事务中，皇帝没有比他更高的任何世俗上级，但是他的管辖权的有效性来自教皇的管辖权，就像来自于权威之源泉一样，也就像来自于所有管辖权起源的上帝之处那样。"（注200）虽然这部作品关注的是个别城市的权力与帝国之间的关系，但是它也清楚地阐明了教皇与皇帝的关系。对于这位作者来说，精神权力最终超过了世俗权力。这个国王、皇帝和教皇之间的关系的问题，将是下一章要讨论的主题。

第六章

挑战教皇

“唯一神圣”：教皇卜尼法斯八世与美男子腓力四世

13世纪末，教会与国王的关系成为欧洲政治的首要问题。这个问题使强大的教皇卜尼法斯八世（Boniface VIII）与法国国王美男子腓力四世之间展开了争斗。这场冲突既是教会与世俗统治关系中的一个关键时刻，又是一系列广泛的重要政治理论的来源——而这些理论的生命力，将远远超过产生它的那个特定背景。（注1）卜尼法斯八世登上教皇之位的情况非比寻常，他是在教皇塞莱斯廷五世（Celestine V）只当了6个月教皇就于1294年逊位后继任的。教皇的逊位——即使是像塞莱斯廷这样极端远离尘世的，以前被称为“隐士彼得”的人来说——也是史无前例的。人们甚至提出了他有没有权利这样做的疑问。（注2）卜尼法斯八世就这样带着对他的合法性，以及他在塞莱斯廷逊位中所起的作用的疑问，登上了教皇之位。尽管如此，还是有人把他描述为“最后一位伟大的中世纪教皇”，（注3）而且他当然是最重要的教皇之一。尽管卜尼法斯八世是一位教廷权力直截了当的捍卫者，但最终还是他的不妥协造成的原因，以及他自相矛盾的各种论点，为精神与世俗权力之间的关系从根本上决裂开辟了道路。

已经有谣言开始流行，说教皇卜尼法斯八世坐在教皇御座上，头戴君士坦丁的皇冠，手持天国之匙和尘世权力的宝剑（注4）时，自称“我是恺撒，我是皇帝”。十三世纪中叶，奥斯蒂恩西斯（Hostiensis）①曾经宣称，教会有一个首脑，两柄剑，并且提出耶稣“并没有说单数的钥匙，而是使用复数的钥匙，因

① 即瑟古西奥的亨利，1200—1271年，出生在今苏萨的一位意大利教会法学家。

此就有两把钥匙，其中一把是用来管理精神事务的，另一把是用在世俗事务上的”。（注5）因此，卜尼法斯八世就提出了应该同时拥有精神事务和世俗事务最高权力的要求。长期以来存在的两个问题，即世俗统治者能否在不经罗马同意的情况下向教士课税，以及教士犯罪谁有司法管辖权，成了危机的爆发点。卜尼法斯明确表示，对第一个问题的回答是“不”；而对第二个问题的回答是“教会”。法国国王腓力四世根本不同意，他的一位支持者写了一篇《质疑教皇权力》（Quaestio de Potestate Papae），称在法国，“皇帝或教皇”都没有更高的世俗权威。（注6）这篇文章也明确地指出，“国王在他的王国里与皇帝在他的帝国里”实际上是同等的尘世君主。（注7）而且在回应卜尼法斯“我们有普世权力”的主张时，腓力四世的使者皮埃尔·德·弗罗特（Pierre de Flotte）反唇相讥道：“当然了大人，但是您的（权力）是口头上的，而我们的是真实的。”（注8）卜尼法斯为了在这场争论中占据上风，在1301年，（注9）发表了盛气凌人的教皇敕书《听着，我儿》（Ausculta fili）；腓力四世马上就把它烧掉了。腓力四世也发布了一篇伪教皇敕令《敬畏上帝》（Deum time），宣称精神和世俗权威都归教皇所有，而那些除此之外的想法就是异端。[①]（注10）卜尼法斯受到一系列犯罪指控，包括大量性丑闻；他还被控曾经说过，他“宁愿做条狗，也不愿做一个法国人”。法国人怒斥道，这不仅是冒犯，也是异端行为，因为卜尼法斯这样说，是在暗示法国人没有灵魂。（注11）这就是卜尼法斯八世颁布他著名的教皇敕令《唯一神圣》（Unam sanctum）的背景。

《唯一神圣》的内容并不特别新颖，只不过是一系列材料的堆积，但是它的表达方式却使它的主张明白无误。它的关键论点是，世俗权威必须服从精神权力，因为为了得到拯救，所有人都必须服从罗马教皇。（注12）必须只有一个教会，一个实体，一个首脑。在这里，卜尼法斯重复《尼西亚信经》（Nicene Creed）所说的：“一个，神圣的，天主教和使徒的教会。”（注13）它指出，当耶稣的门徒告诉他说有两柄剑时，他说的是够了，而不是说太多了。那柄尘世之剑也是属于彼得的，哪怕耶稣告诉他要把它放回剑鞘。于是，卜尼法斯宣称：

---

① 腓力四世伪造这份教皇敕令的目的，是为了激起法国国内对教皇的愤怒情绪，同仇敌忾，他确实取得了成功。

"因此，两柄剑都处于教会的权力之下，这里说的是精神之剑和物质之剑，只不过前者是由教会掌管，而后者是为教会而动；前者在教士掌握之中，后者在国王和军人的手中，但是要听命于牧师的意志和许可。"然后是关键的一段：

> 可是，一柄剑（世俗之剑）应该从属于另一柄剑（精神之剑），而世俗权威应该臣服精神权力。因为使徒曾经这样说过，"除了上帝以及上帝授权的诸事以外，没有权力可言。"（《罗马书》13：1-2）但是，如果一把剑不听命于另一把剑，不承认较低的地位，他们就不会得到上帝的授权，也就不会被另一种权威引向那最高的诸事。

卜尼法斯认为上述道理显而易见。他说："我们必须更加明确地承认精神力量在庄严性和高贵性上超过任何世俗权力，因为精神事物总是超越世俗事物。"这导致了在谁裁判谁的问题上，出现了明显的等级意味："如果地上的权力犯了错，那么它将会受到精神权力的审判；但是如果下级的精神权力犯了错，就将会受到高级的精神权力的审判；而如果最高级的精神权力犯了错，那么它就只能由上帝，而不是由人来审判。"因此，尘世的各种权力从属于精神权力，它们本身都处于一个等级制度之中，但唯一能够对最高精神权力——也就是教皇——进行审判的是上帝。卜尼法斯表达的是，除了上帝，没有人能审判他；而他可以审判腓力四世。

然后，卜尼法斯把话题转到授予彼得"钥匙"的权力，这种权力既与尘世相联，也与天国相系。他总结道："因此，不论谁抗拒这份由上帝赋予的权力，谁就是在抗拒上帝（《罗马书》13：2），除非他像是摩尼教徒（Manicheans）那样，相信世界有两个起源，而那是错误，我们裁决为异端，因为根据摩西的证言，并不存在多个起源，而是在一开始的时候，上帝创造了天和地（《创世纪》1：1），我们宣布，为了获得救赎绝对必要的是，每个人都要服从罗马教皇。"这样，卜尼法斯就完成了腓力四世在那份伪教皇敕书中所指控他的罪责：凡是那些抗拒这种模式（精神和世俗权威都归教皇所有，而除此之外的想法就是异端）的都是异端。对此，乌尔曼评论道《唯一神圣》是教廷——僧侣统治制度教义的一曲"壮丽的天鹅绝唱"。（注14）

紧接下来发生的各种细节，就广为人知了。腓力四世和他的仆从试图迫使卜尼法斯来参加全体教会委员会会议，就一些紧迫问题进行裁定，而且散布了有关卜尼法斯行为的猥亵谣言，但是这个计划事与愿违。1303年，腓力四世的军队逮捕了卜尼法斯，并且对他加以虐待和凌辱，尽管后来他被释放，又回到了罗马，但是不久就死了。教皇卜尼法斯八世之死，可以被视为教皇宣称拥有“普世尘世权威”的实际终结。（注15）

这次争端的价值不仅在于多起政治事件，而且还因为那个时期产生的那些十分重要的政治理论著作。《质疑教皇权力》对君士坦丁献土的标准解释提出了根本性的挑战。它宣称：“这并不足以证明教皇就是所有基督徒在世俗事务上的主宰。”这是因为东罗马帝国并没有被捐献出来，而在那里无疑还有基督徒。同样的，那些不属于帝国一部分的西方国家，在世俗事务上也同样不受教皇制约：“法兰西王国不臣服（神圣）罗马帝国。正相反，它与帝国之间还有明确的边境线，因为这些边境线，这个王国被同帝国分隔，而且这些边境从人们能够记事起就已经存在了。”（注16）

这种寻求权力范围的注意事项，是这一时期的基本问题。值得提及的是，当时出现了一篇有趣的文章，标题是《教士与骑士之辩》（Disputatio inter clericum et militem），大概写于1297年，正处于教皇和腓力四世之间的斗争时期，而且是为提高腓力的地位而写。（注17）这篇文章大部分都是对不同立场的平庸模仿，但是值得注意的是，其中包括对“国王在王国里（rex in regno）”这一观念的重要评述：

正如人们所知的，一切位于帝国边界之内的事物都臣属于帝国，所以一切位于王国疆界内的也臣属于国王。（注18）

这篇文章直到它写作的大约七十年以后才被其他作者发现。（注19）因此，哪怕它在为世俗统治设定一种空间界定方面具有前瞻性，但是在后来的文章面前已经黯然失色。

涉及这次冲突的两位最重要的思想家分别是巴黎的约翰（John of Paris）（1240—1306）与埃吉迪乌斯·罗马努斯（Aegidius Romanus）（1247—

1316）。前者是一位国王地位的鼓吹者，特别被委以攻击《唯一神圣》中普世抱负的重任；而后者则是从国王顾问的立场，转变成了教皇的辩护者。他们成熟的思想观点，代表了这次争论中的两种关键立场。（注21）巴黎的约翰，也就是让·吉多尔（Jean Quidort），在《论王权与教皇权力》（De potestate Regia et Papali）一文中，表明了他的主要观点。（注22）他以亚里士多德对人作为政治或者公民动物的定义为开篇，辅之以社会动物的概念，然后提出了西塞罗的思想，即人类聚合成一个社群，由一种权力进行统治。（注24）他认为，只有王国是合适的规模——家庭和村落则不够。（注25）王国——被莫纳汉通常翻译为“王权”或“国家”——被理解成是“对一个社群的统治，为了共同的福祉完全由一个人恰如其分地发号施令”。（注26）

权力的各种界限也要延伸到天上。约翰认为，只有在精神意义上谈及普世权力才有意义。可以有一个拥有至高权威的普世教会，但是却不可能设想一个普世或者世界性政府。世俗权力需要使用剑，而且由于无法对遥远的远方挥剑，因此是有界限的：

> 虽然一个人足够统治精神事务，但是一个人是不足以统治整个世界的世俗事务的。因为精神权力可以轻易地施加它的批评或谴责，因为它是口头或字面上的，可远可近；但是世俗权力就不能这样轻易地使用它的剑了，因为要亲自用手，所以往往对远方的人鞭长莫及。而施展言词要比施展一只手容易多了。（注27）

正如莫纳汉所指出的那样，这意味着世俗权威的有效实施会牵涉到地理限制特征。（注28）因此，约翰赞同同时有世俗统治者多元化的观念。世俗统治者在某种意义上是平等而有区别的。这种观点从阿奎那的著作和奥古斯丁的《上帝之城》中发端（约翰提到过《上帝之城》中提到过这个观点）。奥古斯丁在这本书中提到，如果它们不与罗马开战的话，本来会有很多个王国存在。（注30）因此，在约翰的著作中，屡次提及教皇的土地，也就是圣彼得的土地，他自己的土地，还有不向他臣服的土地。（注31）

在这些争论中，约翰的角色迫使他去面对当时的许多关键话题。比如他认为两柄剑的观念“只是一种寓言式的解释，从中得不出任何有效的论据”。（注32）他还引用了保罗的《以弗所书》中“穿上正义的胸甲……提起精神之剑，也就是上帝的言词”这一段话（6：14—17）。因此，这两柄剑或者是指《旧约》与《新约》，或者是指“言语之剑与当时的迫害之剑”。同样的，他还引用《马太福音》（10：34—35）中耶稣所言：“我来不是给世界带来和平的，而是带来一柄剑。”约翰特别强调指出，他说的是“一柄剑”，而不是“很多柄剑”。（注33）然而从他的著作来看，他并没有采取直接站在王家一边的立场。相反，他乐于居间调解各派不同的观点。他承认有两种权力，但是却认为它们是分离的，各自在不同的领域工作。因此他并不否定基督的权力，而是认为，既然它不是世俗世界的权力，那么基督的王权也就是精神上的权力。（注34）

巴黎的约翰提出的论调，后来由帕多瓦的马西略（Marsilius of Padua）进行了更充分的发挥，在统治者与被统治者之间的约定是这样的：如果统治者不成功或者不公正，那么这个协议是可以取消的。约翰还论述了财产权问题，这个问题在奥卡姆的威廉（William of Ockham）的著作里占据了中心位置。约翰称：“拥有财产的专有权利和所有权，与拥有对它的管辖权并不相同……君王们对存在争议的财产没有所有权，但是却有权力对它做出裁决。”（注35）同样，他觉得教会既不应该被排除在一切财产的所有权之外——如方济各会士所主张的那样——也不应该宣称拥有绝对的所有权。教会拥有的一些财产无疑是个人捐献的结果，但正如各种世俗权力一样，它也不能因为它普世管辖权的品质而拥有一切。（注36）当然，财产问题和对权力的各种主张，是君士坦丁献土说有效性的根本。约翰尖锐地指出：“令人有些吃惊的是，据说君士坦丁皇帝把他对意大利的政治权威和全部世俗管辖权都交给了教会，而且教会如果也持有这种‘权力’的话，居然将它当作礼物接受了。”（注37）约翰进一步指出，君士坦丁给教皇的不是西罗马帝国，而是一些具体的一些地方（包括意大利，但不包括法国），然后他把帝国迁到了东方。（注38）因此，帝国本身，或者它的西半部，都不属于，也不臣服教廷。

在一本也是写于1302年左右的匿名小册子里，也表达了类似的观点。这本册子认为，人是分成两个部分的——身体与灵魂。身体关心的是世俗事物，国王拥有“管辖身体和必须在身体生活中处理有形事物的权力”；而灵魂关心的是精神事务，而且“教皇在有关政府和灵魂健康方面的那些事务有关的精神管辖权”。（注39）这种对权力的划分与两柄剑的观念有关。作者赞同这种看法，但是认为：“君主使用物质之剑，而使徒使用精神之剑……这两种权力是有区别的，因此必然不能互相侵扰。”（注40）他对各自权力行使的空间划分是很明确的：“教皇的权威和王家的威严是两种不同的权力，是被神赋予的……有着明确划分的，因此一方不能僭越另一方的管辖权。”（注41）

在埃吉迪乌斯·罗马努斯的著作中，虽然使用的是与约翰使用的相同的材料和术语，但得出的几乎完全相反的观点。埃吉迪乌斯也就是罗马的吉尔斯（Giles of Rome），他是托马斯·阿奎那和卢卡的托勒密的学生，而且在他的早期著作《论君主制》（De regimine principium）一书中，他的观点也与他们类似。（注42）从某种意义上说，《论君主制》是中世纪为统治者提供指南的书《君王鉴》（speculum principum）的范本。（注43）然而不同寻常的是，这本书里没有讨论教会在王国里的角色。（注44）它是在法王美男子腓力四世当上国王之前献给他的，（注45）这本书在十四世纪晚期被约翰·特里维萨（John Trevisa）[①]翻译成中古英语，而且国王们和那些在对王权的各种争议中反对他们的人都曾经使用过这本书。（注46）然而在《论教会权力》一书里，他提出的理论式的观点，比《唯一神圣》更具有论辩性，（注47）而且被称为“也许是最极端的教皇信徒”。（注48）

这并不是埃吉迪乌斯第一次涉足教会政治。1297年，他就写过肯定塞莱斯廷五世逊位和卜尼法斯八世登基的题为《论教皇逊位》（De renuntiatione papae）的短文。（注49）这样的举动，无疑有助于提升他在教廷中的地位，以及他在起草教皇敕书《唯一神圣》中可能的角色。（注50）现在对于这份教皇敕书先于还是后于《论教会权力》还不清楚，但是这二者的观点紧密相关，而且那篇更简短的教皇敕书中的论点，明显在《论教会权力》一书中得到了发展。其中，埃吉迪乌斯对于不同权力的裁判方式进行了讨论。他认为低级的世俗领主要由更高级的世俗权威来裁判，直至最终由精神权威来裁判。他说：“如果尘世的权力误入歧途，那么它就会受到它的上级权力和精神权威的审判。但是如果精神权威，尤其

---

① 1342—1402年，生于英国康沃尔的作家和翻译家。

是教皇的权力陷入迷途，那就只能由上帝来裁决。”（注51）

在《论教会权力》一文中，他提出，正如灵魂控制着身体，（注52）教会也必须控制信徒。在这方面，埃吉迪乌斯同意克雷莫纳的亨利（Henry of Cremona）的观点，认为因为教皇拥有对灵魂的权力，而且灵魂拥有对身体的权力，因此最终身体是在教皇的权力之下。这就意味着教皇拥有最终的尘世权力。（注53）因此应该说，世俗统治者握有的权力只是一种代管，是可以被收回的。奥斯蒂恩希斯也有过类似的观点。他在评论《格雷高利九世教令集》时把教皇描述为“现世君主（dominus temporalis）”时指出，应该把这一点在具体意义上理解为，教皇为了基督教世界的整体利益，有权革除腐败或不公正的统治者的权力。（注54）

埃吉迪乌斯也提出过类似的观点：“在世俗事务或者……俗人中，除了在教会和通过教会建立的机构治下，没有名正言顺的世俗领主权。”（注55）这就引出了具有特定等级形式的权力。埃吉迪乌斯继续强调教会对所有世俗事务的至高领导地位。他说，在亚当的时代，没有为“地球的分区和划分”一类事制定的法律，所需要的全部就是公共契约。（注56）而现在，埃吉迪乌斯主张教会是建立在各民族或国家和王国之上的。为此他引用了《耶利米书》（1：10）：“我今天把你放在国家和王国之上，为了铲除和毁灭，为了播撒和分散，为了建造和种植。”他把帝国从东方向西方的转移，看作是这句话的例证，认为世俗世界从属于精神世界。（注57）他由此宣称“教会和信徒都对这种（世俗）拥有权威，但是教会拥有的是普世的高级权威，而信徒具有的是特定而低级的权威。”（注58）

对于埃吉迪乌斯来说，世俗权力完全处于从属地位，但是拥有充分的完整性。（注59）尽管他强调身为最高上级的教皇权威支配地位的重要性，但同时也认为世俗权力是从精神权力衍生出来的，且清楚地阐述了世俗权力的范围。“尘世与世俗权力，因此是尘世性的（是因为它接受尘世的果实），而且也是世俗性的（因为它占有世俗的物产）。（注61）这里着重指出的是，当他在为教皇要求完整权力提供正当理由的时候，（注62）他认为“教士权力在庄严性和高贵性上，先于王家和世俗权力”。（注63）在提出这些主张的时候，他不断引述双剑的论述。他对这种观点及其结构性关系的重要性进行了许多解释。（注64）

于是，这意味着——同时有两柄剑，一柄拔了出来，而另一把仍在剑鞘里——假如不是这样，教会就拥有两柄剑：已经拔出的剑代表的是（教会）使用的精神之剑，未拔出的剑代表的是不使用但却掌控的物质之剑吗？（注65）

埃吉迪乌斯引述了《罗马书》——“对他而言，持剑者就是上帝仆人，是对邪恶的人伸冤报仇的复仇者。善行不惧君王，但是对恶行来说，君王令人恐惧。”——这是为了说明世俗权力是怎样成为教会的一条臂膀的。（注66）值得一提的是，在为皇帝加冕的时候，教皇总是从祭坛上递给他一把出鞘的剑，“用剑表达照看整个帝国的意思”。（注67）这两柄剑之间的关系，即这两种权力之间的关系也非常关键。这是一种等级关系：“因此身为下级的世俗之剑，必须由身为上级的精神之剑来领导，而且就像下级服从上级那样，一柄剑（世俗之剑）必须接受另一柄剑（精神之剑）的管束。”（注68）他认为将世俗权力与精神权力分离的观点不值一驳。他说：“世俗之剑必须在精神之剑之下，各王国必须低于基督的替身，而且哪怕某些权力的行使可能与此事实相反，基督的替身也必须对那些世俗权力本身拥有所有权。”（注69）

在维泰博的詹姆斯（James of Viterbo）①的著作中，也有相似的论点。与埃吉迪乌斯一样，詹姆斯也将君士坦丁献土看作某种责任，因为教会将这些地方的世俗管辖权当作礼物接受的观念，是同他们想要主张的观念相悖的。（注70）因此，詹姆斯试图主张君士坦丁只是确认了以前存在于神圣律法中的情形。詹姆斯的有趣之处反映在两个关键点上，首先是他试图为教皇卷入世俗事务提供宽泛的基础。教皇一直都在以宗教上的原罪这一概念，要求对世俗事务的最终管辖权。由于教皇对于各种罪孽拥有管辖权，因此任何涉及罪孽的事物就成了教皇的关注点。1204年，英诺森三世在他的敕令《他所知》（Novit Ille）中，肯定了进行干预的三个条件：罪孽，维护平安，以及誓约的违背，因为誓约也是教皇的保留范围。很明显，所有这三者，尤其是罪，是可以是非常宽泛地界定的，因而就给教皇本人进行干预提供了广泛的基础。（注71）詹姆斯试图以等级化的方

---

① 1255—1308年，奥斯丁会修士，罗马努斯的学生，生于意大利维泰伯，1293至1300年出任巴黎大学神学教授。

式，阐明精神权力的范围。他还试图以希腊语中的“hagios”来重新定义“神圣（sanctus）”，他认为“hagios”“意味着‘非尘世的（sine terra）’”，但是这个词源说明几乎是错误的。（注72）与埃吉迪乌斯一样，他认为，“一种世俗权力受另一种世俗权力支配，而世俗权力要受精神权力支配，同样，一种精神权力受另一种精神控制，而每一种精神权力都受于一个首要的精神权力，即最高的教皇统治”。（注73）

詹姆斯第二个有意思的方面，是他阐明教会的空间范围的方法。对詹姆斯来说，基督就是“王和首领，而教会就是他的王国和实体”。（注74）他进一步分析说，教会就是一个王国，但也是“一种社群，因为它是许多信徒的集合或群体”。继奥古斯丁之后，詹姆斯也认为这种社群可以分为三类：家庭、城市和王国。他极力强调，每一种类型的社群都是由构成它的人群来界定的，而不是由居住地、界石或王国的土地来定义的。“尽管有时会把一定范围的土地和许多市镇的集合称为王国，但是真正的王国应该是人群和种族的集合：而这种王国是用那个统治人群的人，即国王名字命名的”。这里意义重大的是，哪怕詹姆斯认为王国其实就是人民，但他还是承认有时有测定地理范围的必要。他承认王国的对照尺度是：“在面积上，一个王国会超过另一个王国，因为多数人要比少数人需要更大范围的土地。”（注75）正是在这些区域之内，国王统治着人民。他还引用《诗篇》来强调这一点：“他在他的边境内创造和平。”（注76）

但丁：《神曲》与《帝制论》

在教廷试图维护它的持续支配地位的同时，许多作家却在宣扬世俗统治的基础。我们将详细介绍他们中的三个人：但丁·阿利吉耶里（Dante Aligheri），帕多瓦的马西略，以及奥卡姆的威廉。如果说，在十四世纪初，教皇派的理论要比对手强大得多，那么很快就变了样。

但丁最著名的作品是《喜剧》（Commedia或Comedy）三部曲，后来人们在乔万尼·薄伽丘（Giovanni Boccacio）的影响下都称之为《神曲》。德恩特雷弗认为，《神曲》“既是宗教诗，又是政治诗”，而这样评价的“第一个，也是最重要的原因可能在于但丁诗篇在宗教的特定素养上”。（注78）但丁相信宗教能改变世界。但是虽然这部作品带有寓言色彩，但丁还是一部重要的且更加符合传统的政治著作《帝制论》（Monarchia）的作者。这部作品写于1308至1318年间的究竟哪个阶段仍有争议，很可能是1310至1313年之间。（注79）我们应该注意到，尽管他的政治著作有一定的重要性，并且应该与他的诗作一起阅读，但是假如他不是一位伟大的诗人，那么他的这部作品可能已经被人遗忘了。（注80）实际上，《神曲》的地位太重要了，以至于费伦特曾经把《帝制论》称为“他的主要政治著作”。（注81）

但丁受到关注的是，想要肯定帝国的重要性，以对抗教皇的权力，尤其是在《唯一神圣》发表之后，同时他也关心改进城市的政治事务。无疑，但丁对佛罗伦萨进行愤怒谴责的原因部分源于对他的流放。（注82）但丁认为，从规模上来说，政治社群可以分为三大类：城市、国家和帝国。城市，也就是亚里士多德所说的城邦，是能够满足人类基本需要的最小单位；国家这些城市的扩展和延伸；可是，正如费伦特所说的，“只有一个世界性的君主政体，一个帝国才能遏制个别城市和君主的贪婪和侵略成性”。（注83）这三种单位都反映在《神曲》的语境和结构之中，披上了诗性语言的外衣，而且因为他使用隐喻的力量而变得更加有力。（注84）

按这些意义来对《神曲》进行政治解读，那么“地狱”就是堕落的城市；天堂就是“理想的城市——帝国”；炼狱就是“既非城市亦非帝国，而是一个没有中心的松散结合的国家，就像意大利”。（注85）但丁认为，意大利就像是一艘“处于暴风雨中没有舵手的船”，一匹“空鞍的马”。（注86）天堂同时避免了城市的腐败和国家的混乱无序，而帝国是世界性政府的最佳模式。所有更小型的政府被聚合“进一个统一的整体之内”。（注87）这样看来，地狱就是指佛罗伦萨；炼狱是那个时代的意大利；而天堂就是罗马帝国，至少是它的理想状态。（注88）正如费伦特指出的那样，其中也有与奥古斯丁的《双城》类似的部分，以受诅咒的城市和天国的城市为两极，而且他在整部作品里都融合了亚里士多德的观点，即政治社群是自然或理性单位，它的设计是以更宗教化的动机，包括成为对“罪孽的软弱的救治”，用来满足特定的各种群体需要。（注90）但丁所谓的城市国家，是他对希腊城邦的理解。而王国是对城市模式的一种扩展：“国家的设计目标是与城市相同的，但是却怀着更大的维持和平的信心。”（注91）这里值得强调的是，亚里士多德的著作在西方重新流行，政治环境同他写作的时候相比已经发生了很大变化。这个时候，已经没有古希腊的“城邦”了，或者他那个时代的，或后来的各个帝国，有的只是许多王国。难怪但丁也像其他人那样，试图在这种新的背景下思考亚里士多德的各种观点。

对于但丁来说，关键问题还是意大利的问题。尽管意大利当时是一个明确的地理存在，而且在某种程度上是一个语言和文化体存在，但它还远不是一个统一的政治实体，当然也更不合于但丁心目中理想标准的城邦和国家。（注92）相反，这种理想模式只能到过去，回到古典罗马时代才找得到，按奥维德的话说就是，“罗马的范围既是城市又是世界”。（注93）如费伦特所指出的那样：“同时既是最小的又是最大的政治单位，是一个只会存在于天国里的矛盾体，然而罗马人却在地上完成了。”（注94）因此可以说，但丁的政治理论某种程度上就是对历史的描写和解释。（注95）

尽管在但丁的政治社群的结构里，国家（王国）是从城市走向帝国的一个元素，而且这也有助于使得诗歌和但丁的政治学具有相当大的意义，但是在《帝制论》的三重结构里，它所研究的政治社群却成了城市—世界、帝国和教会，这三重结构是但丁政治理论的三个主要因素。在《帝制论》里，但丁提出了三个问题，然后文中的每一部分用于解答其中的一个问题。这部作品的最后，但丁自己这样总结道：

不论君主政体的职能对世界的福祉是否至关重要，也不论罗马人的帝国是否应得，而且最后，不论帝制论的权威是直接来自上帝，还是通过某个中介，都不要把最后一个问题揭示出的真理，狭隘地理解为，让罗马君主（皇帝）免除对罗马教皇的服从，因为从某种方式上说，我们的尘世幸福服从于永恒的幸福。因此，皇帝应该以长子看待父亲那样的敬意崇敬彼得，这样当他被父亲的慈爱照亮的时候，他就会更有力地照亮世界。要知道，他是唯一的精神与世俗事务的主宰，安置在世界首脑的位置上的。（注96）

本质上但丁想要追问的是最高权威的存在是否必要，罗马人是怎样取得这样的成就的，还有权威来自何处。他是在尘世的范围之内关注这些问题的，认为“被称为帝国的尘世君主制，是由一个人同时对所有人发号施令，或者至少是对时限内的事物实施统治”。（注97）但丁在哲学概念与政治现实，以及尘世与永恒的要求之间，进行了区分。因此，他承认在永恒与尘世之间的某些方面，有等级制存在的必要。可是一旦把这些问题推到世俗范围内，他就马上开始挑战教廷的某些权力。实际上，正如坎宁所说的那样，“虽然基督是精神和世俗的主宰和统治者，但是这并不就是说他的代理人也是这样”。（注98）尽管会有宗教扮演的角色，而且但丁并不挑战教皇的精神权威，但是政治层面上的统一才是关键。他认为：“对于世界的福祉来说，君主政体或皇帝是必要的。”（注99）重要的是，在这里的帝国是指绝对的权威，而不是一个空间上的范围。虽然在“炼狱”中，他确实用过这个词来描写意大利，说它是“帝国的花园”，但并不是这个词的标准用法。（注100）

虽然在但丁的心目中，可能有如腓特烈二世那样的强有力皇帝，但但丁的神圣罗马帝国的样板就是古罗马帝国。（注101）对但丁来说，罗马帝国能成功地主导世界，并不仅仅是由于其他国家的软弱和它野蛮的武力：“我坚信，罗马人是通过正当的手段，而不是通过篡夺，才获得了对其他民族的君主职能，这种职能被称为帝国。”（注102）以前他曾经持不同观点，认为罗马人只是凭借武力。（注103）但是到了写《帝制论》的时候，但丁开始相信罗马扩张的神圣目的，即高贵的罗马人是“被自然安排来统治世界的”。（注104）这部书的第二卷，基本上是用来反驳帝国转让的概念。通过这种转让，君士坦丁把他的帝国献给了教皇，因此教皇才可以把它转给查理曼、法兰克人，或者德意志人。（注105）相反，罗马人是因上帝直接给予的权力进行统治的。他在整部书中都持这样的观点，只不过在第三卷为这一立场走向更加宗教性的基础。然而，他却认为教会必须处于从属地位。在世俗事务中，帝国的力量必须是绝对的。不论是从下面（城市或王国），还是从上面（教皇）挑战它的权威，都是不允许的。教会应该是纯洁的、清贫的，没有世俗权力。（注106）这样一来，尤其在这部书的第三卷，但丁就对两柄剑的说法进行了辩驳。他认为，两柄剑的比喻是适当的，但是对它的解释是成问题的，尤其是从它的僧侣统治性质来说。但丁认为，应该取《圣经》这一段中直接的、非寓言性的意思。基督一开始认为他所有的门徒各要有一柄剑，但是又承认两柄剑就足够了。（注107）虽然在《神曲》里，但丁提供了两个太阳的意象——一个是政治的，一个是宗教的——但关键是这两者都属于罗马，是分别用来照亮不同道路的。（注108）实际上，当他在《帝制论》中讨论这个问题的时候，但丁明确地反对用太阳让月亮发光来代表精神权威赋予世俗权威权力的观念。（注109）从这一点可以明白地看出，但丁的《帝制论》并不是一曲给逝去帝国的挽歌，而是为未来提供的非常坚实的提法。（注110）

但丁有力地主张世俗统治者不是受制于教皇，也不从他那里获得权威。他最有力的声明是：

尘世王国的存在并不依赖于精神，也不依赖于它的权力（这构成了它的权威），甚至它的运作也是如此——虽然它肯定从精神世界接受能量来更有效地运作。这种能量因上帝恩赐的光华，从天国注入地上，并由至尊教皇在地上分配。（注111）

通过引证《圣经》，但丁对教皇的许多主张进行了批驳。在对亚里士多德解读的基础上，但丁发现，虽然教皇的许多前提都是真的，但是三段论的逻辑却是漏洞百出，谓语不统一，意思的延伸不合适，或者对于正在讨论的问题故意误读。（注112）但丁否认君士坦丁献土的有效性，不是因为他能在语言学证伪，而是因为他认为这是不可能的，把帝国权力以这种方式分割和毁灭，确实是不可能的。斯科特认为，但丁“除了接受这份伪造的文件为真之外，几乎没有选择”。（注113）因此他才不像批判它的有效性那样批判它的历史性。（注114）他提出了反对它的坚实论据：君士坦丁并没有被赋予献出帝国的权力，因为“分裂帝国是与皇帝被授予的职责相反的”，而教会接受它也是不对的。（注115）然后但丁引用了在耶稣上了十字架以后，就已经无法把他的衣服分开的典故（《约翰福音》19：23），表明帝国本身就像是一件“无缝的衣服”一样不可分割。（注116）另外，在《神曲》中，也有几个但丁批评献土的段落。在《天堂篇》里，但丁说君士坦丁“将鹰的翅膀逆着天道飞行”，就是指他把帝国从西方转移到了东方，正是逆着太阳运行的方向——也就是说，逆着上帝和自然而行。（注117）在《炼狱篇》里，能听见一个来自天国的声音说道：“哦，我的羔羊，你驮载的是多么邪恶的货物啊。”（注118）同时，这次捐献也使教皇可悲地成为“第一个暴富的神父”。（注119）但丁确实不像奥卡姆那

样讨论清贫的问题，至少在《地狱篇》里也没有，但是他选择了暴露贪婪。（注120）

但丁虽然在为帝国辩护方面是政治保守派，但在挑战教皇的权威上却很激进。《帝制论》一书在他的写作年代就受到了强烈批评，而且他早期的手稿也没有保存下来。从14世纪下半叶幸存下来的最早的文稿，一方面不是藏在其他著作里，就是隐去了作者的姓名，再就是加上页边评语，说明这是一部会使拥有者陷入危险的作品，同时也说明了它会引起各种反驳。（注121）在《帝制论》刚发表后不久，圭多·维尔纳尼（Guido Vernani）就写了一篇有力的驳斥文章。他同意但丁应该只有一个君主政体的说法，但是他说这个君主应该是教皇。维尔纳尼承认帝国应该存在，但是它的权力不是神授的，而且皇帝只能通过教皇获得权威，而不是直接从上帝那里。对于维尔纳尼来说，服从教皇并且按照福音书去生活，就会产生真正完美的君主政体。（注122）教会自大约1328—1329年起，就开始谴责《帝制论》，限令直到1881年才解除。（注123）

帕多瓦的马西略与城市权利

帕多瓦的马西略（或称马西里奥），经常被称为中世纪最重要的政治思想家之一。他当然也是最激进的思想家之一，尽管许多人认为他重要的理由是因为他的推定性的预言，而不是因为他在那个时代所扮演的角色：因为后来一些被称为异端的人，都宣称他们的思想来自“被诅咒的马西略”。（注125）马西略的首要目标是教皇，而且他为反对教皇就同时控制世俗权力，而且在事实上称为它的绝对精神权威的所谓的完全权力的说法，提出了一些有力的论据。（注126）可是比较起来，他对涉及世俗权力的核心问题所说的相对很少，甚至在他为世俗权力的存在提出辩解时也是如此。

马西略生于1275年左右，死于1342年。他重要的著作有《保卫和平》（Defensor Pacis）《保护弱小》（Defensor Minor）和《论帝国的转移》（De translatione imperii）。（注128）其中第一部《保卫和平》是最重要的，它完成于1324年，而且——这对于中世纪著作来说不同寻常的——是以作者亲手修改过的手稿形式保存下来。（注129）它是献给巴伐利亚的路德维希（Ludwigof

Bavaria）[①]的。它的拉丁文本编者称这部书为“中世纪皇帝与教皇漫长而令人厌倦的争斗中的许多冗长乏味的论辩之一”，而且“令人无法忍受得长，冗赘而粗笨，还充满了重复”。（注130）它是由三部分长度各自不等的论述组成的。第一部分讨论的是马西略称之为“王国”的各种权力；第二部分也是其中最长的，讨论教会权力；第三部分非常短，是对前文内容的有效总结，但是也提供了关于消除那些威胁和平的战争危险的一些具体建议。（注131）虽然名义上这些论题是彼此分离的——也许在论述这份文献的文学作品中比文献本身更加厉害——但是，它们当然在内在上密切相关。（注132）但重要的是，第一部分被单独拿出来讨论世俗政府。正如内德曼指出的那样，这在当时是不寻常的，而且就在马西略区分世俗政府与教会权力的时候，他同代作家中的大多数人“都在把他们的世俗政治理论糅合到主要讨论精神王国与世俗王国关系的著作中”。（注133）对一个世俗的独立政治单位来说，关键准则是和平。（注134）

《保卫和平》通常被认为是一篇内在的现代性文章，而且很多评论者都试图找到其中思想的全方位先驱者。因为正是这些思想，后来成为政治讨论的焦点。（注135）普雷维特-奥顿认为，为了描述事物，马西略经常费尽心力地寻找词句，因为专门术语还不存在。他认为这正是马西略创造力的一个明证，他创造出的词汇中就有“绝对主权”这个词。（注136）他继续评论说：“在十四世纪，法律主权概念还是陌生的，也许除了在平民的技术说明中，或者是在教皇的完全权利中有所隐藏。”（注137）马西略当然预料到了各种主权概念出现后在将来所要解决的问题。正如马约洛所指出的那样，通过对内在危险与外在危险进行区别，他开始接触到我们会理解的“内在主权与外在主权现代概念的核心”。（注138）可是，我们提出马西略其实意在言外的假设时，还是应该极其小心。（注139）

另外两篇文章就非常不同了，它们都短多了，而且也与当时其他人的作品更接近。《保护弱小》集中讨论世俗与精神权力之间的关系，因此它也就与前面我们已经讨论过的几个例子同属一个特定类别。这篇写于《保卫和平》之后十五到

---

① 指神圣罗马帝国皇帝路易四世，1282—1347年，路德维希是路易的德语写法。路易四世出身维特尔斯巴赫家族，1294—1301年间与其兄鲁道夫一世，共同继承上巴伐利亚公爵爵位，1314年成为德意志国王，1327年成为意大利国王，从1328年起，成为神圣罗马帝国皇帝。

二十年的文章，对于《保卫和平》中的一些关键论点，都做了讨论和进一步的发展。《保卫和平》与《保护弱小》之间的关系上还存在争议。前一篇明显是宣扬小型政治单位反对教会的各种权利，但是第二篇文章，却似乎认为我们现在所称的共和国不是最好的政治制度，而是在宣扬帝国。还有人认为，马西略实质上一直都是帝国的鼓吹者。内德曼对这两种解读的基础——《保护弱小》赞成帝国的说法提出了反驳。相反，他认为这两篇文章都是含糊其辞，而且认为虽然说到世界性的帝国可以是合法的，但是这并不一直意味着这就是最佳结果。内德曼振振有词地主张，比起其他的帝国鼓吹者来，如但丁或《帝国的权利》的作者贝本伯格的鲁伯尔德来，《保护弱小》"根本就不算是一部帝国政治理论著作"。（注140）相反，他认为，马西略只有在它合乎某些重要规则的时候才认为帝国是合理的。（注141）

他的第三部重要政治著作《论帝国的转移》，是一部更清楚地拥护帝国的政治著作。它着眼的是帝国权力转移合法性的问题。当然，其中两个最重要的案例是君士坦丁献土的推定与利奥三世为查理曼加冕——就这样把帝国从罗马人的转移到了希腊人那里，又从希腊人那里转移给法兰克人。对第一次转移，马西略缺乏必要的知识证伪，因此也就不能像一篇给予它应得的批评的文章那样，大举抨击它的非正当性。（注142）加内特认为，实际上，"马西略对它真实性的矛盾情感，也为他提供了一种有价值的武器"。（注143）同一个主题在《保护和平》中也以更加温和的形式出现过。（注144）

在君士坦丁大帝之前，皇权一直在罗马，历经三十三位皇帝治世，延续三百五十四年零五个月不曾迁移。君士坦丁在位的第七年，他改变了御座的位置，把它转移东方，一座现在被称为君士坦丁堡的拜占庭城市，并且按照帝国法律，在那里尽享古罗马的君权。（注145）

马西略有效地逆转了合法性与宗教的各种问题。他指出，社群提供了世俗统治的正当理由；宗教是被那个政治团体运用的。他认为帝国的合法性并不是因为教皇，也不需要教皇为皇帝加冕，即使加冕已经成为惯例。通过这一系列的权力转移，那个时代的德意志皇帝是合法的。他在提到查理曼加冕时说："这次帝国转移的力度、公正和稳固的范围，已经在我的《保卫和平》最后一章中揭示，人人都可以很清楚地明白。”（注147）关键在于，他认识到在一些术语上存在一些歧义。

> 有必要指出，在某种意义上，“罗马帝国”这个词有时候是指只统治罗马市或罗马大区的君主政体或王族统治。它在起源时正是这样……在另一种意义上，“罗马帝国”指的是君临全世界的普世或全面君主政体，或者至少是建立在大多数行省之上的君主政体，就像政府和罗马城刚刚出现时那样。（注148）

跟其他作者一样，马西略有效地利用他能用来立论的各种资料，包括方济各会士们的著作。在《论帝国的转移》中，马西略的策略是，拿出一篇亲教皇的文章——科隆纳的兰多夫（Landolph of Colonna）的《帝国转移论》（Tractatus de translatione Imperii）——并且对它的资料来源进行再研究和再检验，从而达成完全不同的结论。（注149）在《保卫和平》中，亚里士多德的著作被广泛引用，并且被视为几乎万无一失，每次引述他的言论，都是最强大的论据。（注150）在《保护弱小》中，资料来源却更加传统，主要来自《圣经》，还有一些来自于教会神父，也有少量来自中世纪文献，而且从没有引用过亚里士多德或圣方济各会士的著作，因为这一次他的听众不同。（注151）

马西略指出，有两种生活方式，而且能生活得很好：“一种是世俗的或尘世的生活，但是还有另一种通常被称为永恒的或天国的生活。”（注152）他对每一种生活的含义进行了详细讨论。世俗生活适用于两个主要领域。首先，它适用于除了人以外的所有有形事物（既包括自然的也包含人工的）。从某种意义上说，既然这些事物在人的权力范围内，那么就是用来供人在他的尘世生活状态中使用、满足需要和产生快乐的。（注153）重要的是，这意味着财产，而且与清贫问题紧密相关。其次，“世俗的”也适用于人类行为——即“性格、行为或情感”——为了达成这个世界上的某种目的，对自己或对他人采取的行动。马西略进一步把这个定义限定在会对除了行为实施人以外的人产生影响的那些事物上，因为这些“正是那些人类法律的立法者最为关注的问题”。（注154）在这种具体意义上，他无疑是对的，而且我们因此得到的清晰感知是“世俗的”关注的是那些影响我们的尘世生活，在我们物质生活时期存在的事物。如果再考察一下精神事物的定义，那么这一点就变得更加清楚了。马西略指出，据说精神事物是指“无形物质及其行动”，是指人类进行的仍留在他们自身内部的事情（认知行为或欲望），是指神圣律法以及“让我们有序趋向永恒生活的圣灵的全部恩赐”。由此得出的意义是，人类所做出的任何行为或者拥有的任何情感是“为了在这世上最幸福的生活降临”。还有一些其他意味是马西略认为不合适或不恰当的。（注155）很清楚的一点是，世俗事物是关于我们在地上的生活，而精神事物指向我们的灵魂的，朝向永恒。

在指出两种生活方式，并且将精神从世俗中分离之后，马西略就开始为清贫的各种概念辩护，但是撇开了这些概念与慈善的关系。（注156）相反，对他来说，将具体的方济各会的问题应用到整个教会上来，那么贫穷就是一个更加广泛的“世俗摒弃”问题。（注157）否定对世俗物品的权力，就是一种对世俗权力的有效否定。马西略在某些“能够在一次行动或使用中消耗掉的”世俗物品，像食物、饮料和医药等，与其他像衣服、工具、仆人、田地或房屋等“可以长期使用并且具备能多次使用的性质的”世俗物品之间进行了区别。（注158）尽管如此，他很清楚“简简单单地使用或合法地拥有一件东西……与前面所提到的任何统治权力是有区别的，那种权力是宣称自己对事物或事物某方面的独占，或阻止别人占有”。（注159）他进一步提出，那种相反的说法就是“疯狂的异端”，这是暗指教皇约翰二十二世（John XXII）就是个异端分子。（注160）

马西略还批判了“完全权力”的各种说法。他说，这种观念就是教皇对人群拥有无限权力。埃吉迪乌斯以及更早的克莱沃的圣伯尔纳铎（1090—1153）都是炮制这种观点的重要人物，后者曾经对教皇说：“其他人蒙召来一同照看灵魂；您蒙召是来掌管完全权力。其他人的权力是被明确的界限限定的，您的权力甚至延伸到那些拥有凌驾他人权力的人之上。”（注161）正如蒂尔尼指出的那样，这种完全权力或完全权威（plena auctoritas）的提法，对教会法学家表达的教义至关重要，同时也是主权概念实际上的先驱。（注162）可是他的无限制属性意味着，并不能把它简单地等同于更加现代化的主权概念，因为它的范围无限，故而最好还是把它称为“教皇至尊权”好一些。这种权力并不否认存在世俗权力，只不过强调它自己凌驾其上。（注163）马西略将持这种极端观点的作者当作他攻击的目标：包括埃吉迪乌斯与奥古斯蒂努斯·特里乌姆福斯（Augustinus Triumphus）。（注164）正如坎宁指出的那样，仅仅在他们这些人的文字里，就有教皇完全权力理论这条“马西略意图斩杀的龙”。（注165）马西略细心地注意到，问题并不是基督具有何种权力，也不是他能够授予彼得及其继任者何种权力或权威，而是基督确实授予他们什么权力。（注166）他解释说，很明显基督把他们排除在所有“元首政治或尘世政府之外”了。（注167）因此，他把基督对比拉多的回答“我的王国不是这个世界的国度”（《约翰福音》18：36）看作是“我并不是来这个世界，按照那些尘世王那样用世俗政府或权威来统治”。（注168）正是这一点引出了他对“两柄剑”概念的讨论。（注169）他认为当基督说出了“那就够了”的时候，他的话语是隐喻性的和神秘的。马西略引用了一句据他说是圣安布罗斯说过的话，“两柄剑是得到准许的，一柄是《新约》，另一柄是《旧约》，把我们武装起来对抗邪恶的攻击。而耶稣说‘够了’，是因为对一个用这两本圣约书武装的人来说，什么都不缺了”。（注170）马西略说，即使照字面理解，“物质之剑既不是元首政治，也不是对世俗行为的审判”。（注171）

像许多中世纪晚期的作者一样，马西略在引用亚里士多德的《政治学》一书时，发现有必要把亚里士多德在原文中所使用的城邦概念，从原来的小型社群意义上扩展。正如但丁所证明的那样，可以把它进一步扩展成君主政体或帝国。（注172）对于马西略来说，最普通的政治社群是指城市，但是也可以指王国或行省。（注173）马西略知道，在《政治学》的拉丁文译本中，城邦被译作城市，而且他无疑知道“国家”这个词。（注174）正如格沃斯指出的那样，“从很多方面讲，马西略的拉丁文本本身就是一种翻译，因此在翻译他的著作的时候，我们也是在翻译他的译文。”因此，在把像“城市”这种拉丁文词汇译成英文的时候，就不仅仅是在翻译拉丁术语，而且同时翻译了亚里士多德的“城邦”一词。格沃斯本人在翻译这些词的时候，使用了“邦国”这个误导性词汇，但是这本身并不能使我们的注意力从他本质的重点上转移。（注175）然而，正是在“王国”这个概念上，马西略做出了最有意义的贡献。他指出，虽然人们通常把它理解成“王国”，但是他想要扩展它的含义以包含更多的，而不仅仅是这种政体。（注176）他说，一个王国可以指在“一个政权治下的很多个城市或省份”。在这个意义上，王国与城市之间的区别就不再是政体意义上的，而是规模上的。（注177）他进一步指出，它也可以指一种特殊类型的政权，亚里士多德称之为“温和的君主政体”。（注178）他由此将它与城市关联起来，但并不能据此就认为它们是对等的。布雷特把这个词翻译成“领域”，是认识到它既不像“邦国”那样现代，也不像“王国”那样局限。（注179）马西略有时候还讨论过“意大利王国”，但这不是指一个意大利邦国或者真正的意大利王国，是对意大利半岛领域或地区的一个尚未实现的梦想的称呼。他悲哀地陈述，“它被分割又被撕裂”，因此“就更容易被镇压”。（注180）

因此，吉尔克说：“城市、王国与帝国之间的区别，只是规模上不同，而不是被糅合进一个单一实体的有机组成部分。”（注181）然而这种区别也并不是简单的梯形分化：重要的是，它们形式上相等，并且具有同样的权力逻辑。对马西略来说，这就意味着它们都是从它们的社群中获得的合法性，而且不必向任何外在的更高权力低头。（注182）因此，他的著作为哪怕最小的政治团体免丁教皇的干预，提供了坚实的合理性。与此同时，他的所有论述似乎都在为帝国辩护，尤其是为巴伐利亚的路德维希。正是因为这一点，在1327年，他被教皇约翰二十二世宣判为异端，（注183）但是，他重要意义却超出了这一点。在为小型政治团体的权利辩护时，他提供的正当理由能够用于帮助它们独立，免受帝国法令的管辖。这个问题过一段时间还会重现。这种重要性在文学作品中往往被夸大了，如德恩特雷弗就认为，正是由于马西略提出宗教从属于国家，所以他预见到了宗教改革，而且他对“几个弱小政府在它们的邦国边界之内实施最高权威和对宗教事务的控制的权利的辩护，以及臣民的职责与对君主的信仰相一致的辩护”，清楚地表达了“领土性原则”。（注184）

当然上义的最后一项才是关键。但是德恩特雷弗假设这种论述在马西略的著作里存在是不可取的，因为这看上去如此言之凿凿。可是马西略没有明确表述过权力空间或者范围的限制。而且正如加内特指出的那样，格沃斯认为马西略认为邦国的主权是“处于确定的领土以内”，或者如加内特使用的术语“受到领土性限制”，这是同原来的文本绝对找不到任何关联的。（注185）因此，马西略并没有鼓吹过“边界”内部的控制，更不用说“领土”了。（注186）普雷维特-奥顿把马西略使用的“在城市或领域中”解释为“领土”，但是这一步确实走得太远了。（注187）相反，马西略鼓吹的这种控制，是对一个想法更加松散的城市，一个看似仅仅由“人民”构成的社群。他也没有坚决主张过君王有设定宗教的自由决定权，确切地说也没有为神职人员提出政治指导。主张限制教皇权力，并不能预示就一定会发生奥格斯堡会议的裁决。（注188）不管怎么说，他确实看到了无限制的教皇权力正是单个政治社群面临的问题的关键，也是毁灭人类幸福的力量。（注189）作为回应，他为几乎前所未有的世俗管辖权提供了正当性依据。对于这一点，格沃斯认为，它既超过了教皇的完全权力，也超过了让·博丹后来明确提出的统治权。（注190）然而在对世俗事务的讨论中，马西略指出，从最广泛的意义上说：“每一种在时间有始有终的事物习惯上都叫作‘世俗的’。”他这里引用的是亚里士多德《物理学》第四卷中的内容。（注191）在这本书中，亚里士多德关注的是作为运动度量的时间，尤其是通过空间的运动。（注192）这里几乎没有提到的是，将会变得越来越重要的，而且很可能是在世俗世界里已经隐含的尘世关系：世俗事务就是那些发生在“某地”的事件。

奥卡姆的威廉与清贫政治学

奥卡姆的威廉无疑是中世纪晚期最重要的哲学家和神学家之一，但是他作为政治思想家的地位却更为复杂。比如麦克格雷德就把他描述为“伟大的学者中最可畏的技术员”，他先是成为一位活动家，然后又成了“一位重要的政治思想家”。（注193）这中间有一个明显的分野：在1324年前，他几乎没写过任何政治学著作；1328年以后，他几乎只写政治学著作。（注194）他最后的神学著作《神学论争的问题》（Quodlibetal Questions），主要是在牛津写成的，但是最终版可能是1324—1325年间，在阿维农（Avignon）①完成的。这部著作里几乎没有提到过教皇、帝国、清贫、权力或财产，而只是简单地提到了权威。而这些正是他后期政治著作中的全部关键主题。（注195）这些作品大部分完成于他在慕尼黑的那些年，但却是在阿维农产生的构思。（注196）这就为我们提供了一个很好的起点：奥卡姆成了一个政治思想家，而这几乎与他对其他哲学领域的贡献没有任何关系。例如，由玛丽莲·麦考德·亚当斯撰写的关于他的权威学术传记覆盖

① 又译作阿维尼翁，法国东南沿海的历史文化名城。1309—1377年间，先后有七任教皇以阿维农为教廷所在地，史称阿维农教廷。这一时期，许多著名神学家和宗教界人士，追随教皇一同在阿维农居住和工作。

了五个不同的领域：本体论、逻辑学、知识论、自然哲学和神学，但是不包括政治学。（注197）对于麦克格雷德来说，哲学和神学著作没有明显的政治性，它们在更加政治化或更具有论辩性的著作中很少被使用。（注198）但是科尔曼却认为，奥卡姆先前从认识论中发展出来的观点，对于他后来的政治学著作非常关键。（注199）尽管如此，人们还是普遍认为奥卡姆早期的政治学著作，是对当时问题的直接辩论性参与，哪怕他最终开始写作更深思熟虑的作品。（注200）那么是什么让他的使命产生了这样戏剧性的变化呢？

奥卡姆是一位方济各会员。方济各的基督清贫理论，早在他来到阿维农之前，就在1322年的教皇敕令《因为有时》（Quia nonnunquam）以及《因为在一些人中间》（Cum inter nonnullos）中，被裁定为异端。（注201）这是对先前教皇尼古拉三世（Nicholas III）的教皇敕令《那些播种者》（Exiit qui seminat）（1279年）的直接反动。当时的教皇曾经容忍了这些观点。（注202）尽管方济各会相信基督和他的门徒一无所有，而只是使用了各种物品，但是教皇约翰二十二世却反对这种所有权与使用权的永久分离。在他的敕书《教规的基础》（Ad conditorem canonum）（1322年）中指出，把这种理论应用到“一个鸡蛋、一块奶酪、一片面包或其他通过使用可以消费的物品上是荒谬的”。（注203）虽然圣方济各会会规明确声明：“让兄弟们不要为自己而侵吞任何东西。既不要房屋，也不要土地（locum），以及任何东西。”（注204）然而，方济各的清贫观却是复杂的，因为在圣方济各自己的著作里，甚至没有提到过所有权或财产权的说法。（注205）这两种关键术语，以及占有权与使用权，以及它们之间的相互关系是复杂的。所有权通常是绝对的，而且往往伴随一种被动意味，经常与主动的使用权加以区别，虽然它们被频繁混在一起的，就像所有权和占有权那样。（注206）然而正如科尔曼指出的那样，“所有权的问题，将会成为政治权威行使的一个问题。”（注207）

虽然方济各毫不含糊地反对金钱，赞成清贫，但是这并不意味着他鼓吹完全地否定财产权。尽管如此，后来的方济各会士，特别是圣文德（Bonaventura）[①]

---

① 1221—1274年，原名乔万尼·迪·费旦扎，中世纪意大利经院哲学神学家和哲学家，第七任方济各会总会长，阿尔巴诺教区主教和红衣主教。1482年被教皇西克斯图斯四世奉为圣徒。

在1269年写的《清贫辩解书》（Apologia Pauperum），在所有权和占有权这一方面，与另一方面的使用权之间做了根本性的区分。他说他们“放弃尘世的占有权，但并不完全拒绝，而是限制使用权”。（注208）一个人对某种东西可以使用，并从中获益，但不用宣称对它的所有权。圣文德在各种表示所有权、财产权和占有权的拉丁文词汇“dominium，proprietas和possessio”之间没有进行区分，重要的是将所有权和占有权都与使用权进行了分离，有时他会将后者称为“简单的使用权（simplex usus）”。（注209）教皇格雷高利九世在1230年发布的教皇敕书《延长之地》（Quo elongati）也表达了类似的观点：它反对使徒拥有共同的或个人的财产的说法，但是他们拥有“器物、书籍和可移动物品”的使用权。（注210）然而虽然在所有权和占有权之间进行区分似乎是可行的，但是要把占有权与使用权区分开来，尤其是对于可消费的物品，如食物，却更加难以完成。（注211）在教皇敕书《那些播种的人》（Exiit qui seminat）里，采用了圣文德的观点，但是做了至关重要的两件事。首先，它不仅罗列出圣文德使用的各种术语之间的区别，还引入了一种在使用权（ius utendi）与使用的简单事实（simplex usus facti）之间进行区别的做法。这样一来，“ius”一词对四个术语“dominium，proprietas，possessio和ius utendi”都相当重要，从此以后，这几个术语就被视为各种权利（ius），反之实际（de facto）使用是“无关紧要的评判”。（注212）其次，它还讨论了方济各会士观点的教义基础，而不仅仅是他们的生活方式。（注213）正如蒂尔尼所指出的那样，它实际上构成了“方济各会士的一个大宪章”。（注214）

超过十二年的时间内，教皇约翰二十二世一点一点地消除了清贫的教义。（注215）一开始，他试图调和立场。在1317年，他宣称“清贫是伟大的，但是完整性更伟大；而服从则是最伟大的善”。（注216）通过服从皇马教廷来维护教会的整体性，但是却没有人遵从。科尔曼指出，约翰引用阿奎那关于财产权的观点，并且褒扬他。（注217）这些重要的教皇敕书，都发布于1322至1323年间。《因为有时》（Quia nonnunquam）发布于1322年3月26日，其中提到如果先前的敕书“是有害而不是有益的”，那么撤销是可以接受的。方济各会士对此的强硬回应，导致了敕书《教规的基础》（Ad conditorem）的发布。它最初发布于1322年12月8日。针对它的异议导致了态度更加强硬的版本，发布于1323年1月14

日。但是第二版使用了与第一版同样的日期，因此就不是为了更新它，而是取代它。1323年11月12日，教皇敕书《因为在一些人中间》（Cum inter nonnullos）发布（有意思的是，这一篇竟然忽略了‘所有权’和‘财产权’等术语），而且这次教皇宣布，凡是相信基督和他的门徒们一无所有的就是异端。（注218）应该说，在某种程度上，教皇的这种态度是由一些方济各会士，尤其是乌贝蒂诺·德·卡萨莱（Ubertino de Casale）挑起的。他试图以方济各会士的观点，批评教会的政策和教廷。他宣称，他们已经不再满足于仅仅作为在更加广义的教会内部的一种备选生活方式，而是应该把这种方式普及到整个教会，这引发了一场更广泛的冲突。（注219）约翰最后的教皇诏书《为了一个被抛弃的人》（Quia vir reprobus）于1329年发布。在文中，他裁定一个人的完善程度是与所有者权利相对应的，因为没有权利就不会有公正。（注220）在此，紧要的是意识到这不仅仅是关于基督清贫，甚或教会是否因此必然要清贫的一场争论。相反，是关系到教皇权威究竟应该怎样，以及它是否应该有世俗成分的问题。（注221）

奥卡姆被召到阿维农，是因为教皇担心他早期的非政治性著作，尤其是他的《刑罚论》（Commentary on the Sentences）。（注222）牛津大学校长约翰·勒特雷尔（John Lutterell）来到教皇那里说，在奥卡姆的著作里，有56处异端命题，因此1326年，其中的51个论题被裁定受公开批评，但是对他从来没有正式定罪。（注223）这起事件中参加审查他的人之一就是红衣主教雅克·富尼埃，他后来成为教皇本笃十二。（注224）奥卡姆在阿维农期间，他的方济各兄弟，包括著名的切塞纳的米歇尔（Michael of Cesena），要求他阅读教皇的一些著作。（注225）在这样做了之后，他确信约翰二十二世自己就是异端，因此不能合法地当教皇。几年后回忆此事的时候，奥卡姆说，他在教皇的著作里发现“极多异端、错误、愚蠢、可笑、奇幻、疯狂，以及诽谤等，与正统信仰、美德、自然原理、确定经验以及友爱仁善相左之处”。（注227）他在阿维农受到软禁，但是最终于1328年，在虽不被教皇承认的新当选皇帝、巴伐利亚的路德维希的保护下离开了那里。在生命的最后二十年，奥卡姆将心思都投入到撰写书和小册子，反驳那些教廷的决定，并且清除约翰和他的继任者的影响。（注228）他明显地谈及过这样的约定：“哦，皇帝，你用你的剑保护我，我就会用我的笔保护你。”（注229）不论这说法是否杜撰，它都准确地反映出了这种关系。在一些方济各会士试图提出

1279年的教皇敕书不能撤销的同时，另一些人却遵从了教皇，徒劳地想调和1279年与1321年的公告。奥卡姆在此事中的表现非比寻常，他在努力地从神学上对那些敕书本身的教义进行分析。（注230）

奥卡姆的第一部重要的政治学著作是《九十天之作》（Opus Nonagintan Dierum），这个名称很明显是因为他是用了三个月完成的这部作品。（注231）这部冗长的著作——有200页用于讨论吃面包而面包却不是财产的问题——被描述为“一部极为博学的著作”，这个特点再加上它的广阔的范围，“实际上排除了对这部作品的回应”。（注232）他的其他主要著作包括多篇结构的《对话》（Dialogus），其中第一篇讨论异端，第三篇讨论神学论争；（注233）反对教皇约翰二十二世及其继任教皇本笃十二的著作；（注234）《教皇权力八问》（Octo quaestiones de potestate papae）和《简论专制政府》（Breviloquium de principatu-tyrannico）。（注236）他的最后一部知名著作是《论皇权与教权》（De Imperatorum et pontificum potestate），是从普遍的意义上对精神权力与世俗权力的讨论。（注237）

正如前面已经指出的，清贫问题也同样内在地隐含着教会的世俗权力问题。继比德之后，奥卡姆也指出基督的王国是永恒的，是在天上，而“不是地上尘世的”。他认为“那个拿言词和对尘世王国蔑视的榜样教导我们的人，不可能被认为是世俗之王”；而“受到祝福的彼得，也没有从基督那里得到任何尘世王国”。（注238）奥卡姆清楚地表示，如果教皇提出财产权的主张，那么他就不是彼得的继承人。彼得能够不用金银（《使徒行传》3：6），完成基督“喂养我的羊群”的训谕（《约翰福音》21：15）。正如科尔曼指出的那样，所有权在狭义上就是占有物品的意思，因此很容易引到事实权利上去。他认为很明显，那些能够被保护、让渡和转让的对某些事物的权利，依赖于利润经济的概念。（注240）因此，继克莱沃的圣伯尔纳铎的《思考书》（De consideratione）之后，奥卡姆也指出，在“财富的富裕”方面，教皇是君士坦丁的，而不是彼得的继承人。（注241）

奥卡姆的论据是多方面的。他利用所能得到的那些资源，不少地方借鉴了亚里士多德的《政治学》，尤其是对政体类型的论述上。（注242）有时，他也明显地引用阿奎那抨击教皇教规的内容。（注243）虽然他在教会法方面没有受过训练，但是他有足够的战略头脑识别出教皇约翰二十二世，这位专业的教会法学家，在有意突出奥卡姆需要处理的关键文本。（注244）当然，换句话说，就是奥卡姆被迫不断地按教皇的条件出牌。但重要的是，他不是——至少一开始不是——那么反对教廷，而是反对那些异端教规，以及那些秉持它们的人。他不像马西略，不是一贯主张一个有限教廷，而是主张它们应该坚守正确的教义。（注245）然而正如日本学者Shogimen指出的那样，如果仅仅把他看作一个圣方济各会理论家，只不过是在捍卫他们的教义，那么未免也太简单化了，因为他的神学辩论和研究，把他引向从更加普遍的意义上，挑战教皇的异端论。比如他变得相信，教皇约翰二十二世的异端是植根于教皇制度对神学的无知，以及对《圣经》有意拘泥于条文的解释。（注246）正如兰伯特所说的，约翰是“最高水平的法学家，但不是神学家”。（注247）

除了清贫和异端，在各种问题中反复提到的还有教皇易犯错误的问题。对1279年教皇敕令的撤销很清楚地意味着，要么是前任教皇，要么是现任教皇犯了错误。为了调停这种事态，教会采取了各种措施。圭多·泰里尼认为，当教皇作为一个人的时候，他是会犯错误的；但是作为教皇的他却是不会犯错误的。这就是一个神学家与一个教皇之间的区别。虽然前者可能会提出一个在神学上错误的论据，但是后者的公告却是必须遵守，而且不能被质疑。奥卡姆对这种观点不能认同。他认为，所有这类公告必须满足同一个条件：那就是它们之所以是必须遵守的，是因为它们是正确的和来自教皇的，而不是仅仅因为它们来自教皇。（注248）他说：

> 正确的（不仅仅是根据人们的观点来看）牧师的言辞是受到敬畏的，也就是说，那些言词本身是正确而且所述事迹有效而合格，可以通过审判；而错误的牧师，无论从人们的观点来看——即使是大多数的基督徒的看法——他是多么好的牧师，所说的话也是无法让人敬畏的。（注249）

奥卡姆的观点是，除非约翰二十二世遵守《圣经》，或者能够证明教皇是不会犯错误的；或者证明哪怕他会犯错误，但是却必须服从，否则他将受到不断挑战。（注250）奥卡姆经常强调说：“如果有人能通过辩论或者是一个我必须接受的权威，来证明我是错的，那么我本人乐于接受挑战；而如果我对此不能给出合理的答案，那么我将承认自己错了。”（注251）但是，他也希望别人抱同样开放的态度。奥卡姆有力地指出，教皇可以成为异端，而这样就剥夺了他的权力。（注252）最令他愤怒的是这样一种思想，即教皇能够对涉及信仰的疑问或问题进行裁决，即使他自己就是争论一方的时候也是如此，这样一来实际上意味着信仰依赖于教皇，而不是基督。（注253）

因此，大约1337年，奥卡姆就开始把注意力从异端这种狭隘的问题转移到更具普遍意义的教皇权威上来。（注254）他的一个关键论点就是对完全权力思想的挑战。（注255）奥卡姆认为教皇权力确实是有限的，因为有些事情教皇可以合法地去做，但是同样也有他不能做的事情。（注256）在进行论战的时候，奥卡姆必然触及皇帝与教会的关系问题。他第一次讨论这个问题是在《反对本笃》的第四卷中，他从与教廷的论战转而开始思考更广义的问题。这不仅是为他的保护人，更重要的是出于神学与政治学理论上的考虑。他把那个时代的帝国直接称为“罗马帝国”，因为他把它看作古代罗马帝国的延续。他指出，因为很显然这个（罗马）帝国是先于基督存在的，因此“这个帝国就不是来自于教皇”。（注257）他在这里使用“来自于”，并不是指历史起源，而是指管辖权，是指一种封建权力结构。（注258）他宣称：“教皇拥有对世俗事务的调解权力，并不是来自于神圣的权力，只是来自于人的权力。”（注259）他与马西略一样，也对“两柄剑”教义的解读提出挑战。他承认“他带剑不是毫无目的的”（《罗马书》13：4），但是却认为，既然剑能指权力，也就能指上帝的言词（《以弗所书》6：17）。因此他认为这两柄剑——依据马西略对安布罗斯的引用——是指《新约》和《旧约》。重要的是，他指出，既然两种解释都无法证实，那么也就意味着把两柄剑视为精神的和世俗的权力是不需要被接受的。同样的，即使这两柄剑真的是指两种权力，那也没有理由说它们就是精神权力和世俗权力，它们还可以是布道权力与神迹权力———也就是两种精神权力；或两种世俗权力，或纯粹或混合的权力。奥卡姆还指出，《圣经》里既没有明说也没有暗示，说同一个门徒拥有两柄剑。（注260）

还有一个隐含的问题，就是这些权力向何处扩展？在《简论》（Short Discourse）中，他指出，教皇在某些地区比其他人拥有更大的世俗权力。他指的是教皇英诺森三世于1199年发布的一项法令，宣称，“在属于我们的世俗管辖权范围内的土地上，我们要求没收异端分子的财物；而在其他土地上，我们命令世俗统治者和权力者也照我们这样做。如果他们因为疏忽而没能这样做的话，那么我们希望，通过教会谴责，命令他们必须如此行事。”（注261）这样一来，教皇就为他的直接世俗权力提出了限制，即它只在某些地方行使，但是却在无限的范围内拥有发号施令的能力。他的第一种权力是制定法律的能力；第二种权力是号令其他人依律行事的权利，如果失败就使用教会压力。具有重要意义的是，奥卡姆明确反对教皇对帝国拥有比对其他领域更多的世俗权力。（注262）这当然是教皇卜尼法斯八世与法王美男子腓力四世之争后干系重大的问题之一。如果教皇不能在法国行使指令（那里的国王“不承认在世俗事务上有更高权力”），那么对于帝国内部的事务来说，这又有什么含义呢？（注263）由此，这个问题就又变成了教皇与帝国之间是什么关系的问题了。在奥卡姆看来，它们之间有着明显的区别：帝国的权力不是来自于教皇。（注264）此外，他也不认为帝国本质上高于其他世俗权力。这就为承认独立和名义上平等的管辖权铺平了道路。他认为：“要让整个世界被一个君主政体统治，对全体凡人来说并不是有益的；而作为一种法则，全世界如果是由几个彼此不比其他方高级的君主政体来统治，是有益的。”（注265）

可是，奥卡姆的看法不仅仅与界定教皇与其他权力的范围有关，他还是一位重要的个人权利和自由的早期鼓吹者，他明确地意识到，必须保卫那些上帝赋予的权利免受外来干涉，这也是对教皇完全权力的一种限制。（注266）实际上，对于奥卡姆来说，权利或法律都是一种形式的权力。（注267）因此，用日本学者Shogimen的话来说，就是“不仅要将精神秩序从世俗秩序中剥离，还要把道德领域与政治领域分开”。（注268）这样一来，他就不得不进一步思考权力的世俗领域与精神领域之间的关系。伯库斯指出，对奥卡姆来说，精神权力是自发的，“直接来自上帝，因此在它自己的王国里是绝对独立的”。世俗或尘世权力“是通过人民来自于上帝的，因此是由人民来决定或选举他们的统治者，而且这也只依赖于它自己的王国，并且只能由自然法律管辖”。（注269）由此可以推论出，尽管统治者可以选举出来或通过继承得来，但是从根本上说，他们的权力来自上帝。另一方面，这也说明，尽管统治者可能篡夺权力，人民却不能随意地把他们的统治者清除掉。（注270）这样一来，奥卡姆的关注对象因此就成了权力的范围和界限，特指教皇的权力，同样也指更普遍意义上的所有统治者。跟奥卡姆一样，马西略视完全权力是（对人权的）挑战。（注271）然而当马西略觉得为了维护公民秩序，精神权力需要从属世俗权力的时候，奥卡姆通过把焦点集中到个人身上，终于找到了这二者之间的平衡点，因为个人同时从属于精神法律和世俗法律。（注272）对此，科尔曼明确地指出，“与马西略一样，奥卡姆不是在美化‘国家’，而是使它们合法化”。（注273）

然而，在奥卡姆的论据中存在着严重的弱点。麦克格雷德强调："奥卡姆政治思想的非形而上学特征……奥卡姆缺乏历史的宏大格局，不信任对《圣经》的预言性解释，而且显示出几乎不喜欢生物学、心理学、天文学和其他学科的类比；而他的教皇派对手正是基于这些术语发展出他们的政府和社会理论。"（注274）按后来的标准评判，他可能应该被看作是一个有限的政治理论家，因为他忽略了许多可能被认为对一份完备的蓝图至关重要的问题。可能最关键的还是，在区分精神权力与世俗权力的时候，他把注意力过多地放在对教皇的限制上而不是世俗范围内。奥卡姆借鉴亚里士多德《政治学》里的第七卷说："从精神方面统治全体信教的会众需要的智慧或美德，并不比对一个在世俗事务上对臣民负责的国王的需求少。"（注275）有意思的不是统治智慧的问题，而是统治对象：是"全体信教的会众"与臣民之间的区别。（注276）后者仍然非常不具体——它的世俗范围是它仅有的界限，否则区间也不能界定。然而奥卡姆仍然是一个了不起的辩论家，他的论题集中于国家与教会，或更确切地说是教皇与罗马帝国之间的关系上。（注277）正如蒂尔尼指出的那样，虽然看起来似乎不大可能，但是对"这些暧昧的神学问题的争议，引出了后来对成为西方政治理论中心问题的各种论题的错综复杂的争论"。（注278）尽管对于蒂尔尼来说，这是自然权利概念的一个特殊案例，但是我们还可以将这个案例用于权力和权威的各种概念。

用葛兰西的话说，但丁是一个过渡性人物，他结束了"中世纪的一个阶段"。他认为，到了马基雅维利（1469—1527）时代，提出的问题就已经是现代世界的问题了。（注279）正如他在别处主张的那样，但丁"反对各种市镇和封建主义的无政府状态，但是他却寻找一种准中世纪的解决办法。无论如何，他将教会作为国际性问题提了出来，而且他指出了限制它的权力和活动的必要性……

但丁确实是过渡性的，虽然他有对世俗主义的肯定，但却仍是以中世纪的语言表达出来”。（注280）然而他在语言学上的各种成就可能才是最重要的。他决定以他自己的意大利托斯卡纳方言，而不是拉丁语写作《神曲》，这对现代意大利语的形成起到了关键作用（《帝制论》是以拉丁语写的）。但丁还是一篇重要文章——《论俗语》（De vulgar eloquentia）的作者，他在其中肯定了俗语的价值和表达力。葛兰西称之为“一种民族文化政治行动”。（注281）可是这也制造了一种矛盾。里德指出：“但丁在语言的王国里永远摧毁的，正是他在政治法律等领域里勇敢捍卫的信条。从语言学上说，《神曲》创造了一个单一而统一的意大利，他从中驱逐了所有来自阿尔卑斯山外的侵略者，并把它吸收进了罗马帝国本身。”（注282）

由此，但丁对教会权力的批评与马西略联合到了一起，尽管他所希望的与马西略的保护小型自治政治组织的愿望有很大的不同。但丁与奥卡姆都看到了教会的作用，即使是它被腐败和异端分子填满职位的时候。虽然马西略对教会的批评是由占据教会职位的一些特定个人引起的，但是他的论断却更进一步，而且指向教会本身的权力基础。（注283）也许马西略也像帕多瓦一样，主要关心的是如何否定教皇权力对“世俗政体”的干涉，但是这样一来，他的著作就有了使影响应更为广泛的领域变狭窄的附带效应。如果把但丁、马西略和奥卡姆放在一起，我们就能看出在当时教皇权力受到了相当大的威胁。这威胁就来自维护世俗政治统治权——无论何种规模——免受教皇的干涉。而教皇的权力则日益被看作只局限于精神领域。比如，在关于十四世纪二十年代巴伐利亚的路德维希登基的争议中，都引用了马西略和但丁的著作。（注285）当然，这种形势与奥卡姆也有紧密关系。

但是，这毕竟比马基雅维利早得多——1513年，当马基雅维利写《君主论》的时候，已经是将近二百年以后的事了。下一代的思想家们要在教会与帝国关系制造的裂缝中，以及重新分裂的世俗统治中驰骋。本章给予的启发体现在两个方面，首先，是教廷提出的精神权力与世俗权力的观点，宣称自己同时拥有这两种权力，但是也由此清楚地描述了这种权力观点、目的和范围，这后来成为用来反对它自身的工具；其次，那些挑战这种两种权力联动说的人，尤其是国王和皇帝一方的代表人物，为将来在同样的基础上有效地挑战他们自己的统治提供了可能性。教皇对世俗事务的干涉，与帝国对小型政治团体的政治介入，在逻辑上如出一辙。在这三位思想家之后，一个关键的问题被开启了：即世俗权力被认为是一种有所区别的统治形式，它的合法性绝不是来自于教皇的法令。比如在1356年，金玺敕令（Golden Bull）使得皇帝选举免受教皇干预便可进行，而且实际上把削弱了的权力下放给了帝国议会的个别成员，包括那些自由城市。（注286）这里的关键是，选侯的权利被明确地捆绑在他们所拥有的具体土地上。再也不会有像路德维希不被承认那样的非常事态发生了，尽管这并不是代表就没有争议了，而世俗权力政府的清晰目标还有待于充分的理论化。布雷特指出，那个时期的许多思想家“显示出对于领土概念，或更普遍意义上的地域问题几乎没有任何兴趣”。（注287）但是后来的思想家们会抓住这些问题不放。虽然人物有别，但是莫尔斯认同这种说法：“阿奎那死后，整个一个时代开始走向结束；而随着奥卡姆的威廉的去世，这个时代真正结束了。”（注288）

第三部

第七章

罗马法的重现

查士丁尼的工作和注释法学派

虽然公元五世纪，罗马帝国在西欧被颠覆，而且各种机制分崩离析，但是帝国的东方诸省（也称拜占庭）体系又屹立了千年。不过罗马帝国对后世影响更长远的还是它的法律，这可能也是罗马对世界最原始的贡献。（注1）罗马法的起点是公元前五世纪的十二铜表法，铜表早已遗失，只在其他文献的引用文字中留存下只言片语。对罗马历史学家李维来说，罗马法是“一切公法和私法的渊源，清晰地流淌在庞大繁复的现代法律框架之下”，西塞罗也曾提到统治者要求当时的孩子们牢记法典。（注2）其后的千余年岁月，罗马法逐渐发展成型，又随之出现大量评论文献。公元五世纪后，只有东部还保存着完整形式的罗马法，而在西部被勉强保留了下来。入侵的蛮族部落带来了自己的法律，但是它们太过原始简单无法代替罗马法，所以在仍以罗马人为主的居住地，原先的罗马法体系在继续传承。这一切意味着法律已经和公民及个人身份联系到了一起，而不受制于某人所生活的某种政治体系。这种体系被称为法律的个性，当时西欧罗马法和蛮族法并存。（注3）这一现象被看作是对《安东尼努斯敕令》（constitutio Antoniniana）（公元212年）之前就已存在的早期法律体系的回归。为了统治现在已是臣民的罗马人，一些蛮族国王颁布了摘要法典。其中最重要的几个是《西哥特罗马法》（Lex Romana Visigothorum）《勃艮第罗马法》（Lex Romana Burgundionum）和《狄奥多里克敕谕》（Edictum Theoderici）。（注4）随后又被编入《狄奥多里克法典》（Codex Theodosianus）。（注5）

然而，超越以上所有法典的，是公元六世纪东罗马帝国皇帝查士丁尼

（Justinian）为罗马法所做的贡献。（注6）一开始，查士丁尼是他叔父的共治皇帝，不过在不久后的公元527年，就成为唯一的皇帝，这时他开始编纂广为人知的《民法大全》（Corpus Iuris Civilis）。这一伟业始于公元528年2月13日，法典总共包含四个重要部分。第一部分《查士丁尼法典》（Codex）有时也被误称为《法典》（Code），包括从公元二世纪哈德良至查士丁尼统治时期历代皇帝的谕令集。（注7）该法典的第一版于公元529年编纂完成，仅仅五年后修订的第二版就问世了，结果只有后一个版本留存了下来。（注8）第二部分《学说汇编》（Digest）所花时间最长，试图保存古罗马法学家的精华。（注9）这部汇编集引用分析了三十九位作家的著作。第三部分《法学总论》（Institutes）看起来非常像一部法令，其实原本的意图是一部法学教材，大部分内容基于盖乌斯的老教材之上。（注10）最后一部分《新律》（Novellae）主要记录了查士丁尼在位时期的敕令。（注11）这部法典整体上可以视为是一部宪法。（注12）

特里波尼安（Tribonian）是负责法典编纂的查士丁尼廷臣，鉴于完成的速度，很明显可以看出他身后有一支庞大的队伍。确实，似乎一共有三个委员会负责《学说汇编》的编纂，最后再把成果合并。（注13）这也就解释了为什么法典的排列会有一些不连贯和奇怪的地方。尽管有一些删除和调整，编纂者们并没有加其他评论。（注14）大部分《新律》是用当时东罗马帝国的官方行政语言希腊文写成的，不过其中的一部分和其他著作都用拉丁文书写，因为这些都是罗马文献的汇编。因此，《民法大全》的汇编也显示了罗马旧语言向新语言的过渡。查士丁尼碰巧也是东罗马帝国最后一位母语是拉丁语的皇帝。（注15）不过这也意味着这些文献在当时并没有被广泛阅读。东罗马很多人读不懂这些拉丁文献，而且在西方基本不为人所知。此举的一个卓越贡献就是保留了罗马法，否则这些法律就可能不复存在了，没有收录其中的大多数法律和法律文献确实已经遗失了。不过事实上那些遗失的法律可能已经渗透在《民法大全》中了，因为《民法大全》的本意就是取代那些不再使用的旧法典文集和个别法律著作。（注16）《学说汇纂》只保留了原始材料最精华和最可用的百分之五，删除了其他重复或多余的部分。查士丁尼也视这部法典为不可更改的决定版，一开始就禁止任何对《民法大全》的评论。

不过，一段时间后，这一切发生了巨大变化。尽管了解旧时西罗马帝国的罗马法几乎毫无必要，（注17）《学说汇纂》还是产生了只有《圣经》才能与之匹敌的大量评注。（注18）这不仅是因为它在另一个九百年里一直是拜占庭法律体系的根基，还因为它在西方的重现，为西方大陆的大多数国家提供了民法体系的基础。（注19）尽管在公元六世纪查士丁尼重新占领意大利半岛后，罗马法在当地短暂存在了一段时间，但是很快就被遗忘，而且五百年间在西方基本不为人知。顺带一提，值得注意的是，将它和《圣经》比较，有另一种有趣的共鸣。如乌尔曼所认为的那样，哲罗姆翻译的拉丁文《圣经》中也能看到罗马法术语的影子，他使用这些术语来翻译法律词句。这一点虽然通常被忽略，不过这意味着人们在阅读《圣经》，领会神学的同时，潜移默化地受到罗马法律体系的一些影响，这为其日后的复兴打下了基础。（注20）五百年后罗马法在西方的重现和重译是本章的基础。以一种与旧版本和查士丁尼编纂的版本迥然不同的背景重新来阅读罗马法，为权力、人民和地域之间关系的理解提供了根本转变。

公元1077年，在比萨发现完整的《学说汇编》手稿，（注21）可能写于公元六世纪末。这份拉丁文手稿向人们呈现了一份完整成形、结构连贯的法律体系，在当时该法律可能取代老旧过时的法律习俗。如莫索拉基斯所说：“同当时的习惯法相比，查士丁尼的法典具备成熟严密的法律体系，其理性特点和概念上的结构使它不论何时何地都能适应任何形势，或者适用于任何问题。”（注22）当然，其意义不仅仅是发现了一份手稿。那一个发生深刻的社会和经济变革的时期，各种学术研究缓慢复苏，而且法律成了世俗君主可用的统治工具，虽然没有完全为他们的利益服务，但至少为他们发布敕令提供了基础，而且成为一种解决各种冲突的依据。（注23）即使哲罗姆的拉丁文《圣经》译本表达了对一些要求的期许，但法律体系还是源于罗马帝国信仰基督教之前，建立在各种世俗文献之上的。

然而这部法典既不能立即被理解，也没有马上投入使用。在查士丁尼和特里波尼安完成《民法大全》编纂后，时光已经过了五百多年，当然有时其中的法律依据已经有四百多年的历史了。因此，想要理解法典的内容需要进行大量学术工作。在某种程度上，这项工作促成了1088年博洛尼亚大学的建立，伊尔内留斯（Irnerius）编写了一部可以当作教材的《学说汇编》版本。埃文斯甚至认为欧洲的文艺复兴也始于这一刻。（注24）伊尔内留斯（1050—1130）生平大部分不详，不过他创立了注释法学派（Glossator）。

十九世纪由路易吉·塞拉（Luigi Serra）在博洛尼亚市政府一个房间的天花板上，绘制了一幅伊尔内留斯的油画像，这幅油画展示了注释法学派著作中法律、政治、宗教和地理课题之间的内在联系。画面的背景是一座城市、野外风景和军队，牧师在为即将走上战场的战士们祈祷，而伊尔内留斯在画中正在进行法律工作。正是伊尔内留斯和追随他一起从事这项工作的人们，为当时正在发生的土地政治和冲突提供了依据。律师们代表城市和国王们服务，他们的研究影响到了后世的法学理论家及其著作，比如弗朗西斯科·德·维多利亚（Francisco de Vitoria）[①]论述西班牙征服大陆和雨果·格劳秀斯（Hugo Grotius）[②]关于战争与和平权利的著作。

伊尔内留斯还开创了在文本中加入注释和说明的先河，并将注释由行间发展到页边。（注25）鉴于当时所处的国家和编译创作的时间，注释学派的学者们非常关心罗马法律文献的恢复，他们对文本里存在的问题做了细致分析。（注26）注释包括从最简单的意思的解释、句法说明到更加详细的评论分析。（注27）他们的工作与经院方法及《三学科》（trivium）里人文科学的进步——从文法、逻辑到修辞都有着密切联系。因此，对各种不连贯问题解决方法的澄清到应用，存在一种线性顺序。（注28）不过注释派学者的工作，只是部分有必要，因为时间在流逝，而他们的工作大部分是非历史性的，并不能完全适应他们重译时不同的历史背景。（注29）十三世纪中叶，他们的工作已基本接近尾声。当时，阿库尔修斯（Accursius）的《标准注释》（Glossa ordinaria）（请不要与拉丁版圣经名称相同的注释文本混淆），编译了前辈们的著作，并且用他本人的《法令注释》（Glossa magna）作为补充。

拉伯雷（Rabelais）[③]对这部著作持否定态度，认为这些法律书籍“金玉其外败絮其中”，并声称注释是“肮脏不堪，邪恶下流的东西”。（注30）

---

① 1483—1546年，西班牙文艺复兴时期的罗马天主教哲学家、神学家和法学家。他是西班牙哲学学派萨拉曼卡学派的奠基人，因对正义战争理论和国际法的贡献最为知名。

② 1583—1645年，荷兰法学家，他在维多利亚和阿贝里科·根蒂里研究成果的基础上，以自然法则为基础，为国际法体系奠定了各种基础。

③ 弗朗索瓦·拉伯雷，生于1483至1494年之间，卒于1553年，法国文艺复兴时的一位重要作家、物理学家、人文主义者、教士和希腊语学者。

萨索菲拉托的巴托鲁斯和领土

注释学派之后致力于罗马法研究工作的是后注释学派（Post-Glossators），他们有时也被称为评论派。尽管他们的工作只可能基于前人之上，不过他们对于法律问题采取了更具解读性和哲学性的研究法。（注31）虽然后注释学派的著作有许多特点，但是他们与注释学派最根本的不同之处在于对“法律是亘古不变的，而实际情况却是不断变化的”这一信条的质疑。相反，后注释学派认为如果两者有分歧，那么法律应该适应新的实际情况。这是在两种法学研究方法之间进行转化的、根本性的方法论基础。（注32）后注释学派的代表人物，萨索菲拉托的（准确地说应该是生于萨索菲拉托）巴托鲁斯宣称：“如果注释中的那些词汇，在我看来与真理、理性或法律相违背时，我无法遵从这样的注释，大家不应该感到惊讶。”（注33）这类著作从前的思想家为他们准备的。阿奎那特别将他本人的法律著作放在了《神学大全》（Summa）里。（注34）

后注释学派成员不是政治思想家，而是法学家，不过有必要接触的问题是政治性。（注35）尤其巴托鲁斯和他的学生巴尔德斯·德·乌巴尔蒂斯（Baldus de Ubaldis）。巴托鲁斯生于1314年左右，卒于1357年。（注36）尽管巴托鲁斯英年早逝，却著作颇丰，他的文集大约有十卷，有多个不同版本。（注37）这些著作不仅包括对查士丁尼罗马法的评论，还涉及教会法、意大利城镇法令，以及后查士丁尼时期《民法大全》的增补内容。在其人生最后的岁月里，他还写了一些更接近理论论述的短小著作，讨论的话题包括徽章、证据，河流，暴政、城市政府，以及相互敌对的归尔甫派和吉伯林派（Guelphs and Ghibellines）①。（注38）这些论文极具特色，因为它把那些通常由神学家写的政治建议文字，转化成了法学院学生的指导书。（注39）巴托鲁斯的方法是先概述他掌握的所有证据，再陈述自己的观点。这也意味着他的作品中引用的成分很多，不过他的论述总是能及时给出明确解决问题的方法。（注40）斯金纳认为他“可能是中世纪最具原创能力的法学家”，并认为他著作最重要的成就是为一系列独立政体设立了基础，将

① 中世纪罗马教皇和神圣罗马帝国皇帝纷争不断，意大利国内，尤其是北部和中部各城市国家，因为分别支持教皇和皇帝，分成归尔甫派和吉伯林派两大派系。十二世纪德意志韦尔夫家族得到教皇支持，韦尔夫的意大利语发音为“归尔甫”。所以支持教皇的一派被称为归尔甫派。而与韦尔夫家族对立的士瓦本的霍亨斯陶芬家族世袭领地魏布林根堡意大利语发音为“吉伯林”，故而后来支持皇帝的一派就被称为吉伯林派。

其与帝国分离，并且彼此区分开来。（注41）

巴托鲁斯曾是阿维农教会律师奥德拉杜斯·德·庞特（Oldradus de Ponte）的学生，此人是第一批案例派（consilia）理论家。（注42）这个“案例”指的就是对一些具体事物的法律观点，同类理论在《学说汇编》里也能找到，不过这种形式在十二世纪才复兴起来。奥德拉杜斯是第一个把自己的案例整理起来的人，此举也为包括巴托鲁斯在内的后辈提供了治学的借鉴。（注43）他同时要为导致教会关于帝国管辖权的重要裁决的建议负责。这就是统治西西里王国的教皇敕令《司牧训令》（Pastoralis cura）（1313）。（注44）这道敕令是克莱蒙五世（Clement V）颁布的，在教皇卜尼法斯八世惨败于法王英俊腓力之手后，出现了许多新情况，克莱蒙在这种形势下巩固了教廷的权力。（注45）本笃十一世短暂出任教皇后，克莱蒙赢得了法国卡佩王朝（Capetian dynasty）[①]的青睐，将教廷迁到阿维农。（注46）在敕令中，克莱蒙宣称西西里不属于神圣罗马皇帝的管辖范围，因为它并不在罗马的土地之内。国王们有自己的权威，且不臣服于其他国王或统治者，因此也不应被传讯到法庭上。此举将教廷凌驾于帝国之上，并且进一步阐明了对帝国地域上和管辖权上的限制职能，规定管辖权依赖于地域。通过扩展，这种职能又进一步或直接或间接的通过皇帝，将法国从教廷的干涉中分离出来。（注47）坎宁认为这一裁决是对教皇英诺森敕令《可敬畏之书》的承接，这道敕令承认国王的世俗权威，（注48）因为教廷此时正再度强调另一种凌驾于皇权的君主制。（注49）乌尔曼称它强调的是领土和主权，不过在用词上却游走在土地和领土为一边，皇权和主权为另一边的钢丝之间。虽然每一组的前者明显预示着后者，但每组的后一个术语没有出现在这道敕令当中。

不过巴托鲁斯对敕令的评注把“教区（terries ecclesiae）”变成了“另一处领地（alieno territorio）”，（注50）而这道敕令也确实是一次具有重大意义的裁决，将会对当时的政治现状和注释学派的法律著作产生深远影响。这其中他们要考虑的问题之一就是关于政治组织的，因为在他们工作的年代存在的多位独立的

---

① 起自法兰克人的一个欧洲王朝，始于987年登上法国王位的于格·卡佩，1328年查理四世去世后，狭义的卡佩王朝嫡系断绝，但继承卡佩王朝的瓦卢瓦王朝和波旁王朝都是卡佩家族的分支，仍属于广义上的卡佩王朝。直到1848年路易·菲利普下台为止，广义上的卡佩王朝对法国的统治才宣告结束。在中世和近世西班牙等其他欧洲国家的统治家族，也能找到卡佩王朝的后人。

国王在《民法大全》里没有基础可寻。问题是该将这王国，或者说新生国家称为“国家”呢？还是更接近中世纪亚里士多德著作许多译本使用的“城市”或王国？不能仅仅简单地把法兰西理解成一个行省，也不能把它随便叫作一个自由城市。（注51）一段时间以来政治组织的等级结构一直是一个引起讨论和关注的原因。十四世纪初，阿德蒙特的恩格尔贝特就说过亚里士多德所认为的社会等级序列为：家族，街道，城市，邦国，王国；而奥古斯丁所认为的等级序列为家族，城市，世界。恩格尔贝特选择的是解读亚里士多德基础上的变通：家族，街道，城市，王国再到最终的帝国。（注52）在讨论专制政体的内省和外省（两者相邻）时，巴托鲁斯采用了相似的等级模式，从帝国到行省、城市、家庭、个人，尽管互不相邻。（注53）更重要的是，他为这一类问题提供了解决方案。独立政体有两个来源：一个是亚里士多德派的城邦，另一个是缩小规模的帝国。（注54）希腊政治思想和罗马法的融合至关重要，因为它将这两种古老的思想一并带入了现代背景。这种重要性对此后的发展具有奠基性意义。尽管巴托鲁斯很少提到亚里士多德，但受亚里士多德的影响却显而易见。（注55）

巴托鲁斯著作中有两大重要主题讨论地域和权利之间的关系。第一个法律管辖权的范围，第二个是不同政治单位之间的关系。第一个在巴托鲁斯撰写的案例集中，在几个案例中都有体现。其中有一个案例是关于一个未被起诉的谋杀犯的案例。巴托鲁斯被要求裁决是否整个社区，即一个相关集体都该为这次过失承担责任（注56）。整个城市都该为此受到责难吗？这就引出了关于管辖权及其管辖空间范围的问题。虽然巴托鲁斯代表城市一方撰写案例，认为在这个案例中，城市的过失无法证实，但管辖权范围的问题很重要，也一直是他著作中反复出现的主题。巴托鲁斯探索了管辖权和领土（领地）之间的关系，并得出以下结论：

> 所有权是相对于所有者而言的，但适用的是所有者的所有物。相似的与管辖权相对的是一个职位和对应的在职者，但适用的是一片领地（领土），而（管辖权）因此不是领地的属性，而是那位在职者的。（注57）

巴托鲁斯在这里使用领土（territorium）一词意义深远。他把土地概念，或者归属于一个实体的土地的概念，当作一种适用管辖权的事物，因此提出了统治的范围。领土一词并不简单的仅仅是一位统治者的属性，正如管辖权之于领土一样。相反的，正是在领土之上政治权力才得以实施，领土变成了统治对象本身。于是它才足以接近现代意义上的领土（领地），我们可以开始将“territorium”这个术语直接翻译成“领土（领地）”了。另一个案例是关于外来人攻击佛罗伦萨市民的赔偿问题。对巴托鲁斯来说，重要的不是冒犯事件本身，而是身份地位的问题。（注58）

在对《法典》某一篇的评论中，巴托鲁斯引用了这样一句注释：“如果在摩德纳起诉一个博洛尼亚人，裁决就不应该使用摩德纳当地的法律，因为博洛尼亚人不在其适用范围内。”这是另一个决定何种法律适用的诸多难处的示例：一种行为发生的地方是不是能决定管辖权，究竟是行为人采取行动的地方，还是被控告的地方？巴托鲁斯认为其中有两个关键问题：“其一，当地的立法是否可以施用到其他领土，做到人人平等；其二，法律的实施是否可以被其他领土的立法者所接受。”（注59）显而易见领土是统治的基本对象，发生在其中的事，住在其中的人都是管辖权的所属范围。另一个涉及管辖权的相似问题是关于入侵军队的：“假设一座城市的军队占领了另一座城市的领地，一个外来人杀死了一个当地人，那么这个城市的统治当局有权利惩罚他吗？”（注60）

这个特别的例子很有意思，因为在其中巴托鲁斯给出了对领土（领地）的两种定义。第一是领土是“不动产”。（注61）罗马法将财产分为动产和不动产：房屋土地之类称为不动产；而其他财产相对而言称之为动产。（注62）领土是不同于其他财产的，不过对于这个问题在某些重要方面也适用于更宽泛的法律。如果我们着眼于罗马法关于土地的部分就会更容易阐明这一点。罗马人在领土和其他类型的财产进行了区分，但此举没有什么特别重要的意义，就像米勒所说：“土地权在罗马并没有像在后来的欧洲封建体系中那样主导私法。”财产法被广泛地应用在动产和不动产之上，其中的不同更多体现在细节之上。（注63）罗宾逊说道：“对于身处西方（封建）传统下的我们来说，很难理解罗马人会没有土地法。土地在（古典法中）只是要式物之一，对于土地来说没有特定的产权转让方式，对土地没有特定类型的担保，也没有特定的继承法规。”（注64）这就说明在危险情况下要式物和略式物并没有什么区别。在意大利（波河以南）土地及其他一些事物比如奴隶、马匹、骡子和驴子；以及罗马土地上的房屋都被归类为要式物，也就是说要获取或转让这些事物的所有权，需要经过一些法律程序。（注65）因此它主要适用于农业问题。这种区别在查士丁尼统治时期被废除了，因此巴托鲁斯在这个问题上仅仅进行了“动产”和“不动产”的区分。

巴托鲁斯定义管辖权时，顺便给出了关于领土的第二个定义。“领土（territorium）是因为恐怖转化而来的（见《学说汇编》L.16.239，§8）。一旦军队占领一座城市，当地就伴随着恐怖和独断专行，城市的军管当局将会合理地能够像在他们自己的领地上一样惩罚占领区犯下的罪案。”（注66）其他地方也讨论过领土和恐怖之间的这种关系，（注67）不过这确实是一个很吸引人的关于如何将权威的行使转变为事实的例子：一支占领军因为其可怕，才能将土地当作自己领地来对待。不过巴托鲁斯添加给《学说汇编》的引文更值得关注。其他在《学说汇编》中的摘要也用到领地（领土）一词，比如乌尔比安提出的“判决某些人被禁锢在他们原有土地的领地上，或者土地的门墙之内，是一种习惯作法”。（注68）——这是个定义。庞波尼乌斯宣称：

领地是一座城市边界内的土地的总和；有些人说这样命名是因为管理一个地方的行政长官，在这片地方的边界之内，拥有可怕的权利，即驱逐性权利。（注69）

在这个段落的注释中，巴托鲁斯在将领地当作城市对之使用军事力量的对象，与将它描述成对恐怖地区实施惩罚权力，或规定法律界限的力量之间的明确联系。（注70）这一资源来自庞波尼乌斯的唯一著作《手册》（Enchiridium）。（注71）庞波尼乌斯生活在哈德良统治时期，卒于公元138年。他的著作是查士丁尼《学说汇编》最早的主要引用来源。（注72）《学说汇编》里引用过他《手册》的一篇文字为研究最初的罗马法提供了重要线索。（注73）另外这个段落中还有几处也值得注意。领土是用多块土地，或者场地的集合来定义的，被视为具有非连续性界限。地方法官的权利也就是惩戒权或者劝阻的权利都在这些界限之内。行政长官的权力，是在那些边界之内的。第一个值得注意的地方是它在测量单位之内符合圣依西多禄之后关于领土的数量模型；第二点是它提供了当时政体空间范围的明确观念；三是它将空间范围看作地方行政官法律权力的界限。不过这种理解在哈德良时期的罗马并不是主流。当时它仅仅就帝国的组成部分而论，并非用于解说不相关联的政治组织。不过，对于十四世纪的巴托鲁斯来说，新时代考虑的是一些迥然不同的东西。

因此巴托鲁斯的所作所为被看作是意图以个别统治者的排他性统治，来调和帝国的普世统治。在他的论述中，理解两者关系的关键并不在于帝国的许可——也就是权力的委托或者授权，而是管辖权问题。当地方法规和《民法大全》两者有冲突时这一点也很重要。关键在于巴托鲁斯并不一直相信后者总是能占上风；相反，这是前者适用范围的问题。这就是已知的（不同）法律冲突这门学科的开端——研究管辖权问题的学科，这门学科以内的内容现在被称为国际私法。（注74）因此马伊奥罗认为“巴托鲁斯为现代领土主权的概念铺平了道路”。（注75）这就要求一些细微差别，而且要注意在这些文本里不会读到现代理念。（注76）马伊奥罗主张在巴托鲁斯的著作里有领土国家的概念，不过不一定是以我们认同的方式出现。相反，他提到其著作中有好多重要元素都体现了这种理解，比如司法权和法人。（注77）

这就提出了一个重要的观点。巴托鲁斯明确划定了正确管辖权和有效管辖权之间的区别。从前一个方面来说，在理论上神圣罗马帝国，是一个能扩大到整个世界的政治组织。在后一方面，则是帝国内外实实在在存在多个独立的政治单位。（注78）导致这一切的原因很多，其中包括帝国存在的不足或局限性。（注79）巴托鲁斯对他所发现的情况的做法非常明确，他并不质疑皇帝自命的权力，而是试图在政治权力的真实基础上进行裁决。因此他把管辖权在限制性更严格的意义上分为两部分：统治权和司法权。巴托鲁斯将统治权和司法权同等视之，司法权一词是从对普通法、法律和权利的注释中来的。（注80）这也就是他为什么能声称“任何认为皇帝不是主宰和全世界君主的人都是异端”的情况下，还依旧能裁决日常法律事务的原因。（注81）

我认为皇帝是整个世界真正意义上的主宰。这在特定意义上和其他人也是领主并不冲突，因为这个世界是一种普世体。于是有些人可以在并不拥有这世界特定部分的情况下，宣称拥有整体。（注82）

因此，对罗马法绝对权威的检验并不是看是否绝对服从罗马法。有一些人只履行法律的一些部分，有些人依附帝国特权或双方条约，维持独立性。这不能阻止他们被置于罗马的绝对权威之下。还有些人连这些联系都没有，但只要他们不自称是全世界之主，就不会与帝国的各种主张产生冲突（注83）。因此，巴托鲁斯清晰明确地指出了教皇和皇帝的关系。他们的权力不能被简单地理解为不同的管辖权，而是管辖权行使的领土范围不同，传讯无法在两者之间跨越。（注84）当谈到世俗权力时，教会的土地和皇帝的土地是有区别的。（注85）人们认为理论上后者的范围是无限的，因为除了独立的城市外，不属于教会的土地就一定是皇帝的。（注86）教皇因此拥有普遍的精神管辖权，以及教会土地上的世俗管辖权；皇帝只有帝国范围内的世俗管辖权。（注87）因此巴托鲁斯承认教皇具体的世俗管辖权，而不是它的普世志向。（注88）伍尔夫将之称为教廷的普世权力概念和帝国的领土权力概念，不过这并不完全正确，因为在教廷的世俗领域内，它也具有类似的领土性。（注89）这种区别延伸到法律的职权范围：民法适用于帝国领土，教法适用于教会领土，但是也涉及帝国精神层面的问题。（注90）教皇是普世的精神统治者，但皇帝事实上并不是普世的世俗统治者。所以教法既在教会土地上管理教会的俗事，又负责普世的精神问题；但民法只适用于帝国的土地。（注91）严格说来，民法被完全局限在帝国的空间范围内；相反教法只有涉及世俗问题时才会受到限制。除了权力的概念有普世性和领土性之分——前者属于教皇，后者属于皇帝，法律也是如此，教法主张普世性，而民法受领土性约束（注92）；一个帝国理论上是普世性的，而领土性实际上与多个政体有关。（注93）

巴托鲁斯区分了承认更加权力和那些“不承认有上级权力的城市”。（注94）有些城市宣誓效忠罗马帝国，而且大部分意大利城市都倾向于依附帝国君主。不过有些城市有独立的宪法权利，也就是一种法律基础。（注95）在他对专制政体的分析中，巴托鲁斯讨论道：“城市或是设防地区（castrum）可能有权利选择自己的统治者，但也可能没有。”（注96）那些不承认皇帝是上级的城市是独立的，巴托鲁斯用下面的方式描述了这种情况：“在这种情况下，城市就是本身的君主（甚至是皇帝）。”城市的设定就没有上级，不承认有一位领主，这是有意为之，与法兰西国王的设计非常近似。城市是它本身的君主应该被理解为

“城市本身就是一位君主”，而不是后来重新解释的“人民是君主”。（注98）在对专制政体的评论文章中，他同样强调了这点：“那些以专制统治把持国家的人，是通过武力从国家（这里说的“国家”指的是城市）本身，或者它的上级领主，而不是从任何个人那里攫取国家的。”（注99）尽管巴托鲁斯在后来对《学说汇编》的评论中，他最终认为公民本身拥有权威，（注100）但是他基本上不应被视为一位新生的民主理论家。斯金纳认为马西略和巴托鲁斯都将主权和人民结合在一起，人民委任了权力而不是让与了权力。（注101）虽然这很重要，但是可以说他最为重要的贡献，在于从法律基础上将城市视为帝国的独立存在，而且可以在它们的领土内行使管辖权。他对国家的强调，使他最终更接近西塞罗而不是洛克。

坎托洛维茨将这种演化而来情形描述为等级制，即权力层层下达，从帝国流向王国，再到城市。因此他强调了“在王国内的皇帝”和“城市就是君主”的关系。（注102）不过关键要注意的是，巴托鲁斯并没有用“王国内的国王”这个词组，尽管他一定会知道这个词组。伍尔夫声称在功能上“城市就是国王”这个词组也能表达相同的意思及两者之间的逻辑关系。他认为正是巴托鲁斯将它运用到了自己关心的城市而不是统治的问题上。（注103）关键在于，正如国王的权力一样，这种法律权力受到领土属性限制的。坎宁指出，在城市领土内部归属于城市的如皇帝般相同的权力，是巴托鲁斯的“法学主线”。（注104）这就是关键：法律是以领土性来决定的。坎宁认为这有效说明了主权可以被理解为“君主在自己领土上的各种权力”。（注105）尽管主权一词还有些用之过早，不过在这里肯定是对领土范围和权力目标的承认，这些随着时间的推移成了主权：

> 如果君主把领土全部赠予他人，那么他看来也将管辖权全部外赠了；因为如果有人赠予你一件东西，那么他就将其所有权也完全赠予了，所以看来给你全部领土的那个人也给了你领土的管辖权，这（领土和管辖权之间的关系）与所有权和特定物品之间的关系是一样的。（注106）

然而最重要的发展是领土不再仅仅是权力的占有，也不仅仅是权力的范围了，而是政治统治本身的直接对象，所以合乎逻辑的结果是，政治统治凌驾于在领土内发生的各种事情。“城市本身就是君主”是一个统治对象问题，也是统治范围和等级制问题。巴托鲁斯将城市定义为一种“属性而不是地方”，至少不仅仅是一个由城墙围起来的地方。（注107）巴托鲁斯甚至谈到城市控制的外海范围，他把它称之为领海。他认为领海应该延伸100英里，不超过两日的航海里程。（注108）如米切利所说，这是对有些城市土地主张的效仿，有些城市的领土范围就是从城门算起向外延伸两日旅程。（注109）

巴托鲁斯对于不同领土的划分也同样重要：

> 有一些领土有所区别，但是却在相同的领主统治之下，就像罗马帝国分为很多行省一样……有些领土是分散的，而且也不在同一个领主的统治之下，就像教皇和皇帝的领土，彼此之间不能相互下敕令。（注110）

在很多方面，这仅仅是承认一种先前就一直存在的情况：是《司牧训令》的基础。在法律上，城市隶属于帝国，但在日常的实际事务中却是独立的。他们内部并不承认任何上级，但在外部关系上仍隶属于帝国。（注111）但是将他们统治的对象描述为领土，就给予了管辖权对象和实施范围，这一点是关键所在。对此巴托鲁斯也有自己的看法，他支持《司牧训令》的观点，反对皇帝的《抑教敕令》（Ad Reprimendum）。教皇声称他是一些土地的直接世俗统治者，这不仅仅是由于他身为精神统治者的角色，因此这些区域内的人们受教皇的，而不是皇帝的世俗统治。从罗马帝国转入教会统治，意味着“基督的代理人同时拥有精神之剑和世俗之剑”。（注112）巴托鲁斯有效地主张皇帝并没有精神管辖权，因为教皇具有普世的精神管辖权。两者都在地理上的各个外接区域内拥有管辖权。（注113）巴托鲁斯认为尽管教皇已经把权威移交给查理曼，但其手中还保留着一些主权的关键因素。在一些教皇直接控制地区内，教皇拥有精神和世俗控制权；在其他地区，皇帝拥有教皇赋予的世俗权力。（注114）所以这种说法否定了任何两种权力之间存在清晰分离的反驳。巴托鲁斯因此不情愿地承认了《君士坦丁献土》的有效性，因为在教会的土地上，他是一个基督徒。（注115）也就是说，他的辩护是模棱两可的，大部分引用其他人的言论，两种观点都摆了出来。（注116）

巴托鲁斯并不是个优雅的作家。人文主义者洛伦佐·瓦拉对此特别苛刻，我们曾在第四章有关君士坦丁献土的内容中讨论过他。他称巴托鲁斯、阿库修斯（Accursius）①和巴尔德斯的拉丁语“根本不是罗马人所说的语言，而是野蛮人的”，在书写上既无知又无能，更加像一群只会嘎嘎乱叫的鹅。（注117）巴托鲁斯甚至和西塞罗也不接近，相反，他的言语非常粗鲁。（注118）更本质地讲，瓦拉反对在新的背景下，对法律进行再解读的方式。（注119）埃莫顿认为瓦拉的第一条评论遗漏了重要的一点。他认为巴托鲁斯“根本就没有自己的风格”。不过这并不重要，而且可能也不会和他有什么关系：“对于他来说，拉丁文只是一种让他的同事理解其文章的代码，他对拉丁文唯一的修饰仅仅能在关于民法和教法的段落里一直使用的引文里找到。克鲁西奥·萨卢塔蒂（Coluccio Salutati）②的作品是写来被阅读的，而巴托鲁斯的是被应用的。（注120）

在我们结束对巴托鲁斯的谈论之前，他的著作中还有两点值得注意。第一点纯属顺便一提，他有一部关于徽章的作品《徽章与军队》（De insignia et armis）。（注121）虽然这是一本关于规定谁可以用盾徽，如何合理设计盾徽及其继承法的著作，但是作为一部更加普遍地论述纹章规则的著作，拥有非常强的后劲。如格鲁布纳所言：“这不仅仅是关于文章类别的法律规定，更是日后关于中世纪晚期使用符号行为的重要文献。”（注122）第二点意义重要得多。据巴托鲁斯说这篇文章是他在1355年度假时写的。他在台伯河边散步时，对如果河流改道可能引发的土地财产问题产生了兴趣。一条河两岸的地主们该如何分配河边的冲积滩涂呢？河流中出现了小岛该如何分配呢？干涸的河床又该归谁呢？（注123）这篇文章叫作《关于河流或台伯河的论述》（Tractatus de fluminibus seu Tyberiadis）。该文总共包含三部分的论述：冲积滩涂、岛和干河床。第一部分是关于如何分配冲积滩涂的；第二部分是关于岛如何分割的；第三部分是关于干涸河床的所有权的。（注124）

在这篇论文中，巴托鲁斯说他在梦中梦到一位访客对他说：“看，我给你带了写字的芦苇笔、画圆和测量的圆规，还有画直线和画图的尺子。”（注125）

---

① 1182—1263年，罗马法学家，注释学派的组织者之一。

② 意大利人文主义者和文字学家，文艺复兴时代，佛罗伦萨最重要的政治和文化领袖，在美第奇家族崛起之前，是佛罗伦萨共和国实际上的行政首脑。

这是这部作品很值得注意的特点。尽管在讨论中他沿用了很多他在其他作品中的方法，但他还是使用简单的几何知识来演示如何把他的理论付诸实践。文中有一些图形向大家演示如何使用平行线和相交线、角的种类、平分角和划分各种地区的方法，比如平分冲积滩涂。原作中的图形是巴托鲁斯亲手画的，不过现存的大部分都是副本了，有一些被美化得比其他更加美观。文章的第一部分有二十二幅简图，第二部分有十七幅，不过最后一部分仅仅利用了从前概述的方法。（注126）

正如察瓦拉尔所言，“尽管评论深植于中世纪注释的训诂传统，这篇文章仍然展示了前所未有的特点：是一种多学科的融合——即法律学和欧几里得几何的融合”。（注127）不论梦中人是真实存在的，还是可能性更大的一种文学手法，这从某种意义上无关紧要。重要的是巴托鲁斯意识到在作品中使用图形佐证的需要，尽管在法律著作的相关作品中使用几何方法并不常见。如富兰克林所写：“这是仅有的几个包含几何图形的法律著作之一。”（注128）确实，察瓦拉尔甚至把它描述成“最早的法律地理学文献”。（注129）它实际上为敌对的各派系、城市及专制政体这三个政治问题的研究提供了基础。（注130）这里具有重要意义的是对土地所有权的理解，这是一个经济问题，巴托鲁斯说明了法律和技术方法的重要性。这些对日后领土发展成政治统治对象非常关键。确实，巴托鲁斯在这部作品中经常用领土一词来指代土地。（注131）

巴尔德斯·德·乌巴尔蒂斯与城市—人民

巴尔多·德格利·乌巴尔蒂（1327—1400），更被人们熟知的是巴尔德斯·德·乌巴尔蒂斯这个名字，是巴托鲁斯最有名的学生。（注132）富兰克林将他称为“最具哲学思想的中世纪法学作家”，特别强调他对亚里士多德的全面了解。（注133）像他的老师一样，他也为《民法大全》写评注，不过不同的是，他并不写关于具体政治话题的小册子。因此，尽管他的作品中包含很多对政治的讨论，这些都只出现在他的法学著作中。（注134）作为作家他最重要的作品是几千份案例，其中有一千六百份在1380—1400年间仍存有手稿。（注135）这让人很难去理解他观点的整体结构。如彭宁顿所说：“解读巴尔德斯的作品让人很不愉快。有时很难理解，简直是故意让文章晦涩难懂。”（注136）巴尔德斯有时经常以一种同经院哲学法对照的方式来写作：他提出问题，提供自己批评的答案，然后才给出真正的回答。

巴尔德斯认为教皇拥有至高无上的精神管辖权，而皇帝则拥有至高的世俗管辖权。虽然他认为教皇是皇帝的上级，但这是另一个世界的优越性，皇帝仍是这个世界的主宰。（注137）同很多他的前辈一样，巴尔德斯也意识到皇帝领地和教会领地是分开的，在教会领地，教皇拥有精神和世俗的双重管辖权。（注138）尽管他认为精神权力高于世俗权力，并宣称除了“除了教会的土地，所有世俗管辖权都完全是从教会的管辖权分离出来的”。（注139）教皇也在努力强调自己的世俗权力，并且把皇帝排除在教廷的土地之外，如此行事，意在强调世俗管辖权的空间界限。此举也赋予了皇帝和帝国以外的统治者独立性。然而至关重要的是，因为多位教皇强调自己在教会土地的世俗管辖权，才导致了这样的局面。这样做，他们就把皇帝排除在了这些地区的控制之外，因此限制了帝国的地理范围，（注140）教皇敕令《司牧训令》加强了这一局面。巴尔德斯宣称“教皇可以在教会里做一切国王在他的王国所做的事”。（注141）这种教权及其在地理上的明确位置和界限是巴尔德斯作品中的一个重要焦点。（注142）这一点很有趣，因为它从俗事讨论到教廷权力。实际上，如坎宁所说，巴尔德斯政治思想的关键原则就是：“接受以皇帝和教皇这种形式存在的普世的主权权威，这种权威与领土主权实体，即独立的城市共和国与王国共存。”（注143）在此基础之上，巴尔德斯建立发展了自己的理论。他强调不同政体的功能对等，并且把自己的理论适用范围从一个扩展到所有。（注144）这些属性都由领土的范围所决定。

在罗马法体系下，上层阶级可以选择放逐，以代替死刑和苦役。放逐的等级有所不同，可能只是逐出罗马或整个意大利。更加极端的做法是永久放逐，并剥夺公民权和财产权。（注145）被俘也可能造成类似的丧失所有权，不过被土匪抓捕并不算在其中，但是适用于罗马的敌国——罗马宣战对之宣战的某个国家，或者向罗马宣战的国家俘虏的情况。（注146）在讨论父亲被俘后的家庭关系时，《法学总论》里说孩子的身份地位还不能确定，因为父亲可能在某一时间回来，即父亲拥有恢复公民资格的权利。

“战后公民资格恢复权（postliminium）”一词来源于单词起始点（limine）和标杆。当战俘重新跨过边界我们的边界，可以说他又一次越过了起始点（postliminio reversum）。古人认为主权的边界是一个起始点，就好像是家的界限。单词界限指出边缘或终点拥有相同的词源。当一个战俘从他被俘的同一个起始点重新回来时，他的战后公民资格恢复权就随之而来。如果我们出动，并且击败敌军，将他救回，仍然可以说他重新跨过了起始点。（注147）

在讨论放逐和引渡时，巴尔德斯认为“管辖权是存在于领土中的……不过领地是有自己的边界的”。（注148）他认为领土和管辖权是共存的，“如雾气同沼泽一样难分”。（注149）巴尔德斯并没有赋予城市完全权力，而是有效赋予它们在君主统治之下的主权。（注150）国王在自己的领地内拥有王权因为他们是和帝国分离的，不过城市是帝国的一部分。（注151）因此巴尔德斯的著作里有一个巴托鲁斯试图去除的等级结构。与巴托鲁斯不同的是，巴尔德斯没有说城市本身就是“君主”，而是认为城市通过授权来保持地位。法官是“处于皇帝位置的一群人选举产生的，因为皇帝是这群人领地中的君主”。（注152）巴尔德斯赋予城市权利是“因为城市居民在他们的领地内填补了皇帝的位置”。（注153）因此产生的结果在某些方面和巴托鲁斯差不多，只不过取得结果的路径有所不同。对于巴尔德斯来说，领地（领土）问题是定义城市权利的重要方面。如坎宁所说：“在领地范围内，主权城市取代了皇帝。领地界定了城市的主权，而且是主权的界限。”（注154）

同领土层面并重的是，巴尔德斯强调人民的重要性，以及超越统治者的安排的持久性：

王国不仅包括物质上的领土（territorium materiale），还有其中的人民（gentes regni），因为是公民集体（populi collective）组成了王国……而且王国内的普罗大众（universitas）和国家（respublica）并没有消失，因为哪怕在国王被驱逐后，一个国家一直会存在下去，所以国家不会死去。（注155）

在《学说汇编》的起始卷中，盖乌斯（Gaius）区分了社会中的民法（ius

civile）和其他那些从自然原因演化而来的国家法（ius gentium）（注156）。民法的要点是于它适用于一个具体的政体或民族；反之国家法适用于所有人，或更具体地说这个类型的法律，是罗马帝国为调解罗马人和其他部族所制定的。（注157）在评论这个段落时，巴尔德斯把公民定义为那先一片领地之内的人，因为管辖权“依附于一片领地，其中的那些人拥有领地权”。（注158）巴尔德斯的用词“领土界内的管辖权”（注159）可能是在巴托鲁斯之上发展而来的，（注160）巴尔德斯跨出的至关重要的一步就是把公民本身当作一个领土性实体，这个实体由它的界限在它所属的整体国邦内决定。（注161）领土因此不仅仅是管辖权的界限，而成了它的定义。（注162）

这一点至关重要，因为城市就此变成了政治性的、领土性的，而且由一群公民组成的地方。从阿奎那那里借用一个词组，但是加入了政治性，巴尔德斯认为人民超越个人使得“单独的人不能组成公民群体，公民群体也肯定不是一群人，而是人们的集合，就像一种神秘的共同体，抽象地说，这种集合的重要意义已经被人们的智慧揭开”。（注163）在政体就是一个组织的观念发展过程中，智慧能力的划分和组合很重要：一个虚构的法律实体包含，但是不限于其中的成员。（注164）因此巴托鲁斯和巴尔德斯主张公民是城市里的普罗大众，可能是一个人，也可能是君主。（注165）坎宁认为城市—公民可以被理解为一个组织，这个既像一个“不同于其成员和政府的抽象实体般运作”又是一个由“自然的和政治性的人群组成的实体”。他说这意味着，按照斯金纳的定义“不同于其成员和政府的抽象实体”，这就是一个国家（邦）。因此坎宁认为，国家比斯金纳所认为的早两个世纪出现，斯金纳认为国家在17世纪晚期才产生。坎宁认为巴尔德斯通过他对法律观点的运动是“对亚里士多德派关于国家的观点进行了抽象层面的移植”。（注166）

其中重要的不仅仅是亚里士多德派关于城邦是成员的集合体的观点。（注167）马西略认为政治团体不同寻常，但是这里的政治单位拥有领土（领地）范围，而且是超越和与其成员分离的存在。虽然事实上巴尔德斯仅仅把这一点应用到了城市上，但很明显这点也可以扩展到作为国家的王国，（注168）对此他几乎一笔带过地在关于城市文章的绪论中承认了这点。巴尔德斯对此做出的区分是建立在意识到教皇在另一个世界，以及作为上帝中介者的至尊权；还有皇帝在这个世界的至尊权基础上而提出来的。坎宁认为这是法律性和事实性的区别，并不仅仅适用于教皇和皇帝之间的关系，还适用于所有级别的政治权威。坎宁提出这可以被理解为主权，但仅仅是在普世主权和领地限制的主权被理解为等级性，而且在非排他性的前提下。（注169）

王国中的国王

十四世纪末，教廷地位发生了巨大转变。即使在世纪初，在教皇卜尼法斯的治下，教廷确实追求精神和世俗的双重至尊地位，但还是迅速迁往了阿维农。阿维农时期的历代教皇们最初的意愿是让欧洲和平，并且修复动荡不安的法国所带来的损伤，更重要的是恢复圣地，重建教皇国。（注170）威尔克斯主张对有些教皇来说，从罗马解放是件好事，因为罗马一直被视为一个意大利城市，而不是一个普世城市，而且有使教廷和它的抱负本地化的倾向，而且特别是将它同复苏的帝国绑定到一起。迁移到阿维农从某种视角，可以看成是创造了一个“真正普世的教廷君主政体。‘巴比伦的囚禁’[①]通常被认为实际上是中世纪教权统治的最低点，但理论上却是最大胜利”。（注171）然而即使如此，流亡阿维农确实为1378—1417年的西方教会大分裂（Great Schism）[②]埋下了伏笔，当时有相互竞争的多位教皇，他们各自有自己的权力基础和地盘。这次危机意义深远，从此以后教廷再也没有完全复原过。如果说十四世纪上半叶，是教会统治与世俗统治之争，那么在下半叶，随着1378年教会分裂的高潮来临，更多地转向教会内部自身的问题。（注172）自此之后，教皇们像关注普世世俗统治一样关心自己的地位。

与此形成对比的是，此时欧洲的世俗统治者们则热衷于采用罗马的遗产，即罗马法。当然，各国对罗马法的使用情况不一，但当时大部分欧洲大陆王国会应用这套法律。德意志皇帝认为他们是罗马帝国诸位皇帝的继承人，所以特别热衷

---

① 即教皇迁至阿维农，受制于法国国王。

② 西方教会大分裂，始自1377年1月17日教皇格雷高利十一返回罗马开始，各派矛盾最激烈时，曾有三位教皇并立，直到1414—1418年间的康士坦斯大公会议选举出各派都承认的一位新教皇马丁五世才结束。

于使用罗马法。十二世纪的神圣罗马帝国皇帝洛泰尔（Lothar）[①]采用了部分罗马法，使得德意志民族对神圣罗马帝国进行了设计构思。（注173）随后的历代皇帝，比如著名的腓特烈一世，视洛泰尔此举同他们所确立的泾渭分明的法律和政治体系同等重要。（注174）在帝国之外，法律的帝国渊源有所不同，这是罗马法的应用的一种障碍。不过，如尼古拉所说，当各国国王和君主意识到在自己的领地内可以成为事实上的“皇帝”这种观念可以适用时，皇帝的至尊地位对他们来说就成了一种好处。所以突然之间，所有提出绝对皇权——不可分割也不可转让的文章，都能被用来为他们的利益服务。（注175）例如，《学说汇编》宣称：“元首的决定具有法律效力。因为公民将自己所有的统治权交给了元首，这一切体现在王权法里，王权法赋予了元首统治权。”（注176）在统治者制定法律时，他本人并不受制于法律这一想法很吸引专制主义统治者。（注177）出于这个原因，敕书，即皇帝的法令或诏书，得以进入《法典》（和《新敕》）。

回看第六章对《罗马法》，以及巴托鲁斯和巴尔德斯作品的分析，表明十四世纪是政治思想史上相当重要的一个阶段。这一事实有效反驳了卡莱尔兄弟的说法，他们认为十四世纪的思想家在两位前人的基础上没有什么增益，且认为这一世纪的思想家除了确定国家的所有权威都来自于社会外，再无“实质性影响”。（注178）然而事实要复杂得多。埃吉迪乌斯为教廷的重要性提出了依据，奥卡姆和但丁则把重点放在了帝国上。巴黎的约翰和其他人则关注国王的情况。只有马西略、巴托鲁斯和巴尔德斯的少部作品中，能看到对社会权力的讨论。在法学家眼里这当然不是他们思想中最重要的部分。相反，这是对政治统治对象的关注，调和事关管辖权的冲突，而且给予了权力的界定范围，这是关键性的发展。斯金纳把国家定义为一个与统治和被统治者分离的抽象实体，如果这一概念被接受，那么坎宁则在后来十三世纪末和十四世纪思想家的作品中，见证了这一事实，成为他提出这个定义的坚实基础。（注179）不过这一概念没有出现在《民法大全》里：它需要的是建立在注释学派劳动成果上的评论家们的工作。（注180）

尽管今天我们并不经常谈论巴托鲁斯和巴尔德斯，但他们对后世思想家极具

---

① 指1133—1137年在位的洛泰尔二世。

影响。其中最重要的方面是，将以前对精神和世俗权力之间的区分，以管辖权问题的方式记录下来，这不仅仅体现在教会法里，也体现在民法里。（注181）教会法是教会至高权力主张的体现，在地理上没有边际且不受限制，不过这点不再能为教会世俗权力的行使或合法性提供基础。民法被理解为政治管辖权的行使，它是在帝国、王国，或者独立城市内行使的专有形式的权力，不过它的基础在于被限制它所行使的领地（领土）之内。（注182）1346年教皇克莱蒙六世承认这一点，将皇帝查理四世称为神圣帝国的首领，不过其空间范围并非无限。（注183）这样最初在时间基础上形成的一种区分——即尘世有限的生命跨度或不朽的人类灵魂——这种区别以空间形式记录下来。世俗权力变成了领土性的，空间受限，但是在它的权力范围内至高无上。永恒的或者说精神权力可以被理解为在领土之外运作，其范围没有限制，但在地域上却被严格限制。

短语“rex imperator in regno suo”的来源颇多争议。伍尔夫认为，在十四世纪早期奥德拉德斯（Oldradus）的作品中就能找到那个短语的起源，当时他所说的是“quilibet rex de facto teneat locu imperatoris in regno suo”。（注184）不过哪怕他也认识到可能更早之前就有人提供了这个短语的词源，比如西诺·德·皮斯托亚（Cino de Pistoia）[①]，古利尔穆斯·杜兰德（Gulielmus Durandus）[②]，安德里亚·德伊塞尔尼亚（Andrea d’Isernia），马里努斯·达·卡拉马尼克（Marinus da Caramanico）或让·德·布拉诺（Jean de Blanot）。如阿明·沃尔夫所言，这种准则有时以“国王是他土地的皇帝”这样的形式写出，其中用的是土地而不是王国一词。（注185）又比如索尔兹伯里的约翰，在1168年的一封信中提到亨利国王[③]如何认为教皇和红衣主教“是他的囊中之物”，而且达到了其祖父的辉煌成就，即“在自己的领地上既是国王、教廷使节，又是宗族首长和皇帝，而且他能成为自己想成为的任何人”。（注186）早在十三世纪中叶，亨利·德·布拉克顿（Henri de Bracton）[④]就宣称英格兰国王拥有至高权力。对他

---

① 1270—1336或1337年，意大利法学家和诗人，曾在锡耶纳、佛罗伦萨、佩鲁贾和那不勒斯的大学任教。

② 1230—1296年，法国教会法学家和礼拜撰稿人，同时是芒德教区主教。

③ 指1154—1189年间在位的英王亨利二世。

④ 1210—1268年，英格兰教士和法学家，最著名的作品是《论英格兰法律与习俗》。

来说，“王国之内没有人可以和国王相提并论，除了上帝和法律，国王不应位居任何人之下”。（注187）莫莱尔认为这种与王国联系的来源至少比奥德拉德斯早一个世纪，争论在于这到底是法国，还是那不勒斯的法学家正式提出的。（注188）乌尔曼认为两者都是，而且是各自独立提出的：法国正式提出它是为了保证国王在宫廷的绝对权力不再有其他上诉权；那不勒斯制定它则是为了西西里。如《教牧关怀》（Pastoralis cura）所承认的那样，西西里国王并不隶属于皇帝。同样这一观念在更为地方性的层面也起作用：即个人的家就是他的城堡。（注189）然而当伍尔夫强调作者的身份并不是重要问题时，毫无疑问是正确的：“不论作者是谁，奥德拉德斯还是其他法学家，他都对政治思想做出了最大的贡献，足以获得最高的褒奖。”（注190）到巴托鲁斯时代，这个短语的使用就变得常见了：这个术语既不是巴托鲁斯发明的，也不是他正式提出的。尽管如此，伍尔夫还是对他一直使用该短语赞赏有加。（注191）

国王与其他认为自己在世俗事件中没有上级的人是平等的，这一观点来源于教皇敕令《可敬畏之书》。这是强调统治者个人身份的正式宣言：他拥有至尊地位，其他人无法对他进行合法裁决。（注192）王国内许可的至尊权利，意味着国王拥有现在称之为唯一的内部主权。但这对于可以被理解为平等外部主权的权力不代表任何意义。这也不意味着皇帝会将国王在外交或者“国际性”问题上，当作正式的平等对象对待。因此国王在王国之内拥有至高权力，之外却还是服从皇帝。因此，这样的区分不能简单归结为法律上的和实际上的主权。如威尔克斯所强调的，这“解释了为什么好多作家在一个句子里把皇帝描述成世界统治者，却又在另一个句子里说国王是自己的皇帝这种令人困惑的倾向”。（注193）威尔克斯有益地强调了另一个要点。统治权的诉求，如果不算更早，仅从这个点开始，具有两层含义。理论上有一个普世帝国，实践中又有一个真实的帝国。实际上存在的帝国，以及帝国行使的权力的帝国，比假设的无限制帝国小得多。威尔克斯认为这意味着“统治权既有权威性又有领土性含义：（无限）帝国之内还有一个（较小的有限）帝国”。（注194）

于是，两种开端差异甚大的标准被融合到一起，并且都给彼此增加了法律的源泉。国王认识到他在世俗事务上没有上级，而且在自己的王国里，他的地位和帝国里的皇帝功能相等。第一点强调的是统治者的个人性；第二点给予这种统治空间定义和界限。放在一起的话，他们组成了复合型的拉丁文句子“rex imperator in regno suo, superiorem in temporalibus non recognoscit（国王是王国中的皇帝，在世俗事务中不承认有上级）”。（注195）1231年，皇帝腓特烈二世，在他颁布的《西西里宪法文集》中，将这一切付诸实践。他是西西里国王，也是神圣罗马帝国皇帝，而且两种地位给予他在同教皇的关系中近似的地位。据坎托洛维茨所说，他是“十三世纪唯一一个在字面意义上遵照国王在王国内即是皇帝的新信条行事的君主”。（注196）在帝国之内用这一信条将独立合法化时，它变得很有意思。（注197）虽然这只是从法律方面理解的界内领土管辖权（iurisdictio coheret territorio），但在增加了从前的观念后，至尊权力、空间范围、管辖权及领土之间的关系就完整了。（注198）

专制君主制的根基到这里已经就绪。（注199）在自己的王国里，每个国王都视自己为皇帝，认为在王国的边界之内没有上级。领土成为政治统治的对象，在领土内生活的人们，以及发生的各种行为，都在国王的管辖权治下，没有更高的可以上诉的权威。（注200）这种转变发展了一段时间。其中有经济原因，同时伴随着封建体系的发展，这成为建立更加完备的土地制度的关键。（注201）也有一些战略上的原因，因为随着从前的流浪部族的安顿，一定数量的国家也相对稳定下来：诺曼人统治着英格兰，法兰克人统治着法国，及神圣罗马帝国的一些组成部分位于中欧。为应对正在发生的各种冲突，法律有了一些发展完善，使古老的《民法大全》改版后能够处理这些问题。确实，当阿诺德看到在德意志长期存在的“领土领主权”后，他承认正是罗马法清晰明确地说明了这个问题，并且编纂成法典。（注202）而如果理论基础在，那么政治基础也将显而易见，只是实践性却基本没有发展成型。虽然国王们正在将他们的统治置于同皇帝平等的基础上，然而皇帝本身的统治远不稳固。相反的，皇帝在帝国内的身份地位日渐降低，速度比国王地位的下降还快。（注203）如巴托鲁斯和巴尔德斯所示的那样，城市已经可以自立为王了。

库萨的尼古拉斯（Nicholas of Cusa）（1401—1464）在神学、数学和科学方面著作颇丰。在下文第九章会介绍到他的科学著作。这里的重点是他论述天主教会政治事务和组织结构的著作《天主教的协调》（De concordantia catholica）。（注204）他的作品被描述为“十五世纪最通俗易懂的政治著作，也是中世纪后期最有意思的著作之一”。（注205）库萨在他的作品中认为教务委员会比教皇更重要，因此也被描述为“最宏大复杂的教会会议理论著作”。（注206）库萨把教会视为一个有机整体：

在我关于天主教协调性的论文中，我相信有必要认为所有虔诚信徒的集合才能被称为天主教会，而且是所有部分共同组成了教会——比如它的灵魂和实体。因此首先我们应当把教会本身当作一个复合整体，然后是它的灵魂、神职人员，最后才是实体、神圣帝国。（注207）

因此库萨相信“神圣罗马帝国本身来自上帝”，（注208）但不是通过教会。于是，这就成了帝国和教会的区分基础。如卡尔·雅斯帕斯所说：“圣职主义和统治权组成了具有不同元素的整体。”（注209）库萨警示道，古人“关心的是如何禁止神职人员把精神和世俗的事情混到一起”。（注210）而通过这样做，库萨有效地夺走了这种（政教合一的）政体相对于其他政体的合法性。伍尔夫说，但丁的《帝制论》并不是帝国“最后的绝唱”，如果的确有绝唱的话，那也是库萨的尼古拉斯吟唱的。（注211）

库萨因其对君士坦丁献土的讨论而引起大家的关注，这也促成了他对法律的空间确定，这对一个神学家来说很不寻常。库萨认为君士坦丁可能捐赠过土地，但这不能证明他真正捐赠过。他指出历史上并没有记录这件事，而且有一些例子表明“罗马教皇承认皇帝为他们的上级领主”，甚至在君士坦丁之后也有这样的事。（注212）但是，随后事情发生了转变：

之后有一些以教皇斯蒂芬二世的法案命名的城市和地方，由于丕平（查理曼之父）的捐赠成了圣彼得的合法财产，而且后来因为一些城市将自己置于圣彼得的法律管辖权之下，他们的市民依罗马风俗剪了头发，教产就增加了更多的土地，因此需要有一位长老来保卫这些土地。（注213）

不过对土地的政治权力也伴随着一种约束：管辖权是与土地本身捆绑在一起的。比如，库萨说起“法律设定了界限而且规定没有人能越过另一方的边界”，

而且认为有时因为“下层的那些人的忽略，或是因为有必要导致会将这一法律搁置一边”。（注214）

我们应该注意到他的控制权力并没有超出隶属于他的帝国的边界（terminus imperii），这点在《论法的精髓》（Ego Ludovicus）一文中显而易见，路易尽管在书中将自己描述为皇帝，他也仅对法兰西王国的居民和其实际臣民伦巴第人发号施令。所以根据这种情况，我们应当说皇帝身为帝国（这个帝国是被罗马人的英勇同时征服的）的统治者，会被称为世界之主……这个称号是因为罗马人曾一度将世界的大部分纳入他们的统治之下而得来的。（注215）

库萨提供了一份这些界限的详细名录。从里海地区的山脉至北锡西厄（Scythia）（锡西厄即今俄罗斯南部各地区，乌克兰，高加索的部分地区，哈萨克斯坦）的亚历山大之门（gates of Alexander）①，再到挪威、里海之外的各地，喜马拉雅山脉、中国、波斯沙漠、印度、阿拉霍西亚（巴基斯坦）、锡兰以及非洲和阿拉伯的大部分地区。库萨这些统计的资料来源是托勒密的《地理》。这些土地加在一起从而排除“的部分占世界土地的面积并不小——实际上几乎是有人居住土地的几乎一半”。（注216）不止雅斯帕斯一位权威认为，作为政治思想家而言，库萨太过“守旧”，尤其是同马西略相比。（注217）然而这种说法忽略了库萨的一些贡献，比如将法律观点引入其政治理论，发展了后注释学派的主张，以及为帝国设置界限。

其后的法律思想家也发展了这些主张。（注218）比如西班牙神学家和法学家弗朗西斯科·德·维多利亚（1492—1546）在关于北美本地民族的著作中，广泛应用了巴托鲁斯的文章。（注219）维多利亚更加广泛地关注包括精神权力和社会权力的问题。他认为“王权并非来自国家，而是来自上帝本人……即使国王由国家设立，王权却直接来自上帝……国家并没有把权力转给君主，而只是转移了它的权威”。（注220）维多利亚由此区别了拉丁词汇“potestas（意为权力）”和“potential（意为能力）”。因此，他认为“去询问教会是否有一些‘精神上

① 相传由亚历山大大帝在高加索山脉建造的，用于防备北方野蛮部族南侵的屏障。

的权力'就等同于一开始问教会是否在精神领域拥有力量或权威，然后再问这种力量或权威是否能与社会权力区分”。他的回答清楚明白：“在教会肯定存在某种类型的精神权力，这种权力与社会权力及法律权力有别。”（注221）对他来说，这种权力高于王权，（注222）王权在社会事务中最高，但在宗教事务中受限：“王权包括所有的社会权力，因为成为国王意味着在国内拥有对一些事务的最高统治权，不过国王对礼拜仪式和精神活动没有权威，因此精神权力和社会权力不同。”（注223）

菲吉斯认为如格劳秀斯和博丹这样的作家“不仅引用了巴托鲁斯的作品，而且他们的成就基本上是因为他”。（注224）坎宁坚持认为巴尔德斯的情况也一样，他认为巴尔德斯在“欧洲主流政治理念发展过程中，对法学主流做出了影响深远的贡献”。（注225）让·博丹关于主权的作品将会在随后的第八章进行讨论，这里我们来对国际法的有序发展起重要作用的雨果·格劳秀斯做一些简单评论。（注226）

格劳秀斯的主要作品是《战争与和平法》（De jure belli ac pacis）。（注227）这部作品被称为每一页都体现了“军事革命的影响”，认为在各种科技改革面前，还保持旧式的冲突规则和标准毫无意义。（注228）这本著作的一个方面是讨论什么时候战争是可以接受的。在预计到后来正规化的对“正义的战争（jus ad bellum）”和“战争的正义（jus in bello）”进行区分的同时，他还试图为在战争中什么是可接受的进行限制，尽管这些限制极为宽泛：可以合法地杀害一名战俘；合法地刺杀；即使在投降后可以毁灭土地和城市；像对待军人一样对待平民，包括妇女和儿童都可能是合法的。（注229）格劳秀斯的重点在统治权而不是管辖权。他认为统治权主要实施于“两种对象身上，主要是人民，而且有时只要人民就足够了……另一个是土地，也叫爰领地”。（注230）

格劳秀斯详述了各种词源学的论据来解释这个词语，他认为“由斯库鲁斯·弗拉库斯（Siculus Flaccus）提出的领地一词的词源是威慑敌人（terrendis hostibus），看来和瓦罗（Varro）提出的践踏（terendo）；或是弗朗提努斯（Frontinus）提出的土地（terra）；或者庞波尼乌斯提出的，从地方官员拥有恐吓权（terrendi jure）演化而来都有相似之处”。（注231）不过人们真正更加关心的则是统治权是以哪种方式获得的：

但是为何每一块特定土地都有管辖权？因为领土的任何部分无论坐落在何方，哪怕荒无人烟，一个自由的民族，或者一个与他的民族意见一致的国王，都不会把它让出去，我也看不出有什么合理的方式可以讨论。实际上，任何要被迁移的那部分人民，只要他们有自由的意志，就同样有权利去反对这样的割让；不过不论是全部还是部分领土，都属于人民共有，而且不可分割；而且合乎逻辑的结果，是领土完全受人民支配。（注232）

他继续主张全体人民在“土地分配给私人之前，拥有全部土地的财产权，既包括统治权也包括所有权”。（注233）格劳秀斯因此力主在对领土的统治权基础上还有财产权。

因此我们了解了什么是财产权的基础，这不仅来自头脑内部所想，因为一个人不太可能猜到其他人认为应当将什么占为己有，他会相应去放弃什么；而且除此之外，有些人可能同时想要相同的东西；但财产权是一种特定的协议和条约里，或是明确进行划分；或是心照不宣地占据而获得的。所以只要共同生活不再被批准，所有人都被假设或必须被假设同意，每个人应当通过最初的财产权占有自己的东西……土地的划分催生了一种新的权利。（注234）

格劳秀斯不仅仅讨论土地，还论述河流及其与领土的关系。（注235）他提出了《法学总论》里相同的问题，能很清楚地感觉到巴托鲁斯对他的影响。从根本上说，他提出，如果河流的流向改变了，领土会改变吗？（注236）就水域而言，格劳秀斯的海洋论更为著名。《战利品法评述》（De Jure Praedae Commentarius）中的一个章节则以《海上自由》（Mare librum）（注237）为题单独发表。这引起了约翰·塞尔登（John Selden）[①]的回应，其观点也借鉴了巴托鲁斯和巴尔德斯的说法。（注238）整个辩论过程众所周知：塞尔登宣称正如各国可以占用“土地或领土”一样，（注239）也可以占据和对海洋提出占领主张，而在格劳秀斯看来海洋应该保持对所有人自由开放。（注240）塞尔登想同时拥有海

① 1584—1654年，英国法学家，英格兰古典法学和犹太法学学者。

洋的所有权和统治权，（注241）而且随着时间的推移，格劳秀斯开始意识到虽然将海洋据为己有不可行，但进行圈占是可以的，所以他在《战争与和平法理》中提出：“在我看来，获得对部分海洋的统治权，就像其他类型的统治权一样；这样的统治权，正如我们之前所说的，涉及人民和领土。”（注242）当然这些问题部分也是欧洲列强的海上扩张，以及荷兰、西班牙、葡萄牙和英国在东印度的争端所引起的。这些问题早在几个世纪以前就出现了。

第八章

文艺复兴与地理大发现

虽然我们现在知道，北美部分地区早在克里斯托弗·哥伦布（Christopher Columbus）（注1）环球航行很久之前，就已经与欧洲各国有所接触，但他的航行仍然标志着欧洲心态的改变。就像西弗对这次航行的定位那样，它应被视为“驶出中世纪的航海”。（注2）哥伦布在美洲登陆两年后，1494年，西班牙和葡萄牙两国缔结《托尔德西里亚斯条约》（Treaty of Tordesillas），划分了欧洲国家以外新发现的世界各地。这一条约修订了前一年起生效的教皇敕令《其他事项令》（Inter Caetera）。该条约的关键条款规定如下：

在条约规定的大洋（大西洋）的两个极点之间，即从北极点到南极点之间，从北到南划出一条边界线或直线界线。如前文所述，这条边界或界线应划为一直线，位置在佛得角群岛以西370里格（即1110英里），以度数或者其他任何可视为最合适和最完善的方式计量，测量出的距离不应大于上述数字。（注3）

这条分界线确定了葡萄牙国王对界线以东，以及卡斯蒂利亚国王和女王对界线以西非基督教徒土地的领土主张。划界的大体目标是让葡萄牙拥有非洲，而西班牙占有美洲，但后来发现南美洲部分地区实际上在界线东面，于是在那里就建立了葡萄牙殖民地，也就是后来的巴西。（注4）这证明在更可靠的仪器能够精确测量经度之前，纬度线是一种更加准确的地理标记。《托尔德西里亚斯条约》的重要性在于，它为只有后来才能跟得上要求的各种现实技术手段提出了一个样板。就像制图历史学家们已论证的那样，这一时期的许多世界地图关注的是精确地发现这条分界线在现实世界实际落在什么地方。（注5）问题的关键在于《托尔德西里亚斯条约》是一次以将纯粹的占领区转化为领土这一构思进行划分的尝试，而并不是用一种可计量手段去划分未知土地。条约中的划分适用于“所有土地，已查明和已发现，或者今后会被查明和发现的岛屿和大陆”。条约还规定了分界线从何处穿过土地的条款：

而上述从北极点到南极点的分界线，如与任何岛屿或大陆相交的话，在上述界线与相关岛屿或大陆的最初的交点，应竖立某种标志物或塔楼，从这座界碑或塔楼开始的分界直线上，应竖立一系列类似标志物，列成一线来标示上述界线。这些标志应划分属于上述每一方的当地土地的那些部分；上述双方的臣民，任一方都不得越过相关岛屿或大陆内的上述标志或界线，进入另一方的领地。（注7）

就像希德指出的那样，不同国家之间确定领土的方式不同。就葡萄牙人来说，他们注意到“当他们偶尔竖立起诸如石柱之类的标记，来标示他们新发现的领地范围时，他们能够确定一处新地方的纬度，提供此地是他们发现的核心证据”。（注8）于是催生了加强导航技术和土地测绘技术的需求，人们取得登陆点和了解到达的具体位置时期都需要这样的技术。虽然罗盘最晚在1300年就已经使用，（注9）但那时还是诸如四分仪之类的古老仪器重新使用的时期。在北半球，人们利用北极星导航，而在北半球之外，航海家们使用星盘①，这种仪器由古希腊人发明，伊斯兰学者们在中世纪使用。（注10）在乔叟的《磨坊主的故事》中，好色书生尼古拉斯是个半吊子占星术士，他拥有一个星盘：

他的《天文学大成》，还有其他大小书籍，
他研习占星术要用的星盘，
他的算筹，所有的这些东西都散布在
他单人床床头的书架上；
他的衣柜上盖着一块红布。

① 是一种早期的六分仪。

《天文学大成》（Almagest）是托勒密所作的一部天文学和数学文集，书中还有一篇如何运用星盘和算筹进行计算的出色附文。（注12）乔叟本人1391年前后写过一篇关于星盘的专著。（注13）1556年，莱昂纳德·迪格斯（Leonard Digges）[①]发表了他的《地质学》（A Boke named Tectonicon）一书，这本书可靠地说明了几何学知识该如何加入著作之中，书中附带各种图表、技术术语，还有实际应用案例。（注14）稍晚一些，伊丽莎白时代的作家约翰·迪（John Dee）[②]为欧几里得《几何原本》译本写了一篇序，对不同类型的数学概念进行了一种非常欧几里得式或亚里士多德式的划分。我们知道，“数”是“多个单位的一定数学之和”，是不可分的。相反，“量”是“一种表示一些性质相近，用于判定长、宽、厚等概念的数学标识”。“量”是“永远”可分的，而点是线的终端。迪告诉我们“无论‘数’，还是‘量’，都不是有形事物”。在数学科学的范畴内，计算与“数”相关，几何与“量”相关。（注15）迪阅读面广泛，而且参考了巴托鲁斯、巴尔德斯和阿库修斯的著作。（注16）他还对“领土或土地划分”略有涉猎。（注17）

迪格斯和迪的所有技术创新，在理论上都是简单应用了欧几里得的概念。类似的是，丹尼斯·科斯格洛夫描述了意大利文艺复兴时期的重要制图师吉亚科莫·加斯塔尔多和克里斯托弗罗·索特的实践工作，说明“罗盘、直角测距仪、四分仪和星盘，这些加斯塔尔多和索特的日常工作用具的理论基础，都是欧式几何”。（注18）正如科斯格洛夫提到的那样，因为纯粹的应用几何学转化为理论几何学的新课题，所以欧氏几何的公理会非常重要。“对十六世纪的威尼斯来说，（欧式几何公理）是统一世界和文化变革，以及统一地形几何范畴内实践和理论知识的关键。”（注19）在十六世纪，借助一枚星盘就可以在地球上标出纬度线。（注20）

用马修·埃德尼的话来说，“帝国是一项地图建设工程，现代地图作业是现代帝国主义的建设工程”。（注21）鉴于现存的关于地图和征服区的文献数量已经很大，本章无意在这方面增加任何内容。相反，本章会涉及一批知名的思想家，在他们的大部分作品当中，方式虽然有所变化，都在不同程度上谈及这个问

---

① 1515—1559年，英国知名数学家和地理测绘师，因发明经纬仪备受赞誉，而他在测绘、制图和军事工程方面发表的许多文章，令他成为一位广受欢迎的科普作家。

② 1527—1608或1609年，英国数学家、天文学家、占星师、神秘主义者，伊丽莎白一世女王的顾问。

题——马基雅维利、伊拉斯谟、摩尔、路德、博丹、博泰罗、莎士比亚等。最重要的是，从一开始就引发这项研究的问题仍然是：在他们看来，地方和权力之间的关系是什么？新世界（即美洲新大陆）的“发现”，为占领和划分提供了背景，在这个背景下，所有思想家的讨论会在本章和下一章展开。即使在他们的文本中往往缺少一种明确的阐述方式，但至少提供了一个框架，他们在这个框架当中进行了各种讨论。（注22）这不是以欧洲各民族国家的固有领土为模板，推广到世界其他部分的事情：恰恰相反，是新世界提供了一个实验场，在那里各种关于领土的构想得以尝试，各种概念被创造出来，而各种技术得到了检验和完善，然后将这些技术带回到欧洲的。（注23）于是，就像希德提出的那样，十六世纪中期，星盘使用方法的进步，使得对纬度的测定不是只能在陆地上，或者中午的时候进行，而是在大海上和阳光下的任何时候都能进行。“全球的所有方位首次能用一组数字来描述。”（注24）

本章的具体重点在被称为文艺复兴的这一时期，一个对古典世界兴趣重生的时代。在之前的章节已经证明，文艺复兴并不能被限定在某个特定世纪，而是和加洛林帝国的学术复兴，亚里士多德著作的各种译本，还有罗马法的重现，共同构成了一段大历史的组成部分。而“文艺复兴”的名称是很久以后才发明的，最早使用这个词的是十九世纪的法国历史学家儒尔·米什莱（Jules Michelet）①。（注25）而将这个词语用作十五世纪意大利繁荣“确切肖像”名称的是瑞士历史学家雅各布·伯克哈特（Jacob Burckhardt）②。（注26）对欧洲境外的扩张不应局限于向西在美洲进行的历次登陆。各种航海技术的发展，还有与东方加深联系的探索也是一种扩张。（注27）具有决定性意义的是中世纪晚期的艺术和学术进步的方式，与被称为文艺复兴的那一段历史，影响到了更加广泛的文化、社会和政治趋势。试举一例，埃德格顿详细阐述过，艺术方面线性透视画法的发展，对地图测绘工作成形影响。（注28）

这种技术很偶然地与1406年君士坦丁堡托勒密《地理》手稿的发现产生了联系，这部手稿缺少地图，但根据文本可以重绘，因为文本提供了坐标信息。（注

① 1798—1874年，法国历史学家，生于巴黎的一户胡格诺派家庭，在1855年《法国史》一书中，最早使用“文艺复兴”一词，并且进行了定义。

② 1818—1897年，瑞士艺术史和文化史学者，对这两个领域的历史发展均有很高造诣。

29）手稿的重现，从地图学实践的着重点，以及使其可行的各种方法这两方面，促进了地图学的持续发展。（注30）不过，尽管这份手稿产生了影响，这份手稿被发现的时候，正是相关的各领域正发生各种进步的时候，所以这份地图的发现被融入了相关领域的发展成果，而不是压倒了这些成果。（注31）

马基雅维利与“国家”

尼科洛·马基雅维利（1469—1527）是一位作家，他的许多灵感都来自古罗马时期的著作。（注32）他得享大名是因为他的*Il Principe*一书，几乎一直都被译作《王子》[①]，但书名的意思是指统治者或者君主，而不是国王的儿子。（注33）他还写过一部《论李维》（Discorsi）来论述共和主义。（注34）《君主论》一书或明或暗地大量引用了西塞罗（Cicero）、维吉尔（Virgil）和塞内卡（Seneca）的言论和著作；他了解古希腊历史学家波利比乌斯（Polybius）和普鲁塔克，而且参考过他们的著作；而他的《论李维》明显是因对李维《罗马史》的反思建构起来的。在《君主论》中，历史人物格拉古（Gracchi）[②]和亚历山大大帝在对切萨雷·波吉亚（Cesare Borgia）[③]和美第奇家族（Medici family）[④]的

---

① 英语译作“Prince”，即《君主论》，为求译出本书作者的原意，此处直译为《王子》，下文均译作通用中文书名《君主论》。

② 指公元前二世纪的两位古罗马政治家，提比略·格拉古（前168—前133）和盖乌斯·格拉古（前154—前121）兄弟，两人出身显赫的贵族家庭，先后担任罗马保民官，共同推行限制贵族特权、倾向平民的改革。最终哥哥提比略被元老院活活打死。十二年后，弟弟盖乌斯遭到元老院军队攻击后，让贴身奴隶杀死。

③ 1475或1476—1507年，教皇亚历山大六世的私生子，自幼被按照父亲的意愿被授予教职，18岁时即成为红衣主教。其父原本希望将其兄弟乔瓦尼培养成教廷的军事统帅，让切萨雷成为宗教领袖，实现一统意大利的宏图，然而1497年乔瓦尼遇刺身亡，改变了一切计划。次年8月17日，切萨雷成为历史上第一位主动辞去红衣主教职务的人，并且在同一天，被法国国王路易十二封为瓦伦蒂诺公爵。此后数年，切萨雷以其才略和狠辣手段，在父亲和路易十二支持下，征服了意大利的许多地方。但是1503年8月6日，亚历山大六世暴毙，根基不稳的切萨雷身染重病，在新教皇尤里乌斯二世上台后，很快被敌对势力囚禁，一路辗转送到西班牙，被秘密囚禁在梅迪纳坎波的拉莫塔城堡。1506年，他成功摆脱监禁，出逃到潘普洛纳。纳瓦拉国王胡安三世，为了抵抗卡斯蒂利亚的入侵，授予切萨雷兵权。切萨雷虽率兵收复了纳瓦拉的维亚纳，在进兵围攻勒林伯爵占据的当地城堡时，因不慎落单，遭到敌军骑士伏击身亡。

④ 15世纪上半期靠银行业起家，后来成为意大利显贵政治豪门的意大利家族。这个家族曾经出过三位教皇，两位法国摄政王太后。从15世纪下半期开始，美第奇家族已经攫取了佛罗伦萨共和国的政治权力，1531年成为佛罗伦萨公国的世袭公爵。1569年，这个公国在经过扩张后，升格为大公国。直到1737年为止，美第奇大公家族一直控制着托斯卡纳地区。

叙述中多有提及。马基雅维利确实经常在文中让人觉得当代和那些历史上的祖先们之间距离其实非常短。例如，他建议一位统治者“应当阅读历史书籍，应当研究历史书中记载的卓越人物的行为”。（注35）此外，很清楚的一点是，他认为最合适阅读历史的地方是在家中，他告诉赞助人，也就是佛罗伦萨驻教皇国使节弗朗切斯科·维托里（Francesco Vettori），在郊外度过一天后，当维托里在傍晚走进书房，脱下“沾满泥污的工作服，穿上了一位使节会穿的衣服”。这时，他建议维托里可以走进“那些已经辞世很久的古代统治者的宫廷”。（注36）

一部关于君主国——专制统治政体的著作，与一部关于共和政体的著作之间，存在一道鸿沟，这已经制造了对两部著作文本关系的大量解读读物，人们会问，马基雅维利在这两本书之间是否改变过心意，这同样引起了一场关于《君主论》创作时间的争议。（注37）一般认为《君主论》除了题词和第一章外，都写自1513年，而《论李维》写于1515年后。适合某些情况的政府形式不一定适合所有情况，这样的看法缓解了两本书之间的矛盾。但在将不同类型政体的主要区别和零散问题剔除后，两部著作仍有大量的共同话题和着眼点。处理它们的方式形成了挑战：“提出新思维方式和新体制，就像寻找新的海洋和未知的陆地一样，往往是危险的。”（注38）十六世纪早期这两部作品的创作时间，与早二十年前新大陆的发现之间不无关联。

如果把《君主论》看作一部特别的现代书籍有时会让人困惑的话，更合理的是将它视为一位中世纪晚期作家的作品，（注39）一部中世纪普遍存在的“为王公者鉴”文学的范例和评论文章，艾吉迪乌斯·罗马努斯，阿奎奈，还有卢卡的托勒密的这类作品都已经被讨论过了。（注40）马基雅维利同时代的许多人，包括塞瑟尔（Seyssel）[①]和伊斯拉谟（Erasmus）[②]都写过类似的书。（注41）和许多同类早期书籍一样，马基雅维利的著作是专为一位特定赞助人所写的书。不过这本书的情况和其他人有些不同。如伍顿坚决主张的那样，这本书是为朱利亚诺·德·美第奇（Giuliano de’ Medici）写的，而不是为他的侄子洛伦佐

① ？—1520年，萨伏伊法学家和人文主义者，曾撰写政治著作，支持法国王室。

② 全名德西德里乌斯·伊斯拉谟，1466—1536年，尼德兰文艺复兴时代的人文主义者、天主教教士、社会批评家、教师和神学家。最著名的著作为《论自由意志》，与托马斯·摩尔和路德都有过来往，也曾经为神圣罗马皇帝查理五世，即西班牙国王卡洛斯一世担任顾问，并且撰写文章。

(Lorenzo)，这本书最终是献给朱利亚诺的。出于这个原因，马基雅维利的建议必须以一种非具体的方式来表达，因为朱利亚诺不是一位实际上的统治者，而是一个有意获得教皇的支持，来取得一片土地进行统治的人。伍顿暗示，那片土地可能并不存在前统治者，而且“很可能是一片无须克服城市自治政府传统的领土”。（注42）

此处引用“领土”一词看来没有什么问题，而且马基雅维利作品的各种译本使用这个词的频率很高。不仅如此，米歇尔·福柯还将马基雅维利的说法定义为持续到十六世纪的中世纪模式的典范：“主权不是对各种事物行使，而是对一片领土上的所有事物和居住在那里的所有臣民行使。”（注43）之前的章节已经证明这是一种对中世纪并不准确的评价。但这一说法在多大程度上理解了马基雅维利的本意呢？福柯认为马基雅维利关注的重点是去了解“一片通过继承或者征服取得的领地或者领土，该如何对抗内外对手，才能够保住”。（注44）还有如何能够“保证这片领土或者统治这片领土的主权”。（注45）保证就是一种纽带，福柯强调了这种关系的重要性。但马基雅维利没有使用过表示领土的意大利语词汇“territorio”。那么，他是怎样讨论政治控制的呢？

马基雅维利政治术语的关键词之一是“国家（stato）”。像普莱斯概述的那样，这个词至少有两重含义：“一是在一定领土界限内存在的政治社群，二是这样一个社群的政府。”（注46）维罗里同样提示有时候马基雅维利“用‘国家’一词表示君主制或者共和制拥有主权的领土”。（注47）斯金纳提出马基雅维利“在《君主论》一书中频繁使用‘国家（lo stato）’一词来指代君主们的土地或领地”。（注48）于是翻译家们经常在翻译“stato”一词时，除了译作“国家”外，也会译作“领土”或“地区”。这样翻译显然极为混乱。马基雅维利本人在《君主论》的第一句中进行了解释：“‘国家’一词，是指无论共和制还是君主制，对其民众都拥有权威，而且都能够保持的所有的统治权。”（注49）因此书中第一个名词就是“Stato”，而且这第一句就有两个关键分句。第一个是，第一句的中间分句，而不是另外附加的名义，对“stati”一词作了定义。国家是对人们保有权威的统治权的总称。这一分句的关键在于政治统治的对象是人们，或者说人民。第二个分句将这些政体分为两种，共和制或君主制，也就是说由多人，还是一人统治。由此第一句的中段就用两个非常古老的词——“统治权

（dominium）”和“权威（imperium）”。谈到了现代国家的概念因此书中的“国家”一词与该国人的财产权与权力有关。因为“统治权”和“权威”都含有空间含义，在这里代表建立起来的所有关系的总和。（注50）但人被放在第一位，也就是说公众，是至关重要的因素：他们，而不是领土，才是政治统治的对象。如果这种说法还不是完全现代性的话，也是一种对统治世俗范围的理解，与任何宗教理由完全不同，而且独立于宗教之外。

很重要的一点是，“stato”很少被当作一个动词的行为主体，马基雅维利的“国家”行动非常少。（注51）而“stato”也不是一个简单的分析对象和统治模式，但是可以起到评估价值或实力的作用。在论述一个君主国的时候，马基雅维利会用这个词来问一位统治者是否拥有足够的权力（tanto stato）；（注52）他还用这个词评价过一种情况，即在那一时期统治者“不得不相信任何意大利人的权力都不能提升国家的实力”。（注53）回顾历史，他提出马其顿的腓力（Philip of Macedonia）同攻击他的罗马人和希腊人的强大力量相比，并没有多强的实力（non molto stato）。（注54）

马基雅维利政治著作的关键问题之一是“占有”的概念。而尽管译本往往会采用一种给予动词“占有”一个对象的方式进行表达，但马基雅维利经常会让这个概念只能意会。因此马基雅维利论述“共和国‘占据’了什么”，（注55）而且会讲述“新占领地”（注56）和“寻求扩张”。（注57）在《君主论》中，他类似地提过“想占有什么是完全自然和正常的欲望；每当人们要去占有什么的时候，就会成功达到这个目的，那他们应当被称赞，或者至少不应该被谴责”。而“领土”一词似乎是这些短语合理的拓展，在“领土”内有很多东西可以被占有，土地只是其中之一。他说道，例如，可以用“罗马人为了占领使用的许多种方法与当代各国扩张管辖权的方法的区别”进行有益的比较。（注59）占有同样可以用于权威、统治或帝国：“不去获取新的力量就占有帝国未免太容易了，而如果你不在占有一个帝国的同时建立起自己的势力，那你就正在走向毁灭。”（注60）虽然这肯定意味着一个空间范围，但绝不能代表它的全部含义。福柯指出过，马基雅维利用于指代空间的词汇之一，是“地区”（provincia），即一个行省。

如果我们在论述君主国（principati）的时候没有用较长篇幅讨论过这个问题

的话，那是因为我们会在讲解罗马人在新占领地区（provincie）采取的政策时，在这里谈到相关问题。我只有通过这种方式才能说得较多。当罗马人正逐步占据一些新地区，能拥有一个盟友的支持，而这个盟友能起到防御这一地区的通道，或者充当通过各处壁垒的门户，或者成为一旦占领这一地区后，保持控制当地的一种辅助力量等时，那他们总是会非常努力去占领这些地方。他们从没有缺少过这类盟友。盟友会辅助他们实施图谋，并且帮助他们占据和保住新地区（行省）。（注61）

马基雅维利的类似建议是“任何一个成为一座城市或一个国家之主的人……和统治整个地区完全不一样”。（注62）要注意到，这种说法有时不是不会遇到反对意见。例如，马基雅维利讨论了新城市是怎样建成的：“自由民建造城市，是由于疾病、饥饿或战争，一群人被迫放弃了他们的乡土，听从一位统治者的命令，或者自发行动，去建造一个新家园。”在其他时候，土地上现在居住的人群将需要被别人取代。这就产生了一个问题，即作为一个整体的一群人该如何治理：

如果你想要获得一大群人，而且他们都武装精良，以此可以去征服一个庞大的帝国，那么你必须接受，你不可能让他们去做你希望他们去做的每一件事情。如果你让那一群人的数量保持得较少，或者没有武装，那么你能让他们去做你想让他们做的任何事情，然而如果你让他们征服了领地，也无法守住这些地方……所以如果一个人希望建立一个共和国，他必须自问，他究竟希望这个国家变得像罗马那样实力强大而且疆域辽阔，或是让这个国家在实力和疆域两方面都有限发展。（注64）

虽然做大做强会很有吸引力，但因此提高内乱的潜在危险。不过还存在其他问题。在讨论一个新共和国时，马基雅维利认为：“如果它在自己境内坐守，而且从经验上看来，国内人民对开疆拓土并没有兴趣，于是就一直没有人会因为害怕遭到这个国家的进攻，而对它发动战争。如果这个共和国的宪法或法律禁止它去扩张的话，就更加会形成这种局面。”（注65）但这个共和国仍不会安全，因为其他国家会企图征服它："一个共和国在一小片地区内不可能一直和平地安享自由。"（注66）但据说，他注意到"德意志的各城市可以自由地去做他们乐意去做的事情。他们拥有的农地很少，而且只在他们想要服从皇帝的时候才去服从他"。（注67）

扩张不是不会带来其他问题。征服的土地上会发生叛乱，但是叛乱如果结束的话，会加强控制："一位统治者在一个叛乱地区重获权力之后，肯定会发生的是，他会更加想要牢牢控制住这个地方。"（注68）罗马人在希腊发现他们必须去摧毁"那个地区的城市……简单的道理就是，不拆毁这些城市的话，没有其他可靠的方式能保住这些地方"。（注69）马基雅维利对两种不同类型的占领区之间进行了明确的划分："就让我从讲述这样一些国家开始，那些国家被一个国家征服和吞并，而被吞并的各国已经在一位统治者的管制下稳定下来，或者说就像相同地区内他的现有领地一样，而且那里使用同一种语言，另一种情况则正好相反。"（注70）当那些被占国家符合第一种情况时，马基雅维利主张，它们会相对容易统治和控制。但"这一地区的各国"不符合这样的情况时，统治和控制起来就要麻烦得多，而要想让事情变得更容易些的话，可用的办法很多。统治者们可以亲自前往那里居住，或者派殖民者去那个地区定居；或者，他们可以在那里驻军，但这通常会消耗新殖民地出产的资源。（注71）"罗马人在他们的占领区，非常巧妙地遵循这些原则。他们兴建殖民地；向较弱的当地统治者示好，不过不会加强他们的实力；打击有力的当地统治者；而且不允许外国势力支援他们。"（注72）他还建议，在一片新领地并人一个现存国家时，为了更好地实现控制，可以将当地分割成多个小块，而且除了那些支持你的人之外，应解除其他当地人的武装。（注73）

在这项讨论中出现的有意思的问题之一是"国家"一词可以同时用于原始国，还有它征服的各个地方。教皇亚历山大六世之子，切萨雷·波吉亚的事例，可以来解释这个意思有些含糊的词语：这个词表达的不仅是现代意义上"国家"。马基雅维利告诉我们教皇"除了教会的一处领地之外，找不到别的办法让切萨雷·波吉亚成为任何一国的领主"。（注74）即使当时他成功获得了一国，后来也丢失了，"尽管实际上他使用了每一种方法，而且他做了一个精明练达的人应当去做的事情，那就是在国内巩固他自己地位，让其他各国的武装和财富都

为他所用。”（注75）

马基雅维利对土地的所有权问题也有兴趣。例如，他用了一定篇幅在《论李维》中讨论古罗马的土地改革。这场改革的关键部分是，没有任何公民拥有的土地能超过一定数量，且占领地区的土地应当在全体公民之间分配。（注76）他也批评了那些大地主，将他们描述成“那些靠他们地产的丰厚收入饱食终日、游手好闲之徒”。（注77）其实，克里克提出马基雅维利的共和国统治条件之一是城镇支配乡村，他这样主张的依据是马基雅维利不仅蔑视地主豪强，也蔑视农民。（注78）对土地的战略控制是另一个着眼点，这是由地形问题引起的。他提议一位统治者应当在和平时期进行军备，不仅要让他的军队得到良好训练，而且他自己也要对某些项目进行准备。这位统治者应当经常去狩猎，从而让自己习惯疲劳，同时去了解地理。

他应当择机去研究地理的自然条件，群山是如何升高的，山谷是怎样下落的，平原是怎样延展的，河流和沼泽的自然条件是怎样的，等等。他应当对此不遗余力，这么做有两个原因。首先，能了解本国土地的地理，当他一旦必须抵抗入侵，保家卫国的时候，会对他有所帮助；其次，他对本国地理的了解和经验，会让他易于了解任何他必须去探索的其他地方的地理。例如，了解托斯卡纳的山丘、谷地、平原、河流和沼泽，对熟悉意大利其他地区的地理，会非常有益。对某一地区地理的了解将会使他便于了解其他地区的地理。一位统治者缺乏这种技能的话，是不符合对一位军事统帅的第一项要求，因为对地理的了解会让你能够找到敌人的位置，并且让你在决定宿营地点，如何率部行军，如何将部队投入战场，还有确定何处能修建防御工事的时候，都胜过对手一筹。（注79）

鉴于《君主论》和《论李维》两本书都讨论过这类问题，那么可以推断在马基雅维利的《战争艺术》一书中，会深入阐述相关问题。（注80）就像他的政治类著作那样，《战争艺术》并不被视为最早的现代军事著作，但很可能是最伟大的“中世纪军事汇编著作”。（注81）虽然在这本书中有一些关于选择战场的简短讨论，（注82）还有一些建造营地和防御工事的建议，但主要内容是对兵种和武器的讨论。尽管如此，马基雅维利在书中还对领导能力、人数和地理之间的关系，进行了最简练的总结："比兵员人数更重要的是兵员素质；而有时从地理获得的优势还要强于从兵员素质获得的优势。"（注83）他的《佛罗伦萨史》一书对地理问题的评论也相当贫乏，那是一本单调乏味的著作，更加关心内部斗争和权力之争。（注84）

马基雅维利在写《君主论》不久前，遭到审问，而且身陷囹圄。在宣判时，他没有被流放，而是被判禁足。判决书是用拉丁文，而不是意大利文写的，规定他要在一年当中留在佛罗伦萨的土地和版图之内。（注85）规定的这一地区大约骑马要走一天，半径约为25英里。（注86）意义重大的是这一判决使用了"territorio"这个词，说明这是一个将会让马基雅维利有所触动的词。他同时代的弗朗切斯科·圭恰蒂尼（Francesco Guicciardini）[1]也用过这个词，他谈到一座城市"满足于它的自由和小小领地"。（注87）圭恰蒂尼在其他方面用了一句和马基雅维利大相径庭的句子，他问道："一个人出于扩张领地的欲望发动战争，在这场战争中许多人会被杀，许多人被劫掠，许多妇女会被侵犯，许多房屋和教堂会被烧毁，还会发生不计其数的其他罪恶，那他要如何才能问心无愧呢？"（注88）但重要的是，"territorio"是一个马基雅维利将会知道的词，但他没有使用它。地理问题在他的书中被淡化，领土不是统治的对象。

宗教改革时期的政治

马基雅维利同时代的人包括已经提到的伊拉斯谟，还有托马斯·摩尔。就像十六世纪初的其他许多人文主义者那样，伊拉斯谟为一位君主写了不少意见书。很难不同意斯金纳的论点，即虽然这些作家受人尊敬，但他们的作品却千篇一律。（注89）虽然伊拉斯谟在其他方面具有非常重要的奠基作用，但身为政治理论家的他并不是那么令人关注。（注90）他道出了三个小重点。第一他认识到政治思想词汇表的各种表达不能简单地用宗教方式改造："一直都被记住的词汇'疆域''皇权''王国''陛下'和'权力'（dominium，imperium，regnum，maiestatem，potentiam）都是异教（ethnicorum）术语，而不是基督教

---

① 1483—1540年，意大利历史学家和国务活动家，也是马基雅维利的朋友和批评者，被视为意大利文艺复兴时期的主要政治作者之一。

术语，基督教中的‘imperium’一词意思只是管理、善举和守护（custodiam），别无其他。”（注91）第二，他提出对政治实体概念的重新利用，提议“国家是一种由不同部分组成的政治实体，组成部分当中也包括君主本人（即使他是特殊的存在）”，而且“君主之于国家，就好比心脏之于有生命的人体。心脏是血液和灵魂之源，它赋予整个人体生命，而如果它受损的话，就会削弱身体的每一个部位”。（注93）第三，他对政治领域的词汇采用了一种堪称古典式的用法：“在我看来，如果王公们的姻亲联盟能被限制在他们的王国境内，对国家会是最有利的；如果他们必须越境联姻的话，他们应当只与附近的邻邦，而且是最适合缔结一份友好协定的邻邦联姻。”（注94）

伊拉斯谟的朋友托马斯·摩尔是一位作家，也是一位重要的政治活动家。他所接受的系统教育，以《圣经》、亚里士多德著作，还有查士丁尼（Justinian）法典为核心教材。（注95）他很可能将最大的精力投入到那本通称为《乌托邦》（Utopia）的著作中去了，书名是有名的古希腊词语组合，意思是“虚无的幸福之地”。然而，这本书的全名一开始是《在乌托邦新岛上的理想国》（De optimo satus reipublicae statu deque nova insula Utopia），这个书名显然在晚期经院哲学和文艺复兴关于一个“共同体”理想状态说法的大框架之内。（注96）就像马基雅维利，还有他们同时代的许多人那样，摩尔将自己的改革观念与地理大发现联系到了一起。（注97）摩尔书中最有趣的部分之一是他对乌托邦地理的描述。（注98）摩尔称“每一座城市都有属于它的足够土地，于是每一个方向都至少有12英里的耕地，而各城市之间的距离还要更大。任何城市都不想扩张边界，因为居民们认为自己是拓殖者，而不是地主”。（注99）摩尔也对圈占土地的行动进行了含蓄的暗讽。（注100）

摩尔是英国国王亨利八世的大法官，因此深深卷入了那个时代的激流。他对威廉·丁道尔（William Tyndale）获罪并被处以火刑负有责任，后者将《圣经》的部分章节译成了英语。丁道尔政治色彩最强的书是《一位基督徒服从的权威》（The Obedience of a Christian Man），推定写于1528年，书中提出宗教应服从国王。（注101）数年后，英王亨利称“这是一本让我和所有国王都要去读的书”。（注102）这一时期专门为献给亨利所作的书是1531年托马斯·埃利奥特（Thomas Elyot）所著的《统治者书》（The Boke Named the Governour）。（注

103）这本书被称为“十六世纪阅读最广泛的人文主义著作”。（注104）亨利显然对此印象非常深，于是要求埃利奥特代表他出使去见查理五世皇帝（Emperor Charles V），来协助他处理自己的离婚事宜，而且还派他去尼德兰逮捕威廉·丁道尔。（注105）平心而论，以一部献给君主的建议书而论，埃利奥特的书实在平庸，而卢德认为索尔兹伯里的约翰和伊拉斯谟是并驾齐驱的先行者。（注106）部分原因是书中对一个国家（state，或称“weal”）的开放性描述：“一个公众国家是一个有生命的活体，由许多不同等级的人组成，这些人按照公平的秩序各居其位，并且根据规则和适度的理智来管理。”（注107）书中还有其他有趣的内容，诸如对解读地图的种种乐趣的描述——“那是多么快乐的一桩事情啊，在一个小时内，看着地图上的那些田野、城市、教区和山脉，难道不能让人联想到一种旧派的生活吗？”（注108）不过埃利奥特作为一部拉丁文—英文版辞书编撰者的影响更大。这部辞书的现代转译本将它形容为“第一部建立在对文艺复兴古典主义知识的人文主义理想基础上的拉丁文—英文辞书”。在十五世纪已经出现了拉丁文—英文辞书，但那些都是中世纪的辞书，而不是古典辞书。（注109）这部辞书会在这里被提及是因为它对“territorium（领土）”一词的记录：“Territorium是位于一座城市边界内或管辖权范围内的场地或地区，即一片领土。”（注110）

出自这一时期与领土分析关联较大的艺术品是汉斯·霍尔拜因（Hans Holbein）的《大使们》，如今在伦敦国家画廊收藏。画中描绘了在亨利八世宫廷的让·德·丁特维尔（Jean de Dinteville）和乔治·德·塞尔夫（Georges de Selve）。塞尔夫代表法国教会，而丁特维尔代表法国贵族。或许画面下方的变形头骨图案引起的是人们对死亡的印象，但画中还描绘了其他各种各样的仪器和工具。（注111）画面上有球形仪器、天体仪和地球仪；一本打开的算术书，放在一具丁字规旁；还有圆规、日晷，其他导航和天文仪器；一捆长笛；还有一本是马丁·路德作品的赞美诗集。这些东西在画中主要是用来象征三学科（trivium）和四学科（quadrivium）的人文学科，但正像杰里·布罗顿主张的那样，这些东西当中有几件宗教冲突的象征物。赞美诗集将路德摆在了两位天主教大使和英国国王之间，选取的场地，如地板揭示的那样，是威斯敏斯特教堂的庇护所；画面左上角有一个非常模糊的十字架，而鲁特琴①有一根弦断了。赞美诗集是印刷品，指出了技术的进步，这也是将它在画中呈现的目的。算术书是彼得鲁斯·阿皮亚努斯（Petrus Apianus）的《新商用算术大全进阶教程》（Eyn newe unnd wolgegründte underweysung aller Kauffmanss Rchnung），书中有如何计算损益的案例。（注113）翻开的页面上的第一个词是“Dividirt”，即“分隔”。（注114）清晰可见的地球仪上标着许多地方。（注115）这不仅象征着新大陆的发现，根据《托尔德西里亚斯条约》划定的卡斯蒂利亚与葡萄牙辖区（包括巴西）分界线的明确标记，而且暗指英国国王和天主教国家之间的潜在领土争端。那些标记也说明了新大陆的知识，但也体现了欧洲的自我意识：大陆上标记着“欧罗巴”和发现之旅的航行轨迹。（注116）

然而在欧洲大陆，重要的改革思想家们已经在行动。马丁·路德（1483—1546）是第一位改革思想家，让·加尔文（1509—1564）是下一代思想家的关键人物。（注117）就像勒高夫总结的那样，在十六世纪圣经的经院哲学家们在《圣经》注释中迷失的情况下，路德证明了十六世纪神学家们的信仰，而宗教改革在“重新发现信仰中找到了合情合理的情怀”。（注118）路德将《圣经》译成了白话，从而以但丁在两个世纪前创制现代意大利语的方式，创造出了现代德语，在本书就不用详谈了。关于路德的问题，在于他的政治思想。虽然像穆勒指出的那样，1500年到1650年间的大部分德国历史仍然是神学家的舞台，结果就是宗教被视为唯一的问题。（注119）但是从政治方面能对路德解读到何种程度呢？卡莱尔兄弟总结的较老的观点令人记忆深刻：“路德不是一个系统性的政治思想家……其实他几乎完全无法被视为一个政治思想家。”（注120）但是路德本人至少两次宣称，自从使徒时代以来，除了奥古斯丁外外，他对世俗政府的讨论要胜过任何人。（注121）虽然如此，但路德对这一话题的看法除了表达够清楚外别无其他，而且人们已经提出，没有任何一本他的著作“比他编写的世俗权力的性质、范围和局限的教案更加歪曲事实的了”。（注122）造成这一问题，部分是因为他的论据与接近他同时代的人们的论据缺乏明确联系，很难将路德与马基雅维利或者博丹联系起来。（注123）

---

① 指中世纪到巴洛克时期，在欧洲盛行的一种曲颈播弦乐器。

路德的一些文章可能被挖掘出政治含义来，这包括他从1520年以来所写的关于德国贵族与罗马教廷的许多重要文章。（注124）但是，他最重要的政治类作品，是1523年写的《世俗权威论》（Von Weltlicher Oberkeit）。（注125）他的许多政治类文章都用德文，而不是拉丁文写的，而且明显针对一种德语语境。那么这篇《世俗权威论》就引发了一些根本性的问题，尤其是文章标题。“Weltlicher”源于“Welt”，也就是“尘世”一词。因此这个词的意思是“浊世”，即与“天界”相对，和“凡俗”意思相同，而这个词与“精神”相对。于是，胡普费尔提出“Weltlicher”一词，在一定程度上，比起“世俗”或“俗世”带有更多负面含义。（注126）可是，路德的许多关键论据是为了将权力从教会里剔除。他提出“solafide，solagratia，solascriptura”，是说只有信仰、慈悲和《圣经》，能让人与上帝接触，路德在这里舍弃了教会，尤其是教士的任何媒介作用。通过这样的论述，最重要的是路德拒绝了教会对世俗事务行使权力的任何主张。例如，他认为“《君士坦丁献土》是个弥天大谎，教皇用这个谎言，为自己篡夺了半个罗马帝国”。（注127）而路德认为，基督教徒同时生活在两个王国——基督的王国和尘世的王国里。前者才是教会的领域，教会就是“congregation fidelium”。也就是说他将教会纯粹视为一群忠实的信众，这样他就拒绝了教会在精神角色以外的权力主张。其次，根据这种看法，世俗权力不属于教会的领域，那就属于世俗权威的领域。而世俗权力也就扩张到了压倒教会的地步。（注128）这段论述的关键意义在于君主就成了一位圣徒，哪怕是教士都不该向君主们提出建议，正如他们不应当告诉裁缝怎么去做一套礼服那样。

于是，对路德来说，世俗王国与神职之间的旧冲突结束了。就像费格斯指出的，路德摧毁了“（宗教与王权）双剑并举的隐喻；从此以后，只留下了一柄剑，落到了一位对上帝公正提出意见，而且虔敬的君主手中”。（注130）因为路德在《世俗权威论》中说：“我们的首要任务是为世俗法律和权力提供一个可靠基础，从而使任何人都不会怀疑法律和权力在这世界上是上帝的意愿与天条产生的结果。”（注131）路德提出“人今生要服从三种基本秩序，即家庭秩序、国家秩序和宗教秩序”。（注132）

上帝规定了三种社会秩序，以此号令世人不会犯下罪孽而不受惩处。首先是家长主持的秩序，家长在治理家仆和孩子时，应使其家保持严正秩序。其次是政治秩序，由被赋予权力的各级官员，通过其有律可循的权力手段，用于治理顽固不化及懈怠马虎者之目的。其三为宗教秩序，由神谕之纪律统管。（注133）

路德在论述第二项政治领域秩序时，使用了一系列词汇，包括拉丁文“respublica（国家）”“politia（政体）”“civitas（城市）”和“Reich”，这个词当时的英语会用“Commonwealth（共同体）”一词来描述。

简要提一下写于1521年的名作《热情的基督教与反基督》（Passional Christi und Anti-christi）是有价值的。（注135）这是一本相当知名的，收入卢卡斯·卡拉纳赫（LucasCranach）木刻版画的书，相对的页面上印有基督徒与反基督（反基督描述的是教皇）画面。左边页面有一段《圣经》的引文；右边页面上有一段关于那一时代教会危险状态的描述，而教会的行为违反了《圣经》的训谕。例如开篇的两幅画中，基督拒绝像一位俗世国王那样加冕的画面，而教皇在大门后，由大炮和戴甲士兵保护他自己免受骑马戴甲之人袭击。后面还有耶稣将放债人从神殿中逐出，而教皇在出售免罪符；耶稣自己洗脚，而教皇却让崇拜者吻他的脚。书中德文文本的作者可能是菲利普·梅兰希顿（Philipp Melanchthon），他是路德的一位合作者。（注136）书中的《圣经》内容也是用德文写成的。虽然这本书出版时间比路德的《圣经》德文译本早，但它仍是《新约》译本的同时代产物。这本书的重要性在于提供了一份反对教廷篡夺世俗权力的论据。

对未来政治重要的一点是路德将教会与特定地区关联到了一起，提出了“地方教会”（Landeskirche）这一概念。在一场和路德不相关的运动中，米夏埃尔·盖斯麦尔（Michael Gaismair）在德国农民战争①中提出为蒂罗尔（Tyrol）建立一个“地方自治会（Landsordnung）”，那是一种典型的“社会主义”乌托邦。（注137）尽管路德不是政治激进派，但就像斯金纳指出的那样，路德也不主张政治消极主义，尤其是在出现一种违反正义之举的时候，先提起这个问题的是加尔文，后来是洛克（Locke）。（注138）加尔文最重要的政治著述是《基

---

① 1524至1525年间，波及中欧广大德语地区的一场农民大暴动，同时带有经济诉求和宗教性质。30万暴动农民武装匮乏，其中10万人被贵族屠戮后，这场战争才就此结束。

督教要义》（Institutio Christianae Religionis），最初出版的是拉丁文本，后来译成了法文和英文。（注139）这些论据对世俗统治者有利，他们利用这些论据来对抗教皇或神圣罗马帝国皇帝的普世倾向，尤其是他们寻求超国家司法管辖权的企图。英王亨利八世是同时代宗教企图较弱的一个例子。（注140）英格兰的《1534年至尊法案》是一份原则性声明，提出王权至尊的主张，而且不承认比王权更高的权力。（注141）十年后，夏尔·德·卡塞伊尔（Charles de Grassaille）宣布法国国王不仅是“至尊”，而且是“他王国内的基督代表”。（注142）这一主张被总结为一条准则，即一种信仰，一种法律，一位国王。（注143）

路德的作品没有直接针对建立不同的世俗秩序，因此本身并不是对领土问题的政治讨论。但是，路德和他之后的那些思想家们引发的教会的震荡和分裂，导致了一种对这些问题特有的思考方式。吉尔克（Gierke）已经提及罗马法的重新发现，削弱了德意志的社会结构，但在这个问题上并不明显。（注144）本书第九章将会说明，接下来那一个世纪的许多德国作家运用法律来支持他们维护德意志境内个别政体的论据。而在那时，路德本人尽管不是一位特别重要的政治理论家，却引发了一个需要使用各种来源的政治理论解决的局面。德意志的各种政治现实，连同古希腊思想与罗马法的重新发现一起，构成了这一事件极其重要的一部分。在神学辩论中，路德的争论导致了1545—1563年的特伦托会议（Council of Trent），这次会议是（罗马天主教）为了编纂教义经典和定义何为异端而召集的。这次会议的召集是反宗教改革的关键时刻之一。在政治事务方面，1555年《奥格斯堡和约》是一次调解神圣罗马帝国内部已经成为路德派信徒诸侯之间的矛盾冲突的尝试。而奥格斯堡裁决生效对路德派诸侯有利，从某种意义来说，这是路德去世后，宗教改革根本前提的终结，这个前提是个人能以一种无须中介的方式，选择自己的信仰。《奥格斯堡和约》实行的主张是，诸侯国君主，而不是教皇或神圣罗马帝国皇帝，可以裁决信仰。这样一来，教廷的权力就转到了世俗统治者手中，但并没有产生一种信仰自由。异议者、犹太人，还有其他宗教会面临怎样的处境，仍悬而未决。

博丹，公共事务，主权

这个时代的其他作家撰写了数量庞大的政治类书籍。福柯高度评价纪尧姆·德·拉·佩利尔（Guillaume de la Perrière）[①]1555年所作的《政治鉴》（Le miroir politique），因为他提到这本书以将领土定义排除的方式定义了政治："你会注意到对政府的定义与领土完全无关。（注146）政治就是那些统治和治理的事情。"拉·佩利尔宣称："共同事务或（按照更老一代的法国作家们所说的）公共事务（chose publicque）是一座城市的整合，这种整合将决定它是盛还是衰（的命运）。"（注147）英语译本将"Republicque"译作"Commonweale"，即"公共福利"。他对"police"一词的定义更令人感兴趣，他说"这个词是从希腊词汇'politeia'演化来的，在我们的语言（法语）中，我们称为'civilitié'。而希腊文用这个词称呼的充分代表民意的政府（gouuernement politicque），在拉丁文中被称为一个共和政府或民权社会的政府"。（注148）这里所用的"police"这个概念，要比防范和缉查犯罪的一支穿制服的警察力量宽泛得多，包括亚当·弗格森（Adam Ferguson）[②]、亚当·斯密（Adam Smith）和黑格尔（Hegel）为这个概念增添的丰富内涵，在福柯作品问世后已经进行了全面分析。（注149）尽管如此，整体来说，《政治鉴》是一本非常古怪的书。这本书对家庭关系谈得很多——丈夫应为妻子做什么，还有妻子应为丈夫做的事，并在不同的结点上排列了一些有趣的关系谱。这样描绘的带有各支系的准确谱系，能够说明某种关系如何引申到下一种关系，而这种关系又是何种关系引出的，诸如此类。拉·佩利尔很熟悉亚里士多德的君主制、贵族制、民主制等此类术语，这在当时很平常。拉·佩利尔身上继承的印记确实要胜于破旧立新。总之很难理解福柯对他的兴趣，而很容易认同艾伦（Allen）对《政治鉴》的评断："一本古怪而非常愚蠢的书。拉·佩利尔诗人和学者的声誉名不符实。"（注150）

福柯对弗朗索瓦·霍特曼（François Hotman）的兴趣要容易理解得多。（注151）霍特曼代表胡格诺派（Huguenots）著述，写了大量的辩论文章。（注152）他最重要的著作是1573年出版、在1576年和1586年两次校订的《法兰克高卢》（Francogallia），这本书的着眼点在于法兰西民族是由源于高卢和法兰克的各种

① 1499或1503—1565年，法国最早的寓意画册作家之一。他的作品往往与法国文艺复兴时期的各种事件有关。

② 1723—1816年，英国苏格兰哲学家，苏格兰启蒙史学家，最重要的著作为《文明社会史论》

成分形成的。（注153）霍特曼主要参考罗马历史著作，但也通读和借鉴过图尔的格雷高利（Gregory of Tours）和诸如马西略等政治理论家们的类似著作。霍特曼的案例是一位国王在他的王国里拥有受限制的权力：一位国王要服从更高级别的法律法规。按照他的说法，“法兰克高卢的国王在他的王国里并不拥有无限权威，而是受到定义明确的权利和具体法律的限制。”（注154）霍特曼关注的是罗马法引入一片被日耳曼法统治了七百年的土地的问题。（注155）十六世纪的法国不是一片遵从古老制度的地方：公共法律对政府是一种限制，但这应当是法兰克法律的一种产物。这个问题在他1567年写成的《反对特里波尼安》（Antitribonian）一书中提得更多，值得一提的是，这是一本用法语写成的书。（注156）巴托鲁斯和巴尔德斯的著作，霍特曼偶尔会参考，而且在将法律与现实联系到一起的意图方面，他的作品会被形容为新巴托鲁斯风格。（注157）尽管如此，但他非常明显地希望回到一种高卢国王在他们的权限之内主持王国统治权的早期模式，（注158）而不是让法兰克贵族或者罗马人取代和抑制高卢人。（注159）

让·博丹（1530—1596）被普遍誉为第一位现代政治思想家和第一位主权理论家。例如，刘易斯指出马西略的著作拥有“主权理论的所有元素，但是理论本身是缺失的。博丹提供了这一理论”。（注160）而在图利看来，博丹提出了一个问题，从而和《保卫和平》一书有所区别，这个后者没有提的问题是：“一个国家是什么，而它又是怎么构建的？”（注161）其他人看到马西略思想的基础在教皇的敕令，而博丹的表达具有世俗意义；（注162）斯金纳发现主权理论由马基雅维利率先提出，而只有在博丹手中才臻于全面。（注163）然而他的法语语境提出了略为深入回顾的一些问题，即“他提出的问题……是一个政治权威如果在它的领土之内，不承认一个更高的或平等的权威，必须拥有怎样的排他性权力”。（注164）然后博丹清楚地阐述了对主权的理解，即主权的关键问题在于它能够在领土上行使到什么程度，和作为主权行使对象的领土和期望的领土范围有多大。谨慎是重要的，因为如帕克所说：“能肯定的是，博丹对道德和宗教复兴要比从现代世俗角度阐明国家权力关注得多……只能通过追溯式地阅读历史，并且推断他著作中的哪些因素拥有一种现代化表现方式，才能将他变成一位现代政治思想的奠基人。”（注165）

博丹的代表性政治著作是1576年的《国家六论》（Six livres de la république）。任何《国家六论》的读者都必须克服的一个问题是文字版本问题。博丹最初是用法文写成此书的，而法文版在他生前出过几个版本。（注166）他于1586年写了《国家六论》拉丁文版（De republica libri sex），而这个拉丁文版也出过几个版本，但他并不是将法文版简单翻译称拉丁文。相反，他重写了文本，将拉丁文版视为一个修改、详述和完善这一主题的机会。（注168）1606年理查德·诺尔斯（Richard Knolles）译出了《国家六论》的英文版，但这个译本既不是完全根据法文版，也不是完全根据拉丁文版译出的。（注169）如诺尔斯英文版的现代编撰者指出的那样："译者仔细阅读博丹《国家六论》两种文字版本，将多条主线综合，融入一个单一的、结构紧密的主题英译本。"（注170）这个英译本在很多方面都是有价值的，但经常会不加甄别地引入些无聊议论，而这些东西很难和原文的任何一版匹配。这可能是十七世纪早期英语政治词汇行文最显著的一个例子。从那时起，就一直没有一本《国家六论》的完整版英译本。最近有一个全本的节译版，（注171）还有四个重点章节的译本。（注172）这些情况因此造成了许多文字版本问题需要解决。（注173）另外拉丁文版和法文版都有一系列页边注，最近才开始得到正确分析。（注174）基耶塞（Giesey）的训诫要牢记，对《国家六论》的研究没有核对博丹的法文和拉丁文两种版本就是有缺陷的，（注175）看到这里可以尝试着整理出这些文字版本问题的思路。在那些引文当中，两种原版文字都能提供的话，法文会在拉丁文前面。

博丹还写过一系列关于其他论题的著作，包括历史方法论类著作，（注176）还有关于女巫问题的著作。而后一类著作不能被轻易搁置不理，因为他关于女巫问题著作的写作时间是在写作《国家六论》的法文和拉丁文版之间。（注177）关于女巫问题的书原始版用法文写成，而关于历史方法论的书原版是拉丁文著作。哈丁认为博丹的《国家六论》原本，像关于女巫的著作一样，用法文写成，具有重大意义，这是为了让读者面更广，而且使这本书适合全体法国人阅读，而不仅仅只是一本精英读物。（注178）博丹著作中的其他差异也已经被人们提到过：斯金纳视《便于理解历史的方法》（Methodus）为一部宪政主义著作；而在《国家六论》一书中，博丹成了"实际上不容妥协的专制主义捍卫者，要求宣布所有阻挠专制的理论为非法，而且认为一种强大的君主政体是恢复政治统一与和平的唯一手段”。（注179）然而看上去并没有令人信服的证据证明博丹改变了他的主意，而富兰克林认为，正相反，《国家六论》比“博丹了解得更加激进”，因为它提到了各种约束因素，而且使得它们不受限制。（注180）

上述讨论引出了三个关键问题。博丹如何定义主权？主权是对谁和什么对象行使的？这些定义和限制意味着宪政主义还是专制主义状态？最后，他同后法学注释派（Post-Glossators）的关系将会被核查。博丹提供了对主权的几个定义。值得重视的是主权（sovereignty）一词是从法文“souveraigneté”转译的，而博丹在拉丁文版中，用的是“majestas”一词，而英文中的“majesty”一词是从这个拉丁文词汇演化来的。这形成了第一个难题——“majesty”和“sovereignty”似乎意味着不同的概念，如莱布尼茨后来建议的那样，是应当被区别开来的。博丹对此漠不关心，他认为“‘majesty’（陛下）这个尊称已经非常清楚地证明它仅仅属于某个最高统治者”。（注181）这个词不是指任何普通的统治者（any ruler）：“任何封建国王，或者公爵、侯爵、伯爵、王公们都不应使用‘陛下’这个尊称，而只能用殿下（Highness）、尊驾（Serenity），或者阁下（Excellency）。”（注182）而主权的关键定义在《国家六论》的第一卷第八章：

主权（la souveraineté）归属于一个国家的无上而永恒的权力（puissance absolue et perpétuelle d’une République），拉丁文写为“majestatem”，希腊文写为“akran exousian,kurion arhe”，还有“kurion politeuma”；意大利文写为“segnoria”，意大利人将这个词用于个人，也用于那些对国事拥有完全控制权的人，而希伯来文写为“tomech shévet”——字面意义就是“掌控最高权力”。我们现在必须确切阐述“主权”的定义，因为还没有任何法学家或者政治哲学家定义过这个词，尽管它在一篇关于国家的论著当中是最重要的要点，而且是最需要被解释清楚的一点。因为我们已经说过一个国家就是一个若干家族组成的政府，而且他们对这个政府共享主权，所以我们需要去明确主权的含义。

在这里有几件事情值得注意。博丹提出主权在空间和时间上都没有限制，但将主权安置在了一个政治单位“République”里。1606年的诺尔斯英译本将这个词译作共同体，而且从此以后这个词在英语里就译成了“commonwealth”，但这个词是博丹从人们继承的古典传统著作中转译的一个词汇，这个词汇至少可以追溯到西塞罗，即“republica”。《国家六论》第一卷开卷部分就已经阐明了他对国家的理解：

> 一个国家应当被定义为一定数量的家庭的有序政府，而且那些与他们共同相关的事务，由一种主权来管理。（注184）

他在下文说明“République”是对希腊文的“politeia”的翻译。（注185）他还按照源于亚里士多德的一种传统方法，将国家细分为不同类型：君主制，贵族制，还有民主制或地位平等的国家。（注186）

于是他将“sovereignty”这个词语，同拉丁文、希腊文、意大利文，还有希伯来文词汇联系到了一起；而他将这个词语同所有这些文字、地点，还有时间联系到一起，而且宣称首次定义这个概念，形成了一种有趣的张力。博丹在拉丁文版中的描述与法文版有着重要区别：“Maiestas est summa in cives ac subditos legibusque soluta potestas.”可以译成：“主权是一种统治公民和臣民的最高的绝对的合法权力。”（注187）他继续说：“‘maiestas’需要仔细定义，因为还没有任何法学家或政治哲学家实际上试图去定义这个概念，虽然这是一个国家的识别标志，而且是对其任何管理手段的性质原理的一种认识。”（注188）

能找到主权定义的一个地方在《国家六论》第一卷第十章，“论主权的真正标志”。然而这其实是相当传统的一个章节，列出了主权能够处理的一些事情，但似乎没有提及主权的明确对象。按照斯金纳的总结，主权包括“立法、发动战争、缔结和平条约、委任高等法官和地方法官员、听取最终上诉案、颁布特赦令、接受致敬、铸造钱币、规范度量衡和征税的权力”。（注189）其他章节要揭示得更多，尤其是主权与地理关系的课题。有一处是在进入对国家需求的讨论的关键段落里：

> 如果一个国家从小国发展成大国，这一过程中必然会同时出现这种说法，即

这个国家应当拥有足够的领土和合适的地方供居民们使用，拥有足够肥沃的土壤用于发展种植业，畜养充足的牲畜，使国内臣民丰衣足食。这个国家的气候应当和煦宜人，而且拥有优质的水源供该国居民维护身体健康。如果这个国家的领地本身防御能力不足，就应当兴建建筑物和要塞工事，保卫和庇护人民。（注190）

这段话中的“领土”显然是指国家的一种理想状态，这种状态是与生活空间、肥沃的土地，还有庇护和防御功能，诸如此类地理条件并列的。能肯定的是，博丹想把政治和简单的地理及人口意义上的国家剥离开来：“造就一座城市的，既不是城墙，也不是城中的居民，而是在一个最高统治者辖下的一群人的联盟，哪怕这群人只有三户人家。”（注191）这是因为对博丹来说“cité”这个词代表的是一种权利（droit）（264页第2段），并不像“城镇”或者“城市”这样的词那样，是指一个地方或地区；拉丁文用“Urbem”“abUrbo”“id est aratio”这样的词汇表达这种意思（“Urbem”一词从“Urbo”演化而来；是拉丁文的法文写法），因为瓦罗（Varro）说，各城市的边界和界线是用犁划出来的。（注192）

因此，一座城市，是一种特定的政治社群——一个法律术语，而且是一个将拉丁文词汇“urbo”译成法文的尝试。博丹回溯瓦罗的说法，可能是为了明确表示，他不会更直接地把这个概念和“territorium”这个词关联起来。事实上，博丹很少用到这个拉丁文词汇。“territoire”这个法语词汇，他使用更加频繁，而诺尔斯英译本在许多情况下，也使用“territoire”一词。诺尔斯译本有时就这样使用法文“territoire”一词，但经常只凭译者本人的主观臆断。例如，诺尔斯译本称威尼斯“没有庞大的领土”，（注193）而法文版写的是“qui n’a pas grande estendue de païs”，是没有大片农村的意思。（注194）诺尔斯还在以下一段译文中使用“territorie”一词，他这样做的时候，其实破坏了原文的意思，原文其实是：“如果罗马人的皇帝或者国王，离开了他们土地的边境，向其他君主的土地推进时，好比成了陌生人。”（注195）诺尔斯经常将法文“土地（terre）”渲染成“领土或领地（territorie）”，诸如“其他君主的领地……英国人的领土和护卫措施”。（注196）在拉丁文版中的这一句中，博丹使用了“agros”一词。借鉴普鲁塔克《罗慕路斯》（Romulus）中的说法，他称罗马人占领了他们所征服

的领地的七分之一。（注197）

例如，我们（在普鲁塔克的书中）看到，罗马的缔造者罗慕路斯和后来的罗马共和国，将全部领土一分为三，第一份由教会保留，第二份划为公共管辖，余下的第三份由私人划分……普鲁塔克……告诉我们，罗慕路斯没有为罗马的领土设置界限。（注198）

书中也提到过不少条约和协议，提到“这样一位国王，他的土地、领土和统治区”。（注199）而有些时候，“领土”一词在英译本中出现，是译者本人插入的，和博丹的拉丁文版与法文版都无法对应，如“在地方官所在行省的管辖和领地之内”。（注200）

更值得注意的是，博丹原作的法文版和拉丁文版也会遇到意思无法匹配的时候。其中一例为拉丁文版的“iurisdictionem praediatoriam”，法文版经常会写成对领土（territoire）的某种管辖权。（注201）书中有那样的几个地方是这种情况，尤其是第三卷的第5和第6章。例如，博丹说到“君主们的其余领地和其他地方拥有领土管辖权”。（注202）

这样看起来，文中提到的管辖权似乎附属于（cohærare）领土或土地（prædiis）（其实并不是这样），于是被称为“Prædiatorie”适合那些通过继承，或者其他合法权利领有的那些土地（prædia），是关于权利的术语，而且相关合法所有者向国家统治者效忠。国家统治者发布所有重大命令，执行各种管辖权，并且同时维护国家的各项法律，以及最终的上诉权。（注203）

有人会问，地方法官在对领地的管辖权内，是否能强迫一位治下领民到他的法庭来呢？这种事情没什么困难，然而不用深入争论，我能断言地方法官在他的管辖领地之内，能驱逐被定罪的领民，而在这个辖区内，他还可以秘密禁止君主对法庭的影响，即使他不能明确禁止君主来到法庭。（注204）

博丹从《查士丁尼学说汇编》（Digest）中，直接引用了罗马法学家乌尔比安的说法。有意思的是他在这里使用法文“territoire”一词，但在拉丁文版写到这一节时，又用回了古罗马皇帝式的词汇“fines”。他在其他地方这样说：“每一个城邦国家都有其主权，有自己的地方官，自己的地产，自己的财政收入，自己的管辖范围，自己的领土。”（注205）他论述中的关键是让地方官们全体转化为统治者的潜在可能性。但是当英译本认为这一论述能继续展开的地方，博丹本人却戛然而止。博丹声称：“在这里不必驳斥那些将管辖权附属于土地的人的观点，因为这样做的话，我就会超出本书的讨论范围。”（注206）法文版将这一点写为“qui ont attaché la jurisdiction aux flefs”；拉丁文写为“qui iurisdictiones prædiis ita cohærere putant”。这一则页边注将这一论述同巴托鲁斯、巴尔德斯，还有奥德拉杜斯联系到了一起。但英译本将这一关键词译作“确认管辖权因此被分割到了多处领土当中”。（注207）博丹继续提到：“统治的君主将一处采邑出售或赠送后，无论属于哪一种性质，都不代表管辖权被出售或赠送，这处采邑能保留的司法权非常少。”（注208）

而在法令或法律范围内的任何事情都要完成，这可以理解为，每一位地方法官在本地区之内必须得到服从，但这位地方法官在本人所辖范围之外没有任何权力。在古代，国王的侍从或者官员，如果被送到那些领主在自己领地境内拥有司法管辖权的王室法官裁决，首先会被要求离境，直到最高法院以最直截了当的法令禁止他们这样做，为此国王陛下的主权似乎还在一定程度上受损。（注209）

博丹举了如果领主或地方法官在别人的领地过境，他们不会受当地领主管辖，或者让当地领主纠正他们的不法行为的事例，来说明这个问题，这是“上级地方法官或大领主”管辖或者决断的事务。（注210）但这个问题说明了对领有土地的主权控制，与任何其他领主的控制程度是相同的，这种对领地的主权，在拥有的权力与其实施的地区分离之后，仍可有效行使。在博丹的书中，土地和领土的概念之间仍然没有明显的区别。值得强调的一点是，博丹在拉丁文版中，只是偶尔用到“territorium”这个词。用到这个词的一个例子是“quia nullum est extra territorium magistratui ius imperandi”，这一句可以译为“地方官在自己的领地或辖区之外没有任何权力”。（注211）有意思的是，博丹在前文的法语版中用“territoire”这个词来翻译罗马法当中，关于地方行省总督与他们所在的行省的词汇，在拉丁文版当中，他使用的拉丁词汇是“prædiatorium iurisdictionem”。（注212）

博丹清楚地指出“主权本质上是不可分割的”。（注213）这句话的意思是某些形式的君主制是不可避免的，而任何类型的混合体制将会是荒谬的。（注214）就算术与几何之间的关系，还有它们在领土这一点与政治的关联上，博丹有过一次有趣的议论。（注215）他早先试图使用柏拉图的方法，通过数学来建立国家的和谐状态。（注216）他在本书中注明：“几何或者分布比例是建立在相似性原理基础上的，算术或者交换比例是建立在平等原理基础上的。和谐虽然不像这两门数学分支学科的任何一种，却是两者的融合。”（注217）他提出为什么这会与三种类型的国家或政府有关：“如果一个国家能混合进所有的三种类型，那就肯定会与三者中的任何一种完全不同，正如我们看到的，和谐比例由算术和几何融合而成，但与二者的任何一种都截然不同……但是这三种国家基本形式混合后，没有产生一种不同类型的国家。君主制、贵族制和民主制政权的联合只能产生一种民主国家。”（注218）

博丹提出和谐国家只会推导出一种强大的等级体制。在顶层是领导人或者君主，“他的统治权不允许任何分割……在他以下是三个等级，在所有秩序良好的国家当中，这样的等级制一直都会以同样的方式各安其位。”三个等级是教士、军人——这两个等级都包括贵族和平民，还有“由学者、商人、工匠和劳工组成的第三等级”。博丹承认：“贵族制或平民制国家也能发展和维持一个政府。但这两者国家如果能拥有一位君主的话，才能紧密地联合和团结到一起……国家成员的联盟要依靠在单一统治者之下团结一致，单一统治者（君主）是所有其他成员效用的依靠。因此一位至高君主是必不可少的，因为他的权力会使国家的所有成员活跃起来。”（注219）

博丹对罗马法的态度怎样呢？在《轻松理解历史的方法》一书的前言中，他描述道：“有那样一个时代，所有的事情都要承受最原始的野蛮折磨，查士丁尼皇帝委任的十五人编纂的法律如此不堪，立法的各种来源几乎就像从污秽和淤泥中取出来的那样，没有一点儿是纯洁的。”（注220）一些看过他作品的评论家视他为一个与中世纪传统决裂的人物。例如，佩里·安德森视他为第一个“系统坚决地……与中世纪权威概念，以及传统司法实践决裂的人，而且确切阐述了政治权力因为其主权能力可以创造新法律的现代理念，而且要绝对服从这些法律”。（注221）但在解读博丹的著作时，很容易被误导。即使只是为了批评，博丹还是在一些地方引用了包括巴托鲁斯和巴尔德斯在内的法学家们的论述。书中参考这些法学家的地方很多：吉塞计算出，仅仅第一卷第8章，博丹就有26处引用巴尔德斯的著作，还有14处引用巴托鲁斯。（注222）这意味着即使博丹在批评他们的时候，他的著作还是建立在他们的基础上。实际上，他将巴托鲁斯称为“最伟大的法学家之一”，（注223）哈泽尔汀提出的一种评价是，博丹的发展在于将理论应用于实践。（注224）博丹的教育会受到这种法学传统的启示。他会像巴托鲁斯和巴尔德斯那样，去引用《民法大全》和阿库修斯的《民法注释大全》（glossa ordinaria）。在他之后不久，阿库修斯的注释会被废弃，一种建立在人文主义文本价值观基础上的新版本会被使用。如吉塞总结的那样：“中世纪的法律传统在博丹的时代之后不久，变得尸居余气，而主权理念的传播已经呈现出欣欣向荣的势头。”（注225）关键在于强调主权理念的广泛传播，部分取决于中世纪法律传统的衰落。

博泰罗与《国家利益论》

米歇尔·德·蒙田（Michel Eyquem de Montaigne）在《随笔全集》（Essais）中如此描述他是怎样遇到那样一个人的：

> 那是一位外形俊秀的绅士，属于我们的反对派，但我并不知道这一点，因为他假装是其他派别的人。这些论争最糟糕的一点是“牌”是这样发的（les cartes sont si meslées），你的论敌与你无论语言或是举止上都没有明显的标志可以区分开来，提出的看法都出自同样的法律，举止习惯也没有分别，于是就很难避免混乱无序的状况。（注226）

如霍奇斯指出的那样，“cartes”一词用在这里应该同时有“牌”和“地图”的意思：“这一段里用‘地图’这个词并不是为了划分领土范围，而是为了混淆身份……虽然‘cartes’一词可以将两种意思合到一起，使它们的外表更具欺骗性，就像蒙田在这一段中描述的那位绅士那样，这个词也可以表示一幅地图，而且可以被解读成一种精确的处理方式，即有这样一个标记点，它指示的领土，可以在不确定的各个时期，很好地提供一种稳定的替代形式。”（注227）

斯金纳认为蒙田赞同国家利益的说法，这种说法受到了柯林斯全面而令人信服的质疑。（注228）这一个案没有问题本身有意思。“国家利益（reason of state）”这个词是一种治国之道完整形式的简洁写法，人们有时对这个词的法语写法“Raison d’État”更为熟悉。德意志的一位威斯特伐利亚和会代表宣称：“国家利益是一头奇妙的野兽，在它的追逐下，所有其他原因都会远远逃开。”（注229）就像梅内克（Meinecke）（译者注16：弗雷德里希·梅内克，1862—1954，德国历史学家。他既是自由主义者，又是反犹主义者，支持纳粹入侵波兰。“二战”结束后，他成了旧派代表人物，批评纳粹政权，但始终没有改变反犹观念。）赋予国家利益的意义那样：“国家利益是国家行为的基本原则，国家行动的首要法则。它告诉政治家，什么是为维护国家的兴旺和国力所必须去做的事情。”（注230）最早使用这一词组的可能是圭恰蒂尼，但他要表达的意思并不完全相同：“当我在谈论究竟是杀死还是留比萨人囚犯一命的时候，我可能不是像一个基督徒那样在说话，而是根据国家利益和现实理由在说话。”（注231）值得关注的是，赫克斯特说“国家利益”或者“Staatsraison”是“Raison d’état”或“ragione di stato”的不恰当译法，因为它们都忽略了“权利”观念——即“国家权利”这一点。（注232）的确，将这一观念译为“国家利益（national interest）”会更符合原意，哪怕有那么点不合时宜。而斯金纳和其他人注意到，马基雅维利提出的谨慎行动胜过其他美德的概念的升华，可能是对“国家利益”观念的关键影响因素。

意大利作家乔万尼·博泰罗（Giovanni Botero）（1544—1617）的著作《国家利益论》（Ragione di stato），在今天可能是对国家利益定位最为人熟知的范例，虽然这本书仅仅是诸多使用这一术语和概念的著作之一。（注233）博泰罗（原作写为“Bodin”，指的是博丹，疑为作者笔误。）著作的第一版于1589年出版，而他在今后十年一直都在对这部《国家利益论》进行修改。这本书的开篇在许多方面都很重要：

国家是一种对人民实施稳固的统治权；国家利益是对那些统治权得以建立、

保持和扩张的种种方法的认识。虽然在最广泛的意义上，这一术语包括所有方法，但还是与保持统治权这一点最为接近，与扩张统治权的关联要比建立统治权的关联更接近。这是因为“国家利益”假设了一位统治者和一个国家（前者好比是一位技师，而后者是他展示技艺的原料），然而他们不是被假设出来的——其实他们是先行通过国家建立的全过程和部分的扩张过程出现的。但是国家的建立和扩张方式是相同的，因为国家的开始和存续是相同性质的问题。（注234）

以上是博泰罗用早期的几个版本修改之后，留下的最终版开篇。早期的几个版本既没有开篇的首句，也没有插入的夹注；（注235）相反，早期版本正文开篇语就是“Ragione di Stato”。与马基雅维利著作中的用法相同，统治（dominio）一词在这里含有地产、统治，还有实施统治的对象，版图的意思。（注236）例如，德斯森德雷认为“dominio”一词不仅意味着一种与版图的臣民或政权治下的臣民的关系，而且还含有“对这一政权实施的对象的领土现实和政治现实，而在这种情况下，这个词具有疆域、领土、国家的含义”。（注237）然而，在一篇著名的分析文章中，福柯已经指出，博泰罗的定义排除了“领土”的意思。福柯认为博泰罗对“dominio”一词“没有提出对国家领土的定义，指的不是一片领土，不是指一个地区或一个王国，仅仅指人民和一种强大的统治”。（注238）在某种意义上，福柯是正确的，因为博泰罗仅仅会非常少地使用一个词来确认一种领土性的定义，德斯森德雷的问题在于对文本进行了过度解读。但是，正如这项分析已经指出的那样，这不足为奇：博泰罗以前的政治类文章也没有使用过这类概念。

博泰罗的空间想象力，实际上确实非常明显。这一点在《国家利益论》当中表现得并不像另外两部书中那样多。其中一部是1588年首次出版的《大城市成因论》（意大利语书名“Della cause della grandezza delle citta”，英语书名“On the Cause of the Greatness of Cities”。）这本书也有很多版本。而书中的开篇也值得注意：

一座城市可以说是人的集合体，一群人为了一个能让他们可以过上更好的生活，能够有利于实现丰衣足食的目的而集合到一起。而一座大城市的意思不是指

城市的城址面积有多庞大，或者说环绕城市的城墙有多么巍峨，而是指城市居民的数量众多力量强大。（注239）

博泰罗谈了不少特定城市，分析了它们的所在地好还是不好，指出这些城市的“领土或交通都不是非常方便”。（注240）一个1606年版的英译本译成了“Territory or Trafique”，英译本中用到“领土”（Territory）这个术语的时候不是很多，但用的是现代化的拼写方法，这点很有意思，尤其是在和“交通”一词的旧拼写法“trafique”一起出现的时候，而在其他时候，这个译本会用“territorie”这个词来译博泰罗原作的“territorio”一词。（注241）博泰罗还用了几个章节来分析一座城市的城址和土地。（注242）

另一本表现出作者空间想象力的书是《世界的联系》（Relazioni universali），前后四卷在1591年到1598年间出版。（注243）这是一本代表罗马教廷汇编的著作，（注244）提供了一本了解新大陆的综合文集，但对于统计学的发展同样很重要。（注245）这本书是以类似塞巴斯蒂安·明斯特（Sebastian Münster）①的《世界志》（Cosmographia）这样的书为模板写成的。《世界志》提供了一份地理知识的详细汇总。（注246）缪斯特的书最重要的一点在于是用德文写成，而且因其中包括木刻版画令人印象深刻，这本书最为著名的一点大概是将欧洲画成了一个女人形象。（注247）

这是一个制图学发生重大变革的时代，亚伯拉罕·奥特留斯（Abraham Ortelius）的《世界地图》（Theatrum Orbis Terrarum）1570年问世，而麦卡托（Gerardus Mercator）在1595年推出了首部地图集。（注248）《世界的联系》一书包括四幅地图：南北美洲、非洲、欧洲和亚洲地图。就当时的标准而言，这几幅地图相当准确了，可能引用了奥特留斯的相关地图，而且图中标了经纬线。这就是说，《世界的联系》一书在很大程度上是一本分类描述的书籍，而且不是特别有意思。然而，在这本书的英译本当中有一句令人着迷的句子：“扩大版图，就是将不同的几片领土组织和联合在一个主权国家和政府辖下。”（注249）这样

① 1488—1552年，德意志测绘学家、地图学家、希伯来基督教学者。下文提到的世界志是最早的德意志世界地图。

的句子几乎肯定不是博泰罗的原话，根据这个英译本1601年的出版日期，这是一种非常引人注目的措辞。

在博泰罗的文章中最接近那句话的措辞出现在他对战争的讨论当中。战争分为不同种类：“进行战争或是为巩固边境安全，或是扩大疆域，或是单纯为赢得荣誉和财富，为保护盟友或援助友邦，或是为捍卫宗教和对上帝的尊崇。”（注250）他在同一本书的下文提出进行这些战争“无论是防御性或进攻性，都是为了从另一方取得收获”。（注251）这些收获“一时可以不多，但必须能作为一个整体全部保留下来”。（注252）他还反驳了马基雅维利关于这类占领区的意见：“让我惊讶的是，马基雅维利会建议他的君主，或者说僭主，将他自己和宫廷迁移到占领区去。”（注253）

德斯森德雷的主张超过了博泰罗原文允许的界限，但他这样做的时候，确实提出了一些很有意思的声明。例如他提出，博泰罗书中论述各个城市的“popolo”一词根本不是简单地指一部分人口，而是“一直意味着生活在一片领土——国家、城镇或地区当中的居民的集合体”。（注254）他提出博泰罗提供了一个“属于政治问题的持续领土扩张问题”，（注255）坚决主张这是“首次由一位政治思想家将政治和地理问题以一种连贯而有条不紊的方式关联起来”。（注256）他提出，在博泰罗的著作中，我们发现了“领土的政治技术、众人的政府这一理念依赖于对空间的政治管理，还有对政府空间结构与臣民服从性各种效果的分析”。（注257）他认为博泰罗是“现代化的领土思想家——领土问题就是政治性的空间问题——要从城市、国家和世界三种层次的规模上进行分析”。（注258）尽管这些说法肯定是夸大其辞，但是当然具有深刻的地理意义。

居斯特·利普斯（Joost Lips），或者可以用更为人熟知的名字来称呼他——尤斯图斯·利普修斯（Justus Lipsius）（1547—1606），在这方面是一个重要人物。他受古典传统影响很深，而且被称为文艺复兴时代最后的哲学家。（注259）然而在某种意义上，他走在了古典传统的前面，因为他最重要的政治类著作《1589年的政治》（Politica of 1589）（简称《政治》），（注260）实质上是拉丁文和希腊文作者作品摘录的辑录之作，或者用梅勒贴切的评价来形容，就是一块“箴言马赛克”。（注261）在这部著作，还有利普修斯早前在1584年所作的《恒久之恶》（Constantia）一书中，（注262）关键人物是塔西佗和塞内卡。（注

263）利普修斯本人将塔西佗单独列在所有其他人之上，（注264）而且编辑过他的一些作品。仅《政治》一书就体现了古典文化的传承甚至在十六世纪晚期非常重要。全书的编排很有意思，如利普修斯本人的比喻说："石料和木椽都是从别人那里得来的，但是整栋房子的结构和式样都完全是我设计的。我是建筑师，但需要从方方面面收集原材料。"（注265）利普修斯用《政治导读实例》（Politica with Monita et exempla politica）一书来充当《政治》的补充读物。《政治导读实例》一书是被当作附带用于说明的历史案例的《政治》一书的续编，但一直没能完成。（注266）在1590年写成的《宗教对话录》（Adversus Dialogistam liber De Una Religione）一书中，他回复了对《政治》一书中的宗教政策的抨击。（注267）这些著作的任何一本都没有现代版本。他还写了一本波利比乌斯军事理论的详细评述，（注268）这已经证明了他在军事学方面是一位非常重要的创新者。（注269）

鉴于《政治》一书的拼贴痕迹，很难确定利普修斯本人的看法。而对引文的密集使用，使他能够进行比较生动的议论，但也使他无法取得任何观念上的进步，因为他使用的都是自传统继承的术语，尽管偶尔会受到新事物影响，某些关键问题仍会被强调。他的思想本质上对同一时代来说是斯多葛式①美德的一种应用：《恒久之恶》用于个人；《政治》用于这些人的领导者。（注270）他在《政治》一书的开篇说起了这本书的写作目的："我现在的目的是让那些掌权的人为统治做好准备，就像在《恒久之恶》一书中，我让公民们为忍耐和服从做好准备那样。"（注271）就这一目的而言，柏拉图和亚里士多德，尤其是后者，被视为先行者，但利普修斯指出，他们所写的基本上都是政府，而他的目的集中在君主，也就是领导者身上。（注272）利普修斯的同时代人之中，马基雅维利给他的印象最深，即使他"偏离了正途"。（注273）利普修斯在《政治》中没有提到博丹，但他知道他的著作；（注274）博泰罗的《国家六论》和他的《政治》在同一年问世。

塞内拉特声称利普修斯的关键问题是"没有让一位国王和他的国民之间形成一种抽象关系，也不是在说一位君主对一片领土的统治，而只是在说人对人制

① 最早在公元3世纪前期，由季蒂昂的芝诺在雅典创建的希腊化时代的哲学流派。

定的戒律”。（注275）书中两个不长的地理类段落值得一提。他指出了各地区和各民族之间的联系，当时他提到“而且因为法兰西人占据的高卢；撒克逊人占据的英国；诺曼人拥有的比利时——这些地方相互接壤，所以各民族存在一定程度的混杂”。（注276）并且“他那个时代盛行的是这（刀剑）是确定边界的最好办法”。（注277）利普修斯在这里引用了普鲁塔克的说法，而且将希腊文译成了拉丁文。（注278）克莱因施密特甚至提出利普修斯的著作“是在将界定和保护土地上的私有财产的任务分配给各处领土的统治者们”。（注279）利普修斯更加直截了当地提出：

在人们抛弃了原始的野蛮生活方式后，开始建造房屋和带城墙的城镇，去融入社会，并且使用进攻和防御手段时，注意到当时在他们中间需要出现一种特定的宗教，而且还产生了不同事物的社会分工。他们划分土地，在他们之间设置边界；他们都拥有寺院神庙，还有市场、金库、法院，以及主要的礼仪、仪式和法律。（注280）

还有更深层次的一点值得关注：利普修斯著作的英译本帮助创建了表示“治理城市的技艺之名”的“政治”（politics）一词。利普修斯著作的英译本最早在1594年出现；而亚里士多德的《政治》（politics）则在四年后被译成了英语。（注281）

在这里还有另一本重要著作需要一提。这就是1579年出版的《捍卫自由，对抗暴君》（Vindiciae,contra Tyrannos），但这本书可能在1574年即写成。（注282）作者署名为“凯尔特人斯蒂芬努斯·尤尼乌斯·布鲁图斯（Stephanus Junius Brutus,the Celt）”，而关于这本书的作者究竟是谁，一直争议至今，有可能是法国外交官胡贝尔·兰盖（Hubert Languet）[①]或皮埃尔·莫奈（Pierre Mournay）。这本书被形容为“因其大量宣扬反君主制的短文而最为著名……是一部神学和法学杰作”。（注283）有趣的是，其中一段提到“上帝的荣光所及之处和基督领

① 1518—1581年，法国外交官和改革家。他的外交理念是宗教和公民自由应当受到保护，而且赞同新教的扩张。

域所在，没有界限，没有边境，没有分界线，可以限制虔诚君主的热忱”。（注284）然而，另一方面，出于非宗教原因，书中主张保护边境，并且尊重各独立权威：“如果其他人，因为出于不敬而意图耍弄诡计，宣称各国的边境和管辖权是有区别的，而且提着镰刀进入别国去收割是非法的；我也坚决不认为在这样的借口下，你可以像许多人那样，以此为由，为了你自己而侵犯外国边境或者攫取别国的管辖权，或者将一个邻国内的收获物转移到你的地方。”（注285）

李尔王：“领土利益和国家重任”

威廉·莎士比亚的《李尔王》以戏剧形式表现了围绕政治和土地展开的一些紧张情景，而且在剧本当中，他使用了“territory”（领土）一词，这个词只在莎士比亚的两部戏中出现过。“territories”（可译为版图、领土）一词出现得更多些，但几乎所有出现“territories”一词的地方看上去都和“土地”（lands）是同一个意思。然而，在《亨利六世》第二部中，萨默塞特勋爵报告法国的形势时说：“您在那些版图（法国）以内的所有权益全都离您而去——完全丢失了。”（注286）虽然这里看上去是另一处用“territories”（版图）一词来表达“土地”的意思，或者说表达“一片因战斗结束、已经沦入敌手的战场”的意思，文中提到的权益关系，说明这个词不仅仅指所有权，或者指一种战略含义，而是指对那些地方的政治控制和重大利益。相同的措辞在《李尔王》中出现过一次，用的是“territory”（领土）一词。这个词出现在李尔正在谈起为他的三个女儿分配他的王国继承权的计划时：

现在，我要向你们挑明我的心事。
把那里的地图给我。告诉你们，我已经把我的王国
一分为三；我年纪大了，
决心摆脱一切缠身的俗务，
把责任转交给更为年轻力壮的一代，……
……我的女儿们，
（在我还没有卸去统治、领土利益和国家重任以前）
告诉我，你们中间哪一个最爱我？

让我看看谁最为孝顺，

谁最具自然赋予的贤德。（注287）

这种对孝顺的假设性试探，引起了强烈反响。李尔的大女儿高娜莉尔和二女儿丽甘，都谄媚地表达了她们对父亲的爱。大女儿放言她对父亲的爱“胜过自己的眼睛、所有空间和自由”；二女儿称李尔“凭着她（高娜莉尔）表达的爱就能认定我的爱……但是她的话还不足以表达我的心情……对您的爱是最为珍贵的幸福感”。（注288）这两人的这番话语包含几何概念，经过精心算计，而且蕴含了她们谋划布局的经济图谋，而她们获得的回报就是土地。（注289）有些不同寻常的是，看上去她们是在结婚以后一段时间才收到嫁妆的。李尔给高娜莉尔的奖赏以如下台词表述：

在这些边界以内，从这条界线起，直到那条界线为止，

茂密的森林、膏腴的平原、

富庶的河流、广阔的牧场，

我都封赠给它们的女主人；

这片土地永远为你和奥尔巴尼的子孙所有。（注290）

这番话涵盖了一次范围更广阔的土地划分，包括土地的边境和界限，阐明了这片土地的特点，而且确定了这片土地的继承世系。李尔对三女儿考蒂莉娅也以同样的方式说过一番话：“法兰西的葡萄和勃艮第的乳酪，都在为你的青春之爱激烈竞争。”（注291）然而考蒂莉娅拒绝和她的姐姐们那样刻意表演，当李尔要求她表达她对父亲的爱时，她最初的回复是“我无话可说，父亲”。而李尔对此的回应是：“无话可说就什么都无法换取。”“无”意味着虚空，属于空间范畴，而且是一个十七世纪的虚构作品经常会用到的词。（注292）考蒂莉娅继续表明她对父亲的爱：“按照我的名分，不多也不少。”（注293）李尔没能意识到考蒂莉娅无意加入姐姐们的卑劣奉承行列，而她可能是唯一爱他最深的女儿。但坦诚换不来任何奖赏。李尔告诉考蒂莉娅：“那就让你的坦诚来当你的嫁妆吧。”这些事件的后果迅速导致了看似无关的故事发展，特别是李尔王发疯的情节，但

《李尔王》就是一部基本结构建立在土地划分的基础上的戏剧，以李尔王和三个女儿为主线，格洛斯特伯爵家的继承人会是伯爵的私生子埃德蒙还是合法嫡子埃德加为支线。（注294）

李尔对考蒂莉娅的反应是一种错误判断，就像他对两个年长女儿爱他的误判一样。但李尔最初提出这样的土地划分方案，不是因为他是个愚蠢的国王。相反，根据哈利·贾法令人信服的论证，李尔是在努力解决继承权问题，而且在维护他所创建王国的统一。（注295）奥尔巴尼和康沃尔位于王国两端，奥尔巴尼在不列颠北部，是苏格兰的旧称；当时的康沃尔比现代的康沃尔郡要大得多，而且原来是一个包括不列颠西南部和威尔士大部的独立王国。在《李尔王》写作的年代，英国国王詹姆斯[①]的儿子是威尔士亲王和康沃尔公爵。（注296）李尔明白决定奥尔巴尼公爵夫妇和康沃尔公爵夫妇会得到这两片土地，因为在李尔王两位年长的女儿献辞后，但考蒂莉娅致辞前，两对公爵夫妇就立即被赠予这两份礼物。（注297）换言之，李尔并不是真的为了分配土地而比较三个女儿的说辞，只是以此为由收抚两位公爵。在剧本当中，李尔的开场白明确表达了一种“防患于未然，避免来日纷争”的意图。（注298）王国划分为三部分，并不一定意味着每一份都那么平均，而李尔后来所说的话提到这是一个悬而未决的问题。他奖赏丽甘时说道：“这一片从我们美好王国中分出的三分之一的沃土，广阔、富庶和美好的程度，都不亚于高娜莉尔得到的那一份。”但是他接下去立即向考蒂莉娅说明，她可以得到“比两个姐姐得到的更加富庶的第三份土地”。（注299）考蒂莉娅的答复使得整个封赠进程急转直下，然后李尔做出了轻率鲁莽的行动。

因此重要的是，李尔宣布为划分国土进行的这项考验，最初的用意仅仅是走一个形式。我们已经知道李尔计划的关键问题，是将土地分配给康沃尔公爵和奥尔巴尼公爵，而不是正好和这两位公爵结婚的两个女儿。于是，李尔将靠近高娜莉尔和奥尔巴尼现有领地的一些土地赠予他们，对丽甘和康沃尔夫妇也采取了同样的做法，将王国的中部留给考蒂莉娅。勃艮第公爵和法国国王正在向考蒂莉娅求婚。李尔考验的最重要目的可能是决定考蒂莉娅会与谁结婚：如果她爱父亲胜过一切，那她在婚姻问题上就肯定会遵从他的意愿。于是贾法宣称李尔在思考

① 指1603—1625年在位的英国国王詹姆斯一世，同时也是苏格兰国王詹姆斯六世。

土地划分问题时，有很深的战略考量："这是一项预先确定好的，要通过维护王国统一所要求的非常手段来实施的行动。看来李尔已尽可能推迟了王国土地的划分，但他不能一直让这个问题就此搁置下去，不可能让此事一直到他离世时仍然悬而未决。"（注300）他指出，李尔王的意图是"像仍是国王那样与考蒂莉娅一同生活，奥尔巴尼和康沃尔两公爵在那些他无法控制他们重心的辖区内，以他的副职身份行事"。（注301）然而考蒂莉娅没有遵从李尔的计划，从他那里就得不到任何土地。肯特伯爵的调解意图被李尔断然阻止，而李尔将考蒂莉娅的那份土地分给了她两位年长的姐姐："拿走我两个女儿的嫁妆，把第三份也一并分了吧。"（注302）因为没了嫁妆，立即使得考蒂莉娅对勃艮第公爵吸引力大减，他恳求李尔取消婚约。李尔同意考蒂莉娅嫁给法国国王，但对他们夫妇所说的话满怀责难，和考蒂莉娅这个女儿既然断绝关系，那与法国国王本人也就没有翁婿之情，反而乐于招待勃艮第公爵。这位公爵与法国国王不同，只表现出对嫁妆的兴趣。在法国国王陪伴下，考蒂莉娅离开了，仅仅在戏剧的后段，随着侵略军的先锋回到不列颠。

看来很明显的是，"领土（territory）"一词在莎士比亚的戏剧中并不是经常出现，甚至在他十七世纪初创作的后期作品中也是这样。这个词还是不常见的，例如，以早前威廉·丁道尔英文版《圣经》为基础，英王詹姆斯一世的《钦定版圣经》（King James Bible）中，就没有出现这个词。我们忘记了这个词是相对近期才收入我们的概念性词汇表的，认为这个词和它表达的概念能够在全部的历史当中找到。而"territorium"在古典拉丁文中是个非常罕见的词语，而且到中世纪末期都还没有我们认为它会包含的含义。就像莱德尔指出的那样，《李尔王》开篇中使用"领土（territory）"和其他名词，很可能启示后人用"本地原生"的词语去代替诸如"majesty"之类的外来词。（注303）"土地"和"大地"都能追溯到盎格鲁-撒克逊词根，而且如本书第三章所示，在史诗《贝奥武夫》之中有鲜明的痕迹。莎士比亚对领土的理解所包含的一些概念，仍然可以从使用这个词语的例子，还有这部戏剧中更多与土地政治有关的篇幅当中推导出来。领土意味着一系列政治问题，它是可控制的，可以为之争斗的，可分配、划分和赠予的，而且可以买卖。领土在经济上是重要的，在战略上极为显要，而且具有重大法律意义。李尔王将不列颠一分为三，正如詹姆斯王试图将其统一时那样。

第九章

国家的延展

巩固宗教改革成果

理查德·胡克（1554—1600），因其著作《论教政组织法》（On the laws of Ecclesiastical Polity）广为人知。胡克因其重要地位得到广泛赞誉，而这主要是因为他对伊丽莎白一世女王宗教和解政策的辩护。（注1）《论教政组织法》一书共有八卷，其中仅五卷在胡克生前出版。（注2）在这部书的不同卷当中，讨论了法律的基础，《圣经》的权威，一篇针对清教主义的辩护词，还有英国圣公会各种特定典礼。（注3）胡克的宗教背景，使得他在和其他政治思想家的关系上处于一种奇妙的境地，而他和同时代的这些人物很少有交流。但胡克在驻英国天主教会转变为英国国家会的过程中，是一位核心人物。他使用“教政（Church-polity）”这个术语，按照他自己的话来说，是因为“它包含了政府与任何不属于教会在公共事务中被指定承担的事务这两层含义。在这种程度上，没有什么比教政更加必要的了，教政是将上帝的教会公共精神事务秩序化的一种形式”。（注4）如埃克塞尔绍尔所说：“胡克将政治社会牢牢地安放在了一个合理有序的普世背景之中。”（注5）

胡克时而会以带有一种隐喻意味的方式使用“territory”一词：“因为我们曾经落入可能便于人类使用的地方，于是就进入了能自由和任意决定的领域（territory），这片领域产生了人类法律，而这些法律后来得到了承认。”（注6）但使用这个词的一个更基本的关注点是政治和宗教权力的扩张。例如，在第七卷中他提出：“主教们的权力从下辖领土或者说当地范围内的起始点，能够达到什么程度呢？”（注7）接着他又继续指出：“主教们的权力已经达到何种程度，一开始臣属他们的人有多少，他们的领地又有多大，这不是一个我已经掌握了非常多的材料能够去了解的问题。”（注8）而他后来还提出，一座城市拥有“归属于它的一些领地”。（注9）因此书中有一个领地（领土）的具体定义，但领地的具体面积并不重要。

在这片领域，这难道不是显而易见的吗？而且在其他类似疆域不是也这样吗？那些土地在被占时期，都遵守军事管制，而且土地的继承权都留在君主们名下。这些君主并不是通过人民的自愿选举成为众人首领的，而是因为他们出生在那些拥有全部领土管辖权的领主家族。那些领地是他们著名的祖先通过占领的方式取得，而且将一部分保留在自己的手中，其余部分为了维护统治权和资本利益，分配给其他人。教会的建筑物与教会被分配到的教区或圣俸采邑，使得教士们不能不认为教会是主要地主。对这个问题的考量，使得教士们得到了更多鼓励，那就是迄今为止他们所做的为教会谋取利益的事情，是通过人们的普遍赞同，授予他们和他们的继承人的一项权利（也是一项公正的伟大事业，而且是教会获得产业和领土的理由）。这种权利直到世界终止都是有效的，主教可以在圣俸采邑中的那些人当中，挑选素质合格的人，承认他们是圣俸采邑的领民。这真的可以吗？（注10）

胡克正在论述的是基督教会的分裂所带来的一个新问题。“当教会被限定到一个民族里的时候，看上去授予这个民族的国王们（Kings）普遍的主宰权力没有什么不便。然而现在教会将它膨胀到所有国家之上，如果每一位基督国王（Christian King）在他的一些领土内拥有类似的权力，由此可能会产生很大的不便。”（注11）因此胡克面临的挑战是要去理顺教会和国家之间在他们领土上的关系。但他的主要对手不是希望恢复旧日局面的罗马天主教会，而是鼓吹深化宗教改革的清教徒；同时，无神论者与罗马天主教会，还有英国教会内部各派，也都是棘手的问题。（注12）胡克的解决方法是给予统治者超出宗教的权力，这里的超过不仅仅指选择他们疆域内的教义这层意义上的管辖权，而是“在教会自有领地之内”压过教会的权力，（注13）或者“在他自己的各处领土界限之内，都能像这片土地的国王那样，通过随之产生的法律广泛行使权力”。（注14）胡克在书中第八卷的重要目标之一是，制止相互竞争的管辖权之间的潜在冲突，于是他提出了在一片领土内的“通用权力”。（注15）罗马主教曾经使用过这种权力，但那是用来安排国家宗教会议和主教会议的，而在胡克的案例中，提出这种权力则是为了让王室掌握英国教会。然而胡克不是一个简单的盲目护教论者，福克纳认为胡克的做法是在宗教法则和政治便利之间取得一致的尝试。（注16）

约翰内斯·阿尔瑟修斯（Johannes Althusius）（1563—1638）是一部政治理论奠基著作《政治的系统性研究：以宗教与世俗案例说明》（Politica Methodice Digesta, Atque Exemplis Sacris et Profanis Illustrata）的作者。这部著作在1603、1610和1614年出过三个版本。第一版的辩论性要胜过后两版。（注17）阿尔瑟修斯撰写这部著作的时间在1555年神圣罗马帝国奥格斯堡大会（Diet of Augsburg）之后，这届帝国大会允许路德派新教徒享有宗教信仰自由，但加尔文派新教徒没能享有同等待遇。因此斯金纳形容阿尔瑟修斯的这本《政治》是“革命性的加尔文派思想最系统化的声明”。（注18）阿尔瑟修斯是在高压环境下，怀着特定的政治目的和决心写下这本书的。弗雷德里希指出他“对地方行省的讨论……只能用德国各地方的文字书写才能被充分理解，因为每一个字都有它的地方含义”。（注19）阿尔瑟修斯也是一位法学家，在建构他的论证体系时，广泛使用了包括巴托鲁斯和巴尔德斯在内的罗马法资料。他引用的资料极为详实，包括多位法学家和理论家的著作，还有《圣经》文本，以及可以追溯到奥古斯丁的神学家著作。（注20）就像威特指出的那样：“阿尔瑟修斯从各种看似无关的资料来源中，为了证明每一则关于自然法则包括和控制着什么的简单论断，不断堆砌引用资料。”他讨论了阿尔瑟修斯是怎样处理他阅读过的所有资料中必然要选取的大量注解的，他会将它们列入各种列表，然后再插入他的手稿中去。（注21）“这是一种对博学的极度陶醉，也是绝对不遗余力的表现。”（注22）那些注解极具启示性。

阿尔瑟修斯提出政治人物，即政治家或政治理论家，应“关注统治权的事实和各种起源”。（注23）随后，他复述亚里士多德的说法，宣称：

政治是为了让人们之间建立、培养和保持社会化生活的目标，将他们联合起来的一种技艺。原先政治被称为“symbiotiké”。因此政治发生作用的对象就是联合体，在这个联合体内，政治通过明文或者默契的协定，让联合体本身彼此形成约束，使得社会化生活和谐进行的任何有用和需要的事物能够相互交流。（注24）

在这一段中，我们会看到一个联合体，也就是consociatio的概念，这是阿尔瑟修斯思想中的一个重要概念。这个概念确实是和其他一系列概念一起使用的，诸如“世界、城市、统治、统治权、国家、交流、联盟和人民”都和它一同出现过，我们可以把这些词组所表达的意思简化为“国家”。弗雷德里希形容这些术语是“一种相当复杂的搭配”。阿尔瑟修斯继续提出：

某人从政治当中剥离了主权的相关权利，就会摧毁一个社会联合体……因此教区长、君主、行政官员和一个共同体的长官没有必要的权力会变得怎样，无法行使和实行统治权又会怎样？（注26）

社会联合体不仅仅是某种特定类型的联合体，而是一个可以包容从各个家庭到各个城市之类的其他联合体，还有更小型政治组织的大型联合体。这种政治组织自给自足，而且和“主权”这个概念一同被提出，按照博丹的说法，这个词似乎可以理解为与法语中的“souveraigneté”一词表达的是相同的意思。阿尔瑟修斯继续强调：“社群是一个通过固定法则形成的联合体，由生活在同一片地方的许多家庭和管理委员会组成。也可以将社区成为一个城区。”（注27）在这里我们开始看到了联合体的空间范围，阿尔瑟修斯宣称：“这个社群可以是乡村，也可以是城市。一个乡村社群由那些从事耕种和运作乡村设施的人组成。这样的一个社群可以是一座庄园，一个村落，或者一处乡村。”（注28）

一座城市可以是自由城市、地方城市、混合型城市或者大都会。一座城市之所以会被称为“自由”城市，是因为这座城市承认它直属于最高统治者（帝国皇帝）管辖，于是就可以自由地不受任何其他君主、公爵或者伯爵统治。在德意志政治实体中，这样一座城市被称为“皇家城市”……而且没有人怀疑这些城市在它们的领土之内，拥有君主们那样的权利。地方城市或者省辖城市是一座服从拥有一片领土的领主管辖的城市……这样的城市承认的，是最高地方长官以外的一位上级。

混合型城市被这样称呼，是因为它在一定程度上承认皇帝对它的管辖权，在一定程度上承认一位公爵或伯爵对它的管辖权，而且同时享受皇家和地方城市的权益。还有一些城市的权利被公爵们或伯爵们篡夺，哪怕这些城市的领地实际上并不属于他们……

大都会被这样称呼，是因为它变成了若干其他城市的母城，从而使它发展成为大型聚居区。（注29）

每一种这样的政体，拥有的政治权利都有微妙区别，阿尔瑟修斯花费了一些时间进行了大致论述。

城市的各种权利（jura civitatis，或法律），它的权益、法规，还有利益，这些东西使一座城市壮大扬名，也通过市民们传播开来……权利当中也包括城市的自治权，自治权益、领地权，还有其他与管辖权和统治权共存的公共权利。（注30）

因此城市本身拥有领地权，这是一个与同时代其他理论家们不一致的基本立足点。阿尔瑟修斯提出：“任何城市拥有一种确切而独立的统治权和领地的话，就可以被称为一个行政区（行省）。”（注31）然而，一座自由城市“不会拥有君主们的个人权利……也不能在他们的领地以外行使管辖权”。（注32）因此城市的管辖权只能在内部行使，受到领地范围限制。因为成书于奥格斯堡大会之后，得出这样一种宗教性论断也不足为奇：

领地内的基督教圣餐是一种程序，通过这种程序，那些属于基督王国的，属于让公众组织和保留的财富，就会按照基督的意愿在所有这片普世联合体的领土之内，建立、承接，而且传播开来……在这片领地的边界内，这种权利指引我们享有虔诚的生活，通过这种生活，我们在现今的世界里了解和膜拜上帝。（注33）

在基本的术语上，他也持同样看法：“所有的权力都受到明确的界限和法律约束，从来没有绝对的、无限的、放肆的、任意的和无法无天的权力，每种权力都受到法律、权利和公道的限制。同样的，每一种通过合法手段建立的公民政权都可以被终结和废除。”而后，在这本著作后期版本增加的一章当中，厘清了关系，明确强调一个行省怎样才能越过城市界限，而且成为一个自给自足的政体。

我们现在转到行省问题上。一个行省的领地内部包括许多村庄、城镇、边境村落和城市，这些地方通过同一种法律准则的沟通和管理联合到了一起。一个行省也可以被称为一个行政区、地区、教区，或者社区……我确定一个行省的领地就是它的法律法规能够实行的边界或界限以内包含的所有地方。（注35）

这个对领土（领地）的定义称“领土”是“边界和边境”以内包括的地区，而且法律在这一地区行使，这是基本点。这一定义在阿尔瑟修斯著作的后面部分里被进一步强调，当时他提出：

即使这些行省（地方上）的首脑、行政长官和教区长承认这一领域的最高长官是他们的上级，他们的管理权和权力要从这位最高统治者那里获得承认，但他们在自己的领地上仍拥有统治权利，而且在这片领地内占据最高君主的位置。除了至高优先权、至尊地位，还有其他一些专门为组建这个体制的最高长官保留的其他权利之外，领主们在他们的领地内都可以像皇帝或者最高统治者在国家内部那样行事。这些是法学家们的共识……一个行省首脑因此在他的领地内拥有受尊崇的权利和帝王式的特权，但不能妨碍最高等级的君主所拥有的普遍管辖权……最高普遍管辖权本身是国王（皇帝）统治权的形式和实际本质……这种权力是国王（皇帝）本人都不能放弃的。（注36）

对这个问题还有很多话可说。这是一种对（神圣罗马，即德意志）帝国各地的个别统治者们与皇帝的通行权力之间的关系，并且最终影响到个别统治者们与罗马教皇之间关系的调和。作者用于写作这本著作的文风，借鉴了萨索菲拉托的巴托鲁斯和让·博丹，但也借鉴包括对国王、教皇和皇帝之间此前的世俗权力进行论述的理论家们，诸如巴黎的约翰等人，甚至还有一小部分借鉴了帕多瓦的马西略。然而，以上那些主张世俗权力的拥护者，都没有用一个词清楚表达世俗权力用以行使的对象，而阿尔瑟修斯做到了这一点。他说明了这样一个准则——国王在他的王国内就相当于皇帝——只是使用不同称呼而已：在王国的领土内，国王拥有皇帝的那些特权。阿尔瑟修斯明确阐述了一种非常清楚的权力分配法，一定的权力会保留给最高统治者，但君权仍留给国王。这种说法指出国王拥有他自己不能放弃的君权（主权），形成了一种职责大于个人的认识——“国王”拥有两重属性的概念。因此这是一个极其重要的基础性段落。

阿尔瑟修斯在他的几处分析当中，明确地使王国和领土联系到了一起。他宣称国家权益：

> 是为了在国家领土内全面建立良好秩序，并且提供各种生活物资，通过国家成员来实现这些目的的手段，国家成员团结在一起，就好比是一个拥有同一个身体和同一颗头颅的人。这种国家权益也被称为主权权利。（注37）

然后，在一个英译本没有的段落里，阿尔瑟修斯提出“国家领土是有界限且可以描述的地方，在领土以内，国家的法律可以实行”。（注38）在一本二十一世纪的书本上，这句话平平无奇；但在十七世纪初，这个观点确实令人耳目一新，尤其这一句当中使用了具体的专业术语。

为了提出这个定义，阿尔瑟修斯参考了几种资料。一处是罗马法学家庞波尼乌斯（Pomponius）在《查士丁尼学说汇编》（Digest）中的句子，这在本书第七章讨论过。如本书前文各章的概述，古典拉丁文中的“territorium”不会被直接翻译为领土（territory）；“territorium”的规模小得多，而且它只是帝国境内的内部行政单位，不是一个独立的政体。而这一定义形成的关键当然还是因为十四世纪的法学家们会在完全不同的上下文当中重新解读罗马法。现在，经过阿尔瑟修斯的定义，“领土”这一概念被明确带入了政治理论领域。

阿尔瑟修斯书中，对政治理论先驱者和同时代学者的著作，也有过几处参考。其中之一是乌达尔里库斯（德语音译为“乌尔里希”）·扎修斯（Udalricus Zasius）（1461—1536），在十五世纪晚期和十六世纪初期写的一部法学著作。（注39）扎修斯是在萨索菲拉托的巴托鲁斯和巴尔德斯·德·乌巴尔蒂斯的理论基础上写作的。就像那两位一样，扎修斯发现管辖权是在一片领域内（行使）的，这片领域既是管辖权管制的对象，也是确定管辖权范围的依据。（注40）和他之前的许多人一样，他借鉴了庞波尼乌斯的定义。（注41）但是扎修斯看来进行了一种根本性的发展，他将最高权力同领土挂了钩（superiotatis to territorium）："他会在自己的领土上行使最高权力。"（注42）这很可能是两者之间的关系首次以这些词汇表达出来，这肯定成了阿尔瑟修斯对"领土"定义的关键一步。阿尔瑟修斯同样参考过的是马西亚斯·斯特法尼（Matthias Stephani）（1576—1646），这位是《管辖权协定录》（Tractatus de jurisdictione）的作者。（注43）斯特法尼借鉴了巴尔德斯和巴托鲁斯在"全部领土"执行管辖权，还有管辖权在领地内存在的主张。他论述了"领土法（iureterritorii）"的概念，而且提出"地方权威（Landes Obrigkeit）"的概念就是"地域管辖权（iurisdictione territorii）"的通俗说法。（注45）重要的是，他在皇帝和普通君主之间划定了界限，普通君主只有在他们的领地之内拥有管辖权。（注46）斯特法尼借鉴了扎修斯、庞波尼乌斯，还有希克鲁斯·弗拉库斯（Siculus Flaccus）的《土地的条件》（De conditionibus agrum），所以那个时代使用的参考资料存在一定的内在逻辑。但他的关键参考资料看来还是安德烈斯·科尼申（Andreas Knichen）的著作，阿尔瑟修斯也参考了这位作者的著作。

科尼申（1560—1621）是一位德国法学家和政治顾问。他最重要的著作是1600年出版的《崇高的国家领土》（De sublimi et regio territorii）。（注47）他已经被公正地称为"德国领土法方面最值得尊敬的作者"，（注48）而且维罗维特在一本基础性著作《概念史》（Begriffsgeschichte）中认为，先是巴托鲁斯，然后是科尼申，是让领土形成一种概念的关键理论家。（注49）赫费特已经提出"领土所属国家这个概念"可以追溯到科尼申的著作，因为那是"一种通过运用罗马法将领土所属国家系统化的早期尝试"。（注50）科尼申的著作中有几项重要因素。他引用塞尔维亚的圣依西多禄（尽管没有提到名字，但在对"tauritorium"这个概念的讨论中，很容易看出他的影响），西塞罗的说法，还有瓦罗在《拉丁语》（De lingua Latina）中的观点，对"territorium"一词的起源进行了非常简短的讨论。他也借鉴了庞波尼乌斯在《查士丁尼学说汇编》提供的定义。（注52）虽然科尼申在法学论述上足够熟稔，但他对巴尔德斯和巴托鲁斯的态度是矛盾的。一方面，他经常会引用他们的论述来支持他的主张，但另一方面，他又认为，为了在他们的著作当中找到与他正在写作的时代形势有关的论据，而在他们的著作上面耗费了太多“灯油和辛劳”。（注53）相反，对受尊崇的权利主张的基础，是应当建立在现行的具体法典基础上的。科尼申对在古罗马帝国与他那个时代的神圣罗马帝国之间过于轻率地建立一种联系也是持怀疑态度的。（注54）尽管如此，他还是用传统的拉丁文词汇“terminatio，limites，fines”和“finibus”同“territorium”联系起来，来确定“territorium”本身的界限及其管辖权的范围。（注55）

科尼申明确地将“国家主权（landeshoheit）”概念和“领土至上（superioritas territorialis）”联系到了一起。他在著作的书名全称中这样做了，而且在论述当中反复提到这点。在术语当中将思想的不同谱系融汇到一起非常重要，这些术语将会在1648年的《威斯特伐利亚条约》中出现。他也对“至上地位（superiotitas）”和“管辖权（iurisdictione）”与“国家权威（Landes Obrigkeit）”，还有“地方君主权威（die Landesfürstliche Obrigkeit）”的关系进行了讨论。（注57）于是，一方面“地方”与“领地”之间产生了关系，而另一方面“崇高/权威”与“至上地位/管辖权”之间也发生了联系。虽然这里还有很多概念上的细微差别，但这种联系是极其重要的。（注58）科尼申对皇帝和罗马帝国的权威与帝国境内诸侯的直属领地权进行了重要区分。（注59）当然，法国和意大利为这种理念，即统治者在他的领地内行使皇帝在帝国内的权力，开创了先例。（注60）虽然科尼申清楚说明了之所以形成这种状况的政治和法理论据，然而，他反对将领地权扩充到自由城市和皇家城市上，只将这种权力保留给领地诸侯。在出现异议后，后来的版本修改了这些论据。

对科尼申来说，管辖权和领土是相互依存的。（注61）这是十四世纪的后法学注释派的普遍主张，巴尔德斯尤其如此，但相对于基本为法律意义上的解读，科尼申在这里给出了一个政治意义上的解读。一个重点是他宣称领土不能脱离管辖权，反之，管辖权也不能脱离领土。（注62）管辖权永久性与领土联系在一起。这一论述为领土（领地）统治者控制教堂，进行司法管理，提高税收和扩充军队提供了依据。（注63）在书中的第五章，他将重心转移到了更为普遍的管辖权问题，而且强调领地的统治者在其他领地上没有管辖权。（注64）在这里需要着重强调的是，就像在其他地方一样，他正在讨论的是帝国以内的各部分，而不是各独立国家本身。而在博丹将拉丁文词语“majestas”和法文词语“soveraineté”等同使用时，科尼申的著作就能被视为将皇权和统治权区分使用的开端，而莱布尼茨在这一点上会变得更为明显。或者说，至少，科尼申对“majestas”和“superioritas”这两个概念进行了区别，这可以被视为这两个概念被区分使用的一个阶段。在皇帝拥有皇权的同时，诸侯们拥有在某些方面相似的统治权。然而，皇帝的皇权，在对所有领土统治者拥有最高统治权的这个定义上，是不可分割的。

在第二手文献中，对科尼申的讨论非常少。（注65）然而他同时代的和在他之后的一些思想家都引用了他的说法——莱布尼茨是个鲜明的例子，从这方面来说可以认为他是个非常重要的人物。看上去不寻常的是，科尼申的著作都没有一部现代版本，就更别说译本了，而且他作为一位思想家，几乎已经被完全忽略。在“领土至上”（superioritas territorialis）或“国家主权”（Landes-hoheit）与“国家权威”（Landes-Obrigkeit）的概念当中，科尼申提供了一种政治思想发展的基础性贡献，那是一种既提出空间限制，也符合帝国体制的统治类型。维罗维特形容这一成就属于“早期政论家的伟大成果”。（注66）

弗朗西斯·培根（Francis Bacon）（1561—1626）因其哲学著作，还有《新亚特兰蒂斯》（又名《新大西岛》）的乌托邦式故事而广为人知，《新亚特兰蒂斯》的故事，对理想国的描述不及建立一个科学性社会那样多。他对政治问题的著述相对很少，但在他的论文《论国家的伟大之处》（On the True Greatness of Kingdoms）的一系列版本中有些词汇值得关注。这篇论文的原始版1612年出版，收录在他的《随笔集》（Essays）中，他在文中宣称：“一个国家的规模或领土大小是可以测量的；财政和税收的多少，是可以计算的；人口的多寡，能从户籍记录中见到；城市和村镇的数量，可以从示意图（carts）和地图上看到。”（注67）这句中的“cart”即“charts”，应当被理解为“示意图（plans）”。培根清楚一个国家的原始规模并非未来的保证：“因此有些国家的领土很大，却不能变成征服者或扩张版图，而另一些国家虽然幅员或者说疆土很小，却能够成为强大王朝的基石。”（注68）在1625年版的《随笔集》（Essays）中，培根扩写了这篇文章的内容，用了新标题《国邦的真正伟大之处》。这个段落在新版中再现，但使用了更为现代化的拼写方法，而且略微做了改动。表示示意图的“charts”一词换成了“cards”；而第二个段落中的“征服者或扩张版图”变成了“扩张版图或号令诸国”。（注69）培根在他的拉丁文本《学术的进步》（De Augmentis）对他的这一论述提出了一个非常贴切的拉丁文说法，译成英文（再转译成中文）就是：“一个帝国的伟大之处，其规模和领土面积是可以测量的；其财政收入是可以计算的；其人口数量可以通过人口普查获得；城市和村镇的数量可以用地图和调查表得知。”（注70）

所有这一切会变得几乎没有意义，因为培根在《论不列颠的真正强大之处》一文的有关论述当中改变了说法。（注71）这篇论文在1608年前后献给英王詹姆斯（一世），但被弃之不顾，而且直到1634年才发表。（注72）培根在这篇文章这样开头：“国家的伟大之处，版图和领土的大小，都是可以测量和证明的，这一点不会有错。”（注73）但他接下去列出了一些否定这一点的说法，最先摆出的是“在测量和衡量国家的伟大规模时，通常会过多地高估领土之大”。（注74）而在他更为积极的论述中，首先提出的是“真正的强大之处要求的是所在的地方或地区有一种适合的形势”；第二点是“真正的强大之处本质上在于人口和人口繁衍”；而第六条和最后一条说的是“（真正的强大之处）在于对海洋的控制”。（注75）所以国家的真正强大之处不在于数量意义上的领土，而在于其质量；人口是关键；而不列颠的未来在于海洋。关于领土问题，培根接下来提供了四条论述：

第一，这个国家的领土应当集中，而不要分散。

第二，国家的核心所在地区，应当能为那些行省和附属地区提供足够的支持。

第三，在一定程度上，版图的壮大要取决于国家的武力和尚武精神。

第四，国家的任何一部分或一个行省都不是完全无益的，而是能够对国家有一些用处或者提供一些服务的。（注76）

这道出了一项关键因素的重点，那就是一个政体的建设要在人口和领土之间

形成一种平衡。（注77）

在我们转入十七世纪的哲学和数学发展，还有之后费尔默（Filmer）、洛克和霍布斯（Hobbes）的三位一体理论之前，还有最后一篇文章值得一看。这篇长期被归入沃尔特·雷利（Walter Ralegh）[①]名下的文章，就是《国家戒律》（Maxims of State），但几乎可以肯定的是，这并非雷利的作品。（注78）奥尔维格形容这篇文章是"领土国家观念的最早构思之一"，（注79）即使它的任何一个字都不能不加批判地被采用。

政策是一个共同体政府的艺术，而它的某些部分，取决于国家或其中的政府组织是否是为公众利益设立的。

国家是一个共同体的框架或者成型秩序，或者说是治理这一共同体的成型秩序，尤其是号令其他人的主要和最高统治者的框架或者成型秩序。

主权国家由五项权力组成：

1.制定或废除法律。

2.设立和部署行政司法官员。

3.生杀大权。

4.发动战争或缔结和平条约。

5.最高或最终审判权。

只要能执行这五项权力，无论一项还是多项，就可称为国家。（注80）

这些理念可能在某些方面相当现代化，但仍然受到古典和中世纪观念的很大影响。关键在于，它没能设定好一个领土性框架。相反，它的兴趣在于强调名词性的"国家（state）"，而不是形容词性的"国家"，还有对主权的使用。精彩的词组"主权国家"也被提到，虽然我发现最早使用这个词组的是1606年译本博丹著作。（注81）

在这些政治著作当中，雷利有几次用到了"territory（领土）"这个词，而

① 1554—1618年，英国乡绅，作家、诗人、军人、政治家、廷臣、间谍和探险家，因为在英格兰普及烟草而闻名。

对“territories”一词用得更多些，经常只是表达土地的意思。这种说法通常都用在讨论殖民领地上，例如，就像他谈起塞里夫（Seriffe）在巴巴利（Barbary）[①]像“一片小领地的领主”时那样。（注82）一位新近获得王国的君主应当做的事情之一是“看护好边境，并且划定各行省，如果有任何强大邻国，或者同他本人势力相当的邻国，想与其他哪怕力量较弱的边境势力结盟，就要去阻止这类邻国君主的企图（如果有任何必要的话）”。（注83）

政治几何学

1610年，亨利四世（法国国王）在巴黎被弗朗索瓦·拉瓦莱克（François Ravaillac）刺杀身亡。斯蒂芬·托尔明形容这如果不是创造时代的事件的话，也是一次划时代事件。（注84）的确，许多评论家认为，对了解三十年战争的爆发来说，这次事件相当重要。宗教信仰自由看来已经无法实现。几天之后，亨利的心脏被送到拉弗雷士（La Flèche）的耶稣会学院供奉。一个少年参加了供奉仪式。（注85）七年后，这个法国小伙儿二十岁了，参加了荷兰拿骚的莫里斯亲王（Prince Maurice of Nassau）[②]的军队。1619年，他去了德意志，在法兰克福参加了德皇斐迪南二世（Ferdinand II）的加冕典礼。因为冬天来临，他在诺堡公国（Duchy of Neuburg）逗留，就在一个有火炉取暖的房间里待了一天。他觉得能利用这段时间来思考某些问题是很重要的，开始从最基本的地方进行一次哲学上的反思。这次反思的成果形成了《指导哲思之原则》（Regulae ad direcionem ingenii），但这些作品直到他死后才出版。不同的是，一项初步研究成果在1637年就发表了。1620年，他来到波希米亚（Bohemia），7月17日，随军入侵上奥地利（Upper Austria），（注86）“1621年到匈牙利，然后他放弃了军职”。（注87）他未实际参与军事行动，反而像是一位绅士观察员。1628年，他定居荷兰，在那里生活和工作到1649年。就在前一年，在明斯特（Münster）和奥斯纳布吕克（Osnabrück）城议定的和约让战争走向终点，在常见的历史当中，这份和约

① 十六至十九世纪，欧洲人对北非穆斯林土著居住区的称呼。

② 即后来的莫里斯·奥伦治亲王，1567—1625年，从1585年起，就出任除弗里斯兰之外的荷兰联合省执政，积极组织荷兰反抗西班牙统治的起义，率领荷军屡战屡胜，成为那个时代著名的军事战略家。1618年，在异母兄菲利普·威廉离世后，正式继承奥伦治亲王头衔。

奠定了现代欧洲国家体系的基础。为出任瑞典女王[①]的家庭教师，这位思想家前往斯德哥尔摩，“在那里，他在凌晨时分，在女王的图书馆里同她见了四五次面”。然而这个故事其实是，瑞典宫廷热衷于和约达成的各种庆典，而且邀请他参与。虽然谢绝了跳舞的机会，他至少还是为芭蕾舞剧写了一个剧本，名为《和平的诞生》（La Naissance de la paix）。（注88）满怀感激的女王为他提供了一份地产和一份养老金，这份地产是从瑞典通过和约最近获得的土地中挑选的。（注89）瑞典的冬天实在是太冷了，尤其是在早上5点授课；他不幸罹患肺炎去世了。

这个法国小伙，军人、哲学家、家庭教师和编剧勒内·笛卡尔（René Descartes），在1637年冬写成的作品是《方法论》（Discours de la méthode）；前文提到的和约即《威斯特伐利亚和约》。这些事件之间没有直接的因果关系——它们在地域和时间上如此接近看来纯属巧合。然而笛卡尔在《方法论》中概述的空间观念，还有对几何阐述的可测量性，在地图上的可标识性，严格的界限划定，从而形成的可控性，这种严谨性为现代政治意义上的国境概念奠定了基础，而不是只能用于描述单纯地理意义上的边境。笛卡尔的空间观念与欧几里得几何之间存在根本性的区别，正如现代国家与希腊城邦概念的区别一样。

人物传记的重点部分是为矫正对笛卡尔著作不带任何背景的通行理解，部分为揭示三十年战争与那个时代最著名的思想家相互交织的本质，还有部分是为了能让人认为笛卡尔应当被认真当作一位政治思想家来看待。（注90）尽管事实上芭蕾舞剧《和平的诞生》作者身份还存在争议，（注91）但笛卡尔的人生明显与那个时代的大事件关系非常密切。对指导我们理解物质世界方式的改变，还有地理基本测定方式的变化来说，笛卡尔是非常重要的。的确，他提供了一个地理案例来阐明他的思维过程。在《方法论》一书中，讲述他如何进入那间有火炉取暖的房间的故事后，能看到这个例子。他讨论了由一位建筑师单独建造的一座城市的秩序和美，而且认为仅靠对其他人的作品下苦功夫，是很难创造出做工精美的产品。他指出我们很少会见到人民为了重建一座城市就将所有的房屋推倒——虽

---

① 指1632至1654年间在位的瑞典女王克里斯蒂娜。

然奥斯曼男爵（Baron Haussmann）[1]在两个世纪后几乎这么做了——但是我们能看到人们从零开始建造个人居所。他指出，因此我们不能“为了改革一个国家而从根本上去改变它，也不能为了重建一个国家而将它推翻”，但在我们自己的脑海中可以这样做。（注92）他回归了这一隐喻的方法，尤其是在他的《第一哲学沉思录》（Meditationes）回复第七组反驳的时候。（注93）

他对精神和物体的区分是，精神是内在思维，而物体是一种延展。这种区分可以在《第一哲学沉思录》中找到，（注94）他将延展的概念放到了书中的核心位置。物质世界被简化为一种单一的形式，物质处于运动当中，是通过延展的一种根本性理解。虽然笛卡尔一开始就提出怀疑一切事物，但一些辩论或思维实践，诸如对蜡的可变性质的讨论，说服他延展是物质的主要特点。他在《哲学原理》（Principia Philosophiae）中说：“有某种物体有长、宽、高三个向量，而且具有我们清楚发现属于一种延展事物的所有特性。而这种延展事物，我们称之为‘实体’或‘物质’。”（注97）这些对象在一个空间中存在，而空间拥有类似的延展性。两种尺寸和形状不同的事物可以占据相同的位置，但肯定不是相同的空间。而且在某种事物移动时，改变的是他的位置，而不是尺寸和形状。（注98）具有排他性的是空间，而不是位置，这一点至关重要。

因此我们一直会占据一个空间，在长、宽、高三方面形成一种延展。但涉及到位置，我们有时会认为某种事物的位置产生疑问是内部原因造成的，而有时会认为是外部的作用。现在内部位置确实和空间是同一回事；但外部位置则可以看成正好在这个位置围绕着的表面。（注99）

笛卡尔在他的《方法论》后又写了三篇分别关于屈光学、气象学和几何学的科学论文。他的那篇几何学论文的主张尤其大胆，（注100）被他视之为非常严谨的模板。（注101）然而很重要的是，要了解到笛卡尔并不是简单地阐述几何上已经存在的理解，也不是要认定几何的重要性。相反，他正在改变人们对几

① 即乔治·欧仁·奥斯曼，1809—1891年，法兰西第二帝国时代的塞纳省地方行政长官，曾被拿破仑三世选派在巴黎实施大规模的新公共设施建设项目。这次大型工程，被通称为奥斯曼的巴黎大改造。

何的理解。就几何本身来说，他认为“所有几何问题可以被轻松简化为这样的条件，即对一些直线长度的了解就足以建立其结构”。（注102）在同一本著作的后面，他又提出“在方法上，我将所有要用几何解决的问题简化为单一类型，亦即将之变成求一个方程的根值的问题”。（注103）笛卡尔是在提出几何问题可以被理解为一个数量问题，即线的长度或者方程，也就是一个数值问题。

这种几何，现在称为解析几何或者坐标几何的几何学，可以追溯到十六世纪晚期的费玛（Fermat）①或韦达（François Viète）②论述代数符号的著作，但是在笛卡尔的著作中才形成了成熟形式。同过去认为算术和几何之间泾渭分明的理解方式相比，解析几何是一种突破。因此笛卡尔将几何视为一种了解世界的方式，而不是一种纯粹的智力运动。这种转变的重要性是具有实质意义的。笛卡尔认为延展不是一种简单的几何属性，而是一种物理属性或者世界的实体测定方式。世界成了一个几何结构，在世界之中，各种事物就位、移动和改变。就像克莱因指出的：“只有在这个论断的基础上，‘古典’物理概念基础的，被称为‘欧几里得空间’的概念，才被创造出来。这是牛顿将会发展出他的自然数学科学结构的基础”。（注104）“欧几里得空间”因此不是个贴切的名词，因为它使用的是欧几里得没有用过的术语“空间”，而将他的数学体系用于“欧几里得空间”，是为了理解这个世界。十七世纪，欧几里得的《几何原本》被以代数演算的方式重写，这表明这本书在与新的发展相适应，但只能以一种欧几里得本人不能识别的形式。（注105）就像亚历山大（Alexander）所说，看上去很明显“如果牛顿力学用到欧几里得几何，空间就必须是欧几里得式的”。（注106）希腊文“topos”这个单词最初的拉丁文翻译是“locus（地方）”；只是后来“spatium（空间）”这个单词出现了，意味的不仅仅是在古典拉丁文中的“范围”，而是带有容量意义的范围概念。（注107）欧几里得和柏拉图一样，将他的集合视为一个数学体系。正是这种几何思维方式的转换，还有几何运作的三维空间，使得

① 即皮埃尔·德·费玛，1601或1607—1665年，法国图卢兹议会的律师，同时是一位著名数学家，对微积分的早期发展做出过重要贡献，而且他在数学领域还做出过其他许多重要贡献，其中以费玛大定理最为知名。

② 即弗朗索瓦·韦达，1540—1603年，法国商务律师、数学家，最早主动而系统地使用字母来代表已知数、未知数及其乘幂，为现代代数学的产生做出了重大贡献。

人们能够通过物理对这个世界进行解释，这是十七世纪科学革命的基础问题。（注108）正如笛卡尔所说：“我全部的物理学除了几何之外，别无其他。”（注109）

因此笛卡尔将“空间（spatium）”这个几何概念，像“延伸（extensio）”那样，转换到一种能理解这个世界的方式之中。但是他也在几何学当中造成了一场革命。笛卡尔说：“几何学家们处理的对象”应被“设想为一个连续的实体，或者一个长、宽、高（或深）无线延伸的空间，可划分为具有多种不同形状和大小的多个不同部分，而且可以以各种各样的方式移动或者换位”。（注110）但是笛卡尔持怀疑论，因为他认为“在这些示范当中，没有任何东西能说服我认为它们的对象是存在的”。（注111）相反，对笛卡尔来说，几何学仅仅是一种单独的抽象概念是不够的，必须将这门学科当作一种认识世界本身的方式来看待。（注112）

当然，笛卡尔并非将这些问题建构起来的唯一作者。尼古拉·哥白尼（Nicolas Copernicus）在1543年出版《天体运行论》（De revolutionibus）一书，而他的思想经过诸如乔尔丹诺·布鲁诺（Giordano Bruno）（1548—1600）等多位思想家发展。布鲁诺提出了一个无限宇宙的说法，这一说法在某些方面受到了卢克莱修（Lucretius）①思想影响。（注113）伽利略·伽利莱（Galileo Galilei）（1564—1642）曾经在比萨出任数学和军事工程学教授。（注114）伽利略是一部非常重要的著作《几何学军事应用指南》（Le operazioni del compasso geometrico et militare）（1606年）的作者，书中对诸如加农炮的瞄准、军队的部署，以及财务计算之类的问题进行了讨论。（注115）还有一位时代更早的学者库萨的尼古拉，曾经对用几何学的空间概念取代亚里士多德式的位置概念起到推动作用。（注116）撇开本书第七章讨论过的政治—神学类作品，库萨的数学类著作也很有意思。在他的《比例实验》（De staticis experimentis）一书中，一个关键主题是提出有限对象的世界，其本质是可以数量化的，可以计算、测量和称量。（注117）然而这本书，还有《了解无知》（De docta ignorantia）一书，目标都不是知识本身的目的，甚至对世界的认识也不是为世界本身，而是一种进入

① 全名提图斯·卢克莱修·卡鲁斯，公元前99—前55年，古罗马诗人和哲学家。

对上帝的了解的手段。有限世界是去认识无限上帝的方式。库萨引用《所罗门王智慧书》（Wisdom）（11：21）的说法，认为上帝“将所有事物规定了数量、重量和测量的秩序”。（注118）

当然，在这些作者之间存在许多差别，而且复杂性也不会差多少。尽管如此，认为他们在一种共通的模式内工作并不是不合理的，在这种模式当中，物质世界是服从于科学的，而且一直能被数学化，也能够调查。如胡塞尔描述的那样，当时存在一个两阶段过程：伽利略的自然几何化，还有继之而来的几何算术化，在后一阶段过程当中，笛卡尔扮演了一个奠基人的角色。（注119）按照凯西勒的说法：“笛卡尔的物理学在许多方面，无论是对特殊现象的解释，还是运动规律的基本概念，都与伽利略的观点相悖。但两者均是同一种哲学精神的产物。”（注120）似乎非常醒目的是，在笛卡尔的《第一哲学沉思录》的广泛的“反对意见”中，延伸的问题很少被提及，焦点更多集中在思维主题、认识和上帝上。（注121）例如，安托万·阿尔诺（Antoine Arnauld1612—1694）[①]接受了广延的观念，但怀疑如果思考的东西是相似的，那只是因为思考时恰好附带了潜在的东西。（注122）

英国哲学家托马斯·霍布斯（Thomas Hobbes1588—1679）是《第一哲学沉思录》的答辩者之一，笛卡尔在对“过度”回应时，猜到了答辩者是霍布斯。然而霍布斯也受到几何学的很大影响，宣称几何是“唯一令上帝愉悦，而且至今都在赐福人类的科学”。（注123）他的著作更普遍地受到机械性哲学的影响。（注124）下文会对他的政治类著作进行更详细的讨论，但有些评论在这里也是有用的。虽然斯金纳强调霍布斯的概念是“政治‘几何学’”是正确的，（注125）但是认为霍布斯和笛卡尔非常接近的想法是一个错误。就像吉雷斯佩指出的那样，他们两人的几何方法大相径庭。（注126）这一点要着重强调，因为霍布斯可能是看过笛卡尔《方法论》《屈光学》《气象学》和《几何学》（1637年）的最早的英国读者之一，将这些著作交给他的是凯内尔姆·迪格比（Kenelm Digby）[②]。（注127）霍布斯继续认为在算术和几何之间有一条深深的鸿沟：

---

① 法国罗马天主教神学家、哲学家和数学家。

② 1603—1665年，英国宫廷侍臣和外交官，同时也是一位著名的自然哲学家。

“因为算术家教人用数字加减；所以几何学家们在教导线条、图形（深入的和浅表的）、角度、面积、倍数、速度、力量、功率，还有诸如此类的项目时，有相似之处。”（注128）就像克里斯蒂安·惠更斯提到的那样，霍布斯“似乎拒绝无缘无故地将算术计算用于各种几何结构的运用”。（注129）

几何方法也让巴鲁赫·斯宾诺莎（Baruch Spinoza 1632——1677）[①]印象非常深刻，他的整部《伦理学》（Ethics）都围绕命题、推论、证明和评注来建构。（注130）特定种类的几何对争议是开放的，虽然它肯定与欧几里得的阐述模式有某种关联。（注131）但实证的本质不会让我们认为斯宾诺莎在将一种方法强加在内容之上。就如蒙塔格所说：“斯宾诺莎拒绝方法优先，进而使方法脱离知识本身的变化过程或行为活动的观念。”（注132）确实，当斯宾诺莎认为广延是事物的一种基本属性时，他不会认为这是首要属性，而且他在我们通过感官感知的广延和通过理解而得到的广延的观念之间划出了一道界限。（注133）近年以来，斯宾诺莎已经被视为一位重要的政治哲学家，而不是首先被视为一位形而上学者。（注134）这很大程度上是因为法国和意大利出现的冠以“新斯宾诺莎”学之名的著作，（注135）部分是因为路易·阿尔都塞（Louis Althusser）和吉尔·德勒兹（Gilles Deleuze）解读斯宾诺莎的影响。

尽管如此，在斯宾诺莎对政治空间思考的文章中，肯定是没有任何发展的。他回复到了一种更早的对土地进行政治控制的思维方式，在这个范围内，他甚至进行了讨论。（注136）他在讨论中使用的极少数的例子之一是《圣经》某些篇章的写作年代和作者身份。在书中有一处伊本·埃兹拉（Ibn Ezra）[②]对《创世记》（Genesis）12：6的评论，他提到亚伯拉罕“调查迦南人（Canaanites）的土地（terram）”。文中说起亚伯拉罕穿过了这片土地，而“当时迦南人就在土地（terra）上”。因为有“当时”这几个字，埃兹拉显然认为“这肯定是在摩西死后写成的，就在迦南人已被驱逐，而且不再占据这一地区的一段时间里”。（注137）斯宾诺莎后来回到了迦南人的话题，迦南人帝国的征服，还有随后迦南人的土地被十二个部落分成多份的故事。（注138）因此他决定不用

① 荷兰犹太人，西方近代哲学史重要的理性主义代表，与笛卡尔和莱布尼茨齐名。

② 1089—1167年，中世纪最为著名的犹太裔诗人和哲学家。

“领土（territorium）”这个使得这些概念更具当今时代感的术语；就像《拉丁文圣经》那样，他使用了“土地（terra）”这一术语。斯宾诺莎的著作对亨利·德·布莱维耶（Henry de Boulainviller 1658—1722）[①]也产生了深刻的影响。（注139）

莱布尼茨和牛顿之间的关系因为两个问题蒙上了阴影。第一个问题是虽然现在人们普遍认为他们各自独立创立了微积分，但牛顿和他的支持者们声称莱布尼茨剽窃了牛顿的学术成果。然而微积分是一个让莱布尼茨一生为之着迷的问题，而且他的论著在某些重要方式上与牛顿的论著有别，特别是在方法与符号方面。从根本上说，莱布尼茨关注的，就和笛卡尔一样，是连续量的组合，诸如无穷个小点一起组成一条直线。他认为只有几何“能提供一个由连续的线组成的迷宫”。（注140）他在这一主题方面的作品，就像他的大多数作品那样，极为广泛。（注141）第二是可以通过莱布尼茨与出任牛顿代表的塞缪尔·克拉克之间的沟通信件，能够了解他和牛顿之间的全部关系。（注142）通信在莱布尼茨人生的终点——在克拉克第五次回复后中断的说法是真的，这封回信是在1716年10月29日寄给莱布尼茨的，就在他逝世的仅两周之前。然而牛顿和莱布尼茨互通过一些私人信件，而且分享过一些看法。关键的一个问题是通过数字对世界的理解。如莱布尼茨1692年写给牛顿的信中说：“我会希望看到，像你已经开始做的那样，在几何问题方面继续完善，从而通过数学术语来掌握自然界。”（注143）

虽说牛顿和莱布尼茨在对笛卡尔及其后继者们的机械哲学方面有共同之处，两人之间仍有一些重要区别。广为人知的是，牛顿曾为一种绝对空间，一种与其中有或没有任何实体无关的容器进行过讨论。（注144）就像加尼亚克已经论述过的那样，在阐述这个论点的时候，牛顿心中有“一个笛卡尔的体系，而不是他的主要对手莱布尼茨的体系”。（注145）对牛顿来说，这种绝对空间是一个基本设定：“空间是一种存在的衍生，那种存在就是一种存在。与空间不以某些方式发生联系的话，没有东西会存在或者能够存在。”（注146）看上去引人注目的是在十七世纪末，在牛顿的《万有引力》（De gravitatione），这本大约写于

---

① 法国贵族，作家和历史学家，曾经在军中服役，是最早的斯宾诺莎《伦理学》法语版译者。

1685年前不久的著作中，他可以声称“‘质量’‘持续时间’和‘空间’这些术语太过为人熟知，乃至于不允许使用其他词来定义”。（注147）然后他提出了一些基本定义：

定义1.位置是某种事物能完全占据的空间的一部分。

定义2.实体是占据位置的那种事物。

定义3.其余部分仍然属于同一位置。

定义4.运动是位置的改变。（注148）

在牛顿的《自然哲学的数学原理》（Principia Mathematica）一书中，他进一步阐明了“绝对空间”这个要点：

绝对空间本身的属性是不会和任何延伸事物发生联系的，始终保持均匀和不可移动性。相对空间是这个绝对空间的任何可移动部分或维度；这样的一部分或维度是由我们的意识通过关于物体的空间的状况决定的，而且广泛用于固定空间，就像在土地上的空间，或天空中的空间或者天堂中的空间一样，天空和天堂的维度是根据相对于土地上的空间的状况决定的。绝对空间和相对空间在种类和计量上是相似的，但他们不会一直保持相同的数值。（注149）

莱布尼茨的主张相反，强调空间完全是相对的。认为将任何事物排除的绝对空间的想法，是没有意义的：“没有任何东西的空间是空想。”（注150）对他来说，空间不是一个“在一种假想的纯粹的广延组成的特定事物”，而且“运动也不是绝对的，而是相对形成的”。（注151）

广延或者空间，还有各种平面、直线和点，人们都可以设想成在其中只有各种顺序关系或共存的各种顺序，两者都是为实际存在的事物，以及可能的事物一个可以放置在其中的位置。（注152）

对莱布尼茨来说，广延本身不是主要特征，而“是一种与可延伸的某种事物的关系，这种事物的扩散或者连续重复有其意味；可以预料的是涉及运动性能和阻力性能的实体物质，以及像密集物质那样到处存在的物质，这些物质的扩散，会在广延中包容”。（注153）而对莱布尼茨来说，物体是广延，而并非物质。（注154）他在给克拉克的信中强调：

我不是说物质和空间是一回事。我只是说，没有空间的地方，就不会有物质；而空间本身不是一个绝对的实体。空间和物质不同，就像时间和运动。虽然如此，这些事物尽管有别，却是无法分离的。（注155）

如萨利斯已经说明的那样，莱布尼茨并不像笛卡尔那样对重新打造哲学有兴趣，反而是在使用现代思维去重建古代思维。（注156）他拒绝新哲学要求与亚里士多德的作品彻底决裂的想法。（注157）他显然知道沿着现代数学探寻，必然会达到一种对力的理解，这样古希腊“动态（dynamis）”和“圆满实现”的概念就是有用的迹象了。这就是为何莱布尼茨宣称“我们必须将力的概念加入广延的概念的原因”。（注158）就像加贝尔所说：“虽然莱布尼茨参与了物理学，但他没有参与到笛卡尔构建其机械论的形而上学。”（注159）

就在人生的尽头，莱布尼茨提出了一些非常明确的定义。“空间是共同存在的秩序，或者为所有共生事物存在的秩序。”（注160）他接着继续说道：“广延是空间的量级。像通常所做的那样，将广延与会延展的事物混淆，而且将其视为物质，是错误的。”（注161）然而这并不代表他放弃了一个空间的几何模型：“一条线是某个点的轨迹。一个面是一条线的轨迹，整个空间的容量，或者按照通常的说法，即立方体是平面的轨迹。”（注162）牛顿的那些概念在他之后形成了如此之多的科学基础，不将他视为和莱布尼茨之争的胜利者是很难的。受到他的影响，现代科学“最终消解了托勒密《天文学大成》中描述的宇宙体系”。（注163）然而莱布尼茨的著作已经持续产生了一种影响。（注164）莱布尼茨在下文会再次出现，下文会提到这种几何思路对他对政治的理解所产生的影响。

国王的神圣权利：霍布斯、费尔默和洛克

托马斯·霍布斯经常会被视为第一位现代政治哲学家。斯金纳虽然强调马

基雅维利和博丹的重要性，但还是这样说道："霍布斯是第一个系统而明确地提出现代国家理论抽象而未经雕琢的观点的人。"（注165）他还指出，霍布斯是最早将"治理城市的技艺"写为"政治（politics）"的英国哲学家之一。（注166）然而，霍布斯很多的论据还是植根于过去的争论。他算得上是一位翻译家，除了修昔底德的《伯罗奔尼撒战史》（History of the Peloponnesian War）和亚里士多德的《修辞学》（Rhetoric），还有其他译作，而且对拉丁文著作的阅读范围也很广，包括亚里士多德之后的阿米阿努斯·马尔切利努斯（Ammianus Marcellinus）的著作都有涉猎。（注167）他与过去的联系在他关于宗教与世俗权力关系的讨论中最为明显，在这个问题上他使用了"两柄剑"的术语和论据。应当记住的是，他最著名的著作为《利维坦》（Leviathan）（或《物质、形式或教会的、世俗的国家权力》（or,The Matter, Forme,& Power of a Commonwealth Ecclesiasticall and Civill）——这就是说，国家同时具有政治和宗教属性。

霍布斯认为"世俗政府与宗教政府，只是两个进入世界，使得人们认为他们的合法权力是重复和错误的词"。（注168）他指出两者的区别"仅仅在于字面"，而且"权力通过让另一种间接权力，像直接权力那样分享的话，就会真的分裂，而且在所有意义上都是危险的"。（注169）政治权力的破裂代表权威的分裂，就如霍布斯一直在坚持认为的那样，相反应当使权力集中起来控制，只有一个不可分割和不受限制的权力来源。他觉察到如果同一种权力被分散到对立双方手中，或者如果两派势力之间对权力分配的理解不同，分权就会形成一种问题。"当前的教会对神之王国产生的是同样性质的误解，这造成了政法和教法之间的区别：政法就是各王朝在他们自己版图内的各种法令，而教法是在同样的那些版图内教皇的各种法令。"（注170）

霍布斯费心确保哪怕在各种权力之间有所区别，也必须形成一种清晰的层次。对他来说政权，世俗的权力必须能够制约其他各种权力：

由于无法分清世俗和宗教的区别，这两个领域仍然是两个王国，而每一位臣民都要服从这两种权威。因为宗教权力有宣布何为罪孽的权利，进而就会要求宣布何为法律的权利（罪孽没有别的意义，就是指违反法律），于是又会出现，政权要求宣布何为法律的权利，每一位臣民必须服从两种权威，两种权威都要让他们的指令被视为法律，而这是不可能的。要么只有一个王国，代表国家的政权，必须服从宗教权力，那么就没有政权而只剩下教权；或是教权必须服从世俗权力，那么就没有了至上神权，而只有世俗政权。因此在这两种权力相互抵触的时候，国家无法维持，而且会处于内战和分崩离析的巨大危险之中。（注171）

最后一句应该是在暗示国家会遭遇的危险就是内战威胁，所以霍布斯已经充分了解了英国内战。这场战争在1642年和1651年间进行，无疑给霍布斯的著作提供了非常关键的背景，要知道《利维坦》一书是在1651年出版的。但霍布斯在这里谈到的分歧并非不同的世俗统治者——例如国王和议会间的分歧——而是世俗和神权或者教权统治之间的分歧。应当记住的是，虽然霍布斯直言他是为一位英国读者写下这本书的，（注172）但他在1640年起，流亡法国期间，曾用法语写过这本书。塔克指出，霍布斯相信这本书与法国的各种问题有所关联，特别是“投石党（Fronde）运动”。“Fronde”这个词在法语中的原意是指“投石器（sling）”，是当时的一种武器，而“投石党运动”是缔结《威斯特伐利亚和约》之后，从1648年到1653年发生的一系列暴动。这些争端部分是在法国地方贵族和王室之间发生的。对霍布斯作品相关问题进行一定量的阅读，可以用于揭示这类分歧。但霍布斯在法国的很长一段时间里，为人熟知的“三十年战争”之类的冲突已经印刻在了他的脑海中。这些冲突不仅超越了政治势力之间的分歧，而且肯定涉及教皇起到的作用，还有德意志皇帝通过他在政治上起到的作用。的确，注意到这层背景使得书中反复提到的世俗和宗教权力之间的关系的内容能够讲通了。如他所说，那个时代的教廷“除了是已经被刻在墓碑上的消逝的罗马帝国的亡灵外，别无其他，如此一来教廷的崛起就始于异教徒政权废墟中突发的一瞬间。（注174）

霍布斯对涉及领地、权力来源、还有“用剑”的争论印象并不深，他在《论公民》（De Cive）中认为：

因为剑的权利，只是通过按照他本人的意愿使用这把剑的权利而获得的力量，随之而来的是，正确使用这柄剑的决定权属于他；因为如果决定权属于一个人，而使用权属于另一个人，什么事情都做不成。对于一个不能做出决定的人来说，也就无法实行他的各种命令；或者说，如果他通过其他人的力量来实行这些命令，不能够说是他本人拥有这柄剑的力量，拥有力量的是另一个人，对那个人来说，他只是一个军官而已。因此，一个国家的所有决定权，属于刀剑的所有者，他才是那个拥有最高权威的人。（注175）

霍布斯遭遇那个时代重大时刻的时候，提出了他最辛辣的讽刺。他认为罗马主教以圣彼得继承人的身份，成为“全世界的主教”这种想法，“和精灵王国（Kingdome of Fairies）相比较并不合适；那是英国老妇人们的，关于幽灵和鬼怪的童话故事，也是她们在夜里玩的把戏”。（注176）

霍布斯一定程度上通过对一位支持教皇权力的罗马天主教会红衣主教罗贝托·弗朗切斯科·罗摩罗·贝拉米诺（通称“罗伯特·贝拉麦恩”，也译作“圣罗伯·白敏”，Roberto Francesco Romolo Bellarmino 1542—1621）的文章的详细驳斥，深入探讨这个问题。（注177）贝拉麦恩《讨论集》（Disputationes）中的《教皇论》（De summo Pontifice）一篇，是他的主要目标。（注178）在某些重要方面，当时霍布斯参与的是一系列辩论的终结，或者至少是后期阶段，而不是开始阶段。在政治权力与土地关系的那些术语上，他处在一个相关的位置。霍布斯经常会成为在他之前就已经出现的术语的继承者。

于是《圣经》的权威性问题可以还原到这个问题上来，要么基督教国家的基督教国王，与主权立法机构，在上帝之下，在他们本国的领土内，直接拥有绝对权力；要么国王和立法机构臣从那位凌驾全世界教会之上的，唯一的基督代理人，根据他认为适当的，或者为了共同利益有必要的话，进行审判、判罪、废黜和处决。（注179）

对霍布斯来说，虽然“普世教会（Ecclesia universa）的确是唯一的神秘主义组织”，但它的“首脑是基督”，（注180）而不是凡间人物。在政治权力的问题上，不是受唯一一个人统治，而是政教分离，每一种权力集中到一个凡间人物手中。这种说法在他对贝拉麦恩的回应中也能看到。他认为多个基督教主权国家在他们的不同领土当中拥有统治的权利，（注181）而教皇除了在他直接控制的领土当中，不享有世俗权力，“在其他邦国的领土上”他没有直接或间接的世俗权力。（注182）他进一步认为，教士获得的任何授权都应来自世俗统治者。（注183）他后来强调：“每一位基督教统治者是他本国臣民的最高牧首”，（注184）后来他强调这一点适用于“他们自己的版图”。（注185）

这些是十四世纪初的世俗权力理论家们的看法，然而关于统治权与领土有关这一看法的用语不尽规范。尽管霍布斯在某种意义上，仍然试图使用较早期的模式来写作——他的目标是为绝对统治权服务，即实现不受限制的统治权——这种统治以前被理解为没有宗教势力平衡的一种世俗权力。然而在其他方面，他的讨论开辟了新气象。强大的统治权由授权的那些个别人来决定，这是个强有力的概念。霍布斯提出：“许多人像这样如一个人那样联合起来，就被称为一个共同体，在拉丁文中称为城邦。这是大怪兽利维坦的产物。”（注186）于是霍布斯就用《约伯记》（Book of Job）中的怪兽同时指代邦国和统治权。（注187）需要指出的一个重点是，在霍布斯书中，拉丁文“城邦”分别被译作“共同体”和“邦国”两个词。

《利维坦》一书的卷首已经得到了广泛研究，看来在这里已经没有什么可多说了。（注188）

但还是有几个要点需要强调。画面上统治者手持的剑和权杖（或长钩），如果在插画上方继续延伸，会形成一个三角形。（注189）的确，已知作图的画家亚伯拉罕·博斯（Abraham Bosse）的画法非常几何化。图中的拉丁文节选自《约伯记》41：24中的“Non est potestas Super Terram quae Comparatur”，意即“尘世间无可匹敌的权力”。人所共知的是，画中统治者的身体是由一群人组成的，但是是以不具名的方式呈现的，因为他们被画成背向读者。（卷首页的一个变化版，让统治者的身体由可以看见脸庞的头像组成。）（注190）尽管统治者清晰可见，而这里还有一个问题就是他像查理二世、克伦威尔，还是两者都像，或者像其他什么人呢？（注191）这位统治者正在眺望，而且明显统治着下方的一片原野，其中有一座带城墙的城市，城市周围环绕着乡村。城市内外有一些清晰可见的教堂。霍布斯指出：“每一个国家的统治者拥有对所有居住在该国的居民的统治权。”（注192）插图下半部左边一排，位于剑下方的图案，是象征世俗权力的标记：城堡、皇冠、大炮，布置成“奖杯”状的其他武器，还有一支战场上的军队。（注193）右边一排，位于权杖下方的图案，是教会的对应画面：教堂，主教法冠，还有闪电——这是天国的霹雳或者逐出教会的标志，（注194）逻辑性分区图，还有一座宗教法庭。两排画面明显与人物有关，画中的主人公平端两边的符号，这也是这本书的副标题，强调政权和教权的统一。这在画面的分区图中也有所体现，这张小图左侧是一支三叉戟，分叉上刻着“Syl-logisme”，然后三支叉子上，有“宗教”与“世俗”，“直接”与“间接”，还有“真实”与“意识”的字样。在这张分区图板底部有两个触角，写着一个词“进退两难”，这个词的三个部分将触角图案分了开来。这可能是在影射天主教和新教各教派之间的分歧，或者那些教会内部的分歧，（注195）不过当然也是在指世俗和宗教势力之间的分歧。

尽管几个世纪以来，中央集权论者都处在霍布斯的巨大阴影之下，但他并不是那个时代唯一的中央集权鼓吹者。乔治·劳森（George Lawson）在他的《神权与世俗政治》（Politica Sacra et Civilis）中倡导一种一定程度上更温和的立场。（注196）十七世纪后半期，罗伯特·费尔默可能发挥了更强的影响。（注197）例如，他是约翰·洛克《政府论》（Two Treatises on Government）一书的主要驳斥目标。费尔默承认他借鉴了许多作者的作品，而亚里士多德和博丹在这些作者当中最为重要，他们的作品和《圣经》是他最重要的参考资料。费尔默的一篇文章《论所有国王的绝对权力的必要性：特别是英国国王的绝对权力》，就完全是用1606年诺尔斯翻译的博丹著作英译本的引文组成的。（注198）他还写了一篇详细讨论亚里士多德《政治》一书的论文。（注199）然而，他自己进一步提出了一个引人注目的论点，其中包括对最高领导人的坚决正当化理由。他怀着一些担忧的心情论述道，英国政治权威的损坏，在诺曼人征服之前就开始了。（注200）他的主要著作是《先祖论》（Patriarcha），可能在1635年到1642年的某一时期写成。（注201）书名提出了这本书的内容和观点：这本书是为家长制，也就是父权统治观点张目的重要理论源泉。费尔默提出父权起自亚当，而他对尘世间的统治权，由他的孩子们继承。费尔默认为在“这世界上的所有王国或国家当中”都存在承自亚当的父权，而且这一点与统治者是合法继承，武力夺取，或是统治者选举产生无关，“是一位至尊父祖独有的权利和天赋的权威”。（注202）关于统治者获得统治地位方式的观点是很重要的——费尔默对这些获得权力的不同手段不加区分："一种压倒所有人的至尊父权的天赋权利一直存在，而且会延续到世界终结，哪怕由于上帝的秘密意愿，许多人一开始做了很多不正当的事情获得行使父权的权利。"（注203）

费尔默认为，父权是一种通过神的意志，而并非人的选择或转让获得的权利。他提到爱德华·柯克（Edward Coke）的意见是"这片领地最早的国王们拥有英国的所有土地"。（注204）这就是说，英格兰为国王个人拥有。费尔默回复说如果这是真的，而且"如果最初的国王们是民众选出的话（就像许多人认为的那样），那么能肯定我们的祖先是一个非常慷慨的（如果不算浪费的话）民族，将整个国家的所有土地献给了他们的国王们，还给予他们保留他们乐于保留的部分土地的自由，将其余部分分配给他们的臣民，设定一种状况来保卫他们的领地。这只是通过原始的宪法或社会契约建立的一个有限王朝的一种病态迹象"。（注205）他在这个问题上也回溯到了《圣经》中的时代：

> 一些人可能会认为那些诸侯和公爵家族，只是某些更伟大的国王们属下的一些小领主，因为他们的数量如此之多，他们自有的部分领土就只能很小，而且不足以称为王国。但是他们必须考虑到，一开始国王们拥有的领地也没有他们现在所拥有的那样庞大……罗马皇帝在法国境内发现的国王比现在法国的行省数量还多，而当他飘洋过海来到这个岛（不列颠）时，在我们的肯特郡就发现了四位国王。每个国家里成群结队的国王们，是一项他们的领土只能很小的证据，而且也有力地证实了我们的说法，即建立这么多王国一开始只能通过各家族之间的区分来实现。（注206）

洛克在对费尔默学说的回应中，正面回答了亚当被赋予整个尘世的所有权，于是他便拥有对世间所有人的统治权的这种看法。（注207）就亚当的一位后代亚伯拉罕，洛克质疑道："然而亚伯拉罕的领地，他拥有的土地非常狭窄而稀少，因为直到他买下赫思（Heth）的儿子们的一片墓地和墓穴，埋葬撒拉（Sarah）之前，他都没有一英尺土地的所有权。"（注208）因此他既不相信当代的国王们就是过去国王们的后裔，也不相信上帝永远会将凡间给予一个人。相反，他认为凡间是给予所有人类的。这样可能就产生了他的著作中的关键问题：如果凡间是人类共有的，那么任何个人又有什么理由主张在凡间的私人财产权呢？

拉斯莱特已经正确地联想到洛克是在后来进入财产权这一话题的。在《政府论》之前，很少有关于这个话题的参考资料，而拉斯莱特宣称："洛克只是在1679年以前还没有以一种系统化的方式来思考关于财产权的问题。他还没有以劳动这类术语完成他对所有权的合理解释。"（注209）然而在《政府论》中就出现了这种清晰的联系。而重要的是，去了解《政府论》的写作背景。这部书的出版年份为1690年，说明它当时正处于1688年光荣革命（Glorious Revolution）的政治形势下，当时新教的威廉·奥伦治取代了被罢黜的詹姆斯二世（查理二世的弟弟），登上英国王位。威廉与詹姆斯的女儿玛丽是夫妻，如果1688年詹姆斯的儿子没有出生的话，玛丽会在他身故之后成为女王。然而这只是一连串政治危机之一：十年前，传闻有人密谋杀害查理二世，而让詹姆斯取代他登上王位。洛克的后台，沙夫茨伯里伯爵（Earl of Shaftesbury），曾经全力尝试通过排除法令，以阻止天主教徒詹姆斯成为英国国王。拉斯莱特的分析看来是将《政府论》的创作时间定在这一时期，而不是在这部书刚刚出版之前。拉斯莱特主张："《政府论》实际上形成了会带来一场革命的要求，而不是应辩护的需要将一场革命正当化。"（注210）有鉴于此，"《政府论》是一份（对詹姆斯二世的）驱逐令，而不是一本革命宣传册"。（注211）

《政府论》上篇（First Treatise）是一篇明确的针对费尔默的驳论，下篇（Second Treatise）则将讨论的问题扩展得更具普遍性。斯金纳形容下篇是"经典的激进派加尔文主义政治文书"。（注212）下篇的关键章节是第五章"论财产"。（注213）他在这一章首先就说明，尽管上帝"将世界给予人类共有"，他还是给予人们理由去使用这世界为自己谋利。所以，虽然"没有一个人一开始就拥有一片排斥其他人的私人领地"，但肯定有一种方式适合被任何特定的人使用。（注214）由此洛克分割了"使用"和"拥有"的概念。他继续提出，"野蛮的印第安人还不懂得圈占土地，仍然是共有土地上的住客，但养活他们的水果或者野味必须属于他们，也就是说成为他的一部分，这样在他能用这些东西为维持生命提供益处之前，别人就对这些东西不再具有任何权利"。（注215）

当然，洛克对这个问题的解决方案人所共知。他从提出人类对他们自身拥有财产权开始。人的劳动是人自身的延伸，也属于人的财产。当原先属于共有的某些东西经过劳动时，这个人就可以合法地主张劳动制造的新东西是属于自己，是他的财产。“当他使一件东西脱离自然让它所处的共有状态，那么这件东西通过他的劳动就附加了某些东西，也就排除了其他人对这件东西的共有权利。因为这种劳动无疑是属于劳动者的财产，除了他之外就没有人对已经增加到这件东西中的附加物拥有权利，至少在留下足够的，而且同样好的东西给其他人共有的情况下，就是这样。”（注216）

随后洛克提供了基本分配的实例，诸如采集橡子或摘取苹果，指出这是使得这些东西成为一个人的财产的第一步。是劳动，而不是占有、运输、食用，或是保存使这些东西成为他的财产的。“这种劳动使这些东西和共有的东西得以区分。”（注217）洛克很清楚这种劳动不需要别人的统一，而且他将这些例子延伸开来，让要点变得清晰起来：

> 因此我的马吃的草料；我的仆人割下的草皮；还有我在任何有权同他人共同享有开采权利的地方挖出的矿石，都成了我的财产，而无须任何人指派或者同意。这样的劳动是我进行的，劳动使这些东西脱离了它们的共有状态，确定了我对它们的财产权。（注218）

洛克在这里进行了有意义的论述。因为他不仅展开了这些例子，而且他还说明了一种财产（例如一匹马）可以创造出另一种财产（草料），这也是真的。他指出，当仆人——某个将他的时间和能力去劳动的人——生产出某些东西时，身为仆人劳动的所有者，也可以此类推，拥有这种东西。洛克基本上没有疑问地掌握了雇佣劳动的概念。（注219）他提出，这些权利无须任何人，或者任何机构，诸如一个政府使其合法化，即可生效。

洛克认识到在他写作的时代，关键问题不再是土地上的各种事物，而在土地本身。这一点被直截了当地描述为“包括和带有其余一切东西的土地本身”。（注220）换言之，如果你拥有土地，那你就拥有土地上的东西。洛克声称：“一个人能耕耘、种植、改良、栽培多少土地，并且能使用多少土地的产物，多少土地就是他的财产。这是他通过他的劳动从共有用地圈出来的土地。”（注221）这些土地的获得，再一次无须取得其他人同意。然而“任何一块被圈出的土地的适当性”有一个重要的例外：需要有足够的，而且同样好的土地留给其他人。换句话说，圈地的正当性在土地不稀缺的时候成立。（注222）也不能允许土地囤积到荒废的程度。（注223）洛克在下文又指出：“一开始整个世界都像美洲”。（注224）所以这些泛泛之论是合适的。但是今天，即使原则仍有效，资源的稀缺性也会迫使处理事情的需要有所变化。钱是允许过度积聚可以出现的关键事物之一，因为钱不会变质。因为这个原因，还有其他理由，洛克认定在美洲“一个拥有大片肥沃土地的统治者，在衣食住行各方面，不及英格兰的一个散工”。（注225）圈地——对土地的使用和占有——能够创造出大为优越的条件，不是说会有许多土地留给人们，而是指结果能够让人们拥有一种更好的生活。（注226）

对洛克来说，政府因此是因为一系列理由建立的，但正如他明确宣称的那样：“因此，人们联合起来成立国家，而且让自己处于政府之下的重大和主要目的，是保护他们的财产权。”（注227）洛克认为，在这个时候，将事物更全面地秩序化，对人们是有意义的：

> 但是随着家庭数量的增加，产业扩大他们的仓储，他们的占地会随着需要而扩大；然而在他们联合起来，共同定居和建成城市以前，他们所使用的土地仍属共有，并没有确定任何财产权。后来经过一致认可，随着时间推移，规定了各家不同领地的界限，并且约定他们和邻家的地界，然后以他们自己内部的法律，确定同一社区各家各人的财产权。（注228）

一致同意建立一个政权的说法，也与财产权利有关联。《政府论》在地理术语方面有两处主要记录。洛克认为“对土地的享有，总是附属对一国政府的服从，因为这片土地是这个国家的一部分”。（注229）换句话说，对财产的占有和使用，受政府保护，意味着认同这个政府。他在下文更为直言不讳地，对明确认同（express consent）和默许认同（tacit consent）一个政权进行了区分。默许认同在于“任何一个人，只要占有或享有任何政府的版图中的任何部分土地，即因此表达了他对该政府的默许认同”。这里所说的对“土地的占有，无论是他和他的子孙永远占有，或是仅仅停留一星期的住处，还是仅仅在公路上自由旅行”。由此他根据以下情况得出结论：“事实上，只要任何人正处在那一国政府的领土

范围之内，就构成了默许认同。”（注230）

当然，洛克并非独自在研究这个问题。（注231）他同时代的詹姆斯·哈林顿（James Harrington 1611—1677）是一位奇人，因1656年出版的幻想历史著作《大洋国》（Oceana）而广为人知。斯金纳形容这本书“可以说是所有讨论自由邦国的英语论文的最早模板和最具影响力之作”。在书中，哈林顿从一些细节上探讨了土地和领土问题，然而他使用“领土”一词，对从古罗马到中世纪，再到他所处时代的相关所有用法都不加区分。（注233）最核心的是，哈林顿将“领土”用于整个大洋国，（注234）而且描述“土地”是“一片领土的各个部分和分区”。（注235）然而在其他时候，他也会像土地的同义词那样使用这个词，而基本上这对他来说不成问题，他的注意力都集中在这些地方之内展开的特定类型的政治问题上。（注236）

因此洛克的著作是整理领土观念时的一个重要时刻。然而，就像哈林顿那样，他并非概念本身的创造者，其重要性在于巩固政治权力和领土之间的关系的术语方面。在领土范围之内就要服从统治，当土地所有权被纳入考虑的时候，这一点就被扩大了。（注237）因此同样存在一种加强的观念，即个人可以拥有土地，那么一位君主就能拥有更为广泛的权力。的确，在更早期的一本书《政府的两种形式》（Two Tracts on Government）中，洛克证明过一位统治者将自己的宗教加给人们是合理的，这是奥格斯堡原则的一种延续，尽管他在《论宽容》（An Essay on Toleration）中认为对这个问题应采取更多元化的视角。（注238）最后，值得一提的是，洛克和他的同伴们在《卡罗莱纳基本宪法》（The Fundamental Constitutions of Carolina）中以此开头：“我们的国王就是统治权的主人，因其王家的恩典惠及，将卡罗莱纳地区赐给我们，连同所有的特许权、财产权、管辖权，以及在一个郡内行使王权的特权，就像达勒姆郡内行使的王权那样广大，还有其他较大的特权，以便更好地建立卡罗莱纳地区的政府。”（注239）

“一片领土的主人”

在当时的欧洲大陆，为了政治权力，存在一系列相关斗争。斗争的核心是神圣罗马帝国的地位，同样性质的其他问题，则被阿尔瑟修斯和科尼申掌握。博丹关于主权和王权的等式处于矛盾之中。如果帝国内部的个体统治者们拥有一些可量度的政治权力的话，那么这种统治权到达什么程度呢？如果这种权力真的存在，同皇帝的地位又有什么关系呢？西奥多·莱金（Theodor Reinking 1590—1664）提出了一个方案来解决。他在他的《教会和世俗统治论》（Tractatus de regimine saeculari et ecclesiastico）一书中，提出了一个帝国保留皇权，并且将领土统治权授予帝国境内的各统治者的权力分级模式。（注240）参考巴托鲁斯、巴尔德斯、扎修斯、科尼申，还有其他人的意见后，莱金宣称："领土的界限是管辖权的界限。"（注241）而且认为"领土统治权"和"当地管辖权"是同一回事。（注242）"任何君主与领土权益在其领地内都有其权力，而皇帝在全境有其权力……任何君主就是他领地内的'皇帝'。"（注243）虽然如此，这些君主们并不拥有"法律上的皇权"，这一权力由皇帝在帝国全境内保留。（注244）这些问题在1618至1648年间的三十年战争中达到顶点，尽管在此之前已经发生过许多相关斗争，而且在这场战争之后还在延续，而这样断代在某种程度上有些任意了。（注245）这场战争给整个欧洲，尤其是德国造成了巨大灾难，尽管到底灾难有多大还存在争议。（注246）重要的是要强调这场战争主要不是因为宗教原因。（注247）1643至1648年间，和会在威斯特伐利亚举行，结果西班牙和荷兰之间达成了协议，而德意志帝国分别在明斯特与法国，在奥斯纳布吕克与瑞典，于1648年10月24日达成协议。这次议和被称为"筋疲力尽的议和"。（注248）《威斯特伐利亚和约》的缔结成为现代国家和国际体系的奠基时刻，已经固化成政治理论和国际关系的典范。（注249）

近年来，已经形成了一种对上述通行说法的强硬挑战，有人认为，《威斯特伐利亚和约》本身对于人们所宣称的意义说得很少，因此将这一条约称为一个转折点是被以一些方式误导了。（注250）的确，如威尔逊指出的那样，《威斯特伐利亚条约》在政治科学家看来是积极的，但在历史学家看来是消极的。（注251）在国际关系本身的领域内，对该条约共识程度最大的挑战来自贝诺·特施克。他认为1648年的这些协定"表达了专制统治的社会关系和地理政治关系，并且将其法律化"，（注252）而不是表达现代主权国家的相应关系。对特施克来说，专制主义君权和现代化主权之间的区别是决定性的，（注253）而且他主张："要澄清威斯特伐利亚体系是在要求将专制统治理论化这个问题。"（注254）主权的现代化概念，据说是在一个晚得多的时候，从威斯特伐利亚体系中演化出来的。特施克称："现代国家体系的形成，是建立在通过一个人性化国家来运作一片专有领土的，时间肯定要推到十九世纪。"特施克的主张很好，而他对传统说法的纠正很早就该有人完成。然而，他对"领土"这一术语的使用却含糊不清。（注256）这是他的研究法的一种必然结果，除了一些对条约的参考条目之外，他完全没有参考过原始文献。他的说法经常在基本评论上完全适合，但使用的术语极不精确。他最大的价值可能在于他对传统的马克思主义说法提出了挑战，认为"现代化世界的政治组织进入的一个领土性划分的国家体系，不是一种资本主义功能……资本主义出现在一个有领土化预兆的国家体系当中"。（注257）

因此特施克提出了一个有力的陈述，这一陈述强调了政治经济学因素的重要性，但是因为文献的忠实性有所欠缺，他历史概念性上的探究仍嫌贫乏。（注258）因此，虽然这些方法是有价值的，但危险地误解了威斯特伐利亚体系的意义。这一体系几乎不像传统说法所认为的那样重要，但也不像历史修正主义者们想要让我们相信的那样无足轻重。

为了理解这一点，有必要花一点时间观察一些在威斯特伐利亚谈判引发时期形成的政治理论。涉及和谈的最重要的文献之一名为《论我们罗马化德意志政府地位》（Dissertatio de ratione status in imperio nostro Romano-Germanico），署名希波里瑟斯·阿·拉派德（Hippolithus à Lapide），于1640年发表。人们普遍认为这篇文章的作者是博吉斯洛·菲利普·冯·开姆尼茨（Bogislaw Philipp von Chemnitz 1605—1678），使用笔名是因为这篇文章的争议性。（注259）这篇文章的关键问题，是作为一个整体的帝国同组成它的个别诸侯国与自由城市之间的关系。换句话说，就是一个帝国的行政体制问题。（注260）开姆尼茨证明了体制上皇帝的弱势，并且概述了哈布斯堡家族的僭越行为。他强调了神圣罗马帝国诸侯的强势取代皇帝的皇权，成为权力的中心，这是在主张帝国会重建为一种更接近一个联邦的国家。（注261）这是开姆尼茨希望的政体，所以他的分析既是诊断，又是治疗。与开姆尼茨的主张有关的一件很有意思的事情是，他将国家利益的观念同较小的各个政体联系到了一起，因此就将这个概念用于一种非专制主义的目的。（注262）开姆尼茨的主张被用到威斯特伐利亚和谈当中，很大程度上这是由于法国人的意愿，而据说这对德皇造成的伤害要大于他在一些战役中的损失。（注263）这部著作得到了十四世纪意大利法学家们的启示，尤其是在对法律文献的解读，还有为一种更可辩又更为直接的政治目的服务方面。这本著作有部分是对博丹著作的反驳。如第八章概述的那样，博丹将皇权与统治权等同。那么帝国诸侯拥有的是哪一种权力呢？博丹看来认为就是统治权。那么，这种统治权该如何与皇帝的皇权共存呢？根据开姆尼茨的解读，诸侯国拥有邦国的性质，诸侯国君主们的利益就是国家利益。开姆尼茨明确地在政治思想上的转变和数学上的转变之间画上了平行线，就像伽利略的著作那样。国家利益是一种机制，通过这一机制，各邦国的职能和手段能够去“建立、保护和加强一个国家”。（注264）

神圣罗马帝国被设想成基督教世界、上帝国度的世俗版。皇帝最初由教皇加冕，这带有拥有统治中欧大片土地内的诸侯国、王国和城市群的权力的意味。当然，宗教改革对此提出了严峻挑战。1555年，《奥格斯堡和约》试图让各敌对势力之间达成和平。（注265）尽管通常的说法那样描述，但《奥格斯堡和约》主要不是一份宗教和约，（注266）虽然它无疑很重要。和这份和约关联性最强的词汇是“cuius regio, eius religio”，也就是“地区”和“宗教”。这意味着帝国境内的宗教应得到个别统治者的承认，而不是得到皇帝的认可。这其实就是早期的宗教平等提议，即国王和皇帝在他们领地内是最高统治者，虽然在这里适用的是帝国本土边界内的统治者们。（注267）尽管如此，这一关键词没能包括在条约文本当中，而且如威尔逊指出的那样，实际上出现在1586年以后决议的辩论当中。（注268）这一决议使路德派新教徒获得了宗教信仰自由，但并没有让所有新教徒都获得信仰自由，于是在德皇和那些已经获得他们所想要的东西，而且不想进一步改变或发起挑战的政治实体，如萨克森邦之间，形成了一个不稳定的联盟。萨克森能够将那些遵守《奥格斯堡和约》的天主教邦国从那些不遵守和约的邦国中区分出来。（注269）

奥格斯堡原则难以在实践中秉承，因为这一准则依靠的是个别统治者们的决定，而且可以在任何时候更改。最终奥格斯堡准则在威斯特伐利亚和会上被废除。（注270）相反，帝国各部分的宗教问题因为1624年的形势降到了冰点，尽管重要的是信仰自由权也被扩展到了加尔文派信徒身上。《威斯特伐利亚和约》实际上起到了帝国宪法的作用，扮演了1552年《帕绍和约》（Peace of Passau）和

《奥格斯堡和约》的后续角色。（注271）

将《威斯特伐利亚和约》视为通过将宗教从政治事务中排除，从而带来和平，是一种常见的误解。虽然从长期来看，它促进了社会的世俗化，但它并不完全是一份世俗化和约。帝国仍然保持基督教意义上的神圣性。信仰自由仅仅扩大到包括加尔文派而已。其他持不同信仰者，与东正教基督徒、犹太教与穆斯林一样，被拒绝享有类似的实质性权利。（注272）

然而根据教皇的反应来判断，《威斯特伐利亚条约》同教廷的意愿相去甚远。教皇英诺森十世（Pope Innocent X）在1650年8月颁布《神圣家族敕令》，但敕令时间追溯到了1648年11月26日，重申了之前的口头抗议。成文的敕令宣称条约“是无效的，不成立的，不公正的，不公平的，是该死的，堕落的，不能接受的，毫无意义的，不能执行或者不发生作用的，而在条约被宣誓批准的时候，居然没有任何人发现这些问题”。（注274）

正如威尔逊指出的那样，主权（sovereignty）一词仅仅在《明斯特条约》的英文译本中出现而已。（注275）所以，《威斯特伐利亚条约》对帝国境内的诸侯统治者们保证了什么，而又给皇帝保留了什么呢？关键条款在《明斯特条约》和《奥斯纳布吕克条约》都可以找到。

为了防止将来在政治状况中出现任何差异，（神圣）罗马帝国所有的每一个选侯、君主和邦国在宗教和政治事务上，在通过现行条约承认的他们的版图、王权和领地之内，设立和确认他们自古以来的权利、权益、自由，可自由行使的领土权利，任何人以任何借口都永远不能或不可改变这些权利。（注276）

虽然一系列条约从帝国给予法国一些土地，包括对这些土地的主权和司法管辖权也一并交给法国，但更重要的是，条约给予帝国的各组成部分这种“可自由行使的领土权利。”这一短句的拉丁文写法是“libero iuris territorialis”，或者，就像它出现在《奥斯纳布吕克条约》文本的其他地方时那样，写作“iure territorii et superioritatis（领土权利和统治权）”及“ratione territorii et superoritatis（领土和主权利益）”。（注277）重要的是，拉丁文本描述这些权利属于“Stabibus Imperii”，即帝国内部的各邦国。各项条约中描述这些领土权利或主权的词汇是“Landeshoheit”。1648年，一次颠覆传统观念，使得主权和欧洲国家体系得以诞生的有益尝试中，奥西安德谨慎地反对将这个词译作“领土主权”，指出德语词汇“Landeshoheit”实际上应译作“领土管辖权”，而这样翻译的意义在于“准确地让这个词同主权区分开来”。（注278）对加格利亚多来说，“Landeshoheit”一词“几乎带着真正意义上的主权的所有成分或属性，但同‘主权’还是有法律上的区别的，而且在德国的任何地方都承认这种区别”。（注279）在他著作中的其他部分，他将这一词定义为“领土统治权”。（注280）欧斯特莱希将“Landeshoheit”译作“领土主权”，并且强调“对‘jus territoriale’解释的争议决定了直到帝国末期的德国自由历史”。（注281）在法文中，拉丁文“领土主权（jure territorii et superioritatis）”的同义词是“supériorité territoriale”。（注282）最重要的是，条约在世俗和宗教的双重意义上拓展了这一概念，因为德国的许多选侯既是宗教领袖又是大地主。《威斯特伐利亚条约》等诸条约强调“领土权利在宗教和政治事务两方面都自由行使”。（注283）

值得注意的是，无论这种说法是否正确，司法管辖权，甚至于主权，都是在领土上保持的，这是理解威斯特伐利亚体系重要性的核心。引用一位十八世纪德国法学家的话，奥西安德提到了各邦国——自由城市和诸侯国的自治权，通过帝国的法律和宪法的安排被设限。他淡化的是这种自治权的内部性——即“（各邦国）在它们的土地和领地之内”（注284）——拥有政治权力。在结论中，奥西安德试图说明现在“在国际政治中有一种明显的趋势，（自治权）从古典统治权当中分离，而且在趋向与‘Landeshoheit’更接近的概念，领土管辖权在外部法律制度的作用下，由参与者们分享”。（注285）这一点是重要的（因为它向我们揭示了威斯特伐利亚体系条约中，“领土”一词的出现，并不像人们经常认为的那样，是与某些主权的绝对概念捆绑在一起的），同时也存在一种潜在的误导性（因为书中只是将领土的重要性局限在概念本身，同主权区分开来）。

总体概述就是，依赖谈判的这些方面中的某些问题，导致了这个地步，即各不同谈判方在他们本国的语言范围内，使用特定意义，说明“各项条约的法国草案使用'souveranitatis iura'表述领土最高统治权，但德皇成功地使这个短语被排除。"（注286）值得一提的有两个关键，首先，威斯特伐利亚协定不仅涉及帝国各组成部分同皇帝关系的问题。它还有利于对选侯们和诸侯们在他们同其领地内的其他政治参与者的关系各方面，进行全面规范。诸侯们，而不是个别地主，拥有领地统治权。因此，这对在那些地理确定的区域内部主张独家控制权是一个重要时刻。其次，协定强调了帝国内部个别单位去追求我们今天普遍会和国家联系到一起的那些权利。《威斯特伐利亚条约》有多个条款允许这些政治单位拥有标准化军队，征税，制定法律，修建新要塞，而且有独立的谈判和结盟政策。（注287）1645年8月29日，开战和议和的权利被授予所有独立的领土统治者，（注288）这一点在条约当中得到补充。（注289）但这一权利并非毫无保留：诸侯们不可以缔结对抗皇帝或帝国的同盟。这确实是关键的一点：条约规定和补充了各种现存事务的状态，而不是进行更为广泛的权利分配。帝国内部的各成员仍然不是国家，因为他们所得到的权利伴随而来的是帝国组成部分的地位。（注290）不过，整体而言，这两点可以被视为国家要求的关键阶段，因为它们主张的是对实际暴力行为的垄断，都在政体以内，而且都属于通过它们就可以跨出边境的手段。（注291）实际上，帝国既不能在境内所辖各部分以内行动，也不能聚集一股统一的力量，即使理论上保留了这些权利。条约在效果上使得帝国成为了一个简单的地理名词，而且终结了在皇帝之下统一德意志的任何可能性。（注292）

有些作者试图弄清威斯特伐利亚体系留给帝国的权利有什么意义，其中一位是塞缪尔·普芬多夫（Samuel Pufendorf 1632—1694）[①]。虽然普芬多夫对土地的政治控制谈得相对很少，（注293）但他还是在1667年写了一篇名为《德意志帝国的地位》（De statu imperii Germanici）的文章，在文中，他开头就紧抓领土与帝国关系的问题。（注294）普芬多夫提出了拉丁文中"城邦体系（de systematibus civitatum）"的概念，国际关系理论家马丁·怀特已经将这个术语译作"邦国体系"。普芬多夫指出那个时代的德意志是一个"不规则的实体，而且就像某些畸形的怪兽"，它既不是一个界限明确的王国，也不是一个"几个邦国联合形成一

① 德意志法学家、政治哲学家、经济学家、国务活动家和政治家，1684年受赐予贵族身份，姓名改为塞缪尔·冯·普芬多夫，逝世前数月受封为男爵。他对霍布斯和格劳秀斯的自然法提出过许多有益的评论，而且进行过重要的修改。

个同盟的体制，而是在这两种体制之间变换的某种体制”。（注295）普芬多夫指出诸侯们有多么坚持“领内统治的各项权利”。（注296）怀特认为他的目标是“一些邦国紧密联合，看上去组成了一个整体，但其成员仍保留主权”的一种体制。（注297）神圣罗马帝国将会重组成一个邦国集合，各邦国独立，但处于皇帝名义上的权威之下。就如纳丁指出的那样，一个邦国体制的概念会延伸到帝国之外，使欧洲成为一个整体。（注298）然而这对历史来说就太超前了。

响应普芬多夫的作者之一是莱布尼茨，他在文章和一封简短的通信中都作了回应。（注299）人们经常会遗忘的是，莱布尼茨在从事数学和哲学的同时，还是一位政治顾问和历史学家。（注300）莱布尼茨被美因茨选侯聘用，而且在1672年以选侯代表的身份被派往巴黎。在他回国时，被汉诺威选侯聘用，而且在汉诺威度过了他的余生（1676—1716）。莱布尼茨为数位选侯服务，最后一位后来成为英王乔治一世。他的最后一段时期，即汉诺威时期，被视为他的哲学成熟期。（注301）莱布尼茨职业生涯早期，曾经给霍布斯寄过带有奉承意味的信件，称赞他的“政治理论著作”，尤其是《论公民》（De Cive）一书，（注302）尽管他很快就变得更爱批评。莱布尼茨被教导成一位经院哲学家，而且试图将经院哲学与笛卡尔及其后继者的新哲学进行调和，而不是简单地尝试去推翻经院哲学。他表现得通晓博丹、科尼申、阿尔瑟修斯、费尔默、洛克和普芬多夫，还有接近他同时代人的政治理论著作。（注303）此外，虽然拥有哲学硕士学位，但他的学士和博士学位都是法学方面的，为获得法学博士学位，他写了一篇关于疑难法律案例的论文，（注304）处理不同法律冲突有关的问题。他为一本大部头法律文件汇编写了一份前言，（注305）而且在前言和其他部分经常引用《查士丁尼法典》，欣赏这些文章的严谨性，甚至认为“没有任何作者的文风比撰写《法典》的旧罗马法学家，与几何学关系更密切了”。（注306）

莱布尼茨还是一位提出数学分支学科的创新型学者。例如，伊安·哈金形容他是“第一位概率哲学家，他经常详细地预先提出了许多我们现代的概率论概念”。（注307）概率论概念带入到了他的政治学著作当中，尤其是新兴的统计科学方面。（注308）在一些信件中，莱布尼茨称他已经解决了在海上计算经度的问题。（注309）在安全航道和殖民地勘探方面，经度计算是极其重要的。他对更广泛意义上的地理学也感兴趣，就像他关于地球史前时代的著作《普罗托加亚》

（Protogaea）证明的那样。（注310）在他的著作《邦国机构的设想》（Entwurff gewißer Staats-Tafeln）中，他建议对地图和海图的使用要成为邦国事务的一部分。就像唐晨曦（Tang Chenxi音译）所说的："行使主权权力的一个要素是始终都要守护好土地，土地是邦国的自然基本盘。"（注311）国家权力和地理之间的这种关系可能是莱布尼茨最重要的政治学创新。的确，这一点看来非常醒目，足以挑战弗雷德里希对莱布尼茨在政治理论上的这种看法——"看来要将莱布尼茨的著作描述为形而上学家和数学家的著作，是缺乏富有想象力的创意的……反复地反对这种意见，不能成功地将莱布尼茨树立为一位在法律和政治上的第一流思想家；没有什么基础性的新见解可以归功于他。"（注312）甚至连莱布尼茨政治著作的英文版编者都认同他和霍布斯、斯宾诺莎，或者洛克相比，都相形见绌。（注313）然而，按照福柯的说法，莱布尼茨"无论从历史—政治的角度来看，还是从物理科学的角度来看，都同样是一位有实力的理论家"。（注314）

莱布尼茨认为自然社会团体有六种类型。第一种，是男女夫妻之间的团体；第二种，是家长与孩子之间的团体；第三种，是主奴之间的团体；而第四种，即家庭团体，是由前三种类型组成的。这些是为了满足各种日常需要的目的形成的社会团体。（注315）而他对第五和第六种团体的论述，开始发展出一些亚里士多德的概念以外的观点，有一部分是源自他对阿尔瑟修斯解读。（注316）

第五种自然社会团体是公民团体。如果这种团体规模小，就被称为一座城市；一个地区是不同城市组成的一个社会，而一个王国或一大片疆域是一个不同地区组成的社会——一切都是因为在这个公民团体里能够保证获得幸福——团体成员有时会在一座城市里共同生活，有时会分散到各地去。公民团体的目标是世俗的幸福。

第六种自然社会团体是上帝的教会，这种社会团体即使没有得到神启，也会在人们中间存在，而且虔诚和圣洁的人们会保存和传播教义。教会的目标是永恒的幸福。（注317）

虽然以上说法依靠的肯定是一些中世纪的概念，但在层次结构和安排的用词方面，这里有两个更现代化的元素：首先，"公民团体"这一理念，虽然基本上等同于“政治实体”，而且先于黑格尔提出的“公民实体”的一些术语；第二，是这一限定的各种空间元素。

1677年，在莱布尼茨从巴黎返回德意志不久后，汉诺威公爵请他厘清帝国内部的各统治者的地位，以此为奈梅亨（Nijmegen）和会进行准备。（注318）奈梅亨和会为了结束法王路易十四对荷兰的战争，正在从全欧洲召集各国外交使节。但一些帝国境内小政体的统治者没有得到与会邀请，因为皇帝和选侯们将会代表他们。（注319）问题的关键在于——在威斯特伐利亚体系之后——主权是有效的。《威斯特伐利亚条约》宣布了领土权利或者统治权的概念，但帝国的旧封建体制仍然很明显。如果小诸侯国的统治者们受一位更高级的权威管辖，那他们会拥有什么样的权力呢？汉诺威公国的地位因此变复杂了：他们希望既要独立自主，又要成为帝国的选侯国——一种看似无法兼容的地位。一方面，他们主张领土的独立权；另一方面，又要服从皇权。（注320）莱布尼茨当时写了两份重要文件。第一份在1677年6月到10月间草拟，题为《德意志诸侯国法理上的统治权》（De Jure Suprematus ac Legationis Principum Germaniae），发表时使用笔名“恺撒里努斯·福尔斯特纳留斯”——一个戏谑的名字，用于强调皇帝与诸侯相当，也可译为“诸侯即皇帝”。（注321）根据艾顿的说法，这份文件“显示了对政府性质，以及在一种复杂形势下，处理政治和法学理论的各种问题的非凡洞察力”。（注322）第二篇是题为《诸侯与选侯的对话》（Entrétiens de Philarete et d'Eugène）的法文对话录，内容是一位并非选侯的诸侯代表，与一位选侯的使节之间的相关对话。（注323）虽然拉丁文文书是更加正式的文件，但很快就超出了他进行调解的初衷，而对话录因此就以一种更直接的方式写成，用以传播他的理念。对话录的确在和会被提供给各位代表。（注324）这篇对话录有过几个版本，“每一版都是为了继续适应不断变化的政治形势”。（注325）

莱布尼茨把自己的任务看作“解释‘统治权（suprematu）’的概念”，他认为这个任务就是为了这样一个“重要而常见的概念”进入“一片棘手的不毛之地”。（注326）他言下之意是，这个问题在某种程度上因为经常会聚焦在古代的观念上，而不是他们当时代的表现方式上：“在庸俗法学家（jurisperitis）之中，这种情况不会让我吃惊；对他们来说，所有的智慧看起来都只能被收进罗马法的文本里。”（注327）他认识到格劳秀斯在这方面做了一些有价值的工作，借鉴历史，但会使它能与当代相关联，但他的这本著作并不是很有用处。总之，莱布尼茨认为“谁想要说起统治权，也就是通常所说的主权，都缺乏优秀作者的帮助”。（注328）

莱布尼茨精通拉丁文、法文和德文，他透露这是因为他认识到语言的政治意义。他以一些关键术语的定义开头。许多定义源于亚里士多德。但关于空间术语的讨论取得了一些重要发展：

一片疆域是一个由一个公共政府机关提供服务的有人居住地区。一片更大的疆域被称为一个郡，而当一个郡是另外一个仍然很大的疆域的一部分时，这个地方就被称为一个行省。领地（领土）是一个通常用于一个城邦，或一片疆域，或一块土地的名称。但除了这个基本含义之外，它还表示法律和权利的集合，所以正如遗产和祖产涉及一些家庭或者住所内的所有事物和权利一样，领土也意味着地球上有人居住的一个部分所能获得的所有法律和权利。（注329）

在这里重要的是莱布尼茨同时从一片土地领域和一个政体——城邦两方面来界定领土的方式，而这种方式同一种特定的法律制度联系在了一起。对莱布尼茨来说，之后的问题是，同这一地区有关的法律—政治权力的水准存在怎样的差异。

因此出现了德国法学家们称为领土统治权（拉丁文“Superioritatem territorialem”，德语“Landeshoheit”），或者领土最高权利（sublime territorii jus）的东西。但是意大利法学家比德国人领先了一步，巴尔德斯曾说过统治权存在于领土当中，就像是沼泽地上会有薄雾那样。此外，这种权利，除了管辖权和强制性的温和权力，还包含关于军事力量的权利。它们混合得越紧密，对它们进行区分的必要性就越是正确无误。因为管辖权的主宰与领土的主宰是两种不同的事物。我称管辖权为判定案件，或者正式宣布判决，以及管制难以驾驭的个别人的权利。我称这种强制（古代法学家称为控制“Imperium”）权利在于当必要的时候，可以使用武力对付顽固不化的人。（注330）

莱布尼茨将司法管辖权看作是在一个相当低的水平行使的主权，而军事力量是在一个更高的水平上行使的主权，因为军事力量的行使不是针对个别人，它承认的是“以维护整个主权为其职责”的权力。所以“某些乡村或城镇的领主可以拥有完整的司法管辖权”，但这并不意味着他能为所欲为。在特定的那些情况下，他会需要去拜请“领土的主宰”。（注331）

慎重地看待这些事情的人，就会发现领土统治权是由强迫或强制性的最高权利组成的，它同简单强制体系的区别，就像罗马法之中公共事务与私人事务之间的区别……这种权利，反过来，不仅属于（德意志）帝国的各诸侯，而且还属于列位伯爵。很长时间以来，关于自由城市的领地统治权问题成疑，但是最近，尤其是自从《明斯特和约》（Pace imprimis Monasteriensi）以来，问题似乎已经得到了解决。而我们称之为领土统治权的东西看来被认定为一种意思略为宽松的法国人所说的“主权”。（注332）

因此莱布尼茨对皇权划定了一条关键性的界限，即皇权是可以要求服从和忠诚的权力，但不能控制服从和忠诚本身，也不享有主权，他认为这一点像《威斯特伐利亚条约》体系当中强调的那样，是和领土相关的。比起纯粹的领土统治权，莱布尼茨更强调领土最高权利，呼应了科尼申的构思。（注333）但是他进一步在最高统治权之间划定了一种直接关系，将之理解成领土最高权利，还有法文中的“主权”概念。（注334）因此他与西方思想界取自博丹的对主权的理解划清了界限，发现政治权力是可以被分成多个层次的。（注335）最高统治者是“强大到足以在和平时期和战争时期，通过签署和约，动用武力和缔结同盟，使他自己举足轻重”的一个人。（注336）事实上，莱布尼茨有时认为最高统治权与领土权威之间存在某些区别，但这是因为贵族的“领主身份”程度差异造成的。“会有一位掌握司法管辖权的领主，掌握领土和主权的领主，那是一位自由的诸侯，他的邦国或许就成为了一个国家”。（注337）这种说法有利于勾画出后威斯特伐利亚时代的帝国形势——诸侯邦国存在外部权威，但内部事务不受干预。（注338）他抨击了霍布斯的专制主义主权观点，而且认识到为了厘清主权的意义，必须将其划分。莱布尼茨提议帝国内部的诸侯——即使是那些并不是选侯的诸侯——在

“他们的领土之内就像皇帝在帝国之内”那样有权势。（注339）莱利恰如其分地认为，莱布尼茨将主权视为一种“并非最高级别的权力，而是一种相对可以比较的权力”。（注340）

因此，莱布尼茨不是试图轻视皇权，而是试图将它从概念上与主权区分开来。对他来说，皇权没有放弃一种普世主义的可能性，而他希望根据基督教的术语重申这一点。莱布尼茨打算让各基督教邦国成为一个单一实体，一个联盟，以皇帝为世俗领袖，而教皇为宗教领袖：皇帝是“普世教会的世俗之臂”。（注341）在一些方面，莱布尼茨的建议可以与但丁的《帝制论》（Monarchia）相比较，虽然他对教廷持更为积极的观点。尽管这出现在一个路德派教徒身上会令人惊讶，但他看来认为这种想法，即地方级教义可以与普世教义调和。对斯图尔特来说，莱布尼茨试图在一个基督教国家使新教徒和天主教徒和解，意味着他的政治观点可以被简单地总结为神权政治。（注343）然而莱布尼茨是法王路易十四的同时代人，面临着一种有力的挑战。路易本人的政治战略针对的是一个相似的目标，但莱布尼茨写下了他的檄文《基督教战神》（Mars Christianissimus）对抗这位国王。（注344）即使土耳其人已经到了维也纳城门口，莱布尼茨仍视路易为更大的威胁，而且认为他是帝国在东方处于弱势的原因。（注345）如斯图尔特已经揭示的那样，这些范围更广泛的著作证明莱布尼茨不仅仅在为汉诺威的利益工作，而且受到对西方的更加宏伟的政治愿景推动。（注346）

因而主权，而不是皇权，在莱布尼茨的著作中被削弱，但这本书以这样一种方式，成为一种对政治现实更为适合的指向标。对莱布尼茨来说，主权是内部资产，也是外部识别标志。这并不意味着所有政体的平等，而且仍然存在一种权力的等级模式。如莱利指出的，莱布尼茨书中“并不排斥最终向一个普世的‘基督教国家’效忠”。（注347）莱布尼茨继续强调他的论点并不意味着领土统治者的权力是绝对的，而是有一个更高级的权威可诉诸裁决。那是一种“主权实体多元化与统一的帝国国家相伴”的调和政体。（注348）同样的，就像德意志帝国、瑞士联邦，还有尼德兰联合省的例子表现的那样，“几片领土可以在联合成一体的同时，保留他们单独的领土统治权”。（注349）如果较小的德意志诸侯同欧洲各国国王同样是君主，那么从一方面来说，拥有的主权并不意味着一样多；（注350）但是在另一方面，他提供了一种更加现代化的主权概念，因为这种主权是对无论任何大小的领土的政治控制非常关键。莱布尼茨以一种排除专制主义的方式定义了统治者的角色：“君主或主权国家是拥有一片领土的领主或者邦国。”（注351）

因此，莱布尼茨形容自己是第一个“为主权提供了真正意义上的定义，以同皇权进行区分”的人，（注352）但这是一个明确与领土挂钩的概念。莱布尼茨之所以是一个迷人的人物，是因为他是一个被训练成亚里士多德主义者的人，却从世俗政权理论家那里汲取了一些概念；他受到了罗马法和学院派对这一问题的研究成果的启示，但发现有必要将这一法学思想的发展与当代相关问题联系起来；并且深受德国政治实践理论家的启迪。他因此将问题的三个关键部分集合到了一起。根据莱布尼茨的见解，君主是“一位成为一片领土主人”的人，（注353）这是西方政治思想发展过程中的一个非常重要的时刻。（注354）而应该看得出的是，相对霍布斯的绝对主权和牛顿的绝对空间定义现代政治和地理来说，莱布尼茨对主权和空间的相对性观点，与政治事务的实际运作更加接近。

最终章

领土是一个政治术语

综上所述，领土的概念，即在一个人组成的集体（通常是一个国家）控制下的一片划定界限的空间，是历史发展的产物。组织地域和权力之间关系的其他方式已经存在，它们以多种方式结合起来，用多种不同术语标识，有人支持，也有人反对，而且人们的理解各不相同。其中的一些观念经过后来的思想家们重新解释，重新编排，并且进行了修改。另一些在发展过程中被扬弃了。尽管如此，领土的空间概念在科学革命当中出现，被“广延”（extension）这一术语明确定义。领土可以被理解为这一可计算空间概念的政治对应物，而且因此可以被认为是国家权力的延展。同样的，国家以这种现代形式扩展到整个欧洲，而且从那里散布到全球。因此，从这个时代前后开始，我们在这种多元化意义上讨论国家的广延是合理的。

如果说领土的现代概念是在这个时候成立的，并不可以认为这个概念在将来的发展就不重要，远非如此。而我们应当了解它们在哪些方面是重要的。当然，特定领土发生了根本性的变化，而且对领土的理解存在许多辩论，许多其他政治理论概念，诸如什么事适用于领土的法律制裁和各种权利之类，但这个概念看来是在当时才摆出的。这可以在一定程度上解释使用这个术语的相对无疑的方式，还有在主流政治和地理讨论中无保留的理解。

虽然如此，这里提出的历史概念性分析不应被简单地用于支持领土的主流观点。领土应当被理解为一个政治术语，或者可以更准确地理解为多个政治术语的集合。领土不仅是土地，在政治经济学意义上使用土地的权利，附属于一个地方的占用和占有权；也不是一个与地形概念更接近的狭隘的政治战略问题。领土包含测量土地和控制地形的各种技术。测量和控制——在技术上与法律上——需要同土地和地形一起思考。这种设想的关键在于试图使领土问题保持开放性。理解领土是一个政治概念不是说一劳永逸地给领土下了定义；相反，这表示问题的关键在于把握好不同的历史和地理背景后，该对领土如何理解。

这种观念，在历史和地理的特殊条件下，如何付诸实施，会在其他一些书中展开。当然，在那些书中会有相当多的对具体领土历史和邦国结构的地理知识。哲学家、神学家、法学家、几何学家、历史学家、探险家、测绘学家，还有制图学家都在领土研究中起到了他们的作用。而有一些事情值得注意。在本书的其余部分当中，会从民族和技术两个领土分析的广泛领域，进行简要的勾勒。关于这些问题，已经完成了许多有价值的工作，而且希望《领土论》一书将会对这些研究提供一种历史和理论性的背景知识。

鉴于领土研究的历史限制因素，民族和民族主义思想的概念都在它的界限之外。然而可能有必要强调民族和国家之间的关系，是发生在领土概念制造的空间框架以内的。就像福尔布鲁克所说："历史上，拥有一个中央集权政府管理和控制的一个明确定义的地理领土的国家的形成，要先于各种民族观念的出现。"（注1）福尔布鲁克观点的限制条件是国家和领土的观念要先于民族产生；实际上这个问题复杂得多，而且在地理上非常多样化。

很清楚的是，《威斯特伐利亚条约》体系，以及十七世纪后半期的其他条约体系，都没有引入一个正式的，而且得到举世公认的体系。各国，譬如法国，它的领土已经完善确立，在那些现存的边界内部，可以着手民族国家各种项目的建设。布鲁伊注意到18世纪晚期的法国革命战争以后出现的一个问题，即法国境内的一系列飞地的政权还在一定程度上对神圣罗马帝国效忠。"现代概念的法国是一个严格界定的空间，在这个空间内部法兰西国家拥有的主权，是与一种更旧式的权力概念，即与不同集团和领土有关的特权的不同集合体相悖的。"（注2）类似的事情更早的时候在英格兰境内发生过，而在相近的时代也在斯坎迪纳维亚半岛诸国出现过。（注3）

其他民族性集团谋求去创建一个在划定的地理区域内，代表他们的国家。（注4）这些图谋将会包括那些类似十九世纪意大利和德国统一的过程，以及在二十和二十一世纪遍及全世界的一系列独立运动。然而欧洲各国的边境持续到今天都还是一个问题——1945年是确定西方国家边境的重要一年，但1989年在中东欧国家引发了一系列的问题——在比这更早的时期，许多边境仍然可以渗透，而且划分不明确，连主权也存在重叠。（注5）德国有许多内部边界争端要解决（一个邦国的某部分究竟是在还是不在德意志邦联内），而它的外部边界安全或多或少依赖于与它接壤的国家。例如，德国与“最为现代化、边界最清晰的欧洲国家”法国接壤的边界，是“根据政治管理的精确性确定的”；而其南部边界仅仅是在奥地利地图上画着的一条线。在北方，关于石勒苏益格-荷尔施泰因这一争议地区，“‘边界’争端是通过‘民族主权’问题产生的”。这一争端解决的方式只会为强化“民族国家是一种领土主权国家”这个概念服务。“边界更多的在这一政治概念中成为问题。”（注6）布鲁伊指出只有魏玛共和国让德国真正成为一个国家，在俾斯麦执政时，德国是一个帝国（德文“Reich”，对应英文“empire”）：“悲剧在于这个国家同时是失败的产物——它的边界被视为是人为设置的，而且它的宪法是被强加的。”（注7）

关于制图学在国家课题中的重要性已经写了很多。埃斯科勒认为这种更有活力的制图技术，在十六世纪，就“在西欧国家的官僚和行政管理事务，以及国家权力的领土控制事务”中被使用了。（注8）制图技术要准备好在这些方面更多地介入，如哈利所述：“在许多地方，国家成为，而且一直都是制图作业的主要赞助人。”（注9）而凯恩和贝内特认为“根据定义，国家地图测绘作业只能在国家建立之后才能进行”，（注10）这种说法有误导视听的危险，因为是为了确定什么地方被实际控制，地图测绘才同时成为政权的一种需要和一种工具的。克里斯蒂安·雅各布对主权、帝国，以及制图之间关系的重要研究显示：“然而，地图的力量，也是为政权服务的一种工具，统治一个行省、一个民族、一个王国、一个帝国，保卫或者征服一片领土，给这片领土划定一种合理的行政区划，进行政治上的改革或发展项目，都需要这种工具。”（注11）各国要从精确的地图当中获得确定的利益，那么制图技术各种发展进步的主要赞助人是各个国家也就不足为奇了。如哈利所说：“就在地图得到各种数学技术改造的那个时代，它们也会被用来当作国家体系的思想性武器。”（注12）

其他技术，诸如更精确地测定经度的能力，具有重要的政治制图内涵。（注13）詹姆斯·斯科特已经证明，这与让国家清晰可辨有关：“前现代国家，在许多关键方面，一定程度是模糊不清的；前现代国家对它的臣民，还有他们的财产，他们拥有的地产和收益，他们的位置，还有他们的即时身份，都了解得非常少。前现代国家缺乏类似该国地形和民众的详细‘地图’这样的东西。”（注14）

这些项目已经在其他地方，丹麦（注15）、印度（注16）和墨西哥，（注17）进行了一些细部研究。但最为广泛的早期项目是在法国产生的。（注18）1659年的《比利牛斯和约》，为西班牙和法国之间的冲突画上了句号，随后设立了一个联合委员会，负责勘定两国之间的确切边境，这是一件被视为开创“最早的现代意义上的正式边界”的大事件。（注19）法国的边境要塞由塞巴斯蒂安·勒普雷斯特雷·德·沃邦（Sébastien Le Prestre de Vauban）①建成，而制图工作由卡西尼家族（Cassini family）历经四代完成。（注20）生成的地图被描述为“最早基于三角函数地形测绘勘测法的原版地图”。（注21）然而尽管这个项目在十八世纪完成过多次，大革命还是使它继续进行下去。虽然卡西尼地图本打算用几何和计算技术使得现有的地理区划有意义，但是革命企图从头强加地理网格，用矩形化的省（départments）重整地理政治学的地理区划。（注22）布鲁伊指出，正如革命历法试图确定一种对时间更为严格的理解一样，对法国内部行政区划的重组也是企图去破坏“对空间传统的、法律上的理解”。但合理性和自然条件是联系在一起的，边界往往是根据“诸如一条河的流域这样的标准”来界定的。（注23）

领土测绘和控制，在很大程度上依赖于上述这些技术。只有靠这样的力量才能确定现代化的边界，而不是简单地在地面上打桩标出的一条线。山地、沙漠，或者苔原，抑或在殖民地各个未知地方的抽象划界，这类技术都至关重要。这些技术使得通过计算掌握物质世界成为可能，勒菲弗称之为空间的抽象概念，或者确切地说是一种抽象空间。勒菲弗关于抽象空间的一种意见涉及的是这个问题：“（抽象空间）是暴力和战争的产物，具有政治性；它是由一个国家创设的，具有公共性。”（注24）这些技术具有一种内在的暴力性。伊夫·拉科斯特1976年所作《最重要的是，地理学正在引发战争》这一著名书名道出了一切。（注25）

① 1633—1707年，法国陆军元帅和当时最杰出的军事工程人才。

地图上的鲍德里亚线（Baudrillard's line）在领土之前出现，已经由詹姆斯·康纳、杰夫·金，还有约翰·皮克尔斯，以及其他人指出来了。对康纳来说，经常出现这样的情况，是因为“空间只有通过划定边界的行为，并且变得可见，才能成为领土”。（注26）虽然康纳认识到鲍德里亚正在进入一个更深入的阶段，这一主张仍然处于核心地位。（注27）

当然，关键在于要求的是何种地图，或者说，为领土的产生需要何种制图技术。（注28）尽管如此，与领土相关的各种技术不能局限于制图学。（注28）虽然有些时候人们认为西方的国家和国家领土模式会被输出到世界的其他部分，（注29）然而可能更真实的情况是发现在殖民地地区许多技术能够在更纯粹的形式上得以完善。（注30）之前各章节说明了这些测量构思，对处女地的划分，等等，以及人口管理的殖民事务，这些都受到法律和技术事务发展的引导或者伴随。最广泛的精密大规模地图测绘行动之一，进而涉及领土的项目，是始于托马斯·杰弗逊总统执政时期，美国的直角坐标土地测绘，但早期也有其他先例。（注31）在测量仪器发展过程中能找到的最有趣的例子，是英国数学家和天文学家，曾经在格雷沙姆学院任教授的埃德蒙·冈特（Edmund Gunter 1581—1626）。除了其他数学上的成果之外，他引入了余弦和余切概念。他最著名的研究课题是《扇形器，直角器与其他工具的使用》（Use of the Sector, Crosse-Staffe, and Other Instruments）。（注32）这些工具当中有一种叫冈特的线条与比例尺工具，是早期的滑尺；航海辅助设备，包括一种四分仪；而可能最重要的是，看似简单的冈特锁链。冈特锁链长66英尺（22码），由一百个环组成，最早用铁或黄铜制成，因此容易出现热诱导误差。冈特锁链可以用于丈量土地，因为80条锁链长度之和正好一英里。（注33）锁链给出了长度单位一“环”和一“链”，一链相当于现代一个板球场的长度。

保罗·埃里埃认为一般意义上的行政对他称之为“领土的发明”至关重要。对埃利埃来说，非常重要的是“我们可以说行政创造了领土”，所以“行政是领土的一个决定性因素”或者对“领土的产生”必不可少。（注34）然而这句话还能用其他方式解读，因为他同样认为“领土是一种奇妙的发明，资产阶级势力籍此可抑制社会交往与空间运动”。同样人们对这种技术和经济之间的关系也在某些细节进行了研究，尤其是皮埃尔·多克，弗兰克·斯威茨，还有理查德·W.哈登进行了三项关键的研究。（注36）最后一项研究，是从雅各布·克莱因和其他人的著作中发展而来的，在某种意义上最有意思。哈登的观点是数学事例可以与贸易和资本主义绑定。他的论点部分基于关于土地所有权重点的转换，但这是一种明显要早于早期现代化时期的发展。相反，哈登的论点最有用之处在于认识到这一时期数学技术的巨大进步能在早期资本主义当中发现一个直接“市场”。当然关键在于认识到各种国家市场的设立有助于它们运作的空间的建立和巩固，甚至于像马克思认为的那样，最终资本会试图越过“所有的空间障碍……为了它的市场去占领整个世界”。（注37）

十七世纪末，政治算术的想法得到了诸如约翰·格朗特（John Graunt）[①]和威廉·佩蒂（William Petty）等作者的发展。佩蒂曾师从霍布斯，（注38）而他开发出了一种分析人类行为的方法，尤其是在总体上，通过“数量、重量或尺寸”进行分析，而且渴望像科学一样严谨。（注39）格朗特，特别是在他的《根据死亡率表格作出的自然与政治评论》（Natural and Political Obsevations Made upon the Bills of Mortality）（1682）一书中，也类似地使用了各种数字技术。（注40）政治算术是统计概念的前兆之一，统计的词源意味着对国家的研究。与伊安·哈金概率方面的开创性作品同时出现的，有一系列其他重要的著作，探索计算和政治的特定联系。（注41）

关于国家的大量文献中，领土问题往往被忽视，或者认为不成问题。然而在马克斯·韦伯（Max Weber）对国家的著名定义中强调了这一点的重要性：

> 国家是在一定区域或领土之内的人类社会团体，这种“区域”属于这一特征，即拥有（成功的）合法暴力垄断权。（注42）

尽管如此，这一定义的领土部分——与社会团体、合法性和暴力的区别，相当程度上被忽略了。（注43）然而正如主权国家只是组织政治的潜在方式之一一样，空间秩序的其他方法是存在的。领土是一个词、一个概念和一种实践活动，而这三方面的复杂关系，只有通过历史、地理和概念性的具体特征才能掌握。昆

① 1620—1674年，最早的人口学家之一。

汀·斯金纳在他的政治思想史著作中，正确地将概念和词汇区分开来，但是提出当一个概念存在时，一个词或词汇将会产生，供人们讨论，而且有一条基本规则“一个概念的掌握至少要通过一个相应词汇的应用才意味着标准化”。（注45）在某种意义上斯金纳是对的，尽管“领土”（territory）这个词源自一个更古老的词“territorium”，而这个词并不是一直和“领土”表示相同的意思。另一方面，看上去更接近现在称为“领土”的概念，在以前都用其他术语让人理解。而创造、控制和保卫的实践，存在于这些词和概念的复杂关系之中。那么，领土这个词的概念和实践，就是一个历史性、地理性和政治性问题。

在本书的开头，引述了卢梭对不平等的论述。在了解了本书概述的历史后，我们可以在一种新的背景下再解读卢梭的看法。就领土状态问题而言，很清楚的是，在世界的划分和整顿中会产生许多“罪恶、战争、谋杀……痛苦和恐怖”。然而卢梭是在放马后炮：妖怪已经放出了魔瓶。他不仅在各国及其空间的特定术语当中出现的滞后——这些问题会继续引发几个世纪的争斗，而且持续到今天——而且在概念上也太滞后了。他是在十八世纪中叶这个时代写作的，那时基本都设想政治在一群人，通常就是国家控制下的离散的、有界的空间内运作。当然，在那些边境仍然存在争议的地方，还有在这一地区内应当运作怎样的政治组织，就像卢梭自己的文章中写的那样，存在广泛争议。但是有效的组织现在广泛出现：它已经成为政治斗争背后的固定背景。

的确，这些内容可以在卢梭本人的文章中找到。卢梭宣称：

一个政治实体可以从两方面进行度量，即领土面积和人口数量，而为了让国家能了解它真正的规模，这两种测量之间必须取得一种合适的比例：人们建立了国家，土地养育了人们；因此比例上需要有足够的土地来维持它的居民，而且居民的数量要和土地能够供养的数量相配。（注46）

他提到了一些极端案例，在有的地方，民众“不均匀地在领土上分布，而且拥挤在一个地方，但其他地方的人口却在减少”。（注47）他同样谈起过“一大片领土提供的各种资源”。（注48）

卢梭认识到土地产权和国家领土权的一体两面。个人可以主张特定地块的权利，而这些地块会位于更大片的政体领土以内。在这方面，我们应当理解“土地同时是公共领土和私人财产”。（注49）统治者和私人因此对同一片土地拥有不同的权利。（注50）卢梭发现在这些过程中存在一种联系，认为“个人如何联合起来，多片土地（terre）如何连成一体成为公共领土，统治者的权利如何从臣民扩展到他们占据的土地，变得同时具备王权性和私人性，是可以理解的”。（注51）

然而在领土概念出现的时候，重心就从民众转移到了土地，这个问题现在以另一种方式运作。卢梭指出虽然他们以前称呼自己是民众的国王，现在的“君主更加精明地称他们自己为法国国王、西班牙国王、英国国王等。由此掌握土地的同时，他们也非常肯定地掌握了土地上的居民们”。（注52）卢梭因此如预料到的那样，与其他人，尤其是洛克上演了一场争论。争论明朗化的时候就是他提出“一旦国家建立，同意由居住地组成；居住在领土境内就要服从国家主权”。（注53）

处在一片领土之内，就成为一个国家的臣民；当你在一片领土内，没有离开的时候，就是这个国家的臣民；而领土是国家主权在其中行使的空间：它是主权的空间广延。于是，主权就在领土上行使：领土是主权可以在其上行使的地方。卢梭在明确赞同莱布尼茨领土定义的同时，证明了他自己是那个时代，也是我们这个时代的思想家，在这样的时代，政治、国家和空间在领土的概念中全都齐了。类似的主张在孟德斯鸠（Montesquieu）的《论法的精神》（L’esprit des lois），卢梭同时代人大卫·休谟（David Hume）的政治著作，（注54）或者十八世纪的思想界巨擘伊曼努尔·康德（Immanuel Kant）的著作中都能找到。（注55）领土的诞生是一段漫长而复杂的历史，也是这部研究著作试图向读者说明的内容。领土是一个历史问题：人为制造，多变，而且不固定。领土也是个地理问题，不仅因为它是整顿世界秩序的方式之一，而且还因为在它的发展过程中非常明显的不均匀性。领土是一个词语，一个概念，还是一种实践，这三者之间的联系只能通过追根溯源来掌握。领土是一个政治问题，不过是广义上的政治问题，涉及经济、战略、法律还有技术。而在当今时代，领土问题已经到达成熟期。领土问题现在是否步入老年期是另一个领域的问题，但是有关它的死亡报告很可能是被夸大了。

注 释

导言注释

1.让-雅克·卢梭，*Discours sur l' origine et les fondements de l' inégalité,* 第2卷第1节；让-雅克·卢梭，*Oeuvres complètes,* 第三卷，*Du contrat social: Écrits politiques*，博纳德·加内宾与马塞尔·雷蒙辑（Paris:Gallimard,1964），见让-雅克·卢梭，"Didcourse on the Origin and Foundation of Inequality,"收入让-雅克·卢梭，*The Discourses and Other Early Political Writings,* 维克多·格雷维奇（Cambridge University Press,1997）。

2.这是亚当·弗格森在*An essay on the History of Civil Society*一书中用过的方法，见法尼亚·奥兹-萨尔兹伯格编辑版（Cambridge:Cambridge University Press,1995）。见G.W.F.黑格尔，*Elements of the Philosophy of Right,* 艾伦·W.伍德辑，H.B.尼斯波特译（Cambridge:Cambridge University Press,1991）。

3.卢梭，*Discours sur l' origine et les fondements de l' inégalité,* 第2篇第1节。

4.卢梭，*Discours sur l' origine et les fondements de l' inégalité,* 第2篇第24节。

5.更具体地说明一种对领土的理解能怎样去阐释当时重大事件的论述可见作者的*Terror and Territory:The Spatial Extent of Sovereignty*（Minneapolis：University of Minnesota Press,2009）。

6.布莱士·帕斯卡，*Pensées*（Paris:Bookking,1995），第113—14页；以及布莱士·帕斯卡原著，A.J.克莱尔舍伊默英译本*Pensées*（London:Penguin,1995），第16页。

7.事例可见彼得·萨林斯，*Boundaries:The Making of France and Spain in the Pyrenees*（Berkeley:University of California Press,1989）；通猜·威尼差恭，*Siam Mapped:A History of the Geo-Body of a Nation*（Honolulu:University of Hawaii Press,1994）；安西·帕西，*Territories,Boundaries and Consciousness:The Changing Geographies of the Finnish-Russian Border*（London:John Wiley and Sons,1996），以及克里斯特·永森，斯文·塔基尔和冈纳·托恩奎斯特，*Organizing European Space*（London:Sage,2000）。

8.大卫·斯托利，*Territories:The Claiming of Space*（London:Routledge,2011）；以及大卫·德拉内，*Territory:A Short Introduction*（Oxford:Blackwell,2005）。还可见马尔科姆·安德森，*Frontiers:Territory and*

State Formation in the Modern World（Cambridge:Polity,1996）。

9.这是一种常见的抱怨。事例可见吉恩·高特曼，*The Significance of Territory*（Charlottesville:University Press of Virginia,1973），第ix页；约翰·拉吉，“Territoriality and Beyond:Problematizing Modernity in International Relations,”*International Organization* 47（1993）：第174页；以及克劳德·拉菲斯汀，*Pour une géographie du pouvoir*（Paris:Libraires Techniques,1980），第143页。最近尝试将领土发展成一种科学甚于历史的尝试，见安德烈·穆比·布莱恩蒂，“On Territorology:Towards a General Science of Territory,”Theory,Culture④Society 27（2010）：第52-72页。

10.见安东尼·吉登斯，*A Contemporary Critique of Historical Materialism,*第一卷,*Power,Property and the State*（London:Macmillan,1981），第5—6页，第11页；安东尼·吉登斯，*A Contemporary Critique of Historical Materialism第2卷The Nation-State and Violence*（Berkeley:University of California Press,1987），第120页。

11.乔·潘特“Territory-Networks,”见Association of American Geographers Annual Meeting,Chicago,March 7—11,2006,http://dro.dur.ac.uk/8537/1/8537.pdf,3。

12.约翰·阿格纽，“The Territorial Trap:The Geographical Assumptions of International Relations Theory,”载于约翰·阿格纽与斯图尔特·科布里吉合作的*Mastering Space:Hegemony,Territory and International Political Economy,*第78—100页（London:Routledge,1995）；及约翰·阿格纽，“Sovereignty Regimes:Territoriality and State Authority in Contemporary World Politics,”*Annals of the Association of American Geographers* 95（2005）：第437—61页。

13.约翰·阿格纽，*Hegemony:The New Shape of Global Power*（Philadelphia:Temple University Press,2005），第42页。

14.约翰 阿格纽，*Hegemony*，第161页。

15.相关探讨，可见亚历山大·B.默菲，“The Sovereign State System as Political-Territorial Ideal:Historical and Contemporary Considerations,”收入托马斯·布雷斯特克尔和辛迪·韦伯辑*State Sovereignty as a Social Construct,*第81—120页（Cambridge:Cambridge University Press,1996）。

16.事例可见菲利普·L.瓦格纳，*The Human Use of the Earth*（London:Free Press of Glencoe,1960），罗伯特·阿德雷，*The Territorial Imperative:A Personal Inquiry into the Animal Origins of Property and Nations*（London:Collins,1967）；以及托斯滕·马尔姆伯格，*Human Territoriality:Survey of Behavioural Territories in Man with Preliminary Analysis and Discussion of Meaning*（The Hague:Mouton Publishers,1980）。

17.也可见爱德华·W.索亚，“The Political Organization of Space,”授权在美

国地理学家协会（华盛顿特区）地理学院第8号资源文件发表。索亚的报告涉及范围比这一处更广，而且这份报告仍是关于领土问题最优秀的单篇文章之一。

18.罗伯特·D.塞克，“Human Territoriality:A Theory,” *Annals of the Association of American Geographers* 73（1983）：第55—74页；以及塞克，*Human Territoriality:Its Theory and History*（Cambridge University Press,1986）。

19.塞克，*Human Territoriality*，第1页。

20.塞克，*Human Territoriality*，第19页。

21.罗伯特·D.塞克，*Homo Geographicus:A Framework for Action,Awareness and Moral Concern*（Baltimore:Johns Hopkins University Press,1997），第272页n1。

22.塞克，*Human Territoriality*，第83—85页。相关考证可见其*Conceptions of Space in Social Thought:A Geographical Perspective*（London:Macmillan,1980）。其他详细讨论，见罗纳德·J.约翰斯顿，“Territoriality and the State,”收入乔尔格·B.本克与伍尔夫·斯特罗迈耶尔辑*Geography,History,and Social Sciences,*第213—25页（Dordrecht:Kluwer,1995）；罗纳德·J.约翰斯顿，“Out of the ‘Moribund Backwater’:Territory and Territoriality in Political Geography,”见*Political Geography* 20（2001）：第677—93页；以及汉斯·沃拉德，“The Logic of Political Territoriality,”见*Geopolitics* 14（2009）：第687—706页。

23.爱德华·W.索亚，*Postmodern Geographies:The Reassertion of Space in Critical Social Theory*（London:Verso,1989），第150页n9。

24.克劳德·拉菲斯汀，“Repères pour une théorie de la territorialité humaine,”收入加布里埃尔·杜布伊，乔治斯·艾马尔与博纳德·巴拉克辑的*Réseaux territoriaux*第263—79页（Caen:Paradigme,1988），见第264页。

25.拉菲斯汀，*Pour une géographie du pouvoir,*第46页；也可见克劳德·拉菲斯汀，“Could Foucault Have Revolutionized Geography?”杰拉尔德·摩尔译，收入杰里米·克拉姆普顿和斯图尔特·埃尔登辑*Knowledge and Power:Foucault and Geography,*第129—37页（Aldershot,UK:Ashgate,2007）。

26.拉菲斯汀，*Pour une géographie du pouvoir,*第17页。

27.拉菲斯汀，*Pour une géographie du pouvoir,*第129页。在一篇写作时间更近的文章中，拉菲斯汀将他对领土的理解等同于勒费弗尔的社会空间观点。克劳德·拉菲斯汀，“Space,Territory and Territoriality,”塞缪尔·A.巴特勒，*Environment and Planning D:Society and Space* 30（2012）：第126页。

28.一种类似的批评是针对里斯·琼斯，*Peoples/States/Territories:The Political Geographies of British State Transformation*（Oxford:Blackwell,2007）一书的观点，尤其是第3，34页的内容。琼斯对国家领土构成的特定做法的论述同样很好，但趋向于将“领土”（territory）融入“属地”（territoriality）这一概念，“属地”

不像“领土”那样概念精确，也不便分析把握。

29.克劳德·拉菲斯汀，“Elements for a Theory of the Frontier,”珍妮·弗格森译，见*Diogenes34*（1986）：第1—18页。

30.潘特，“Territory-Networks,”第6页。

31.吉恩·高特曼，*La politique des états et leur géographie*（Paris:Armand Colin,1951），第71页。

32.事例可见高特曼，*La politique des états et leur géographie*，第72—73页。

33.萨斯基亚·萨森，*Territory,Authority,Rights:From Medieval to Global Assemblages*（Princeton,NJ:Princeton University Press,2006）；及杰里米·拉金斯，*From Hierarchy to Anarchy:Territory and Politics before Westphalia*（London:Palgrave,2010）。

34.爱德华·S.凯西，*The Fate of Place:A Philosophical History*（Berkeley:University of California Press,1997）。

35.事例可见，克拉伦斯·J. 格拉肯，*Traces on the Rhodian Shore:Nature and Culture from Ancient Times to the End of the Eighteenth Century*（Berkeley:University of California Press,1967）；丹尼斯·科斯格洛夫，*Social Formation and Symbolic Landscape,*带新序言版（Madison:University of Wisconsin Press,1998）；以及肯尼斯·奥尔维格，*Landscape,Nature and the Body Politic:From Britain’s Renaissance to America’s New World*（Madison:University of Wisconsin Press,2002）。

36.琳达·M.比沙伊，*Forgetting Ourselves:Secession and the(Im)possibility of Territorial Identity*（Lanham,MD:Lexington Books,2006），第59页。有关这是一项关于一个词，而不是一个概念的历史研究的观点，见斯蒂芬·别里亚奇，*The Power of Language in the Making of International law:The Word Sovereignty in Bodin and Vattel and the Myth of Westphalia*（Leiden,Netherlands:Martinus Nijhoff,2004），特别是第8页。

37.莱茵哈特·克塞尔莱克，*The Practice of Conceptual History:Timing History,Spacing Concepts*（Stanford,CA:Stanford University Press,2002）；以及莱茵哈特·克塞尔莱克，*Begriffsgeschichten*（Frankfurt am Main:Suhrkamp,2006）。

38.莱茵哈特·克塞尔莱克原著，基思·特莱布英译本*Futures Past:On the Semantics of Historical Time*（New York:Columbia University Press,2004），第88页。特莱布的译者序对克塞尔莱克的著作提供了有益的讨论。

39.例外情况，可见奥托·布鲁纳原著，霍华德·卡明斯基与詹姆斯·范·霍恩·梅尔顿英译本*Land and Lordship:Structures of Governance in Medieval Austria*（Philadelphia:University of Pennsylvania Press,1992）；以及阿明·沃尔夫，*Gesetzgebung in Europa,1100—1500,Zur Enstehung der Territorialstaaten*（Munich:C.H.Beck’sche Verlagsbuchhandlung,1996）。

40.保罗·阿里耶，*L' invention du territoire*（Grenoble:Presses Universitaires de Grenoble,1980），第9页。

41.见昆汀·斯金纳，*The Foundations of Modern Political Thought*，2卷本（Cambridge:Cambridge University Press,1978）；昆汀·斯金纳，*Visions of Politics*，3卷本（Cambridge:Cambridge University Press,2002）；J.G.A.波科克，*Politics,Language and Time:Essays on Political Thought and History*（London:Methuen,1972）；以及J.G.A.波科克，*Political Thought and History:Essays on Theory and Method*（Cambridge:Cambridge University Press,2009）。详述可见卡里·帕洛嫩，*Quentin Skinner:History,Politics,Rhetoric*（Cambridge:Polity,2003）；以及理查德·罗蒂，J.B.施尼温德和昆汀·斯金纳辑录的*Philosophy in History:Essays on the Historiography of Philosophy*（Cambridge:Cambridge University Press,1984）。

42.昆汀·斯金纳，"A Reply to My Critics,"收入詹姆斯·特利辑的*Meaning and Context:Quentin Skinner and His Critics*，第231—88页（Princeton,NJ:Princeton University Press,1988）。见大卫·伍顿辑录的*Divine Right and Democracy:An Anthology of Political Writing in Stuart England*一书前言，第9—19页（Harmondsworth UK:Penguin,1986）。

43.见本书作者的*Mapping the Present:Heidegger,Foucault and the Project of a Spatial History*（London:Continuum,2001）。这里提供的分析也借鉴了作者的另一部明显更理论化的著作。国家/空间的关联在*Understanding Henri Lefebvre:Theory and the Possible*（London:Continuum,2004）一书中是关键，空间和计算之间的关系是*Speaking against Number:Heidegger,Language and the Politics of Calculation*（Edinburgh:Edinburgh University Press,2006）关注的焦点。

44.福柯本人更完整的各种处置，见斯图尔特·埃尔登，"Governmentality, Calculation,Territory,"见*Environment and Planning:Society and Space* 25（2007）：第562—80页；以及斯图尔特·埃尔登，"How Should We Do the History of Territory?"见*Territory,Politics,Governance* I（2013）:第5—20页。

45.关于*Begriffsgeschichte*一书与剑桥学派之间的关系，见迈克尔·弗里登，*Ideologies and Political Theory:A Conceptual Approach*（Oxford:Clarendon Press,1996）第三章。

46.见多米尼克·拉卡普拉，*Rethinking Intellectual History: Texts, Contexts, Language*（Ithaca,NY:Cornell University Press,1983），基本上都在第36页和第一章。

47.见埃尔登，*Terror and Territory*。

48.见卡尔·马克思原著，大卫·费恩巴赫英译本*Capital:A Critique of Political Economy*第3卷，（Harmondsworth,UK:Penguin,1981），以及卡尔·马克

思原著，马丁·尼克劳斯英译本*Grundrisse:Foundations of the Critique of* Political Economy(Rough Draft)，（Harmondsworth,UK:Penguin,1973）。

49.佩里·安德森，*Passages from Antiquity to Feudalism*（London:NLB，1974）；以及佩里·安德森，*Lineages of the Absolutist State*（London:NLB，1974）。

50.这是亨利·勒费弗尔对主流马克思主义的批评之一。见亨利·勒费弗尔，*La production de l'espace*（Paris:Anthropos,1974）；亨利·勒费弗尔原著，唐纳德·尼科尔森-史密斯英译本*The Production of Space*（Oxford:Blackwell,1991）；亨利·勒费弗尔，4卷本*De l'État*（Paris:UGE,1975—78）；亨利·勒费弗尔原著，尼尔·布伦纳与斯图尔特·埃尔登辑录，杰拉尔德·摩尔，尼尔·布伦纳与斯图尔特·埃尔登英译本*State,Space,World:Selected Essays*（Minneapolis:University of Minnesota Press,2009）；相关评论可见尼尔·布伦纳与斯图尔特·埃尔登，"Henri Lefebvre on State,Space,Territory," *International Political Sociology* 3（2009）：第353—77页。

51.迈克尔·曼，*The Sources of Social Power*第一卷，*A History of Power from the Beginning to AD 1760*（Cambridge:Cambridge University Press,1986）；以及迈克尔·曼，*The Sources of Social Power*第二卷，*The Rise of Classes and Nation States,1760—1914*（Cambridge:Cambridge University Press,1993）。

52.米歇尔·福柯，"Questions à Michel Foucault sur la géographie," 收入丹尼尔·德菲尔与弗朗索瓦·埃沃德编辑的*Dits et écrits,1954—1988*第3卷（Paris:Gallimard,1994），第32页；以及米歇尔·福柯原著，科林·戈登英译本"Questions on Geography"一文，收入杰里米·克拉姆普顿和斯图尔特·埃尔登*Space,Knowledge and Power*（Aldershot,UK:Ashgate,2007），第176页。

53.福柯，"Questions à Michel Foucault，"第33页；以及福柯，"Questions on Geography，"第177页。

54.见埃尔登，*Mapping the Present*。

55.例如，可见迪佩西·查克拉巴蒂在新版*Provincializing Europe:Postcolonial Thought and Historical Difference*（Princeton,NJ:Princeton University Press,2008）一书中的论述。

56.两种有用的讨论，可见迈克尔·弗里登，"What Should the 'Political' in Political Theory Explore?" *Journal of Political Philosophy* 13（2005）：第113—34页；以及迈克尔·弗里登，"Thinking Politically and Thinking about Politics:Language,Interpretation and Ideology"，收入大卫·利奥波德与马克·斯蒂尔斯辑录*Political Theory:Methods and Approaches*一书，第196—215页（Oxford University Press,2008）。

57.大卫·哈维，"The Urban Process under Capitalism:A Framework for

Analysis,” *International Journal of Urban and Regional Research* 2（1978）：第101—31页。

58.例如，可见科林·麦克法兰，“The City as Assemblage:Dwelling and Urban Space” *Environment and Planning D:Society and Space* 29（2011）:第649—71页。

59.例如，可见尼尔·布伦纳，大卫·J. 麦登，以及大卫·沃奇斯穆茨，“Assemblage Urbanism and the Challenges of Critical Urban Theory,” *City* 15（2011）：第225—40页。

第一章注释

1.见米歇尔·福柯，“Nietzsche,la généalogie,l' histoire”一文，收入丹尼尔· 德菲尔和弗朗索瓦·埃沃尔德辑，四卷本*Dits et écrits，1954—1988*（Paris: Gallimard,1994），第2卷137页，140页；以及米歇尔·福柯，“Nietzsche,Genealogy,History,”一文，收入保罗·拉比诺辑*The Foucault Reader*（New York:Pantheon Books,1984），第77，80页。

2.马丁·波纳尔，*Black Athena:The Afroasiatic Roots of Classical Civilisation*，第1卷，*The Fabrication of Ancient Greece,1785—1985*（London:Vintage,1987）。

3.一段有益的讨论，可见亚当·斯密，*The Political Landscape:Constellations of Authority in Early Complex Politics*（Berkeley:University of California Press,2003）。

4.妮可儿·洛罗，*Né de la terre:Mythe et politique à Athènes*（Paris: Éditions de Seuil,1996）第9页。

5.伊索克拉底原著，乔治·诺林翻译，3卷本希腊文—英文对照版*Panegyricus,in Isocrates*（London:William Heinemann,1928），第1卷第24页。见伊索克拉底，*Panathenaicus*，第2卷第124—25页；以及伊索克拉底，*Peace*，第2卷第49页。

6.伯里克利的墓志铭，见修昔底德原著，弗朗西斯库斯·格勒辑*De Bello Peloponnesiaco*（Leipzig,Germany:In libraria Caroli Cnobloch,1836）；以及修昔底德原著，莱克斯·沃纳英译本*History of the Peloponnesian War*（Harmondsworth,UK:Penguin,1954）第二部，34—46页。

7.见M.S.莱恩，*Method and Politics in Plato' s Statesman*（Cambridge:Cambridge University Press,1998）106页。

8.柏拉图原著*Menexenus*，收入R.G.伯里译的希腊文—英文对照版*Timaeus,Critias,Cleitophon,Menexenus,Epistles*（Cambridge,MA:Harvard University Press,1996）第237b－c。

9.柏拉图原著*Politeia*，收入爱奥内斯·博内特辑*Platonis Opera*第4卷（Oxford:Clarendon,1902）；以及柏拉图原著，罗宾·沃特菲尔德（Oxford:Oxford University Press,1993）第414b－c。

10.柏拉图，*Republic*第414c。见该本第389b－c和朱莉娅·阿纳斯，*An Introduction to Plato' s Republic*（Oxford:Oxford University Press,1981），主要在107—108页的内容当中。

11.见欧里庇得斯原著*Phoenician Maidens*，收入亚瑟·S.韦译4卷本希腊文—英文对照版*Euripides in Four Volumes*（London:William Heinemann,1912）第3卷638页；以及波塞尼厄斯原著，W.H.S.琼斯编译，4卷板希腊文—英文对照版*Description of Greece*（London:William Heinemann,1935）第4卷第IX章第12段第2节。

12.柏拉图，*Republic*第414d－e。

13.布鲁斯·罗森斯托克，"Athena' s Cloak:Plato' s Critique of the Democratic City in the Republic," *Political Theory* 22（August 1994）第369—70页。

14.朱莉娅·阿纳斯为柏拉图原著，朱莉娅·阿纳斯与罗宾·沃特菲尔德辑的*Statesman*一书所作的简介，第ix—xxiv页（Cambridge:Cambridge University Press,1995）第xi页。

15.柏拉图，*Politicus*，收入*Platonis Opera*，第1卷；以及柏拉图，*Statesman*，第269b。

16.柏拉图，*Statesman*，第271a－b。

17.柏拉图，*Statesman*，第272d－e。对书中提到的这件奇事的议论，见哈维·罗纳德·斯考德尔，*Diaresis and Myth in Plato' s Statesman,Hypomnemata 85*（Göttingen,Germany:Vanenhoeck and Ruprecht,1987）第79页；莱恩，*Method and Politics*第105—7页；以及皮埃尔·韦达尔-纳凯，"Plato' s Myth of the Statesman,the Ambiguities of the Golden Age and of History," 收入安德鲁·斯泽杰蒂-马扎克英译本*The Black Hunter:Forms of Thought and Forms of Society in the Greek World*（Baltimore:Johns Hopkins University Press,1986）第14章。

18.莱恩，*Method and Politics*第106页。

19.这些问题的详细参考资料，也可见柏拉图，*Sophist*，247c；*Laws*,727e；*Timaeus*，第23d－e；以及*Critias*，第109c－d。见柏拉图原著，哈罗德·诺思·福勒译，希腊文—英文对照版*Theaetetus,Sophist*（Cambridge,MA:Harvard University Press,1921）。

20.妮可儿·洛罗，*L' invention d' Athènes:Histoire de l' oraison funèbre dans la "cité classique"*（Paris: Éditions de l' école des Hautes Etudes en Sciences Sociales,Mouton Editeur,1981）第2页。

21.亚里士多德，*Rhetoric*第1360b；对照*Politics*第1269a4。亚里士多德著作的标准版本是伊曼纽尔·贝克尔编辑的*Aristotelis Opera*（Berlin:W. de Gruyter,1831）。这一版的页码和行号，在所有学术版本和译本中都得到了保留。希腊文的最佳现代版本在乔纳森·巴恩斯辑录的*The Cambridge Companion to Aristotle*（Cambridge:Cambridge University Press,1995）一书中得到了讨论。引用部分根据乔治·A.肯尼迪英译本*On Rhetoric:A Theory of Civic Discourse*（New York:Oxford University Press,1991），C.D.C.里夫英译本Politics（Indianapolis:Hackett,1996），以及罗杰·克利斯普英译本*Nicomachean Ethics*（Cambridge:Cambridge University Press,2000）摘录。

22.此处的资料来源是阿波罗多洛斯原著，詹姆斯·乔治·弗雷泽译的2卷本希腊文—英文对照版*The Library*（London:William Heinemann,1921）第2卷第III章第14段第6节；海基尼原著，彼得·K.马歇尔辑*Fabulae*（Stuttgart:B. G.Teubner,1993），堪萨斯大学人文研究出版项目第34号，玛丽·格兰特编译的*The Myths of Hyginus*（Lawrence:University of Kansas Press,1960）第166页；以及卡洛卢斯·罗伯特辑*Eratosthenis Catasterismorum Reliquiae*（Berolini:Weidmannos,1963）第XIII页；还有本杰明·鲍威尔，*Athenian Mythology:Erichthonius and the Three Daughters of Cecrops*（1906版；Chicago:Aves Publishers,1976再版）（引文选自1976版）。

23.欧里庇得斯原著，K.H.李英译本*Ion*（Warminster,UK:Aris and Phillips,1997）第20行，第269—70行。也可见马克·赫伊斯，*The Tale of the Hero Who Was Exposed at Birth in Euripidean Tragedy:A Study of Motifs*（Louvain,Belgium:Leuven University Press,1995）第381页。

24.妮可儿·洛罗，*Les enfants d' athéna:Idées athéniennes sur la citoyenneté et la division des sexes*（Paris:François Maspero,1981）第46页n42；以及罗伯特·格雷夫斯2卷本*The Greek Myths*（New York:George Braziller,1957）第1卷第99页。

25.K.H.李在欧里庇得斯*Ion*英译本第163行的评注。

26.欧里庇得斯，*Ion*第589—590行。

27.阿里斯托芬原著*The Wasps*，收入本杰明·比克利·罗杰斯译，3卷本希腊文—英文对照版*Aristophanes*（London:William Heinemann,1924）第1076行。

28.约翰·佩拉多托，"Oedipus and Erichthonius:Some Observations on Paradigmatic and Syntagmatic Order," *Arethusa* 10（1977）85—102页，以及罗伯特·帕克原著"Myths of Early Athens"，收入杨·布雷默辑*Interpretations of Greek Mythology*一书第187—214页（London:Croom Helm,1987）。

29.荷马原著，A.T.穆雷译，2卷本希腊文—英文对照版*Iliad*（London:William Heinemann,1924）第2卷第546—49行。

30.洛罗，*Les enfants d' athéna*第37页。在索福克勒斯原著，A.F.贾维辑录的希腊文—英文对照版Ajax（Warminster,UK:Aris and Phillips,1998）第201行，埃阿斯船上的船员被告知是"源自厄瑞克透凡间一脉的种族。"

31.洛罗，*L' invention d' Athènes*第39页。

32.洛罗，*L' invention d' Athènes*第150页。

33.普鲁塔克，*Alexandros*第26页，收入贝纳多特·佩林译11卷本希腊—英文对照版*Lives*（Cambridge,MA:Harvard University Press,1914—26）第7卷。

34.阿利安原著，P.A.布伦特译，2卷本希腊文—英文对照版*Anabasis Alexandri*（Cambridge,MA:Harvard University Press,1976）第III部分第2页。

35. 普鲁塔克，Alexandros第26页。也可见亚历山大大帝漫谈的乌尔苏拉·冯·劳恩施坦德文辑录版*Die Griechische Alexanderroman:Rezension*（Meisenheim am Glan,Germany:Anton Hain,1962），以及理查德·斯通曼英译本*The Greek Alexander Romance*（London:Penguin,1991）第1章32节。作者衷心感谢薇罗妮卡·德拉·多拉在这个事例上进行的指点。

36.此处使用的资料来源是阿波罗多洛斯，*Library*第1卷第3章第4段第1—2节；格雷夫斯，*Greek Myths*第1卷196页；欧里庇得斯，*Bacchanals*，收入4卷本*Euripides*第3卷之264行，第3卷之538—40行，第3卷之1026行；欧里庇得斯，*Phoenician Maidens*第638—75行，以及E.R.多德斯在欧里庇得斯原著，他本人辑录的*Bacchae*第2版中的注解（Oxford:Clarendon,1960）第144行。

37.欧里庇得斯，*Phoenician Maidens*第934—35行。

38.欧里庇得斯，*Phoenician Maidens*第939—40行。

39.关于幸存者的名字，见W.K.C.格思里，*In the Beginning:Some Greek View on the Origins of Life and the Early State of Man*（Ithaca,NY:Cornell University Press,1957）第21—22页。

40.柏拉图，*laws*第663e8—664a2。

41.阿勒内·W.萨克森豪斯，"Myths and the Origins of Cities，"收入J.彼得·欧本辑录*Greek Tragedy and Political Theory*第252—73页（Berkeley:University of California Press,1986），255—56。

42.萨克森豪斯，"Myths and the Origins of Cities，"第256—257页。

43.萨克森豪斯，"Myths and the Origins of Cities，"第259页。

44.李为欧里庇得斯*Ion*所作的简介，第35页。

45.有关论述，可见罗森斯托克，"Athena' s Cloak,"尤其是365—66页。

46.欧本为*Greek Tragedy and Political Theory*所写的简介，第37页。

47.此后这出戏剧会经常在译文的注解中被找到，同时会提到希腊文本的行号，经常会在各种译本的页边注中找到。书中关于这出戏剧的希腊文文本，使用的是索福克勒斯原著，马克·格里菲斯辑录的的*Antigone*剧稿（Cambridge:Cambridge University Press,1999）；而主要英文译文取自罗伯特·费吉勒斯翻译的索福克勒斯原著*The Three Theban Plays*（New York:Viking Penguin,1982），另外也参阅了其他几个英文版本。

48.索福克勒斯，*Antigone*第36行。

49.索福克勒斯，*Antigone*第79行。

50.索福克勒斯，*Antigone*第545行。

51.索福克勒斯，*Antigone*第776行。

52.这种情况最著名的其他事例可能就是阿喀琉斯对赫克托尔尸体的亵渎。赫克托尔临终时要求一个荣誉的葬礼，被阿喀琉斯一口回绝。见荷马，*Iliad*第二十二章，337—60行。

53.见索福克勒斯，*Antigone*第1016—18行，第1040—45行。

54.索福克勒斯，*Antigone*第36行。

55.索福克勒斯，*Antigone*第1065—70行。

56.索福克勒斯，*Antigone*第1100—1101行。

57.索福克勒斯，*Antigone*第1103—4行。

58.对这次死亡的分析，可见妮可儿·洛罗，*Façons tragiques de tuer une femme*（Paris:Hachette,1985）第61—62页。

59.索福克勒斯，*Antigone*第2—3行。

60.索福克勒斯，*Antigone*第50—68行。

61.索福克勒斯，*Antigone*第855—56行。

62.索福克勒斯，*Antigone*第860—62行，584—85行。

63.索福克勒斯，*Antigone*第174行。

64.理查德·埃米尔·布劳恩，在他本人的索福克勒斯，*Antigone*英译本中的介绍（New York:Oxford University Press,1973）第5，第8页。

65.索福克勒斯，*Antigone*第660—62行。

66.索福克勒斯，*Antigone*第531—32行。

67.布劳恩的介绍第8页。

68.索福克勒斯，*Oedipus at Colonus*第406页。

69.见罗威尔·埃德蒙斯，*Theatrical Space and Historical Place in Sophocles' Oedipus at Colonus*（Lanham,MD:Rowman and Littlefield,1996）。

70.朱迪思·巴特勒，*Antigone's Claim:Kinship between Life and Death*（New York:Columbia University Press,2000）第60—61页。

71.巴特勒，*Antigone's Claim*，第77行；见79行。

72.巴特勒，*Antigone's Claim*，第57行。

73.这意味着，戏剧中对这个问题讲的并不完全清楚。最初的剧本提到两兄弟是在第七座城门丧命的（141—147行），没有告诉我们尸体是否被移动过，而且在剧末克瑞翁必须走向“原野最深处”时仍没有交待。马克·格里菲斯在给索福克勒斯著*Antigone*所写的介绍第31页，指出有些评论家认为是克瑞翁拒绝让尸体“被转移到边境外安葬”制造了一个超出常理的步骤。

74.让-皮埃尔·维诺，“Ambiguïté et renversement:Sur la structure énigmatique d”Œdipe Roi’”收入让-皮埃尔·维诺和皮埃尔·韦达尔-纳克辑*Œdipe et ses mythes*（Paris:La Découverte,1988）第23—24。见威廉·布莱克·泰勒尔和拉里·J.本内特，*Recapturing Sophocles' Antigone*（Lanham,MD:Rowman and Littlefield,1998）第69页。

75.索福克勒斯，*Antigone*第110，133行。

76.索福克勒斯，*Antigone*第209—10行。

77.索福克勒斯，*Antigone*第1098行。

78.索福克勒斯，*Antigone*第278—79行。

79.索福克勒斯，*Antigone*第508—9页。

80.索福克勒斯，*Antigone*第506页。

81.索福克勒斯，*Antigone*第693—94页。

82.索福克勒斯，*Antigone*第370—71页。

83.索福克勒斯，*Antigone*第175—85页。

84.索福克勒斯，*Antigone*第682页。

85.索福克勒斯，*Antigone*第725页。

86.索福克勒斯，*Antigone*第726—39页。

87.见约翰.D.B.汉密尔顿，“Antigone:Kinship,Justice,and the Polis,”收入多里·C.波兹与约翰·M.维克斯汉姆辑*Myth and the Polis*第86—98页（Ithaca,NY:Cornell University Press,1991）。

88.索福克勒斯，*Antigone*第842—43行，第936行。

89.索福克勒斯，*Antigone*第807页。

90.索福克勒斯，*Antigone*第1122行，199行。

91.索福克勒斯，*Antigone*第155行。

92.见索福克勒斯，*Antigone*第187行。

93.扩展应用，可见埃德蒙斯，*Theatrical Space and Historical Place*,101ff。

94.见M.I.芬利，*Politics in the Ancient World*（Cambridge:Cambridge University Press,1983）第1—2页。

95.事例可见荷马，*Iliad*第3卷第50行，此处这个词的意思是人，而第16卷第437行，这个词的意思就是利西亚的土地。见拉法埃尔·塞利，*A History of the Greek City States,ca.700—338B.C.*（Berkeley:University of California Press,1976）

第91页；以及查尔斯·W.弗纳拉与洛伦·J.萨蒙斯二世，*Athens from Cleisthenes to Pericles*（Berkeley:University of California Press,1991）第48页。

96.因此我们会注意到“*demes*”一词转化为“*demokratia*”的重要性，但不会认为那是这个词的主要意义。对这一点更普遍的看法，见塞利，*History of Greek City States,*301；以及大卫·怀特海德，*The Demes of Attica，508/7—ca.250B.C.:A Political and Social Study*（Princeton University Press,1986）第37页。关于“*deme*”一词，见P.J.罗德斯译，亚里士多德著，*The Athenian Constitution*一书中的词汇表（Harmondsworth,UK:Penguin,1984）第179页。

97.见希罗多德原著，A.D.高德利译，4卷本希腊文—英文对照版*Histories*（London:William Heinemann,1925）第5卷66页，第5卷69页。讨论见塞利，*History of the Greek City States,*第150页；还有H.T.韦德-格里，“Studies in the Structure of Attic Society:The Laws of Kleisthenes,” *Classical Quarterly* 27（Jan.1933）：第17—29页。

98.亚里士多德原著，约翰·埃德温·桑蒂斯辑*Constitution of Ahens*（London:Macmillan,1912）；以及亚里士多德原著，P.J.罗德斯英译本The *Athenian Constitution*（Harmondsworth,UK:Penguin,1984）21.4。

99.亚里士多德，*Athenian Constitution*21.4－5。见C.希格尼特，*A History of the Athenian Constitution to the End of the Fifth CenturyB.C.*（Oxford:Clarendon,1952）第129页。

100.亚里士多德，*Athenian Constitution*21.3。

101.希罗多德，*Histories*,第5卷66页。

102.亚里士多德，*Politics*第1319页b19—27。见亚里士多德，*Athenian Constitution*第21节第2行；以及希罗多德，*Histories*，第6卷131页。A.安德鲁斯“Kleisthenes' Reform Bill,” *Classical Quarterly,n.s.*，27（1977）第241页，认为这次将民众聚集起来，目的并不像亚里士多德所设想的那样。

103.希罗多德，*Histories*，第5卷第69页。

104.怀特海德，*Demes of Attica*第18—19页。

105.约翰·S.特莱尔，*The Political Organisation of Attica:A study of the Demes,Trittyes,and Phylai,and Their Representation in the Athenian Council*，增补*Hesperia* 14（Princeton,NJ:American School of Classical Studies at Athens,1975）第96—97页。这些数据被P.J.罗德斯，*A Commentary on the Aristotelian* Athenaion Politeia（Oxford:Clarendon Press,1981）第252页。

106.斯特拉波原著，霍勒斯·莱昂纳德·琼斯译，8卷本希腊文—英文对照版*The Geography of Strabo*（London:William Heinemann,1924）第4卷，第9部分第1页，第9部分第16页。

107.特莱尔，*Political Organisation of Attica*第97页。

108.皮埃尔·列维克与皮埃尔·韦达尔-纳凯，*Clisthène l' Athénien:Essai sur la représentation de l' espace et du temps dans la pensée politique grecque de la fin du VI siècle à la mort de Platon*（Paris:Annales Litteraires de l' Université de Besançon,1964）第15页。

109.怀特海德，*Demes of Attica*第27页；对更早期的学院派调查，可见第xviii—xx页。

110.C.W.J.埃利奥特，*Coastal Demes of Attika:A Study of the Policy of Kleisthenes,Phoenix:Journal of the Classical Association of Canada,*增补第5卷（Toronto:University of Toronto Press,1962）第4页。

111.埃利奥特，*Coastal Demes*第3页。

112.埃利奥特，*Coastal Demes*第3页。

113.皮埃尔·列维克与皮埃尔·韦达尔-纳凯，*Clisthène l' Athénien*第73—74页。

114.关于*genos*和*phratria*，见塞利，*History of the Greek City States*第22页。

115.皮埃尔·韦达尔-纳凯在皮埃尔·列维克与他本人原著，大卫·埃姆斯·柯蒂斯英译本，*Cleisthenes the Athenian:An Essay on the Representation of Space and Time in Greek Political Thought from the End of the Sixth Century to the Death of Plato*一书所作的“1993年前言”（Atlantic Highlands,NJ:Humanities Press,1996）第xxxii页；以及列维克和韦达尔-纳凯法文版*Clisthène l' Athénien*第92—93页。

116.见D.M.刘易斯，“列维克（P.）和韦达尔-纳凯（P.），*Clisthène* l' Athénien”*Journal of Hellenic Studies* 85（1965）第222—23页。

117.列维克和韦达尔-纳凯*Clisthène l' Athénien*第107页；见第10页。

118.列维克和韦达尔-纳凯*Clisthène l' Athénien*第78页。

119.列维克和韦达尔-纳凯*Clisthène l' Athénien*第123页。关于阿那克西曼德，见查尔斯·H.卡恩，*Anaximander and the Origins of Greek Cosmology*（New York:Columbia University Press,1960）；还有保罗·塞利格曼，*The Apeiron of Anaximander:A Study in the Origin and Function of Metaphysical Ideas*（London:Athlone Press,1962）。

120.列维克和韦达尔-纳凯*Clisthène l' Athénien*第102页。对这个问题的基本论述，见M.R.赖特，*Cosmology in Antiquity*（London:Routledge,1995）。

121.列维克和韦达尔-纳凯*Clisthène l' Athénien*第109页。

122.罗杰.J.P.凯恩和伊丽莎白·巴内特，*The Cadastral Map in the Service of the State:A History of Property Mapping*（Chicago:University of Chicago Press,1992）第1页。

123.O.A.W.迪尔克，*The Roman Land Surveyors:An Introduction to the*

Agrimensores（Newton Abbot,UK:David and Charles,1971）第22页。也可见约瑟夫·C.卡特，斯蒂芬·M.汤普森和杰西卡·特雷洛根，“Dividing the Chora”收入弗兰克·科尔布辑*Chora und Polis*第127—45页（Munich:R.Oldenbourg,2004）。

124.韦斯利·E.汤普森，“The Deme in Kleisthenes' Reforms,” *Symbolae Osloenses* 46（1971）第72页；见安德鲁斯，“Kleisthenes' Reform Bill,”第243页。

125.S.D.兰伯特，*The Phratries of Attica*（Ann Arbor:University of Michigan Press,1993）第7页。

126.怀特海德，*Demes of Attica*第67页。

127.汤普森，“Deme in Kleisthenes' Reforms”第76页；及安德鲁斯，“Kleisthenes' Reform Bill”第245页。

128.D.M.刘易斯，“Cleisthenes and Attica，” *Historia* 12（Jan.1963）：30。

129.刘易斯，“列维克（P.）和韦达尔-纳凯（P.）”第223页。

130.D.M.刘易斯，“C.W.J.埃利奥特，Coastal Demes of Attica” *Gnomon:Kritische Zeitschrift für die Gesamte Klassiche Altertumswissenschaft* 35,no.6（September 1963）第724页。

131.刘易斯，“C.W.J.埃利奥特，Coastal Demes of Attica”第724页。见兰伯特，*Phratries of Attica*第7页。

132.怀特海德，*Demes of Attica*第xxi页。

133.默尔·K.兰登，“The Territorial Basis of the Attic Demes” Symbolae Osloenses 60（1985）第7页。

134.兰登，“Territorial Basis of the Attic Demes”第11页。而在安德鲁斯，“Kleisthenes' Reform Bill”第244页亦可见。

135.兰登，“Territorial Basis of the Attic Demes”第12页。

136.阿里斯托芬，*Aves*第997行，见菲利克斯·雅可比，*Die Fragmente der Griechischen Historiker*（Leiden,Netherlands:E.J.Brill,1964）第3卷B，第375条的批注，称这次划分是“城市的划区（horismoi tes poleos）。”见兰登，“Territorial Basis of the Attic Demes”第13页。

137.兰登，“Territorial Basis of the Attic Demes”第13页。

138.摩西斯·I.芬利，*Studies in Land and Credit in Ancient Athens,500—200B.C.:The Horos Inscriptions*（New Brunswick,NJ:Rutgers Uniersity Press,1951）第4页。

139.芬利，*Studies in Land and Credit*第5—6页。

140.芬利，*Studies in Land and Credit*第3—4页。

141.斯特拉波，*Geography of Strabo*第1:1.4.7。

142.但是这一段落的意思肯定存在争议。见汤普森，“Deme in Kleisthenes'

Reforms”；以及兰登，“Territorial Basis of the Attic Demes”第13页。

143.埃利奥特，*Coastal Demes*第147页。

144.刘易斯，“C.W.J.埃利奥特，Coastal Demes of Attica”第724页。

145.在约翰·S.特莱尔的*Demos and Trittys:Epigraphical and Topographical Studies in the Organisation of Attica*（Toronto:Athenians,1986）。

146.罗德斯，*Commentary on the Aristotelian Athenaion Politeia*第763页。

147.安德鲁斯，“Kleisthenes’ Reform Bill”第245页。

148.亚里士多德，*Athenian Constitution*21.4－5。

149.这两种变式由罗德斯提供，见*Commentary on the Aristotelian Athenaion Politeia*第258页。

150.亚里士多德，*Athenian Constitution*21.5。关于阿提卡各市区的名称，见刘易斯，“Cleisthenes and Attica”第26—27页。

151.罗德斯，*Commentary on the Aristotelian Athenaion Politeia*第258页。

152.兰登，“Territorial Basis of the Attic Demes”第7页。

153.罗德斯，*Commentary on the Aristotelian Athenaion Politeia*第251—252页。

154.塞利，*History of the Greek City States*第151页；关于基本改革措施，见第150—55页。

155.P.J.比克奈尔，“Kleisthenes as Politician:An Exploration”收入*Studies in Athenian Politics and Genealogy,Historia Einzelschriften Heft 19,1—53*（Wiesbaden,Germany:Franz Steiner,1972）第18页；见埃利奥特，*Coastal Demes*第3—4页。

156.罗德斯，*Commentary on the Aristotelian Athenaion Politeia*第252页；兰伯特，*Phratries of Attica*第8页；希格尼特，*History of the Athenian Constitution*第136页。

157.怀特海德，*Demos of Attica*第352页；以及W.K.莱西，*Family in Classic Greece*（Ithaca,NY:Cornell University Press,1968）第90—91页。

158.罗德斯，*Commentary on the Aristotelian Athenaion Politeia*第253页；希格尼特，*History of the Athenian Constitution*第129页；以及兰伯特，*Phratries of Attica*第2页。

159.G.R.斯坦顿，“The Tribal Reform of Kleisthenes the Alkeonid”*Chiron* 14（1984）：第1—41页。

160.皮埃尔·列维克，“The Da-Root:Repartition and Democracy”收入列维克和韦达尔-纳凯，*Cleisthenes the Athenian*。

161.西尔维·维拉特，*Espace et temps:La cité aristotélicienne de la Politique*（Paris:Annales Littéraires de l’Université de Besançon,1995）第67页。

162.希腊文文本可见*Platonis Opera*第5卷。译文主要采用柏拉图原著，特雷沃·J.桑德斯英译本*The Laws*（Harmondsworth,UK:Penguin,1970）；也同柏拉图原著，R.G.巴里译，英文—希腊文对照版*Works*（London:William Heinemann,1926）第9卷pt.1；以及柏拉图原著，托马斯·L.潘吉尔英译本*The Laws of Plato*（Chicago:University of Chicago Press,1980）。

163.阿纳斯为柏拉图*Statesman*英译本所作的介绍第xii页。

164.桑德斯为柏拉图*Laws*英译本所作的介绍第39页。

165.柏拉图，*Laws*第702c－e。评论可见洛罗，*Né de la terre*第185页；以及A.J.格雷厄姆，*Colony and Mother City in Ancient Greece*（New York:Barnes and Noble,1964）第4页。

166.塞利，*History of the Greek City States*第30—31页。

167.格雷厄姆，*Colony and Mother City*第xvii页。

168.吉恩·高特曼，*The Significance of Territory*（Charlottesville:University Press of Virginia,1973）第17—18页。

169.柏拉图，*Laws*第704a－e，第737e。

170.高特曼，*Significance of Territory*第19页。

171.莱奥·施特劳斯，*The Arguments and Actions of Plato's Laws*（Chicago:University of Chicago Press,1975）第54页。

172.柏拉图，*Laws*第704b－c。

173.1斯泰德（stade）=193码=176米。见罗德斯，"Glossary and Subject Index,"在亚里士多德，*Athenian Constitution*第174页。

174.见柏拉图，*Republic*第2卷第370e，这一条指出实际上如果不需要进口商品的话，是不可能兴建一座城市的。

175.格伦·R.莫罗，*Plato's Cretan City:A Historical Interpretation of the Laws*（Princetion,NJ:Princeton University Press,1960）第30页；见95页。

176.相关讨论，见约翰·萨利斯，*Chorology:On Beginning in Plato's Timaeus*（Bloomington:Indiana University Press,1999）；约翰·萨利斯，"The Politics of the χωρα"收入雷吉纳德·利里辑*The Acients and the Moderns*第59—71页（Bloomington:Indiana University Press,1996）；以及约翰·萨利斯，"Traces of the Chora"收入约翰·拉森和约翰·萨利斯辑的*Retracint the Platonic Text*，第57—69页。（Evanston:Northwestern University Press,2000）。

177.萨利斯，*"Politics of the χωρα"*第69页。

178.卢斯·伊利加莱，*Speculum de l'autre femme*（Paris: Éditions de Minuit,1974）；朱莉娅·克里斯特娃，*La Révolution du langage poétique: L'avant-garde à la fin du XIX siècle: Lautréamont et Mallarmé*（Paris: Éditions du Seuil,1974）；朱迪思·巴特勒，*Bodies That Matter:On the Discursive Limits of Sex*（London:Routledge,1993）第1章；以及雅克·德里达，*Khora*

(Paris:Galilée,1993)。

179.萨利斯，“*Politics of the χωρα*”第70页。

180.施特劳斯，*Arguments and Actions of Plato’s Laws*第54页。

181.莫罗，*Plato’s Cretan City*第30，95页。

182.G.查尔斯·皮卡德，“L’administration territoriale de Carthage”收入雷蒙·舍瓦利耶辑3卷本*Mélanges d’archaéologie et d’histoire offerts à André Piganiol*（Paris:SEVPEN,1966）第3卷1257—65，第3卷1258—59。

183.柏拉图，*Laws*第737。对这个问题的基本论述，见菲利普·布鲁克·曼维尔，*The Origins of Citizenship in Ancient Athens*（Princeton,NJ:Princeton University Press,1986）第5章。

184.柏拉图，*Laws*第736。

185.柏拉图，*Laws*第737a。

186.柏拉图，*Laws*第736e。

187.柏拉图，*Laws*第736b。

188.莱西，*Family in Classic Greece*第179页。

189.柏拉图，*Laws*第737e－738a。

190.柏拉图，*Laws*第738c－d。

191.柏拉图，*Laws*第739d－740a。

192.柏拉图，*Laws*第740a－c。

193.莫罗，*Plato’s Cretan City*第118页。

194.源自“*polis*”一词的词汇列表，以及常用英语译法，见大卫·凯伊特和小弗雷德·D.米勒，为两人辑的*A Companion to Aristotle’s Politics*一书所写的介绍（Oxford:Blackwell,1991）第2页。

195.柏拉图，*Laws*第814c；以及莫罗*Plato’s Cretan City*第113页。

196.柏拉图，*Laws*第741b－c。关于这一点的论述，见M.I.芬利，“The Alienability of Land in Ancient Greece，”*Eirene*7（1968）第25—32页。

197.柏拉图，*Laws*第842e－843b。

198.柏拉图，*Laws*第843c－e。

199.见柏拉图，*Laws*第757a－b。

200.柏拉图，*Laws*第744c－d。

201.柏拉图，*Laws*第744d－第745a。

202.莫罗，*Plato’s Cretan City*第104页；以及柏拉图，*Republic*第416d－417b。

203.保罗·卡特利奇，“Greek Political Thought:The Historical Context,”收入克里斯托弗·罗和马尔科姆·斯科菲尔德辑*The Cambridge History of Greek and Roman Thought*（Cambridge:Cambridge University Press,2005）第11—59页，第14

页。

204.妮可儿·洛罗原著，科里内·帕什英译本*Mothers in Mourning*（Ithaca,NY:Cornell University Press,1998）第67页。

205.莫罗，*Plato's Cretan City*第121—22页。

206.柏拉图，*Laws*第848c—d。

207.见桑德斯在柏拉图原著*Laws*第218n27所加的注释。

208.柏拉图，*Laws*第738d。韦斯利·E.汤普森，“The Demes in Plato's Laws”*Eranos:Acta Philologica Suecana*63,fasc.3—4（1965）：134；也可见怀特海德，*Demes of Attica*第50页。

209.柏拉图，*Laws*第746d—747a；见771。

210.柏拉图，*Laws*第760b—d。

211.柏拉图，*Laws*第760e—761c。

212.柏拉图，*Laws*第778c。

213.柏拉图，*Laws*第778e—779c。

214.亚里士多德，*Nicomachean Ethics*第1160a10—30；与亚里士多德，*Politics*第1252a1—7。可对照柏拉图，*Laws*第680—81。见莱西，*Family in Classic Greece*第21页；萨拉·B.波梅洛伊，*Families in Classical and Hellenistic Greece:Representations and Realities*New York:Oxford University Press,1997）第36—37页；以及威廉·J.布斯，“Politics and the Household:A Commentary of Aristotle's Politics Book One”*History of Political Thought2（Summer 1981）*第203—26页。

215.亚里士多德，*Politics*第1252b27—31。

216.亚里士多德，*Nicomachean Ethics*第1160a10—30；与亚里士多德，*Politics*第1252a1—7，1280b38—1281a1。

217.亚里士多德，*Politics*第1252b27—31，第1253a1—3。

218.亚里士多德，*Nicomachean Ethics*第1170b31—第1171a1。

219.在希腊作者的著作中普遍能找到邦国之舟的隐喻。例如，可见柏拉图，*Laws*第758a，第945c；以及索福克勒斯，*Antigone*第162行。

220.亚里士多德，*Politics*第1326a39—b6。

221.亚里士多德，*Politics*第1326b22—24。

222.亚里士多德，*Politics*第1326b26。

223.亚里士多德，*Politics*第1265a19—20。

224.亚里士多德，*Politics*第1326b39—1327条a10。

225.亚里士多德，*Politics*第1330a34—b17。

226.亚里士多德，*Politics*第1267b22—33。

227.列维克和韦达尔-纳凯，*Cleisthene the Athenian*第123—25页。

228.亚里士多德，*Politics*第1330b22－30。

229.亚里士多德，*Politics*第1330b31—1331a15。

230.亚里士多德，*Politics*第1329b36—1330a2。

231.亚里士多德，*Politics*第1330a9－20。

232.亚里士多德，*Politics*第1260b40—1261a1。

233.亚里士多德，*Politics*第1276a15－23。

234.亚里士多德，*Politics*第1276a24－32；也可见1280条b12－15，1326a5－10。

235.亚里士多德，*Politics*第1280b29－36；见1274b32—1275b20。

236.亚里士多德，*Politics*第1276a40—b4。

237.亚里士多德，*Eudemian Ethics*第1242a22－23。

238.亚里士多德，*Eudemian Ethics*第1242a40—b2条。

239.亚里士多德，*Politics*第1274b32—1275b20。

240.维拉特，*Espace et temps*第33页。

241.见亚里士多德原著*Metaphysics*，收入贝克辑*Aristotelis Opera*；亚里士多德原著*Metaphysics*，译文见W.D.罗斯辑*The Works of Aristotle*第8卷*Metaphysica*（Oxford:Clarendon Press,1930）第1016b29—31。

242.亚里士多德原著*Physics*，收入贝克辑，罗宾·沃特菲尔德英译本*Aristotelis Opera*；*Aristotle,Physics*（Oxford:Oxford University Press,1996）第226b18—227a34。真正有帮助的讨论，见海伦·S.朗，*The Order of Nature in Aristotle's Physics:Place and the Elements*（Cambridge:Cambridge University Press,1998）。朗正确地主张"在亚里士多德的著作当中并没有像'物理空间'这样的东西。"（230页）。尽管肯佩·阿尔戈拉著作的书名是*Concepts of Space in Greek Thought*（这样一个大而化之的标题），但这其实是一部在历史性和文本性方面都细致入微的研究专著。

243.亚里士多德，*Physics*第231a24。

244.事例可见柏拉图，*Republic*第527a。见爱德华·A.马齐亚兹和托马斯·格林伍德，*Greek Mathematical Philosophy*（New York:Frederick Ungar,1968）第7页。几何是埃及人使用的一种土地测量方法的概念，这是希罗多德在*Histories*,II第109页描述的。

245.见马里奥·邦赫，"le lieu et l'espace"收入*Penser avec Aristotle:Études réunies sous la direction de M.A.Sinaceur*（Toulouse,France: Érès,1991）第83—88页；维拉特，*Espace et temps*；马齐亚兹和格林伍德，*Greek Mathematical Philosophy*，托马斯·海斯，2卷本*A History of Greek Mathematics*（New York:Dover,1981）；马丁·海德格尔，*Platon:Sophistes*（Frankfurt am Main,Germany:Vittorio Klostermann,1992）第15页；雅克布·克莱因，*Greek*

Mathematical Thought and the Origin of Algebra（New York:Dover,1992）；以及大卫·拉波特·拉赫特曼，*The Ethics of Geometry:A Genealogy of Modernity*（New York:Routledge,1989）。

246.亚里士多德，*Politics*，第1296b17－20。

247.亚里士多德，*Politics*，第1301b29－32。

248.亚里士多德，*Politics*，第1301a25－30，第1280a7－34。

249.亚里士多德，*Politics*，第1318条a27－40。

250.亚里士多德，*Politics*，第1131条a10－1132条a32条。

251.弗朗索瓦·德·波里纳克，*La naissance de la cité grecque: Cultes,espace et société VIII-VII siècles avant J.C.*（Paris: Éditions la Découverte,1984）第8页。

252.德·波里纳克，*La naissance de la cité grecque*第5，66页。

253.洛罗，*Né de la terre*第49—50页；见洛罗，*L' invention d' Athènes*第450页n35。

254.洛罗，*Né de la terre*第50页；德·波里纳克，*La naissance de la cité grecque*第16页。

255.C.D.C.里夫为亚里士多德原著*Politics*所作的介绍第lvii页；见245页。里夫提到的是*Politics*第1328b2－23。

256.见马丁·海德格尔，*Einführung in die Metaphysik,Gesamtausgabe Band 40*（Frankfurt am Main,Germany:Vittotio Klostermann,1983）；马丁·海德格尔，*Hölderlins Hymne "Der Ister," Gesamtausgabe Band 53*（Frankfurt am Main,Germany :Vitorio Klostermann,1984），*Parmenides,Gesamtausgabe Band 54*（Frankfurt am Main,Germany : Vitorio Klostermann,1982）。

257.卡特利奇，"Greek Political Thought"第17　18页。

258.见曼维尔，*Origins of Citizenship*第36—38页。

259.科内利乌斯·卡斯托里亚蒂斯，"The Greek Π λ l al and the Greation of Democracy"，收入利里，*Ancients and the Moderns*第46页。

260.曼维尔，*Origins of Citizenship*第42，93页。

261.塞利，*History of the Greek City States*第19页。

262.德·波里纳克，*La naissance de la cité grecque*第57页。

263.德·波里纳克，*La naissance de la cité grecque*第64页。

264.曼维尔，*Origins of Citizenship*第36页。见塞利，*History of the Greek City States*第19页。

265.切斯特·G.斯塔尔，*The Origins of Greek Civilization,1100—650BC*（London:Jonathan Cape,1962）第338页。

266.切斯特·G.斯塔尔，*Individual and Community:The Rise of the Polis,800—500B.C.*（Oxford University Press,1986）第71页。还需见希罗多德，Histories第9

卷第13页。

267.柏拉图，*Laws*704。见莫罗，*Plato’s Cretan City*第30，95页；以及施特劳斯，*Arguments and Actions of Plato’s Laws*第54页。

268.柏拉图，*Laws*第707—8。

269.曼维尔，*Origins of Citizenship*第5—6页；以及里夫为亚里士多德原著*Politics*所作的介绍第245页。

270.曼维尔，*Origins of Citizenship*第53页。见A.C.布拉德利，“Aristotle’s Conception of the State,”收入凯伊特和米勒辑*Companion to Aristotle’s Politics*第14—15页。

271.妮可儿·洛罗原著，科林内·帕什与杰夫·福特英译本*The Diveded City:On Memory and Forgetting in Ancient Athens*（New York:Zone Books,2002）第100页。

272.卡斯托里亚蒂斯，“The Greek Πλl and the Creation of Democracy”第46页。

273.修昔底德，*History of the Peloponnesian War*第7卷第77页。此处的各种词性含义是妮可儿·洛罗，*Les expériences de Tirésias:Le féminin etl’homme grec*一书的焦点。

274.修昔底德，*History of the Peloponnesian War*第1卷第143页。关于这个段落的论述，可见奥多内·朗格，“Atene fra Polis e Territorio:In Margine a Tucidide第143页5”Studia Italiani Filologia Classica,n.s.,46（1974）第5—21页。

275.埃斯库罗斯原著，艾迪斯·霍尔编译，希腊文—英文对照版*Persians*（Warminster,UK:Aris and Phillips,1996）347行。

276.约翰·E.斯坦鲍，“The Idea of the City:Three Views of Athens”*Classical Journal* 69（April—May 1974）第309—10页，311—12页。

277.德·波里纳克，*La naissance de la cité grecque*第156—57页。

278.德·波里纳克，*La naissance de la cité grecque*第42，77页。

279.德·波里纳克，*La naissance de la cité grecque*第46页。

280.德·波里纳克，*La naissance de la cité grecque*第104—5页。

281.德·波里纳克，*La naissance de la cité grecque*第107页。

282.弗朗索瓦·波里纳克“为英语版所作的序”，珍妮特·劳伊德译*Cults,Territory,and the Origins of the Greek City-State*（Chicago:University of Chicago Press,1995）第xiii—xiv页。

283.修昔底德，*History of the Peloponnesian War*第4卷第118页。

第二章注释

1.塔西佗，*Annales*第1卷第1页。关于塔西佗的著作，我已经使用了克利福德·H.摩尔的英译本The *Histories*，以及约翰·杰克逊翻译的4卷本拉丁文—英文对照版*The Annals*（London :William Heinmann,1937）；肯尼斯·威尔斯利的英译本*Histories*（Harmondsworth,UK :Penguin,1964）；迈克尔·格兰特翻译的修正版*The Annals of Imperial Rome*（Harmondsworth,UK :Penguin,1975）；以及J.C.雅德利译的*The Annals:The Reigns of Tiberius,Claudius and Nero*（Oxford:Oxford University Press,2008）。

2.关于更早的时期，见T.J.康奈尔的*The Beginnings of Rome:Italy and Rome from the Bronze Age to the Punic Wars(c.1000—264 BC)*（London:Routledge,1995）；也可见让-米歇尔·大卫原著，安东尼亚·内维尔译*The Roman Conquest of Italy*（London:Routledge,1997）。

3.弗兰克·E.阿德考克，*Roman Political Ideas and Practice*（Ann Arbor:University of Michigan Press,1959）第19页。

4.M.I.芬利，*Politics in the Ancient World*（Cambridge:Cambridge University Press,1983）第1—2页。

5.F.R.科威尔，*Cicero and the Roman Republic*（Harmondsworth,UK:Penguin,1948）第135—37页。

6.见莉莉·罗斯·泰勒，*The Voting Districts of the Roman Republic:The Thirty-Five Urban and Rural Tribes*（Rome:American Academy in Rome,1960）；以及弗格斯·米勒，*The Crowd in Rome in the Late Republic*（Ann Arbor:University of Michigan Press,1998）。

7.科威尔，*Cicero and the Roman Republic*第159—60页；见亚瑟·基弗尼，*Rome and the Unification of Italy*（London:Croom Helm,1987）。

8.K.J.贝罗赫，*Römische Geschichte bis zum Beginn der Punischen Kriege*（Berlin:Walter de gruyter,1926）第620—21页。

9.大卫·肖特，*Rome and Her Empire*（London:Longman,2003）第70，75，82页。

10.威廉·V.哈里斯，*War and Imperialism in Republican Rome*（Oxford:Clarendon Press,1979）第60页。

11.安德鲁·林托特，*Imperium Romanum:Politics and Administration*

（London:Routledge,1993）第129。

12.见斯蒂芬·L.戴森，*Community and Society in Roman Italy*（Baltimore:Johns Hopkins University Press,1992）第1页；以及史蒂文·K.德鲁蒙德和林恩·H.尼尔森，*The Western Frontiers of Imperial Rome*（Armonk,NY:M.E.Sharpe,1994）第238页。

13.P.A.布伦特，“The Army and the Land in the Roman Revolution,” *Journal of Roman Studies* 52（1962）第69—86页。也可见基思·霍普金斯，*Conquerors and Slaves*（Cambridge:Cambridge University Press,1978）第6，36页。

14.普鲁塔克，*Romulus*第十七章，收入贝纳多特·佩林译希腊文—英文对照版2卷本Lives（Cambridge,MA:Harvard University Press,1914—26）第1卷。

15.O.A.W.迪尔克，*The Roman land Surveyors:An Introduction to the Agrimensores*（Newton Abbot,UK:David&Charles,1971）第183页。

16.霍普金斯，*Conquerors and Slaves*第49—50页。

17.有一些优秀的相关传记。特别值得一提的是热拉尔·沃尔特原著，埃玛·克劳福德英译本2卷版*Caesar*（London:Cassell,1953）；马塞亚斯·格尔泽原著，彼得·尼德汉姆英译本*Caesar:Politician and Statesman*（Oxford:Basil Blackwell,1968），克里斯蒂安·迈尔原著，大卫·麦克林托克（London:HarperCollins,1995），以及阿德里安·戈尔德斯沃西英译本，*Caesar:Life of a Colossus*（New Haven,CT:Yale University Press,2007）。关于他身后的待遇，见玛利亚·怀克，*Caesar:A life in Western Culture*（London:Granta Books,2007）；莱奥·莱蒂特萨，“Julius Caesar and His Writings” *Aufstieg und Niedergang der Römischen Welt I（1973）*第417—64页；以及威廉·W.巴特斯通和辛西娅·戴蒙，*Caesar's Civil War*（Oxford:Oxford University,2006）。关于高卢境内的战争，也可见巴里·冈莱夫，*Greeks,Romans and Barbarians:Spheres of Interaction*（London:B.T.Batsford,1988）第6章。

18.恺撒原著，*De bello gallico*，收入H.J.爱德华兹编译英文—拉丁文对照版*The Gallic Wars*（London:William Heinemann,1917）。作者基本上使用的是S.A.汉德福德译，简·加德纳校订*The Conquest of Gaul*英译本（Harmondsworth,UK:Penguin,1982）。

19.恺撒原著，*De bello civili*，收入A.G.佩斯科特译英文—拉丁文对照版*The Civil Wars*（London:William Heinemann,1914）。作者基本上使用的是简·F.加德纳的英译本*The ciril War,Together with the Alexandrian Way the African War,and the Spanish War by Other Hards*（Harmondsworth,UK:Penguin,1967）。继续会在叙事中出现的本篇其他拉丁文本内容，见“*Caesar*”A.G.韦译，英文—拉丁文对照版*Alexandrian,African and Spanish Wars*（London:William Heinemann,1955）。

20.阿德考克，*Caesar as Man of Letters*第5页。以前的看法——例如格尔泽和迈尔——认为这本书是在恺撒返回罗马后，根据他的报告文件汇编补全的。相关讨论，见T.P.怀斯曼，“The Publication of De Bello Gallico,”收入*Julius Caesar as Artful Reporter:The War Commentaries as Politial Instruments*凯瑟琳·韦尔奇和安东·鲍威尔辑第1—9页（London:Duckworth with Classical Press of Wales,1998）；以及阿德里安·戈尔德斯沃斯，“‘Instinctive Genius’:The Depiction of Caesar the General,”同卷第193—219页。

21.见J.P.V.D.保尔斯顿，“The Veracity of Caesar,”*Greece ④ Rome,*2nd ser.,4（1957年3月）第19—28页；以及J.卡夫，“Caesar the Soldier,”*Greece ④ Rome,*2nd ser.,4（1957年3月）第29—35页。

22.M.卡里，*The Geographic Background of Greek and a Roman History*（Oxford:Clarndon,1949）第315页。

23.恺撒，De bello gallico第1卷第1页。

24.C.R.惠特克，*Rome and Its Frontiers:The Dynamics of Empire*（London:Routledge,2004）第144页。

25.霍诺留，“Cosmographia Iulii Caesaris,”收入亚历山大·列瑟（1878）辑*Geographi Latini minores*第21—23页，译文收入O.A.W迪尔克，*Greek and Roman Maps*（London:Thames and Hudson,1985）第183—184页。见克劳德·尼科莱原著，海伦·莱克勒克英译本*Space,Geography,and Politics in the Early Roman Empire*（Ann Arbor:University of Michigan Press,1991）第96页。原出处是*L’Inventaire du Monde:Géographie et politique aux origins de l’Empire romain*（Paris:Fayard,1988）。

26.尼科莱*Space,Geography,and Politics*第97页。

27.惠特克，*Romc and Its Frontiers*第144页。

28.伊丽莎白·劳森，*Intellectual Life in the Late Roman Republic*（London:Duckworty,1985）第260页。

29.事例可见恺撒，*Conquest of Gaul*第266—67页收录的地图；以及恺撒原著，卡洛琳·哈蒙德译*Seven Commentaries on the Gallic War（附奥卢斯·希尔提乌斯著，Eighth Commentary）*（Oxford:Oxford University Press,1996）第l—li页。

30.加文·A.桑德沃尔，“Ammianus Geographicus”*American Journal of Philology 117（1996）*第619页。

31.C.R.惠特克，*Frontiers of the Roman Empire:A Social and Economic Study*（Baltimore:Johns Hopkins University Press,1994）第67页。

32.惠特克，*Rome and Its Frontiers*第67页。

33.阿德考克，*Caesar as Man of Letters*第63页，见第16页。以及Jane·F.加德纳为恺撒，*Civil War*英文版所作的介绍，第26—27页。

34.作者广泛使用了H.默楚伊特，*Lexikon zu den Schriften des Gäsars und*

seiner Fortsetzer（Jena,Germany:Gustav Fischer,1886）；另外尤其值得一提的，是E.G.西勒，*A Complete Lexicon of the Latinity of Caesar's Gallic War*（Amsterdam:B.R.Grüner,1968）。

35.恺撒，*De bello gallico*第5卷42页；第7卷73页；第7卷85页。"*Terra*"这个词仅仅很少地被用来描述一个民族的土地（*De bello gallico*第1卷30页）。这个词有时候意思是"凡间"，也就是"人世间"，如：*orbis terrarum*（*De bello gallico*第4卷第7页；第六卷14页；第7卷29页）。恺撒没有用过"*limes*"这个词。

36.恺撒，*De bello gallico*第2卷第18页；也可见第5卷第9页；第7卷36页；第7卷69页；第7卷73页；恺撒，*De bello civili*第1卷47—48页；以及"*Caesar*，"西班牙战争第38页。

37.事例可见恺撒，*De bello gallico*第1卷第7页；第1卷52页。

38.恺撒，*De bello gallico*第2卷17页；见第1卷43页等。

39.恺撒，*De bello gallico*第7卷23页。

40.事例见维吉尔，*Aeneid*第5卷316，321，325，327行。我已经引用过的*Works*中的拉丁文文本，取自H.拉什顿·费厄克劳译，G.P.古尔德校译的拉丁文—英文对照版2卷本。（Cambridge,MA:Harvard University Press,1999—2000）；还有许多按照弗雷德里克·阿尔的译本摘录（Oxford:Oxford University Press,2007）。尤维纳利斯在Satire第6卷第582行中对这个词的用法非常少见，收入苏珊娜·莫顿·布朗德编译的拉丁文—英文对照版*Juvenal and Persius*（Cambridge,MA:Harvard University Press,2004），以及斯塔提乌斯原著，D.R.沙克勒顿-贝利译拉丁文—英文对照版Thebaid第6卷第594行（Cambridge,MA:Harvard University Press,2004）。

41.恺撒，*De bello gallico*第3卷29页；见第1卷38页；第7卷69页。

42.恺撒，*De bello gallico*第3卷第20页。

43.恺撒，*De bello gallico*第1卷第9—10页；见第2卷第16页；第4卷第10页；以及许多其他例子。

44.恺撒，*De bello gallico*第1卷第1页。这类例子数不胜数。

45.恺撒，*De bello gallico*第2卷第15页。

46.恺撒，*De bello gallico*第6卷第10页；见第7卷第66页。

47.恺撒，*De bello gallico*第6卷第44页。

48.恺撒，*De bello gallico*第5卷第56页；第4卷第1页；第7卷第33页；以及希尔提乌斯，*De bello gallico*第8卷第31页。

49.达夫内·纳什，"Territory and State Formation in Central Gaul,"收入大卫·格林，科林·哈塞尔格罗夫，以及马修·斯普利格斯辑录*Social Organisation and Settlement,BAR International Series*（Supplementary）47（ii）（Oxford,1978）

第455—75页，尤其在第461，463，473页n3。这个属于在*De bello gallico*一书中经常使用。

50.恺撒，*De bello gallico*第6卷第13页。

51.恺撒，*De bello gallico*第1卷第2页；见第1卷第5页；第1卷31页；以及*De bello civili*，第1卷39页；以及第4卷第3页；第6卷第12页，其中*agrum*一词的意思是邻邦（邻人）土地。

52.西塞罗原著，*Pro M.Marcello Oratio*，N.H.沃茨英译本*Works*第14卷（London:William Heinemann,1972）第28页。

53.瓦勒里·A.马克斯菲尔德，"Mainland Europe,"收入约翰·沃彻尔辑2卷本*The Roman World*第1卷第139—97页，（London:Routledge,1987）第1卷140页。见恺撒*De bello gallico*第4卷第4页，第4卷第16页。

54.苏珊·马特恩，*Rome and the Enemy:Imperial Strategy in the Principate*（Berkeley:University of California Press,1999）第33页，见76页。见恺撒，*De bello gallico*第1卷第47页；以及G.沃尔瑟，*Caesar und die Germanen:Studien zur politischen Tendenz römischer Feldzugsberichte*（Wiesbaden,Germany:F. Steiner,1956）。

55.C.M.威尔斯，*German Policy of Augustus:An Examination of the Archaeological Evidence*（Oxford:Clarendon Press,1972）第29页。

56. C.M.威尔斯，*German Policy of Augustus*第30页。也可见E.A.汤普森，*The Early Germans*（Oxford:Clarendon Press,1965）。

57.沃尔特·戈法特，*Barbarians and Romans,A.D.418—584:The Techniques of Accommodation*（Princeton,NJ:Princeton University Press,1980）第13页；见沃尔特·戈法特，*Barbarian Tribes:The migration Age and the Later Roman Empire*（Phiadelphia:University of Pennsylvania Press,2006），以及塔西佗原著，赫伯特·W.贝纳里奥译，英文—拉丁文对照版，*Germania*（Warminster,UK:Aris and Philips,1999）。

58.威尔斯，*German Policy of Augustus*第30页。

59.恺撒，*De bello gallico*第4卷第16页。

60.恺撒，*De bello gallico*第4卷第19页。

61.贾斯汀·戴维斯·兰德斯-佩尔森，*Barbarians and Romans:The Birth Struggle of Europe,A.D.400—700*（London:Croom Helm,1983）第5页。

62.塔西佗，*Germania*第28页。

63.盖乌斯·苏埃托尼乌斯·特兰基鲁斯原著，H.E.巴特勒与M.卡里辑，G.B.唐能德校订，*Divus Julius*，（Bristol,UK:Bristol Classical Press,1982），以及盖乌斯·苏埃托尼乌斯·特兰基鲁斯原著，罗伯特·格雷夫斯译，迈克尔·格兰特校订，*The Twelve Caesars*（Harmondsworth,UK:Penguin,1979）第25页。

64.A.N.谢文-怀特，“Caesar as Imperialist,” *Greece ④ Rome*,2nd ser.,4（1957）第40—41页。关于庞培的参考内容可以在普鲁塔克，*Pompeius*第XXXIII页找到，收入*Lives*第1卷，书中此处的希腊词是*horos*。

65.普鲁塔克，*Caesar*第XX，第XXXII页，收入*Lives*第7卷。

66.惠特克，*Rome and Its Frontiers*第63页；以及玛丽·T.波特莱特，丹尼尔·J.加格拉和理查德·J.A.塔尔伯特合著，*The Romans:From Village to Empire*（New York:Oxford University Press,2004）第246页。

67.罗宾·西格尔，*Pompey the Great:A Political Biography*第2版（Oxford:Blackwell,2002）第171页。更为基本的描述，见阿德里安·戈尔德斯沃斯，*Caesar's Civil War，49—44BC*（Oxford:Osprey,2002）；在他的*Caesar*一书中的讨论；以及巴特斯通和戴蒙，*Caesar's Civil War*。

68.埃里希·S.格鲁恩，*The Last Generation of the Roman Republic*（Berkeley:Universtity of California Press,1974）第365页。

69.苏埃托尼乌斯，*Divus Julius*第32—33页。在普鲁塔克的希腊文本中，用词是“任其死亡（hanerriphtho kubos）”：势在必行，而并非象征性而已（*Caesar*第XXXII页）。这句话可能引自米南德的著作。阿庇安称之为格言“ho kubos hanerriphtho。”见阿庇安，*The Civil Wars*第2卷35页，收入霍勒斯怀特翻译4卷本希腊文—英文对照版*Roman History*。（Cambridge,MA:Harvard University Press,1912）第3—第4卷。我已经使用过的有约翰·卡特的译本（Harmondsworth,UK:Penguin,1996）。根据巴特勒和卡里版的苏埃托尼乌斯著作注解的说法，伊斯拉谟推测文中的“*esto*”表达的是“*est*”的意思，以使苏埃托尼乌斯的叙述符合这些文本（85）。这是刘易斯和肖特建议的读物。见戈尔德斯沃斯，*Caesar*第378页。

70.惠特克，*Rome and Its Frontiers*第63页。

71.恺撒，*De bello civili*第3卷第57页。

72.格尔泽，*Caesar*第273页。

73.恺撒，*De bello civili*第1卷第9页。

74.塔兰托的铭文，E.巴蒂安引自“Christian Meier,Caesar” *Gnomon:Kritische Zeitschrift für die Gesamte Klassicsche Altertumswissenschaft* 62（1990）第22—39页。

75.科林·威尔斯，*The Roman Empire*第2版（London:Fontana,1992）第12页；见波特莱特，加格拉和塔尔伯特，*Romans*第265页。

76.格鲁恩，*Last Generation of the Roman Republic*第497页。见安德鲁·林托特，*Violence in Republican Rome*（Oxford:Oxford University Press,1999）。

77.关于他的生平，见大卫·斯托克顿，*Cicero:A Political Biography*（Oxford:Oxford University Press,1971）；伊丽莎白·劳森，*Cicero:A Portrait*

（London:Allen Lane，1975），以及W.K. 莱西辑录的*Cicero and the End of the Roman Republic*(London:Hodder and Stoughton,1978)。在他写给阿提库斯的信件中，还有许多揭秘信息：*Cicero,Ad Atticum,*收入卡洛·迪·斯皮格诺辑2卷本拉丁文—意大利文对照版 *Epistole a Attico*（Turin:Unione Tipografico-Editrice,1998）。

78.关于他职业生涯的这一方面，见乔纳森·鲍威尔和杰里米·帕特森辑*Cicero:The Advocate*(Oxford:Oxford University Press,2004)。

79.迈克尔·格兰特为他本人翻译的西塞罗*On Government*英译本所作的介绍（Harmondsworth,UK:Penguin,1993）第7页。

80.罗纳德·塞姆，*Ten Studies in Tacitus*（Oxford:Clarendon Press,1970）第119页。

81.塞姆，*Ten Studies in Tacisus*第119页。见珍妮特·科尔曼，*A History of Political Thought:From Ancient Greece to Early Christianity*（Oxford:Blackwell,2000）第5章。

82.格兰特为西塞罗*On Government*一书所作的介绍第6页。

83.西塞罗，*Ad Atticum VIII,II*（February 49 BCE）。

84.唐纳德·厄尔，*The Moral and Political Tradition of Rome*（London:Thames and Hudson,1967）第59页，他还指出西塞罗使用“*dominatio*”一词本身非常重要。

85.蜜莉娅姆·格里芬，为西塞罗原著，M.T.格里芬和E.M.阿特金斯辑*On Duties*（Cambridge:Cambridge University Press,1991）所作的介绍第xii—xiii，指出*De Officiis*是在恺撒遇刺事件后写成的，西塞罗在文中将这次刺杀事件视为诛戮暴君。

86.罗纳德·塞姆，*The Roman Revolution*（Oxford:Oxford University Press,1939）第201页。参考了塔西佗，*Annales*第3卷28页。

87.西塞罗原著，W.格林·威廉姆斯译，3卷本拉丁文—英文对照版*Epistulae ad Fmiliares,in The letters to His Friends*（London:William Heinemann,1927—1929）第10卷28页，见第12卷第4页。

88.西塞罗，*The Philippic Orations of Cicero*拉丁文版，英文注解由约翰·理查德·金牧师辑录（Oxford:Clarendon Press,1868）。关于这些内容可见哈特维格·弗里施，*Cicero’s Fight for the Republic:The Historical Background of Cicero’s Philippics*（Copenhagen:Gyldendalske Boghandel,1946）。见德摩斯梯尼原著，J.H.文斯译，英文—希腊文对照版Orations第1卷（Cambridge,MA:Harvard University Press,1930）。在普鲁塔克的Lives（第7卷）中，出现了几篇并行的传记，德摩斯梯尼和西塞罗在同一卷出现。

89.尼尔·伍德，*Cicero’s Social and Political Thought*（Berkeley:University of California Press,1988）第8卷。

90.西塞罗原著，M.温特伯托姆辑，*De officiis*（Oxford:Clarendon,1994）；*On Duties*。关于这个问题的论述见安德鲁·R.迪克，*A Commentary on Cicero,De Officiis*（Ann Arbor:University of Michigan Press,1996）；以及A.A.朗，“Cicero’s Politics in De officiis”收入*From Epicurus to Epictetus:Studies in Hellenistic and Roman Philosophy*（Oxford:Oxford University Press,2006）第15章。

91.西塞罗原著，詹姆斯·M.梅与雅克布·怀斯编译，*On the Ideal Orator*（De Oratore）（Ne York:Oxford University Press,2001）。

92.拉丁文版，我使用了克林顿·沃克·凯耶斯译，英文—拉丁文对照版*De re publica,De legibus*（Cambridge,MA:Harvard University Press,1928）；除了前一部书外，还可在詹姆斯·E.G.泽特泽尔辑*De re publica:Selections*（Cambridge:Cambridge University Press,1995）中找到。英文版，见詹姆斯·E.G.泽特泽尔编译*On the Commonwealth and On the Laws*（Cambridge:Cambridge University Press,1999），这是作者本人译文的基础，而他同样查阅了尼尔·拉德英译本*The Republic and The Laws*（Oxford:Oxford University Press,1998）。

93.泽特泽尔，为西塞罗原著*On the Commonwealth and On the Laws*所作的介绍第xvii页；见格里芬，为西塞罗原著*On Duties*所作的介绍第xxvii页。

94.波利比乌斯，*Historion*第6卷。

95.A.E.道格拉斯，*Cicero,Greece and Rome,New Surveys in the Classics,No.2*（Oxford:Clarendon Press,1968）第28页。

96.道格拉斯，*Cicero*第28页。

97.道格拉斯，*Cicero*第148页。

98.莱西，*Cicero and the End of the Roman Republic,*第12页。对这个主题的基本论述，见罗兰·籧斯莱，*Cicéron traducteur de Platon :L’expression de la pensée complexe en latin classique*（Paris:E.de Boccard,1957），D.M.琼斯，“Cicero as Translator”*Bulletin of the Institue of Classical Studies*,no.6（1959）第22—34页；以及J.G.F.鲍威尔，“Cicero’s Translations from Greek”收入他本人辑录的*Cicero the Philosopher*第273—300页（Oxford:Clarendon Press,1995）。

99.D.H.贝利，为西塞罗原著，D.H.贝利英译本*Defence Speeches*所作的介绍（Oxford:Oxford University Press,2000）第xxi页。

100.琼斯，*“Cicero as Translator”*第33页。这个观点更广泛的讨论，见籧斯莱*Cicéron traducteur de Platon*，而琼斯更加投入一些。

101.M.I.克拉克，*The Roman Mind:Studies in the History of Thought from Cicero to Marcus Aurelius*（London:Cohen and West,1956）第44页。

102.泽特泽尔，为西塞罗原著的英译本*On the Commonwealth and On the Laws*所写的介绍第xix页。要看到在某种程度上反驳卢克莱修观点的论述，可见伍德，*Cicero's Social and Political Thought*第63页。见卢克莱修原著，罗兰·梅尔维尔英译本*On the Nature of the Universe*（Oxford:Oxford University Press,1997）；以及小詹姆斯·H.尼科尔斯*Epicurean Political Philosophy:The De rerum natura of Lucretius*（Ithaca,NY:Cornell University Press,1972）。

103.西塞罗，*De officiis*第1卷第xi章，35节；第2卷第i章，第3节。

104.西塞罗，*De officiis*第2卷第viii章，29节；第2卷第xiii章，45节；第3卷第i章，4节；第3卷第xxi章，83节。这一描述和引述，都取自格里芬为西塞罗原著，英译本*On Duties*所作的介绍第xiii页。

105.马尔科姆·斯科菲尔德，"Cicero's Definition of Res Publica"收入鲍威尔辑*Cicero the Philosopher*第66—67页。

106.斯托克顿，*Cicero*第306页。

107.格里芬，为西塞罗原著，英译本*On Duties*所作的介绍第xxvii页。

108.西塞罗，*De legibus*第1卷第v章,15节，第3卷第ii章,4节。关于这个问题的论述，见安德鲁·R.迪克，*A Commentary on Cicero,De Legibus*（Ann Arbor:University of Michigan Press,2004）。

109.P.L.施密特，"The Original Version of thc De re publica and the De legibus"收入G.F.鲍威尔和J.A.诺思辑*Cicero's Republic*第7—16页（London:Institute of Classical Studies,2001）。

110.西塞罗，*De re publica*第1卷第xxv章，39—40节。遗漏的文本，都附在{}中，是从凯耶斯版补全的。见*De re publica*第1卷第xxxii章第48节，以及第2卷第xxxii—xxxiii章第44—45节中的讨论。对这一定义的论述，见泽特泽尔，"Commentary"收入*De re ublica:Selections*第127—29页；格里芬和阿特金斯，"Notes on Translation"收入*On Dutics*第xliv页；以及斯科菲尔德，"Cicero's Definition of Res Publica"收入鲍威尔辑*Cicero the Phiosopher*第63—83页。

111.见J.A.S.埃文斯，"'Res Publica Restituta':A Modcrn Illusion ?"收入J.A.S.埃文斯辑*Polis and Imperium:Studies in Honour of Edward Togo Salmon*第280—84页（Toronto:Hakkert,1974）。

112.伍德，*Cicero's Social and Political Thought*第125页。这是说，西塞罗使用了"*status civitatis*"这个词组（*De re publica*第1卷第xx章33节），以及"*statum rei publicae*"【*In Catilinam*第1卷第3页，收入安德鲁·R.迪克辑*Catilinarians*（Cambridge：Cambridge University Press,2008）】或"*rei publicae statum*"【*De lege agraria,in The Speeches,*约翰·亨利·弗里斯译，拉丁文—英文对照版（London:William Heinemann,1930）第2卷第iii章第8节】这样的词组去表达邦国，或者城邦（*civitas or res publica*）的情况。

113.伍德，*Cicero's Social and Political Thought*第120页。

114.西塞罗，*De officiis*第1卷第xvi章，50节；见第51—53节。

115.西塞罗，*De officiis*第1卷第xvii章，54—55节。相关讨论，见迪克，*Commentary on Cicero,De Officiis*第172—74页。

116.西塞罗，*Ad Atticum*第1卷第16页（写于公元前61年5月）。

117.西塞罗，*Ad Atticum*第2卷第1页（写于公元前60年6月）。

118.这一点被多种专业词汇的存在证实。作者已经查对过H.默楚伊特3卷本*Lexikon zu den Reden des Cicero*（Jena,Germany:Gustav Fischer,1877—84）；H.默楚伊特3卷本*Lexikon zu den Philosophiscen Schriften des Cicero*（Jena,Germany:Gustav Fischer,1877—94）；H.默楚伊特，*Handlexicon zu Cicero*（Leipzig,Germany:Theodor Weicher,1905）；威廉·艾博特·奥尔德法泽，霍华德·弗农·坎特与肯尼斯·摩根·艾博特，*Index Verborum Ciceronis Epistularum*（Urbana:University of Illinois Press,1938），以及肯尼斯·摩根·艾博特，威廉·艾博特·奥尔德法泽与霍华德·弗农·坎特，*Index Verborum Ciceronis Rhetorica*（Urbana:University of Illinois Press,1964）。在J.希鲁瓦加什，*Le vocabulaire latin des relations et des parties politiques sous la république*第2版中同样没有争议。（Paris:Société d' Édition "Les Belles Lettres," 1972）。

119.西塞罗，*Oratio Philippica*第2卷第xl章第102—3节。在*Philippic Orations*第94页，对这个段落并没有注解，而"*territorium*"一词在索引中没有出现。在约翰·T.拉姆塞辑的*Philippics*第1—2卷（Cambridge:Cambridge University Press,2003）第312页，在政治问题上，有一个简短的注解，但没有概念性问题和背景的注解。

120.的确，西塞罗原著，W.K.莱西辑录的*Second Philippic Oration*译文（Warminster,UK:Aris and Phillips,1986）中，没有将*territorium*简单地用于表达"土地（lands）"的意思。在默楚伊特的专业词汇表中，他使用了*Gebiet*，或"*region*"一词。

121.瓦罗，*Dc Lingua Latina*，收入罗兰·G.肯特译，2卷本拉丁文—英文对照版*On the Latin Language*（London:William Heinemann,1938）第5部分第iv篇，21页。

122.德拉蒙德和尼尔森，*Western Frontiers of Imperial Rome*,第89页，246页。见罗伯特·K.谢克"Roman Geographical Exploration and Military Maps," *Aufstieg und Niedergang der Römischen Welt* 2（1974）第553—55页；J.J.威尔克斯，*Dalmatia*（London:Routledge and Kegan Paul,1969）第109，111页；以及M.罗斯托夫泽夫2卷本*The Social and Economic History of the Roman Empire*第2版（Oxford:Clarendon Press,1957）第1卷244—46页，此处指出那些铭文证明了这一点。

123.戴森，*Community and Society in Roman Italy*第23页，以及威尔克斯，*Dalmatia*第391页。有关讨论，见罗斯托夫泽夫，*Social and Economic History of* *the Roman Empire*第1卷232页；以及卡尔海因茨·迪埃兹与托马斯·费歇尔，*Die Römer in Regensberg*（Regensberg,Germany:Friedrich Pustet,1996）第142—44页，对“territorium contributum”这个词组在军事上的使用有所讨论。

124.塞内卡，*De Consolatione ad Marciam*第17章，收入约翰·W.巴索尔译，3卷本拉丁文—英文对照版Moral Essays（London: William Heinemann,1932）第2卷2－97。见R.布萨与A.赞伯利辑*Concordantiae Senecanae*（Hildesheim,Germany:Georg Olms,1975）。

125.老普林尼原著，H.拉克汉姆，W.H.S.琼斯与D.E.埃奇霍尔茨译，10卷本拉丁—英文对照版*Naturalis Historia/Natural History*（London:William Heinemann,1938—63）第29部分，第34章第106页。

126.西塞罗，*De re publica*第2卷第4章第8节。

127.西塞罗，*De re publica*第3卷第9章第15节。这个故事页能出自普鲁塔克原著，弗兰克·科尔·巴比特译，14卷本希腊文—拉丁文对照版*Moralia*第210e（London:William Heinemann,1931）。

128.关于土地的一项有益讨论，指出那里在农业技术方面没有取得真正的发展，见H.M.琼斯*The Later Roman Empire284—602:A Social,Economic,and Administrative Survey*简装版2卷本（1964，再版，Oxford:Basil Blackwell,1986）第2卷第20章（引文参考1986版）。

129.乔纳森·鲍威尔和尼尔·拉德，西塞罗，*Republic and The Laws*中，第187页。也可见伍德，*Cicero’s Social and Political Thought*第35页。

130.西塞罗，*De re publica*第2卷第14章第26节。

131.西塞罗，*De re publica*第2卷第18章第33节。

132.西塞罗原著，J.G.F鲍威尔辑*Cato maior de senectute*（Cambridge:Cambridge University Press,1988）第4章第11节；见*In Catilinam*第2章第5节。

133.西塞罗，*De re publica*第3卷第15章第24节。

134.西塞罗，*Pro Murena*第22节，收入西塞罗原著，C.麦克唐纳译，29卷本*Works*第10卷（Cambridge,MA:Harvard University Press,1977）。

135.西塞罗相对稀疏的散文扩充内容，由格兰特在*On Government*中的译文提供。

136.西塞罗，*De lege agraria*第2部分第21章56节。这方面的论述，见E.G.哈代，“The Policy of the Rullan Proposal in 63B.C.”*Journal of Philology*32,no.64（1913）第228—60页，以及埃文·T.塞奇，“Cicero and the Agrarian Proposals of 63B.C.”*Classical Journal* 16（1921）第230—36页。西塞罗长期抱有的反土地改革倾向，在托马斯·N.米切尔，*Cicero:The Senior Statesman*（New Haven,CT:Yale University Press,1991）一书中进行了讨论。关于此前的土地改革尝试，见普鲁塔

克，Lives第10卷中对格拉古的记载；阿庇安，*Civil Wars*第1卷第9—17页；以及H.H.斯卡拉德，*From Gracch to Nero:A History of Rome from 133B.C.to A.D.68*第5版（London:Methuen,1982）第2章。

137.见“Lex Agraria”收入M.H.克劳福德辑，2卷本*Roman Statutes*第1卷113—80页（London:Institute of Classical Studies,1996）。

138.贝利，为西塞罗，*Defence Speeches*所作的介绍，第xvi页。

139.西塞罗，*De lege agraria*第2部分第25章第67节。

140.事例见西塞罗，*De lege agraria*第1部分第4章第10—11节；第2部分第29—31章第79—85节；第2部分第32章第88节；第3部分第2章第8节；第3部分第4章第15—16节。关于“*ager*”一词，见瓦罗，*De Lingua Latina*第5部分第6章第34节。

141.西塞罗，*De legibus*第1部分第21章第55节，引自*Tabula*杂志第7辑第2—5页。各种表格文档的重构版，见E.H.沃明顿辑，4卷本*Remains of Old Latin*（London:William Heinemann,1935）第3卷424—515页；以及克劳福德，*Roman Statutes*第2卷555—721页；而有关讨论，可见安德烈·马格德莱因，*La loi à Rome:Histoire d' un concept*（Paris:Société d' Édition les Belles Lettres,1978）；康奈尔，*Beginnings of Rome*第11章。关于李维的著作，作者使用了B.O.福斯特，弗兰克·加德纳·摩尔，埃文·T.塞奇与阿尔弗雷德·C.施莱辛格译14卷本*Ab urbe condita*（London:William Heinemann,1919—59）。作者使用了企鹅社的几部译注：奥布里·德·塞林库尔译*The Early History of Rome:Books I—V of The History of Rome from Its Foundation*（Harmondswoth,UK:Penguin，1971）；贝蒂·雷迪斯译*Rome and Italy:Books VI—XOF The History of Rome from Its Foundation*（Harmondsworth,UK:Penguin，1982）；奥布里·德·塞林库尔译*The War with Hannibal:Books XXI—XXX of The History of Rome from Its Foudation*（Harmondsworth,UK:Penguin，1965）；以及亨利·贝滕森*Rome and the Mediterranean:Books XXXI—XLV of The History of Rome from Its Foudation*（Harmondsworth,UK:Penguin，1976）。

142.克林顿·沃克·凯耶斯，在西塞罗，*De legibus*360n1的注解；见迪克，*Commentary on Cicero,De Legibus*第214—15页。

143.西塞罗，*De re publica*第6部分第19章20节。

144.西塞罗，*Pro Archia Poeta,*收入N.H.沃茨译拉丁文—英文对照版*The Speeches*（London:William Heineman，1923）第10章23页。

145.西塞罗，*Pro L.Cornelio Balbo Oratio*，收入R.加德纳译拉丁文—英文对照版*The Speeches*（London:William Heinemann,1958）第64页。也可见*Pro Milone*，收入*Works*第14—98页：“fines imperi populi Romani.”

146.例如，可见西塞罗，*Pro Sexto Roscio Amerino*,收入1930版*Speeches*第16

章第47页。

147.西塞罗，*Pro M.Marcello Oratio,*第5章，第8页。

148.西塞罗，*De re publica*第2部分第3章第6节；第2部分第5章第10节。

149.西塞罗，*De re publica*第2部分第6章第11节。下文中还有关于锡拉丘兹的描述：*In Verram*,收入L.H.G.格林伍德译，拉丁文—英文版*The Verrine Orations*（London:William Heinemann,1949）第2部分第5章第97—98页。

150.西塞罗，*De re publica*第2部分第11章第21—22节。

151.马特恩，*Rome and the Enemy*第27页。

152.然而，所有这些史料在适当的时候，都勾划出了各种细节要点。也可见F.W.沃尔班克，"The Geography of Polybius,"*Classica et Mediaevalia* 9（1948）第155—82页。

153.塔西佗原著，M.赫顿与W.彼得森译，拉丁文—英文对照版*Agricola,Germania,Dialogus*（Cambridge,MA:Harvard University Press,1970）。作者也查询过贝纳里奥版引用的上文部分，而且大量使用了塔西佗原著，H.马丁利译,S.A.汉德福德校订的*The Agricola and the Germania*（Harmondsworth,UK:Penguin,1970）。适合的全称由塔西佗，*Agricola,Germania,Dialogus*第119页"Introduction to Germania"提供。

154.罗纳德·塞姆，2卷本*Tacitus*（Oxford:Oxford University Press,1958）第1卷253n1中认为，两个标题都相当令人费解，而*Ab Excessu Divi Augusti*可能是后者的标题或者副标题。

155.塞姆，*Tacitus*第1卷第126页。

156.卡里，*Geographic Background of Greek and Roman History*第315页。

157.尤尔根·拉普希，蒂埃特玛·纳约克与亚当·诺沃萨德，*Concordantia in Corpus Sallustianum*（Hildesheim,Germany:Olms-Weidmann,1991）；大卫·W.帕卡德，4卷本*Concordance to Livy*（Cambridge,MA:Harvard University Press,1968）；A.格贝尔和A.格里夫，2卷本*Lexicon Taciteum*（Leipzig,Germany:B.G.Teubneri,1903）；以及D.R.布莱克曼和G.G.贝茨辑2卷本*Concordantla Tacitea:A Concordance to Tacitus*（Hldesheim,Germany:Olms-Weidmann,1986）。

158.见D.C.厄尔，*The Political Thought of Sallust*（Cambridge:Cambridge University Press,1961）；一份全面评估，可见罗纳德·塞姆，*Sallust*（Berkeley:University of California Press,1964）。

159.塞姆，*Ten Studies in Tacitus*第120页。

160.塞勒斯特，*Bellum Iugurthinum*收入塞勒斯特原著，J.C.罗尔夫译英文—拉丁文对照版，*Works*（Cambridge,MA:Harvard University Press,1921）第17篇。

161.塞勒斯特，*Bellum Iugurthinum*第17篇。

162.斯特拉波原著，霍勒斯·莱昂纳德·琼斯译，8卷本希腊文—英文对照版*The Geography of Strabo*（London:William Heinemann,1924）第17部分第3章第1页；希罗多德原著，A.D.高德利译，4卷本希腊文—英文对照版*Histories*（London:William Heinemann,1925）第2卷第16页；以及瓦罗，*De Lingua Latina*第5部分第5章第31页。见罗尔夫在塞勒斯特*Works*第170页的注释。老普林尼认为存在一种三等分：*Naturalis Historia*第3部分第1章第3页。然而，普林尼总的来说在地理方面很弱。见约翰·F.希利为他本人的英译本老普林尼*Natual History:A Selection*所作的介绍第ix—xl页（Harmondsworth,UK:Penguin,2004）第xxi页。

163.S.A.汉德福德，“Life and Writings of Sallust”收入塞勒斯特原著，S.A.汉德福德英译本*The Jugurthine War and The Conspiracy of Catiline*（Harmondsworth,UK:Penguin,1963）第10页。

164.塞勒斯特，*Bellum Iugurthinum*，LXXIX。

165.塞勒斯特，*Bellum Iugurthinum*，LXXIX。

166.事例可见李维，*Ab urbe condita*第7卷第23页；第9卷第3页；第33卷第6页。

167.李维，*Ab urbe condita*第4卷第48页。

168.李维，*Ab urbe condita*第4卷第47页。

169.李维，*Ab urbe condita*第6卷第16页。

170.李维，*Ab urbe condita*第6卷第37—38页。

171.事例见李维，*Ab urbe condita*第34卷第48页。

172.李维，*Ab urbe condita*第29卷第5页。

173.李维，*Ab urbe condita*第27卷第31页。

174.李维，*Ab urbe condita*第27卷第32页。

175.事例见李维，*Ab urbe condita*第38卷第48页。

176.李维，*Ab urbe condita*第38卷第48页；见第37卷第54页。

177.李维，*Ab urbe condita*第2卷第49页。

178.李维，*Ab urbe condita*第27卷第5页。

179.李维，*Ab urbe condita*第22卷第14页；见第35卷第48页。

180.李维，*Ab urbe condita*第1卷第33页。

181.李维，*Ab urbe condita*第38卷第40页。

182.李维，*Ab urbe condita*第45卷第29页。

183.李维，*Ab urbe condita*第1卷第6—7页。

184.普鲁塔克，*Romulus*第9—第10章。这一主张取自奥维德原著，詹姆斯·乔治·弗雷泽译，拉丁文—英文对照版第2版第4卷843页中选取的一位同伴（Cambridge,MA:Harvard University Press,1989），这个人的故事在其他方面也略有不同。相关讨论，见约瑟夫·里克沃特，*The Idea of a Town:The Anthropology* *of Urban Form in Rome,Italy and the Ancient World*（London:Faber and Faber,1976）第27—29页，第44—45页。

185.李维，*Ab urbe condita*第1卷第9—13页；以及西塞罗*De re publica*第2卷第7章第12节。见梅丽莎·M.马瑟斯，*The Rape of Lucretia and the Founding of Republics:Readings in Livy,Machiavelli,and Rousseau*（University Park:PennsylvaniA State University Press,2000）尤其是第42—43页，第49页；以及罗宾·梅·肖特，“Sexual Violence,Sacrifice,and Narratives of Political Origins”收入他本人辑*Birth,Death,and Femininity:Philosophies of Embodiment*第25—48页（Bloomington:Indiana University Press,2010）。

186.李维，*Ab urbe condita*第34卷第62页。

187.塞姆，Ten Studies in Tacitus第18页。

188.F.R.D.古德伊尔，*Tacitus*，*Greece and Rome,New Surveys in the Classics,NO.4*（Oxford:Clarendon Press,1970）第36—37页；关于他的基本风格，见塞姆，*Tacitus*第1卷第26章，以及“Appendix F:Style and Words,”第2卷第711—45页；以及贝纳德托·丰塔纳，“Tacitus on Empire and Republic”*History of Political Thought* 14（1993）第27—40页。

189.塔西佗，*Historiae*第1卷70页。

190.塔西佗，*Annales*第1卷第38页；见第12卷第33页。

191.塔西佗，*Annales*第1卷第60页。

192.塔西佗，*Historiae*第3卷第41页。

193.塔西佗，*Annales*第4卷第32页。

194.塔西佗，*Annales*第4卷第32页。

195.塔西佗，*Annales*第4卷第33页。

196.塔西佗，*Historiae*第3卷第15页。

197.塔西佗，*Annales*第12卷第31—32页。也可见第13卷第55页，这一页他指出“当时安普西瓦里人（一个古日耳曼部落）占领了这片土地（*agros*）。”

198.塔西佗，*Annales*第2卷第5—6页。

199.塔西佗，*Annales*第2卷第56页。

200.塔西佗，*Annales*第2卷第14页。

201.塔西佗，*Historiae*第3卷第9页。

202.塔西佗，*Historiae*第3卷第8页。

203.塔西佗，*Germania*第35页。

204.塔西佗，*Annales*第4卷第5页。

205.塔西佗，*Annales*第1卷第51页。

206.塔西佗，*Annales*第3卷第62页。

207.塔西佗，*Historiae*第3卷第60页。

208.塔西佗，*Annales*第2卷第64页。

209.塔西佗，*Annales*第11卷第24页。

210.塔西佗，*Annales*第12卷第23页；也可见塞内卡，*De Brevitate Vitae*第13页（收入*Moral Essays*第2卷），此处认为那是意大利的扩张部分，而不是外省的土地（*agro*）。

211.普鲁塔克，*Romulus*第11章；以及李维，*Ab urbe condita*第1卷第44页。见托马斯·魏德曼，*Cicero and the End of the Roman Republic*（London:British Classical Press,1994）第92页。

212.奥鲁斯·格利乌斯，*Noctes Atticae*，收入其本人原著，约翰·C.罗尔夫译，3卷本拉丁文—英文对照版*Attic Nights*（London:William Heinemann,1927）第13部分第xiv页。

213.J.S.理查德森，"Imperium Romanum:Empire and the Language of Power"*Journal of Roman Studies* 18（1991）第3页。

214.关于奥古斯都扩大城界（*pomerium*）的故事，见帕特·萨塞恩，*Augustus*（London:Routledge,1998）第169页；以及罗纳德·塞姆，*Historia Augusta Papers*（Oxford:Clarendon Press,1983）尤其是第137页。

215.和西塞罗相同的说法，见普鲁塔克*Romulus*第11章；以及维吉尔，*Aeneid*第5卷第755—56行。相关讨论，见里克沃特，*Idea of a Town*第65—66页。里克沃特根据普鲁塔克的说法，指出当到达这个地区的门户时，犁就会被举起，所以他们并不神圣，而且允许不纯的货物进入或离开城市，从而使得拉丁词"*portare*（携带）"化出了"门（*porta*）"一词。

216.塔西佗，*Annales*第12卷第24页。关于这些地方的论述，见效劳伦斯·理查德森，*A New Topographical Dictionary of Ancient Rome*（Baltimore:Johns Hopkins University Press,1992）。

217.安德鲁·华莱士-哈德里尔，*Augustan Rome*（London:Bristol Classical Press,1993）第23页。

218.波特莱特，加格拉与塔尔伯特，*Romans*第62页。

219.塔西佗，*Germania*第29，32页。

220.塔西佗，*Agricola*第23页。

221.塔西佗，*Historiae*第3卷第5页。

222.塔西佗，*Annales*第1卷第60页。

223.塔西佗，*Agricola*第33页：*finem Britanniae*。

224.塔西佗，*Annales*第1卷第60页。

225.塔西佗，*Historiae*第4卷第64页。

226.塔西佗，*Historiae*第5卷第1页。

227.塔西佗，*Historiae*第4卷第37页。

228.塔西佗，*Annales*第14卷第23页。

229.塔西佗，*Annales*第1卷第9页。

230.塔西佗，*Germania*第45页。

231.李维，*Ab urbe condita*第22卷第12页；第22卷15页；第31卷第24页；第32卷第13页；第34卷第28页；第41卷第14页。

232.塔西佗，*Annales*第1卷第50页。

233.塔西佗，*Annales*第2卷第7页。

234.塔西佗，*Germania*第29页。

235.惠特克，*Frontiers of the Roman Empire*第46页。企鹅英译本将"*limes*"一词解释成"防御性边界线。"

236.塔西佗，*Agricola*第41页。关于这个段落，见本杰明·伊萨克，*The Limits of Empire:The Roman Army in the East*修订版（Oxford:Clarendon Press,1992）第397页；他的"The Meaning of the Terms Limes and Limitanei"*Journal of Roman Studies* 78（1988）第128页；以及林托特，*Imperium Romanum*第42页。

237.沃纳·艾克原著，黛博拉·卢卡斯·施耐德英译本*The Age of Augustus*（Oxford:Blackwell,2003）第15页。

238.大卫·肖特，*Augustus Caesar*（London:Routledge,1991）第136页；以及塞姆，*Roman Revolution*第217页。

239.肖特，*Rome and Her Empire*第137页。

240.卡修斯·迪奥原著，赫伯特·鲍德温·福斯特译，9卷本希腊文　英文对照版*Roman History*（London:William Heinemann,1924）第50部分第1页。

241.英文—拉丁文对照版*Res Gestae Divi Augusti:The Achievements of the Divine Augustus*，含P.A.布伦特与J.M.摩尔撰写的介绍和注释（Oxford:Oxford University Press,1967）第34页。这段文本，作者也曾查阅过维莱伊乌斯·帕特尔克鲁斯原著，弗雷德里克·W.希普利译，英文—拉丁文对照版*Compendium of Roman History*与*Res Gestae Divi Augusti*（London:William Heinemann,1924）。

242.罗纳德·塞姆，*The Augustan Aristocracy*（Oxford:Clarendon,1986）第2页；肖特，*Rome and Her Empire*第147页。

243.塔西佗，*Annales*第1卷第9页。

244.迈尔，*Caesar*第496页。

245.萨塞恩，*Augustus*第21页；威尔斯，*Roman Empire*第12页；以及艾克，*Age of Augustus*第10页。

246.加德纳为恺撒*Civil War*所作的介绍，见第24页。

247.H.盖尔斯特勒，"A Man,a Book,and a Method:Sir Ronald Syme's Roman Revolution after Fifty Years"收入库特·A.拉夫劳伯和马克·托尔辑*Between*

*Republic and Empire:Interpretations of Augustus and His Principate*第1—20页（Berkeley:University of California Press,1990）第15页。

248.卡修斯·迪奥，*Roman History*第52部分第41页。

249.华莱士-哈德里尔，*Augustan Rome*第85—86页。

250.切斯特·G.斯塔尔，*Civilization and the Caesars:The Intellectual Revolution in the Roman Empire*（Ithaca,NY:Cornell University Press,1954）第3页。这本书是关于帝制时期的一部研究专著。

251."Key to Technical Terms,"收入塔西佗，*Annals of Imperial Rome*第401页。

252.苏埃托尼乌斯原著，约翰·M.卡特辑*Divus Augustus*（Bristol:Bristol Classical Press,1982）第2卷第7页；*The Twelve Caesars*中的译文。见肖特，*Augustus Caesar*第27页；罗纳德·塞姆，"Imperator Caesar:A Study in Nomenclature" *Historia* 7（1958）第172—88页；以及保罗·赞克原著，艾伦·沙皮罗译（Ann Arbor:University of Michigan Press,1990）第98页。

253.弗格斯·米勒，"State and Subject:The Impact of Monarchy"收入弗格斯·米勒和埃里希·西格尔辑*Caesar Augustus:Seven Aspects*第37—60页（Oxford:Clarendon,1984）第37页。

254.爱德华·吉本原著，大卫·伍默斯利辑3卷本*The History of the Decline and Fall of the Roman Empire*（Harmondsworth,UK:Penguin,1985）第1卷第95页。关于吉本及其主旨的一项有益讨论，见凯伦·奥布莱恩，*Narratives of Enlightenment:Cosmopolitanism from Voltaire to Gibbon*（Cambridge:Cambridge University Press,1997）第6章。对吉本在十八世纪的欧洲文化当中所起到的作用的详尽研究，见J.G.A.波科克，4卷本*Barbarism and Religion*（Cambridge:Cambridge University Press,1999—2005）。

255.李维，*Ab urbe condita*第27卷第19页。关于在共和国的应用，见R.康贝斯，*Imperator:Recherches sur l' emploi et la signification du titre d' Imperator dans la Rome républicaine*（Paris:Presses Universitaires de France,1966）。

256.*Res Gestae Divi Augusti*第4页。

257.详情可见弗格斯·米勒，*The Emperor in the Roman World*（31BC—AD337）（London:Duckworth,1977）。

258.威尔斯，*Roman Empire*第7页。见*Res Gestae Divi Augusti*第30页。

259.艾克，*Age of Augustus*第124页。

260.肖特，*Augustus Caesar*第2页。关于这些问题，也可见安德烈·马格德莱恩，*Auctoritas Principis*（Paris:Société d' Édition "Les Belles Lettres" 1947）；以及W.H.格罗斯，"The Propaganda of an Unpopular Ideology"收入罗尔夫·温克斯辑*The Age of Augustus:Interdisciplinary Conference Held at Brown University,April*

*30—May 2,1982*第29—45页（Louvain-la-Neuve,Belgium:Archaeologica Transatlantica,1985）。

261.约翰·理查德森的*The Language of Empire:Rome and the Idea of Empire from the Third Century BC to the Second Century AD*（Cambridge:Cambridge University Press,2008）是一部透彻的研究专著。他的不幸，在于只会偶尔关注那些与领土有关的词语的细微差别，如“*provincia*”和“*imperium*”之间的差别。事例可见第27—30页，74—79页。

262.关于有益的讨论，见卡特为苏埃托尼乌斯，*Divus Augustus*所作的介绍，第10—11页。

263.查士丁尼，*Digest*第1卷第4章第1页。西奥多·蒙森与保罗·克鲁格辑，艾伦·沃特森编译，4卷本拉丁文—英文对照版 *The Digest of Justinian*（Philadelphia:University of Pennsylvania Press,1985）。

264.萨塞恩，*Augustus*第1页；以及尼古拉斯·珀塞尔，“Maps,Lists,Money,Order and Power”*Journal of Roman Studies* 80（1990）第178页。讨论见A.H.M.琼斯，“The Imperium of Augustus,”*Journal of Roman Studics41*,nos.1—2（1951）第112—19页。

265.理查德森，“Imperium Romanum”第1页；以及林托特，*Imperium Romanum*第22页。这个术语源自塞勒斯特；见理查德森，*Language of Empire*第98—99页。

266.理查德森，*Language of Empire*第145页。

267.迈克尔·格兰特，*From Imperium to Auctoritas:A Historical Study of Aes Coinage in the Roman Empire,49B.C.—A.D.14*（Cambridge:Cambridge University Press,1946）。

268.克劳德·尼科莱，*“L’Empire romain”Ktèma 8（1983）*第166页。

269.萨塞恩，*Augustus*第104—5页；见马格德莱恩，*Auctoritas Principis*；以及格兰特，*From Imperium to Auctoritas*。

270.尤维纳利斯，*Satire*第10卷第81。关于社区和城市的先天条件，见保罗·维尼，*Le pain et le cirque:Sociologie historique d’un pluralisme politique*（Paris: Éditions du Seuil,1976）；以及保罗·维尼原著，奥斯文·穆雷删减，布莱恩·皮尔斯英译本*Bread and Circuses:Historical Sociology and Political Pluralism*（London:Allen Lane,1990）。

271.*Res Gestae Divi Augusti*，序。这只是造成苏埃托尼乌斯“奥古斯都从没有大肆入侵任何国家，而且觉得扩张帝国或者使他的武功更辉煌没有吸引力”的评价（Divus Augustus第2卷第21页）非常可疑。见E.S.格鲁恩，“The Imperial Policy of Augustus,”收入库特·A.拉夫劳伯和马克·托尔辑*Between Republic and Empire:Interpretations of Augustus and His Principate*第395—416页

（Berkeley:University of California Press,1990）第410页。

272.相关讨论，见保罗·雷哈克，*Imperium and Cosmos:Augustus and the Northern Campus Martius*（Madison:University of Wisconsin Press,2006）第54—58页。

273.关于它们的不可靠性，见茨维·亚维兹，“The Res Gestae and Augustus' Public Image”收入米勒和西格尔辑*Caesar Augustus*第1—36页，第22页，他指出尽管这是学术共识，但是它们已经设定了学术交流的条件。

274.P.A.布伦特，*Roman Imperial Themes*（Oxford:Clarendon,1990）第433页。值得一提的是罗马领导人们如果获得新的土地，才能享有一次“凯旋仪式，”仅仅收入此前的失地则没有这种待遇。相关全面讨论，见玛丽·比尔德，*The Roman Triumph*（Cambridge,MA:Harvard University Press,2007）。

275.*Res Gestae Divi Augusti*第26章，30页。

276.威尔斯，*Roman Empire*第77页；艾克，*Age of Augustus*第94页；以及达玛斯库斯的尼克劳斯原著，简·贝里默辑，希腊文—英文对照版*Life of Augustus*（Bristol,UK:Bristol Classical Press,1984）第2页。

277.维吉尔，*Aeneid*第1卷第278—79行。关于这部著作的帝国主义主题，见菲利普·R.哈代，*Virgil's Aeneid:Cosmos and Imperium*（Oxford:Clarendon Press,1986）；理查德·F.托马斯，*Virgil and the Augustan Reception*（Cambridge :Cambridge University Press,2001）；以及伊芙·阿德勒，*Vergil's Empire:Political Thought in the Aeneid*（Lanham:Rowman and Littlefield,2003）。关于他的语言，见门罗·尼科尔斯·维特摩尔辑*Index Verborum Vergilianus*（Hildesheim,Germany:Georg Olms,1979）。

278.维吉尔，*Aeneid*第1卷第286—87行；见第6卷第791—95行；更全面的内容见他的*Georgics*，收入*Works*中。

279.维吉尔，*Aeneid*第1卷第236页。

280.霍勒斯，*Odes*第4卷第15页，第13—16页，收入C.E.本内特译拉丁文英文对照版*The Odes and Epodes*（Cambridge,MA:Harvard Univesity Press,1988）。

281.奥维德，*Fasti*第2卷第23章683—84行。这本著作是一部罗马节庆日历，而这里进入的是他赞美边境之神特尔米努斯的背景文章*finis*。日期是2月23日。关于特尔米努斯，见里克沃特，*Idea of a Town*第106—17页，以及戴森，*Community and Society in Roman Italy*第122—23页。奥维德清楚说明这意味着将土地划入不同范围的一种划分：“这是你的土地（*ager*），那是他的土地。”（第2卷第23章678行）。见托马斯·哈比内克，“Ovid and Empire”收入菲利普·哈代辑*The Cambridge Companion to Ovid*第46—61页（Cambridge:Cambridge University Press,2002），还特别值得一提的是理查森，*Language of Empire*第132—34页，文中认为他最早提出“*imperium*”一词是一个“领土帝国”的清晰概念（第133页）。关于那个时代更常见的诗歌中的政治，见米什莱·洛里耶，*Writing,Performance,and Authority in Augustan Rome*（Oxford:Oxford Unversity Press,2009）。

282.P.爱利乌斯·阿里斯蒂德斯，*Orationes*第26章81行，收入布鲁诺·凯尔辑*Quae supersunt omnia*（Berolini:Weidmannos,1898）；以及P.爱利乌斯·阿里斯蒂德斯原著，查尔斯·A.贝尔2卷英译本*The Complete Works*（Leiden,Netherlands:E.J.Brill,1981—86）第2卷第90页。

283.阿里斯蒂德斯，*Orationes*第26章28行（全集第2卷79页）。引文选自荷马原著，A.T.穆雷译，2卷本希腊文—英文对照版*Iliad*（London:William Heinemann,1924）第9部分476行。

284.阿里斯蒂德斯，*Orationes*第26章第61行（全集第2卷86页）。

285.林托特，*Imperium Romanum*第12页；见第2页。

286.萨塞恩，*Augustus*第163—64页。因此对罗马的形势，兼有无知，故意漠视和自以为是的傲慢。见布伦特，*Roman Imperial Themes*第433页；更为全面的相关内容，见约瑟夫·沃格特，*Orbis:Ausgewählte Schriften zur Geschichte des Altertums*（Freiburg,Germany:Herder,1960）第7章。

287.波特莱特，加格拉与塔尔伯特，*Romans*第255页。

288.比尔德，*Roman Triumph*第20页。

289.林托特，*Imperium Romanum*第2页；见L.威尔金森，*The Roman Experience*（New York:Alfred A.Knopf,1974）第77—78页。事例可见同盟者战争以后，公元前70年发生的一次动乱，收入魏德曼，*Cicero and the End of the Roman Republic*第30页。

290.在霍普金斯，*Conquerors and Slaves*,第223页页边注重现了这一点；也可见安东尼·R.伯利，*Hadrian:The Restless Emperor*（London:Routledge,1997）第242，258页。

291.在波特莱特，加格拉和塔尔伯特，*Romans*第331页重现了这一点。

292.安·L.库特纳，*Dynasty and Empire in the Age of Augustus:The Case of the Boscoreale Cups*（Berkeley:University of California Press,1995）第86—87页。关于他的帝国主义的全面论述，见威尔斯，*German Policy of Augustus*第1章。

293.雷哈克，*Imperium and Cosmos*第92页。

294.尼科莱，*Space,Geography,and Politics*插图6，7和8。

295.库特纳，*Dynasty and Empire in the Age of Augustus*第90页。

296.这是在用一条短语指代一段历史。李维借汉尼拔将罗马描述为*caput orbis terrarum*—已知世界的中心（Ab urbe condita第21卷第30页。）在古希腊和罗马思想当中对这个论题的全面讨论，见詹姆斯·S.罗姆，*The Edges of the Earth in Ancient Thought:Geography,Exploration,and Fiction*（Princeton,NJ:Princeton

University Press,1992）。

297.见E.巴蒂安，*Roman Imperialism in the Late Republic*（Ithaca,NY:Cornell University Press,1968）；以及哈里斯，*War and Imperialism in Republican Rome*。

298.威尔斯，*German Policy of Augustus*第5页；以及肖特，*Augustus Caesar*第53页。

299.威尔斯，*German Policy of Augustus*第249页。

300.E.A.汤普森，*Romans and Barbarians:The Decline of the Western Empire*（Madison:University of Wisconsin Press,1982）第7页。见格鲁恩，“Imperial Policy of Augustus,”第407—8页。史料来源包括塔西佗，*Annales*第1卷第57—61页；维莱伊乌斯·帕特尔克鲁斯，*Compendium of Roman History*第2卷第cxvii—cxix页；以及卡修斯·迪奥，*Roman History*第56卷第18—22页。

301.苏埃托尼乌斯，*Divus Augustus*第2部分第23页。

302.塔西佗，*Annales*第1卷第3页。

303.塔西佗，*Annales*第1卷第11页；见卡修斯·迪奥，*Roman History*第56部分第33页；以及德拉蒙德和尼尔森，*Western Frontiers of Imperial Rome*第20—21页。相关讨论，见约西亚·奥伯，“Tiberius and the Political Testament of Augustus,”*Historia:Zeitschrift für Alte Geschichte* 31（1982）第306—28页。

304.格鲁恩，“Imperial Policy of Augustus”第409—10页。

305.威尔斯，*Roman Empire*第78页；以及伊萨克，*Limits of Empire*第397页。

306.威尔斯，*German Policy of Augustus*第245页；见马克斯菲尔德，“Mainland Europe”第137页。

307.德拉蒙德与尼尔森，*Western Frontiers of Imperial Rome*第21页。

308.威尔斯，*German Policy of Augustus*第246页。

309.见威尔斯，*Rome Empire*第69页，74—75页，125页，246页，248页；格鲁恩，“Imperial Policy of Augustus”第408页；以及艾克，*Age of Augustus*第102—3页。

310.吉本，*History of the Decline and Fall of the Roman Empire*第1卷第32页。

311.全面调查，可见德雷克·威廉姆斯，*The Reach of Rome:A History of the Roman Imperial Frontier，1st—5th Centuries AD*（London:Constable,1996）。

312.然而阅读斯蒂芬·L.戴森，*The Creation of the Roman Fontier*（Princeton,NJ:Princeton University Press,1985）一书后，发现书中从共和国的角度进行了辩论。一些较为慎重的讨论，可见伊萨克，*Limits of Empire*第373页。

313.事例可见波利比乌斯原著，W.R.巴顿译，6卷本希腊文—英文对照版*Historion*第3卷第54页，第2页（London:William Heinemann,1922—27），那些地方在书中被描述成一座卫城（*acropolis*），以及赫罗狄安原著，C.R.惠特克译希腊文—英文对照版*Regnum post Marcum*（London:William Heinemann,1969）第2卷第2章第8页，相关内容将它们描述成一种障碍物。这些参考资料由惠特克，*Frontiers of the Roman Empire*第26页提供。关于较后一段时期的论述，见尼尔·克里斯蒂，“The Alps as Frontier（A.D.168—774）”*Journal of Roman Archaeology* 4（1991）第410—30页。

314.西塞罗，*De Provinciis Consularibus*，收入*Speeches*第14卷第34页。

315.李维，*Ab urbe condita*第5卷第34页。

316.李维，*Ab urbe condita*第21卷第30页。

317.李维，*Ab urbe condita*第21卷第35页。

318.惠特克，*Frontiers of the Roman Empire*第26页；以及亨利·弗朗西斯·佩勒姆，“The Roman Frontier System”收入F.哈弗菲尔德*Essays by Henry Francis Pelham*（Oxford:Clarendon,1911）第164—65页。

319.伊萨克，*Limits of Empire*第397页。关于土地财产边界的法律，见艾伦·沃特森，*The Law of Property in the Late Republic*（Oxford:Clarendon Press,1968）第5章。

320.见西奥多·蒙森原著，T.罗伯特·S.布鲁顿辑，*The Provinces of the Roman Empire:The European Provinces*（Chicago:University of Chicago Press,1968）。

321.林托特，*Imperium Romanum*第23页。

322.林托特，*Imperium Romanum*第23—24页；见伊萨克，*Limits of Empire*第397页。

323.林托特，*Imperium Romanum*第27页。

324.迪尔克，*Roman Land Surveyors*第99页。

325.迪尔克，*Roman Land Surveyors*第15页。

326.迪尔克，*Roman Land Surveyors*第98页。全面论述，见马克斯·韦伯原著，R.I.弗兰克译*The Agrarian Sociology of Ancient Civilizations*（London:NLB,1976）第6和第7章。

327.罗杰·J.P.凯恩与伊丽莎白 巴内特，*The Cadastral Map in the Service of the State:A History of Property Mapping*（Chicago:University of Chicago Press,1992）第1页。

328.波利比乌斯，*Historion*第6卷第41—42页。他将之与希腊兵营进行过对比。见吉本，*History of the Decline and Fall of the Roman Empire*第1卷第44—45页。

329.“Balbi ad Celsum exposition et ratio omnium formarum”收入F.布鲁姆，K.拉赫曼与A.鲁道夫辑，2卷本*Die Schriften der römschen Feldmesser*（Berlin:Georg Reimer,1848）第1卷第92页；译文见克雷奇·B.钱皮恩辑*Roman*

Imperialism:Readings and Sources（Oxford:Blackwell,2004）第305页。全面资料见谢克“Roman Geographical Exploration and Military Maps。”

330.C.图林辑，*Corpus Agrimensorum Romanorum*（Leipzig,Germany:B. G.Teubner,1913）。在布莱恩·坎贝尔，*The Writings of the Roman land Surveyors*一书中可以找到一种选择，载于Journal of Roman Studies Monograph NO.9（London:Society for the Promotion of Roman Studies,2000），这本书提供了拉丁文本，英语译文，以及注释。

331.迪尔克，*Roman Land Surveyors*第21页；以及O.A.W.迪尔克，*Mathematics and Measurement*（London:British Museum,1987）第7页。

332.迪尔克，*Roman Land Surveyors*第51页。

333.普劳图斯，*Poenulus*序第48—99行。收入M.阿西·普劳蒂原著，J.F.格罗诺维辑，5卷本*Comoediae*（London:A.J.Valpy,1829）第3卷第1258行；见坎贝尔，*Writings of the Roman Land Surveyors*第xlvi页。

334.迪尔克，*Roman Land Surveyors*第87页。

335.关于塞克斯图斯·朱利乌斯·弗朗提努斯在这方面的关联，见迪尔克，*Roman Land Surveyors*第40—41页。迪尔克注意到他“的土地勘测知识很广，所以我们可以怀疑他曾经是一位土地专员”（41页）。他范围更广的作品，见弗朗提努斯原著，查尔斯·E.本内特译，拉丁文—英文对照版*The Stratagems and The Aqueducts of Rome*（London:William Heinemann,1925）；以及R.H.罗杰斯辑*De Aquaeductu urbis Romae*（Cambridge:Cambridge University Press,2004）。

336.弗朗提努斯，*De agrorum qualitate*收入坎贝尔，*Writings of the Roman Land Surveyors*第2—5，第2，第3页。

337.坎贝尔，*Writings of the Roman Land Surveyors*第xxviii页。

338.弗朗提努斯，*De controversiis*收入坎贝尔，*Writings of the Roman Land Surveyors*第4—9，第4，第5页。对这些内容的全面论述，见迪尔克，*Roman Land Surveyors*第106—8页。关于领土管辖权的更为专门的论述，也可见阿根尼乌斯·乌尔比库斯，*De controversiis agrorum*收入坎贝尔，*Writings of the Roman Land Surveyors*第17—49页。这篇可能在四世纪晚期或五世纪早期写成。

339.弗朗提乌斯，*De controversiis*第6，7页。

340.弗朗提乌斯，*De controversiis*第6，7页。这可能是后期使用的注释。

341.耶纳罗·科斯塔斯·罗德里戈兹，*Frontini Index*（Hildesheim,Germany:Olms-Weidmann,1985）。

342.弗朗提乌斯，*Strategematon*，收入*Stratagems and Aqueducts of Rome*。

343.坎贝尔，*Writings of the Roman Land Surveyors,*第xxxi页。

344.锡库拉斯·弗拉库斯，*De condicionibus agrorum*收入坎贝尔，*Writings of the Roman Land Surveyors*第102—33页，第104，105页。另外还有一个M.克拉瓦

尔-勒维克编译的拉丁文—法文对照版（Naples:Jovere,1993）。

345.锡库拉斯·弗拉库斯，*De condicionibus agrorum*第104，105页。

346.锡库拉斯·弗拉库斯，*De condicionibus agrorum*第104，105页。

347.锡库拉斯·弗拉库斯，*De condicionibus agrorum*第120，121页。

348.锡库拉斯·弗拉库斯，*De condicionibus agrorum*第104，105页。

349.锡库拉斯·弗拉库斯，*De condicionibus agrorum*第130，131页。

350.锡库拉斯·弗拉库斯，*De condicionibus agrorum*第104，105页。

351.布莱恩·坎贝尔，“Shaping the Rural Environment:Surveyors in Ancient Rome”*Journal of Roman Studies* 86（1996）第78页；以及坎贝尔，*Writings of the Roman Land Sureyors*第xxxvii页。

352.迪尔克，*Roman Land Surveyors*第44页。

353.坎贝尔，*Writings of Roman Land Surveyors*第xxxvii页。

354.奥尔文·布罗根，“The Roman Limes in Germany”*Archaeological Journal* 92（1935）第1页；惠特克，*Frontiers of the Roman Empire*第200页；以及爱德华·N.勒特韦克，*The Grand Strategy of the Roman Empire from the First Century A.D.to the Third*（Baltimore: Johns Hopkins University Press,1976）第19页。关于军事手册，见布莱恩·坎贝尔，“Teach Yourself How to Be a General”*Journal of Roman Studies* 77（1987）第13—29页。

355.马可·奥勒留原著，大卫·麦基译，3卷本拉丁文—英文对照版*Historia Augusta*（London:William Heinemann,1921）第22—23页。

356.安德烈·皮雅尼奥尔，“La notion de limes”*Quintus Congressus Internationalis Limitis Romani Studiosorum*第119—22页（Zagreb:Jugoslavenka Akademija Znanosti,1963）第122页。

357.大卫·肖特，*Nero*（London:Routledge,1997）第25页，将尼禄垮台部分归因于他对军事事务缺乏兴趣。

358.佩勒姆，“Roman Frontier System”第166页，以及肖特，*Rome and Her Empire*第304页。

359.肖特，*Rome and Her Empire*第305页。

360.弗朗提努斯，*Strategematon*第1卷第3章第10页。*Limite*一词的简单含义就是*Strategematon*内的一条道路第1卷第5章第10页。

361.佩勒姆，“Roman Frontier System”第168页；以及林托特，*Imperium Romanum*第42页。

362.伯利，*Hadrian*第1页，147页，200—201页。

363.伯利，*Hadrian*第128，134页。

364.威尔斯，*Roman Empire*第203页；伯利，*Hadrian*第1，78页；以及肖特，*Rome and Her Empire*第323页。

365.伯利，*Hadrian*第96—97页；见苏埃托尼乌斯，*Divus Augustus*第2卷第21页；以及格鲁恩，“Imperial Policy of Augustus”第410n74。

366.弗格斯·米勒，*The Roman Empire and Its Neighbours*（London:Duckworth,1981）第104页。

367.见哈里斯，*War and Imperialism in Republican Rome*第131—33页。

368.勒特韦克，*Grand Strategy of the Roman Empire*；见亚瑟·费里尔“The Grand Strtegy of the Roman Empire”，收入保罗·肯尼迪辑*Grand Strategies in War and Peace*第71—85页（New Haven,CT:Yale University Press,1991）。

369.勒特韦克，*Grand Strategy of the Roman Empire*第60页。

370.弗格斯·米勒，“Emperor,Frontiers and Foreign Relations,31B.C.to A.D.378”*Britannia* 13（1982）第2页。

371.钱皮恩，*Roman Imperialism*第278页；以及J.C.曼“Power,Force and the Frontiers of the Empire”*Journal of Roman Studies*69（1979）第179页。

372.惠特克，*Frontiers of the Roman Empire*第66—67页；见马特恩，*Rome and the Enemy*第109—10页；以及伊萨克，*Limits of Empire*第417页。

373.伊萨克，*Limits of Empire*第387页。

374.迈克尔·J.沙皮罗，*Violent Cartographies:Mapping Cultures of War*（Minneapolis:University of Minnesota Press,1997）xii—xiii；惠特克，*Frontiers of the Roman Empire*第6—19页；以及伊萨克，*Limits of Empire*第416—17页。

375.惠特克，*Rome and Its Frontiers*第28页。作者更为信服的是伊萨克的记载。尤其值得一看的是伊萨克*Limits of Empire*第408—9页，以及伊萨克，“Meaning of the Terms Limes and Limitanei。”

376.H.舍恩伯格，“The Roman Frontier in Germany:An Archaeological Survey,”*Journal of Roman Studies59*,no.2（1969）第161页。

377.欧文·拉蒂莫，“The Frontier in History,”收入*Studies in Frontier History:Collected Papers,1928—1958*第469—91页（London:Oxford University Press,1962）第487页。

378.惠特克，*Frontiers of the Roman Empire*第201页；见第43页。

379.见威尔斯，*German Policy of Augustus*第248页。

380.马克斯菲尔德，“*Mainland Europe*”第137页；见保罗·雷默尔，“Invasions et migrations dans les Balkans deplus la fin de l’époque romaine jusqu’au VIIIe siècle”*Revue Historique* 211（1954）第265—308页，以及A.D.李，*Information and Frontiers:Roman Foreign Relations in Late Antiquity*（Cambridge:Cambridge University Press,1993）。

381.有关全面讨论，见大卫·布劳德，“River Frontiers in the Environmental Psychology of the Roman World”收入大卫·L.肯尼迪辑，增补版系列*The Roman*

Army in the EastNo.18（Ann Arbor,MI:Journal of Roman Archaeology,1996）第43—47页。

382.德西穆斯·马格努斯·奥索尼乌斯，*Gratiarum actio*第2卷第7页，收入R.P.H.格林辑*Decimi Magni Ausonii Opera*（Oxford:Clarendon Press,1999）。见伊萨克，"Meaning of the Terms Limes and Limitanei"第133页。

383.弗朗托，*Principia Historiae*第4页，收入2卷本拉丁文—希腊文—英文对照版*The Correspondence of Marcus Cornelius Fronto*（London:William Heinemann,1920）第2卷第200页，第2卷201页。然而，在塞内卡原著，托马斯·H.科克伦译，2卷本拉丁文—英文对照版*Naturales Quaestiones*第6部分第7页（London:William Heinemann,1972）中可以看到，塞内卡将它们视作更为线性的边界。

384.基本调查可见大卫·J.布里斯和布莱恩·多布森，*Hadrian's Wall*第4版（Harmondsworth,UK:Penguin,2000）；以及布莱恩·多布森，"The Function of Hadrian's Wall"*Archaeologica Aeliana,5th ser.*,14（1986）第1—30页。

385.*Historia Augusta*，*Hadrianus*第11页；以及安东尼·伯利译*Lives of the Later Caesars*（Harmondsworth,UK:Penguin,1976）。

386.*Historia Augusta*，*Hadrianus*第12页。

387.伯利，*Hadrian*第128页。

388.伊萨克，"Meaning of the Terms Limes and Limitanei"第131页。

389.惠特克，*Rome and Its Frontiers*第192页；惠特克，*Frontiers of the Roman Empire*第47—48页；以及勒特韦克，*Grand Strategy of the Roman Empire*第88页。

390.米勒，*Roman Empire and Its Neighbours*第111页。

391布里斯与多布森，*Hadrian's Wall*第xvii页和第4章。

392.相关调查，见威廉·S.汉森和戈登·S.麦克斯韦尔，*Rome's North West Frontier:The Antonine Wall*（Edinburgh:Edinburgh University Press,1983）；以及乔治·麦克唐纳，"The Building of the Antonine Wall:A Fresh Study of the Inscriptions,"*Journal of Roman Studies*11（1921）第1—24页。

393.*Historia Augusta*，*Antonius Pius*第5部分。

394.肖特，*Rome and Her Empire*第345页；以及汉森和麦克斯韦尔，*Rome's North West Frontier*第5章。

395.相关讨论，见J.C.曼，"Hadrian's Wall:The Last Phases"收入P.J.凯西辑*The End of Roman Britain*第144—51页（Oxford :BAR British Series71,1979）。

396.迪尔克，*Roman Land Surveyors*第199页，以及伯利，*Hadrian*第116—17页。

397.肖特，*Rome and Her Empire*第328页。

398.大卫·J.布里斯，*The Northern Frontiers of Roman Britain*

（London:Batsford,1982）第84页。

399.见大卫·迪万，*The North—West Frontier of Rome:A Military Study of Hadrian's Wall*（London:Macdonald,1969）。

400.普罗科庇厄斯，*Anecdota*第24部分第12页，收入H.B.杜因译，7卷本希腊文—英文对照版*Procopius*（London:William Heinemann,1954）第6卷。

401.普罗科庇厄斯，*Anecdota*第24部分第12—13页；见伊萨克，"Meaning of the Terms Limes and Limitanei"第136页。在艾达·阿德勒辑，5卷本*Suidae Lexicon*（Leipzig,Germany:B.G.Teubner,1928—38）第1卷第2部分第432页，希腊词汇"eschatia"用来表示帝国边缘的各个区域，戴克里先觉得有必要在那些地方"加强足够的兵力和修建要塞。"在"Meaning of the Terms Limes and Limitanei"伊萨克已经提出"这是limes这个词可以表达的唯一的现有定义。"（135页）。

402.米勒，Roman Empire and Its Neighbours第105页。

403.布里斯，*Northern Frontiers of Roman Britain*第161页；以及约翰·塞西尔·曼，"The Frontiers of the Principate"*Aufstieg und Niedergang der Römischen Welt* 2（1974）第508页。

404.伯利，*Hadrian*第116页，133—34页。

405.R.G.柯林伍德，"The Fosse"*Journal of Roman Studies* 14（1924）第256页。

406.大卫.J.布里斯，"Britain"收入约翰·瓦彻辑，2卷本*The Roman World*第1卷198—222页（London:Routledge,1987）第1卷199页；见迪尔克，*Roman Land Surveyors*第197—98页。

407.V.E.纳什-威廉姆斯原著，迈克尔·G.加莱特指导修订，第2版*The Roman Frontiers in Wales*（Cardiff:University of Wales Press,1969）。

408.惠特克，*Frontiers of the Roman Empire*第59页；以及米勒，*Roman Empire and Its Neighbours*第105页。更全面的论述见S.托马斯·帕克，*Romans and Saracens:A History of the Arabian Frontier*（Boston:American Schools of Oriental Research,1986）。

409.卡里，*Geographic Background of Greek and Roman History*第173页。

410.更早期的观点，事例可见A.蒲伊巴，*Le trace de Rome dans le desert de Syrie:Le Limes de Trajan à la conquète Arabe,Recherches aériennes（1925—1932）*（Paris:Librarie Orientaliste Paul Geuthner,1934）；乔治·麦克唐纳爵士，"Rome in the Middle East"Antiquity 82（1934）第373—80页；以及让·巴拉迪，*Fossatum Africae:Récherches aériennes sur l' organisation des confines sahareiens à l' époque Romaine*（Paris:Arts et metiers graphiques,1949）。更多近期资料，见大卫·肯尼迪和德里克·赖利，*Rome's Desert Frontier from the Air*

（Austin:University of Texas Press,1990）；E.达布洛瓦，“The Frontier in Syria in the First CenturyA.D.”收入菲利普·弗里曼以及大卫·肯尼迪2卷本*The Defence of the Roman and Byzantine East*第1卷第93—108页（Oxford:BAR International Seris 297,1986）；以及大卫·切利，*Frontier and Society in Roman North Africa*（Oxford:Clarendon,1998）。

411.马特恩，*Rome and the Enemy*第113页；以及惠特克，*Rome and Its Frontiers*第192页。

412.马特恩，Rome and the Enemy第114页。

413.阿米亚努斯·马塞利努斯，*Rerum Gestarum*第26部分第4，5页，见约翰·C.罗尔夫译，3卷本拉丁文—英文对照版（London:William Heinemann,1935）。有一个更近些的，略微节选的沃尔特·汉密尔顿英译本*The Later Roman Empire*（A.D.354—378）（Harmondsworth,UK:Penguin,1986）。见R.C.布洛克里，*Ammianus Marcellinus:A study of His Historiography and Political Thought*（Brussels:Latomus,1975）；罗宾·西格，*Ammianus Marcellinus:Seven Studies in His Language and Thought*（Columbia:University of Missouri,1986）；以及约翰·马修斯，*The Roman Empire of Ammianus*（London:Duckworth,1989）。

414.阿米阿努斯·马尔切利努斯，*Rerum Gestarum*第20部分第1页。

415.阿米阿努斯·马尔切利努斯，*Rerum Gestarum*第16部分第2，12页。

416.阿米阿努斯·马尔切利努斯，*Rerum Gestarum*第16部分第12，59页。

417.阿米阿努斯·马尔切利努斯，*Rerum Gestarum*第29部分第1，14页。

418.事例见帕拉狄乌斯·拉迪利乌斯·陶鲁斯，*Opus Agriculturae*第4卷（Mensis Martius）第10章第16页，收入罗伯特·H.罗杰斯辑*Opus Agriculturae,De veterinaria Medicina,Dc insitione*（Leipzig,Germany:B.G.Teubner）1975，文中谈及*territorio Neapolitano* 可以被培育生长成一棵特定的树；以及塞尔维乌斯·莫鲁斯·霍诺拉图斯原著，格奥尔·希洛与赫尔曼·哈根辑，3卷本*Servii Grammatici qui feruntur in Vergilii camina commentarii*（Leipzig,1881—1902），关于*Aeneid*的部分，见第5部分755页；第7部分661页。前者认为“territorium dictum est quasi terriborium,tritum bubus（bovus）et aratro（于是*territorium*就被说成了*terribovium*，好象被牛拉着犁碾碎了一般。）”这种用法会被圣依西多禄使用，同时会发生一种关键的变体：*tauritorium*会成为*terribovium*的变体。

419.M.W.C.哈索尔与罗伯特·爱尔兰辑*De Rebus Bellicus*（Oxford:BAR International Series 63,1979）。

420.贾维尔·阿拉克，“Frontiers of the Late Roman Empire:Perceptions and Realities”收入沃尔特·波尔，伊恩·伍德与赫尔穆特·雷米兹The *Transformation of Frontiers:From Late Antiquity to the Carolingians*5—13页（Leiden,Netherlands:Brill,2001）第5页。

421.*De Rebus Bellicus*前言，第10页。

422.*De Rebus Bellicus*第5部分第6—7页。相关讨论，见斯蒂芬·约翰逊，“Frontier Policy in the Anonymous” 收入*De Rebus Bellicus*第1部分第67—75页。

423.*De Rebus Bellicus*第6部分第1—3页。

424.*De Rebus Bellicus*第20部分第1页。关于这方面的论述，见E.A.汤普森，*A Roman Reformer and Inventor*（New York:Arno Press,1979）第72—73页。

425.曼，“Power,Force and the Frontiers of the Empire”第179页。

426.一份有益的讨论，见W.S.汉森，“The Nature and Function of Roman Frontiers”收入约翰·C.巴雷特，安德鲁·菲茨帕特里克与莱斯利·麦金尼斯辑*Barbarians and Romans in North—West Europe:From the Later Republic to Late Antiquity*（Oxford:BAR International Series471,1989）。

427.一份对人比防御工事更为重视的记录，见休·埃尔顿，*Frontiers of the Roman Empire*（Bloomington:Indiana University Press,1996）。

428.马特恩，*Rome and the Enemy*第113页；以及切利，*Frontier and Society in Roman North Africa*第33页。

429.弗雷德里希·克拉托赫威尔，“Of System,Boundaries and Territoriality:An Inquiry into the Formation of the State System,” *World Politics* 39（October 1986）第35—36页。

430.详细研究，可见莫蒂默·惠勒爵士，*Rome beyond the Imperial Frontiers*（London:G.Bell and Sons,1954）。

431.这种认可的某些内容，可见拉蒂莫，“Frontier in History ”第469—70页；沙皮罗，*Violent Cartogrphies*第xii—xiii页；以及克拉托赫威尔，“Of Systems,Boundaries and Territoriality”第35页。

432.马特恩，*Rome and the Enemy*第114页。

433.林托特，*Imperium Romanum*第192—93页。

434.坎利夫，*Greeks,Romans and Barbarians*第3页。

435.坎利夫，*Greeks,Romans and Barbarians*第79页。

436.佩里·安德森，*Passages from Antiquity to Feudalism*（London:NLB,1974）第88页。

437.勒特韦克，*Grand Strategy of the Roman Empire*第81页。更为全面的论述也可见贝内特·萨尔维，“Sea and River Travel in the Roman Itinerary Literature,” 收入理查德·塔尔伯特与凯伊·布罗德森*Space in the Roman World:Its Peroeption and Presentation*第43—96页（Antike Kultur und Geschichte,Münster,Germany:Lit Verlag,2004）。

438.塔西佗，*Historiae*第3卷第21页。

439.老普林尼，*Naturalis Historia*第7卷第20章第84页。

440.苏埃托尼乌斯，*Divus Julius*第1卷第57页。

441.威尔斯，*Roman Empire*第139页。

442.彼得·布朗，*The World of Late Antiquity:From Marcus Aurelius to Muhammed*（London:Thames and Hudson,1971）第13页。相关讨论，见托内斯·贝克-尼尔森，“Terra Incognita:The Subjective Geography of the Roman Empire”收入阿斯科尔·丹斯卡尔德-麦德森，埃里克·克里斯蒂安森与埃里克·哈拉格尔辑*Studies in Ancient History and Numismatics Presented to Rudi Thomsen*第148—61页（Arhus,Denmark:Aarhus University Press,1988）。

443.A.H.M.琼斯，*The Decline of the Ancient World*（London:Longman,1966）第312页。

444.德拉蒙德与尼尔森，*Western Frontiers of Imperial Rome*第15页。

445.彼得·布朗，*Religion and Society in the Age of Saint Augustine*（London:Faber and Faber,1972）第16页。

446.布朗，*Religion and Society in the Age of Saint Augustine*第15页。

447.林托特，*Imperium Romanum*第120页。

448.米勒，“Emperors,Frontiers and Foreign Relations”第21—22页。

449.阿庇安，*Civil Wars*第5卷第65页；见A.N.舍温-怀特，*Roman Foreign Policy in the East,168B.C.to A.D.1*（London:Duckworth,1984）。

450.塞姆，*Roman Revolution*第290页。关于未来形势，见提摩西·D.巴恩斯，*The New Empire of Diocletian and Constantine*（Cambridge,MA:Harvard University Press,1982）。

451.威尔斯，*Roman Empire*第135页。

452.琼斯，*Decline of the Ancient World*第50页。对这一时期更为充分的讨论，见他更为重要的研究专著，*Later Roman Empire*。

453.罗伯特·福尔兹原著，希拉·安·奥吉尔维英译本*The Concept of Empire in Western Europe from the Fifth to the Fourteenth Century*（London:Edward Arnold,1969）第4页。

454.琼斯，*Later Roman Empire*第2卷1068页。

455.吉本，*History of the Decline and Fall of the Roman Empire*第1卷926页。

456.见为*De Rebus Bellicus*第1卷所作的介绍，文中认为虽然恺撒包围莱茵河边境将这一地区失陷的历史推迟了四百年，但它的最终沦陷是无法避免的。

第三章注释

1.相关全面讨论，见雷蒙德·威廉姆斯，第2版*Keywords:A Vocabulary of Culture and Society*（London:Fontana,1983）第207—8页。

2.丹尼斯·海，*The Medieval Centuries*（London:Methuen,1953）第163页。

3.弗拉维奥·毕昂多，*Forliviensis Historiarum ab inclinatione Romanorum*（Basileae:Frobeniana,1531）。

4.海，Medieval Centuries第163页。

5.雅克·勒高夫原著，亚瑟·戈德哈默译*The Medieval Imagination*（Chicago:University of Chicago Press,1988）第19页。

6.布莱恩·蒂尔尼，*Religion,Law and the Growth of Constitutional Thought,1150—1650*（Cambridge:Cambridge University Press,1982）第1页。

7.莉奈特·奥尔森，*The Early Middle Ages:The Birth of Europe*（London:Palgrave,2007）第198页。

8.安德烈·赛格尔，"Périodisation et didactique:Le 'moyen âge' comme obstacle à l'intelligence des origines de l'Occident"收入*Périodes:La construction du temps historique*（Paris: Éditions de l'École des Hautes Études en Sciences Sociales,1991）第105—14页；见伊丽莎白·A.R.布朗，"On 1500"收入彼得·莱恩汉和珍妮特·L.尼尔森辑*The Medieval World*第691—710页（London:Routledge,2000）。关于中世纪思想同当时代理论关系的论述，见布鲁斯·霍辛尔，*The Premodern Condition:Medievalism and the Making of Theory*（Chicago:University of Chicago Press，2005）；杰弗里·J.科恩，*Medieval Identity Machines*（Minneapolis:University of Minnesota Press,2003）；以及安德鲁·科尔以及D.万斯·史密斯辑，*The Legitimacy of the Middle Ages:On the Unwritten History of Theory*（Durham,NC:Duke University Press,2010）。

9.卡里·J.内德曼，"The Politics of Mind and Word,Image and Text: Retrieval and Renewal in Medieval Political Theory"*Political Theory* 25（October 1997）第717页。这一主张在他的*Lineages of European Political Thought:Explorations along the Medieval/Modern Divide from John of Salisbury to Hegel*（Washington,DC:Catholic University of America Press,2009）。

10.大卫·伍德沃德，"Medieval Mappaemundi"收入J.B.哈里与大卫·伍德沃德辑*The History of Cartography*第1卷*Cartography in Prehistoric,Ancient,and*

*Medieval Europe and the Mediterranean*第286—370页。（Chicago:University of Chicago Press,1987）第342页。

11.约翰·达格奈斯与玛格丽特·R.格里尔，“Decolonizing the Middle Ages:Introduction ”*Journal of Medieval and Early Modern Studies* 30（2000）第431页。

12.见珍妮特·L.阿布-罗格哈德，*Before European Hegemony:The World System,A.D.1250—1350*（Oxford:Oxford University Press,1989）。

13.卡里·J.内德曼，*Worlds of Difference:European Discourses of Toleration,c.1100—c.1550*（University Park:Pennsylvania State University Press,2000）第15页。

14.凯思琳·比迪克，*The Shock of Medievalism*（Durham,NC:Duke University Press,1998）第1—2页。

15.布鲁斯·霍辛尔，*Neomedievalism,Neoconservatism,and the War on Terror*（Chicago:Prickly Paradigm Press,2007）。

16.菲利普·G.瑟尼，“Neomedievalism,Civil War and the New Security Dilemma:Globalisation as Durable Disorder”*Civil Wars*第1章（1999）第36—64页。

17.詹姆斯·安德森，“The Shifting Stage of Politics:New Medieval and Postmodern Territorialities ?”*Environment and Planing D:Society and Space 14*（1996）第133—53页。

18.阿兰·明克，*Le nouveau Moyen Âge*（Paris:Gallimard,1993）。

19.见爱德华·W.赛德，*Orientalism*（New York:Vintage,1978）；以及苏珊娜·康克林·阿科巴里，“From Due East to Truc North:Orientalism and Orientation”收入杰弗里·杰罗姆·科恩辑*The Postcolonial Middle Ages*第19—34页（London:Palgrave,2000）。关于这种交易更详细的论述，见科恩一书中的其他杂文，以及阿南亚·贾哈那拉·卡波与迪安·威廉姆斯辑*Postcolonial Approaches to the European Middle Ages:Translating Cultures*（Cambridge:Cambridge University Press,2005）。

20.约翰·B.莫莱尔，*Political Thought in Medieval Times*第3版（London:Hutchinson University Library,1971）第10—11页。

21.乔治·H.T.金布尔，*Geography in the Middle Ages*（London:Methuen,1938）第68页。

22.沃尔特·乌尔曼，*Medieval Political Thought*（Harmondsworth,UK:Peregrine,1975）第229页。一组将中世与现代区别复杂化文章，见彼得·海都，*The Subject Medieval/Modern:Text and Governance in the Middle Ages*（Stanford,CA:Stanford University Press,2004）。

23.休·弗雷泽·斯图尔特，*Boethius:An Essay*（1891，再版New York:Burt Franklin,1974）第257页（引文参考的是1974版）。

24.海，*Medieval Centuries*第8页。

25.海，*Medieval Centuries*第3页。

26.西尔维亚·托马士，“Introduction:Medieval Geographical Desire”收入西尔维亚·托马士和塞利·吉勒斯*Text and Territory:Geographical Imagination in the European Middle Ages*第1—12页（Philadelphia:University of Pennsylvania Press,1998）第5页。相关主题文章，也可见保罗·祖姆托，*La mesure du monde:Représentation de l' espace au Moyen age*（Paris:Seuil,1993）；芭芭拉·A.哈纳瓦特与迈克尔·科比奥卡辑，*Medieval Practices of Space*（Minneapolis:University of Minnesota Press,2000）；安德鲁·斯派塞与萨拉·汉密尔顿辑，*Defining the Holy:Sacred Space in Medieval and Early Modern Europe*（Aldershot,UK:Ashgate,2005）；比特·库明辑，*Political Space in Pre-industrial Europe*（Aldershot,UK:Ashgate,2009），以及基思·D.利里辑，*Mapping Medieval Geographies:Geographical Encounters in the Latin West and Beyond,300—1600*（Cambridge:Cambridge University Press,2013）。

27.F.C.科普莱斯顿，*A History of Medieval Philosophy*（London:Methuen,1972）第50页。一份当时代的独特分析，可见威廉·E.康诺利，*The Augustinian Imperative:A Reflection on the Politics of Morality*（Newbury Park,CA:Sage,1993）。

28.圣奥古斯丁，*Confessionum Libri XIII*收入*Corpus Christianorum:Series Latina*第47—48卷（Turnholti:Typographi Brepols,1995），R.S.派恩-科芬英译本译作*Confessions*（Harmondsworth,UK:Penguin,1961）第1卷第13页。

29.彼得·布朗，*Augustine of Hippo:A Biography*（Berkeley:University of California Press,1967）第36页；见第271页。这是一部极其宝贵的研究专著。也可见他的论文集指南录*Religion and Society in the Age of Saint Augustine*（London:Faber and Faber,1972）。

30.金布尔，*Geography in the Middle Ages*第13页。

31.玛西娅·L.科利什，*Medieval Foundations of the Western Intellectual Tradition,400—1400*（New Haven,CT:Yale University Press,1997）第35页。

32.圣奥古斯丁，*De Civitate Dei*，收入*Corpus Christianorum*第27卷；大卫·诺尔斯辑，亨利·贝汀森英译本书名为Concerning the City of God against the Pagans（Harmondsworth,UK:Penguin,1972）。作者也参阅过R.W.戴森相同译名的英译本（Cambridge University Press,1998）。

33.莫里斯·基恩，*A History of Medieval Europe*（London:Penguin,1991）第19页。

34.查尔斯·霍华德·麦伊尔文，*The Growth of Political Thought in the West:From the Greeks to the End of the Middle Ages*（London:Macmillan,1932）第159页。关于圣奥古斯丁的政治思想，见约翰·内维尔·菲吉斯，*The Political Aspects of S.Augustine' s "City of God"*（London:Longmans,Green,1921）；以及保罗·魏斯曼，"Augustine' s Political Philosophy"收入埃里奥诺尔·斯顿普与诺曼·克雷兹曼第234—52页（Cambridge:Cambridge University Press,2001）。

35.科利什，*Medieval Foundations of the Western Intellectual Tradition*第35页。

36.保卢斯·奥罗修斯，罗伊·J.德福莱利译*The Seven Books of History against the Pagans*（Washington,DC:Catholic University of America Press,1964）。拉丁文本可以在马雷-皮埃尔·阿诺-林德编译的3卷本拉丁文—法文对照版*Histoires（contre les païens）*（Paris:Belles Lettres,1980）。

37.圣奥古斯丁，*The Retractions*第2卷第43篇，收入J.P.米涅辑，221卷本*Patrologiæ Cursus Completus,Series Latina*（Paris:Garnier,1844—78）第32卷col.648；玛丽·伊内兹·博根译文，收入*The Fathers of the Church*第60卷（Washington,DC:Catholic University of America Press,1968）第209页（此处注明的出处是第2卷69页）。见R.W.戴森，*The Pilgrim City:Social and Political Ideas in the Writings of St.Augustine of Hippo*（Woodbridge,UK:Boydell Press,2001）第51页。

38.圣哲罗姆，"Epistolorum 123"收入圣哲罗姆原著，杰罗姆·拉伯辑8卷本拉丁文—法文对照版*Lettres*（Paris:Société dÉdition "Les Belles Lettres," 1961）第7卷第93页；以及*Jerome:Letters and Select Works*，见W.H.弗里曼特尔译，*Select Library of Nicene and Post-Nicene Fathers,*第6卷ser.2（Edinburgh:T.and T.Clark,1892）第237页。对卢坎著作参考的是阿纳埃乌斯·卢卡努斯（卢坎）原著，D.R.沙克尔顿·贝利辑*De Bello Civili（Pharsalia）*（Stutgardiae:Teubner,1988）；以及卢坎原著，S.H.布劳德译*Civil War*(Oxford:Clarendon Press,1992)第5卷第274页。

39.科利什，*Medieval Foundations of the Western Intellectual Tradition*第35页。

40.圣奥古斯丁，*De Genesi ad litteram, Patrologiae Cursus Completus, Series Latina*第34卷，"On the Literal Interpretation of Genesis:An Unfinished Book"收入罗兰·J.特斯克（Washington, DC:Catholic University of America Press,1991）。见布朗，*Augustine of Hippo*第312页；以及R.W.戴森，*St Augustine of Hippo:The Christian Transformation of Political Philosophy*（London:Continuum,2005）第32页。

41.大卫·诺尔斯，为圣奥古斯丁，*De Cititate Dei*所作的介绍第xv页；呼应菲吉斯，*Political Aspects of S.Augustine' s "City of God"*第3页。

42.这些作者的一个节选本，见约翰·格雷高利辑，*The Neoplatonists*

（London:Kyle Cathie,1991）。

43.戴森，*Pilgrim City*第210页。

44.菲吉斯，*Political Aspects of S.Augustine' s "City of God"*第51—52页。

45.P.R.I.布朗，"Saint Augustine"收入贝丽尔·斯莫利辑*Trends in Medieval Political Thought*第1—21页（Oxford:Basil Blackwell,1965）第1页。这篇论文收入布朗，*Religion and Society in the Age of Saint Augustine*第25-45页。

46.见《诗篇》（Psalms）第46篇第4节，第48篇第1，2，8节，第87篇第3节——全都在圣奥古斯丁，*De Civitate Dei*第11卷第1篇引用。

47.安德列斯·奥西安德，*Before the State:Systematic Political Change in the West from the Greeks to the French Revolution*（Oxford:Oxford University Press,2007）第xix页。

48.事例可见，圣奥古斯丁，*De Civitate Dei*第7卷第1篇；第15卷第1篇；第16卷第17篇。关于*civitas*一词的有益讨论，以及这个词同其他关键术语，包括*societas, res publica*与*populus*，见R.T.马歇尔，*Studies in the Political and Socio-Religious Terminology of the De civitate Dei*（Washington,DC:Catholic University of America Press,1952）。

49.圣奥古斯丁，*De Civitate Dei*第10卷第32篇与第11卷第1篇。见R.A.马库斯，*Saeculum:History and Society in the Theology of St.Augustine*（Cambridge:Cambridge University Press,1970）第71，101，133页。

50.圣奥古斯丁，"In Psalmum LXIV"收入*Patrologiae Cursus Completus,Series Latina*第36卷col.773；*Expositions on the Book of Psalms*，A.克里夫兰·考克斯辑*Select Library of Nicene and Post-Nicene Fathers,*第8卷ser.1（Edinburgh :T.and T.Clark,1892）第268页（此处编号为Psalm LXV）。

51.圣奥古斯丁，"Epistularum CCXX"收入Al.戈德巴赫辑5卷本*Epistulae*（Vindobonae:F.Tempsky,1911）第4卷第437页；"Letter 220 to Boniface"收入E.M.阿特金斯与R.J.多达洛辑*Political Writings*（Cambridge:Cambridge University Press,2001）第222页。

52.见戴森，*St Augustine of Hippo*第4页。

53.事例见艾蒂安·吉尔森原著，L.E.M林奇英译本*The Christian Philosophy of Saint Augustine*（London:Victor Gollancz,1961）第181页，文中他在教会的"上帝的王国"与奥古斯丁的"上帝之城"之间进行了区分。

54.戴森，*Pilgrim City*第56-57，179页。

55.戴森，*Pilgrim City*第10-11页。

56.圣奥古斯丁，*De Cicitate Dei*第15卷第19篇。

57.圣奥古斯丁，*De Cicitate Dei*第15卷第18篇。

58.马库斯，*Saeculum*第103页；以及223页。

59.圣奥古斯丁，*De Cicitate Dei*第1卷前言。

60.戴森，*Pilgrim City*第180页；以及吉尔森，*Christian Philosophy of Saint Augustine*第180页。

61.圣奥古斯丁，*De Cicitate Dei*第14卷第1篇。见*Ephesians*第2篇第19节与*Philippians*第3篇第20节。

62.马库斯，*Seaculum*第59页。

63.圣奥古斯丁，*De Cicitate Dei*第11卷第1篇。

64.圣奥古斯丁，*De Cicitate Dei*第2卷第21篇；见圣奥古斯丁，“Epistularum CXXXVIII”收入*Epistulae*第3卷135页，以及圣奥古斯丁，“Letter 138 to Marcellinus”收入*Political Writings*第35页。

65.圣奥古斯丁，*De Cicitate Dei*第1卷前言。

66.圣奥古斯丁，*De Cicitate Dei*第1卷前言。

67.圣奥古斯丁，*De Cicitate Dei*第2卷第19篇。

68.圣奥古斯丁，*De Cicitate Dei*第2卷第21篇。引文选自西塞罗，*De re publica*第1卷第25页；见第39页。最初的参考资料现在已无从可考。

69.西塞罗，*De re publica*第1卷第25章第39节。见马库斯，*Saeculum*第64页，以及第2章中的讨论。

70.杰里米·杜克斯奈·亚当斯，*The Populus of Augustine and Jerome:A Study in the Patristic Sense of Community*（New Haven,CT:Yale University Press,1971）第2页。

71.亚当斯，*Populus of Augustine and Jerome*第2页。

72.亚当斯，*Populus of Augustine and Jerome*第2页。

73.圣奥古斯丁，*De Civitate Dei*第5卷第11篇。

74.亚当斯，*Populus of Augustine and Jerome*第109-11页。

75.圣奥古斯丁，*De Civitate Dei*第19卷第21篇。对由此产生的一些问题的讨论，见P.J.伯内尔，“The Status of Politics in St.Augustine’s City of God”*History of Political Thought* 13（1992）第13-29页。

76.赫伯特 A.迪恩，*The Political and Social Ideas of St.Augustine*（New York:Columbia University Press,1963）第118-20页；见马库斯，*Saeculum*第64页。

77.马库斯，*Saeculum*第64-65页。

78.圣奥古斯丁，*De Civitate Dei*第19卷第24篇。

79.圣奥古斯丁，*De Civitate Dei*第19卷第24篇。

80.圣奥古斯丁，*De Civitate Dei*第19卷第24篇。

81.圣奥古斯丁，*De Civitate Dei*第19卷第24篇。

82.圣奥古斯丁，*De Civitate Dei*第4卷第4篇。可与西塞罗，*De re publica*第2卷第14章第24篇的叙述对照。

83.圣奥古斯丁，*De Civitate Dei*第4卷第7篇。

84.亚当斯，*Populus of Augustine and Jerome*第112页。

85.亚当斯，*Populus of Augustine and Jerome*第113-15页。

86.吉尔森，*Christian Philosophy of Saint Augustine*第171页。

87.圣奥古斯丁，*De Civitate Dei*第15卷第21篇。

88.布朗，*Augustine of Hippo*第324页。

89.奥古斯丁，*De Civitate Dei*第14卷第28篇，见哥林多后书（II Corinthians）第10篇第17节。

90.吉尔森，*Christian Philosophy of Saint Augustine*第172页。

91.诺尔斯，为奥古斯丁，*De Civitate Dei*第17卷所作的介绍。

92.亚当斯，Populus *of Augustine and Jerome*第139页，提供的参考资料是为了他称之为“领土性联合体”的事物与上帝之城（*City of God*）那些段落的范围内的人的关系，但“place”这个词看似更接近这层意思。

93.圣奥古斯丁，*De Civitate Dei*第18卷第24篇；见第2篇。

94.圣奥古斯丁，*De Civitate Dei*第17卷第2篇。

95.圣奥古斯丁，*De Civitate Dei*第17卷第2篇。

96.圣奥古斯丁，*De Civitate Dei*第18卷第11篇。

97.圣奥古斯丁，*De Civitate Dei*第18卷第12篇；见上文第1章。

98.圣奥古斯丁，*De Civitate Dei*第12卷第24篇，见*Genesis*第2篇第7节。

99.亚当斯，*Populus of Augustine and Jerome*第139页。

100.马库斯，*Saeculum*第52页。

101.圣奥古斯丁，“Epistularum LXVI”与“Epistularum CLXXXV”，收入*Epistulae*第2卷第236页，第3卷第4页，圣奥古斯丁，“Letter 66 to Crispin”与“Letter 185 to Boniface”收入*Political Writings*第133页，175页。

102.圣奥古斯丁，*De Civitate Dei*第4卷第29篇。

103.圣奥古斯丁，*De Civitate Dei*第5卷第12篇。这 章节也认为“王国（*regnum*）”一词出自“统治区（*regnare*）”一词的同时，“国王”一词也出自“统治（*regere*）。”

104.圣奥古斯丁，*De Civitate Dei*第4卷第29篇。也可见诺尔斯辑录版第171页n101的注解。

105.圣奥古斯丁，*De Civitate Dei*第21卷第4篇。Cf.版辑录者第969页n6的注解：“这是模糊不清的，”这个注解提供了用木炭给寺庙奠基的例子。

106.游斯汀，*Epitoma historiarum philippicarum Pompei Trogi*（Paris:Plon Fratres,1845）第1卷第1页。这一段在圣奥古斯丁，*De Civitate Dei*第4卷第6篇被引用。内容取自巴黎的约翰，*De regia potestate et papali*第3页。

107.圣奥古斯丁，“Epistularum CXXXVIII”收入*Epistulae*第3篇第135节；

以及圣奥古斯丁，“Letter 138 to Marcellinus”收入*Political Writings*第35页。

108.圣奥古斯丁，*De excidio urbis Romae*第6卷收入*Patrologiae Cursus Completus, Series Latina*第40卷col.721；见马库斯，*Saeculum*第61页。

109.马库斯，*Saeculum*第149页。

110.圣奥古斯丁，*Confessionum*第7卷第1篇。

111.圣奥古斯丁，*Confessionum*第7卷第1篇。

112.圣奥古斯丁，*De Civitate Dei*第11卷第6篇。

113.圣奥古斯丁，*Confessionum*第11卷第23篇。

114.圣奥古斯丁，*Confessionum*第11卷第26篇。

115.圣奥古斯丁，*De Civitate Dei*第11卷第5篇。

116.圣奥古斯丁，*Confessionum*第7卷第1篇。

117.圣奥古斯丁，*Confessionum*第12卷第27篇。

118.圣奥古斯丁，*Confessionum*第13卷第9篇。

119.迪恩，*Political and Social Ideas of St.Augustine*第69页；以及吉尔森，*Christian Philosophy of Saint Augustine*第179页。

120.亚瑟·莫纳汉，*Consent,Coercion,and Limit:The Medieval Origins of Parliamentary Democracy*（Kingston and Montreal:McGill-Queen’s University Press,1987）第29页；还可见迪恩，*Political and Social Ideas of St.Augustine*第172页。

121.见戴森，*St Augustine of Hippo*第142—46页。

122.波爱修斯原著，H.F.斯图尔特，E.K.兰德与S.J.特斯特译，拉丁文-英文对照版*The Theological Tractates and The Consolation of Philosophy*（Cambridge,MA:Harvard University Press,1973）。

123.斯图尔特，*Boethius*第81页。关于自古传承的那些观念的详尽讨论，见理查德·索拉布吉，*Time,Creation and the Continuum:Theories in Antiquity and the Early Middle Ages*（London:Duckworth,1983），以及理查德·索拉布吉，*Matter,Space and Motion:Theories in Antiquity and Their Sequel*（London:Duckworth,1988）。

124.斯图尔特，*Boethius*第118页。

125.V.E.沃茨，为波爱修斯原著，沃茨本人翻译的英译本*The Consolation of Philosophy*所作的介绍（Harmondsworth,UK:Penguin,1969）第7页。

126.波爱修斯原著，卡洛卢斯·迈泽辑*In Librum Aristoteles Peri Hermeneias*第2卷第3篇（Lipsaie:B.G.Teubner,1880）第79-80页。

127.霍华德·罗林·帕奇，*The Tradition of Boethius:A Study of His Importance in Medieval Culture*（1935，再版，New York:Russell and Russell,1970）第32页（引文参考1970版）。

128.乔纳森·巴恩斯，“Boethius and the Study of Logic”收入玛格丽特·吉布森辑*Boethius:His Life,Thought and Influence*（Oxford:Basil Blackwell,1981）第74页；科普尔斯顿，*History of Medieval Philosophy*第54页，以及沃茨，为波爱修斯*Consolation of Philosophy*所作的介绍第12页。较近版为波法利原著，乔纳森·巴恩斯英译本*Introduction*（Oxford:Clarendon Press,2003）。

129.斯图尔特，*Boethius*第26页；以及帕奇，*Tradition of Boethius*第4页。见大卫·平格里，“Boethius' Geometry and Astronomy”收入吉布森，*Boethius*第155—61页。

130.帕奇，*Tradition of Boethius*第31页。

131.恩斯特·H.坎托洛维茨，“Plato in the Middle Ages”收入*Selected Studies*（Locust Valley,NY:J.J.Augustin,1965）第184-85页。

132.R.W.萨塞恩，*The Making of the Middle Ages*（London:Hutchinson,1953）第167页。类似的主张见汉斯·冯·坎彭豪森原著，曼弗雷德·霍夫曼英译本*The Fathers of the Latin Church*（London:A&C Black,1964）第289页。

133.这段话能在拉里·本森辑录的*The Riverside Chaucer*第3版中找到。（Oxford :Oxford University Press,1987）第473-585页。关于失误（存疑待查），见斯图尔特，*Boethius*第214页；以及博纳德·L.杰弗森，*Chaucer and the Consolation of Philosophy of Boethius*（New York:Haskell House,1965）。

134.科普尔斯顿，*History of Medieval Philosophy*第55页；相关描述见海，*Medieval Centuries*第54页。

135.科利什，*Medieval Foundations of the Western Intellectual Tradition*第43页。

136.科利什，*Medieval Foundations of the Western Intellectual Tradition*第44页。

137.圣依西多禄原著，W.M.林赛辑，*Etymologiae*（Oxford:Oxford University Press,1911）；斯蒂文·A.巴尼，W.J.刘易斯，J.A.比奇与奥利弗·伯格霍夫译，*The Etymologies of Isidore of Seville*（Cambridge：Cambridge University Press,2006）。

138.约瑟夫·坎宁，*A History of Medieval Political Thought,300-1450*（London:Routledge,1996）第20页。最为综合性的研究专著是雅克·方丹著，2卷本*Isidore de Seville et la culture classique dans l' espagne Wisigothique*（Paris:Études Augustiniennes,1959）。关于他的时代背景，见罗杰·柯林斯，*Visigothic Spain,409-711*（Oxford:Blackwell,2004）。

139.见圣依西多禄原著，托马斯·L.诺贝尔翻译校订，*De Ecclesiasticis Officiis*（New York:Newman Press,2008）。

140.圣依西多禄，*Historia de regibus Gothorum,Vandalorum et Suevorum,in*

Monumenta Germaniae Historica Auctorum Antiquissimorum Tomus XI,Chronicum Minorum（Berlin:Weidmann,1894）第2卷第241-303页；以及圣依西多禄原著，圭多·多尼尼与小戈登·B.福特译，*History of the Kings of the Goths,Vandals,and Suevi*（Leiden,Netherlands:E.J.Brill,1966）序言第1页。

141.L.D.雷诺兹与N.G.威尔逊，*Scribes and Scholars:A Guide to the Transmission of Greek and Latin Literature*第2版（Oxford:Clarendon Press,1974）第74页。

142.萨塞恩，*Making of the Middle Ages*第183页。

143.克里斯蒂娜·法罗纳托，*Eco's Chaosmos:From the Middle Ages to Postmodernity*（Toronto:University of Toronto Press,2003）第107页；借鉴恩伯托·埃科的讨论，见"Riflessioni sulle tecniche di citazione nel medioevo,in Ideologie e pratiche del reimpiego nell'alto medioevo" *Settimane di Studi del Centro Iraliano di Studi sull'Alto Medioevo* 46（1999）第461页。

144.欧内斯特·布雷奥，*An Encylopedist of the Dark Ages:Isidore of Seville*（1912；再版，New York:Burt Franklin,1964）第48页（引文参考1964版）。

145.方丹，*Isidore de Seville*第2卷849-851页；布雷奥，*Encyclopedist of the Dark Ages*第35页；以及约翰·汉德森，*The Medieval World of Isidore of Seville:Truth from Words*（Cambridge:Cambridge University Press,2007）第6页。

146.海，*Medieval Centuries*第18页。

147.见阿尔弗雷德·希亚特，"Mapping the Ends of Empire"收入卡波和威廉姆斯，*Postcolonial Approaches to the European Middle Ages*第48-76页；关于这些地图的基本论述，见莱奥·巴格罗，R.A.斯凯尔顿增校版，*History of Cartography*（London:C.A.Watts,1964）第3章。

148.关于这一点，见阿克巴里，"From Due East to True North。"

149.关于他相信地球是平的例子，可以在布雷奥，*Encyclopedist of the Dark Ages*第50—54页找到；而一条可信得多的反面记录可以在韦斯利·M.史蒂文斯，"The Figure of the Earth in Isidore's 'De natura rerum'" *Isis* 71（1980）第268—77页找到。关于他的地理著作，见约翰·威廉姆斯，"Isidore,Orosius and the Beatus Map," *Imago Mundi*49（1997）第7-32页；伊芙琳·埃德森，*Mapping Time and Space:How Medieval Mapmakers Viewed Their World*（London:British Library,1997）第36—51页；内奥米·里德·克莱恩，*Maps of Medieval Thought:The Hereford Paradigm*（Woodbridge:Boydell Press,2001）第13—18页；伍德沃德，"Medieval *Mappaemundi*"第301—2页；而关于地理方面更全面的论述，见娜塔莉娅·罗佐夫斯基，*"The Earth Is Our Book":Geographical Knowledge in the Latin West,ca.400-1000*（Ann Arbor:University of Michigan Press,2000）第103-13页。

150.见鲁道夫·西莫克，“The Shape of the Earth in the Middle Ages and Medieval Mappaemundi”收入P.D.A.哈维辑*The Hereford World Map:Medieval World Maps and Their Context*第293-303页（London:British Library,2006）；伊芙琳·埃德森，*The World Map,1300-1492:The Persistence of Tradition and Transformation*（Baltimore:Johns Hopkins University Press,2007）第206页；杰弗里·伯顿·拉塞尔，*Inventing the Flat Earth:Columbus and Modern Historians*（Westport,CT:Praeger,1991）；以及苏珊娜·康克林·阿克巴里，*Idols in the East:European Representations of Islam and the Orient,1100—1450*（Ithaca,NY:Cornell University Press,2009）第1章。

151.威廉·E.布尔与哈里·F.威廉姆斯辑*Semeiança del Mundo:A Medieval Description of the World*（Berkeley:University of California Press,1959）。

152.圣依西多禄，*Etymologiae*第14卷第5章第20-21页。

153.圣依西多禄，*Etymologiae*第15卷第15章第1页。作者在这里的叙述取自汉德森，*Medieval World of Isidore of Seville*第178-80页。对这些问题更为全面的论述，见罗纳德·爱德华·祖普科，“Weights and Measures,Western European”收入约瑟夫·R.斯特雷耶辑，13卷本*Dictionary of the Middle Ages*（New York:Charles Scribner’s Sons,1989）第12卷第582-91页；以及A.W.里奇森，*English Land Measuring to 1800:Instruments and Practices*（Cambridge,MA:Society for the History of Technology/MIT Press,1966）第2章。

154.汉德森，*Medieval World of Isidore of Seville*第164页。

155.圣依西多禄，*Etymologiae*第18卷第37章第1页。这种用法和维吉尔一样。

156.圣依西多禄，*Etymologiae*第16卷第5章第22页；见塞尔维乌斯·莫鲁斯·霍诺拉图斯原著，格奥尔·希洛与赫尔曼·哈根辑，3卷本*Servii Grammatici qui feruntur in Vergilii camina commentarii*（Leipzig,1881—1902），关于*Aeneid*的部分，见第5部分755页。

157.汉德森，*Medieval World of Isidore of Seville*第179页。

158.圣依西多禄，*Etymologiae*第15卷第14章1-3页。

159.圣依西多禄，*Etymologiae*第3卷第10章第1页。

160.布雷奥，*Encyclopedist of the Dark Ages*第131页。详细讨论，见方丹，*Isidore de Seville*第1卷第393-412页。

161.J.M.华莱士-哈德里尔，*Early Germanic Kingship in England and on the Continent*（Oxford:Clarendon Press,1971）第53页；借鉴自圣依西多禄，*Sententiarum Libri Tres*，收入*Opera Omnia,Patrologiae Cursus Completus,Series Latina*第83卷col.723。

162.布雷奥，Encyclopedist of the Dark Ages第164-65页。

163.见芭芭拉·H.罗森韦恩，*Negotiating Space:Power,Restraint,and Privileges of Immunity in Early Medieval Europe*（Itahca,NY:Cornell University Press,1999）第215页。关于这些扩展到考古证据的资料来源，见爱德华·詹姆斯，*The Franks*（Oxford:Basil Blackwell,1988）第1章。

164.马库斯，*Seaculum*第162-63页。

165.沃尔特·戈法特，*The Narrators of Barbarian History*（A.D.550-800:Jordanes,Gregory of Tours,Bede,and Paul the Deacon（Princeton,NJ:Princeton University Press,1988）第13页。相关的有价值的全面讨论，见保罗·弗拉克里，“Space,Culture and Kingdoms in Early Medieval Europe”收入彼得·莱恩汉与珍妮特·L.尼尔森The Medieval World第366-80页（London:Routledge,2001）。

166.相关详细讨论，见A.H.梅里尔斯，*History and Geography in Late Antiquity*（Cambridge:Cambridge University Press,2005）。

167.圣依西多禄，*Historia de regibus Gothorum*第47页。

168.圣依西多禄，*Historia de regibus Gothorum*第23页。

169.关键在于注意到，在这个时代，罗马帝国境内的许多城市的重要地位，已经被许多不同的重要地点取代了。关于这个论题的论文集，可见梅克·德容，弗朗茨·西恩斯与卡林·范瑞恩辑*Topographies of Power in the Early Middle Ages*（Leiden,Netherlands:Brill,2001）。

170.R.W.伯吉斯编译，拉丁文-英文对照版*The Chronicle of Hydatius and the Consularia Constantinopolitana:Two Contemporary Accounts of the Final Years of the Roman Empire*（Oxford:Clarendon Press,1993）第17卷第82-83页。

171.沃尔特·戈法特，*Barbarian Tribes:The Migration Age and the Later Roman Empire*（Philadelphia:University of Pennsylvania Press,2006）第101页。

172.图尔的格雷高利，*Libri Historiarum X*收入W.阿恩特与Br.克鲁施辑*Gregorii Turonensis Opera*（Hanover,Germany:Impensis bibliopolii Hahniani,1884—85），刘易斯·索普英译本*The History of the Franks*（Harmondsworth,UK:Penguin,1974）。

173.奥尔森，*Early Middle Ages*第29-31页。有益的蛮族行动及其王国地图，见大卫·迪奇伯恩，西蒙·麦克莱恩与安格斯·麦凯辑，*Atlas of Medieval Europe*（London:Routledge,2007）第8，10页。

174.科普莱斯顿，*History of Medieval Philosophy*第58页。

175.J.M.华莱士-哈德里尔，*The Long-Haired Kings and Other Studies in Frankish History*（London:Methuen,1962）第163页。

176.詹姆斯，*Franks*第162页；更全面的讨论见马尔科姆·托德，*The Early Germans*（Oxford:Blakwell,1992）。

177.华莱士-哈德里尔，*Long-Haired Kings*第153页，见赫尔维格·沃尔弗拉姆原著，托马斯·J.邓拉普英译本*History of the Goths*（Berkeley:University of California Press,1988）第94-95页。

178.乌尔曼，*Medieval Political Thought*第87页。

179.伦纳特·埃杰菲尔特，“Myths of the State in the West European Middle Ages”收入哈拉德斯·比埃塞斯辑*The Myth of the State*第160—69页。（Stockholm:Almqvist and Wiksell,1972）第163页。

180.华莱士-哈德里尔，Long-Haired Kings第212页。

181.相关讨论，见沃尔特·波尔，伊恩·伍德与赫尔穆特·雷米兹辑*The Transformation of Frontiers:From Late Antiquity to the Carolingians*（Leiden,Netherlands:Brill,2001）。

182.华莱士-哈德里尔，*Long-Haired Kings*第1页。关于这个问题，在麦克斯·博内特，*Le Latin de Grégoire de Tours*（1890；再版，Hildesheim,Germany:Georg Olms,1968）第245页（引文参考1968版）。

183.图尔的格雷高利，*Libri Historiarum*第3卷第35章；见第4卷第42章。

184.图尔的格雷高利，*Libri Historiarum*第4卷第42章；见第4卷第44章。

185.图尔的格雷高利，*Libri Historiarum*第5卷第14章。

186.图尔的格雷高利，*Libri Historiarum*第6卷第14章。

187.图尔的格雷高利，*Libri Historiarum*第6卷第21章。

188.图尔的格雷高利，*Libri Historiarum*第8卷第15章。

189.图尔的格雷高利，*Libri Historiarum*第5卷第3章。

190.图尔的格雷高利，*Libri Historiarum*第8卷第45章，见第10卷第3章。

191.图尔的格雷高利，*Libri Historiarum*第2卷第35章；“*territurium Turonicum*”一词见第2卷第37章。

192.图尔的格雷高利，*Libri Historiarum*第10卷第8章。

193.图尔的格雷高利，*Libri Historiarum*第9卷第5章，见第9卷第24章。如费尔南德·布罗代尔指出的那样【西恩·雷诺兹英译本*The Mediterranean in the Ancient World*（London:Penguin,2001）第265页】，在古代世界城市与中世纪城市之间存在一种根本性区别，前者扩充到了农业地区，而后者对城墙（*intra muros*）内外进行了严格的区分。

194.图尔的格雷高利，*Libri Historiarum*第3卷第15章。

195.图尔的格雷高利，*Libri Historiarum*第9卷第18章，也可见第8卷第43章；第9卷第19页。

196.图尔的格雷高利，*Libri Historiarum*第9卷第32章。

197.图尔的格雷高利，*Libri Historiarum*第2卷第32章；索普将“regnum”一词赋予了“领土（territory）”的含义。

198.爱奥达尼斯原著，弗朗切斯科·吉文塔与安东尼诺·格里洛内辑*De*

origine actibusque Getarum（Rome:Nella Sede Dell’Istituto,1991）；以及爱奥达尼斯原著，查尔斯·克里斯托弗·米埃罗译*The Gothic History of Jordanes*（Princeton,NJ:Princeton University Press,1915）。

199.萨克索·格拉玛蒂库斯原著，卡斯滕·弗里斯-简森辑，彼得·齐堡译2卷本拉丁文-丹麦文对照版*Gesta Danorum/Danmarkshistorien*（Copenhagen:Gads Forlag,2005）；以及希尔达·爱丽丝·戴维森辑，彼得·费舍尔译，2卷本*The History of the Danes,Books I-IX*（Cambridge:D.S.Brewer,1979-80）第1卷。第2卷是费舍尔和戴维森所作的评注。也可见卡斯滕·弗里斯-简森辑，*Saxo Grammaticus:A Medieval Author between Norse and Latin Culture*（Copenhagen:Museum Tusculanum Press,1981）。

200.保利，*Historia gentis Langobardorum,In Usum Scholarum ex Monumentis Germaniae Historicis Recusa*（Hanover,Germany:Hahnsche,1878）；威廉·达德利·福尔克英译本译为——执事保罗原著，*History of the Langobards*（Philadelphia:Department of History,University of Pennsylvania,1907）第3，第32部分。福尔克的译文已经是“伦巴第人的领地将会达到这个地方”了。

201.当然，东罗马帝国（又称拜占庭帝国）还是存续了一千年。

202.戈法特，*Barbarian Tribes*第55页。

203.也可见沃尔特·戈法特，*Barbarians and Romans,A.D.418-584:The Techniques of Accommodation*（Princeton,NJ:Princeton University Press,1980）；贾斯汀·戴维斯·兰德斯-皮尔逊，*Barbarians and Romans:The Birth Struggle of Europe,A.D.400-700*（London:Croom Helm,1983）；E.A.汤普森，*Romans and Barbarians:The Decline of the Western Empire*（Madison:University of Wisconsin Press,1982）；赫尔维格·沃尔夫拉姆原著，托马斯·邓拉普英译本*The Roman Empire and Its Germanic Peoples*（Berkeley:University of California Press,1997）；以及约翰·C.巴雷特，安德鲁·菲茨帕特里克与莱斯利·麦金尼斯辑*Barbarians and Romans in North—West Europe:From the Later Republic to Late Antiquity*（Oxford:BAR International Series471,1989）。

204.奥尔森，*Early Middle Ages*第32页。关于这个问题更基本的论述，见亨利·皮雷纳原著，弗兰克·D.哈尔西英译本*Medieval Cities:Their Origins and the Revival of Trade*（Princeton,NJ:Princeton University Press,1925）；吉奥瓦诺·塔巴科原著，罗莎琳德·布朗·简森英译本*The Struggle for Power in Medieval Italy:Stuctures of Political Rule*（Cambridge:Cambridge University Press,1989）；以及基思·D.利里，*Urban Life in the Middle Ages,1000—1450*（London:Palgrave,2002）。

205.一系列研究专著；见安格斯·麦凯伊，*Spain in the Middle Ages:From Frontier to Empire,1000—1500*（London:Macmillan,1977）；罗伯特·巴特利特与

安格斯·麦凯伊辑*Medieval Frontier Societies*（Oxford:Clarendon Press,1989）；以及大卫·阿布拉菲亚与诺拉·贝伦德辑*Medieval Frontiers:Concept and Practices*（Aldershot,UK:Ashgate,2002）。

206.莫纳汉，*Consent,Coercion,and Limit*第54页；见P.D.金，*Law and Society in the Visigothic Kingdom*（Cambridge：Cambridge University Press,1972）第2章。

207.见P.D.金，“The Alleged Territoriality of Visigothic Law”收入布莱恩·蒂尔尼与彼得·莱恩汉辑*Authority and Power:Studies on Medieval Law and Government Presented to Walter Ullmann on his Seventieth Birthday*第1—11页（Cambridge:Cambridge University Press,1980）；P.D.金，“King Chindasvind and the First Territorial Law-Code of the Visigothic Kingdom ”收入爱德华·詹姆斯辑*Visigothic Spain:New Approaches*第131—57页（Oxford:Clarendon Press,1980）；以及柯林斯，*Visigothic Spain*第225—27页。

208.戈法特，*Narrators of Barbarian History*第235页。

209.科利什，*Medieval Foundations of the Western Intellectual Tradition*第65页。

210.事例见伯特伦·科尔格雷夫与R.A.B.米诺斯辑，拉丁文-英文对照版*Bede ' s Ecclesiastical History of the English People*（Oxford:Clarendon Press,1969）第1部分第1页。见比德原著，莱奥·舍利-普莱斯英译本*A History of the English Church and People*（Harmondsworth,UK:Penguin,1955）。关于地理因素，见罗佐夫斯基，“Earth Is Our Book ”第86-94页。

211.关于东方，见比德，*Historia ecclesiastica*第5卷第21章；关于时间，可见第1部分第2页的例子，朱利乌斯·恺撒成为执政官是在“罗马建城以来693年，公元前60年。”相关讨论，见埃德森，*Mapping Time and Space*第4章及第97页。

212.比德，*Historia ecclesiastica*第5卷第24章。

213.见罗伯特·布朗，“An Inquiry into the Origin of the Name ‘Sunderland’；and as to the Birthplace of the Venerable Bede”收入泰恩河畔纽卡斯尔古董收藏协会,*Archaeologica Aeliana ；or Miscellaneous Tracts Relating to Antiquity*第4卷第273—83页（Newcastle upon Tyne:Society of Antiquaries,1855）第277，280页。慎重说法取自伯特伦·科尔格罗夫，“Historical Introduction”收入*Bede ' s Ecclesiastical History of the English People*第xix页。也可见彼得·亨特·布莱尔，*The World of Bede*中的讨论（Cambridge:Cambridge University Press,1990）第3-4页，他在此处将“*territorium*”一词译作“一处地产（an estate）”而且认为“*sundorland*”一词指“为一个特殊目的留出的土地”而不是一个具体的地方。

214.比德，*Historia ecclesiastica*第2卷第3章；第3卷第3章；第3卷第24章；第3卷第26章。

215.比德，*History of the English Church and People*，编者注，第334页；见

比德的*Ecclesiastical History of the English People*第72-73页n3。相关的更为充分的讨论，见F.M.斯坦顿，*Anglo-Saxon England*第2版（Oxford:Clarendon,1971）第278—79页；戴安娜·伍德，*Medieval Economic Thought*（Cambridge :Cambridge University Press,2002）第4章；以及罗伯特·A.道吉索恩，*The European Past:Social Evolution and Spatial Order*（Houndmills,UK:Macmillan,1987）第158—59页。

216.比德，*Historia ecclesiastica*第1卷第25章。

217.比德，*Historia ecclesiastica*第4卷第13章；也可见第3卷第24章。

218.比德，*Historia ecclesiastica*第4卷第13章。

219.比德，*Historia ecclesiastica*第4卷第26章。

220.L.O.阿莱奈·弗莱登堡，“Pro Patria Mori”收入凯西·拉维佐辑*Imagining a Medieval English Nation*第3-38页（Minneapolis:University of Minnesota Press,2004）第31页。

221.比德，*Historia ecclesiastica*第3卷第21章。

222.见玛丽·A.帕克，*Beowulf and Christianity*（New York:Peter Lang,1987）。

223.尼古拉斯·豪，*Writing the Map of Anglo-Saxon England:Essays in Cultural Geography*（New Haven,CT:Yale University Press,2008）第188页。

224.选自*Beowulf*的引文都会给出行号。作者引用的古英语文本可在乔治·杰克辑*Beowulf:A Student Edition*（Oxford:Oxford University Press,1994）。译文基本上以迈克尔·亚历山大译本为基础（Harmondsworth,UK:Penguin,1973），而作者也会经常将他的渲染部分剥离。关于引文，作者经常会使用杰克的行间注；还有迈克尔·斯旺顿辑*Beowulf*（Manchester,UK:Manchester University Press,1997），斯旺顿版是双语版，而且带有益的注解。布鲁斯·米切尔与弗雷德·C.罗宾逊辑，*Beowulf:An Edition with Relevant Shorter Texts*（Malden,MA:Blackwell,1998）这一版带有一份详细的词汇表，非常有用。

225.里奇·格文，*Beowulf and the Seventh Century:Language and Content*（London:Methuen,1971）；弗雷德·C.罗宾逊，*The Tomb of Beowulf and Other Essays on Old English*（Oxford:Blackwell,1993）。否认这种说法，而且认为耶亚特部落，就像贝奥武夫和怪兽们那样，纯属虚构的说法，可以在简·埃克姆·利克，*The Geats of Beowulf:A Study in the Geographical Mythology of the Middle Ages*（Madison:University of Wisconsin Press,1967）一书中找到。

226.例如名为“The Geography of Beowulf”的地图，见米切尔与罗宾逊，*Beowulf*第xiii页。

227.在这个问题上与吉莉安·R.奥弗林与玛丽珍·奥斯伯恩，*Landscape of Desire:Partial Stories of the Medieval Scandinavian World*（Minneapolis:University of Minnesota Press,1994）；以及玛格丽特·格林，“The Landscape of Beowulf”*Anglo-Saxon England* 31（2002）第7-11行。

228.这类企图能在R.T.法雷尔，“Beowulf,Swedes and Geats”*Saga Book of the Viking Society* 18（1970—73）第220—96页；以及B.罗，“Royal Power and Royal Symbols in Beowulf”收入M.O.H.卡弗辑*The Age of Sutton Hoo:The Seventh Century in North-western Europe*第167—74（Woodbridge,UK:Boydell Press,1998）。

229.对这些特定地点的解读，见斯图尔特·埃尔登，“Place Symbolism and Land Politics in Beowulf”*Cultural Geographies* 16（2009）第447—63页。这篇文章对其他讨论提供了广泛的参考资料。

230.*Maxims*,I(A)，收入博纳德·J.缪尔辑*The Exeter Anthology of Old English Poetry:An Edition of Exeter Dean and Chapter Ms 3501，vol.1,Texts*第2版（Exeter,UK:Exeter University Press,2000）第250页。有一个詹姆斯·厄尔的译本“Maxims I,Part I,”*Neopilologus* 67（1983）第277-83页。见詹姆斯·W.厄尔，*Thinking about Beowulf*（Stanford,CA:Stanford University Press,1994）第65页。

231.*Beowulf*，1725—34行。

232.*Beowulf*，73—74行。

233.*Beowulf*，1176—80行。

234.*Beowulf*，1881行。

235.*Beowulf*，2145—62行。

236.*Beowulf*，2195—99行。

237.*Beowulf*，2207—8行。

238.*Beowulf*，2389—90行。

239.*Beowulf*，2989—90行。

240.*Beowulf*，2469—71行。

241.*Beowulf*，2492—93行。

242.*Beowulf*，2606—8行。

243.*Beowulf*，2884—90行。

244.*Beowulf*，2910—15行。

245.*Beowulf*，221行，1913行。

246.*Beowulf*，1623行。

247.*Beowulf*，209行。

248.*Beowulf*，1357行。

249.*Beowulf*，2836行。

250.*Beowulf*，2310行。

251.*Beowulf*，311行。

252. *Beowulf*，2062行。

253. *Beowulf*，31行。

254. *Beowulf*，242，253行。

255. *Beowulf*，1904行。

256. *Beowulf*，580行。

257. *Beowulf*，521，2915行。

258.豪，*Writing the Map*，第45-46页。

259.豪，*Writing the Map*，第188页。

260.豪，*Writing the Map*，第188—89页；见法比恩·米舍莱，*Creation,Migration,and Conquest:Imaginary Geography and Sense of Space in Old English Literature*（Oxford:Oxford University Press,2006）第74页。

261.豪，*Writing the Map*，第189页。

262.*Beowulf*，910—13行。

263.*Beowulf*，1390行。

264.*Beowulf*，2027，3080行。

265.*Beowulf*，2211，144行。

266.*Beowulf*，2210行；豪，*Writing the Map*，第190—91页。

267.*Beowulf*，2733—36行。

268.米切尔与罗宾逊，“The Geatish-Swedish Wars ”收入米切尔与罗宾逊，*Beowulf*，第181行。

269.*Beowulf*，1205—7行。

270.*Beowulf*，2359—60行。

271.杰克，为*Beowulf*所作的介绍第12页；以及斯旺顿，*Beowulf*第197页。参考资料引自Chochilaicus故事，收入图尔的格雷高利，*Historia Francorum*第3卷第3章，以及布鲁诺·克鲁施辑*Liber historiae Francorum*收入*Monumenta Germanica Historica:Scriptores Rerum Merovingicarum*（Hanover,Germany:Impensis Bibliopolii Hahniani,1888）第2卷，博纳德·S.巴克拉克（Lawrence,KS:Coronado,1973）第19卷。相关评论，见约翰·麦克纳马拉，“Beowulf and Hygelac:Problems for Fiction in History”*Rice University Studies* 62（Spring 1976）第55—63页；以及理查德·A.格伯丁，*The Rise of the Carolingians and the Liber Historiae Francorum*（Oxford:Clarendon Press,1987）第39—40页。

272.米切尔与罗宾逊，为米切尔与罗宾逊，*Beowulf*所作的介绍第29行，见杰克，为*Beowulf*所作的介绍第12行；以及米切尔与罗宾逊，“Geatish-Swedish Wars”第181—82页。

273. *Beowulf*，第2472—74行。

274. *Beowulf*，第2910—13行。

275. *Beowulf*，第2999—3003行。

276.这是米舍莱，*Creation,Migration,and Conquest*一书中的一个关键话题，尤其值得关注的是书中的第91，107页。

277. "*lond,londe,and Launde* "这样的词汇在乔叟的著作中一直都会出现，即使他也在使用诸如"*contree*"之类的词。关键文本是"The Knight's Tale。"见杰弗里·乔叟原著，吉尔·曼辑*The Canterbury Tales*（London:Penguin,2005）。也可见苏珊娜·康克林·阿克巴里，"Orientation and Nation in Chaucer's *Canterbury Tales*"与西尔维亚·托马士，"*Mappae Mundi* and 'The Knight's Tale':The Geography of Power, the Technology of Control"收入凯思琳·L.林奇*Chaucer's Cultural Geography*第102—34，192—224页（New York:Routledge,2002）。

278.这段说法因此与米舍莱*Creation,Migration,and Conquest*第74—75页"确保一片领土，使之繁荣是《贝奥武夫》诗篇作者始终都关注的一个问题，从而证明了空间控制和土地占据的重要性"的说法不同（也可见米舍莱著作第109，114页）。在她其他引人注目的记录中，米舍莱使用"领土"这一术语的方式不够精确，也没有原文可考。

第四章注释

1.见梵蒂冈对这间画室和绘画的描述，就在梵蒂冈"拉斐尔画室"之中，http://www.vaticanstate.va/EN/Monuments/The_Vatican_Museums/Raphael_s_Rooms.htm。

2.君士坦丁献土一说，取自*Legendi sancti Silvestri*一书的Saint Sylvester's Legend这一部分。见约翰·霍兰·史密斯，*Constantine the Great*（London:Hamish Hamilton,1971）第17章；约瑟夫·坎宁，*A History of Medieval Thought,300-1450*（London:Routledge,1996）第73页；以及沃尔特·乌尔曼，*A Short History of the Papacy in the Middle Ages*第2版（London:Routledge,2003）第36—37页。关于献土一事更全面的论述，歼约翰·J.伊根·冯·多林格著，阿尔弗雷德·普卢默英译本*Fables Respecting the Popes of the Middle Ages:A Contribution to Ecclesiastical History*（London:Rivingtons,1871）第5章。

3.保卢斯·欣施乌斯辑，2卷本*Decreteles Pseudo-Isidorianac et Capitula Angilramni*（Leipzig,Germany:Bernardi Tauchnitz,1863）第1卷第249—54页。关于

这些问题更为全面的论述，见沃尔特·乌尔曼，*The Growth of Papal Government in the Middle Ages:A Study in the Ideological Relation of Clerical to lay Power*第2版（London:Methuen,1962）第180—84页。

4.R.W.卡莱尔与A.J.卡莱尔，6卷本*A History of Mediævel Political Theory in the West*（Edinburgh:William Blackwell and Sons,1903—36）第1卷288页。

5.但丁，*Inferno*第15卷第115—17行，收入但丁·阿利吉耶里原著，查尔斯·S.辛格尔顿译注，意大利文-英文对照版3卷本*The Divine Comedy*（Princeton,NJ:Princeton University Press,1970—75）。

6.查尔斯·霍华德·麦伊尔文，*The Growth of Political Thought in the West:From the Greeks to the End of the Middle Ages*（London:Macmillan,1932）第271页。然而其他历史记载，如图尔的格雷高利的记录，就没有提到这种情况，于是这样就有助于设定一个日期，在这一天之前，这种情况并不存在。

7.令人困惑的是，某些记录中将这位教皇称为史蒂芬三世，这是因为有一位同样名叫史蒂芬的教皇在献土之前已经死去，所有他也被某些人计算在内，但另一些人并没有将他算进。

8.丽奈特·奥尔森，*The Early Middle Ages:The Birth of Europe*（London:Palgrave,2007）第40页。关于这些土地，见L.杜谢恩修士原著，阿诺德·哈里斯·马修英译本*The Beginnings of the Temporal Sovereignty of the PopesA.D.754—1073*（London:Kegan Paul,1908）；彼得·帕特纳，The *Lands of St.Peter:The Papal State in the Medieval Ages and the Early Renaissance*（London:Eyre Methuen,1972）；以及托马斯·F.X.诺贝尔，*The Republic of St.Peter:The Birth of the Papal State,680—825*（Philadelphia:University of Pennsylvania Press,1984）。

9."The Donation of Constantine"收入克里斯托弗·B.科尔曼译，拉丁文-英文对照版*The Treatise of Lorenzo Valla on the Donation of Constantine*（Toronto:Renaissance Society of America /University of Toronto Press,1993）第13章。瓦拉的文本在这一版的"Discourse of Lorenzo Valla"中出现过。更近期的版本是洛伦佐·瓦拉原著，G.W.鲍尔斯托克英译本*The Donation of Constantine*（Cambridge,MA:Harvard University Press,2007）。

10."Donation of Constantine" XIV § 6.Valla（"Discourse of Lorenzo Valla,"第126，127页）是这个问题的关键，文中认为"行省和城市不是'地方'吗？而当你已经说到行省再加上城市的时候，就好象城市不应被理解成同行省并列一样。"在克里斯托弗·B.科尔曼，*Constantine the Great and Christianity:Three Phases:The Historical,the Legendary,and the Spurious*（New York:Columia University Press,1914），尤其是第三部分当中能找到一种全面讨论；以及F.津克森，"The Donation of Constantine"*English Historical Review* 9（1894）第625—32页。

11."Donation of Constantine" XIV § 7。

12.奥格斯堡的霍诺里乌斯，*Summa Gloria*收入*Mounumenta Germanaie Historica:Libelli de Lite Imperatorum et Pontificum Saeculis XI et XII*（Hanover,Germany:Impensis Bibliopolii Hahniani,1897）第3卷第63—80页，sec.17；见卡莱尔与卡莱尔，*History of Mediævel Political Theory*第4卷第289—91页；以及乌尔曼，*Growth of Papal Government*第414—19页。

13.约翰·B.莫莱尔，*Political Thought in Medieval Times*第3版（London:Hutchinson University Library,1971）第25，28页。

14.沃尔特·乌尔曼，*Medieval Political Thought*（Harmondsworth,UK:Peregrine,1975）第137页。

15.卡莱尔与卡莱尔，*History of Mediævel Political Theory*第4卷第291页。

16.Innocent IV,letter to Freidrich II,1245，收入爱德华·温克尔曼辑，2卷本*Acta imperii indita*（Innsbruck:Wagner' schen Universitäts-Buchhandlung,1885）第2卷第698页。

17.例如，可见"Letter of Gregoy IX to Frederick II" October 1236，收入布莱恩·蒂尔尼，*The Crisis of Church and State,1050—1300*（Toronto:University of Toronto Press,1988）第143—144页。相关的有用讨论，可见罗伯特·布莱克，"The Donation of Constantine:A New Source for the Concept of the Renaissance?"收入埃里森·布朗辑*Language and Images of Renaissance Italy*第51—85页（Oxford:Clarendon Press,1955）。

18.沃尔特·乌尔曼，*Medieval Papalism:The Political Theories of the Medieval Canonists*（London:Methuen,1949）第108页。

19.乌尔曼，*Medieval Papalism*第163页。

20.蒂尔尼，*Crisis of Church and State*第142页。

21.布莱克，"Donation of Constantine "第70页；以及克里斯托弗·B.科尔曼，"Introductory"收入*Treatise of Lorenzo Valla on the Donation of Constantine*第3页。库萨的尼古拉，*De concordantia catholica libri tres*收入格哈德斯·凯伦辑*Opera Omnia*（Hamburg:Felicis Meiner,1959—68）第14卷；以及保罗·E.西格蒙德编译*The Catholic Concordance*（Cambridge:Cambridge University Press,1991）第3卷第2章第299页。关于库萨，见第7章。

22."Discourse of Lorenzo Valla"第28，29页。

23."Discourse of Lorenzo Valla"第32，33页。

24."Discourse of Lorenzo Valla"第34，35页。

25."Discourse of Lorenzo Valla"第44，45，46，47，132，162，163，170，171页；见萨尔瓦托·I.坎波雷阿莱，"Lorenzo Vall' s Oratio on the Pseudo-Donation of Constantine:Dissent and Innovation in Early Renaissance Humanism"*Journal of the History of Ideas* 57（1996）第20页。

26. “Discourse of Lorenzo Valla” 第54，55页。

27. John18:36，在“Discourse of Lorenzo Valla”第54、55页中引用。

28. “Discourse of Lorenzo Valla” 第60，61页，引用Matthew22:21。

29. “Discourse of Lorenzo Valla” 第82，83页。

30.罗纳德·K.德尔福，“Valla Grammaticus,Agostino Steuco,and the Donation of Constantine” *Journal of the History of Ideas* 57（1996）第55页。

31.见坎波雷阿莱，“Lorenzo Valla's Oratio on the Pseudo-Donation of Constantine”第15页。

32. “Donation of Constantine ” 第14卷。

33. “Discourse of Lorenzo Valla” 第94，95页。

34. “Discourse of Lorenzo Valla” 第94，95页。

35. “Discourse of Lorenzo Valla” 第84，85页。

36.见里卡多·福比尼，“Humanism and Truth:Valla Writes against the Donation of Constantine” *Journal of the History of Ideas* 57（1996）第80页；借鉴了沃尔弗拉姆·赛茨为洛伦佐·瓦拉原著*De falso credita et ementita Constantini donatione*，由他本人编辑的德语版*Quellen zur Geistesgeschitchte des Mittelalters*（Weimer:Monumenta Germaniae Historica,1976）所作的介绍（德语称为“Einleitung”），10 :15。

37.德尔福，“Valla Grammaticus,Agostino Steuco”第58页。

38.德尔福，“Valla Grammaticus,Agostino Steuco”第57页。

39.事例可见卡洛·金兹堡，“Lorenzo Valla on the ‘Donation of Constantine’ ”收入*Histoy,Rhetoric and Proof:The Menachim Stern Jerusalem Lectures*第54—70页（Hanover,NH:University Press of New England,1999）第54页。关于瓦拉写作时期更为全面的背景资料，见安东尼·布莱克，*Monarchy and Community:Political Ideas in the Later Conciliar Controversy,1430—1450*（Cambridge:Cambridge University Press,1970）。

40. “Discourse of Lorenzo Valla” 第20，21页。

41.丹尼斯·海，*The Medieval Centuries*（London:Methuen,1953）第5页。

42.罗伯特·福尔兹原著，希拉·安·奥格尔维译*The Concept of Empire in Western Europe from the Fifth to the Fourteenth Century*（London:Edward Arnold,1969）第3页。

43.福尔兹，*Concept of Empire in Western Europe*第3页。

44.刘易斯·索普为*Two Lives of Charlemagne*所作的介绍（London:Penguin,1969）第4—5页，190页n12。

45.罗莎蒙德·麦基特里克，*The Frankish Kingdoms under the Carolingians751—987*（London:Longman,1983）第48页。

46.艾因哈德原著，格奥尔基乌斯·海因里库斯·帕兹辑*Vita Caroli Magni*（Hanover,Germany:Impensis Biblipolii Aulici Hahniani,1839）；刘易斯·索普译为“The Life of Charlemagne ”收入*Two Lives of Charlemagne*第3部分第28页。

47.蒂尔尼，*Crisis of Church and State*第18页。见恩斯特·坎托洛维茨，*Laudes Regiae:A Study in Liturgical Acclamation and Mediaeval Ruler Worship*（Berkeley:University of California Press,1958）。

48.玛西娅·L.科利什，*Medieval Foundations of the Western Intellectual Tradition,400—1400*（New Haven,CT:Yale University Press,1997）第337；与福尔兹，*Concept of Empire in Western Europe*第85页。

49.科利什，*Medieval Foundations of the Western Intellectual Tradition*第336页。

50.福尔兹，*Concept of Empire in Western Europe*第21页。关于查理曼，见保罗·爱德华·达顿，*Charlemagne' s Mustache and Other Cultural Clusters of a Dark Age*（London:Palgrave Macmillan,2004）。

51.莫莱尔，*Political Thought in Medieval Times*第24页。

52.麦基特里克，*Frankish Kingdoms*第72页。

53.艾因哈德，*Vita Caroli*第3部分第28页。

54.乌尔曼，*Short History of the Papacy*第83—84页。

55.乌尔曼，*Growth of Papal Government*第61页。

56.坎宁，*History of Medieval Political Thought*第68页。

57.麦基特里克，*Frankish Kingdoms*第131页。

58.译文取自坎宁，*History of Medieval Political Thought*第68页。

59.乌尔曼，*Growth of Papal Government*第98，114页。

60.麦基特里克，*Frankish Kingdoms*第131页；借鉴彼得·克拉森，“Romanum gubernans Imperium:Zur vorgeschichte der Kaisertitulatur Karls des Großen”*Deutsches Archiv für die Erforschung des Mittelalters names der Monumenta Germaniae Historica* 9（1951）第103—21页。

61.麦基特里克，*Frankish Kingdoms*第72页。

62.乌尔曼，*Growth of Papal Government*第112页；见恩斯特·坎托洛维茨，*Frederick the Second,1194—1250*（London:Constable,1931）第441页；以及沃尔特·乌尔曼，*The Carolingian Renaissance and the Idea of Kingship:The Birkbeck Lectures,1968—9*（London:Methuen,1969）第139页。

63.乌尔曼，*Growth of Papal Government*第112—13页。

64.J.M.华莱士-哈德里尔，“The Via Regia of the Carolingian Age”收入贝丽尔·斯莫利辑*Trends in Medieval Political Thought*22—41页（Oxford:Basil Blackwell,1965）第23页。

65.科利什，*Medieval Foundations of the Western Intellectual Tradition*第72页。

66.福尔兹，*Concept of Empire in Western Europe*第85页。

67.彼得·阿莫，“Dante and Popular Sovereignty”收入约翰·伍德豪斯辑*Dante and Governance*第27—45页（Oxford:Clarendon Press,1997）第31页。

68.乌尔曼，*Medieval Political Thought*第67页。

69.乌尔曼，*Medieval Political Thought*第70页。

70.科利什，*Medieval Foundations of the Western Intellectual Tradition*第72页。

71.亨利·皮雷纳原著，博纳德·迈阿尔英译本*Mohammed and Charlemagne*（London:George Allen and Unwin,1939）第284—85页；以及奥尔森，*Early Middle Ages*第66—67页。

72.皮雷纳，*Mohammed and Charlemagne*第236页；一项有力的案例，见乌尔曼，*Carolingian Renaissance and the Idea of Kingship*；以及麦基特里克，*Frankish Kingdoms*第6章和第8章。

73.见亨利·皮雷纳原著，I.E.克雷格英译本*Economic and Social History of Medieval Europe*（London:Kegan Paul,1936）；以及皮雷纳，*Mohammed and Charlemagne*第17页。更全面的论述，见皮雷纳原著，博纳德·迈阿尔英译本*A History of Europe from the Invasions to the XVI Century*（London:George Allen and Unwin,1939）。关键讨论，见安妮·莱辛，“The Fate of Henri Pirenne’s Thesis on the Consequences of Islamic Expansion”*Classica et Medievalia 13（1952）*第87—130页；阿尔弗雷德·F.哈维格斯特辑*The Pirenne Thesis:Analysis,Criticism and Revision*（Boston:D.C.Heath,1958），以及理查德·霍奇斯与大卫·怀特豪斯辑，*Mohammed,Charlemagne and the Origins of Europe:Archaeology and the Pirenne Thesis*（Ithaca,NY:Cornell University Press,1983），以及更为全面的，迈克尔·麦考密克，*Origins of the European Economy:Commuications and Commerce,A.D.300—900*（Cambridge:Cambridge University Press,2001），以及阿德里安·福尔霍斯特，*The Carolingian Economy*（Cambridge: Cambridge University Press,2002）。

74.皮雷纳，*Mohammed and Charlemagne*第234页。

75.皮雷纳，*Mohammed and Charlemagne*第285页。

76.R.范迪姆“The Pirenne Thesis and Fifth-Century Gaul”收入约翰·德林克沃特与休·埃尔顿辑*Fifth-Century Gaul:A Crisis of Identity*第321—33页（Cambridge:Cambridge University Press,1992）第325页。

77.皮雷纳，*Mohammed and Charlemagne*第147页。

78.乌尔曼，*Growth of Papal Government*第272页。

79.奥尔森，*Early Middle Ages*第197页。

80.雅克·勒高夫，朱莉娅·巴罗英译本*Medieval Civilization,400—1500*第145页。

81.雅克·勒高夫，*La civilisation de l' occident médiéval*（Paris:Flammarion,1997）第121页；以及勒高夫，*Medieval Civilization,400—1500*第145页。

82.早期的一个例子是诺特克·德·斯塔姆勒，*Taten Kaiser Karls des Grossen*（Munich:Monumenta Germaniae Historica,1980）；刘易斯·索普译作诺特克·德·斯塔姆勒之"The Life of Charlemagne"收入*Two Lives of Charlemagne*。

83.拉乌尔·莫蒂埃辑*La Chanson de Roland:Manuscrit d' Oxford*（Paris:La geste francor,1940）；以及多萝西·L.塞耶斯（Harmondsworth,UK:Penguin,1957）。见彼得·海杜，*The Subject of Violence:The Song of Roland and the Birth of the State*（Bloomington:Indiana University Press,1993）。

84.艾因哈德，*Vita Caroli*第3部分第31页中引用。

85.艾因哈德，*Vita Caroli*第2部分第7页。

86."Division Regnorum"收入阿尔弗雷德斯·波雷蒂乌斯辑*Monumenta Germaniae Historica Legum*第2部分*Capitularia Regum Francorum*（Hanover,Germany:Impensis Bibliopolii Hahniani,1883），text no.45,第126—30页；以及"Charlemagne' s Division of the Kingdoms"收入保罗·爱德华·达顿辑*Carolingian Civilisation:A Reader*第129—33页（Peterborough,Ontario:Broadview,1993）。

87.福尔兹，*Concept of Empire in Western Europe*第98—99页。

88.大卫·尼古拉斯，*The Evolution of the Medieval World:Society,Government and Thought in Europe,312—1500*（London:Longman,1992）第123页。

89.勒高夫，*Medieval Civilization,400—1500*第265页。

90.勒高夫，*Medieval Civilization,400—1500*第266页。

91.麦伊尔文，*Growth of Political Thought*第230页。

92."Mandatum ad Ottonem Frisingensem Datum"收入路德维库斯·维兰德辑*Monumenta Germaniae Historica Legem IV:Constitutiones et acta publica:Imperatorum et regum,911—1197*（Hanover,Germany:Impensis Bibliopolii Hahniani,1843）第1卷第224页；见卡莱尔和卡莱尔，*History of Mediævel Political Theory*第3卷173页。

93.R.N.斯旺森，*The Twelfth Century Renaissance*（Manchester,UK:Manchester University Press,1998）第89页。

94.见查尔斯·克里斯托弗·米埃罗"Bishop Otto of Freising:Historian and Man"*Transactions and Proceedings of the American Philological Association* 80（1949）第393—402页。

95.弗雷辛的奥托，*Gesta Friderici I Imperatoris:Monumenta Germaniae* *historica. Scriptores rerum germanicarum in usum scholarum*第46卷（Hanover,Germany:Hahn,1884）；以及查尔斯·克里斯托弗·米埃罗译*The Deeds of Frederick Barbarossa*（New York:Columbia University Press,1953）。

96.沃尔特·乌尔曼，*Law and Politics in the Middle Ages:An Introduction to the Sources of Medieval Political Ideas*（Cambridge:Cambridge University Press,1975）第95页；以及尼古拉斯，*Evolution of the Medieval World*第123页。

97.海，*Medieval Centuries*第103页；以及福尔兹，*Concept of Empire in Western Europe*第25页。

98.莫莱尔，*Political Thought in Medieval Times*第79页。

99.塞缪尔·冯·普芬多夫，*Der statu imperii Germanici*收入霍斯特·丹泽辑，拉丁文-德文对照版*Die Verfassung des deutschen Reiches*（Stuttgart:Insel Verlag,1994）第6章第9页。见第9章中的讨论。

100.伏尔泰，*Essai sur les moeurs et l' esprit des nations,*收入*Oeuvres Completes70*卷（Paris:La Société Litterarire-Typographique,1785—89）第17卷第267页。

101.本杰明·阿诺德，*Princes and Territories in Medieval Germany*（Cambridge:Cambridge University Press,1991）第280页；

102.亚瑟·斯蒂芬·麦克格雷德，*The Political Thought of William of Ockham:Personal and Institutional Principles*（Cambridge:Cambridge University Press,1974）第150页。

103.基恩，*History of Medieval Europe,*162，见坎托洛维茨，*Frederick the Second*。

104.麦伊尔文，*Growth of Political Thought*第179页。

105.勒高夫，*Medieval Civilization,400—1500*第3页。

106.F.R.科威尔，*Cicero and the Roman Republic*（Harmondsworth,UK:Penguin,1948）第323页，见J.奥利弗·汤姆森，*History of Ancient Geography*（Cambridge:Cambridge University Press,1948）第320页；以及C.R.惠特克，*Frontiers of the Roman Empire:A Social and Economic Study*（Baltimore:Johns Hopkins University Press,1994）第12页。

107.O.A.W.迪尔克，*Greek and Roman Maps*（London:Thames and Hudson,1985）第167页。

108.一份使用现代技术的古代世界综合地图集，是理查德·J.A.塔尔伯特辑*Barrington Atlas of the Greek and Roman World*（Princeton,NJ:Princeton University Press,2000）。

109.这是加文·A.森德沃尔"Ammianus Geographicus"一文的叙述方法，见*American Journal of Philology*第117（1996）第619页n2。C.R.惠特克，*Rome* *and Its Frontiers:The Dynamics of Empire*（London:Routledge,2004）第74页，文中认为类似伊芙琳·埃德森，*Mapping Time and Space:How Medieval Mapmakers Viewed Their World*第36—51页（London:British Library,1997），以及大卫·伍德沃德，“Reality,Symbolism,Time,and Space in Medieval World Maps”*Annals of the Association of American Geographers* 75（1985）第510—21页这样的著作，认为以前的制图学家们“就像我们一样但更愚蠢”的想法是危险的。

110.O.A.W.迪尔克，“Maps in the Service of the State:Roman Cartography to the End of the Augustan Era，”“Roman Large-Scale Mapping in the Early Empire，”以及“Itineraries and Geographical Maps in the Early and Later Roman Empires”收入J.B.哈利与大卫·伍德沃德辑*The History of Cartography*第1卷，*Cartography in Prehistoric,Ancient,and Medieval Europe and the Mediterranean*第201—11，212—33，234—57（Chicago:University of Chicago Press,1987）；O.A.W.迪尔克，*The Roman Land Surveyors:An Introduction to the Agrimensores*（Newton Abbot,UK:David and Charles,1971），以及迪尔克，*Greek and Roman Maps*。

111.A.D.李，*Information and Frontiers:Roman Foreign Relations in Late Antiquity*（Cambridge:Cambridge University Press,1993）第86页。

112.克劳德·尼科莱原著，海伦·莱克勒克英译本*Space,Geography,and Politics in the Early Roman Empire*（Ann Arbor:University of Michigan Press,1991）第1页。

113.尼科莱，*Space,Geography,and Politics*第2页。

114.尼科莱，*Space,Geography,and Politics*第2页。

115.尼古拉斯·珀塞尔，“Maps,Lists,Money,Order and Power”*Journal of Roman Studies* 80（1990）第180页。

116.皮埃特罗·雅尼，*La mappa e il periplo:Cartografia antica e spazio odologico*（Rome:Giorgio Bretschneider,1984），托内斯·贝克-尼尔森，“Terra Incognita: The Subjective Geography of the Roman Empire”收入阿斯科尔·丹斯卡尔德-麦德森，埃里克·克里斯蒂安森与埃里克·哈拉格尔辑*Studies in Ancient History and Numismatics Presented to Rudi Thomsen*（Arhus,Denmark:Aarhus University Press,1988）第148—61页；理查德·J.A.塔尔伯特，“Rome’s Empire and Beyond:The Spatial Aspect”收入E.赫蒙辑*Gouvernants et gouvernés dans l’Imperium Romanum*（IIIe av.J.C.-Ier ap.J.-C.），Cahiers des Études Anciennes,26（Quebec:Société des Études anciennes du Quebec,1990）第215—23页；以及理查德·J.A.塔尔伯特，“L’inventaire du monde:Geographie et politique aux origins des l’Empire romain”*American Historical Review* 94（December 1989）第1351页。

117.苏珊·马特恩，*Rome and the Enemy:Imperial Strategy in the Principate*（Berkeley:University of California Press,1999）第26页。

118.见亚瑟·H.罗宾逊与芭芭拉·巴茨·佩奇尼克，*The Nature of Maps:Essays toward Understanding Maps and Mapping*（Chicago:University of Chicago Press,1976）第123页。

119.卡伊·布罗德森，*Terra Cognita:Studien zur römischen Raumerfassung*（Hildesheim,Germany:Georg Olms,1995）：见森德沃尔，“Ammianus Geographicus”第619页n2；以及卡伊·布罗德森，“Mapping (in) the Ancient World”*Journal of Roman Studies* 94（2004）第183—90页。

120.雅尼，*La mappe e il periplo*；见李，*Information and Frontiers*第86—87页。

121.尼古拉斯·珀塞尔，“The Creation of Provincial Landscape:The Roman Impact on Cisalpine Gaul”收入托马斯·布拉格与马丁·米利特辑*The Early Roman Empire in the West*第7—29页（Oxford:Oxbow Books,2002）第12页；以及李，*Information and Frontiers*第86页。

122.李，*Information and Frontiers*第86页。

123.见森德沃尔，“Ammianus Geographicus”第635页n36；珀塞尔，“Maps,Lists,Money,Order and Power”第178页；以及詹姆斯·S.罗姆，*The Edges of the Earth in Ancient Thought:Geography,Exploration,and Fiction*（Princeton,NJ:Princeton University Press,1992）第29页。

124.迪尔克，*Roman Land Surveyors*第109页。

125.卡伊·布罗德森，“The Presentation of Geographical Knowledge for Travel and Transport in the Roman World:Itineraria non tantum adnotata sed etiam picta”收入辑科林·亚当斯与雷·劳伦斯辑*Travel and Geography in the Roman Empire*第7—21页（London:Routledg,2001）第12页。

126.森德沃尔，“Ammianus Geographicus”第619页；见塔尔伯特，“Greek and Roman Maps”第211页。

127.塔尔伯特，“Rome’s Empire and Beyond.”

128.汤姆森，*History of Anceint Geography*第219页。

129.布罗德森，*Terra Cognita*；也可见他的“Presentation of Geographical Knowledge.”

130.布罗德森，“Presentation of Geographical Knowledge”第9页。

131.本杰明·伊萨克，*The Limits of Empire:The Roman Army in the East*修订版（Oxford:Clarendon Press,1992）第401—2页；弗格斯·米勒，“Emperors,Frontiers and Foreign Relations,31B.C.toA.D.378”*Britannia* 13（1982）第1—23页；李，*Information and Frontiers*第85页；大卫·切利，*Fontier and*

Society in Roman North Africa（Oxford:Clarendon,1998）第32页；以及罗伯特·K.谢克，“Roman Geographical Exploration and Military Maps,” *Aufstieg und Niedergang der Römischen Welt* 2（1974）第534—62页。

132.珀塞尔，“Creation of Provincial Landscape”第9页。

133.尼科莱，*Space,Geography,and Politics*第95页。

134.森德沃尔，“Ammianus Geographicus ”第621页，这个问题可以追溯到路易十四的大臣让-巴普蒂斯特·科贝尔。

135.尼科莱，*Space,Geography,and Politics*第189页。

136.迪尔克，*Greek and Roman Maps*第42页。

137.尼科莱，*Space,Geography,and Politics*第101页。

138.尼科莱，*Space,Geography,and Politics*第9，16页。

139.尼科莱，*Space,Geography,and Politics*第9，171页。

140.尼科莱，*Space,Geography,and Politics*第17页。塔尔伯特，“L’inventaire du monde”第1351页，认为他的论述相比之下，“言过其实。”

141. 尼科莱，*Space,Geography,and Politics*第101页。

142. 尼科莱，*Space,Geography,and Politics*第8页。据说，存在一种争论，即这实际上是否是在提比略治世后期才形成的。关于各种争论，见迪尔克，*Greek and Roman Maps*第62—65页；罗纳德·塞姆原著，安东尼·伯利辑，*Anatolica:Studies in Strabo*（Oxford:Clarendon Press,1995）；克里斯蒂安·雅各布，“Mapping in the Mind:The Earth from Ancient Alexandria”收入丹尼斯·科斯格洛夫辑*Mappings*第24—49页（London:Reaktion,1999）；丹妮埃拉·杜埃克，*Strabo of Amasia:A Greek Man of Letters in Augustan Rome*（London:Routledge,2000），以及丹妮埃拉·杜埃克，休·林赛与萨拉·波斯卡里辑*Strabo’s Cultural Geography:The Making of a Kolossourgia*（Cambridge:Cambridge University Press,2005）。关于斯特拉波的先行者们，包括希罗多德，见F.W.沃尔班克，“The Geography of Polybius”*Classica et Mediaevalia* 9（1948）第155—82页。杜埃克指出，和托勒密相比，斯特拉波提供了“政治方向的更多指导”（Strabo of Amasia第125页。）

143.老普林尼，*Naturalis Historia*第3卷第17页【H.拉克汉姆，W.H.S.琼斯与D.E.艾科尔兹译，10卷本拉丁文—英文对照版*Naturalis Historia/Natural History*（London:William Heinemann,1938—63）。】见迪尔克，*Greek and Roman Maps*第52页；关于斯特拉波，见第62—65页；以及汤姆森，*History of Ancient Geography*第332页。

144.尼科莱，*Space,Geography,and Politics*第101页。关于普林尼参考资料的详细列表，见迪尔克，*Greek and Roman Maps*第44—52页。

145.迪尔克，*Greek and Roman Maps*第42页。

146.布罗德森，*Terra Cognita*第277—78页；布罗德森，“Presentation of Geographical Knowledge”第20页n8；见埃德森，*Mapping Time and Space*第11页。

147.布罗德森，*Terra Cognita*第275—77页。

148.贝内特·萨尔维，“Travel,Itineraria and Tabellaria”收入亚当斯与劳伦斯*Travel and Geography in the Roman Empire*第29页。

149.贝内特·萨尔维，“The Nature and Genesis of the Peutinger Map”*Imago Mundi*57（June 2005）第128页。

150. 萨尔维，“Nature and Genesis of the Peutinger Map”第128页。关于这一点见赫伯特·布洛赫，“A New Edition of the Marble Plan of Ancient Rome”*Journal of Roman Studies* 51（1961）第143—52页。

151.李维，*Ab urbe condita*第41卷第28页。

152.布罗德森，“Presentation of Geographical Knowledge ”第20页n9。

153.奥托·昆茨辑，*Itineraria Romana第1卷Itineraria Antonini Augusti et Burdigalense*（Stuttgart,Germany:B.G.Teubneri,1990）。见布罗德森，“Presentation of Geographical Knowledge”第13页；布罗德森，*Terra Cognita*第165—90页；以及萨尔维，“Travel,Itineraria and Tabellaria。”

154.贝克-尼尔森，“*Terra Incognita*”第152页。

155.R.莫伊尼汉，“Geographical Mythology and Roman Imperial Ideology”收入温克斯辑*Age of Augustus*第151页。。

156.康拉德·米勒，*Die Peutingersche Tafel*，增补版（Stuttgart,Germany:Strecker und Schröder,1916）；以及埃克哈德·韦伯辑*Tabula Peuteringeriana:Codex Vindobonesis 324*（Graz,Austria:Akademie Druck-u. Verlagsanstanlt,1976）。

157.萨尔维，“Nature and Genesis of the Peutinger Map”第119页。

158.理查德·塔尔伯特，“Peutinger’s Roman Map:The Physical Landscape Framework”收入迈克尔·拉斯曼*Wahrnehmung und Fassung geographischer Räume in der Antike*第221—30页（Mainz am Rhein,Germany:Philipp von Zabern,2007）第221页。

159.迪尔克，*Roman Land Surveyors*第109页。

160.迪尔克，*Roman Land Surveyors*第110—11页；见O.A.W.迪尔克，*Mathematics and Measurement*（London:British Museum,1987）第38页；以及萨尔维，“Nature and Genesis of the Peutinger Map”第128页。萨尔维批判性地评价了在J.威尔海姆·库比契克“Eine römische Stra ßenkarte”中发现的地图记录，见*Jahreshefte des Österreichischen archäologischen Instituts in Wien*,no.5（1902）第20—96页。

161.见汤姆森，*History of Ancient Geography*第379页；以及迪尔克，

*Mathematics and Measurement*第38页。

162.萨尔维，“Nature and Genesis of the Peutinger Map”第120页。

163.相关的全面讨论，见理查德J.A.塔尔伯特，*Rome's World:The Peutinger Map Reconsidered*（Cambridge:Cambridge University Press,2010）；理查德·J.A.塔尔伯特，“Cartography and Taste in Peutinger's Roman Map,”收入理查德·塔尔伯特与卡伊·布罗德森辑*Space in the Roman World:Its Perception and Presentation*，*Antike Kultur und Geschichte*第113—41页（Münster, Germany:Lit Verlag,2004）；以及他的“Travel and Geography in the Roman Empire（Review）”*American Journal of Philology*123（2002）第529—34页。

164.克劳狄乌斯·托勒密原著，爱德华·卢瑟·史蒂文森英译本*The Geography*（New York:Dover,1991）；以及J.雷纳特·伯格伦与亚历山大·琼斯编译*Ptolemy's Geography:An Annotated Translation of the Theoretical Chapters*（Princeton,NJ:Princeton University Press,2000）。

165.萨尔维，“Nature and Genesis of the Peutinger Map”第131页n1。更全面的说法，见阿尔弗雷德·斯图科尔伯格，“Ptolemy and the Problem of Scientific Presentation of Space”收入塔尔伯特与布罗德森辑*Space in the Roman World*第27—40页。

166.关于这幅地图，见P.D.A.哈维，*Mappa Mundi:The Hereford World Map*第2版（Hereford:Hereford Catheral,2002）；P.D.A.哈维辑，*The Hereford World Map:Medieval World Maps and Their Context*（London:British Library,2006）；斯科特·D.韦斯特勒姆，*The Hereford Map:A Transcription and Translation of the Legends with Commentary*（Turnhout,Belgium:Brepols,2001）；凯西·拉维佐，*Angels on the Edge of the World:Geography,Literature,and the English Community,1000—1534*（Ithaca,NY:Cornell University Press,2006）；以及约翰·布洛克·弗里德曼，*The Monstrous Races in Medieval Art and Thought*（Syracuse,NY:Syracuse University Press,2000）第3章。关于耶路撒冷角色的详细讨论，见埃德森，*Mapping Time and Space*；而更为全面的内容，可见娜塔莉娅·罗佐夫斯基，“*The Earth Is Our Book*”*:Geographical Knowledge in the Latin West,ca.400—1000*（Ann Arbor:University of Michigan Press,2000）第20页。

167.P.D.A哈维，“Local and Regional Cartography in Medieval Europe,”收入哈利与伍德沃德辑*History of Cartography*第1卷第464页；以及P.D.A.哈维，*Medieval Maps*（Toronto:University of Toronto Press,1991）第7页。

168.见彼得·巴伯，“Medieval Maps of the World,”收入哈维辑*Hereford World Map*第1—44页。

169.J.B.哈利与大卫·伍德沃德为两人辑的*History of Cartography*第1卷所作的前言第xvi页。

170.埃德森，*Mapping Time and Space*第viii页。

171.约翰·科特兰·莱特，*Geographical Lore of the Time of the Crusades:A Study in the History of Medieval Science and Tradition in Western Europe*（New York:American Geographical Society,1925）第246页。

172.莱特，*Geographical Lore of the Time of the Crusades*第2页。

173.见亚历山德罗·斯卡菲，*Mapping Paradise:A History of Heaven on Earth*（Chicago:University of Chicago Press,2006）。

174.科利什，*Medieval Foundations of the Western Intellectual Tradition*第325页。

175.海，*Medieval Centuries*第86页。关于这点的论述减F.D.亨特，*Holy land Pilgrimage in the Later Roman Empire,AD 312—460*（Oxford:Clarendon Press,1982）；乔纳森·萨姆欣*Pilgrimage:An Image of Mediaeval Religion*（Totowa,NJ:Rowman and Littlefield,1975）；以及C.雷蒙德·比兹利，3卷本*The Dawn of Modern Geography*（1897—1906；再版，New York:Peter Smith,1949）（引文参考1949版）。

176.乌尔曼，*Short History of the Papcy*第166页。格雷高利的演说可以在*Patrologiae Cursus Completus,Series Latina*148卷col.329中找到；以及奥利弗·J.撒切尔与埃德加·霍尔姆斯·麦克尼尔辑*A Source Book for Medieval History*（New York:Scribners,1905）第512—13页的内容。

177.见拉丁文-英文对照版*Gesta Francorum*中的第一次十字军匿名记录，收入罗莎琳·希尔辑*The Deeds of the Franks and the Other Pilgrims to Jerusalem*（Oxford:Clarendon Press,1972）。关于十字军的内容，见彼得·洛克，*The Routledge Companion to the Crusades*（London:Routledge,2006）；以及康纳·科斯蒂克，*The Social Structure of the First Crusade*（Leiden,Netherlands:Brill,2008）。

178.乔纳森·莱利-史密斯，*The First Crusade and the Idea of Crusading*第2版（London:Continuum,2009）第21页。

179.例如，可见Joshua 15—21及Numbers第34页。

180.仅有的例外看来是《次经》中的“第二以斯拉”这一篇，这一篇仅在《次经》的拉丁文译本中收入，希伯来原版中没有。关于土地政治的讨论，见W.D.戴维斯，*The Gospel and the Land:Early Christianity and Jewish Territorial Doctrine*（Berkeley:University of California Press,1974）。

181.米歇尔·福柯原著，米歇尔·塞尼拉辑*Sécurité,Territoire,Population:Cours au Collège de France（1977—1978）*（Paris:Seuil/Gallimard,2004）。

182.例如蕾切尔·哈弗雷洛克，*River Jordan:The Mythology of a Dividing Line*（Chicago:University of Chicago Press,2011）中，哈弗雷洛克指出，例如，大卫·本-古里安认为“《约书亚记》中记载的一个每周例行的学习组织……是由

学者，政治家和军事官员参加的”（14页）。

183.见“Urban II’s Sermon”收入罗贝塔·安德森和多米尼克·艾丹·贝伦格辑*Medieval Worlds:A Sourcebook*第88—92（London:Routledge,2003）。

184.维姆·布洛克曼与彼得·霍篷布罗尔斯原著，伊索拉·范登霍文译*Introduction to Medieval Worlds:A Sourcebook*（London:Routledge,2007）第196页。

185.珍妮特·L.阿布-罗格霍德，*Before European Hegemony:The World System,A.D.1250—1350*（Oxford:Oxford University Press,1989）第47页。

186.见乔治·H.T.金布尔，*Geography in the Middle Ages*（London:Methuen,1938）第69页。

187.沃尔泽·I.布兰迪特，为皮埃尔·杜布瓦原著，他本人翻译的*The Recovery of the Holy Land*所作的介绍，第3—65页（New York:Columbia University Press,1956）第3，第5页。

188.皮埃尔·杜布瓦原著，安吉洛·迪奥第辑*De recuperatione Terre Sancte:Dalla “Respublica Christiana” ai primi nazionalismi e alla politica antimediterranea*（Firenze,Italy:Leo · S.Olschki,1977）；以及杜布瓦，*Recovery of the Holy Land*第1卷第99页。

189.教皇英诺森四世，*Super Libros Quinque Decretalium*第3卷第34章第8页（Frankfurt am Main,Germany,1570）,fol.430v。

190.爱德华·吉本原著，大卫·伍默斯利辑，3卷本*History of the Decline and Fall of the Roman Empire*（Harmondsworth,UK:Penguin,1985）第3卷第728页。

191.相关讨论，见J.J.桑德斯，*The History of the Monghol Conquests*（London:Routledge and Kegan Paul,1971）；以及彼得·杰克逊，*The Mongols and the West,1221—1410*（Harlow,UK:Pearson,2005）。

192.基恩，*History of Medieval Europe*第190页。

193.费迪南德·布罗代尔原著，理查德·梅恩英译本*A History of Civilisations*（Harmondsworth,UK:Penguin,1995）第304页；见诺曼·戴维斯，*Europe:A History*（Oxford:Oxford University Press,1996）第1章。

194.基恩，*History of Medieval Europe*第190页。见杰克·韦瑟福德，*Genghis Khan and the Making of the Modern World*（New York:Crown Publishers,2004）。

195.海，*Medieval Centuries*第103页。

196.“Sententia de iure statuum terrae”1231年5月1日，收入路德维库斯·维兰德辑*Monumenta Germanaie Historica:Constitutiones et acta publica imperatorum et regum*第2卷第1198—1272页（Hanover,Germany:Impensis Bibliopolii Hahniani,1896）第420页。

197.阿诺德，*Princes and Territories*第217页。

198.关于威斯特伐利亚体系，以及这一关联，见本书第9章。

199.阿诺德，*Princes and Territories*第232—33页。在第39页，他认为“领土统治权”是德文“*Landeshoheit*”的一种译法，而且利用了罗伯特·塞克对领土的分析（第67页），但话说回来，这个术语就失去了任何特殊性与定义上的准确性。关于庄园统治权和领土统治权之间的区别，见B.H.斯利彻·范·巴思原著，奥利弗·奥迪什*The Agrarian History of Westen Europe,A.D.500—1850*（New York:St.Martin’s Press,1964）第49—53页；以及乔治斯·杜比原著，辛西娅·波斯坦译*Rural Economiy and Country Life in the Medieval West*（Columbia:University of South Carolina Press,1968）。

200.事例可见F.L.甘肖夫著,菲利普·格里尔森（London:Longmans, Green,1952）；马克·布洛赫原著，L.A.马尼翁（London:Routledge and Kegan Paul,1961）；J.S.克里奇利，*Feudalism*（London:George Allen and Unwin,1978）；以及乔治斯·杜比原著，亚瑟·戈德哈默译*The Three Orders:Feudal Society Imagined*（Chicago:University of Chicago Press,1980）。

201.事例可见佩里·安德森，*Passages from Antiquity to Feudalism*（London:NLB,1974）；佩里·安德森，*Lineages of the Absolutist State*（London:NLB,1974）；巴里·辛迪斯与保罗·Q.赫斯特，*Pre-capitalist Modes of Production*（London:Routledge and Kegan Paul,1975），以及约翰·哈尔顿，*The State and the Tributary Mode of Production*（London:Verso,1993）。关于它用来描述前中世纪社会的用处，见马克斯·韦伯原著，R.I.弗兰克英译本*The Agrarian Socioloty of Ancient Civilizations*（London:NLB,1976）。

202.见弗朗西斯·奥克利，*Empty Bottle of Gentilism:Kingship and the Divine in Late Antiquity and the Early Middle Ages(to 1050)*（New Haven,CT:Yale University Press,2010）第185页。

203.勒高夫，*Medieval Civilization,400—1500*第91—92页。

204.约瑟夫·R.斯特雷耶与拉什顿·库尔本，“The Idea of Feudalism”收入拉什顿·库尔本辑*Feudalism in History*第3—11页（Princeton,NJ:Princeton University Press,1956）第3页。

205.卡莱尔与卡莱尔，*History of Mediævel Political Theory*第3卷第19页。这一卷在整体上尝试将政治理论安放在封建体制及其法律体系的背景之中。

206.尼古拉斯·布鲁塞尔，*Nouvel examen de l’usage general des fiefs*（Paris:Claude Prud’homme and Claude Robustel,1727）第1卷第2行，见麦伊尔文，*Growth of Political Thought*第181页。

207.斯特雷耶与库尔本，“Idea of Feudalism”第4—5页。

208.这是奥克利在*Empty Bottles of Gentilism*第187—88页。

209.见温蒂·戴维斯与保罗·佛拉克里辑的*Property and Power in the Early Middle Ages*（Cambridge:Cambridge University Press,2002）。

210.R.W.萨塞恩，*The Making of the Middle Ages*（London:Hutchinson,1953）第99页。

211.伍德，*Medieval Economic Thought*第225页。

212.海，*Medieval Centuries*第78页。

213.奥尔森，*Early Middle Ages*第179页。

214.尼古拉斯，*Evolution of the Medieval World*第218页。关于英格兰的诺曼征服前的各种模式，见H.卡博特·洛奇，“The Anglo-Saxon Land Law”收入亨利·亚当斯，H.卡博特·洛奇，欧内斯特·杨以及J.劳伦斯·拉夫林*Essays in Anglo-Saxon Land Law*，第55—119页（Boston:Little,Brown and Company,1905）；德拉·胡克，“Territorial Organisation in the Anglo-Saxon West Midlands:Central Places,Central Areas”收入埃里克·格兰特*Central Places,Archaeology and History*第79—93页（Sheffield,UK:Department of Archaeology and Prehistory,University of Sheffield,1986）；德拉·胡克，*The Landscape of Anglo-Saxon England*（London:Leicester University Press,1998）；G.R.J.琼斯，“Cults,Saxons and Scandinavians”收入R.A.道臣与R.A.巴特林辑的*An Historical Geography of England and Wales* 第2版第45—68页（London:Academic Press,1990）。

215.见约翰·赫德森，*Land,Law and Lordship in Anglo-Norman England*（Oxford:Clarendon Press,1994）；约翰·赫德森，*The Formation of the English Common Law:Law and Society in England from the Norman Conquest to Magna Carta*（London:Longman,1996），以及乔治·加内特，*Conquered England:Kingship,Succession,and Tenure,1066—1166*（Oxford:Oxford University Press,2007）。

216.见德拉·胡克，“Introduction:Later Anglo-Saxon England”收入德拉·胡克辑*Anglo-Saxon Settlements*第1—8页（Oxford:Basil Blackwell,1988）第3页。见布鲁斯·M.S.坎贝尔，“People and Land in the Middle Ages,1066—1500”收入道臣与巴特林辑*Historical Geography of England and Wales*第69—121页。

217.见H.C.达比，*Domesday England*（Cambridge:Cambridge University Press,1977）；以及汤姆·威廉姆森，*Shaping Medieval Landscapes:Settlement,Society,Environment*（Macclesfield,UK:Windgather,2004）。

218.小林恩·怀特，*Medieval Technology and Social Change*（London:Oxford University Press,1962）第37页。相关的一些严肃批评，见P.H.索耶尔与R.H.希尔顿，“Technical Determinism:The Stirrup and the Plough”*Past ④ Present 4（1963）*第90—100页。

219.勒高夫，*Medieval Civilization,400—1500*第222页。

220.莫里斯·基恩，*A History of Medieval Europe*（London:Penguin,1991）第

48页。

221.尼古拉斯，*Evolution of the Medieval World*第125页。

222.戴安娜·伍德，*Medieval Economic Thought*（Cambridge:Cambridge University Press,2002）第95页；全面分析见A.W.里奇森,*English Land Measuring to 1800:Instruments and Practices*（Cambridge,MA:Society for the History of Technology and MIT Press,1966）第2章，以及G.G.科尔顿，*The Medieval Village*（Cambridge:Cambridge University Press,1931）第44—48页。

223.科尔顿，*Medieval Village*第48页。

224.勒高夫，*Medieval Civilization,400—1500*第177页。

225.尼古拉斯，*Evolution of the Medieval World*第219页。

226.伍德，*Medieval Economic Thought*第95页。

227.萨塞恩，*Making of the Middle Ages*第179页。

228.哈拉尔德·克莱因施密特，*Understanding the Middle Ages:The Transformation of Ideas and Attitudes in the Medieval World*（Woodbridge,UK:Boydell Press,2000）第51页。

229.对1350—1520这一时期，关于封建主义和资本主义的一段时间更长的转换期有价值的讨论，见克里斯托弗·代尔，*An Age of Transition ? Economy and Society in England in the Later Middle Ages*（Oxford:Clarendon Press,2005）。

230.关于后事，见乔治斯·杜比原著，朱莉叶·韦尔英译本*France in the Middle Ages:From Hugh Capet to Joan of Arc*（Oxford:Blakwell,1991）。

231.哈罗德·德克斯特·黑兹尔坦，“Roman and Canon Law in the Middle Ages”收入J.R.坦纳，C.W.普雷维蒂-奥顿与Z.N.布鲁克辑*The Cambridge Medieval History*第5卷，*Contest of Empire and Papacy*第697 764页（Cambridge:Cambridge University Press,1957）第728页；以及彼得·斯坦，*Roman Law in European History*（Cambridge:Cambridge University Press,1999）第39页。

232.“Magna Carta”收入罗伯塔·安德森与多米尼克·艾丹·贝伦格辑*Medieval Worlds:A Sourcebook*第152—60页（London:Routledge,2003）。

第五章注释

1.关于他的影响力的有益讨论，见阿姆农·林德，“The Knowledge of John of Salisbury in the Late Middle Ages”*Studi Medievali,ser.*3，18（1977）第315—66页。

2.卡里·J.内德曼，“Editor’s Introduction”收入索尔兹伯里的约翰原著，卡里·J.内德曼编辑*Policraticus:On the Frivolities of Courtiers and the Footprints of Philosophers*第xv—xxviii页（Cambridge:Cambridge University Press,1990）第xx页。见雷蒙德·克里班斯基，*The Continuity of Platonic Translation during the Middle Ages:Outline of a Corpus Platonicum Medii Aevi*（London:Methuen,1938）第74页。

3.内德曼，“Editor’s Introduction”收入索尔兹伯里的约翰，Policraticus第xx页。

4.索尔兹伯里的约翰原著，克莱门特·C.J.韦伯辑*Episcopi Carnotensis Metalogicon*（Oxford:Clarendon,1929）；以及丹尼尔·D.麦加里*The Metalogicon of John of Salisbury:A Twelfth-Century Defence of the Verbal and Logical Arts of the Trivium*（Gloucester:彼得·史密斯，1971）。

5.汉斯·列博舒兹，*Mediaeval Humanism in the Life and Writings of John of Salisbury*（London:Warburg Institute,1950）第34页。

6.日期存在争议。见吉尔斯·康斯特布尔，“The Alleged Disagrace of John of Salisbury in 1159”*English Historical Review* 6970（1954）第65—76页，认为他首次流亡是在1156年。

7.凯特·兰登·福汉姆，“Salisburian Stakes:The Uses of ‘Tyranny’ in John of Salisbury’s *Policraticus*”*History of Political Thought* II（Autumn 1990）第397页。

8.雅克·勒高夫原著，朱莉娅·巴罗英译本*Medieval Civilization,400—1500*（Oxford:Basil Blackwell,1983）第273页。

9.较好的基本介绍作品包括列博舒兹，*Mediaeval Humanism*，以及克莱门特·C.J.韦伯，*John of Salisbury*（London:Methuen,1932）。

10.约翰·狄金森，“Introduction:The Place of the Policraticus in the Development of Political Thought”收入约翰·狄金森译*The Statesman’s Book of John of Salisbury*（New York:Russell and Russel,1927）第xvii页。索尔兹伯里的约翰原著，克莱门特·C.J.韦伯辑，2卷本*Episcopi carnotensis Policratici*（Oxford:Clarendon,1909）。英译本并不完整，但是将索尔兹伯里的约翰原著，约瑟夫·B.派克译的*Frivolities of Courtiers and Footprints of Philosophers*（New York:Octagon Books,1972）（第1，2，3卷，以及第7和第8卷的摘录部分）；以及*Statesman’s Book of John of Salisbury*（第4，5，6卷，以及第7和第8卷的摘录部分）合并到一起，可以获得一个接近完整的版本。尽管还是一个节选版，但最好的英译本是上文提到的内德曼版。

11.大卫·诺尔斯，*The Evolution of Medieval Thought*第2版（London:Longman,1988）第126页。

12.恩斯特 · H.坎托洛维茨，*The King' s Two Bodies:A Study in Mediaeval Political Theology*（Princeton,NJ:Priceton Unversity Press,1957）第96页。

13.也可见索尔兹伯里的约翰，*Policraticus*序言。

14.索尔兹伯里的约翰，*Policraticus*第1部分地3页；第5部分地1页；以及狄金森，"Introduction:Place of the Policraticus"第xvii—xviii页。

15.卡里 · J.内德曼，"Duty to Kill:John of Salisbury' s Theory of Tyrannicide"*Review of Politics* 50（1988）第370页；见坎托洛维茨，*King' s Two Bodies*第199—200页。关于当时的政治实体的更全面的论述，见迈克尔 · 卡米尔，"The Image and the Self:Unwriting Late Medieval Bodies"收入萨拉 · 凯伊与米莉 · 鲁宾辑*Framing Medieval Bodies*第62—99页（Manchester,UK:Manchester University Press,1994）尤其是68—69页。见米莉 · 鲁宾，*Corpus Christi:The Eucharist in Late Medieval Culture*（Cambridge:Cambridge University Press,1991）；肯尼斯 · R.斯托，"Holy Body,Holy Society:Conflicting Medieval Structural Conceptions"收入本杰明 · Z.柯达与R.J.兹维 · 沃布罗夫斯基辑*Sacred Space:Shrine,City,Land*第151—171页（New York:New York University Press,1998）；以及彼得 · 比勒与A.J.米尼斯辑，*Medieval Theology and the Natural Body*（York,UK:York Medieval Press,1997）。

16.索尔兹伯里的约翰，*Policraticus*第5部分第2页。

17.这一点过去为人深信，但已经遭到很大程度的质疑。见内德曼"Editor' s Introduction"收入索尔兹伯里的约翰，*Policraticus*第xxi页；列博舒兹，*Mediaeval Humanism*第24—25页，第24n3。这种看法，很简单地可以归结到普鲁塔克身上，建构起了克里斯蒂娜 · 德 · 皮桑十五世纪早期的作品*The Book of the Bod Politic*，凯特 · 兰登 · 福尔汉辑本（Cambridge:Cambridge University Press,1994）。

18.狄金森，"Introduction:Place of the Policraticus"第xxi页。

19.索尔兹伯里的约翰，*Policraticus*第5部分第2页。

20.W.J.米勒，H.E.巴特勒与C.N.L.布鲁克辑，拉丁文-英文对照版*The Letters of John of Salisbury*第1卷*The Early Letters(1153—1161)*（Oxford:Clarendon Press,1986）第181页，信件111。见卡里 · J.内德曼，"The Physiological Significance of the Organic Metaphor in John of Salisbury' s Policraticus" History of Political Thought 8(1987)第218页。关于这个论题，见尤尔特 · 刘易斯，"Organic Tendencies in Medieval Political Thought," *American Political Science Review* 32(1938) 第849—76页；以及卡里 · J.内德曼"Body Politics:The Diversification of Organic Metaphors in the Later Middle Ages" *Pensiero Politico Medievale*2（2004）第59—87页。

21.见内德曼，"Duty to Kill"第370—71页。

22.奥托·吉尔克原著，弗雷德里克·威廉·梅特兰译*Political Theories of the Middle Age*（Cambridge:Cambridge University Press,1900）第23—24页。

23.列博舒兹，*Mediaeval Humanism*第45页。

24.沃尔特·乌尔曼，*The Growth of Papal Government in the Middle Ages:A Study in the Ideological Relation of Clerical to Lay Power*第2版（London:Methuen,1962）第420页。

25.W.J.米勒与C.N.L.布鲁克辑，拉丁文-英文对照版*The Letters of John of Salisbury*第2卷*The later Letters(1163—1180)*（Oxford:Clarendon Press,1979）第726页，信件305；见乌尔曼，*Growth of Papal Government*第426页。

26.索尔兹伯里的约翰，*Policraticus*第8部分第17页。

27.勒高夫，*Medieval Civilization,400—1500*第264，265页。

28.关于积极的属性，见内德曼，"Physiological Significance of the Organic Metaphor"第211—23页。

29.J.H.瓦辛克辑，*Timaeus:A Calcidio Translatus Commentarioque Instructus*（Plato Latinus,雷蒙德·科里班斯基第4卷）（London:Warburg Institute and E.J.Brill,1962）。

30.相关讨论，见斯蒂芬·格什，2卷本*Middle Platonism and Neoplatonism in the Latin Tradition*（Notre Dame,IN:University of Notre Dame Press,1986）第2卷第6章；格蕾琴·J.雷当斯-希尔斯，"Meta-Discourse:Plato's Timaeus According to Calcidius"*Phronesis* 52(2007)第301—27页。卡尔希狄乌斯资料来源的问题在J.C.M.范·文登的*Calcidus on Matter:His Doctrine and Sources:A Chapter in the History of Platonism*（Leiden,Netherlands:E.J.Brill,1959），以及约翰·菲利普斯，"Numenian Psychology in Calcidius ?"*Phronesis* 48(2003)第132—51页。相关的地理性解读，见基思·D.利里，"Mapping Cosmopolis:Moral Topographies of the Medieval City,"*Environment and Planning D:Society and Space* 22（2004）第681—98页。

31.保罗·爱德华·达顿，"*Illustre civiatis et populi exemplum:*Plato's *Timaeus* and the Transforation from Calcidus to the End of the Twelfth Century of a Tripartite Scheme of Society"*Mediaeval Studies* 45（1985）第85页，而更为全面的说法，见他的"Meieval Approaches to Calcidius"收入格蕾琴·J.雷当斯-希尔斯辑，*Plato's* Timaeus *as Cultural Icon*第183—205页（Notre Dame,IN:University of Notre Dame Press,2003）。

32.达顿，"*Illustre civiatis et populi exemplum*"第108页，以及索尔兹伯里的约翰，*Metalogicon*第4部分第18页。

33.达顿，"*Illustre civiatis et populi exemplum*"第110-11页。

34.索尔兹伯里的约翰，*Policraticus*第5部分第7页。

35.索尔兹伯里的约翰，*Policraticus*第6部分第25页。

36.索尔兹伯里的约翰，*Policraticus*第6部分第6页。

37.坎托洛维茨，*King's Two Bodies*；见保罗·E.西格蒙德为他本人辑的*St.Thomas Aquinas on Politics and Ethics*第xii—xxvii页（New York:W.W.Norton,1988）第xiv页。

38.相关的有用调查，见内德曼，"Duty of Kill。"卡莱尔和卡莱尔，*History of Mediævel Political Theory*第3卷第126—27页认为，国王和暴君之间区别的重要话题可以在整个中世纪的著作中找到，但索尔兹伯里的约翰在这方面拥有特殊地位。他们将这方面的影响追溯至圣依西多禄，通过他再追溯到西塞罗，而不是直接追溯到亚里士多德。

39.这符合卡里·J.内德曼与凯瑟琳·坎贝尔，收入"Priests,Kings,and Tyrants:Spiritual and Temporal Power in John of Salisbury's *Policraticus*" *Speculum* 66（July 1991）第572—90页。他们主张在世俗和宗教权力之间不建立清晰的等级，但这并不意味着与约翰在这方面发生分歧。

40.弗朗，"Salisburian Stakes"第403页；以及内德曼，"Physiological Significancc of the Organic Metaphor"第222页。

41.弗朗，"Salisburian Stakes"第406页。

42.见珍妮特·马丁，"Uses of Tradition:Gellius,Petronius and John of Salisbury" *Viator* 10（1979）第62页。

43.约翰·狄金森，为*Statesman's Book of John of Salisbury*所作的前言第xi页。更多的关于对应问题的论述，见沃尔特·乌尔曼，"John of Salisbury's Policraticus in the Later Middle Ages"收入卡尔·豪克与休伯特·莫德克辑*Geschichtsschreibung und geistiges Leben im Mittelalter:Festschrift für Heinz Löwe zur 65. Geburtstag*第519—45页（Cologne:Böhlau,1978）。

44.约翰对这些文本都不熟悉。但是他在*Metalogicon*一书中对*Organon*的使用说明这些文本可能会对他的想法产生影响。关于对他的藏书的讨论，见韦伯，*John of Salisbury*第6章。

45.J.A.瓦特原著，J.H.伯恩斯辑"Spiritual and Temporal Powers"收入*The Cambridge History of Medieval Political Thought*,c.350—c.1450第367—423页。（Cambridge:Cambridge University Press,1988）第367页。

46.罗伯特·卡罗尔与斯蒂芬·普里克特辑*The Bible:Authorized King James Version*（Oxford:Oxford University Press,2008）。关于这个版本的论述，见查尔斯·C.巴特沃斯，*The Literary Lineage of the King James Bible,1340—1611*（Phladelphia:University of Pennsylvania Press,1941）。

47.马太福音中的拉丁文版使用所有格："*Converte gladium tuum in Locum suum*"；但希腊文本的表达更含糊："*Apostrepson son ten machairan eis ton topon autes*。”

48.勒高夫，*Medieval Civilization,400—1500*第273页。相关讨论，见杰拉德·E.加斯帕里，*Politics and Exegesis:Origen and the Two Swords*（Berkeley:University of California Press,1979）尤其是介绍部分。

49.约瑟夫·坎宁，*A History of Medieval Political Thought,300—1450*（London:Routledge,1996）第49—50页。我们在这个意义上能发现它，例如，在索尔兹伯里的约翰的*Policraticus*第4部分第3节中。

50.圣伯尔纳铎，*De consideratione ad Eugenium Papam*（Paris:Mequignon Juniorem,1828），约翰·D.安德森与伊丽莎白·T.凯南英译本译作*Five Books on Consideration:Advice to a Pope*（Kalamazoo:Cistercian Publications,1976）第4卷第3部分第7节。

51.格哈特·B.拉德纳，“The Concepts of ‘Ecclesia’ and ‘Christianitas’ and Their Relation to the Idea of Papal ‘Plenitudo Potestatis’ from Gregory VII to Boniface VIII”*Miscellanea Historiae Pontificiae* 18（1954）第57—58页。

52.见他494年写给东罗马皇帝阿纳斯塔修斯的信，收入J.H.罗宾逊，2卷本*Reading in European History*（Boston:Ginn,1905）第1卷72—73页。

53.沃尔特·乌尔曼，*Medieval Political Thought*（Harmongsworth,UK:Peregrine,1975）第41页。关于早期中世纪教会的背景更为基本的讨论，见沃尔特·乌尔曼，“Leo I and the Theme of Papal Primacy”*Journal of Theological Studies,*n.s.,11（1960）第25—51页。

54.拉里·斯坎兰，*Narrative,Authority,and Power:The Medieval Exemplum and the Chaucerian Tradition*（Cambridge:Cambridge University Press,1994）第5页。也可见*auctoritas/potestas distinction*第37—54页。

55.“Encyclica Invitatoria ad Episcopos Teutonicos”收入路德维希·维兰德辑*Monumenta Germaniae Historica:Constitutiones et acta publica imperatorum et regum*（1893；再版，Hanover,Germany:Hahnsche Buchhandlung,1999）第1卷第253—54页（引文参考1999版）。

56.亚瑟·莫纳汉，*Consent,Coercion,and Limit:The Medieval Origins of Parliamentary Democracy*（Kingston and Montreal:McGill-Queen’s University Press,1987）第18—19页。

57.乌尔曼，*Medieval Political Thought*第54页进行过讨论。

58.弗朗西斯·德·梅罗内原著，皮埃尔·德·拉帕辑*De Principatu regni Siciliae*第1页，收入“L’œuvre politique de François de Meyronnes，ses rapports avec celle de Dante”*Archives d’Histoire Doctrinale et Littéraire du Moyen Age* 15—17（1940—42）第96—97页；在迈克尔·威尔克斯，*The Problem of Sovereignty in the Later Middle Ages:The Papal Monarchy with Augustinus Triumphus and the*

Publicists（Cambridge:Cambridge University Press,1964）第138—139页。

59.教皇格雷高利七世，*Dictatus Papae*，收入D.卡尔·莫布特辑*Quellen zur Geschichte des Papsttums und des Römanischen Katholizismus*第4版（Tübingen,Germany:J.C.B.Mohr,1924）第146—47页，译文见尤尔特·刘易斯，2卷本Medieval Political Ideas（London:Routledge and Kegan Paul,1954）第2卷第380—81页。

60.见教皇格雷高利七世，*Dictatus Papae*第8页；以及格雷高利七世给梅斯的赫尔曼主教的信，1081年3月，收入布莱恩·蒂尔尼，*The Crisis of Church and State,1050—1300*（Toronto:University of Toronto Press,1988）第67页。

61.保卢斯·欣施乌斯辑，2卷本*Decreteles Pseudo-Isidorianae et Capitula Angilramni*（Leipzig,Germany:Bernardi Tauchnitz,1863）。

62.哈拉尔德·克莱因施密特，*Understanding the Middle Ages:The Transformation of Ideas and Attitudes in the Medieval World*（Woodbridge,UK:Boydell Press,2000）第324页。与亨利四世皇帝（神圣罗马帝国）的争议部分。关于这场更早期的争端，见卡莱尔与卡莱尔，*History of Mediævel Political Theory*第4卷第3部分第1章。

63.圣伯尔纳铎，“Letter to Pope Eugenius III”收入卡里·J.内德曼与凯特·兰厄姆·福尔丹，*Medieval Political Theory—A Reader:The Quest for the Body Politic,1100—1400*（London:Routledge,1993）第22—23页。

64.见内德曼与福尔丹为圣伯尔纳铎“Letter to Pope Eugenius III”所作的介绍，收入*Medieval Political Theory*第21页。

65.托马斯·阿奎那，*Scriptum super libros Sententiarum Magistri Petri Lombardi Episcopi Parisiensis*（Paris:Lethielleux,1929—47）IV,d.37q.2.a.2，尤其是文本部分。

66.托马斯·阿奎那原著，多人翻译拉丁文-英文对照版60卷本*Summa Theologiæ*（London:Blackfriars and Eyre and Spottiswoode,1963—76）IiaIIæ第40页。

67.圣伯纳尔铎，*De consideratione*第2卷第6部分第13节。

68.卡莱尔与卡莱尔，*History of Mediævel Political Theory*第4卷第335页。

69.卡莱尔与卡莱尔，*History of Mediævel Political Theory*第4卷第211页。

70.卡莱尔与卡莱尔，*History of Mediævel Political Theory*第4卷第395页。

71.见丹尼尔·韦利，*The Papal State in the Thirteenth Century*（London:Macmillan,1961），关于英诺森三世教皇对教会所属土地直接统治的论述；以及希德尼·R.帕卡德，*Europe and the Church under Innocent III*修订版（New York:Russell and Russell,1968）第1章。同样有帮助的文章是肯尼斯·潘宁顿，“The Legal Education of Pope Inocent III”*Bulletin of Medieval Canon Law*,n.

s.,4（1974）第70—77页。

72.见蒂尔尼，*Crisis of Church and State*第132，133页摘录的信件。

73.见卡莱尔与卡莱尔，*History of Mediævel Political Theory*第5卷第152—53页；以及查尔斯·霍华德·麦伊文，*The Growth of Political Thought in the West:From the Greeks to the End of the Middle Ages*（London:Macmillan,1932）第231—33页。

74.迈克尔·威尔克斯，*The Problem of Sovereignty in the Later Middle Ages: The Papal Monarchy with Augustinus Triumphus and the Publicists*（Cambridge: Cambridge University Press, 1964）第398—399页。阿格斯蒂诺·帕拉维奇尼-巴里亚尼原著，大卫·S.彼得森英译本*The Pope's Body*（Chicago: University of Chicago Press, 2000）第58—59页讨论过这种说法的出现是在11世纪。

75. TakashiShogimen , *Ockham and Political Discourse in the Late Middle Ages*（Cambridge: Cambridge University Press, 2007）第226—27页。关于埃吉迪乌斯的内容，见第6章。

76.坎托洛维茨，*King's Two Bodies*第89页。

77.教皇英诺森三世，"Per Venerabilem"，收入莫布特辑*Quellen zur Geschichte des Papsttums und des Römanischen Katholizismus*第176页；在蒂尔尼，*Crisis of Church and State*第137页中有译文；见麦伊尔文，*Growth of Political Thought*第231页。

78.教皇英诺森三世，"Per Venerabilem"第176页，第136页。

79.J.P.坎宁，"Law, Sovereignty and Corporation Theory, 1300–1450"收入J.H.伯恩斯辑*The Cambridge History of Medieval Political Thought, c. 350–c. 1450*（Cambridge: Cambridge University Press, 1988）第469页。

80.约翰·A.斯科特，*Dante's Political Purgatory*（Philadelphia: University of Pennsylvania Press, 1996）第25页。

81.金布尔，*Geography in the Middle Ages*第75—76页。

82.关于这一时期理性化的再生，见查尔斯·霍默·哈斯金斯，*The Renaissance of the Twelfth Century*（Cambridge, MA: Harvard University Press, 1927）；克里斯托弗·布鲁克，*The Twelfth Century Renaissance*（London: Thames and Hudson, 1969）；以及R.N.斯旺森，*The Twelfth-Century Renaissance*（Manchester, UK: Manchester University Press, 1998）。

83.托马斯·吉尔比，*Principality and Polity: Aquinas and the Rise of State Theory in the West*（London: Longmans, Green, 1958）第80页。

84.蒙索·福尔克茨，"Arabic Mathematics in the West"收入*The Development of Mathematics in Medieval Europe: The Arabs, Euclid, Regiomontanus*（Aldershot, UK: Ashgate Variorium, 2006）第1页；以及斯旺森，Twelfth-Century

Renaissance，第51—52页。

85.关于阿拉伯地理更广泛的论述，见拉尔夫·W.布劳尔，*Boundaries and Frontiers in Medieval Muslim Geography*（Philadelphia: American Philosophical Society, 1995）。

86.福尔克茨，“Arabic Mathematics in the West。”

87.金布尔，*Geography in the Middle Ages*第63页。

88.什洛莫·派因斯，“Philosophy, Mathematics and the Concepts of Space in the Middle Ages”收入Y.埃尔卡纳辑，*The Interaction between Science and Philosophy*第75—91页（Atlantic Highlands, NJ: Humanities Press, 1974）。另一种有价值的讨论，见爱德华·格兰特，“Place and Space in Medieval Physical Thought”收入彼得·K.马克默与罗伯特·G.特恩伯尔辑*Motion and Time, Space and Matter: Interrelations in the History of Philosophy and Science*第137—67页（Columbus: Ohio State University Press, 1976）。这基本上能说明，中世纪时期，为牛顿所阐述的“为物体运动所用的无限容器”说法提供了基础（161）。

89.福尔克茨，“Arabic Mathematics in the West”第11页。

90.福尔克茨，“Euclid in Medieval Europe”in *Development of Mathematics in Medieval Europe*第2页；以及霍华德·罗林·帕奇，*The Tradition of Boethius: A Study of His Importance in Medieval Culture*（1935；repr., New York: Russell and Russell, 1970）第4页（引文参考1970版）。

91.福尔克茨，“Arabic Mathematics in the West”第11页；以及福尔克茨，“Euclid in Medieval Europe”第8页。

92.R.W.萨塞恩，*The Making of the Middle Ages*（London: Hutchinson, 1953）第65页。

93.尼古拉斯，*Evolution of the Medieval World*第341页。

94.阿尔弗雷德·伊夫里，“Averroes”收入约翰·马伦顿辑*Medieval Philosophy*第49—64页（London: Routledge, 1998）第58页。

95.伊夫里，“Averroes”第52页。

96.威尔克斯，*Problem of Sovereignty in the Later Middle Ages*第85页。

97.内德曼，*Worlds of Difference*第21页。

98.布朗，*Augustine of Hippo*第91页。

99.大卫·布拉德肖，*Aristotle East and West: Metaphysics and the Division of Christendom*（Cambridge: Cambridge University Press, 2004）第73页。

100.普罗提诺原著，A.H.阿姆斯特朗译，6卷本希腊文-英文对照版*Enneads*（London: William Heinemann, 1966–88）。相关讨论，见劳伊德·格尔森辑*The Cambridge Companion to Plotinus*（Cambridge: Cambridge University Press, 2006）。

101.布朗，*Augustine of Hippo*第91页。

102.布朗，*Augustine of Hippo*第91页。

103.克里班斯基，*Continuity of Platonic Translation*第36页。关于这个问题见斯蒂芬·格什与马特恩·J.F.M.霍恩南辑*The Platonic Tradition in the Middle Ages*（Berlin: Walter de Gruyter, 2002）。见约翰·迪伦，*The Heirs of Plato: A Study of the Old Academy (347–274 BC)*（Oxford: Clarendon Press, 2003），以及格什，*Middle Platonism and Neoplatonism in the Latin Tradition*。

104.克里班斯基，*Continuity of Platonic Translation*第28页。

105.克里班斯基，*Continuity of Platonic Translation*第13，35页。

106.恩斯特·H.坎托洛维茨，“Plato in the Middle Ages”*Selected Studies*第184–93页（Locust Valley, NY: J. J. Augustin, 1965）第184页。

107.吉尔比，*Principality and Polity*第78页；见科普莱斯顿，*History of Medieval Philosophy*第153—54页；以及诺尔斯*Evolution of Medieval Thought*第186页。

108.艾尔伯图斯本身是一位重要的经院学者。特别有意义的是他发展了亚里士多德《物理学》（*Physics*）中的位置概念，以一种解释为经院哲学提供了基础。见珍·保罗·蒂尔曼修女，*An Appraisal of the Geographical Works of Albertus Magnus and His Contribution to Geographical Thought*（Ann Arbor: Department of Geography, University of Michigan, 1971）【这本书中包含De Natura Locorum第25—145页的译文；拉丁文本名为“De Natura Loci”，收入阿尔贝蒂·马格尼，*Opera Omnia*第2卷（Aschendorff: Monasterri Westfalorum, 1980）第1—44页】；J.A.维希埃佩尔，*Albertus Magnus and the Sciences: Commemorative Essays*（Toronto: Pontifical Institute of Medieval Studies, 1980），以及奥德·兰厄姆，*Economics in the Medieval Schools: Wealth, Exchange, Value, Money and Usury According to the Paris Theological Tradition, 1200–1350*（Leiden, Netherlands: E. J. Brill, 1992）第7章。更全面的内容，见海伦·S.朗，*Aristotle' s Physics and Its Medieval Varieties*（Albany: SUNY Press, 1992）。

109.见G.H.卢凯，“Hermann l' Allemand”*Revue de l' histoire des religions* 44（1901）第407—22页；以及贾德森·博伊斯·艾伦，“Hermann the German' s Averroistic Aristotle and Medieval Poetic Theory”*Mosaic* 9（1976）第67—81页。

110.关于威廉，见博纳德·G.多德，“Aristoteles Latinus”收入诺曼·克雷茨曼，安东尼·肯尼与简·平伯格辑*The Cambridge History of Later Medieval Philosophy*第45—79页（Cambridge: Cambridge University Press, 1982）第62—64页。

111.乌尔曼，*Medieval Political Thought*第171页。

112.科普莱斯顿，*History of Medieval Philosophy*第155页。

113.“Decreta magistri Petri de Corbolio”收入亨利克斯·丹尼弗与阿米里奥·查特莱恩辑2卷本*Chartularium Universitatis Parisiensis*（Paris: Fratrum Delalain, 1889–91）第1卷70页。

114.诺尔斯，*Evolution of Medieval Thought*第206页。

115.教皇格雷高利九世，1231年4月13日的信，收入丹尼弗与查特莱恩辑*Chartularium Universitatis Parisiensis*第1卷第138页。这两种“Chartularium”的标志都是诺尔斯在*Evolution of Medieval Thought*一书第206—7页中提出的。

116.吉尔比，*Principality and Polity*第79页。

117.诺尔斯，*Evolution of Medieval Thought*第207—8页；关于这一时期更普遍的一些看法，见费尔南德·范·斯蒂恩伯根原著，莱昂纳德·约翰斯顿译，*Aristotle in the West: The Origins of Latin Aristotelianism*（Louvain, Belgium: E. Nauwelaerts, 1955）尤其是第4章。

118.乌尔曼，*Medieval Political Thought*第167页；以及罗伯特·古德温，收入他本人翻译的英译本*Selected Writings of St. Thomas Aquinas*的“General Introduction”（Indianapolis: Library of Liberal Arts, 1965）第xiii页。

119.见多德，“Aristoteles Latinus”第59—60页。

120.拉尔夫·勒纳与穆欣·迈赫迪辑*Medieval Political Philosophy: A Sourcebook*（New York: Free Press, 1963）第273页；以及多德，“Aristoteles Latinus”第77—78页。

121.多德，“Aristoteles Latinus”第77—78页；见威廉·F.博格斯，“Hermannus Alemannus’s Rhetorical Translations”*Viator* 2（1972）第227—50页。

122.多德，“Aristoteles Latinus”第63页。

123.恩斯特·坎托洛维茨，*Frederick the Second, 1194–1250*（London: Constable, 1931）第340—41页。更全面的看法，见诺尔斯，*Evolution of Medieval Thought*第171—73页。

124.约翰·B.莫莱尔，*Political Thought in Medieval Times*第3版（London: Hutchinson University Library, 1971）第69页。

125.珍妮特·科尔曼，*A History of Political Thought: From the Middle Ages to the Renaissance*（Oxford: Blackwell, 2000）第61—62页。

126.乌尔曼，*Medieval Political Thought*第159页。科纳·马丁，“Some Medieval Commentaries on Aristotle’s Politics”*History* 36（1951）第29—44页。

127.安东尼·布莱克，*Political Thought in Europe, 1250–1450*（Cambridge: Cambridge University Press, 1992）第154页。

128.见蒂尔尼，*Crisis of Church and State*第2页，以及马里奥·格里格纳什

基，“La definition du ‘civis’ dans la scolastique”收入*Gouvernés et Gouvernants, Recueils de la société Jean Bodin*第24页（Brussels: Éditions de la Librarie Encyclopédique, 1966）第71—88页。

129.见卡里·J.内德曼，“Aristotle as Authority: Alternative Aristotelian Sources of Late Medieval Political Theory”*History of European Ideas* 4（1987）第31—44页。

130.吉尔比，*Principality and Polity*第79页。

131.这段的意思，事例可见玛西亚·L.科利什，*Medieval Foundations of the Western Intellectual Tradition, 400–1400*（New Haven, CT: Yale University Press, 1997）第295页；但让-皮埃尔·托莱尔在*Initiation à saint Thomas d' Aquin: Sa personne et son oeuvre*（Fribourg, Switzerland: Éditions Universitaires de Fribourg, 1993）第255—58页提出了令人信服的质疑。

132.多德，“Aristoteles Latinus”第68页；见珍·邓巴宾，“The Reception and Interpretation of Aristotle's *Politics*，收入诺曼·克雷茨曼，安东尼·肯尼与简·平伯格辑*The Cambridge History of Later Medieval Philosophy*第723—37页（Cambridge: Cambridge University Press, 1982）第723页。

133.约瑟夫·坎宁，*The Political Thought of Baldus de Ubaldis*（Cambridge: Cambridge University Press, 1987）第161页。一份非常有帮助的讨论，见尼科莱·鲁宾斯坦，“The History of the Word *Politicus* in Early-Modern Europe”收入安东尼·派登辑*The Languages of Political Theory in Early Modern Europe*第41—56页（Cambridge: Cambridge University Press, 1987）尤其是第41—48页。

134.坎宁，*Political Thought of Baldus de Ubaldis*第161页。

135.乌尔曼，*Medieval Political Thought*第171，175页。

136.R.W.戴森，为圣托马斯·阿奎那原著，R.W.戴森本人编译英译本*Political Writings*所作的介绍（Cambridge: Cambridge University Press, 2002）第xxiv页。

137.海，*Medieval Centuries*第155页。

138.劳伦斯·保罗·亨明，*Worship as a Revelation: The Past, Present and Future of Catholic Liturgy*（London: Burns and Oates, 2008）第61页。

139.乌尔曼，*Medieval Political Thought*第174页。这一描述显然来自M.格拉布曼的著作，而乌尔曼并没有提供一份更为明确的参考资料来源。

140.诺尔斯，*Evolution of Medieval Thought*第79页。

141.莫莱尔，*Political Thought in Medieval Times*第70页；以及范·斯蒂恩伯根，*Aristotle in the West*第183页。

142.吉尔比，*Principality and Polity*第95—96页，第249页，第265—71页。

143.珍·邓巴宾，“Aristotle in the Schools”收入贝丽尔·斯莫利第65—85页

（Oxford: Basil Blackwell, 1965）。全面论述，见尤尔根·米埃特克，“Practical Intentions of Scholasticism: The Case of Political Theory”收入威廉·J.考特尼与尤尔根·米埃特克辑*Universities and Schooling in Medieval Society*第211—28页（Leiden, Netherlands: Brill, 2000）。

144.圣托马斯·阿奎那原著，雷蒙迪·M.斯比亚兹辑*In Libros Politicorum Aristotelis Expositio*（Turin: Marietti, 1951），阿奎那原著，理查德·J.里根英译本*Commentary on Aristotle's* Politics（Indianapolis: Hackett Publishing, 2007）；阿奎那原著，雷蒙迪·M.斯比亚兹辑*In Decem Libros Ethicorum Aristotelis ad Nicomachum Expositio*（Turin: Marietti, 1949），阿奎那原著，查尔斯·I.里琴格英译本*Commentary on the Ethics of Aristotle*（1964，再版, Notre Dame, IN: Dumb Ox, 1993）（引文参考1993版）。

145.杰里米·卡托，“Ideas and Experience in the Political Thought of Aquinas” *Past and Present* 71（1976）第8—9页；见马克·D.乔丹，*Rewritten Theology: Aquinas after His Readers*（Oxford: Blackwell, 2006）第77页。

146.阿奎那，*In Libros Politicorum Aristotelis Expositio*序。这或许可以解释为什么在许多标准介绍中缺乏他关于政治思想方面的论述。相关有价值的讨论，见R.J.亨利辑*The Treatise on Law: Saint Thomas Aquinas, Summa Theologiae, I–II: qq. 90–977*（Notre Dame, IN: University of Notre Dame Press, 1993）保罗·E.西格蒙德，“Law and Politics”收入诺曼·克雷茨曼与埃利诺伊·斯顿普辑*The Cambridge Companion to Aquinas*第217—31页（Cambridge: Cambridge University Press, 1993）。约翰·菲尼斯，*Aquinas: Moral, Political, and Legal Theory*之中有最出色的研究结论（Oxford: Oxford University Press, 1998），尤其是第7章。

147.阿奎那，*In Libros Politicorum Aristotelis Expositio*序。

148.阿奎那，*In Decem Libros Ethicorum Aristotelis*第1部分第1页。

149.阿奎那，*In Libros Politicorum Aristotelis Expositio*序。

150.亚里士多德，*Politics*，第1253页a7—18，亚里士多德，*Nicomachean Ethics*，第1098页a3—5，第1139页a5—6，以及亚里士多德，*Eudemian Ethics*，第1242页a23—24。

151.阿奎那，*In Libros Politicorum Aristotelis Expositio*第1部分第1页。

152.阿奎那，*In Libros Politicorum Aristotelis Expositio*第1部分第1页。

153.事例见阿奎那，*Summa Theologiæ* Ia 96.4，以及阿奎那，*In Decem Libros Ethicorum Aristotelis*第1部分第1页。

154.乌尔曼，*Medieval Political Thought*第175—176页。

155.雷米吉奥·德伊·基洛拉米，“De Bono Communi”收入玛利亚·康西格里亚·德·马泰斯辑*La “teologia politica communal” di Remigio de' Girolami*（Bologna: Patron Editore, 1977）第1—52页，第18（fol.100r）。见L.米尼奥-帕鲁

埃罗，“Remigio Girolami’s *De Bono Communoi: Florence at the Time of Dante’s Banishment and the Philosopher’s Answer to the Crisis*” *Italian Studies* 11 (1956) 第56—71页；查尔斯·T.戴维斯，*Dante’s Italy and Other Essays*（Philadelphia: University of Pennsylvania Press, 1984）第8章；以及米什莱·穆尔查赫伊先生，“Education in Dante’s Florence Revisited: Remigio de’ Girolami and the Schools of Santa Maria Novella”收入罗纳德·B.贝格里与约瑟夫·W.科特斯基辑*Medieval Education* S.J.第143—81页（New York:Fordham University Press,2005）。

156.A.P.德恩特雷弗，为圣托马斯·阿奎那，*Selected Political Writings*所作的介绍（Oxford: Blackwell, 1981）第xv页。

157.莫莱尔，*Political Thought in Medieval Times*第19页，见亚历山大·帕辛·德恩特雷弗，*The Medieval Contribution to Political Thought: Thomas Aquinas, Marsilius of Padua, Richard Hooker*（New York: Humanities Press, 1959）第20页。

158.德恩特雷弗，*Medieval Contribution to Political Thought*第23—25页。

159.圣托马斯·阿奎那，“De Virtutibus in Communi”收入2卷本*Quaestiones Disputatae*（Rome: Marietti, 1953）第2卷第701—827页；以及阿奎那原著，E.M.阿特金斯与托马斯·威廉姆斯辑，E.M.阿特金斯译*Disputed Questions on the Virtues*（Cambridge: Cambridge University Press, 2005），“On the Virtues in General”第9部分。

160.吉尔比，*Principality and Polity*第312页。

161.阿奎那，*De Regimine Principum*第1卷第4页；见卢卡的托勒密著，*De Regimine Principum,* 第4部分第1页。托马埃·阿奎那蒂斯，*Opuscula Omnia necnon Opera Minora: Tome Primus Opuscula Philosophica*（Paris: Lethielleux, 1949）第221—426页，其中包括 一份附录中非托马斯主义的一些部分；以及卢卡的托勒密，詹姆斯·M.布莱斯*On the Government of Rulers: De Regimine Principum, with Portions Attributed to Thomas Aquinas*（Philadelphia: University of Pennsylvania Press, 1997）。

162.阿奎那，*Summa Theologiæ* IaIIæ第90.2，90.3。

163.阿奎那，*In Libros Politicorum Aristotelis Expositio*第I部分第1页。

164.阿奎那，*Summa Theologiæ,* IaIIæ第90.2。

165.阿奎那，*In Libros Politicorum Aristotelis Expositio*序。

166.阿奎那，*Summa Theologiæ,* IaIIæ第90.3。

167.吉尔比，*Principality and Polity*第261页。

168.迪诺·比格尼亚里，为他本人辑录的*The Political Ideas of St. Thomas Aquinas: Representative Selections*所作的介绍，第vi—xxxvii页（New York: Hafner Publishing Company, 1957）第x，以及吉尔比，*Principality and Polity*第262页。

169.德恩特雷弗，为圣托马斯·阿奎那，*Selected Political Writings*所作的介

绍第xxv页。

170.阿奎那，*In Libros Politicorum Aristotelis Expositio*第3部分第2页。

171.阿奎那，*In Libros Politicorum Aristotelis Expositio*第3部分第5页。

172.阿奎那，*Summa Theologiæ*，IaIIæ 95.4。

173.德恩特雷弗，*Medieval Contribution to Political Thought*第32页。

174.托马斯·阿奎那，*Summa contra Gentiles*（Rome: Commissio Leonina, 1894）；英国圣多明各教会教士译，4卷本*The Summa Contra Gentiles*（London: Burns Oates and Washbourne, 1924–28）第4卷第76页，以及*Summa Theologiæ,* IIIa 8.1–4。见德恩特雷弗为圣托马斯·阿奎那的*Selected Political Writings*所作的介绍第xxv页。关于这个概念，见亨利·德·卢巴克原著，劳伦斯·保罗·亨明与苏珊·弗兰克·帕森斯辑，杰玛·西蒙兹与理查德·普莱斯译*Corpus Mysticum: The Eucharist and the Church in the Middle Ages*（London: SCM Press, 2006）尤其是第5章；而一项有帮助的讨论，见劳伦斯·保罗·亨明，"Henri de Lubac: Reading *Corpus Mysticum*" *New Blackfriars* 90（2009）第519—34页。关于德·卢巴卡，正如亨明澄清的那样，"*Corpus Mysticum*"等于圣餐礼，让信徒与基督身心相连。

175.乌尔曼，*Medieval Political Thought*第180页。

176.菲尼斯，*Aquinas*第328页。

177.阿奎那，*Summa contra Gentiles*，第4部分第76页。

178.托马斯·阿奎那，*Contra errores Graecorum*（Rome: Commissio Leonina, 1968）第2部分第32页。

179.比格尼亚里，为*Political Ideas of St. Thomas Aquinas*所作的介绍，第xxxv页。

180.托马斯·阿奎那，*Commentum in Matthaeum et Joannem Evangelistas*，收入*Opera Omnia*（Parma: Typus Petri Fiaccadori, 1860）第10卷第18部分（171页）；*Shogimen*的*Ockham and Political Discourse*第224页的讨论。

181.阿奎那，*Scriptum super libros Sententiarum*，II d. 44 q. 2 a. 3尤其是文本部分。

182.阿奎那，*Summa Theologiæ*，IIaIIæ 60.6。

183.Shogimen，*Ockham and Political Discourse*第224页。

184.阿奎那，*Summa Theologiæ*，IIaIIæ 87.4。

185.阿奎那，*Summa Theologiæ*，IIaIIæ 87.3。

186.阿奎那，*Summa Theologiæ*，IaIIæ105.3。

187.事例可见阿奎那，*Summa Theologiæ*，IaIIæ89.6。

188.托马斯·阿奎那，*In VIII Libros Physicorum Aristotelis*，收入*Opera Omnia*（Rome: Commissio Leoninae, 1884）第2卷；阿奎那原著，理查德·J.布莱

克威尔，理查德·J.斯帕思与W.埃德蒙·瑟尔克尔译*Commentary on Aristotle's Physics*（London: Routledge and Kegan Paul, 1963）第4部分第3页；也可见第4部分第6页，阿奎那在这一页将“空间（*spatium*）”一词视为一个包容性物体内部的“容量（*extensio*）”，和亚里士多德一样，表示这个词不代表一个位置。

189.阿基那，*Summa Theologiæ*第Ia 46.1。

190.相关讨论，见詹姆斯·A.威谢佩尔，*Friar Thomas D'Aquino: His Life, Thought and Work*（Garden City, NY: Doubleday, 1974）第189—95页；托莱尔，*Initiation à saint Thomas d'Aquin*第247—49页；霍莉·汉密尔顿·布利克利，“The Art of Ruling in Aquinas' *De regimine principum*” *History of Political Thought* 20（1999）第575—602页；卡托，“Ideas and Experience in the Political Thought of Aquinas”；以及麦伊文，*Growth of Political Thought*第235—36页。

191.布莱斯，为卢卡的托勒密著*On the Government of Rulers*所作的前言第vii页。

192.阿奎那，*De Regimine Principum*第1部分第1页（拉丁文第2页）。Sociabile在不同的手稿中也写作“*sociale*”和“*socialis*”。

193.阿奎那，*De Regimine Principum*第1部分第15页。

194.阿奎那，*De Regimine Principum*第1部分第15页。

195.阿奎那，*De Regimine Principum*第1部分第2页。

196.阿奎那，*De Regimine Principum*第2部分第1页。

197.阿奎那，*De Regimine Principum*第2部分第2页。

198.阿奎那/卢卡的托勒密，*De Regimine Principum*第2部分第3—7页。

199.卢卡的托勒密，*De Regimine Principum*第2部分第7页。

200.卢卡的托勒密原著，马利乌斯·克莱默辑，*Determinatio Compendiosa de Jurisdictione Imperii*（Hanover, Germany: Impensis Bibliopolii Hahniani, 1909）第15部分。

第六章注释

1.关于腓力（法国国王腓力四世），见埃德加·布塔里克，*Le France sous Philippe le Bel: Etude sur les institutions politiques et administratives du Moyen Age*（1861；再版，Brionne, France: Le Portulan, 1971）（引文参考1971年版）；让·法维尔，*Philippe le Bel*（Paris: Fayard, 1978）；约瑟夫·R.斯特雷耶，*The Reign of Philip the Fair*（Princeton, NJ: Princeton University Press, 1980），尤其

是第4章；富兰克林·J.佩格斯*The Lawyers of the Last Capetians*（Princeton, NJ: Princeton University Press, 1962）第1章；以及约瑟夫·R.斯特雷耶，*Medieval Statecraft and the Perspectives of History: Essays by Joseph R. Strayer*（Princeton, NJ: Princeton University Press, 1971）第195—212页。查尔斯·T.伍德辑，*Philip the Fair and Boniface VIII: State vs. Papacy*（New York: Holt, Rinehart and Winston, 1967）提供了一份资料来源选集。

2.相关讨论，见约翰·R.伊斯特曼，*Papal Abdication in Later Medieval Thought*（Lewiston, NY: Edwin Mellon Press, 1990）。一份旧时代的，但仍然非常有价值的地理研究专著是T.S.R.鲍斯的*Boniface VIII*（London: Constable, 1933）；关于争议也可见让·科斯特，*Boniface VIII en process: Articles d' accusation et depositions des témoins (1303–1311)*（Rome: "L' Erma" di Bretschneider, 1995）。

3.安东尼奥·格拉姆斯齐原著，约瑟夫·A.布蒂吉埃格编译，*Prison Notebooks*第2卷（New York: Columbia University Press, 1996）第368页。

4.约翰·A.斯科特，*Dante' s Political Purgatory*（Philadelphia: University of Pennsylvania Press, 1996）第26页，138—39页；还可见彼得·阿莫，"Dante and Popular Sovereignty"收入约翰·伍德豪斯*Dante and Governance*第27—45页（Oxford: Clarendon Press, 1997）第32页。

5.奥斯蒂恩西斯，*Summa*第4部分第17页，第13页，收入威尔海姆·格奥尔格·格鲁辑，*Fontes Historiae Iuris Gentium: Quellen Zur Geschichte Des Volkerrechts*（Berlin: Walter de Gruyter, 1995）第298页。见布莱恩·蒂尔尼，"A Conciliar Theory of the Thirteenth Century" *Catholic Historical Review* 36（1951）第415—40页。

6.R.W.戴森辑，*Quaestio de Potestate Papae (Rex Pacificus) / An Enquiry into the Power of the Pope: A Critical Edition and Translation*（Lewiston, NY: Edwin Mellon, 1999）第38，88页。见沃尔特·乌尔曼，"A Medieval Document on Papal Theories of Government" *English Historical Review* 61（1946）第180—201页。

7. *Quaestio de Potestate Papae*第24，76—77页。

8. *Acta inter Bonifacium VIII, Benedictum XI, Clementem V et Philippum Pulchrum Regem Christian*，1614，fol.164v，乌尔曼有所讨论，"Medieval Document on Papal Theories of Government"第181页。

9.关于这件事的书面记载可以在格鲁，*Fontes Historiae Iuris Gentium*第304—5页找到；在布莱恩·蒂尔尼在*The Crisis of Church and State, 1050–1300*（Toronto: University of Toronto Press, 1988）第205—6页翻译过一些选段。见鲍斯，*Boniface VIII*第304页。沃尔特·乌尔曼，*The Growth of Papal Government in the Middle Ages: A Study in the Ideological Relation of Clerical to Lay Power*第2版（London:

Methuen, 1962）第22页，指出“Son”是历代教皇称呼历代神圣罗马帝国皇帝的一种长期标准方式。

10.这本书的摘录选段，还有一份推定答复，可见皮埃尔·迪普伊辑，*Histoire du différend d' entre le pape Boniface VIII et Philippe le Bel, Roi de France*（Paris: Cramoisy, 1655）第44页；以及鲍斯，*Boniface VIII*第304—5页。见斯科特，*Dante's Political Purgatory*第26页；以及J.A.瓦特为巴黎的约翰原著，J.A.瓦特英译本*On Royal and Papal Power*所作的介绍（Toronto: Pontifical Institute of Medieval Studies, 1971）第23—24页。

11.在R.W.戴森为维泰博的詹姆斯原著，他本人编译的英译本*On Christian Government: De Regimine Christiano*所作的介绍中有过叙述（Woodbridge, UK: Boydell Press, 1995）第xiv页。迪普伊，*Histoire du différend*102页，将之比作一头“野兽”（*animal brutum*）。

12.拉丁文文本可以在D.卡尔·莫布特辑*Quellen zur Geschichte des Papsttums und des Römanischen Katholizismus*第4版中找到（Tübingen, Germany: J. C. B. Mohr, 1924）第210—211页；被广泛使用的英译本，有蒂尔尼的*Crisis of Church and State*第188—89页收入的版本等。相关讨论，见鲍斯，*Boniface VIII*第12章第315—37页；以及恩斯特·H.坎托洛维茨，*The King's Two Bodies: A Study in Mediaeval Politi-cal Theology*（Princeton, NJ: Princeton University Press, 1957）第194—196页。

13.维泰博的詹姆斯，*De regime christiano*尤其是第1部分，是对这些术语的一份详细阐释。拉丁文本，见H.-X.阿基利耶尔*Le plus ancient traité de l' Église: Jacques de Viterbe—De regimine christiano (1301–1302)*, ed. H.-X. Arquillière（Paris: Gabriel Beauchesne, 1926）；戴森的译本在上文已有引用。按照威尔克斯的意见，“三项统一即‘一个社会，一个领袖，一种权力’的节奏就好像和着从政论家们的作品中化出来的叠句。”迈克尔·威尔克斯*The Problem of Sovereignty in the Later Middle Ages: The Papal Monarchy with Augustinus Triumphus and the Publicists*（Cambridge: Cambridge University Press, 1964）第67—68页。

14.乌尔曼，*Growth of Papal Government*第456页。

15.R.W.卡莱尔与A.J.卡莱尔，6卷本*A History of Mediævel Political Theory in the West*（Edinburgh: William Blackwell and Sons, 1903–36）第5卷第374页；以及F.W.波威克，*The Christian Life in the Middle Ages*（Oxford: Clarendon Press, 1935）第73页。恩斯特·坎托洛维茨，*Frederick the Second, 1194–1250*（London: Constable, 1931）第39，441页，将他视作从教皇格雷高利七世到英诺森三世一脉的最后一人。

16. *Quaestio de Potestate Papae*第37，87页。

17.“A Dispute between a Priest and a Knight”拉丁文与英文版文本，见

诺曼·N.埃里克森编译，*Proceedings of the American Philosophical Society* III（1967）第288—309页。这篇文章页出现在R.W.戴森辑*Three Royalist Tracts, 1296–1302: Antequam essent clerici*；*Disputatio inter Clericum et Militem*；*Quaestio in utramque partem*（Bristol, UK: University of Durham / Thoemmes Press, 1999）。这篇文章的作者不明，虽然有人曾将它归入奥卡姆的威廉名下。

18. “Dispute between a Priest and a Knight”第300，308—9页。

19. “Dispute between a Priest and a Knight”第288页。

20.鲍斯，*Boniface VIII*第323页。对约翰的基本讨论，以及他后来的影响，见珍妮特·科尔曼，“Medieval Discussions of Property: *Ratio and Dominium according to John of Paris and Marsilius of Padua*” *History of Political Thought* 4（Summer 1983）第209—28页；以及珍妮特·科尔曼“Dominium in the Thirteenth and Fourteenth-Century Political Thought and Its Seventeenth-Century Heirs: John of Paris and Locke” *Political Studies* 33（1985）第73—100页。

21.珍妮特·科尔曼，“Property and Poverty”收入J.H.伯恩斯辑*The Cambridge History of Medieval Political Thought, c. 350–c. 1450*第607—48页（Cambridge: Cambridge University Press, 1988）第640页。

22.这篇文章可能对当时的影响相对较小。见亚瑟·莫纳汉，“General Introduction: Origins of the Church-State Problem”收入巴黎的约翰原著，莫纳汉本人翻译的英译本*On Royal and Papal Power*（New York: Columbia University Press, 1974）第xlvi页。

23.巴黎的约翰，*De regia potestate et papali*第1页。约翰内斯·基多·冯·帕里斯，*Über königliche und päpstliche Gewalt*（De regia potestate et papali），弗里茨·布莱恩施泰因辑拉丁文-德文对照版（Stuttgart: Ernst Klett Verlag, 1969）；以及巴黎的约翰，*On Royal and Papal Power*。

24.布莱恩·蒂尔尼，*Religion, Law and the Growth of Constitutional Thought, 1150–1650*（Cambridge: Cambridge University Press, 1982）第35页。

25.巴黎的约翰，*De regia potestate et papali*第1页。

26.巴黎的约翰，*De regia potestate et papali*第1页。

27.巴黎的约翰，*De regia potestate et papali*第3页；见亚瑟·莫纳汉，*Consent, Coercion, and Limit: The Medieval Origins of Parliamentary Democracy*（Kingston and Montreal: McGill-Queen’s University Press, 1987）。

28.莫纳汉，*Consent, Coercion, and Limit*第204页。

29.圣托马斯·阿奎那原著，多人翻译的60卷拉丁文-英文对照版*Summa Theologiæ*（London: Blackfriars and Eyre and Spottiswoode, 1963–76）IaIIæ 95.3，支持圣依西多禄主张的“根据地区的性质和习俗，法律将会是名誉的，公平的，可行的，符合时宜的”内容，见IaIIæ 97；以及莫纳汉，*Consent, Coercion, and*

*Limit*第204—5页。

30.巴黎的约翰，*De regia potestate et papali*第3页，参考圣奥古斯丁*De Civitate Dei*第4部分第15页。阿德蒙特的恩格尔伯特，“De Ortu et fine Rom. Imperij”收入梅尔奇奥·戈尔达斯特辑*Politica Imperialia*第754—812页（Frankfurt: Iohannis Bringeri, 1614）第16章。

31.巴黎的约翰，*De regia potestate et papali*第15页。

32.巴黎的约翰，*De regia potestate et papali*第18页（30）。

33.巴黎的约翰，*De regia potestate et papali*第18页（30）。

34.科尔曼，“Property and Poverty”第638—39页。见“The Dominican Political Theory of John of Paris in Its Context”收入戴安娜·伍德辑*The Church and Sovereignty, c590–1918: Essays in Honour of Michael Wilks*第187—223页（Oxford: Basil Blackwell, 1991），科尔曼关于通行理解的不同看法写成了一篇独立的短文，认为与通行的理解不同的是，这种看法的成型时间有异（约1297-08），而且是一种普遍的经院观点，不仅仅是在腓力与卜尼法斯发生争端时的一种简单直接的建议。

35.巴黎的约翰，*De regia potestate et papali*第8页。

36.蒂尔尼，*Crisis of Church and State*第196页。

37.巴黎的约翰，*De regia potestate et papali*第10页，见第21页。

38.巴黎的约翰，*De regia potestate et papali*第21页，见卡莱尔与卡莱尔，*History of Mediævel Political Theory*第5卷第432页。

39. *Quaestio in utramque partem*第2部分。这段文字出现在戴森，*Three Royalist Tracts*中。

40. *Quaestio in utramque partem*第2部分。

41. *Quaestio in utramque partem*第3部分。正如威尔克斯在*Problem of Sovereignty in the Later Middle Ages*第261页指出的那样，要实现教皇的目的，这样的类比是不够的，而且很容易反过来对付教皇，因为“两柄剑直接使人想起两种有区别的权力，世俗权力与宗教权力，”这是教会正试图去反对的观点。

42.鉴于它的重要性，明显的非现代性，让它单独成文是很重要的，虽然有许多计划要做出一个对页附带意大利文译文的“最佳”版本，但在*Aegidii Romani Opera Omnia*一书中还是收入了这个现存单语版本。最近期的版本都是再版版本：阿基蒂·罗马尼，*De regimine principum Libri III*（Rome: Antonium Baldum, 1556； 再版， Frankfurt: Unveränderter Nachdruck, 1968），以及阿基蒂·科伦纳埃·罗马尼，*De regimine principum Lib. III*（Rome: Bartholomaum Zannettum, 1607； 再版，Aalen, Germany: Scientia Verlag, 1967）。关于阿奎那和托勒密之间的关联，见卡莱尔与卡莱尔，*History of Mediævel Political Theory*第5卷64页，第5卷380页。关于这部著作的全面讨论，见M.S.肯普歇尔，*The*

Common Good in Late Medieval Thought （Oxford: Clarendon Press, 1999）第5章。

43.关于这则文献的讨论，见伊斯塔瓦恩·P.拜伊奇与卡里·J.内德曼辑*Princely Virtues in the Middle Ages, 1200–1500*（Turnhout, Belgium: Brepols, 2007）。

44.R.W.戴森，为他本人编译的*Giles of Rome' s* On Ecclesiastical Power: *A Medieval Theory of World Government*拉丁文—英文对照版所作的介绍第xi-xxxiv页（New York: Columbia University Press, 2004）第xi页。

45.沃尔泽·I.布兰德特，为皮埃尔·杜布瓦著，布兰德特本人的英译本*The Recovery of the Holy Land*所作的介绍第3—65页（New York: Columbia University Press, 1956）第46页。

46.查尔斯·S.布里格斯，*Giles of Rome' s* De Regimine Principum: *Reading and Writing Politics at Court and University, c. 1275–c.1525*（Cambridge: Cambridge University Press, 1999）；大卫·C.福勒，查尔斯·F.布里格斯与保罗·G.雷姆利辑*The Governance of Kings and Princes: John Trevisa' s Middle English Translation of the De Regimine Principum of Aegidius Romanus*（New York: Garland, 1997）。关于创作日期与传播过程，见前言第x-xi页。英王理查三世对它的所有权（拉丁文本）证书，连同蒙茅斯的杰弗里的History of the Kings of Britain，一些乔叟的故事，一部旧约圣经的中世纪摘要，还有维克利夫的新约圣经译本，见安妮·F.萨顿与莉维娅·韦瑟-福奇斯，*Richard III' s Books: Ideals and Reality in the Life and Library of a Medieval Prince*（Stroud, UK: Sutton, 1997）第283—85页。

47.吉奥乔·阿加姆本著，洛伦佐·基耶萨与马特奥·曼达里尼英译本*The Kingdom and the Glory: For a Theological Genealogy of Economy and Government*（Stanford, CA: Stanford University Press, 2011）第100页。

48.约翰·A.瓦特，*Theory of the Papal Monarchy in the Thirteenth Century: The Contribution of the Canonists* （New York: Fordham University Press, 1966）第143页。关于他的著作的全面讨论，见M.安东尼·休森，*Giles of Rome and the Medieval Theory of Conception: A Study of the* De formatione corporis humani in utero （London: Athlone, 1975）；以及塞西莉亚·特里福尔基，“Giles of Rome on Natural Motion in the Void” *Mediaeval Studies* 54（1992）第136—61页。

49.埃吉迪乌斯·罗马努斯，“De renunciatione papae”收入胡安·托马斯·德·罗卡贝蒂，21卷本*Bibliotheca Maxima Pontificia*（Rome: Buagni, 1698）第2卷第1—64页。现在有一个现代版本，即埃吉迪乌斯·罗马努斯原著，约翰·R.伊斯特曼辑*De Renuncitatione pape*（Lewiston, NY: Edwin Mellon Press, 1992），这一版带有德文写成的关键部分，在362—83页还有一份英文摘要。也可见伊斯特曼，*Papal Abdication in Later Medieval Thought*；以及莫纳汉，*Consent, Coercion, and Limit*第159，190页。

50.相关争议，见大卫·勒斯科姆，“The ‘Lex Divinitatis’ in the Bull ‘Unam sanctum’ of Pope Boniface VIII”收入C.N.L.布鲁克，D.E.勒斯科姆，G.H.马丁与多萝西·欧文辑*Church and Government in the Middle Ages: Essays Presented to C. R. Cheney on his 70th Birthday*第205—21页（Cambridge: Cambridge University Press, 1976）。

51.埃吉迪乌斯·罗马努斯，*De Ecclesiastica Potestate*第1卷第v页。这个版本使用的是上文引用过的*Giles of Rome's* On Ecclesiastical Power。

52.埃吉迪乌斯·罗马努斯，*De Ecclesiastica Potestate*第2卷第iv页。

53.克雷莫纳的亨利，“De Potestate Papae”收入理查德·舒尔茨，*Die Publizistik zur Zeit Philipps des Schönen und Bonifaz VIII: Ein Beitrag zur Geschichte der politischen Anschauungen des Mittelalters*（Stuttgart: Ferdinand Enke, 1903）第459—71页，见卡莱尔与卡莱尔，*History of Mediævel Political Theory*第5卷第398—402页。在这一点上，亨利赞同舒尔茨也选引用过的一本匿名小册子（第471—84页，可能就是亨利本人写的）与卢卡的托勒密的观点。见卡莱尔与卡莱尔，*History of Mediævel Political Theory*第5卷第402页；至于这本小册子是亨利所写的可能性，见第5卷第395页。

54.奥斯蒂恩西斯，*Lectura or Commentum super decretalibus*第3卷第30部分第26页；以及*Decretales Gregorii Papæ IX, Suæ integritati*（Lyon: Sumptibus Ioannis Pillehotte, 1613）第3卷第30部分第26页。见瓦特，*Theory of the Papal Monarchy*第105页。

55.埃吉迪乌斯·罗马努斯，*De Ecclesiastica Potestate*第2卷第vii页。

56.埃吉迪乌斯·罗马努斯，*De Ecclesiastica Potestate*第2卷第vii页。

57.埃吉迪乌斯·罗马努斯，*De Ecclesiastica Potestate*第1卷第iv页。

58.埃吉迪乌斯·罗马努斯，*De Ecclesiastica Potestate*第2卷第vii页；见第2卷第x页；第2卷第xii页；第3卷第xi页。

59.埃吉迪乌斯·罗马努斯，*De Ecclesiastica Potestate*第3卷第i页；第3卷第ii页。见莫纳汉，*Consent, Coercion, and Limit*第191页。

60.埃吉迪乌斯·罗马努斯，*De Ecclesiastica Potestate*第3卷第ix页；第3卷第x页；第3卷第xi页。

61.埃吉迪乌斯·罗马努斯，*De Ecclesiastica Potestate*第1卷第v页。

62.埃吉迪乌斯·罗马努斯，*De Ecclesiastica Potestate*第3卷第ix页。也可见奥古斯蒂尼乌斯的观点，在威尔克斯，*Problem of Sovereignty in the Later Middle Ages*第263—65页进行过讨论。

63.埃吉迪乌斯·罗马努斯，*De Ecclesiastica Potestate*第1卷第v页。

64.埃吉迪乌斯·罗马努斯，*De Ecclesiastica Potestate*第1卷第iv页，以及文中各处。

65.埃吉迪乌斯·罗马努斯，*De Ecclesiastica Potestate*第2卷第v页；见第2卷第xv页，他在这一页试图调解这一记录（在这里亮出的是精神之剑）与博纳德的记录（这里亮出的那柄应当归鞘的剑是物质之剑）。他的回应是一种简单的杂糅："所以同样在我们的命题当中：亮出的剑有时是物质之剑，有时是精神之剑，而没有亮出的剑有时会被视为代表其中的一柄剑，而有时会被认为代表另一柄剑。"（第2卷第xv页）

66.埃吉迪乌斯·罗马努斯，*De Ecclesiastica Potestate*第3卷第i页。

67. *Ordo Romanus*第14卷，维泰博的詹姆斯在*De regime christiano*第2部分地8卷引用。*Ordo Romanus*的文本可以在*Patrologiæ Cursus Completus, Series Latina*第78卷col.1242页。

68.埃吉迪乌斯·罗马努斯，*De Ecclesiastica Potestate*第1卷第iv页。

69.埃吉迪乌斯·罗马努斯，*De Ecclesiastica Potestate*第1卷第iv页。

70.见维泰博的詹姆斯，*De regime christiano*第2部分第3页；以及戴森为维泰博的詹姆斯*On Christian Government*一书第xxv页。

71.教皇英诺森三世，"Novit Ille"收入*Patrologiæ Cursus Completus, Series Latina*第215卷cols.325—8页；译文在本内特·D.希尔，*Church and State in the Middle Ages*（New York: John Wiley and Sons, 1970）第150—52页。见戴森为维泰博的詹姆斯*On Christian Government*所作的介绍第viii页，n.11；以及瓦特，*Theory of the Papal Monarchy*第133页。

72.维泰博的詹姆斯，*De regime christiano*第1部分第5页。见戴森在第32页n17的注解。

73.维泰博的詹姆斯，*De regime christiano*第2部分第7页。

74.维泰博的詹姆斯，*De regime christiano*第1部分序。

75.维泰博的詹姆斯，*De regime christiano*第1部分第1页。

76.维泰博的詹姆斯，*De regime christiano*第1部分第3页。

77.但丁·阿利吉耶里原著，查尔斯·S.辛格尔顿译注，意大利文-拉丁文对照版，3卷本*The Divine Comedy*（Princeton, NJ: Princeton University Press, 1970–75）。参考文献来自独立的三个部分：*Inferno*, *Purgatorio*与*Paradiso*，以及意大利文版的诗篇和诗句。作者还参考了约翰·克拉迪的但丁·阿利吉耶里*The Divine Comedy*（New York: W. W. Norton, 1970）。

78.A.德恩特雷弗，*Dante as a Political Thinker*（Oxford: Clarendon, 1952）第63页。

79.但丁·阿利吉耶里原著，菲德里科·圣圭内蒂译，拉丁文-意大利文对照版*Monarchia*（Milan: Garzani, 1985）；唐纳德·尼科尔的译文收入*Monarchy and Three Political Letters*（London: Weidenfeld and Nicholson, 1954）；以及普鲁·肖编译的*Monarchy*（Cambridge: Cambridge University Press, 1996）中。在理查

德·凯伊辑，*Dante' s Monarchia*（Toronto: Pontifical Institute of Medieval Studies, 1998）中有不少有益的注解。

80.德恩特雷弗，*Dante as a Political Thinker*第1页。

81.琼·M.费伦特，"Dante and Politics"收入阿米尔凯尔·A.亚努奇辑，*Dante: Contemporary Perspectives*第181—94页（Toronto: University of Toronto Press, 1997）第184页。

82.约翰·M.纳杰米，"Dante and Florence"收入蕾切尔·雅科夫*The Cambridge Companion to Dante*第67—79，第80—99页（Cambridge: Cambridge University Press, 1993）第80页。

83.琼·M.费伦特，*The Political Vision of the Divine Comedy*（Princeton, NJ: Princeton University Press, 1984）第44页。

84.费伦特，*Political Vision of the Divine Comedy*第7页；见坎宁，*History of Medieval Political Thought*第153页。虽然用处不大，但更全面的记录，是斯图尔特·法内尔，*The Political Ideas of the Divine Comedy: An Introduction*（Lanham, MD: University Press of America, 1985）。

85.费伦特，*Political Vision of the Divine Comedy*第46页；见约翰·A.斯科特，*Understanding Dante*（Notre Dame, IN: University of Notre Dame Press, 2004）第144页。当然，*Commedia*（神曲）是不能以任何一种单一解读读物为准的。

86.但丁，*Purgatorio*第6篇第77，89行。

87.费伦特，*Political Vision of the Divine Comedy*第46—47页。

88.费伦特，*Political Vision of the Divine Comedy*第47页。

89.费伦特，*Political Vision of the Divine Comedy*第48页。

90.但丁，*Monarchia*第3篇第xiii章；见德恩特雷弗，*Dante as a Political Thinker*第57页。

91.但丁，*Monarchia*第1篇第V章；见德恩特雷弗，*Dante as a Political Thinker*第19，48页。

92.德恩特雷弗，*Dante as a Political Thinker*第20页；见查尔斯·T.戴维斯，*Dante and the Idea of Rome*（Oxford:Clarendon,1957）第187页。

93.奥维德原著，詹姆斯·乔治·弗雷泽译，拉丁文-英文对照版*Fasti*第2版（Cambridge,MA:Harvard University Press,1989）第2部分第684页。见第二章对这种说法更充分的讨论。如威尔克斯在*Problem of Sovereignty in the Later Middle Ages*第401页指出的，一些教廷的护教论者将教皇视为罗马的主教，也将这座城市引向世界的统治地位，再次提出"城与世界（urbis et orbis）论"。

94.费伦特，*Political Vision of the Divine Comedy*第75页，对奥维德的参考见n.40。

95.德恩特雷弗，*Dante as a Political Thinker*第7页。更充分的讨论，见

南希·伦内基思，*Dante and the Legend of Rome*（London: Warburg Institute, University of London, 1952）；戴维斯，*Dante and the Idea of Rome*； and J. K. Hyde, *Society and Politics in Medieval Italy: The Evolution of the Civil Life, 1000–1350*（London: Macmillan, 1973），尤其是第5章，“Politics in the Age of Dante”第124—52页。

96.但丁，*Monarchia*第3篇第xvi章（某些版本在第xv章）；见阿德蒙特的恩格尔伯特“De Ortu et fine Rom. Imperij.”见费伦特，*Political Vision of the Divine Comedy*第35页；以及多娜·曼库西-恩加罗，*Dante and the Empire*（New York: Peter Lang, 1987）第45页。关于恩格尔伯特，见乔治·宾汉姆·福勒，*Intellectual Interests of Engelbert of Admont*（New York: AMS Press, 1967），以及他的“Engelbert of Admont’s *Tractatus de Officiis et Abusionibus Eorum*”收入约翰·M.芒迪，理查德·W.埃默里与本杰明·N.尼尔森辑*Essays in Medieval Life and Thought: Presented in Honor of Austin Patterson Evans*第109—22页（New York: Columbia University Press, 1955）。

97.但丁，*Monarchia*第1篇第ii章。安德烈斯·奥西安德，*Before the State: Systematic Political Change in the West from the Greeks to the French Revolution*（Oxford: Oxford University Press, 2007）第315页，认为但丁是第一位表达这一观点的人，但这种说法肯定是错误的。

98.坎宁，*History of Medieval Political Thought*第152页。

99.但丁，*Monarchia*第1篇第v章。见乔治·霍尔姆斯，“*Monarchia* and Dante’s Attitude to the Popes”收入约翰·伍德豪斯辑*Dante and Governance*第46—57页（Oxford: Clarendon Press, 1997）第53页。

100.但丁，*Purgatorio*第6篇第105行；以及查尔斯·蒂尔·戴维斯，“Dante and the Empire”收入雅科夫辑*Cambridge Companion to Dante*第68页。相关更全面的讨论，见曼库西-恩加罗，*Dante and the Empire*；以及查尔斯·T.戴维斯的主题论文，*Dante’s Italy and Other Essays*（Philadelphia: University of Pennsylvania Press, 1984）。

101.见坎托洛维茨，*Frederick the Second*第668页。

102.但丁，*Monarchia*第2篇第iii章。

103.斯科特，*Dante’s Political Purgatory*第29页。

104.但丁，*Monarchia*第2篇第i章；第2篇第vi章；见戴维斯，“Dante and the Empire”第71页。他在*Convivio*【Giorgio Inglese辑（Milan: RCS Rizeoli Libri, 1993）菲利普·H.维克斯特德英译本（London: J. M. Dent, 1924）】第4篇第iv章中更糟地提出了这种主张；参考维吉尔Aeneid第1篇第278—79行【收入H.拉什顿·费尔克拉夫译，G.P.古尔德校订，2卷本拉丁文-英文对照版*Works*（Cambridge, MA: Harvard University Press, 1999–2000）】：“I am imposing no bounds on his realm, no temporal limits / I have given imperium without end.”见斯科特，*Dante’s Political Purgatory*第38页；以及第2章。

105.斯科特，*Dante’s Political Purgatory*第104页。

106.戴维斯，“Dante and the Empire”第72页；斯科特，*Dante’s Political Purgatory*第93页；以及霍尔姆斯，“*Monarchia* and Dante’s Attitude to the Popes”第53页。

107.但丁，*Monarchia*第3篇第ix章。

108.但丁，*Purgatorio*第16篇第106—8行。见斯科特，*Dante’s Political Purgatory*第122，155页；费伦特，*Political Vision of the Divine Comedy*第230页；以及恩斯特·H.坎托洛维茨，“Dante’s Two Suns”收入*Selected Studies*第325—38页（Locust Valley, NY: J. J. Augustin, 1965）。

109.但丁，*Monarchia*第3篇第iv章。

110.弗朗切斯科·麦奥罗，*Medieval Sovereignty: Marsilius of Padua and Bartolus of Saxoferrato*（Delft: Eburon, 2007）第252页；借鉴塞西尔·N.希德尼·伍尔夫，*Bartolus of Sassoferrato: His Position in the History of Medieval Thought*（Cambridge: Cambridge University Press, 1913）第306页。

111.但丁，*Monarchia*第3篇第iv章。这个段落的关键词之一存在争议。里奇认为是“*regnum*”，而肖认为是“*regimen*”。如果是后者，这个词应该被译为“政府（government）”或“政权（power）”，而肖将这个词表达成“王国（realm）”的意思，将这层含义模糊化了。见皮尔·吉奥乔·里奇辑*Monarchia*（Milan: Edizione Nationale, 1965）第5卷；普鲁·肖编译Monarchia（Cambridge: Cambridge University Press, 1995）。凯伊，*Dante’s* Monarchia第230页n23，指出这种变化的存在仅仅使得“regnum”在他的文本当中能被翻译成“统治（rule）”而已。【凯伊参考的是路德维希·贝塔洛特辑*Dantis Alagherii De monarchia libri III*第2版（Geneva: Olschki, 1920）；以及布鲁诺·纳迪译注版*Monarchia*，收入但丁，Opera Minori（Milan: Ricciardi, 1979）。作者非常感激阿里埃尔·赛波尔在这方面提供的建议。】

112.但丁，*Monarchia*第3篇第iv,vii,ix等章。对亚里士多德著作的广泛使用在西奥多·M.桑伯格的*Political Literature of Europe: Before and after Machiavelli*（(Lanham, MD: University Press of America, 1993）第140页；而且在拉里·皮特曼的“Dante’s *Monarchia* and Aristotle’s Political Thought”进行过讨论，见*Studies in Medieval and Renaissance History* 10（1973）第3—40页。更全面的论述，见玛丽·伊丽莎白·沙利文，“Justice, Temptation, and the Limits of Princely Virtue in Dante’s Conception of the Monarch”收入贝茨基与内德曼辑*Princely Virtues in the Middle Ages, 1200–1500*第123—38页。

113.斯科特，*Understanding Dante*第160页。见霍尔姆斯，“*Monarchia* and

Dante' s Attitude to the Popes" 第55页，他指出他的这种排斥在那个时代非常普遍。

114.费伦特，"Dante and Politics" 第186页，借鉴了奥维迪奥·卡皮塔尼，"Riferimento stovico a pubblicistica rel commento di Bruno Nardi alla *Monarchia Dantesca*" *Letture Classica* 9–10（1982）第217—45页。

115.但丁，*Monarchia*第3篇第x章。如尼克·哈弗里，*Dante and the Franciscans: Poverty and the Papacy in the "Commedia"*（Cambridge: Cambridge University Press, 2004）第154—59页所示，这是因为*Monarchia*的第3篇将贫困问题当作一个重要主题。

116.但丁，*Monarchia*第1篇第xvi章；第3篇第x章。就像但丁肯定知道的那样，卜尼法斯使用了这种在*Unam Sanctum*的形象去谈论教会的不可分割性。

117.但丁，*Paradiso*第6篇第1—2行。相关讨论，见约翰·伍德豪斯，"Dante and Governance: Contexts and Contents" 收入伍德豪斯辑*Dante and Governance*第10页。

118.但丁，*Purgatorio*第32篇第129行。

119.但丁，*Inferno*第19篇第117行。关于这最后两个段落，见斯科特，*Dante' s Politi-cal Purgatory*第199页。更全面的看法见彼得·阿莫，*Dante' s Griffin and the History of the World: A Study of the Earthly Paradise* (Purgatorio, *cantos xxix–xxxiii*)（Oxford: Clarendon, 1989）尤其是第4章对*Monarchia*的论述，提供了一个有趣的讨论。

120.哈弗里，*Dante and the Franciscans*尤其是第44，113页。

121.迈克尔·塞萨尔为他本人辑的*Dante: The Critical Heritage 1314 (?)–1870*所作的介绍第1—88页（London: Routledge, 1988）第3页。关于这个问题的回复更全面的论述，见西蒙·A.吉尔森，*Dante and Renaissance Florence*（Cambridge: Cambridge University Press, 2005）。

122.圭多·沃纳尼，"The Refutation of the *Monarchia* Composed by Dante" 收入安东尼·K.卡塞尔，*The* Monarchia *Controversy: An Historical Study with Accompa-nying Translations of Dante Alighori' s Monarchia, Guido Vernani' s* Refutation of the "Monarchia" Composed by Dante, *and Pope John XXII' s Bull* Si fratrum（Washington, DC: Catholic University of America Press, 2004）第174—97页。关于一个单一王朝的观点，见但丁，*Monarchia*第1篇第xv章。

123.塞萨尔为*Dante*一书所作的介绍，第3页。

124.C.W.普雷维特-奥顿，"Marsilius of Padua" *Proceedings of the British Academy* 21 （1935）第137页。

125.艾伦·格沃斯，*Marsilius of Padua, The Defender of Peace*第1卷，*Marsilius of Padua and Medieval Political Philosophy*（New York: Columbia University Press,

1951）第3页与n.1；以及格沃斯为他本人翻译的第2卷*The Defensor Pacis*所作的介绍（New York: Columbia University Press, 1956）第xix页。

126.卡里·J.内德曼，*Worlds of Difference: European Discourses of Toleration c. 1100–c. 1550* (University Park: Pennsylvania State University Press, 2000), 第121页。如拉德纳在"Concepts of 'Ecclesia' and 'Christianitas,'"指出的那样，*plenitudo potestatis*原先是用于宗教权力，而不是世俗权力的。相关讨论，见威廉·麦克雷迪，"Papal Plenitudo Potestatis and the Source of Temporal Authority in Late Medieval Papal Hierocratic Theory" *Speculum* 48（1973）第654—74页。

127.拉丁文本收入C.W.普雷维特-奥顿辑*The Defensor Pacis of Marsilius of Padua*（Cambridge: Cambridge University Press, 1928）；而安娜贝尔·布雷特的英译本译作*Marsilius of Padua, The Defender of the Peace*（Cambridge: Cambridge University Press, 2005）。作者对更早的格沃斯的英译本（第2卷, *Defensor Pacis*）也进行了参考。

128.两篇文章都收入马赛·德·帕多厄原著，科尔特·尤蒂与珍妮·基尔莱辑，拉丁文与法文版*Oeuvres Mineures*（Paris: Éditions du CNRS, 1979）；以及英语版帕多瓦的马斯格里奥著，卡里·J.内德曼辑*Writings on the Empire: Defensor Minor and De translatione Imperii*（Cambridge: Cambridge University Press, 1993）。

129.普雷维特-奥顿，"Marsilius of Padua"第142页。

130.普雷维特-奥顿，"Marsilius of Padua"第137—38页。

131.见格尔森·莫雷诺-里亚诺，"Marsilius of Padua's Forgotten Discourse" *History of Political Thought* 29（2008）第441—59页。

132.格沃斯，*Marsilius of Padua*第1卷第12页。

133.卡里·J.内德曼，收入为帕多瓦的马希格里奥原著，*Writings on the Empire*一书所作的编者简介第xi页。

134.格沃斯，*Marsilius of Padua*第1卷第94页。

135.事例可见小保罗·E.西格蒙德，"The Influence of Marsilius of Padua on XVth-Century Conciliarism" *Journal of the History of Ideas* 23（1962）第392—402页；以及布莱恩·蒂尔尼，"Marsilius on Rights" *Journal of the History of Ideas* 52（1991）第3—17页。

136.普雷维特-奥顿，"Marsilius of Padua"第143页。

137.普雷维特-奥顿，"Marsilius of Padua"第153页。

138.麦奥罗，*Medieval Sovereignty*第199页n79。

139.这是乔治·加内特，*Marsilius of Padua and "the Truth of History"*一书中的论据之一（Oxford: Oxford University Press, 2006）。

140.C.J.内德曼，"From Defensa Pacis to Defensa Minor: The Problem of

Empire in Marsiglio of Padua" *History of Political Thought* 16（1995）第322页。贝本伯格的鲁伯尔德，*Tractatus de iuribus regni et imperii romani*，收入尤尔根·米埃特克与克里斯托夫·弗吕埃勒辑*Politische Schriften des Lupold von Bebenburg*（Hanover, Germany: Hahnsche, Monumenta Germanicae Historica, 2004）第233—409页；两份简要摘录能够在尤尔特·刘易斯的2卷本Medieval Political Ideas中找到（London: Routledge and Kegan Paul, 1954）第1卷第310—12页，第1卷第500—502页。关于鲁伯尔德，见汉斯·格罗斯，""Lupold of Bebenberg: National Monarchy and Representative Government in Germany" *Il pensiero politico* 7（1974）第3—14页。

141.内德曼，"*From Defensa Pacis to Defensa Minor*"第315，329页。

142.麦奥罗，*Medieval Sovereignty*第195页。

143.加内特，*Marsilius of Padua*第113页。

144.帕多瓦的马西略，*Defensor Pacis*，I, 19.8； II, 11.8, 18.7, 26.3。在上述第2和第4处，他（像奥克汉姆那样）提到了圣伯尔纳铎在*De consideratione*，IV,III.6中的论述，文中说圣彼得没有任何已知的财富，可以用来喂养绵羊。

145.帕多瓦的马西略，*De translatione imperii*第2页。

146.内德曼，为帕多瓦的骊略著*Writings on the Empire*所作的"编者简介"第xii页；格沃斯，*Marsilius of Padua*第1卷84页。

147.帕多瓦的马西略，*De translatione imperii*第9页。

148.帕多瓦的马西略，*De translatione imperii*第1页。

149.帕多瓦的马西略，*De translatione imperii*第1页；见内德曼为帕多瓦的骊略著*Writings on the Empire*所作的"编者简介"第xiii页；加内特，*Marsilius of Padua*第5页。参考资料是拉杜尔菲·德·科隆纳（科隆纳的兰多夫），"De translatione Imperii"，收入梅尔奇奥·戈尔达斯特辑3卷本*Monarchia S. Romani Imperii*（Hanover, Germany: Biermanni, 1611–14）第2卷第88—95页。

150.普雷维特-奥顿，"Marsilius of Padua"第147页。关于对亚里士多德著作的使用，见C.J.内德曼，"Character and Community in the *Defensa Pacis*: Marsiglio of Padua' s Adaptation of Aristotelian Moral Psychology" *History of Political Thought* 13（1992）第377—90页，在他的*Community and Consent: The Secular Political Theory of Marsilius of Padua' s Defensor Pacis*（Lanham, MD: Rowman and Littlefield, 1995）中形成；而更广泛的论述见珍妮·基尔莱，*La philosophie politique de Marsile de Padoue*（Paris: J. Vrin, 1970），尤其要注意第5章。

151.内德曼，为帕多瓦的骊略著*Writings on the Empire*所作的"编者简介"第xxi。

152.帕多瓦的马西略，*Defensor Pacis* I, 4.3。

153.帕多瓦的马西略，*Defensor Pacis* II,2.4。

154.帕多瓦的马西略，*Defensor Pacis* II,2.4。

155.帕多瓦的马西略，*Defensor Pacis* II,2.5。

156.帕多瓦的马西略，*Defensor Pacis* II,13,14；见Shogimen，*Ockham and Political Discourse*第50页。相关讨论，见科纳尔·康德伦“Rhetoric, Historiography and Political Theory: Some Aspects of the Poverty Controversy Reconsidered” *Journal of Religious History* 13（1984）第15—34页。

157.科尔曼，“Property and Poverty”第643—44页。

158.帕多瓦的马西略，*Defensor Pacis* II, 12.33。

159.帕多瓦的马西略，*Defensor Pacis* II, 13.5。

160.帕多瓦的马西略，*Defensor Pacis* II, 13.6；还可见布雷特为她的译本所作的注第267页n11，这处注解也参考了路德维希从1324年5月以来的Appeal of Sachsenshausen。也可见奥克汉姆的威廉原著，亚瑟·斯蒂芬·麦克格雷德辑，约翰·基尔卡伦英译本*A Short Discourse on the Tyrannical Government*（Cambridge: Cambridge University Press, 1992）第3部分第9页。

161.圣伯尔纳铎，*De consideratione*, II, VIII.16。关于伯尔纳铎的论述，也可见斯蒂文·波特里尔*Dante and the Mystical Tradition: Bernard of Clairvaux in the Commedia*（Cambridge: Cambridge University Press, 1994）。

162.蒂尔尼，*Religion, Law and the Growth of Constitutional Thought*第23，85页。在术语方面仍有些模棱两可，尤其是在auctoritas与potestas之间的关联和区别方面的术语上。见布莱恩·蒂尔尼，*Foundations of the Conciliar Theory: The Contribution of the Medieval Canonists from Gratian to the Great Schism*增补版（Leiden, Netherlands: Brill, 1998）尤其是131页；还有盖纳斯·波斯特，“*Plena Potestas* and Consent in Medieval Assemblies”收入*Studies in Medieval Legal Thought: Public Law and the State, 1100–1322*（Princeton, NJ: Princeton University Press, 1964）第91—162页；莫纳汉，*Consent, Coercion, and Limit*第121—26页；以及肯尼斯·潘宁顿，*Pope and Bishops: The Papal Monarchy in the Twelfth and Thirteenth Centuries*（Philadelphia: University of Pennsylvania Press, 1984）第2章。

163.莫纳汉，*Consent, Coercion, and Limit*第20页。

164.关于埃吉迪乌斯，见这一章更早的参考资料。奥古斯第努斯·特里厄姆福斯，*Summa de Ecclesiastica Potestate*（Rome, 1473）；“Tractatus brevis du duplici potestate prelatorum et laicorum, qualiter se habeant”收入舒尔茨，*Die Publizistik zur Zeit Philipps des Schönen und Bonifaz*第8部分第486—501页；在刘易斯辑*Medieval Political Ideas*第2卷第384—91页有一处摘要。关于奥古斯第努斯，见威尔克斯，*Problem of Sovereignty in the Later Middle Ages*。类似的例子可以见维泰博的詹姆斯，*De regime christiano*中找到。

165.约瑟夫·坎宁，“The Role of Power in the Political Thought of Marsilius of Padua" *History of Political Thought* 20（Spring 1999）第26页。关于这个问题可见帕多瓦的马西略，*Defensor Pacis* II, 1.5, 23。

166.帕多瓦的马西略，*Defensor Pacis* II,4.2。

167.帕多瓦的马西略，*Defensor Pacis* II,4.3。

168.帕多瓦的马西略，*Defensor Pacis* II,4.4。

169.关于他对标准版教廷解读物的描述方法，见帕多瓦的马西略，*Defensor Pacis* II,3.6，27.12。

170.帕多瓦的马西略，*Defensor Pacis* II, 28.24。布雷特指出这种说法取自卢克22:38的"ordinary gloss"，但没有人将其归于安布罗斯。

171.帕多瓦的马西略，*Defensor Pacis* II, 28.24。

172.格沃斯，*Marsilius of Padua*第1卷第126页。

173.格沃斯，*Marsilius of Padua*第1卷第127页。

174.约翰·B.莫莱尔，*Political Thought in Medieval Times*第3版（London: Hutchinson University Library, 1971）第107，113页。见格沃斯，*Marsilius of Padua*，第1卷第236页n2，他注意到从"政治"到"共和主义"的转换，部分可以追溯到西塞罗，他在一般的政治意义上使用了"*res publica*"一词，但这并不是特定的普遍意义上的使用。阿奎那则在两方面使用了这个词。

175.格沃斯，为第2卷*Defensor* Pacis所作的介绍，lxvii页。

176.帕多瓦的马西略，*Defensor Pacis*,I, 2.2。

177.帕多瓦的马西略，*Defensor PacisI*, 2.2；见帕多瓦的马西略*Defensor Minor* 2.5。

178.帕多瓦的马西略，*Defensor Pacis*, I, 2.2；亚里士多德，*Politics*, 1279a34–b10, 1307b30。亚里士多德的观点是有三种统治方式——通过一个人（君主制），通过一些人（共和制）或者通过许多人（民主制）——每一种都有优劣两种版本：君主制有王道（*basileias*）和专制暴政（*tyrannis*）；共和制有贵族共和（aristocracy）和寡头政治（oligarchy）；民主制有民主政府和制宪政府（*politeias*）之分。马西略对此的解读，见内德曼，*Community and Consent*第20—21页。

179.安娜贝尔·布雷特，为帕多瓦的马西略*Defender of the Peace*"英译本"所作的注解第xlix。

180.帕多瓦的马西略，*Defensor Pacis*, I, 19.11；见格沃斯，*Marsilius of Padua*第1卷第128页。

181.奥托·吉尔克原著，弗雷德里克·威廉·梅特兰英译本*Political Theories of the Middle Age*（Cambridge: Cambridge University Press, 1900）第97页。在*Defensor Pacis*, II, 24.12中，马西略以有形的比喻来思考教会组织。关于这一点，见雷纳·巴恩斯坦，"Corporatism and Organicism in Discourse I of Marsilius of

Padua' s Defensor Pacis" *Journal of Medieval and Early Modern Studies* 26（1996）第113—38页。

182.吉尔克，*Political Theories of the Middle Age*第97页。

183.见尼科莱·鲁宾斯坦，"Marsilius of Padua and Italian Political Thought of His Time"收入J.R.海尔，J.R.L.海菲尔德与B.斯莫利辑*Europe in the Late Middle Ages*第44—75页（Evanston, IL: Northwestern University Press, 1965）第74页。

184.德恩特雷弗，*Medieval Contribution to Political Thought*第82页。

185.加内特，*Marsilius of Padua*第6页；以及格沃斯，为第2卷*Defensor Pacis*所作的介绍，第lxxvii页。

186.见加内特，*Marsilius of Padua*第165页。见沃尔特·乌尔曼，"Personality and Territoriality in the 'Defensor Pacis' "在乌尔曼著，乔治·加内特辑本*Law and Jurisdiction in the Middle Ages*第397—410页有翻印版（London: Variorum, 1988）第401页。

187.普雷维特-奥顿，"Marsilius of Padua"第152页；参考资料为*Defensor Pacis* I, 17.3。

188.如德恩特雷弗，*Medieval Contribution to Political Thought*第82页所示。

189.马乔丽·里弗斯，"Marsiglio of Padua and Dante Aligheri"收入贝丽尔·斯莫利辑*Trends in Medieval Political Thought*第86—104页（Oxford: Basil Blackwell, 1965第99页；格沃斯，*Marsilius of Padua*第1卷第128页；以及内德曼，"From *Defensa Pacis* to *Defensa Minor*"第316页。

190.格沃斯，*Marsilius of Padua*第1卷第256—57页。关于这个问题的全面论述，还有对强制性的具体强调，见坎宁，"Role of Power in the Political Thought of Marsilius of Padua"；以及他的"Power and Powerless in the Political Thought of Marsilius of Padua"收入格尔森·莫雷诺-里亚诺辑*The World of Marsilius of Padua*第211—25页（Turnhout, Belgium: Brepols, 2006）。

191.帕多瓦的马西略，*Defensor Pacis*,II, 2.4。

192.亚里士多德，*Physics* IV, 221a–b。

193.亚瑟·斯蒂芬·麦克格雷德，*The Political Thought of William of Ockham: Personal and Institutional Principles*（Cambridge: Cambridge University Press, 1974）第230—31页。

194.麦克格雷德为奥克汉姆的威廉，*Short Discourse on the Tyrannical Government*所作的介绍，第xvi页。

195.奥克汉姆的威廉原著，约瑟夫·C.韦*Opera Philosophica et Theologica: Opera Theologica*第9卷*Quodlibera Septem*（St. Bonaventure, NY: St. Bonaventure University, 1980）；奥克汉姆的威廉原著，阿尔弗雷德·J.弗雷多索与弗朗西斯·E.凯利译，2卷本英文版*Quodlibetal Questions*（New Haven, CT: Yale

University Press, 1991）。

196.麦克格雷德，*Political Thought of William of Ockham*第3页；见威廉·J.考特尼，“The Academic and Intellectual Worlds of Ockham”收入保罗·文森特·斯巴达辑*The Cambridge Companion to Ockham*第17—30页（Cambridge: Cambridge University Press, 1999）第27页。

197.玛丽莲·麦考德·亚当斯，2卷本*William Ockham*（连续页码）（Notre Dame, IN: University of Notre Dame, 1987）。也可见戈登·勒夫，*William of Ockham: The Metamorphosis of Scholastic Discourse*（Manchester, UK: Manchester University Press, 1975），书中仅614—43页专用于讨论他的“政治（polemical or可称为political）著述”（614页）。

198.麦克格雷德，*Political Thought of William of Ockham*第173页。

199.珍妮特·科尔曼，“Ockham’s Right Reason and the Genesis of the Political as ‘Absolutist’” *History of Political Thought* 20（Spring 1999）第37—38页。

200.麦克格雷德，为奥克汉姆的威廉，*Short Discourse on the Tyrannical Government,*所作的介绍xvi页；约翰·基尔卡伦，“The Political Writings”收入斯巴达辑*Cambridge Com-panion to Ockham*第319页。

201.见大卫·布尔，*The Spiritual Franciscans: From Protest to Persecution in the Century after Saint Francis*（University Park: Pennsylvania State University Press, 2001）。这些文件许多都能在Papal Encyclicals Online（http://www.papalencyclicals.net/all.htm）与The Franciscan Archive（http://www.franciscan-archive.org/index2.html）（作者在著书期间于2012年11月最后一次访问上述网站）。

202.拉丁文版可以在http://www.papalencyclicals.net/Nichol03/exiit-l.htm，英文版见http://www.papalencyclicals.net/Nichol03/exiit-e.htm（作者在著书期间于2012年11月最后一次访问上述网站）。

203.基尔卡伦，“Political Writings”第306页。

204. *Regula bullata*第六部分，收入凯耶塔努斯·艾瑟尔辑*Opuscula sancti patris Francisci Assisiensis*（Grottaferrata, Italy: Collegii S. Bonaventurae Ad Claras Aquas, 1978）。

205.马尔科姆·D.兰伯特*Franciscan Poverty: The Doctrine of the Absolute Poverty of Christ and the Apostles in the Franciscan Order, 1210–1323*第2版（St. Bonaventure, NY: Franciscan Institute, St. Bonaventure University, 1998）第54页。对历史背景更全面的论述，见莱斯特·K.利特尔，*Religious Poverty and the Profit Economy in Medieval Europe*（London: Paul Elek, 1978）；沃皮·马吉南，*Property Rights in the Late Medieval Discussion on Franciscan Poverty*（Leuven,

Belgium: Peeters, 2001）；以及布罗尼斯拉夫·格雷马克*Poverty: A History, trans. Agnieszka Kolakowski*（Oxford: Blackwell, 1994）尤其是第1章。

206.科尔曼，“Property and Poverty”第612—15页。相关的更为全面的背景，见卡莱尔与卡莱尔，*History of Mediævel Political Theory*，第1卷第12章；第2卷第6章。

207.科尔曼，“Property and Poverty”第621页。

208.圣伯纳文图拉，*Apologia Pauperum* 收入E.皮亚森蒂译，拉丁文-意大利文对照版*Apologia dei poveri contro il calunniatore*（Vicenza, Italy: LIEF, 1988）第7章第3页。关于前伯纳文图拉时期的论述，见罗莎琳·B.布鲁克，*Early Franciscan Government: Elias to Bonaventure*（Cambridge: Cambridge University Press, 1959）。

209.安娜贝尔·S.布雷特，*Liberty, Right and Nature: Individual Rights in Later Scholastic Thought*（Cambridge: Cambridge University Press, 1997）第18页。布雷特在10卷本*Opera Omnia*（Florence: Quaracchi, 1897）第8卷第312页，引用了伯纳文图拉的*Apologia Pauperum*第11部分。也可见科尔曼，“Property and Poverty”第635—36页。

210.教皇格雷高利九世，“Quo Elongati” http://www.documentacatholicaomnia.eu/04z/ z_1230-09-28__SS_Gregorius_VIIII__Quo_Elongati__ES.doc.html（作者写作本书期间，最后一次访问上述网址时间为2012年11月）。兰伯特在*Franciscan Poverty*第141页，主张在这些文本当中，“*dominium*”与“*proprietas*”这两个术语之间没有区别。

211.科尔曼，“Property and Poverty”第636页。

212.布雷特，*Liberty, Right and Nature*第19页。相关讨论，见布莱恩·蒂尔尼，*Origins of Papal Infallibility, 1150–1350: A Study on the Concepts of Infallibility, Sov-ereignty and Tradition in the Middle Ages*（Leiden, Netherlands: E. J. Brill, 1972）；以及亚瑟·斯蒂芬·麦克格雷德，“Ockham and the Birth of Individual Rights”收入布莱恩·蒂尔尼与彼得·莱恩汉辑*Authority and Power: Studies on Medieval Law and Government Presented to Walter Ullmann on his Seventieth Birthday*第149—65页（Cambridge: Cambridge University Press, 1980）。关于天赋权利的一般叙述，见弗朗西斯·奥克利，*Natural Law, Laws of Nature, Natural Rights: Continuity and Discontinuity in the History of Ideas*（London: Continuum, 2005）；以及理查德·塔克，*Natural Rights Theories: Their Origin and Development*（Cambridge: Cambridge University Press, 1979）。

213.兰伯特，*Franciscan Poverty*第150，153页；见西恩·金赛拉，“The Poverty of Christ in the Medieval Debates between the Papacy and the Franciscans”*Laurentianum* 36（1995）第492—98页。

214.布莱恩·蒂尔尼，*The Idea of Natural Rights: Studies on Natural Rights, Natural Law and Church Law, 1150–1625*（Grand Rapids, MI: William B. Eerdmans, 1997）第95页；以及蒂尔尼，*Origins of Papal Infallibility*第173页。

215.兰伯特，*Franciscan Poverty*第221页。之前的历代教皇，包括最值得一提的西莱斯廷五世，都对圣方济各会的理想给予更多同情。见蒂尔尼，*Foundations of the Conciliar Theory*第144—45页。若望二十二并没有像他会装出来的那样难对付，而且后来的作家们经常会使用一份有问题的历史记录，或者故意篡改事实为他们的目的服务。关于一种修正性的观点，见帕特里克·诺尔德，*Pope John XXII and His Franciscan Cardinal: Bertrand de la Tour and the Apostolic Poverty Controversy*（Oxford: Clarendon, 2003）；以及加布里埃尔·冈萨雷斯“‘The King of the Locusts Who Destroyed the Poverty of Christ’: Pope John XXII, Marsilius of Padua, and the Franciscan Question”收入莫雷诺-里亚诺辑*World of Marsilius of Padua*第65—88页。

216.教皇若望二十二，“Quorundam exigit”收入J.H.斯巴拉雷亚与F.尤贝尔辑8卷本*Bullarium Franciscanum*（Rome: Typis Sacrae Congregationis de Propaganda Fide, 1759–1904）第5卷130页。

217.科尔曼，“Property and Poverty”第641页；关于阿奎那对财产的论述，见第622—25页。

218.关于这份大事记，见兰伯特，*Franciscan Poverty*第10章，尤其是第243页，而关于最终的教皇敕令中的忽略部分这个要点，见第261页。

219.关于尤伯蒂诺的论述，见兰伯特，*Franciscan Poverty*第8章。

220.教皇若望二十二，“Quia vir reprobus”收入*Bullarium Franciscanum*第5卷第408—49页。见科尔曼，“*Property and Poverty*”第642页。

221.如Shogimen在*Ockham and Political Discourse*第49页指出，“十四世纪初的贫困论战并不是重要的教义。这是一种压倒教廷权威的争议性概念的一种法律纠纷。”

222.彼得·伦巴德的*Sentences*是一部中世纪神学的重要著作，许多后世的神学家都为这本书写过评注。见彼得·伦巴德原著，朱里奥·希拉诺译4卷本（标示）*The Sentences*（Toronto: Pontifical Institute of Mediaeval Studies, Toronto, 2007—）；以及菲利普·W.罗斯曼，*The Story of a Great Medieval Book: Peter Lombard's Sentences*（Peterborough, Ontario: Broadview Press, 2007）。

223.亚当斯，*William Ockham*第xv—xvi页；以及“Principal Dates in Ockham's Life”收入奥克汉姆的威廉原著，亚瑟·斯蒂芬·麦克格雷德与约翰·基尔卡伦辑，约翰·基尔卡伦译*A Letter to the Friars Minor and Other Writings*（Cambridge: Cambridge University Press, 1995）第xxxv页。

224.见H.S.奥弗勒，“Introduction to Tractatus Contra Benedictum”收入

Guillelmi de Ockham原著，H.S.奥弗勒等辑4卷本*Opera Politica*第3卷158—64页（Manchester, UK: Manchester University Press / Oxford: British Academy and Oxford University Press, 1940–1997）第3卷161页。

225.布莱恩·蒂尔尼，“Natural Law and Canon Law in Ockham’s Dialogus”收入J.G.洛维辑*Aspects of Late Medieval Government: Essays Presented to J. R. Lander*第3—24页（Toronto: University of Toronto Press, 1986）第6页。

226.见奥卡姆，“A Letter to the Friars Minor”收入*Opera Politica*第1卷第6—17页；*A Letter to the Friars Minor*第3—15页；以及Shogimen，*Ockham and Political Discourse*第2页。关于这些问题的论述，见戈登·勒夫，2卷本*Heresy in the Later Middle Ages: The Relation of Heterodoxy to Dissent, c. 1250–c. 1450*（Manchester, UK: Manchester University Press, 1967）尤其是第1部分。

227.奥卡姆，“Letter to the Friars Minor.”

228.基尔卡伦，“Political Writings”第302页。

229.可见内德曼与福尔丹，为*Medieval Political Theory*所作的介绍第207页。关于教皇若望二十二与路德维希的争端，见H.S.奥弗勒，“Empire and Papacy: The Last Struggle”收入*Transactions of the Royal Historical Society,* ser. 5, 6 (1956): 第21—47页。诺尔德，*Pope John XXII and His Franciscan Cardinal*第176页，反对将使徒贫困的论战同路德维希争议混为一谈的注意事项。

230.Shogimen，*Ockham and Political Discourse*第74页。

231.这篇著作的拉丁文本与奥卡姆的其他重要政治著作，以及*Dialogus*的外篇，都能在奥克汉姆的Ockham, *Opera Politica.* The *Opus*中找到。*Opus*一篇在第1卷第292—368页与第2卷第375—858页中出现；以及奥克汉姆原著，*Letter to the Friars Minor*英译本辑选第19—115页。

232.科尔曼，“Property and Poverty”第642页；以及兰伯特，*Franciscan Poverty*第264页。关于面包的讨论收入*Opus*第2—32页；见麦克格雷德*Political Thought of William of Ockham*第3页。

233.不存在可靠的拉丁文本印刷版。带章节译文的一个在线重要版本，见奥卡姆的威廉原著，约翰·基尔克伦，乔治·科尼什，沃尔克·莱平，约翰·斯科特，以及简·波尔维格辑*Dialogus* http://www.britac.ac.uk/pubS/dialogus/ockdial.html（作者写作期间最后一次访问上述网址是在2012年11月）。第3部分的选段见奥卡姆，*Letter to the Friars Minor*第119—298页。第2部分似乎从未写成，而且各种文章通常似乎包含着一个不同的出处。

234.奥卡姆，*Tractatus Contra Benedictum and Tractatus Contra Ioannem, in Opera Politica*第3卷第29—56页，第3卷第165—322页。这些文章都未能收入英译本。

235.奥卡姆，*Opera Politica*第1卷第15—217页；以及*Letter to the Friars*

*Minor*第301—33的选段。关于这些内容的论述见H.S.奥弗勒，“The Origin of Ockham’s Octo Quaestiones”*English Historical Review* 8223（1967）第323—32页。贝利将它们描述为一种“*Summa Politica*。”查尔斯·C.贝利，“Pivotal Concepts in the Political Philosophy of William of Ockham”*Journal of the History of Ideas* 10（1949）第206页。

236.奥卡姆，*Opera Politica*第4卷第97—260页；以及*Short Discourse on the Tyrannical Government*。

237.奥卡姆的威廉，*De Imperatorum et pontificum potestate, in Opera Politica*第4卷第279—355页；以及奥卡姆的威廉原著，安娜贝尔·S.布雷特编译*On the Power of Emperors and Popes*（Bristol: University of Durham Press / Thoemmes Press, 1998），见布雷特所作的介绍第21页。同奥卡姆的大多数著作一样，这也不是他本人为这部著作取的书名。

238.奥卡姆，*Opus Nonagintan Dierum*第93页。

239.科尔曼，“Property and Poverty”第647页。

240.科尔曼，“Property and Poverty”第647页。

241.奥卡姆，*Opus Nonagintan Dierum*第93页；及奥卡姆，*Short Discourse on the Tyrannical Government*第2部分第12页。参考文件有圣伯尔纳铎，*De consideratione* IV, III.6；见II, VI.10。完全一样的论点在帕多瓦的马西略，*Defensor Pacis,* discourse 2, 11.8可见。对奥卡姆关于土地产权思想的有用论述，见蒂尔尼，*Idea of Natural Rights*第157—94页。

242.见奥卡姆，*Dialogus*第3部分第1节；以及麦克格雷德，*Political Thought of Wil-liam of Ockham*第24页。奥卡姆在牛津岁月里，写成了许多对亚里士多德逻辑学著作的评述。

243.Takashi Shogimen，“William of Ockham and Guido Terreni”*History of Political Thought* 19（Winter 1998）第517—30页。

244.蒂尔尼，*Idea of Natural Rights*第103页。

245.基尔克伦，“Political Writings”第314页，以及布雷特，为奥卡姆，*On the Power of Emperors and Popes*所作的介绍第40，48—49页。

246.*Ockham and Political Discourse*第38，72页。

247.兰伯特，*Franciscan Poverty*第241页。

248. Shogimen，*Ockham and Political Discourse*第103页；以及更全面的，蒂尔尼，*Origins of Papal Infallibility*第7章。

249.奥卡姆的威廉，*An Princeps*收入奥卡姆，*Opera Politica*第1卷第228—67页；译文收入卡里·内德曼辑*Medieval Political Thought in Early Fourteenth-Century England: Treatises by Walter of Milemete, William of Pagula, and William of Ockham*第153—97页（Turnhout, Belgium: Brepols, 2002）第11章。相关讨论，见

蒂尔尼，*Origins of Papal Infallibility*第6章。

250.事例见奥卡姆*On the Power of Emperors and Popes*第14章；以及H.S.奥弗勒，"Introduction to *Epistola ad Fratres Minores*"收入奥卡姆，*Opera Politica*第3部分第3页。

251.奥卡姆，*On the Power of Emperors and Popes,* prologue； see Ockham, *Short Discourse on the Tyrannical Government*序言。

252.奥卡姆"Letter to the Friars Minor"；奥卡姆，*On the Power of Emperors and Popes*第28部分；见奥弗勒，"Introduction to *Epistola ad Fratres Minores*"第4页。

253.奥弗勒，"Introduction to Tractatus Contra Benedictum"收入奥卡姆，*Opera Politica*第3部分159页。

254.Shogimen，Ockham and Political Discourse第157页。

255.事例见奥卡姆，*An Princeps*第1—6章；以及奥卡姆，*Tractatus Contra Benedictum*第4部分第12页。

256.Shogimen，*Ockham and Political Discourse*第170—71页。

257.奥卡姆，*Short Discourse on the Tyrannical Government*第4部分第1章；奥卡姆，*Tractatus Contra Benedictum*第6部分；以及基尔克伦，"Political Writings"第323页n65。

258.见麦克格雷德为奥卡姆，*Short Discourse on the Tyrannical Government*第71页n1所作的注解。

259.奥卡姆，*An Princeps*第9章。

260.奥卡姆，*Short Discourse on the Tyrannical Government*第5部分第5页。

261.教皇英诺森三世，"Vergentis in senium"收入*Patrologiæ Cursus Completus, Series Latina*第214卷col539。这一点在奥卡姆，*Short Discourse on the Tyrannical Government*第2部分第10页中有所暗示；在奥卡姆，*An Princeps*第2页引用；并且在奥卡姆*Dialogus*, III, tract 1, 1, 9。麦克格雷德在他辑的*Short Discourse*第36页n41提供了这个关键段落的译文。见科尔曼，"*Dominium*。"

262.奥卡姆，On the Power of Emperors and Popes第17，20部分。

263.教皇英诺森三世，"Per Venerabilem"收入莫布特辑*Quellen zur Geschichte des Papsttums und des Römanischen Katholizismus*第175—77页；在蒂尔尼，*Crisis of Church and State*第136—38页有英语译文；见奥卡姆，*Short Discourse on the Tyrannical Government*第6部分第1页。

264.奥卡姆，*On the Power of Emperors and Popes*第19部分。布雷特指出奥卡姆的挑战是受到宗教与世俗权力的不同起源的限制，而不是一种对"转让统治权*translatio imperii*"观念的驳斥（奥卡姆，*On the Power of Emperors and Popes*第117页n1）。在*Short Discourse on the Tyrannical Government*第6部分第3页，奥卡

姆广泛引述了“Donation”的内容。他指出有些人认为这些文书是“伪造的而且未经授权”（第6部分第4页）；他的策略反过来是去驳斥这种通行说法。然而通过第5章中仅有的现存的部分残缺的手稿，是无法知道他的论述会怎样继续下去的。

265.奥卡姆，*Dialogus*第3部分第1节，II, 30。应当指出的是*Dialogus*的本质——观点相反的双方之间的一份对话录——使得这份文献很难用于厘清那些观点是奥卡姆本人的。

266. Shogimen，*Ockham and Political Discourse*第249页。

267.蒂尔尼，*Idea of Natural Rights*第29页；见米歇尔·威利，“Le genèse du droit subjectif chez Guillaume d’Occam” *Archives de philosophie du droit* 9（1964）第97—127页，尤其是109页。也可见布雷特，*Liberty, Right and Nature*第4—5页，51页。塔克，*Natural Rights Theories*第22—23页，驳斥了这种观点，认为这个词与“*ius-potestas*”的关系不是一个确定问题，但是与“ius”与“*dominium*”的异文合并问题，他要比奥卡姆提提得早很多。

268. Shogimen，*Ockham and Political Discourse*第262页。

269.费罗塞厄斯·波切斯，奥卡姆的威廉，*Philosophical Writings: A Selection*的“编者序”（Indianapolis: Hackett, 1990）第ix—li，1页。

270.波切斯，奥卡姆的威廉，*Philosophical Writings*的“编者序”第li页。

271.基尔克伦，“Political Writings”第311页，第322页n343。

272.科尔曼，“Ockham’s Right Reason”第39页。

273.科尔曼，“Ockham’s Right Reason”第46页。、

274.麦克格雷德，*Political Thought of William of Ockham*第225—26页。

275.奥卡姆，*Dialogus*第3部分第1节，II, 13。

276.也可见奥卡姆，*Opus Nonagintan Dierum*第93页，此处清楚写道，借鉴哥林多前书第5篇第12节的说法，最初的规则并没有延伸到非信徒身上。

277.波切斯，奥卡姆的威廉，*Philosophical Writings*的“编者序”第1页。他的各种研究的好辩性质是Shogimen，*Ockham and Political Discourse*一书中的关键课题。

278.蒂尔尼，*Idea of Natural Rights*第93页。

279.安东尼奥·葛兰西原著，约瑟夫·A.布蒂吉埃格编译*Prison Notebooks*第3卷（New York: Columbia University Press, 2007）第70页。

280.葛兰西，*Prison Notebooks*第2卷第338页。

281.安东尼奥·葛兰西原著，大卫·福尔贾克斯与杰弗里·诺维尔-史密斯辑，威廉·波艾尔豪尔*Selections from the Cultural Writings*（London: Lawrence and Wishart, 1985）第187—88页。见但丁原著，斯蒂文·波特里尔编译，拉丁文-英文对照版*De vulgar eloquentia*（Cambridge: Cambridge University Press, 1996），

而相关讨论，见玛丽娅娜·沙皮罗，*De Vulgari Eloquentia: Dante' s Book of Exile*（Lincoln: University of Nebraska Press, 1990）。

282. W. H. V.里德，"Introduction: The Political Theory of Dante"收入但丁原著，E.摩尔辑*De Monarchia*第v—xxxi页（Oxford: Clarendon, 1916）第xxiii页。

283.J.A.瓦特，"Spiritual and Temporal Powers"收入J.H.伯恩斯辑*The Cambridge History of Medieval Political Thought t, c. 350–c. 1450*第367—423页（Cambridge: Cambridge University Press, 1988）第416—17页。

284.见亚瑟·莫纳汉，*From Personal Duties towards Personal Rights: Late Medieval and Early Modern Political Thought, 1300–1600*（Montreal and Kingston: McGill–Queen' s University Press, 1994）第20页。

285.塞萨尔，为*Dante*所作的介绍第3页。

286.见艾弗兰·埃默顿，*Humanism and Tyranny: Studies in the Italian Trecento*（Gloucester, MA: Peter Smith, 1964）第18—19页，他指出这篇文件已经被形容为"中世纪帝国退位文书。"关于这份文献，见洛伦兹·韦恩里希辑，*Quellen zur Verfassungsgeschichte des Römisch-Deutschen Reiches im Spätmittelalter (1250–1500): Diplomata et acta publica*第315—77页（Darmstadt, Germany: Wissenschaftliche Buchgesellschaft, 1983）；可在奥利弗·J.撒切尔与埃德加·H.麦克尼尔*A Sourcebook for Medieval History: Selected Docu-ments Illustrating the History of Europe in the Middle Age*（New York: AMS Press, 1905）第283—308页可找到译文。

287.安娜贝尔·S.布雷特，*Changes of State: Nature and the Limits of the City in Early Modern International Law*（Princeton, NJ: Princeton University Press, 2011）第170页。

288.诺尔斯，*Evolution of Medieval Thought*第305页。

第七章注释

1.乔治·莫索拉基斯，*A Legal History of Rome*（London: Routledge, 2007）第ix页；以及巴里·尼古拉斯，*An Introduction to Roman Law*（Oxford: Oxford University Press, 1962）第1页。关于成熟状态下的这则法律，见吉尔·哈里斯，*Law and Empire in Late Antiquity*（Cambridge: Cambridge University Press, 1999）。

2.O.F.罗宾逊，*The Sources of Roman Law: Problems and Methods for Ancient*

Historians（London: Routledge, 1997）第2页。参考资料为李维，*Ab urbe condita*，第3卷第34页以及西塞罗，*De Legibus*第2卷第9页。

3.乔治·莫索拉基斯，*The Historical and Institutional Context of Roman Law*（Aldershot, UK: Ashgate, 2003）418页；见莫索拉基斯，*Legal History of Rome*第181—82页。

4.英索拉基斯, *Legal History of Rome*第182—83页；以及罗宾逊，*Sources of Roman Law*第18—19页。

5.西奥多·蒙森辑3卷本*Codex Theodosianus*（保罗·迈耶共辑第3卷）（Berlin: Weidmann, 1957）；克莱德·法尔英译本书名译作*The Theodosian Code and Novels and the Sirmodian Constitutions*（New York: Greenwood Publishers, 1982）。见吉尔·哈里斯与伊恩·伍德辑*The Theodosian Code: Studies in the Imperial Law of Late Antiquity*（London: Duckworth, 1993）。

6.关于当时更为广泛的背景的论述，见约翰·W.巴克，*Justinian and the Later Roman Empire*（Madison: University of Wisconsin Press, 1966）；J.A.S.伊文斯，*The Age of Justinian: The Circumstances of Imperial Power*（London: Routledge, 1996）；以及威廉·罗森，*Justinian's Flea: Plague, Empire and the Birth of Europe*（London: Jonathan Cape, 2007）。

7.有时候这些被称为宪法（constitutions），从拉丁文"*constitutones*"衍生出。一篇名为"The Code of Justinian"的英译本，收入S.P.斯科特辑17卷*The Civil Law*（Cincinnati: Central Trust, 1932）第12—14卷。

8.关于修改的原因，见卡洛琳·亨弗莱斯，"Law and Legal Practice in the Age of Justinian"收入迈克尔·马斯*The Cambridge Companion to the Age of Justinian*第161—84页（Cambridge: Cambridge University Press, 2005）第164—65页。

9.西奥多·蒙森与保罗·克鲁格辑，艾伦·沃特森编译拉丁文-英文对照版4卷本*The Digest of Justinian*（Philadelphia: University of Pennsylvania Press, 1985）。

10.查士丁尼皇帝主持编写，彼得·博克斯与格兰特·麦克劳德译，附保罗·克鲁格拉丁文本，拉丁文—英文对照版*Institutes*（London: Duckworth, 1987）。

11.关于这些问题见P.N.乌尔，*Justinian and His Age*（Harmondsworth, UK: Penguin, 1951）第8章。如罗宾逊在*Sources of Roman Law*第21，60页所述，它们对西欧影响很小，但是肯定为拜占庭的法律奠定了基础。

12.莫索拉基斯，*Legal History of Rome*第190—91页。一种出色的全面审视，见基利努斯·布里恩，"Justinian's Corpus Juris Civilis" *Oregon Law Review* 23（1944）第219—48页。

13.见托尼·奥诺雷，*Tribonian*（London: Duckworth, 1978）第5章。

14.博克斯与麦克劳德，为查士丁尼，*Institutes*所作的介绍第10页；J.H.A.罗金“The Novels of Leo and the Decisions of Justinian”收入斯皮洛斯·特洛伊阿诺斯*Analecta Atheniensia ad ius byzantinum spectantia*第131—40页（Athens: Ant. N. Sakkoulas, 1997）。

15.彼得·斯坦，*Roman Law in European History*（Cambridge: Cambridge University Press, 1999）第33页。

16.关于这个问题的讨论，见博克斯与麦克劳德，为查士丁尼，Institutes所作的介绍，第11页。

17.J.G.A.波科克，*The Ancient Constitution and the Feudal Law: English Historical Thought in the Seventeenth Century*（New York: W. W. Norton, 1967）第12—13页。

18.埃文斯，*Age of Justinian*第205页；以及亚历山大·帕瑟林·德恩特雷弗*Natural Law: An Introduction to Legal Philosophy*第3版（New Brunswick, NJ: Transaction, 1994）第22页。

19.莫索拉基斯，*Legal History of Rome*第155页。

20.沃尔特·乌尔曼，*A Short History of the Papacy in the Middle Ages*第2版（London: Routledge, 2003）第13页。

21.全面讨论，见查尔斯·M.雷丁与安东尼奥·西亚拉里，*The Corpus Iuris Civilis in the Middle Ages: Manuscripts and Transmission from the Sixth Century to the Juristic Revival*（Leiden, Netherlands: Brill, 2007）。

22.莫索拉基斯，*Historical and Institutional Context of Roman Law*第423页。见苏珊·雷诺兹，“Medieval Law”收入彼得·莱恩汉与珍妮特·L.尼尔森辑*The Medieval World*第485—502页（London: Routledge, 2001）第490页。

23.莫索拉基斯，*Legal History of Rome*第193页；以及莫索拉基斯，*Historical and Institutional Context of Roman Law*第423页。

24.埃文斯，*Age of Justinian*第207页。

25.迈克尔·奥特，“*Irnerius*”收入*The Catholic Encyclopedia*（New York: Robert Appleton Company, 1910）第8卷。一份有帮助的讨论，见基利努斯·布里恩，“The Twelfth-Century Revival of the Roman Law” *Oregon Law Review* 24（1944-45）第244—87页。

26.这里的关键著作是赫尔曼·坎托洛维茨辑，*Studies in the Glossators of the Roman Law: Newly Discovered Writings of the Twelfth Century*（1938；再版，Darmstadt, Germany: Scientia Verlag Aalen, 1969)（引文参考1969版）。也可见他的“The Quaestiones Disputatae of the Glossators” *Revue d' Histoire du Droit（Tijdschrift voor Rechtsgeschiednis）* 16（1939）第1—67页。

27.R.N.斯旺森，*The Twelfth-Century Renaissance*（Manchester, UK: Manchester University Press, 1998）第35页。

28.莫索拉基斯，*Historical and Institutional Context of Roman Law*第425页。当阿奎那引述查士丁尼的资料时，他将这位皇帝视为“法学家。”

29.莫索拉基斯，*Legal History of Rome*第194页。

30.弗朗索瓦·拉贝尔莱斯，*Pantagruel*收入阿贝尔·勒弗朗克辑6卷本*Oeuvres de François Rabelais*（Paris: Éduoard Champion, 1913–55）第3卷58页；以及J.M.科恩译*The Histories of Gargantua and Pantagruel*（Harmondsworth, UK: Penguin, 1955）第183页。

31.沃尔特·乌尔曼，*The Medieval Idea of Law as Represented by Lucas de Penna: A Study in Fourteenth-Century Legal Scholarship*（1946；再版，New York: Barnes and Noble, 1969），第1—2页（引文参考1969版）。

32.詹姆斯·特里，“The Pen Is a Mighty Sword”收入詹姆斯·特里辑，*Meaning and Context: Quentin Skinner and His Critics*第7—25页（Princeton, NJ: Princeton University Press, 1988）第11页；昆汀·斯金纳，*The Foundations of Modern Political Thought*第1卷*The Renaissance*（Cambridge: Cambridge University Press, 1978）第9页。

33.巴托鲁斯，on *Codex*, VII.45.13，收入11卷本*Opera quae nunc extant omnia*（Basel, Switzerland: Ex Officina Episcopiana, 1588–89）第8卷第195页。

34.艾伦·哈丁，“The Origins of the Concept of the State”*History of Political Thought* 15（1994）第63页。

35.乌尔曼，*Medieval Idea of Law*第163页；以及塞西尔·N.希德尼·伍尔夫，*Bartolus of Sassoferrato: His Position in the History of Medieval Thought*（Cambridge: Cambridge University Press, 1913）第4页。

36.关于他的生平与著作，见伍尔夫，*Bartolus of Sassoferrato*；莱奥·穆查·姆莱登，“Bartolus the Man”*Annals of the New York Academy of Sciences*314（1978）第311—48页；以及奥古斯托·米切利，“Bartolus of Sassoferrato”*Louisiana Law Review* 37（1976—77）第1027—36页。关于他著述的背景，见安娜·T.希迪，*Bartolus on Social Conditions in the Fourteenth Century*（New York: Columbia University Press, 1942）尤其是第1章。有关他的著作的出色的多语种论文集是佩鲁贾大学（Università Degli Studi di Perugia）编著的2卷本*Bartolo da Sassoferrato: Studi e Documenti per il VI centenario*（Milan: Giuffrè, 1962）。也可见肯尼斯·潘宁顿，*The Prince and the Law, 1200–1600: Sovereignty and Rights in the Western Legal Tradition*（Berkeley: University of California Press, 1993）第196—201页；以及詹姆斯·富兰克林，*The Science of Conjecture: Evidence and Probability before Pascal*（Baltimore: Johns Hopkins University Press, 2001）第24—

27页。

37.我在本章注33中已经使用过1588—89年间的巴塞尔版。第11卷是附录卷。当代并没有重要的版本，而且十五到十六世纪的多个版本，根据不同的手稿印刷，彼此之间存在差异。最重要的是，相关计划在不同版本中的编号并不一样。

38.这些著作都收入Opera第10卷，题为*Consilia, Quaestiones, et Tractatus*。三篇收入一个当代的重要版本，收入迭戈·夸格里奥尼，*Politica e diritto nel trecento Italiano: Il "De tyranno" di Bartolo da Sassoferratto (1314– 1357) con l'edizione critica dei trattati "De Guelphis et Gebellinis," "De regimine civitas" e "De tyranno"*（Firenze, Italy: Leo S. Olschki, 1983）。"De tyranno" and "De Guelphis et Gebellinis"这两篇的英文译本收入埃夫莱姆·埃默顿，*Humanism and Tyranny: Studies in the Italian Trecento*（Gloucester, MA: Peter Smith, 1964）第126—54页，第273—84页。

39.马格努斯·莱恩，"Rules and Justice, 1200–1500"收入莱恩汉与尼尔森辑*Medieval World*第513页。

40.斯坦，*Roman Law in European History*第71页。

41.斯金纳，*Foundations of Modern Political Thought*第1卷第9页。

42.奥尔德拉德斯·德·庞特，[*Consilia et Quaestiones*] (Venetiis, 1490)。见布伦丹·麦克马努斯，"The *Consilia* and *Quaestiones* of Oldradus de Ponte" *Bulletin of Medieval Canon Law* 23（1999）第85—113页；见诺曼·扎克尔，*Jews and Saracens in the Consilia of Oldradus de Ponte*（Toronto: Pontifical Institute of Medieval Studies, 1990）。

43.关于"*consilia*"，见彼得·里森伯格，"The Consilia Literature: A Prospectus" *Manuscripta* 6（1962）第3—22页；以及朱利乌斯·科施纳，"*Consilia* as Authority in Late Medieval Italy"收入马里奥·阿什利，英格利德·鲍姆加特纳与朱利乌斯·科施纳辑*Legal Consulting in the Civil Law Tradition*第107—40页（Berkeley: Robbins Collection, 1999）；以及朱利乌斯·科施纳，"Some Problems in the Interpretation of Legal Texts Regarding the Italian City States" *Archiv für Begriffsgeschichte* 19（1975）第16—27页。

44.这篇文章能够在埃米尔·弗雷德伯格辑，2卷本*Corpus Iuris Canonici*（Graz, Austria: Akademische Druck U. Verlagsanstalt, 1959）第2卷cols.1151—53。对此的论述，见乔治斯·利兹兰，"Les constitutions Romani principes et Pastoralis cura et leurs sources" *Nouvelle revue historique de droit français et étranger* 37（1913）第725—57页；沃尔特·乌尔曼，"The Development of the Medieval Idea of Sovereignty" *English Historical Review* 64（1949）第1—33页；以及威廉·M.波夫斯基，*Henry VII in Italy: The Conflict of Empire and City-State, 1310–*

1313（Westport, CT: Greenwood, 1960）。

45.见索菲亚·梅纳切，*Clement V*（Cambridge: Cambridge University Press, 1998）。

46.关于阿维农教廷事迹，请见G.莫拉，*Les papes d' Avignon (1305–1378)*（Paris: Letouzey and Ané, 1949）。

47.J.坎宁"Law, Sovereignty and Corporation Theory, 1300–1450"收入J.H.伯恩斯，*The Cambridge History of Medieval Political Thought, c. 350–c. 1450*（Cambridge: Cambridge University Press, 1988）第469页；见约瑟夫·坎宁，*The Political Thought of Baldus de Ubaldis*（Cambridge: Cambridge University Press, 1987）第47页，以及伍尔夫，*Bartolus of Sassoferrato*第76—77页。

48.坎宁，*Political Thought of Baldus de Ubaldis*第22页。

49.沃尔特·乌尔曼，*Medieval Political Thought*（Harmondsworth, UK: Peregrine, 1975）第198页。见他的*Law and Politics in the Middle Ages: An Introduction to the Sources of Medieval Political Ideas*（Cambridge: Cambridge University Press, 1975）第186，287页；以及*Short History of the Papacy*第282页。

50.巴托鲁斯，关于*Digest*, XLVIII.17.1，收入*Opera*, 6:528。伍尔夫，*Bartolus of Sassoferrato*第78页，在这个问题上陷入了混乱，因为他将"*terris Imperii*"译作"帝国的领土（territory of the Empire）。"

51.伍尔夫，*Bartolus of Sassoferrato*第113页。

52.阿德蒙特的恩格尔伯特，"De Ortu et fine Rom. Imperij"收入梅尔奇奥·戈尔达斯特（Frankfurt: Iohannis Bringeri, 1614）第754—812页，XII。见伍尔夫，*Bartolus of Sassoferrato*第280—81n2。亚里士多德著作中收入的列表是可疑的；圣奥古斯丁的模板在*De Civitate Dei*第XIX部分第7页。

53.巴托鲁斯，"De tyranno"II。关于他的著作中对暴政的讨论，见杰里米·巴萨斯，"Formes de gouvernement ou modalités de la prevue? Eclaircissements sur la *Traité du Tyran de Bartole de Sassoferrato*"收入杰里米·巴萨斯辑*Della tirannia: Machiavelli con Bartolo*第47—73页（Firenze, Italy: Leo S. Olschki, 2007）；要了解这种论述后来产生的影响，见朱利乌斯·科施纳，"Bartolo of Sassoferrato' s *De Tyranno* and Sallustio Buonguglielmi' s *Consilium* on Niccolò Fortebracci' s Tyranny in Città di Castello" *Mediaeval Studies* 68（2006）第303—31页。

54.伍尔夫，*Bartolus of Sassoferrato*第267页。

55.斯金纳，*Foundations of Modern Political Thought*第1卷第51页。斯金纳明确地向乌尔曼和伍尔夫的解释提出了挑战。伍尔夫认为巴托鲁斯甚至仅仅只提过亚里士多德两次。伍尔夫，*Bartolus of Sassoferrato*第385页与n.3。

56.巴托鲁斯，"Istri nostril Nucerini （Cons I. 102）"苏珊娜·莱普修斯

辑，收入约翰·A.马利诺与托马斯·库恩第161—170页（Toronto: Centre for Reformation and Renaissance Studies, 2004）。以及，同一份文献中，苏珊娜·莱普修斯，“Public Responsibility for Failure to Prosecute Crime? An Inquiry into an Umbrian Case by Bartolo da Sassoferrato”第131—60页。

57.巴托鲁斯，on *Digest*, II.1.1，收入*Opera*第1卷160页。

58.巴托鲁斯，*Consilia*, II, 29，收入*Opera*第10卷第162—63页；见彼得·里森伯格，“Civism and Roman Law in Fourteenth-Century Italian Society”收入*Explorations in Economic History* 7, no. 2（1969）第243页。他的参考资料是巴托鲁斯，*Consilia*（Venice, 1576）第2卷*consilium*第29页，但作者已经无法去确定版本或者在其他版本中找到*consilium*。关于公民权更基本的论述，见里森伯格，“Citizenship at Law in Late Medieval Italy” *Viator: Medieval and Renaissance Studies* 5（1974）第333—46页；以及朱利乌斯·科施纳，“*Civitas Sibi Faciat Civem*: Bartolus of Sassoferrato’s Doctrine on the Making of a Citizen” *Speculum* 48（1973）第694—713页。关于英文案例，见Keechang Kim, *Aliens in Medieval Law: The Origins of Modern Citizenship*（Cambridge: Cambridge University Press, 2000）。

59.巴托鲁斯，on *Codex*, I.1, §13，收入*Opera*, 7:6–20, 7:9。拉丁文本当代版“*Commentariae in Codicem (Lib. 1, tit. 1, de Summâ Trinitate)*”可在弗雷德里希·卡尔·冯·萨维尼原著，威廉·格思里英译本*A Treatise on the Conflict of the Laws and the Limits of Their Operation in Respect of Place and Time*（Edinburgh: T. & T. Clark, 1880）第433—52页。约瑟夫·亨利·比尔英译本将之译作*On the Conflict of the Laws*（Cambridge, MA: Harvard University Press, 1914）；以及J.A.克拉伦斯·史密斯，“Bartolo on the Conflict of Laws”*American Journal of Legal History* 14（1970）第157—83页及第247—75页。

60.巴托鲁斯，on *Codex*, I.1, §46。

61.巴托鲁斯，on *Codex*, I.1, §45。

62.D.L.卡里·米勒，“Property”收入欧内斯特·梅茨格尔辑A *Companion to Justinian’s Institutes*第42—79页（London: Duckworth, 1998）第44页；也可见这卷文献的词汇表第253页。

63.米勒，“Property”第44页。一份有帮助的讨论，见安德鲁·林托特，*Judicial Reform and Land Reform in the Roman Republic:A New Edition with Translation and Commentary,of the Laws from Urbino*（Cambridge: Cambridge University Press, 1992）第3章。

64.罗宾逊，*Sources of Roman Law*第118页。

65.安德鲁·博科夫斯基与保罗·迪普莱西斯，*Textbook on Roman Law*第3版（Oxford: Oxford University Press, 2005）第156—57页。关于res mancipi的论述，

也可见迪特列夫·塔姆，*Roman Law and European Legal History*（Copenhagen: Djøf Publishing, 1997）第75—80页。

66.巴托鲁斯，on *Codex*, I.1, §46。

67.见斯图尔特·埃尔登，*Terror and Territory: The Spatial Extent of Sovereignty*（Min-neapolis: University of Minnesota Press, 2009）第xxviii–xxx页。

68.乌尔比安，in *Digest*, XXXXVIII.22.7.19。

69. *Digest*, L.16.239。如果在第二章讨论过的弗朗提努斯论述土地争议的文书的确是他所作的话，那么这显然是一种回应。

70.巴托鲁斯，on *Digest*, L.16.239, in *Opera*, 8:699。

71.塞克斯图斯·庞波尼乌斯鲜为人知的事迹，见亨利·约翰·罗比，*An Introduction to the Study of Justinian's Digest* (Cambridge: Cambridge University Press, 1884)第clxxi–clxxii页；*H. F. Jolowicz, Historical Introduction to the Study of Roman Law*（Cambridge: Cambridge University Press, 1954）第395页；莫索拉基斯*Legal History of Rome*第116—17页；以及哈里斯，*Law and Empire in Late Antiquity*第15—17页。

72.乌尔比安有2464则摘录，保卢斯有2081则，帕帕尼安601则，庞波尼乌斯578则。见尤尔，*Justinian and His Age*第141页；以及C.F.科尔贝特，"General Introduction"收入查士丁尼主持编修，C.F.科尔贝特英译本*The Digest of Roman Law: Theft, Rapine, Damage and Insult*（Harmondsworth, UK: Penguin, 1979）第39页。

73. *Digest*, I.2.2–53。相关讨论，见塔姆，*Roman Law and European Legal History*第19—24页。

74.关于这个问题全面讨论，见J.G.科里尔，*Conflict of Laws*第3版（Cambridge: Cambridge University Press, 2001）第1章；以及埃塞尔·E.英特玛，"The Historic Bases of Private International Law" *American Journal of Comparative Law* 2（1953）第297—317页。见彼得·斯坦，"Bartolus, the Conflict of Laws and the Roman Law"收入*Multum non Multa: Festschrift für Kurt Lipstein aus Anlass scincs 70*。彼得·福伊尔施泰因与克利弗·帕里辑*Geburtstages*（Heidelberg, Germany: C. F. Müller Juristischer Verlag, 1980）第251—58页。仅仅在巴托鲁斯逝世18年后，一部被乌尔曼形容为"关于国际法的最早的系统性论述"的著作就完成了。见吉奥瓦尼·德·莱格纳诺原著，托马斯·厄斯金·霍兰（1365；再版，Oxford: Oxford University Press, 1917）（引文参考1917版），沃尔特·乌尔曼，*The Origins of the Great Schism: A Study in Fourteenth-Century Ecclesiastical History*新版（Hamden, CT: Archon Books, 1972）第148页；见乌尔曼，*Medieval Idea of Law*, 173ff。较近的关于领土/管辖权关系的论述，见理查德·T.福特，"Law's Territory (A History of Jurisdiction)" *Michigan Law Review* 97（1999）第843—930

页。

75.弗朗切斯科·麦奥罗，*Medieval Sovereignty: Marsilius of Padua and Bartolus of Saxoferrato*（Delft, Netherlands: Eburon, 2007）第234页；借鉴圭多·法索，*Storia della filosofia del diritto—I—Antichità e medioevo*（1966；再版，Roma-Bari: Laterza, 2001）第227—28页（引文参考2001版）。

76.安娜贝尔·S.布雷特，*Changes of State: Nature and the Limits of the City in Early Modern International Law*（Princeton, NJ: Princeton University Press, 2011）第170页，在领土管辖权与领土统治权之间划分出了一条非常清晰的界线，但如下文第9章所示，后来的重要理论家对他们的意大利前辈的著作进行了广泛地借鉴。

77.见麦奥罗，*Medieval Sovereignty*第240—41页。相关概念性讨论，见巴托鲁斯，“De iurisdictione”收入*Opera*第10卷第392—96页。关于背景的基本讨论，见朱利乌斯·科施纳辑*Origins of the State in Italy, 1300–1600*（Chicago: University of Chicago Press, 1995）。

78.伍尔夫，*Bartolus of Sassoferrato*第388—89页。

79.见弗洛里亚诺·乔纳斯·塞萨尔，“Popular Autonomy and Imperial Power in Bartolus of Saxoferrato: An Intrinsic Connection”*Journal of the History of Ideas* 65（2005）第369—81页。

80.巴托鲁斯，on *Digest*, II.1.3，收入*Opera*第1卷163—64页。

81.巴托鲁斯，on *Digest*, XLIX.15.24，收入*Opera*第6卷637页。*Digest*, XLIX.15.24，据乌尔比安的说法，是对罗马的敌人及战俘的论述。

82.巴托鲁斯，on *Digest*, VI.1.1，收入*Opera*第1卷552—53页。关于“dominus mundi”这一术语的讨论，是克里斯蒂安·法索尔特，*The Limits of History*（Chicago: University of Chicago Press, 2004）一书中的课题之一，尤其在第4章。关于法索尔特更为广泛的史学主张的讨论，见伊恩·亨特，“The State of History and the Empire of Metaphysics”*History and Theory* 44（2005）第289—303页。

83.巴托鲁斯，on *Digest*, XLIX.15.24，收入*Opera*第6卷637页。

84.巴托鲁斯，on *Codex*, I.3.31，收入*Opera*第7卷75页。

85.这一区别，教皇克雷芒五世也在*Pastoralis cura*中指出过。见约瑟夫·坎宁，“A State Like Any Other? The Fourteenth-Century Papal Patrimony through the Eyes of Roman Law Jurists”收入戴安娜·伍德辑*The Church and Sovereignty, c590–1918: Essays in Honour of Michael Wilks*第245—60页（Oxford: Basil Blackwell, 1991）第251页，以及伍尔夫，*Bartolus of Sassoferrato*第75—76页。

86.伍尔夫，*Bartolus of Sassoferrato*第78页。

87.马格努斯，莱恩，“Bartolus of Sassoferrato and Free Cities”*Transactions of the Royal Historical Society,* 6th ser., 10（2000）第76页，以及伍尔夫，*Bartolus of Sassoferrato*第79页。

88.坎宁，“State Like Any Other?”第251页。

89.伍尔夫，*Bartolus of Sassoferrato*第83页。

90.伍尔夫，*Bartolus of Sassoferrato*第99页。

91.乌尔曼，*Medieval Idea of Law*第90页。

92.乌尔曼，*Medieval Idea of Law*第90页。

93.马格努斯·莱恩，“Freedom, Law, and the Medieval State”收入昆汀·斯金纳与波·斯特拉斯*States and Citizens: History, Theory, Prospects*第51—62页（Cambridge: Cambridge University Press, 2003）第60页；伍尔夫，*Bartolus of Sassoferrato*第154，197，379页；以及马塞尔·大卫，“Le contenu de l’hegemonie imperiale dans la doctrine de Bartole”收入佩鲁贾大学撰，*Bartolo da Sassoferrato*第2卷第201—16页。

94.巴托鲁斯，on *Digest*, XLVII.1.7，收入*Opera*第6卷第422页。

95.埃默顿，*Humanism and Tyranny*第64页。

96.巴托鲁斯，*De tyranno*第六部分。

97.巴托鲁斯，on *Digest*, IV.4.3，收入*Opera*第1卷第430页；见巴托鲁斯，on *Digest*, XLIX.1.1，收入*Opera*第6卷第580—81页。

98.安东尼·布莱克，*Political Thought in Europe, 1250–1450*（Cambridge: Cambridge University Press, 1992）第116页。

99.巴托鲁斯，*De Guelphis et gebellinis*第3部分。相关讨论，见莱恩，“Bartolus of Sassoferrato and Free Cities”第84—85页。

100.昆汀·斯金纳，*The Foundations of Modern Political Thought*第2卷*The Age of Reformation*（Cambridge: Cambridge University Press, 1978）第131页；见181页。

101.斯金纳，*Foundations of Modern Political Thought*第1卷第65页。

102.恩斯特·H.坎托洛维茨，*The King’s Two Bodies: A Study in Mediaeval Political Theology*（Princeton, NJ: Princeton University Press, 1957）第298页。

103.伍尔夫，*Bartolus of Sassoferrato*第109页。

104.坎宁，*Political Thought of Baldus de Ubaldis*第96页。关于领土方面的讨论，见皮埃特罗·瓦卡里，“‘Utrum jurisdictio cohaereat territorio’: La dottrina di Bartolo”收入佩鲁贾大学撰，*Bartolo da Sassoferrato*第2卷737—53页。

105.约瑟夫·坎宁，“A Fourteenth-Century Contribution to the Theory of Citizenship: Political Man and the Problem of Created Citizenship in the Thought of Baldus de Ubaldis”收入布莱恩·蒂尔尼与彼得·莱恩汉辑*Authority and Power: Studies on Medieval Law and Government Presented to Walter Ullmann on His Seventieth Birthday*（Cambridge: Cambridge University Press, 1980）第198—99页。

106.巴托鲁斯，on *Digest*, II.1.1，收入*Opera*, 1:160。

107.巴托鲁斯，on *Digest*, XXXIII.9.4；以及*Digest*, L.16.2，收入*Opera*第4卷第249页，第6卷第684—86页。

108.巴托鲁斯，“De fluminibus” II（“De Insula”）第1页。这篇文章收入Opera第10卷第363—92页；以及赫克莱·巴特利加里奥辑*Tractatus de fluminibus*（Bononiae: Ioannem Roscium, 1576）；这篇同样也出现在facsimile中（Turin: Bottega d' Erasmo, 1964）。第一部分，“De alluvione”有一个奥斯瓦尔多·察瓦拉尔辑的当代重要版本，收入马利诺与库恩辑*Renaissance of Conflicts*一书，第83—116页。

109.米切利，“Bartolus of Sassoferrato”第1033—34页。

110.巴托鲁斯，on *Codex*, I.3.31，收入*Opera*第7卷第75页。关于同一位领主名下的不同领地，见伍尔夫，*Bartolus of Sassoferrato*第91—94页。

111.M.H.基恩，“The Political Thought of the Fourteenth-Century Civilians”收入贝丽尔·斯莫利辑*Trends in Medieval Political Thought*第105—26页（Oxford: Basil Blackwell, 1965）第119页。

112.巴托鲁斯，“Et primo super Constitutione Extravaganti, Ad reprimendum”收入*Opera*第10卷第262页。

113.麦奥罗，*Medieval Sovereignty*第259页。

114.哈罗德·德克斯特·哈泽尔汀，“The Legal and Political Ideas of the Post-Glossators”收入乌尔曼，*Medieval Idea of Law*第xxxiii页；以及麦奥罗，*Medieval Sovereignty*第260页。

115.麦奥罗，*Medieval Sovereignty*第261页。

116.见伍尔夫，*Bartolus of Sassoferrato*第94—98页，以及莱恩，“Bartolus of Sassoferrato and Free Cities”第75—76页。

117.洛伦佐·瓦拉，“Elegantiae linguae Latinae”收入*Opera Omnia*（Basel, Switzerland: Henri, 1465）第633页。

118.瓦拉，“Elegantiae linguae Latinae”第635页。

119.瓦拉，“Elegantiae linguae Latinae”第635—36页，第643页。关于瓦拉的批评，见斯金纳，*Foundations of Modern Political Thought*第1卷第105—6页；以及唐纳德·R.凯利，“Legal Humanism and the Sense of History” *Studies in the Humanities* 13（1966）第184—99页。

120.埃默顿，*Humanism and Tyranny*第120页。萨鲁塔蒂写过一份题为“De Tyranno”（暴政）的论文，埃默顿强调这篇论文与巴托鲁斯早期的文章“De Tyrannia”（On tyranny）不同。萨鲁塔蒂的文章收入埃默顿的*Humanism and Tyranny*第70—116页。

121.奥斯瓦尔多·察瓦拉尔，苏珊娜·德根林与朱利乌斯·科施纳，*A Grammar of Signs: Bartolo da Sassoferrato' s Tract on Insignia and Coats of Arms*

（Berkeley: Robbins Collection, University of California at Berkeley, 1994）。

122.瓦伦汀·格罗布纳原著，帕米勒·塞尔文英译本，*Defaced: The Visual Culture of Violence in the Late Middle Ages*（New York: Zone Books, 2008）第54—56页。

123.这些问题是在查士丁尼，*Institutes*, II.1第20—24页中产生的典型问题；而且在*Digest*, XLI.1.7中提过，巴托鲁斯的文章中也确实对这些问题做过一份评注。相关评论，见尼古拉斯，*Introduction to Roman Law*第132—33页；以及博科夫斯基与迪普莱西斯，*Textbook on Roman Law*第187—88页。

124.巴托鲁斯，“De fluminibus。”

125.巴托鲁斯，“De fluminibus”序。

126.第一部分的数据在马利诺与库恩辑*Renaissance of Conflicts*中出现，第117—29页。这些是巴托鲁斯本人手稿中的数据，后来的版本也复制了这些数据，更为精确，也更加精美。

127.奥斯瓦尔多·察瓦拉尔，“River of Law: Bartolus' s Tiberiadis (De alluvione)”收入马利诺与库恩辑*Renaissance of Conflicts*第34—35页；见59页（“a remarkable novelty”）。关于这个问题的全面论述，见卡拉·弗洛瓦，“Le traité de fluminibus de Bartolo da Sassoferrato (1355)” *Médiévales* 186（1999）第81—89页；希迪，*Bartolus on Social Conditions in the Fourteenth Century*第37页，第44—45页；以及简·范马南，“Teaching Geometry to 11 Year Old 'Medieval Lawyers'” *Mathematical Gazette* 76（1992）第37—45页。第一部分（37–42页）提供了一份关于文字和几何问题的讨论，第43—45页是一份课堂练习。

128.富兰克林，*Science of Conjecture*第353页。

129.察瓦拉尔，“River of Law”第32，72页。

130.察瓦拉尔，“River of Law”第32，48，第54—55页。

131.见巴托鲁斯，“De fluminibus”第1部分（第18—19页）。

132.最全面的研究专著是坎宁，*Political Thought of Baldus de Ubaldis*。也可见J.A.瓦尔，“Immortality and Inalienability. Baldus de Ubaldis” *Medieval Studies* 32（1970）第308—28页。关于他这部著作的背景的讨论，也可见乌尔曼，*Origins of the Great Schism*第143—60页，以及潘宁顿，*Prince and the Law*第6章。

133.富兰克林，*Science of Conjecture*第30页。

134.坎宁，*Political Thought of Baldus de Ubaldis*第7页。

135.肯尼斯·潘宁顿，“Baldus de Ubaldis” *Rivista internazionale di diritto commune* 8（1997）第35—61页，以及赫尔曼·兰格，*Die Consilien des Baldus de Ubald (1400)*（Mainz, Germany: Akademie der Wissenschaften und der Literatur, 1974）。论述特定观点的文章范围很广。基本论述，见肯尼斯·潘宁顿，“The

Consilia of Baldus de Ubaldis" *Tijdschrift voor Rechtsgeschiedenis* 56（1988）第85—92页。

136.潘宁顿，*Prince and the Law*第204页。

137.巴尔德斯，on *Digest*, I.14.3, *Commentaria in Digestum vetus nunc fidelissime restituta*（Lugduni, 1562）fols. 54r–55v。

138.坎宁，"State Like Any Other?"第259页。

139.巴尔德斯，on *Codex*, I.2.12，收入9卷本*Iurisconsulti Omnium suae tempestatis celeberrimi*（1577）第5卷fol. 20v。见坎宁，"State Like Any Other?"第260页。

140.坎宁，*Political Thought of Baldus de Ubaldis*第21页。

141.巴尔德斯，*Super decretalibus*（Lugduni, 1551）fol. 189v。

142.坎宁，*Political Thought of Baldus de Ubaldis*第45页。

143.坎宁，*Political Thought of Baldus de Ubaldis*第17页。

144.J.A.瓦尔，"Baldus de Ubaldis and the Foundations of the Nation-State" *Manuscripta* 21 （1977）第84页。

145."Key to Technical Terms"收入塔西佗原著，迈克尔·格兰特英译本*Annals of Imperial Rome*修订版（Harmondsworth, UK: Penguin, 1975）第402页。

146. *Digest*, XLIX.15.24。

147.查士丁尼皇帝，*Institutes*, 第1卷第12页。

148.巴尔德斯，on *Codex*, VI.24.1收入*Iurisconsulti Omnium*第7卷fol. 70v。

149.巴尔德斯·佩鲁西尼，"De allodiis"第7页，收入*In usus feudorum*（Lugduni, 1550）fol. 100r。

150.约瑟夫·坎宁，"The Role of Power in the Political Thought of Marsilius of Padua" *History of Political Thought* 20（Spring 1999）第34页。

151.约瑟夫·坎宁，"Ideas of the State in Thirteenth and Fourteenth-Century Commentators on the Roman Law" *Transactions of the Royal Historical Society,* 5th ser., 33 (1983)第16页。

152.巴尔德斯，*Super decretalibus,* fol. 143r；见坎宁，"Ideas of the State"第13页。

153.巴尔德斯，*Super decretalibus,* fol. 28v。

154.坎宁，*Political Thought of Baldus de Ubaldis*第127页；见第131页。

155.巴尔德斯，5卷本*Consilia*（Lyon: Vincent de Portonaris, 1543）第3卷，*consilium* 159, fol. 34r。

156.盖乌斯，Digest, I.1.9。

157.查士丁尼皇帝，*Institutes*第1卷第1—2页。见收入梅茨格尔辑*Companion to Justinian's* Institutes的词汇表第250页；以及查士丁尼皇帝，*Institutes*第153，

156页“Vocabulary”。

158.巴尔德斯，on *Digest*, I.1.9，*Commentaria*, fol. 13r。

159.事例见巴尔德斯，on *Codex*, VI.24.1与IX.1.11 *Iurisconsulti Omnium*第7卷 fol. 70v；第8卷 fols. 203v–204r。关于域外管辖权的论述，见巴尔德斯，on *Digest*, II.12, *Commentaria*, fol. 55v。

160.见巴尔德斯，on *Digest*, II.1.1收入*Opera*第1卷第160页；以及上文的讨论。

161.巴尔德斯，on *Digest*, I.1.9, *Commentaria*, fol. 13r。

162.见J.P.坎宁，“The Corporation in the Political Thought of the Italian Jurists of the Thirteenth and Fourteenth Centuries” *History of Political Thought* 1（1980）第24页n51。

163.巴尔德斯，on *Codex*, VII.53.5, *Iurisconsulti Omnium*第8卷fol. 73r。见奥托·吉尔克，4卷本*Das Deutsche Genossenschaftsrecht*（Berlin: Weidmannsche Buchhandlung, 1868–1913）第3卷第432页；坎托洛维茨，*King's Two Bodies*第299—300页；坎宁，*Political Thought of Baldus de Ubaldis*第187页；以及恩金·伊辛，*Cities without Citizens: Modernity of the City as a Corporation*（Montréal: Black Rose Books, 1992）第27—28页。“*unum corpus mysticum*”这一词组的论述收入阿奎那作品集，可见第5章。

164.坎宁，“Corporation in the Political Thought of the Italian Jurists。”相关讨论，也可见沃尔特·乌尔曼，“The Delictal Responsibility of Medieval Corporations” *Law Quarterly Review* 64（1948）第77—96页，他强调了巴托鲁斯发展这个概念的重要性。我非常感激劳伦斯·保罗·海明对这一点进行的有益探讨。

165.菲利普·佩蒂特，*Made with Words: Hobbes on Language, Mind and Politics*（Princeton, NJ: Princeton University Press, 2008）第76—77页。

166.坎宁，“*Political Thought of Baldus de Ubaldis*”第207—8页；坎宁，“Corpora-tion in the Political Thought of the Italian Jurists”第31页；以及潘宁顿，*Prince and the Law*第208页。

167.坎宁，“*Ideas of the State*”第25页。

168.坎宁，*Political Thought of Baldus de Ubaldis*第208页。

169.坎宁，*Political Thought of Baldus de Ubaldis*第66，227页。

170.乌尔曼，*Origins of the Great Schism*第5页；以及莫拉，*Les papes d'Avignon*。

171.迈克尔·威尔克斯，*The Problem of Sovereignty in the Later Middle Ages: The Pa-pal Monarchy with Augustinus Triumphus and the Publicists*（Cambridge: Cambridge University Press, 1964）第407页。

172.乌尔曼，*Origins of the Great Schism*第v页。

173.斯坦，*Roman Law in European History*第91页。斯坦指出欧内乌斯可能在这则条文被采用的事情上发挥了一定作用。

174.乌尔曼，*Short History of the Papacy*第185页。

175.尼古拉斯，*Introduction to Roman Law*第49页。见*Digest*, XIV.2.9安东尼乌斯宣称，“我是世界的主宰（*dominus mundi*）。”

176. Digest, I.4.1。

177.维姆·布洛克曼斯与彼得·霍朋布罗尔斯原著，伊佐拉·范登霍芬译*Introduction to Medieval Europe, 300–1550*（London: Routledge, 2007）第16页。

178.R.W.卡莱尔与A.J.卡莱尔，6卷本*A History of Mediævel Political Theory in the West*（Edinburgh: William Blackwell and Sons, 1903–36）第6卷29页。

179.坎宁，“Ideas of the State”第23，26页。

180.发现根据中世法兴起的国家同根据罗马法与教会法兴起的国家类似，但日常程序与机构更多的一份分析文章，见艾伦·哈丁，*Medieval Law and the Foundations of the State* (Oxford: Oxford University Press, 2002)。

181.斯金纳，*Foundations of Modern Political Thought*第1卷第11页；以及彼得·里森伯格*Inalienability of Sovereignty in Medieval Political Thought*（New York: Columbia University Press, 1956）第82—83页。

182.见沃尔特·乌尔曼，Medieval Papalism: *The Political Theories of the Medieval Canonists*（London: Methuen, 1949）第83页。关于这些问题的基本讨论，见盖内斯·波斯特，*Studies in Medieval Legal Thought: Public Law and the State, 1100–1322*（Princeton, NJ: Princeton University Press, 1964）。

183.“Acta Regni Karoli IV”收入卡洛卢斯·泽乌默与里卡德斯·所罗门辑*Monumenta Germaniae Historica: Constitutiones et Acta Publica Imperorum et Regnum*第8卷1345–1348（Hanover, Germany: Impensis Bibliopolii Hahniani, 1910–26）第151页；在哈丁，*Medieval Law and the Foundations of the State*第254页中有过讨论。

184.伍尔夫，*Bartolus of Sassoferrato, 380. Oldradus, Consilia et Quaestiones,* CCXXXI部分（无页码）；伍尔夫的参考资料是CCXXX部分与1472版。

185.阿明·沃尔夫，“Die Gesetzgebung der entstehenden Territorialstaaten”收入赫尔穆特·科英*Handbuch der Quellen und Literatur der neueren europaischen Privatrechtsgeschichte: Erster Band Mittelalter (1100–1500)*第517—800页（Munich: C. H. Beck’sche, 1973）第529页；以及阿明·沃尔夫，*Gesetzgebung in Europa, 1100–1500, Zur Enstehung der Territorialstaaten*（Munich: C. H. Beck’sche Verlagsbuchhandlung, 1996）第18页。

186.W.J.米勒与C.N.L.布鲁克辑，拉丁文-英文对照版*The Letters of John of*

Salisbury, vol. 2, *The Later Letters* (1163–1180)（Oxford: Clarendon Press, 1979）第581页，275号信件。

187.亨利·德·布拉克顿原著，塞缪尔·E.索恩译，4卷本拉丁文-英文对照版*De legibus et consuetudinibus Angliæ / On the Laws and Customs of England*（Cambridge, MA: Belknap Press, 1968）第2卷第33页。

188.约翰·B.莫莱尔，*Political Thought in Medieval Times*第3版（London: Hutchinson University Library, 1971）第94页。

189.芭芭拉·H.罗森韦恩，*Negotiating Space: Power, Restraint, and Privileges of Immunity in Early Medieval Europe*（Ithaca, NY: Cornell University Press, 1999）第9章。

190.伍尔夫，*Bartolus of Sassoferrato*第381页。

191.伍尔夫，*Bartolus of Sassoferrato*第382页。

192.乌尔曼，*Medieval Political Thought*第29页；以及盖纳斯·波斯特，“Two Notes on Nationalism in the Middle Ages” *Traditio* 9（1953）第296，312页。

193.威尔克斯，*Problem of Sovereignty in the Later Middle Ages*第434页；见442页。

194.威尔克斯，*Problem of Sovereignty in the Later Middle Ages*第437页。

195.布莱恩·蒂尔尼，“Some Recent Works on the Political Theorists of the Medieval Canonists” *Traditio* 10（1954）第615页；以及坎宁，“Law, Sovereignty and Corporation Theory”第464页n40。

196.坎托洛维茨，*King’s Two Bodies*第97页；见坎托洛维茨，*Frederick the Second*。

197.蒂尔尼，“Some Recent Works on the Political Theorists of the Medieval Canonists”第619页。

198.如斯金纳指出的（见*Foundations of Modern Political Thought*第2卷第351页），“甚至已经有一位新近的权威人士认为，巴托鲁斯与巴尔德斯共同建构了支撑‘现代国家理论’的全部‘法律基础’。”参考资料是瓦尔，“Baldus de Ubaldis”第80页。

199.见巴尔德斯，*on Codex*, VII.50.3，收入第7卷，fol. 65r：“*Princeps enim legitime electus est in terris Deus & maxime Papa*”这在瓦尔，“Baldus de Ubaldis”第91页中引用，但与教皇没有联系，使得它看来就是推出“君主（*princeps*）”这一概念，而不是以教皇为“君主（*princeps*）”，只有君主元首拥有这种权利。更深入的告诫，见肯尼斯·潘宁顿，“Was Baldus an Absolutist? The Evidence of His *Consilia*”收入卡洛·弗洛瓦，玛利亚·格拉齐亚，尼科·奥塔维雅尼与斯特凡尼亚·祖齐尼辑*VI Centenario della morte di Baldo degli Ubaldi,*

*1400–2000*第1—16页（Perugia, Italy: Università degli Studi, 2005）。

200.见克莱因施密特，*Understanding the Middle Ages*第50页。

201.莫索拉基斯，*Historical and Institutional Context of Roman Law*第421页。

202.本杰明·阿诺德，*Princes and Territories in Medieval Germany*（Cambridge: Cambridge University Press, 1991）第284页。

203.见罗伯特·福尔兹原著，希拉·安·奥格里维耶译*The Concept of Empire in Western Europe from the Fifth to the Fourteenth Century*（London: Edward Arnold, 1969）第157页。

204.库萨的尼古拉，*De concordantia catholica libri tres*收入戈尔哈德斯·卡伦辑*Opera Omnia*（Hamburg: Felicis Meiner, 1959–68）第14卷；以及保罗·E.西格蒙德编译*The Catholic Concordance*（Cambridge: Cambridge University Press, 1991）。也可见库萨的尼古拉原著，托马斯·M.伊兹比奇译，拉丁文-英文对照版*Writings on Church and Reform*（Cambridge, MA: Harvard University Press, 2008）。

205.查尔斯·霍华德·麦伊尔文，*The Growth of Political Thought in the West: From the Greeks to the End of the Middle Ages*（London: Macmillan, 1932）第348—49页。

206.小保罗·E.西格蒙德，"The Influence of Marsilius of Padua on XVth-Century Conciliarism" *Journal of the History of Ideas* 23（1962）第395页。小保罗·E.西格蒙德，*Nicholas of Cusa and Medieval Political Thought*（Cambridge, MA: Harvard University Press, 1963）是主要的英文研究著作；也可见渡边盛道（Morimichi Watanabe罗马拼音音译）*The Political Ideas of Nicholas of Cusa with Special Reference to his De concordantia catholica*（Geneva: Librarie Droz, 1963）。

207.库萨，*De concordantia catholica*，前言第3页。他在第3卷第xli部分588页回到了这种实体意象。

208.库萨，*De concordantia catholica*第3卷第ii部分294页。

209.卡尔·雅斯帕斯原著，汉娜·阿伦特辑，拉尔夫·曼海姆译，*Anselm and Nicholas of Cusa,*（New York: Harvest, 1966）第128页。

210.库萨，*De concordantia catholica*第2卷第xxix部分224页。

211.伍尔夫，*Bartolus of Sassoferrato*第306页。

212.库萨，*De concordantia catholica*第3卷第ii部分第299页。

213.库萨，*De concordantia catholica*第3卷第iii部分第313页。

214.库萨，*De concordantia catholica*第2卷第xiii部分第116页。

215.库萨，*De concordantia catholica*第3卷第vi部分第343页。参考资料为*Ego Ludovicus is to Decretum Gratiani*第1卷第lxiii, xxx页，收入*Patrologiæ Cursus Completus, Series Latina*187卷，cols. 339–40。路易使用的词是"territoriis"。

216.库萨，*De concordantia catholica*第3卷第vi部分第344页。

217.雅斯帕斯，*Anselm and Nicholas of Cusa*第107页。

218.也可见劳洛·马丁，*Lawyers and Statecraft in Renaissance Florence*（Princeton, NJ: Princeton University Press, 1968）。

219.弗朗西斯科·德·维多利亚，“De Indus”收入乌利希·霍斯特，海因茨-格哈德·朱斯滕霍芬与约阿科希姆·斯图本辑，2卷本拉丁文-德文对照版*Vorlesungen: Völkerrecht Politik Kirche*（Stuttgart: W. Kohlhammer, 1997）第2卷第370—541页；弗朗西斯科·德·维多利亚，“On the American Indians”收入安东尼·帕格登与杰里米·劳伦斯辑*Political Writings*第231—92页（Cambridge: Cambridge University Press, 1991）。关于他在这方面的著作，见詹姆斯·穆尔杜恩，*Popes, Lawyers and Infidels: The Church and the Non-Christian World, 1250–1550*（Liverpool, UK: Liverpool University Press, 1979）第143—152页。更全面的论述，见伯尼斯与汉密尔顿，*Political Thought in Sixteenth-Century Spain: A Study of the Political Ideas of Vitoria, De Soto, Suárez, and Molina*（Oxford: Clarendon Press, 1963），以及安东尼·安吉，*Imperialism, Sovereignty and the Making of International Law*（Cambridge: Cambridge University Press, 2005）第1章。

220.维多利亚，“De potestate civili”第8页；*Vorlesungen*第1卷134页；以及维多利亚，“On Civil Power”*Political Writings*第16页。

221.维多利亚，“De potestate ecclesiae I”第1部分第ii页，*Vorlesungen*第1卷170页；以及维多利亚，“I On the Power of the Church”*Political Writings*第50页。

222.维多利亚，“De potestate ecclesiae I”第5部分，*Vorlesungen*第1卷228—62页；以及维多利亚，“I On the Power of the Church”*Political Writings*第82—101页；见汉密尔顿，*Political Thought in Sixteenth-Century Spain*第83—87页。

223.维多利亚，“De potestate ecclesiae I”第1部分第x页，*Vorlesungen*第1卷第174页；以及维多利亚，“I On the Power of the Church”*Political Writings*第52页。

224.J.内维尔·菲吾斯，“Bartolus and the Development of European Political Ideas”*Transactions of Royal Historical Society*, n.s., 19（1905）第147页，见姆拉登，“Bartolus the Man”第323页。菲吾斯也提到了阿尔贝里库斯·根第卢斯。

225.坎宁，*Political Thought of Baldus de Ubaldis*第229页。坎宁提到了博丹，弗朗西斯科·苏亚雷斯与格劳秀斯。

226.关于这本著作的论述，见理查德·塔克，*Natural Rights Theories: Their Origin and Development*（Cambridge: Cambridge University Press, 1979），以及理查德·塔克，*The Rights of War and Peace: Political Thought and the International Order from Grotius to Kant*（Oxford: Oxford University Press, 1999）第3章。关于更广阔的背景知识，见奥拉夫·阿斯巴赫与彼得·施罗德辑*War, the State and*

International Law in Seventeenth-Century Europe（Farnham, UK: Ashgate, 2010）。

227.雨果·格劳秀斯，*De jure belli ac pacis*（1625；再版，Amsterdam: Gasparis Fritsch, 1735）（引文参考1735版）；雨果·格劳秀斯原著，理查德·塔克辑，约翰·莫里斯译，*The Rights of War and Peace,*（Indianapolis: Liberty Fund, 2005）。虽然在这里提到了巴托鲁斯和巴尔德斯，，但他们都频繁地被更早期的著作参考过，例如格劳秀斯，2卷本拉丁文-英文对照版*De Jure Praedae Commentarius*（Oxford: Oxford University Press, 1950）。

228.迈克尔·罗伯茨，*Essays in Swedish History*（London: Weidenfeld and Nicolson, 1967）第216页。见布鲁斯·D.波特，*War and the Rise of the State: The Military Foun-dations of Modern Politics*（New York: Free Press, 1994）。

229.罗伯茨，*Essays in Swedish History*第216页。相关有益讨论，见罗伯特·科尔布，“The Origin of the Twin Terms jus ad bellum / jus in bello” *International Review of the Red Cross* 320（1997）第553—62页。

230.格劳秀斯，*De jure belli ac pacis,* II, iii, iv.1。

231.格劳秀斯，*De jure belli ac pacis,* III, vi, iv.2。

232.格劳秀斯，*De jure belli ac pacis,* II, vi, vii。

233.格劳秀斯，*De jure belli ac pacis,* II, viii, ix.1。

234.格劳秀斯，*De jure belli ac pacis,* II, ii, ii.5。最后一点参考塞尔维乌斯·莫鲁斯·霍诺拉图斯原著，格奥尔·希洛与赫尔曼·哈根辑，3卷本*Servii Grammatici qui feruntur in Vergilii camina commentarii*（Leipzig,1881—1902），对维吉尔，*Aeneid*第4篇第58行的论述。

235.格劳秀斯，*De jure belli ac pacis,* II, iii, vii。

236.格劳秀斯，*De jure belli ac pacis,* II, iii, xvi.1。

237.雨果·格劳秀斯，*Mare Liberum: De jure quod Batavis competit ad indicana commercio*（1609；再版，Leiden, Netherlands: Elzeviriana, 1618）（citations refer to the 1618 edition）。

238.约翰·塞尔登，*Mare Clausum seu de dominio maris*（1618；再版，London: Will. Stanebeii, 1636）（引文参考1636版），以及约翰·塞尔登原著，J.H.根特译，*Mare Clausum: The Right and Dominion of the Sea*（London: Andrew Kembe and Edward Thomas, 1663）。对格劳秀斯的明确挑战在第1部分第xxvi页；对后注释法学派学者的参考资料，事例可见第1部分第xvi页等。关于这些问题的某些部分的一种有价值的现代系谱，见丹尼尔·海勒-罗岑，*The Enemy of All: Piracy and the Law of Nations*（New York: Zone Books, 2009）。

239.塞尔登，*Mare Clausum*第1部分第v页。

240.关于这场“笔墨大战，”见菲利普·E.斯坦伯格，“Lines of Division, Lines of Connection: Stewardship in the World Ocean” *Geographical Review* 89

（1999）第254—64页；以及菲利普·E.斯坦伯格，*The Social Construction of the Ocean*（Cambridge: Cambridge University Press, 2001）尤其是第89—98页。

241.塞尔登，*Mare Clausum*第I卷第xvi页。

242.格劳秀斯，*De jure belli ac pacis,* II, iii, xiii.2；也可见II, ii, ii.4，此处他讨论了一个揣测的财产权起源，认为是从对动产的主张发展到不动产的。

第八章注释

1.见科斯滕·A.西弗，*The Frozen Echo: Greenland and the Exploration of North America, ca. A.D. 1000–1500*（Stanford, CA: Stanford University Press, 1996）。

2.西弗，*Frozen Echo*第8章。

3.1494年6月7日签署的《托尔德西里亚斯条约》西班牙文-英文对照版，收入弗朗西斯·加德纳·达文波特，4卷本*European Treaties Bearing on the History of the United States and Its Dependencies to 1648*（Washington, DC: Carnegie Institution, 1917）第1卷第86—100页第一条。

4.大卫·斯托利，*Territory: The Claiming of Space*（Harlow, UK: Prentice Hall, 2001）第16—17页；见罗伯特·D.塞克，*Human Territoriality: Its Theory and History*（Cambridge: Cambridge University Press, 1986）第131—32页。关于它对海洋的影响，见菲利普·E.斯坦伯格"Lines of Division, Lines of Connection: Stewardship in the World Ocean" *Geographical Review* 89 （1999）第254—64页，以及斯坦伯格，*The Social Construction of the Ocean*（Cambridge: Cambridge University Press, 2001）第75—79页。

5.关于《托尔德西里亚斯条约》后的制图学情况，见詹姆斯·R.阿克曼，"The Struc-turing of Political Territory in Early Printed Atlases" *Imago Mundi 47*（1995）第138—54页，杰里·布罗顿，*Trading Territories: Mapping the Early Modern World*（London: Reaktion Books, 1997）；以及弗兰克·莱斯特兰冈原著，大卫·福塞特译*Mapping the Renaissance World: The Geographical Imagination in the Age of Discovery*（Berkeley: University of California Press, 1994）。后一本书的法文原名提示了更意味深长的"宇宙学家工作室"见弗兰克·莱斯特兰冈 *L' Atelier du cosmographe, ou l' image du monde à la Renaissance* （Paris: Albin Michel, 1991）。

6.《托尔德西里亚斯条约》第1条。

7.《托尔德西里亚斯条约》第3条。

8.帕特莉西娅·希德，*Ceremonies of Possession in Europe' s Conquest of the New World, 1492–1640*（Cambridge: Cambridge University Press, 1995）第102页。关于对在新大陆运用法律获得土地的所有权的一种更微妙的分析法，见劳伦·本顿，*A Search for Sovereignty: Law and Geography in European Empires, 1400–1900*（Cambridge: Cambridge University Press, 2010），以及劳拉·本顿与本杰明·斯特劳曼，"Acquiring Empire by Law: From Roman Doctrine to Early Modern European Practice" *Law and History Review* 28（2010）第1—38页。

9.丹尼斯·海，*The Medieval Centuries*（London: Methuen, 1953）第164页。

10.相关讨论，见艾米莉·萨维奇-史密斯，"Celestial Mapping"收入J.B.哈里与大卫·伍德沃德辑*The History of Cartography*第2卷第1部，*Cartography in the Traditional Islamic and South Asian Societies*第12—70页（Chicago: University of Chicago Press, 1992）。

11.杰弗里·乔叟原著，吉尔·曼辑，*The Canterbury Tales*（London: Penguin, 2005）第3208—12行。

12.见大卫·尤金·史密斯，*History of Mathematics*（1925；再版，New York: Dover, 1958）第1卷188n3（引文参考1858版），他认为"augrim"一词就是"'算法（algorism）'，是从'al-Khowârizmi'"见L.C.卡平斯基，"Augrim Stones" *Modern Language Notes* 27（1912）第206—9页。

13.杰弗里·乔叟原著，安德鲁·埃德蒙·布雷辑，*The Treatise on the Astrolabe,*（London: John Russell Smith, 1870），见J.D.诺斯，*Chaucer' s Universe*（Oxford: Clarendon Press, 1988）。

14.莱昂纳德·迪格斯，*A Boke named Tectonicon*（1556；再版London: Thomas Marshe, 1570）（引文参考1570版）。相关讨论见G.L' E.特纳，"Mathematical Instrument-Making in London in the Sixteenth Century"收入萨拉·泰亚克*English Map-Making, 1500–1650: Historical Essays*第93—106页（London: British Library, 1983）。更全面的论述，见A.W.里基森，*English Land Measuring to 1800: Instruments and Practices*（Cambridge, MA: Society for the History of Technology / MIT Press, 1966），以及约翰·洛克，"The Cross-Staff as a Surveying Instrument in England, 1500–1640"收入泰亚克辑*English Map-Making*第107—11页。

15.约翰·迪，"Mathematicall Preface"收入H.比林斯里译*The Elements of Geometrie of the most auncient Philosopher Euclide of Megara*（London: John Daye, 1570）n（第3页）。

16.迪，*"Mathematicall Preface"*第11页。

17.迪，*"Mathematicall Preface"*第5页。

18.丹尼斯·科斯格洛夫，"The Geometry of Landscape: Practical and

Speculative Arts in Sixteenth-Century Venetian Land Territories”收入丹尼斯·科斯格洛夫与斯蒂芬·丹尼尔斯辑*The Iconography of Landscape: Essays on the Symbolic Representation, Design and Use of Past Environments*第254—76页（Cambridge: Cambridge University Press, 1988）第259页。

19.科斯格洛夫，*“Geometry of Landscape”*第271页。

20.见希德，*Ceremonies of Possession in Europe’s Conquest of the New World*第115页。

21.马修·H.埃德尼，“The Irony of Imperial Mapping”收入詹姆斯·R.阿克曼，*The Imperial Map: Cartography and the Mastery of Empire*第11—45页（Chicago: University of Chicago Press, 2009）第45页。关于帝国各种实践的文献数不胜数。这方面的有益调查使用了法律技术，也可见杰斯·爱德华兹，*Writing, Geometry, and Space in Seventeenth Century England and America: Circles in the Sand*（London: Routledge, 2006）；肯·麦克米兰，*Sovereignty and Possession in the English New World: The Legal Foundations of Empire, 1576–1640*（Cambridge: Cambridge University Press, 2006），以及詹姆斯·R.阿克曼辑*The Imperial Map: Cartography and the Mastery of Empire*（Chicago: University of Chicago Press, 2009）。

22.关于对知识的影响更全面的讨论，见斯蒂芬·格林布拉特，*Marvelous Possessions: The Wonder of the New World*（Oxford: Clarendon Press, 1991）；彼得·格拉夫顿，*New Worlds, Ancient Texts: The Power of Tradition and the Shock of Discovery*（Cambridge, MA: Belknap Press, 1992），以及茨维坦·托多罗夫原著，理查德·霍华德译*The Conquest of America. The Question of the Other*（New York: Harper and Row, 1999）。一部典型的研究专著是沃尔特·米格诺罗，*The Darker Side of the Renaissance: Literacy, Territoriality, and Colonization*（Ann Arbor: University of Michigan Press, 1995）。

23.贝特朗·巴蒂著，克劳迪娅·罗亚尔*The Imported State: The Westernization of the Political Order*（Stanford, CA: Stanford University Press, 2000）。

24.希德，*Ceremonies of Possession in Europe’s Conquest of the New World*第126页。

25.杰里·布罗顿，*The Renaissance Bazaar: From the Silk Road to Michelangelo*（Oxford: Oxford University Press, 2003）第21页。

26.布罗顿，*Renaissance Bazaar*第23页。雅各布·博克哈特著，S.G.C.米德尔摩尔译*The Civilisation of the Renaissance in Italy*（London: Penguin, 1990）。见克莱尔·法拉格，*Reframing the Renaissance: Visual Culture in Europe and Latin America, 1450–1650*（New Haven, CT: Yale University Press, 1995），以及弗朗切斯卡·菲奥拉尼，*The Marvel of Maps, Art, Cartography, and Politics in Renaissance Italy*（New Haven, CT: Yale University Press, 2005）。

27.关于东西方在文艺复兴及其之前的交流，见丽萨·贾丁与杰里米·布罗顿，*Global Interests: Renaissance Art between East and West*（Ithaca, NY: Cornell University Press, 2000）；布罗顿，*Renaissance Bazaar*；以及苏珊娜·康克林·阿克巴里，*Idols in the East: European Representations of Islam and the Orient,* 1100–1450（Ithaca, NY: Cornell University Press, 2009）。

28.小塞缪尔·Y.爱德格顿，*The Renaissance Rediscovery of Linear Perspective*（New York: Harper and Row, 1975）；以及塞缪尔·Y.爱德格顿，*The Mirror, the Window and the Telescope: How Renaissance Linear Perspective Changed Our Vision of the Universe*（Ithaca, NY: Cornell University Press, 2009）。也可见贡纳·奥尔森，*Abysmal: A Critique of Cartographic Reason*（Chicago: University of Chicago Press, 2007）第131—33页。

29.艾芙琳·埃德森，*Mapping Time and Space: How Medieval Mapmakers Viewed Their World*（London: British Library, 1997）第165页。

30.克里斯蒂安·雅各布，爱德华·H.达尔辑，汤姆·康利译*The Sovereign Map: Theoretical Approaches in Cartography throughout History*（Chicago: University of Chicago Press, 2006）第62页。

31.乔治·H.T.金布尔，*Geography in the Middle Ages*（London: Methuen, 1938）第215页。也可见丹尼斯·科斯格洛夫，*Apollo' s Eye: A Cartographic Genealogy of the Earth in the Western Imagination*（Baltimore: Johns Hopkins University Press, 2001）第102—5页；以及艾芙琳·埃德森，*The World Map, 1300–1492: The Persistence of Tradition and Transformation*（Baltimore: Johns Hopkins University Press, 2007）第5章。

32.他的著作的标准版文集是尼古拉·马基雅维利原著，塞尔吉奥·贝特里与弗朗哥·盖塔辑，8卷本*Opere*（Milan: Feltrinelli, 1960–65）。英文版综合选集收入艾伦·吉尔伯特译*The Chief Works and Others*（Durham, NC: Duke University Press, 1965）。

33.马基雅维利，*Il Principe*，收入*Opere*第1卷第3—105页；马基雅维利著，大卫·伍滕编译*The Prince, in Selected Political Writings*（Indianapolis: Hackett, 1994）第5—80页。作者同样参考了马基雅维利原著，昆汀·斯金纳与拉塞尔·普莱斯辑（Cambridge: Cambridge University Press, 1988）。

34.马基雅维利，*Discorsi sopra la prima deca di Tito Livio*收入*Opere*第1卷109—506页；以及马基雅维利原著，博纳德·克里克辑，莱斯利·J.沃克译，*The Discourses*（Harmondsworth, UK: Penguin, 1970）。在*Selected Political Writings*第81—217页可用的内容，作者基本上都用了。

35.马基雅维利，*Il Principe*第14页。

36.马基雅维利，1513年12月10日寄给弗朗切斯科·维托里的信，收入Opere

第6卷304页；以及马基雅维利，*Selected Political Writings*第3页。

37.相关讨论，见大卫·伍滕，为马基雅维利，*Selected Political Writings*所作的介绍第xvii—xx页。

38.马基雅维利，Discorsi第1部分前言。

39.J.G.A.波科克，“Custom and Grace, Form and Matter: An Approach to Machia-velli’s Concept of Innovation”收入马丁·弗雷舍辑*Machiavelli and the Nature of Political Thought*第153—74页（New York: Atheneum, 1972）第159页。

40.珍妮特·科尔曼，*A History of Political Thought: From the Middle Ages to the Renaissance*（Oxford: Blackwell, 2000）第250页；塞巴斯蒂安·德·格拉齐亚，*Machiavelli in Hell*（New York: Harvester Wheatsheaf, 1989）第277—79页。一份充分的分析，见艾伦·H.吉尔伯特，*Machiavelli’s Prince and Its Forerunners: The Prince as a Typical Book* de Regimine Principum（New York: Barnes and Noble, 1938）。

41.克劳德·德·西塞尔原著，雅克·普舍勒辑*La monarchie de France et deux autres fragments politiques*（1518；再版Paris: Librairie d’Argences, 1961）（引文参考1961版）；艾拉斯姆斯，*Institutio principis christiani, in Opera Omnia Desiderii Erasmi Roterodami*第4—1卷（1516；再版，Amsterdam: North-Holland Publishing, 1974）（引文参考1974版）；尼尔·M.切希尔与迈克尔·J.海瑟英译本译为*The Education of a Christian Prince, in Collected Works of Erasmus*，A.H.T.莱维辑第27卷（Toronto: University of Toronto Press, 1986）。

42.伍滕，为马基雅维利，*Selected Political Writings*所作的介绍，第xix页。

43.米歇尔·福柯原著，米歇尔·瑟内拉辑*Sécurité, Territoire, Population: Cours au Collège de France (1977–1978)*（Paris: Seuil/Gallimard, 2004）第99页。

44.米歇尔·福柯原著，劳伦斯·D.克里兹曼辑*Politics, Philosophy, Culture: Interviews and Other Writings, 1977–84*（London: Routledge, 1990）第76页。

45.福柯，*Sécurité, Territoire, Population*第67页。

46.拉塞尔·普莱斯，“Appendix B: Notes on the Vocabulary of The Prince”收入斯金纳与普莱斯辑*The Prince*第102页。

47.默里奇奥·维罗里，*From Politics to Reason of State: The Acquisition and Trans-formation of the Language of Politics, 1250–1600*（Cambridge: Cambridge University Press, 1992）第130页。见米歇尔·瑟内拉，*Les arts de gouverner: Du regimen médiéval au concept de gouvernement*（Paris: Éditions de Seuil, 1995）第212页。

48.昆汀·斯金纳，*Visions of Politics*第2卷*Renaissance Virtues*（Cambridge: Cambridge University Press, 2002）376。

49.马基雅维利，*Il Principe*第1页。

50.对这句话的分析，参考的是德·格拉齐亚，*Machiavelli in Hell*第158页。也可见罗曼·迪桑德，*L' État du monde: Giovanni Botero entre raison d' État et géopolitique*（Geneva: Librarie Droz, 2009）第93页。关于这个问题更为全面的论述，见J.H.赫克斯特，*The Vision of Politics on the Eve of the Reformation: More, Machiavelli and Seyssel*（New York: Basic Books, 1973）第3章；以及尼科莱·鲁宾斯坦，"Notes on the Word Stato in Florence before Machiavelli"收入J.G.洛维与W.H.斯托克代尔辑*Florilegium Historiale: Essays Presented to Wallace K. Ferguson*（Toronto: University of Toronto Press, 1971）第313—26页。

51.赫克斯特，*Vision of Politics*第133页。

52.马基雅维利，*Il Principe*第10页。

53.马基雅维利，*Il Principe*第11页。

54.马基雅维利，*Il Principe*第24页。这是普莱斯用于表达"足够的领土和权力，" "更多的领土和权力"与"不多的权力与领土"三种情况的事例。见"Appendix B"第102页。收入他的译本（Oxford: Oxford University Press, 2005），彼得·邦达内拉认为其中第二条的上下文"明显要求的是'更多领土，'而不是'更大的邦国'"（103页）。

55.马基雅维利，*Discorsi*第2部分第19页。

56.马基雅维利，*Discorsi*第2部分第19页。

57.马基雅维利，*Discorsi*第2部分第19页。

58.马基雅维利，*Il Principe*第3页。

59.马基雅维利，*Discorsi*第2部分第21页。

60.马基雅维利，*Discorsi*第2部分第19页。

61.马基雅维利，*Discorsi*第2部分第1页。

62.马基雅维利，*Discorsi*第1部分第26页。也可见第2部分前言。

63.马基雅维利，*Discorsi*第1部分第1页。

64.马基雅维利，*Discorsi*第1部分第6页。

65.马基雅维利，*Discorsi*第1部分第6页。

66.马基雅维利，*Discorsi*第2部分第19页。

67.马基雅维利，*Il Principe*第10页。对*contado*的注解，见M.E.布雷切尔，*Medieval Lucca and the Evolution of the Renaissance State*（Oxford: Oxford University Press, 2008)205页。

68.马基雅维利，*Il Principe*第3页。

69.马基雅维利，*Il Principe*第5页。

70.马基雅维利，*Il Principe*第3页。相关讨论，见J.G.A.波科克，*The Machiavellian Moment: Florentine Political Thought and the Atlantic Republican Tradition*（Princeton, NJ: Princeton University Press, 1975）第163—64页。

71.马基雅维利，*Il Principe*第3页；见第5页。

72.马基雅维利，*Il Principe*第3页。

73.马基雅维利，*Il Principe*第20页。

74.马基雅维利，*Il Principe*第7页。

75.马基雅维利，*Il Principe*第7页。

76.马基雅维利，*Discorsi*第1部分第37页；见第2部分第7页。

77.马基雅维利，*Discorsi*第1部分第55页。

78.克里克，为*Discourses*所作的介绍第41—42页。

79.马基雅维利，*Il Principe*第14页。见马基雅维利*Discorsi*第3部分第39页。他在此处受到了色诺芬，*Cyropaedia,* I, ii, 9–11；VIII, I, 38–39【2卷本希腊文-英文对照版（London: William Heinemann, 1914）】的影响。也可见马基雅维利，*Il Principe*题词，他在这部分谈到了地图测绘项目中的政治观察。

80.马基雅维利，*Dell'arte della guerra*收入*Opere*第2卷第309—520页；以及马基雅维利，*The Art of War*收入*Chief Works and Others*第2卷第561—726页。

81.希德尼·安格罗，*Machiavelli: A Discussion*（London: Victor Gollancz, 1969）157页。

82.主要见马基雅维利，*Dell'arte della guerra*第426—27页；以及马基雅维利，*Art of War*第649—50页。

83.马基雅维利，*Dell'arte della guerra*第512页；以及马基雅维利，*Art of War*第719页。关于民众问题，见马基雅维利，*Discorsi*第1卷59页。"尽管在某种意义上，没有什么比混乱无序和无知的大众（*moltitudine*）更可怕的东西了，而在另一种意义上来说，也没有什么比这更弱的东西了。"

84.马基雅维利，*Istorie fiorentine*收入*Opere*第7卷；收入*Chief Works and Others*第3卷1025—1435页。少数例外，见第5卷24，28页，关于维罗纳的地形论述；以及第5卷第30页，关于马拉迪的地形论述。

85.德·格拉齐亚，*Machiavelli in Hell*第159页；以及朱塞佩·邦吉，"Biografia di Niccolò Machiavelli" 1996，http://www.classicitaliani.it/bonghiG/bonghi_bio_ Machiavelli.htm。

86.伍滕，为马基雅维利，*Selected Political Writings*所作的介绍第xii页。

87.弗朗切斯科·圭恰迪尼原著，罗伯托·帕尔玛洛基辑*Dialogo e discorsi del reggimento di Firenze*（Bari, Italy: Gius. Laterza and Figli, 1932）第72—73页；以及弗朗切斯科·圭恰迪尼原著，埃里森·布朗编译，*Dialogue on the Government of Florence,*（Cambridge: Cambridge University Press, 1994）第70页。关于这种联系，见菲利克斯·吉尔伯特，*Machiavelli and Guicciardini: Politics and Writing in Sixteenth-Century Florence*（Princeton, NJ: Princeton University Press, 1965）；波科克，*Machiavellian Moment*第2部分；以及维罗里，*From Politics to Reason of State*

第4章。

88.圭恰蒂尼，*Dialogo e discorsi del reggimento di Firenze*第162，158页。

89.昆汀·斯金纳，“Political Philosophy”收入昆汀·斯金纳与埃克哈德·凯斯勒辑*The Cambridge History of Renaissance Philosophy*第389—452页（Cambridge: Cambridge University Press, 1988）第443页。

90.关于艾拉斯姆斯的论述，见詹姆斯·D.特雷西，*The Politics of Erasmus: A Pacifist Intellectual and His Political Milieu*（Toronto: University of Toronto Press, 1978）；以及丽萨·贾丁，*Erasmus, Man of Letters: The Construction of Charisma in Print* (Princeton, NJ: Princeton University Press, 1993)。

91.艾拉斯姆斯*Institutio principis christiani*第1，164，233页。

92.艾拉斯姆斯*Institutio principis christiani*第1，167，237页。

93.艾拉斯姆斯*Institutio principis christiani*第1，164，233页。

94.艾拉斯姆斯*Institutio principis christiani*第9，208，277页。

95.彼得·阿科罗伊德，*The Life of Thomas More*（London: Vintage, 1999）第41页。

96.更多论述，见J.H.赫克斯特，*More’s* Utopia: *The Biography of an Idea*（New York: Harper and Row, 1952）；赫克斯特，*Vision of Politics*第2章；以及斯蒂芬·格林布拉特，*Renaissance Self-Fashioning: From More to Shakespeare*（Chicago: University of Chicago Press, 1980）第1章。关于他的词汇，见拉迪斯劳斯·J.波尔查兹辑*A Concordance to the Utopia of St. Thomas More and a Frequency Word List*（Hildesheim, Germany: Georg Olms, 1978）。

97.托马斯·摩尔，*Utopia*第1卷，收入爱德华·苏尔茨与J.H.赫克斯特辑拉丁文-英文对照版*The Complete Works of St. Thomas More*（New Haven, CT: Yale University Press, 1965）第4卷第50，51页。

98.摩尔，*Utopia*第2卷110—16，111—17。相关讨论，见布莱恩·R.古迪，“Mapping ‘Utopia’: A Comment on the Geography of Sir Thomas More”*Geographical Review* 60（1970）第15—30页。

99.摩尔，*Utopia*第2部分第112，113页。

100.摩尔，*Utopia*第1部分第66，67页。见阿科罗伊德，*Life of Thomas More*第173页：“极力抨击圈地养羊政策，这一政策导致大片土地被用于改作牧场，拆毁房屋，而且还使得佃户房客流离失所。”相关的近期有益讨论，见阿尔瓦罗·塞维拉-布伊特拉格，“Territory and the Governmentalisation of Social Reproduction: Parliamentary Enclosure and Spatial Rationalities in the Transition from Feudalism to Capitalism”，*Journal of Historical Geography* 38, no. 3（July 2012）第209—19页。

101.威廉·丁道尔原著，大卫·丹尼尔辑，*The Obedience of a Christian Man*

（London: Penguin, 2000）。

102.大卫·丹尼尔，*William Tyndale: A Biography*（New Haven, CT: Yale University Press, 2001）第246页；以及J.F.莫兹利，*William Tyndale* (London: Society for Promoting Christian Knowledge, 1937)第143页。

103.修订版在1537年出版。作者参考过London: Thomas Bertheleti, 1546版；但使用的是唐纳德·W.卢德，*A Critical Edition of Sir Thomas Elyot's The Boke named the Governour*（New York: Garland, 1992）。页码参考后一版。支持亨利各种决议的著作相当常见。例如可见托马斯·斯塔基原著，詹姆斯·M.皮克特辑，*An Exhortation to the People Instructing Them to Unity and Obedience*（1534；再版New York: Garland, 1988）（引文参考1988版）；以及斯塔基所著的更重要的一些的，T.F.迈耶尔辑本*A Dialogue between Pole and Lupset*（ca. 1533–35；再版，London: Offices of the Royal Historical Society, 1989）（引文参考1989版）。

104.罗宾·海德拉姆·威尔斯，*Shakespeare, Politics and the State*（Houndmills, UK: Macmillan, 1986）第36页。

105.埃利奥特的生平小传，见*The Oxford Dictionary of National Biography*中的记录，http://www.oxforddnb.com/view/article/8782。

106.见卢德为*Critical Edition of Sir Thomas Elyot's The Boke named the Governour*所作的介绍第107页。

107.埃利奥特，*Boke named the Governour*第1卷第1部分（第15页）。

108.埃利奥特，*Boke named the Governour*第1卷第6部分（第50页）。关于当时的地图的更全面的论述，见J.B.哈里，"Meaning and Ambiguity in Tudor Cartography"收入萨拉·泰亚克辑*English Map-Making, 1500–1650: Historical Essays*（London: British Library, 1983）。

109.托马斯·埃利奥特，*The Dictionary of syr Thomas Eliot knyght*（London: Thomæ Bertheleti, 1531；Menston: Scholar Press, 1970再版）。

110.埃利奥特，*Dictionary of syr Thomas Eliot knyght*。也可见后来约翰·曼伍德对一片森林的定义："一片森林是由林地与水草丰美的牧场组成的一片特定的领地"收入*A Treatise and discourse of the lawes of the forrest*（London: T. Wight and B. Norton, 1598）fol. 1。

111.事例见格林布拉特，*Renaissance Self-Fashioning*第17—21页；丽萨·贾丁，*Worldly Goods*（London: Macmillan, 1996）第425—36页；以及欧内斯特B.吉尔曼，*The Curious Perspective: Literary and Pictorial Wit in the Seventeenth Century*（New Haven, CT: Yale University Press, 1978）第98—104页。关键的研究著作是玛丽·F.S.赫维，*"Ambassadors": The Picture and the Men—A Historical Study*（London: George Bells and Sons, 1900）。

112.关于当时的各种发展，见特纳，"Mathematical Instrument-Making in

London in the Sixteenth Century。”

113.佩特卢斯·阿皮亚努斯，*Eyn newe unnd wolgegründte underweysung aller Kauffmanss Rechnung*（Ingolstadt, Germany: G. Apianum, 1527）。

114.迈克尔·利维，*The German School*（London: National Gallery, 1959）第53页。

115.列表见利维，*German School*第50页；以及赫维，*Holbein's "Ambassadors,"* 第212—18页。

116.布罗顿，*Renaissance Bazaar*第6—16页；见贾丁与布罗顿，*Global Interests*第49—54页。利维，*German School*第47—54页，提供了一份详细记录。

117.关于路德，见罗兰·H.班顿，*Here I Stand: A Life of Martin Luther*（London: Hodder and Stoughton, 1951）；海克·A.奥伯曼原著，艾琳·沃利瑟-施瓦兹巴特*Luther: Man between God and the Devil*（London: Fontana, 1993）；以及迈克尔·A.姆莱特，*Martin Luther*（London: Routledge, 2004）。

118.勒高夫，*Medieval Civilization*, 400–1500第116页。

119.博恩德·莫勒，H.C.埃里克与马克·U.爱德华兹译*Imperial Cities and the Reformation*（Philadelphia: Fortress Press, 1972）第3页。

120.R.W.卡莱尔与A.J.卡莱尔，6卷本*A History of Mediævel Political Theory in the West*（Edinburgh: William Blackwell and Sons, 1903–36）第6卷第273页。

121.路德，“Vom kriege wider die Türcken”见70卷本*Martin Luthers Werke: Kritische Gesamtausgabe*第30.2卷107—48页（Weimar, Germany: Hermann Böhlaus Nachfolger, 1883–）第30.2卷第112页；以及路德“Ob kriegsleutte auch ynn seligem stande seyn künden”收入*Werke*第19卷625页。

122.戈登·拉夫，“Luther and Government”收入H.G.克尼斯伯格辑*Luther: A Profile*第125—49页（London: Macmillan, 1973）第127页。见W.D.J.卡基尔·汤普森，*The Political Thought of Martin Luther*（Brighton, UK: Harvester Press, 1984）；谢尔顿·S.沃林，*Politics and Vision: Continuity and Innovation in Western Political Thought*（Boston: Little, Brown, 1960）第5章；简·赫尔曼·布林克斯，“Luther and the German State”*Heythrop Journal* 39（January 1998）第1—17页；以及詹姆斯·D.特雷西辑，*Luther and the Modern State in Germany*（Kirksville, MO: Sixteenth Century Essays and Studies, 1986）。

123.J.W.艾伦，*A History of Political Thought in the Sixteenth Century*（London: Methuen, 1928）第29页。

124.路德，“An den Christlichen Adel deutscher Nation von des Christlichen standes besserung”收入*Werke*第6卷第404—69页；路德，“To the Christian Nobility of the German Nation”见亚罗斯拉夫·佩里坎与赫尔穆特·T.莱曼辑55卷本*Luther's Works*（Philadelphia: Muhlenberg Press, 1955–86）第44卷第123—

217页；“Von dem Bapstum zu Rome widder den hochberumpten Romanisten zu Leipzck”收入*Werke*第6卷第285—324页；以及“On the Papacy in Rome, against the Most Celebrated Romanist in Leipzig”收入*Works*第39卷第55—104页。

125.路德，“Von Weltlicher Oberkeytt, wie weyt man yhr gehorsam schuldig sey”收入*Werke*第11卷第245—80页；以及路德，“On Temporal Authority: To What Extent It Should Be Obeyed”收入*Works*第45卷第81—129页。

126.哈罗·胡普福尔，为*Luther and Calvin on Secular Authority*所作的介绍第vii—xxiii页（Cambridge: Cambridge University Press, 1991）第xii页。

127.路德，“6043”收入6卷本*Martin Luthers Werke: Kritische* Gesamtausgabe: Tischreden（Weimar, Germany: Hermann Böhlaus Nachfolger, 1912–21）第5卷第456页；见“6462”第5卷第675页。两个段落都在布莱克，“Donation of Constantine”第76页被引用。

128.见昆汀·斯金纳，*The Foundations of Modern Political Thought*第2卷*The Age of Reformation*（Cambridge: Cambridge University Press, 1978）第14—15页，138页。

129.马丁·路德，“Bredigt in der Schloßkirche zu Weimar”（1522），收入*Werke10*.3:380。

130.约翰·内维尔·莫吾斯，*Political Thought from Gerson to Grotius: 1414–1625: Seven Studies*（1960；repr., Kitchener, Ontario: Batoche Books, 1999）第84页（引文参考1999版）。

131.路德，“Von Weltlicher Oberkeytt”第247页；以及路德，“On Temporal Authority”第85页。

132.路德，“Genesisvorlesung”收入*Werke*第44卷530—31页；以及路德，“Lectures on Genesis”收入*Works*第7卷第312页。

133.路德，“Genesisvorlesung”收入*Werke*第43卷74—75页；以及路德，“Lectures on Genesis”收入*Works*第3卷第279页。

134.卡基尔·汤普森，*Political Thought of Martin Luther*第62页。

135.*Passional Christi und Antichristi*（Wittenberg, 1521）。

136.梅兰希顿写过一篇短文称赞伊尔内留斯与巴托鲁斯：菲利普·梅兰希顿，“De Irnerio et Bartolo iurisconsultis oratio recitata a D. Sebaldo Munster”收入圭多·基施，*Melanchthons Rechts- und Soziallehre*（Berlin: Walter de Gruyter, 1967）第214—20页。相关讨论，见基施著作第136—38页。

137.迈克尔·盖斯迈尔，“Michael Gaismairs erste Landesordung (14.5.1525)”与“Michael Gaismairs zweite Landsordnung（Januar–März 1526）”收入尤尔根·布克林，*Michael Gaismair: Reformer—Sozialrebell—Revolutionär: Seine Rolle im Tiroler “Bauenkreig” (1525/32)*（Stuttgart, Germany: Klett-Cotta,

1978）；以及“Michael Gaismair’s Territorial Constitution for the Tyrol”收入汤姆·斯科特与鲍勃·斯科里布纳编译*The German Peasants' War: A History in Documents*（Atlantic Highlands, NJ: Humanities Press, 1991）第265—69页。

138.斯金纳，*Visions of Politics*第2卷第250—51页。一个更为激进的德语版，见托马斯·明策3卷本*Thomas-Müntzer-Ausgabe: Schriften und Fragmente*（Leipzig: Evan-gelische Verlagsanstalt, 2010）第1卷；以及吴明（Wu Ming音译）提供，迈克尔·G.贝勒英译本*Sermon to the Princes*（London: Verso, 2010）。关于他在马克思主义者之中的影响的讨论，见阿尔贝托·托斯卡诺，*Fanaticism: On the Uses of an Idea*（London: Verso, 2010）第68—92页。

139.让·加尔文，*Institutio Christianae Religionis*（1536；再版Geneva: Oliua Roberti Stephani, 1559）（引文参考1559版）。这个问题的某些内容收入约翰·加尔文原著，约翰·迪伦伯格辑*Selections from His Writings*（Missoula, MT: Scholars Press, 1975）。关于加尔文的政治主张，见沃林，*Politics and Vision*第6章。哈罗·胡普福尔，*The Christian Polity of John Calvin*（Cambridge: Cambridge University Press, 1982）。

140.斯金纳，*Foundations of Modern Political Thought*第2卷第62—63页。

141.英王亨利八世，*State Papers Published under the Authority of Her Majesty's Commission*（London: George E. Eyre and William Spottiswoode, 1849）第7卷第261—62页；见沃尔特·乌尔曼，“‘This Realm of England Is an Empire’”*Journal of Ecclesiastical History* 30（1979）第188页。

142.夏尔·德·卡塞伊尔（卡洛·德格拉萨里奥），*Regulia Franciae libri duo, jura omnia et dignitates Christianiss Galliae Regum, continentes*（Paris, 1545）第1部分第i页。

143.见伊丽莎白·拉布斯，*La révocation de l'édit de Nantes. Une foi, une loi, un roi?*（Paris: Éditions Labor et Fides, 1985）。斯金纳，*Foundations of Modern Political Thought*第2卷250页，认为这篇作品的作者是米歇尔·德·路皮塔（1507—73）。后来这遭到戈特弗里德·莱布尼茨“Mars Christianissimus”（1683）一文嘲讽，文章收入汉诺威档案馆莱布尼茨卷宗（Darmstadt, Germany: Otto Reichl, 1923–）ser. 4, II, 453；以及戈特弗里德·莱布尼茨原著，帕特里克·莱利编译英文版*Political Writings*（Cambridge: Cambridge University Press, 1988）第123页。

144.奥托·吉尔克原著，弗雷德里克·威廉·麦特兰英译本*Political Theories of the Middle Age*（Cambridge: Cambridge University Press, 1900）。

145.这些是一个意大利团体以卢瑟·布里赛特，Q的名义创作的杰出小说中提到的一些问题，英译本由肖恩·怀特塞德译。

146.福柯，*Sécurité, Territoire, Population*第99页。

147.纪尧姆·德·拉·佩利尔，*Le miroir politique, Oeuvre non moins utile que necessaire à tous Monarches, Roys, Princes, Seigneurs, Magistrats, & autres surintendans & gouverneurs de Republicques*（Lyon: Macé Bonhomme, 1555）第15页。有一个英译本，但相当散乱。纪尧姆·德·拉·佩利尔，*The Mirrour of Policie. A worke nolesse profitable than necessarie, for all Magistrates, and Governours of Estates and Commonweales*（London: Adam Islip, 1598）。

148.拉·佩利尔，*Le miroir politique*第15页。

149.事例见马克·诺克罗斯，*The Fabrication of Social Order: A Critical Theory of Police Power*（London: Pluto Press, 2000）。

150.艾伦，*History of Political Thought in the Sixteenth Century*第284页n2。

151.米歇尔·福柯原著，莫利奥·贝塔尼与亚历山德罗·冯塔塔辑“*Il faut défendre la société*”*: Cours au Collège de France (1975–1976)*（Paris: Seuil/Gallimard, 1997）第103—7页。关于霍特曼，见艾蒂安·布罗凯伊，*Étude sur François Hotman: La Franco-Gallia*（1902；再版，Geneva: Slatkine Reprints, 1970）（引文参考1970版）；以及唐纳德·R.凯利，*François Hotman: A Revolutionary's Ordeal* (Princeton, NJ: Princeton University Press, 1973)。

152.比阿特丽丝·雷诺兹，*Proponents of Limited Monarchy in Sixteenth-Century France: Francis Hotman and Jean Bodin*（New York: Columbia University, 1931）第41页。

153.弗朗索瓦·霍特曼原著，拉尔夫·E.吉西辑拉丁文本，J.H.M.萨蒙译拉丁文-英文对照版*Francogallia*（Cambridge: Cambridge University Press, 1972）。吉西与萨蒙，“Editors' Introduction”第99页，对不两个版本间的差异进行了恰当的解说。

154.霍特曼，*Francogallia*第458，459页。

155.雷诺兹，*Proponents of Limited Monarchy*第52页。

156.弗朗索瓦·霍特曼，*Antribonian ou Discours d'un grand et renomme Iurisconsulte de nostre temps*（1567；再版，Paris: Ieremie Perier, 1603）（引文参考1603版）。相关讨论，见让-路易·费拉里，“À propos d'un texte de François Hotman: Les jurists humanistes et l'édition du *Corpus iuris ciuilis glosé*”收入多梅尼科·马费伊，伊塔罗·毕罗基，马里奥·卡拉瓦莱，伊曼纽尔·孔特与乌戈·佩特洛尼奥辑3卷本*A Ennio Cortese*（Rome: Il Cigno, 2002）第2卷第86—104页。也可见吉西与萨蒙，“Editors' Introduction”收入霍特曼，*Francogallia*第33页。

157.J.G.A.波科克，*The Ancient Constitution and the Feudal Law: English Historical Thought in the Seventeenth Century*（New York: W. W. Norton, 1967）第22—24页。

158.霍特曼，*Francogallia*第150，151页。

159.彼得·斯坦，*Roman Law in European History*（Cambridge: Cambridge University Press, 1999）第79页。

160.J.U.刘易斯，“Jean Bodin’s ‘Logic of Sovereignty’” *Political Studies* 16（1968）第208页。

161.M.J.图利，为让·博丹原著，他本人节选的英译本*Six Books of the Commonwealth*所作的介绍第vii—xlii（Oxford: Basil Blackwell, 1955）第xiv页。

162.布莱克，*Monarchy and Community*第80页；威尔克斯，*Problem of Sovereignty in the Later Middle Ages*第151页；以及更为全面的马塞尔·大卫，*La souveraineté et les limites juridiques du pouvoir monarchique du IXe au XVe siècle*（Paris: Librarie Dalloz, 1954）。最后一项很好，但在使用领土方面的术语时非常含混。

163.斯金纳，*Foundations of Modern Political Thought*。见R.莫斯尼尔，“The Exponents and Critics of Absolutism”收入J.P.库珀辑*The New Cambridge Modern History*第4卷*The Decline of Spain and the Thirty Years War*（Cambridge: Cambridge University Press, 1970）第104页；以及让·戈特曼，*The Significance of Territory*（Charlottesville: University Press of Virginia, 1973）第43页。

164.富兰克林，为让·博丹原著，朱利安·H.富兰克林编译英文版*On Sovereignty: Four Chapters from The Six Books of the Commonwealth*第ix—xxvi页（Cambridge: Cambridge University Press, 1992）第xv页。

165.大卫·帕克，“*Law*, Society and the State in the Thought of Jean Bodin” *History of Political Thought* 11（1981）第284—85页。

166.让·博丹原著，克里斯蒂娜·弗雷蒙，马雷-多米尼克·科济内以及亨利·罗歇辑，6卷本*Les six livres de la république*（Paris: Fayard, 1986）。这版参考的是1593年的法文第10版。

167.让·博丹，*De republica libri sex*（Paris: J. de Puys, 1586）。

168.关于其中的区别，见肯尼斯·道格拉斯·麦克雷，为让·博丹原著，理查德·诺尔斯译，肯尼斯·道格拉斯·麦克雷辑英文版*The Six Bookes of a Commonweale: A Facsimile Reprint of the English Translation of 1606*（Cambridge, MA: Harvard University Press, 1962）A卷第28—38页。

169.博丹，*Six Bookes*。

170.麦克雷，为博丹*Six Bookes*所作的前言第A卷ix页。

171.博丹，*Six Books of the Commonwealth*。

172.博丹，*On Sovereignty*。包括I, viii；I, x；II, i； and II, v的内容。

173.见富兰克林，“Note on the Text”收入博丹，*On Sovereignty*第xxxv—xxxviii页。

174.关键版本是根据1583年巴黎版，在1961年再版的法文版翻译的意大利文版。让·博丹原著，玛格丽塔·伊斯纳迪·帕兰特与迭戈·夸里奥尼辑，3卷本*I sei libri dello Stato di Jean Bodin*（Turin: Unione Tipografico-Editrice Torinese, 1964–97）。

175.拉尔夫·E.吉西，“Medieval Jurisprudence in Bodin’s Concept of Sovereignty”收入霍斯特·丹泽尔辑*Jean Bodin: Verhandlungen der internationalen Bodin Tagung in München第151—66页*（Munich: C. H. Beck, 1973）第168页n3。

176.让·博丹，*Methodus ad facilem historiarum cognitionem*（Amsterdam, 1650；再版，Aalen, Germany: Scientia Verlag, 1967）；比阿特丽丝·雷诺兹英译本译为*Method for the Easy Comprehension of History*（New York: W. W. Norton, 1945）。

177.让·博丹，*De la démonomanie des sorciers*（Paris: Jacques du Puys, 1580）；以及让·博丹原著，兰迪·A.斯科特英译本*On the Demon-Mania of Witches*（Toronto: Centre for Reformation and Renaissance Studies, 1995）。

178.艾伦·哈丁，“The Origins of the Concept of the State” *History of Political Thought* 15（1994）第68页。关于博丹著作的全面论述，也可见他的*Medieval Law and the Foundations of the State*（Oxford: Oxford University Press, 2002）第316—21页。

179.斯金纳，*Foundations of Modern Political Thought*第2卷284页。

180.朱利安·H.富兰克林，*Jean Bodin and the Rise of Absolutist Theory*（Cambridge: Cambridge University Press, 1973）第102页。

181.博丹，*Les six livres,* I, x。

182.博丹，*Les six livres,* I, ix。诺尔斯译本中在“封建帝王”后面写下了“拥有所有其他人领地的人”的注解，“封建帝王”是一个在法文版或者拉丁文版都找不到的短语。

183.博丹，*Les six livres,* I, viii。

184.博丹，*Les six livres,* I, i。

185.博丹，*Les six livres,* II, i。

186.博丹，*Les six livres,* II, i。

187.博丹，*De republica,* I, viii。

188.博丹，*De republica,* I, viii。

189.斯金纳，*Foundations of Modern Political Thought*第2卷288页。

190.博丹，*Les six livres,* I, i。

191.博丹，*Les six livres,* I, ii。

192.博丹，*Les six livres,* I, vi。

193.博丹，*Six Bookes*第264页。

194.博丹，*Les six livres,* III, i；同一词在IV, i中也可见。

195.博丹，*Les six livres,* II, vi。见博丹，*Six Bookes*第239页。

196.博丹，*Les six livres,* I, vii。

197.博丹，*Les six livres,* VI, ii。

198.博丹，*Les six livres,* VI, ii。

199.博丹，*Les six livres,* I, vii。许多其他事例也能找到。

200.博丹，*Six Bookes,* III, vi。这在法文版找不到，在拉丁文中其实页没有。本章中还有其他几个次要的例子。

201.博丹，*Les six livres,* III, v.。

202.博丹，*Les six livres,* III, vi。

203.博丹，*De republica,* III, v。

204.博丹，*Les six livres,* III, vi。

205.博丹，*De republica,* I,vii。

206.博丹，*De republica,* III, vi。

207.博丹，*Six Bookes*第355页。

208.博丹，*Les six livres,* III, vi。

209.博丹，*De republica,* III, vi。法文版的这个段落不全。

210.博丹，*Les six livres,* III, vi。

211.博丹，*Les six livres,* III, vi。

212.博丹，*Les six livres,* III, vi。

213.博丹，*Les six livres,* II, i。

214.蒂尔尼，*Religion, Law and the Growth of Constitutional Thought*第84页。

215.博丹，*Les six livres,* VI, vi，及各处。

216.博丹，*Les six livres,* IV, ii。

217.博丹，*Les six livres,* VI, vi。

218.博丹，*Les six livres,*II,i。

219.博丹，*Les six livres,* VI, vi。关于这个问题的全面讨论，见富兰克林，*Jean Bodin and the Rise of Absolutist Theory*。

220.博丹，*Methodus ad facilem historiarum cognitionem*前言。

221.佩里·安德森，*Lineages of the Absolutist State*（London: NLB, 1974）第50页。

222.古西，"Medieval Jurisprudence"第174页。

223.博丹，*Les six livres,* III, vii；见I, Epistola。

224.哈罗德·德克斯特·哈泽尔汀，"The Legal and Political Ideas of the Post-Glossators"收入沃尔特·乌尔曼辑*The Medieval Idea of Law as Represented by Lucas de Penna: A Study in Fourteenth-Century Legal Scholarship*第xv–xxxix页

（1946；再版 New York: Barnes and Noble, 1969）第xxv页，第xxxvi—xxxvii页（引文参考1969版）。

225.吉西，“Medieval Jurisprudence”第186页。

226.米歇尔·德·蒙田原著，皮埃尔·威利辑，3卷本*Les essais*（Paris: PUF, 1965）；以及蒙田原著，M.A.斯科里奇编译*The Complete Essays*（London: Penguin, 2003）II, v。

227.伊丽莎白·霍奇斯，*Urban Poetics in the French Renaissance*（Aldershot, UK: Ashgate, 2008）第126页。

228.昆汀·斯金纳，*The Foundations of Modern Political Thought*第1卷*The Renaissance*（Cambridge: Cambridge University Press, 1978）第253页；以及罗伯特·J.柯林斯，“Montaigne’s Rejection of Reason of State in ‘De l’Utile et de l’honneste,’” *Sixteenth Century Journal* 23（1992）第71—94页。

229.萨克斯-奥尔滕堡代表沃姆·通西恩在1648年11月28日的讲话，杰弗里·帕克在*The Thirty Years’ War*（London: Routledge and Kegan Paul, 1984）一书219页引用。

230.弗雷德里希·梅内克原著，道格拉斯·斯科特英译本*Machiavellism: The Doctrine of Raison d’État and Its Place in Modern History*（Boulder, CO: Westview, 1984）第1页。

231.圭恰蒂尼，*Dialogo e discorsi del reggimento di Firenze*第163页；以及圭恰蒂尼，*Dialogue on the Government of Florence*第159页。

232.赫克斯特，*Vision of Politics*第168页。

233.斯金纳，“Political Philosophy”第442页。关于博泰罗，见维罗里，*From Politics to Reason of State*第6章；肯尼斯·C.斯齐尔哈斯，“Botero, Reason of State, and Tacitus”收入*Botero e la “Ragion di stato”: Atti del convegno in memoria di Luigi Firpo (Torino, 8–10 marzo 1990)*（Firenze, Italy: Leo S. Olschki, 1992）；以及德斯森德雷，*L’État du monde*。

234.乔万尼·博泰罗，*Della ragione di stato*（Milan: Nella Stamparia del q. Pacifico Pontio, 1596）；以及乔尼·博泰罗原著，P.J.沃利于D.P.沃利英译本*The Reason of State*（London: Routledge and Kegan Paul, 1956）第1部分第1页。

235.事例见Rome: Vincenzo Pellagallo, 1590。

236.德斯森德雷，*L’État du monde*第94页。

237.德斯森德雷，*L’État du monde*第79页。

238.福柯，*Sécurité, Territoire, Population*第243页。

239.乔万尼·博泰罗，*Della cause della grandezza delle citta*（Milan: Nella Stamparia del q. Pacifico Pontio, 1596）第1部分第1页，乔万尼·博泰罗，罗伯特·彼得森*A Treatise Concerning the Causes of the Magnificency and Greatness of*

Cities（London: Richard Ockould and Henry Tomes, 1606），以现代化拼写方式在博泰罗，*Reason of State*一书中转载。还有另一个早期英译版：乔万尼·博泰罗原著，T.H.爵士英译本*The Cause of the Greatness of Cities*（London: Henry Seile, 1635）。

240.博泰罗，*Della cause della grandezza delle citta*第1部分第3页。

241."The territory [*territorio*] of Bourges"（第1部分第9页；1596版中没有；1606版中收入）；"whether the territory [*territorio*] be fruitful"（第1部分第9页）。

242.博泰罗，*Della cause della grandezza delle citta*第1部分第8，9页。

243.乔万尼·博泰罗，*Le relationi universali*（Venetia, Italy: Dusinelli, 1595）。第5部最终在卡洛·吉奥达3卷本*La vita e le opere di Giovanni Botero*（La vita e le opere di Giovanni Botero），(Milan: Ulrico Hoepli, 1894–95),第3卷中发表。在一个更靠近当代的版本中，有一份选集：阿尔多·阿尔伯尼科，*Il mondo Americano di Giovanni Botero: Con una selezione dale Epistolae e dale Relationi Universali*（Rome: Bulzoni, 1990）。有一个相当杂乱的英语译本，其中包括并非出自博泰罗之手的材料：*The Worlde; or, A Historicall Description of the most famous kingdoms and common-weales therein*（London: John Iaggard, 1601），而后来还有一个英语译本*Relations of the Most Famous Kingdoms and Commonweales through the World*（London: John Iaggard, 1616）。

244.罗伯特·比尔利，*The Counter-Reformation Prince: Anti-Machiavellianism or Catholic Statecraft in Early Modern Europe*（Chapel Hill: University of North Carolina Press, 1990）第21页。

245.比尔利，*Counter-Reformation Prince*第48页。

246.塞巴斯蒂安·明斯特，*Cosmographia, Das ist Beschreibung der gantzen Welt,* 1544，1628年巴塞尔2卷本版复制版（Lindau: Antiqua-Verlag, 1984）。关于这一点的论述，见马修·麦克莱恩，*The Cosmographia of Sebastian Münster*（Aldershot, UK: Ashgate, 2007）。

247.关于这幅地图，见博纳德·克莱因，*Maps and the Writing of Space in Early Modern England and Ireland*（Houndmills, UK: Palgrave, 2001）第36—38页。

248.后者在1600年被译成了英文。关于这一时期的全面评论，见大卫·伍德沃德辑2部版*The History of Cartography, vol. 3, Cartography in the European Renaissance*（hicago: University of Chicago Press, 2007）。

249.博泰罗，*Worlde*第1页。

250.博泰罗，*Della ragione di stato*第3部分第3页。

251.博泰罗，*Della ragione di stato*第3部分第4页。

252.博泰罗，*Della ragione di stato*第1部分第5页。这个短语在1590版和1596

版中都没有，是在1606版中首次出现的。

253.博泰罗，*Della ragione di stato*第3部分第4页。

254.德斯森德雷，*L’État du monde*第169页。

255.德斯森德雷，*L’État du monde*第14页。

256.德斯森德雷，*L’État du monde*第14页。第6章标题为“Territorialisation of politics”而这部书的第2部分名为“*Territory in Ragione di Stato*。”

257.德斯森德雷，*L’État du monde*第242页。

258.德斯森德雷，*L’État du monde*第339页。

259.马丁·范·戈尔德伦，*The Political Thought of the Dutch Revolt, 1555–1590*（Cambridge: Cambridge University Press, 1992）第186页。

260.尤斯图斯·利普修斯原著，简·瓦辛克编译拉丁文-英文对照版*Politica: Six Books of Politics or Political Instruction*（Assen, Netherlands: Van Gorcum, 2004）。

261.罗纳德·梅勒，*Tacitus: The Classical Heritage*（New York: Garland, 1995）第41页。

262.尤斯图斯·利普修斯，*De constantia libri duo*（Francofurdi: Ioannem Wechelum, 1590）；以及尤斯图斯·利普修斯原著，约翰·斯特拉德林爵士译*On Constancy*（1595）约翰·塞拉斯辑本（Exeter: Bristol Phoenix Press, 2006）。

263.塞拉斯为*On Constancy*所作的介绍第4页；以及瓦辛克为利普修斯，Politica所作的介绍第148页。

264.利普修斯，*De constantia*正文前的图文部分。

265.利普修斯，*Politica*, I, 1, notae。*Notae*于1589年以*Ad libros Politicorum breves notae*的书名出版，而且在1596年进行了增补；这些内容被收入瓦辛克辑本之中，但是只有拉丁文本。

266.利普修斯，*Monita et exempla politica, libro duo: Qui virtutes et vitia principium spectant*（Antwerp, 1605）；收入4卷本*Opera Omnia*（Vesaliac: Andreae ab Hoogenhuysen, 1645）第4卷。

267.利普修斯，*Adversus Dialogistam liber De Una Religione*（Frankfurt, Germany: Ioannem Wechelum, 1591）。

268.利普修斯，*De Militia Romana libri quinque: Commentarius ad Polybium*（Antwerp, 1614），收入*Opera Omnia*第3卷。

269.彼得·H.威尔逊，*Europe’s Tragedy: A New History of the Thirty Years War*（London: Penguin, 2009）第140页。

270.格哈德·奥斯特雷希原著，布里吉塔·奥斯特雷希与H.G.克尼格斯伯格辑，大卫·麦克林托克英译本*Neostoicism and the Early Modern State*（Cambridge: Cambridge University Press, 1982）。

271.利普修斯，*De constantia*正文前的图文部分。

272.利普修斯，*De constantia*正文前的图文部分。

273.利普修斯，*De constantia*正文前的图文部分。

274.瓦辛克，为利普修斯*Politica*所作的介绍第92页，引用的一封信。

275.塞内拉，*Les arts de gouverner*第233页。

276.利普修斯，*De constantia*第2部分第11页。

277.利普修斯，*Politica*第4部分第xiv页。

278.普鲁塔克，*Moralia*, 190e5【弗兰克·科尔·巴比特译，14卷本希腊文-拉丁文对照版（London: William Heinemann, 1931）】。斯巴达将军莱桑德："当阿戈斯人看来好像比斯巴达人在一块争议性土地（*khoras*）上制造出更好的状况时，他挈剑说道，'能够最恰当地谈妥两国疆界的主宰是这柄剑。"也可见*Moralia*, 229d6；以及*Lysander*, 445d，收入贝纳多特·佩林译，11卷本希腊文-英文对照版*Lives*（Cambridge, MA: Harvard University Press, 1914–26）第4卷。

279.克莱因施密特，*Understanding the Middle Ages*第60页。

280.利普修斯，*De constantia*第1部分第11页。

281.昆汀·斯金纳，*Hobbes and Republican Liberty*（Cambridge: Cambridge University Press, 2008）第47页。

282.凯尔特的斯蒂法努斯·尤尼乌斯·布鲁图斯，*Vindiciae, contra Tyrannos: Sive, De Principis in Populum, Populique in Principem, legitima potestate*（Edimburgi, 1579）（出版地是错误的，出版商实际上是巴塞尔的Thomas Guérin）；乔治·加内特编译*Vindiciae, contra Tyrannos*；*or, Concerning the Legitimate Power of a Prince over the People, and of the People over a Prince*（Cambridge: Cambridge University Press, 1994）。

283.奥斯特雷希，*Neostoicism and the Early Modern State*第144页。

284.*Vindiciae, contra Tyrannos*第222，176页。

285.*Vindiciae, contra Tyrannos*第233—34页，183页。加内特为*Digest* L.17.36增加了一条取自庞波尼乌斯，*Sabinus*第27页的参考资料，即"一个人卷入一件与自己无关的事情是应当受到严厉指责的（*culpa est immiscere se rei ad se non pertinenti*）。"

286. *Henry VI, Part 2*, III, i。

287. *King Lear*, I, i。至少，这是这一段经常在《李尔王》剧本的综合文本中使用的原因，这一段以后来的对开本为基础，但通常使用的资料原始出处是早期的四开本。作者使用的是肯尼斯·缪尔辑Arden版（London: Routledge, 1972）。

288. King Lear, I, i。缪尔用"spacious"代替"precious"一词注明了一种变式。

289.亨利·S.特纳，"*King Lear* Without: The Heath" *Renaissance Drama* 28

(1997）第158页。

290. *King Lear*, I, i。“广阔的牧场，富庶的河流”在四开本中没有。

291.*King Lear*, I, i。这些句子在四开本中没有。

292.特纳，“*King Lear* Without”第178页。见爱德华·格兰特，*Much Ado about Nothing: Theories of Space and Vacuum from the Middle Ages to the Scientific Revolution*（Cambridge: Cambridge University Press, 1981）。

293.*King Lear*, I, i。

294.这些要点在作者的“The Geopolitics of King Lear: Territory, Land, Earth”*Law and Literature* 35（2013）进行了大量补充。

295.哈里·V.贾法，“The Limits of Politics: King Lear, Act I, Scene i”收入艾伦·布鲁姆与哈里·V.贾法，*Shakespeare's Politics*第113—45页（New York: Basic Books, 1964）第113页。

296.约翰·吉利斯，*Shakespeare and the Geography of Difference*（Cambridge: Cambridge University Press, 1994）第2章，以及他的“The Scene of Cartography in King Lear”收入安德鲁·戈登与博恩哈德·克莱因辑*Literature, Mapping, and the Politics of Space in Early Modern Britain*第109—37页（Cambridge: Cambridge University Press, 2001）第116页。

297.贾法，“Limits of Politics”第127页。

298.*King Lear*, I, i。

299.*King Lear*, I, i。

300.贾法，“Limits of Politics”第122页。

301.贾法，“Limits of Politics”第123—24页。

302.King Lear, I, i。

303.艾米莉·W.莱德尔，“Plainness of Style in *King Lear*” *Shakespeare Quarterly* 21（1970）第46页。

第九章注释

1.W.J.托兰斯·科比，*Richard Hooker, Reformer and Platonist*（Aldershot, UK: Ashgate, 2005）第ix页，见W.D.J卡基尔-汤普森，“The Philosopher of the 'Politic Society': Richard Hooker as a Political Thinker”收入他本人原著，C.W.达格莫尔辑*Studies in the Reformation: Luther to Hooker*第131—91页（London: Athlone Press, 1980）。

2.通用的现代版在W.斯皮德·希尔5卷本*Folger Library Edition of the Works of Richard Hooker*（Cambridge, MA: Belknap Press, 1977–90）。前言，第1部与第8部更恰当的版本，可在理查德·胡克原著，亚瑟·斯蒂芬·麦克格雷德辑的*Of the Laws of Ecclesiastical Polity*（Cambridge: Cambridge University Press, 1989）。

3.斯坦利·阿切尔，*Richard Hooker*（Boston: Twayne Publishers, 1983）第99页。

4.胡克，*Of the Laws*, III, 1.14。

5.罗伯特·埃克尔肖尔，*Order and Reason in Politics: Theories of Absolute and Limited Monarchy in Early Modern England*（Oxford: Oxford University Press, 1978）第127页。

6.胡克，*Of the Laws*, I, 8.10。

7.胡克，*Of the Laws*, VII, 8。

8.胡克，*Of the Laws*, VII, 8.1。

9.胡克，*Of the Laws*, VII, 8.2。

10.胡克，*Of the Laws*, V, 80.11。

11.胡克，*Of the Laws*, VIII, 3.5；见VIII, 6.8。

12.罗伯特·K.福克纳，*Richard Hooker and the Politics of a Christian England*（Berkeley: University of California Press, 1981）第13页。

13.胡克，*Of the Laws*, VII, 2.1。

14.胡克，*Of the Laws*, VIII, 6.3。

15.胡克，*Of the Laws*, VIII, 8.4。

16.福克纳，*Richard Hooker*第100页。

17.约翰内斯·阿尔瑟修斯，*Politica methodice digesta atq; exemplis sacris ④ profanes illustrata* (Groningae: Iohannes Radaeus, 1610; 3rd ed., 1614)。现代删节版：约翰内斯·阿尔瑟修斯原著，卡尔·约阿希姆·弗雷德里希辑*Politica Methodice Digesta of Johannes Althusius (Althaus)*（Cambridge, MA: Harvard University Press, 1932）；约翰内斯·阿尔瑟修斯原著，斯弗雷德里克·S.卡尼译*The Politics of Johannes Althusius: An Abridged Translation of the Third Edition of Politica Methodice Digesta atque exemplis sacris et profanes illustrata, and including the Prefaces to the First and Third Editions*（London: Eyre and Spottiswoode, 1964; repr., Indianapolis: Liberty Fund, 1995）（引文参考1995版）。一部综合性的研究专著，奥托·吉尔克原著，博纳德·弗雷德译是他被重新发现的基础，*The Development of Political Theory*（London: George Allen and Unwin, 1939）。也可见汉斯·格罗斯，*Empire and Sovereignty: A History of the Public Law Literature in the Holy Roman Empire, 1599–1804*（Chicago: University of Chicago Press, 1973）第3章，以及托马斯·O.休格林，*Early Modern Concepts for a Late Modern*

World: Althusius on Community and Federalism（Waterloo, Ontario: Wilfrid Laurier University Press, 1999）。

18.昆汀·斯金纳，*The Foundations of Modern Political Thought*第2卷*The Age of Reformation*（Cambridge: Cambridge University Press, 1978）第341页。关于这个问题的理论书，见杰西·查普与卡里·J.内德曼，“The Calvinist Background to Johannes Althusius’s Idea of Religious Toleration”收入弗雷德里克·S.卡尼，海因茨·希尔林与蒂埃特·韦德克尔辑*Jurisprudenz, Politische Theorie und Politische Theologie*第243—60页（Berlin: Duncker and Humblot, 2004）；以及小约翰·维特，*The Reformation of Rights: Law, Religion, and Human Rights in Early Modern Calvinism*（Cambridge: Cambridge University Press, 2007）第3章。

19.弗雷德里希，为阿尔瑟修斯*Politica Methodice Digesta*所作的介绍第lxxxvi页。

20.事例见阿尔瑟修斯，*Politica*第9部分第21页。

21.小维特，*Reformation of Rights*第161页。

22.小维特，*The Reformation of Rights*第169页。

23.阿尔瑟修斯，*Politica*第3版前言。

24.阿尔瑟修斯，*Politica*第1部分第1—2页。

25.弗雷德里希，为阿尔瑟修斯*Politica Methodice Digesta*所作的介绍第lxxxiv页。

26.阿尔瑟修斯，*Politica*第3版前言。

27.阿尔瑟修斯，*Politica*第5部分第8页。

28.阿尔瑟修斯，*Politica*第5部分第28—29页。

29.阿尔瑟修斯，*Politica*第6部分第1—6页。

30.阿尔瑟修斯，*Politica*第6部分第39—41页。

31.阿尔瑟修斯，*Politica*第8部分第51页。

32.阿尔瑟修斯，*Politica*第6部分第42—43页。

33.阿尔瑟修斯，*Politica*第9部分第33—34页；见第38部分第61页。

34.阿尔瑟修斯，*Politica*第18部分第106页。

35.阿尔瑟修斯，*Politica*第7部分第1—2页。这一章节在更早期的版本里没有。

36.阿尔瑟修斯，*Politica*第8部分第53—54页。文中的省略号没有省略原文，而是省略了对法学家们的大量参考引文。

37.阿尔瑟修斯，*Politica*第9部分第12—13页。其他法律著作方面的参考资料在“territory of the realm（*territorio regni*）”一篇之内，在*in territorio, or extra territorium*一书第11部分第5，16页；第13部分第3—5页；第28部分第2页等处可见。

38.阿尔瑟修斯，*Politica*第9部分第14页。

39.乌达尔里库斯·扎修斯原著，约翰·乌尔里希·扎修斯与约阿希姆·明辛格·冯·弗伦戴克辑，7卷本*Opera Omnia*（Lyon, 1550；再版, Aalen, Germany: Scientia Verlag, 1966）（引文参考1966版）。

40.扎修斯，*Opera Omnia,* 1:24 (col. 43)。

41.扎修斯，*Opera Omnia,* 1:210 (col. 415)；以及 6:256 (col. 508)。

42.扎修斯，*Opera Omnia*，医案第16，收入6:256 (col. 508)。

43.马西亚斯·斯特法尼，*Tractatus de jurisdictione, Liber II*（Frankfurt, Germany: Petrum Kopffium, 1610）第1部分第7页。

44.斯特法尼，*Tractatus de jurisdictione Liber II*第1部分第7页。

45.斯特法尼，*Tractatus de jurisdictione Liber II*第1部分第7页。

46.斯特法尼，*Tractatus de jurisdictione Liber II*第1部分第7页。

47.安德烈斯·科尼申，*De sublimi et regio territorii iure*，收入*Opera*（Hanover, Germany: Iohan Aubrii, 1613）第1—92页。

48.格罗斯，*Empire and Sovereignty*第142页。

49.D.维罗维特，“Territorium”收入阿达尔贝特·厄勒与埃克哈德·考夫曼辑*Handwörterbuch zur deutschen Rechtsgeschichte*第5/33卷（Berlin: Erich Schmidt, 1991）cols. 149–51。

50.爱尔穆特·胡夫特，“States, Cities, Citizens in the Later Middle Ages”收入昆汀·斯金纳与波·斯特拉斯辑*States and Citizens: History, Theory, Prospects*第63—75页（Cambridge: Cambridge University Press, 2003）第64页。

51.科尼申，*De sublimi et regio territorii iure*，“Tobiæ Lagi Responsatio。”

52.科尼申，*De sublimi et regio territorii iure*第1部分202页。

53.科尼申，*De sublimi et regio territorii iure*，“Epistola liminaris。”

54.见迈克尔·施托莱斯，*Geschichte des öffentlichen Rechts in Deutschland Erster Band: Reichspublizistik und Policeywissenschaft, 1600–1800*（Munich: C. H. Beck, 1988）第147页。

55.科尼申，*De sublimi et regio territorii iure*第3部分第1—6页。

56.科尼申，*De sublimi et regio territorii iure*第1部分第195页。

57.科尼申，*De sublimi et regio territorii iure*尤其是第4部分第409—22页。

58.关于某些细微差别，见维尔纳·库斯特，*Die Rede über den “Raum”: Zur semantischen Karriere eines deutschen Konzepts*（Heidelberg, Germany: Synchron, 2002）第54页。

59.科尼申，*De sublimi et regio territorii iure*第1部分第1页。

60.格罗斯，*Empire and Sovereignty*第141页。

61.科尼申，*De sublimi et regio territorii iure*第4部分第35页。

62.科尼申，*De sublimi et regio territorii iure*第1部分第262页；见第1部分第276页。

63.科尼申，*De sublimi et regio territorii iure*第1部分第334—54页。

64.科尼申，*De sublimi et regio territorii iure*第5部分第133—35页。

65.见格罗斯，*Empire and Sovereignty*第141—46页；克莱因施密特，*Understanding the Middle Ages*第58—60页；以及施托莱斯，*Geschichte des öffentlichen Rechts in Deutschland*第147，185页。

66.D.维罗维特，"Landesobrigkeit"收入*Handwörterbuch zur deutschen Rechtsgeschichte*第1卷1404—5，A. 3，173；见施托莱斯，*Geschichte des öffentlichen Rechts in Deutschland*第185页。

67.弗朗西斯·培根原著，詹姆斯·斯佩丁，罗伯特·莱斯利·埃利斯与道格拉斯·德农·海斯辑，7卷本The *Works of Francis Bacon*（London: Longmans, 1862–72）第6卷第587页。

68.培根，*Works*第6卷587页。

69.培根，*Works*第6卷445页。

培根，*Works*第6卷445页。

70.培根，*Works*第1卷793—94页，第5卷80页。

71.培根，*Works*第7卷第47—64页。

72.英王詹姆斯本人的文章，为国王的神权属性提供了一份强有力的辩护词，见詹姆斯一世（英格兰国王，同时他也是苏格兰国王詹姆斯六世）原著，约翰·萨默维尔辑*Political Writings*（Cambridge: Cambridge University Press, 1994）。

73.培根，*Works*第7卷第47页。

74.培根，*Works*第7卷第48页。

75.培根，*Works*第7卷第48—49页。

76.培根，*Works*第7卷第51页。

77.见马库·佩尔托南，"Politics and Science: Francis Bacon and the True Greatness of States" *Historical Journal* 35（1992）第299页，以及马库·佩尔托南，"Bacon's Political Philosophy"，收入马库·佩尔托南辑*The Cambridge Companion to Bacon*第283—310页（Cambridge: Cambridge University Press, 1996）。

78.关于错误归入雷利名下的著作，见安娜·比尔，"Textual Politics: The Execution of Sir Walter Ralegh" *Modern Philology* 94（1996）第19—38页；而更全面的说法，见斯蒂芬·J.格林布拉特，*Sir Walter Ralegh: The Renaissance Man and His Roles*（New Haven, CT: Yale University Press, 1973）。

79.肯尼斯·奥尔维格，*Landscape, Nature and the Body Politic: From Britain's Renaissance to America's New World*（Madison: University of Wisconsin

Press, 2002）第249页n13。

80.沃尔特·雷利，“Maxims of State”收入8卷本*The Works of Walter Ralegh*（Oxford: Oxford University Press, 1829）第8卷第1页；见“The Cabinet-Council”收入*Works*第8卷第37页。

81.让·博丹原著，理查德·诺尔斯辑，肯尼斯·道格拉斯·麦克雷英译本*The Six Bookes of a Commonweale: A Facsimile Reprint of the English Translation of 1606*（Cambridge, MA: Harvard University Press, 1962）第1部分第ix页。

82.雷利，“A Discourse of the Original and Fundamental Cause of Natural, Arbitrary, Necessary, and Unnatural War”收入Works第8卷第270页。

83.雷利，“Maxims of State”收入Works第21页。

84.斯蒂芬·托尔明，*Cosmopolis: The Hidden Agenda of Modernity*（Chicago: University of Chicago Press, 1990）第46页。

85.托尔明，*Cosmopolis*第57页。

86.杰弗里·帕克，*The Thirty Years' War*（London: Routledge and Kegan Paul, 1984）第61页。

87.埃米尔·博泰罗克斯，“Descartes and Cartesianism”收入*The Cambridge Modern History*第4卷*The Thirty Years War*（New York: Macmillan, 1906）第778页。

88.博泰罗克斯，“Descartes and Cartesianism”第787页。

89.见约翰·罗克福德·弗鲁姆，*René Descartes: A Biography*（New York: G. P. Putnam's Sons, 1970）第244页。

90.一份稍微不同的记录，可见安东尼奥·内格里原著，马特奥·马特奥·曼达里尼与阿尔贝托·托斯卡诺译*Political Descartes: Reason, Ideology and the Bourgeois Project*（London: Verso, 2006）。

91.剧本被认为失传，但有一个版本被认为是笛卡尔所作，阿尔贝·希布迪与约翰·诺德斯特鲁姆在*Revue de Genève* 1（1920）第163—85页收入，称为“笛卡尔的一部芭蕾舞剧”；在查尔斯·亚当与保罗·塔纳里辑的13卷本*Oeuvres de Descartes*第2版（本书以下简称AT版）（Paris: Vrin, 1964–74）第5卷616—27页。公认的反方看法，出自理查德·A.沃特森的“René Descartes n'est pas l'auteur de 'La naissance de la paix'”*Archives de Philosophie* 53（September 1990）第389—401页。唯一支持正方观点的“证据”是笛卡尔在一封信中提到了这出芭蕾舞剧（见AT版第5卷第455—61页），但这只能说他将剧本的副本装入了信封，而不能说明他写了这个剧本。见斯蒂芬·高克罗伯格，*Descartes: An Intellectual Biography*（Oxford: Clarendon Press, 1995）第415页。

92.笛卡尔，*Discours de la méthode*，AT版第6卷第11—13页。大多数英文译本对这些内容的翻译，都参考了约翰·科廷厄姆，罗伯特·斯图特霍夫与德格尔·默多克译，2卷本*The Philosophical Writings of Descartes*中的那些内容

（Cambridge: Cambridge University Press, 1985）。这个版本与大多数译本一样，在页边都标明了AT版的页码。

93.笛卡尔，“Objectiones Septimæ”AT版第7卷第536—61页。

94.笛卡尔，*Meditationes de Prima Philosophia*，AT版第7卷44页。

95.笛卡尔，*Meditationes de Prima Philosophia*，AT版第7卷24页。

96.笛卡尔，*Meditationes de Prima Philosophia*，AT版第7卷31页。

97.笛卡尔，*Principia Philosophiae*，AT版第8-1卷第41页；见第10页；以及*Regulae ad directionem ingenii*，AT版第10卷第442页。

98.笛卡尔，*Principia Philosophiae*，AT版第8-1卷第47—48页。

99.笛卡尔，*Principia Philosophiae*，AT版第8-1卷第48页。

100.笛卡尔，1637年12月，给莫塞纳的信，AT版第1卷478页。

101.笛卡尔，*Meditationes de Prima Philosophia*，AT版第7卷69页。

102.笛卡尔，*La geometrie*，AT版第6卷369页。

103.笛卡尔，*La geometrie*，AT版第6卷475页。

104.雅各布·克莱因，*Greek Mathematical Thought and the Origin of Algebra*（New York: Dover, 1992）第210—11页。

105.见文琴佐·德·里希，*Geometry and Monadology: Leibniz's Analysis Situs and Philosophy of Space*（Basel, Switzerland: Birkhäuser, 2007）第6页。

106.H.G.亚历山大，为他本人辑的*The Leibniz-Clarke Correspondence*所作的介绍第ix—lvi页（Manchester, UK: Manchester University Press, 1956）第xxxiii页。

107.见克莱因，*Greek Mathematical Thought*第256页n209。

108.什洛莫·派恩斯，“Philosophy, Mathematics and the Concepts of Space in the Middle Ages”收入Y.埃尔卡纳辑*The Interaction between Science and Philosophy*第75—91页（Atlantic Highlands, NJ: Humanities Press, 1974）第86—87页，以及爱德华·A.马齐亚兹与托马斯·格林伍德，*Greek Mathematical Philosophy*（New York: Frederick Ungar, 1968）第256页。

109.笛卡尔，1638年7月27日，致莫塞纳的信，AT版第2卷268页。

110.笛卡尔，*Discours de la méthode*，AT版第6卷第36页。

111.笛卡尔，*Discours de la méthode*，AT版第6卷第36页。

112.这一讨论广泛借鉴了斯图尔特·埃尔登在*Speaking against Number: Heidegger, Language and the Politics of Calculation*一书中的分析（Edinburgh: Edinburgh University Press, 2006）第131—37页。

113.见多萝西·沃利·辛格，*Giordano Bruno: His Life and Thought with Annotated Translation of His Work on the Infinite Universe and Worlds*（London: Constable and Company, 1950），以及弗朗西斯·耶茨，*Giordano Bruno and the Hermetic Tradition*（London: Routledge and Kegan Paul, 1964）。

114.广泛叙述的文本，见亚历山大·科伊雷，*Metaphysics and Measurement: Essays in Scientifi c Revolution*（London: Chapman and Hall, 1958）；以及艾琳·里弗斯，*Galileo' s Glassworks: The Telescope and the Mirror*（Cambridge, MA: Harvard University Press, 2008）。

115.伽利略·伽利莱，*Le operazioni del compass geometrico et militare*（Padua, Italy: Pietro Marinelli, 1606）。

116.亚历山大·科伊雷，*From the Closed World to the Infinite Universe*（New York: Harper, 1958）第47页。

117.库萨，*De staticis experimentis*收入路德维希·鲍尔辑*Opera Omnia*（Hamburg: Felicis Meiner, 1959–68）第5卷。

118.库萨原著，欧内斯特努斯·霍夫曼与雷蒙多斯·克里班斯基辑*De docta ignorantia, in Opera Omnia*第1卷第111页（第2部第13页）；库萨，*De staticis experimentis*，收入鲍尔辑*Opera Omnia*第5卷222页。见欧内斯特·卡希尔原著，马里奥·多曼蒂英译本*The Individual and the Cosmos in Renaissance Philosophy*（Oxford: Basil Blackwell, 1963）第52—53页。然而如基思·托马斯*Religion and the Decline of Magic: Studies in Popular Beliefs in Sixteenth- and Seventeenth-Century England*（Harmondsworth, UK: Penguin, 1971）一书第430—31页指出的那样，计算往往被宗教权威人士看作魔法，而数学被视为一种黑色艺术。

119.特别值得一看的是埃德蒙·胡塞尔原著，大卫·卡尔译*The Crisis of European Sciences and Transcendental Phenomenology*（Evanston, IL: Northwestern University Press, 1970）。

120.恩斯特·卡希尔，*The Myth of the State*（1946；再版，New York: Doubleday, 1955）第205页（引文参考1955版）。关于背景的全面论述，见斯蒂芬·高克罗格，*The Emergence of a Scientific Culture: Science and the Shaping of Modernity, 1210–1685*（Oxford: Oxford University Press, 2006）。

121.这些内容收入AT版第7卷。一项例外是皮埃尔·加森迪的讨论"Objectiones Quintæ"AT版第7卷第271—74页。

122.安托瓦内·阿尔诺，"Objectiones Quartæ"AT版第7卷第204页。

123.托马斯·霍布斯原著，理查德·塔克辑*Leviathan*（Cambridge: Cambridge Univer-sity Press, 1996）第1部分第4（15）页。参考资料引用的第一版的第几部，第几章，还有具体页码，通常都能在现代版的页边注中找到。

124.塔克为霍布斯，*Leviathan*所作的介绍。

125.昆汀·斯金纳，*Visions of Politics*第3卷，*Hobbes and Civil Scienc*（Cambridge: Cambridge University Press, 2002）第318页。

126.迈克尔·艾伦·吉莱斯皮，*The Theological Origins of Modernity*（Chicago: University of Chicago Press, 2008）第233页。也可见弗里西奥夫·布

兰迪特，*Thomas Hobbes' Mechanical Conception of Nature*（Copenhagen: Levin and Munksgaard, 1928）第4章。关于他对科学的态度的更全面论述，见斯蒂文·夏平与西蒙·沙菲尔，*Leviathan and the Air-pump: Hobbes, Boyle, and the Experimental Life*（Princeton, NJ: Princeton University Press, 1985）；以及高科罗伯格，*Emergence of a Scientific Culture*第282—89页。霍布斯为马林·莫塞纳*Ballistica et acontismologia*（Paris: A. Bertier, 1644）所作的前言。一份有益的基本讨论，见J.A.贝内特，"The Mechanics' Philosophy and the Mechanical Philosophy" *History of Science* 24（1986）第1—28页。

127.托马斯·霍布斯原著，诺埃尔·马尔科姆辑，2卷本*The Correspondence*（Oxford: Clarendon Press, 1994）第1卷第51页；见马尔科姆为第2卷825页所作的注。

128.霍布斯，*Leviathan*第1卷第5（18）页。

129.见霍布斯，*Correspondence*第2卷530，532页。

130.斯宾诺莎，*Ethica*收入卡尔·格波哈特辑，4卷本*Opera*（Heidelberg, Germany: Universitætsbuchhandlung, 1925）第3卷；斯宾诺莎原著，G.H.R.帕金森编译英文版Ethics（Oxford: Oxford University Press, 2000）。后者实际上是收入J.范弗洛滕和J.P.N.兰德辑4卷本*Benedicti de Spinoza Opera*的版本英译本（The Hague: Martinus Nijhoff, 1914）第1卷。

131.事例见吉尔斯·德勒兹，"Spinoza and the Three 'Ethics,'"收入沃伦·蒙塔格与特德·斯托尔兹，*The New Spinoza*，（Minneapolis: University of Minnesota Press, 1997）第33页n2，文中认为笛沙格的"射影光学几何"，而不是笛卡尔和霍布斯的学说，才是斯宾诺莎效法的模板。德勒兹的资料源自耶沃纳·托洛斯，"Spinoza et l'espace projectif"（thesis, University of Paris-VIII, St.-Denis, 1990）。

132.沃伦·蒙塔格，*Bodies, Masses, Power: Spinoza and His Contemporaries*（London: Verso, 1999）第2页。

133.科伊勒，*From the Closed World*第155—56页。

134.马修·斯图尔特，*The Courtier and the Heretic: Leibniz, Spinoza, and the Fate of God in the Modern World*（New Haven, CT: Yale University Press, 2005）第327页。

135.样板可见蒙塔格与斯托尔兹*New Spinoza. See also Etienne Balibar, Spinoza et la politique*（Paris: PUF, 1985），以及皮埃尔·马舍雷，*Hegel ou Spinoza*（Paris: Maspéro, 1977）。

136.对这一点没有争议，事例见他的*Tractatus Politicus*。见*Opera*第3卷；以及A.G.沃纳姆编译拉丁文-英文对照版*The Political Works: The Tractatus Theologico-Politicus in Part and the Tractatus Politicus in Full*（Oxford: Clarendon

Press, 1958）。

137.斯宾诺莎，*Tractatus Theologico-Politicus*第8部分第3页（119）。沃纳姆编辑版省略了大量的神学讨论。作者因此使用了福克·阿克曼辑拉丁文-法文对照版*Oeuvres III*中的拉丁文文本（Paris: PUF, 1999）；以及斯宾诺莎原著，乔纳森·伊斯莱尔辑，迈克尔·西尔弗索恩与乔纳森·伊斯莱尔，*Theological-Political Treatise,* (Cambridge: Cambridge University Press, 2007）。参考资料部分给出了章节出处，而格波哈特版的页码都打了括号；这些内容在大多数现代版本的页边注中都有。

138.斯宾诺莎，*Tractatus Theologico-Politicus*第17部分第12页（208）；第17部分第14页（210）。

139.关于斯宾诺莎的影响，见亨利·德·布拉维勒原著，雷尼·西蒙，*Oeuvres Philoso- phiques*,（The Hague: Martinus Nijhoff, 1973）。他的历史类文章可见3卷本*Etat de la France*（London: T. Wood and S. Palmer, 1727），第3卷的部分内容，由查尔斯·福尔曼译作英译本，书名为*An Historical Account of the Ancient Parliaments of France, or States-General of the Kingdom*（London: J. Brindley, 1739）。关于他的著作的整体论述，见雷尼·西蒙，*Henry de Boulainviller: Historien, Politique, Philosophe, Astrologue, 1658–1722*（Paris: Boivie, 1941）；而他的历史著作的政治目标，见米歇尔·福柯原著，莫利奥·贝塔尼与亚历山德罗·冯塔塔辑*"Il faut défendre la société" : Cours au Collège de France (1975–1976)*（Paris: Seuil/Gallimard, 1997）。一份有价值的讨论，见彼得·格拉顿，*The State of Sovereignty: Lessons from the Political Fictions of Modernity*（Albany: State University of New York Press, 2011）介绍部分。

140.戈特弗里德·莱布尼茨，"De usu geometriae"汉诺威莱布尼茨卷宗工作组辑*Sämliche Schriften und Briefe*（Darmstadt, Germany: Otto Reichl, 1923–）ser. 6，第3卷第449页。

141.莱布尼茨原著，理查德·T.亚瑟编译拉丁文-英文对照版*The Labyrinth of the Continuum: Writings on the Continuum Problem, 1672–1686*（New Haven, CT: Yale University Press, 2001）。这份文集借鉴了*Sämliche Schriften und Briefe,* ser. 6, 第2和第3卷。

142.亚历山大，*Leibniz-Clarke Correspondence*。相关讨论，见亚历山大·科伊勒，"Leibniz and Newton"收入哈里·G.法兰克福辑*Leibniz: A Collection of Critical Essays*第239–79页。（Notre Dame, IN: University of Notre Dame Press, 1976）；A.鲁伯特·霍尔，*Philosophers at War: The Quarrel between Newton and Leibniz*（Cambridge: Cambridge University Press, 1980），E.J.艾顿，*Leibniz: A Biography*（Bristol, UK: Adam Hilger, 1985），以及多梅尼科·贝托罗尼·梅里，*Equivalence and Priority: Newton versus Leibniz*（Oxford: Clarendon Press, 1993）。

143.1692年—93年3月7日—17日，莱布尼茨致牛顿的信件，收入*Sämliche Schriften und Briefe*, ser. 3, 5:512；也可见伊萨克·牛顿原著，安德鲁·加尼亚克辑*Philosophical Writings*（Cambridge: Cambridge University Press, 2004）第106页。

144.伊萨克·牛顿，*Principia Mathematica*，Definitio VIII, scholium。作者已经引用了伊萨克·牛顿原著，亚历山大·科伊雷与I.博纳德·科恩辑，2卷本*Philosophiae Naturalis Principia Mathematica*（Cambridge: Cambridge University Press, 1972），以及收入*Philosophical Writings*中的选集。见丹尼尔·加伯，"Leibniz: Physics and Philosophy"收入尼古拉斯·乔利辑*The Cambridge Companion to Leibniz*第270—352页（Cambridge: Cambridge University Press, 1995）第301—5页。关于牛顿，丽萨·贾丁*Ingenious Pursuits: Building the Scientific Revolution*（London: Little, Brown, 1999）是一本有帮助的读物。

145.加尼亚克，为牛顿，*Philosophical Writings*所作的介绍第xix页。

146.牛顿，"De Gravitatione et aequipondio fl uidorum"收入A.鲁伯特·霍尔与马雷·博阿斯·霍尔辑*Unpublished Scientific Writings of Isaac Newton*（Cambridge: Cambridge University Press, 1962）第103页，以及牛顿，*Philosophical Writings*第25页。

147.牛顿，"De Gravitatione"第91页，牛顿，*Philosophical Writings*第12页。也可见牛顿，*Principia Mathematica*, Definitio VIII, scholium文中的说法"时间，空间，位置与运动对每个人来说都非常熟悉。"

148.牛顿，"De Gravitatione"第91页；牛顿，*Philosophical Writings*第13页；见牛顿，*Principia Mathematica*, Definitio VIII, scholium。

149.牛顿，*Principia Mathematica*, Definitio VIII, scholium。

150.莱布尼茨，"Phoranomus seu de potential et legibus naturæ"（1689），*Opuscules et fragments inédits de Leibnız*（Paris: Alcan, 1903）第590页；莱布尼茨，"On Copernicanism and the Relativity of Motion"收入莱布尼茨原著，罗杰·阿利尤与丹尼尔·加伯辑*Philosophical Essays*（Indianapolis: Hackett, 1989）第91页。

151.莱布尼茨，"Spatium et motus revera relations"（1677?）收入*Sämliche Schriften und Briefe* ser. 6，第4卷1968页。

152.莱布尼茨，"Remarques sur les Objections de M. Foucher"（1695），收入C.J.格哈特辑，7卷本*Die Philosophischen Schriften von Gottfried Wilhelm Leibniz*（Hildesheim, Germany: Georg Olms, 1961）第4卷491页；以及莱布尼茨，*Philosophical Essays*第146页。

153.莱布尼茨，"Specimen Dynamicum"（1695），收入C.I.格哈特辑*Mathematische Schriften*（Hildesheim, Germany: Georg Olms, 1962）第6卷247页；以及莱布尼茨，R.S.伍尔豪斯与理查德·弗兰克斯编译*Philosophical Texts*

（Oxford: Oxford University Press, 1998）第168页。

154.玛利亚·罗萨·安托那扎，*Leibniz: An Intellectual Biography*（Cambridge: Cambridge University Press, 2009）第104页。

155.莱布尼茨，“Fünftes Schreiben”（1716），收入*Philosophischen Schriften*第7卷406页；以及莱布尼茨，“Fifth Paper”收入亚历山大，*Leibniz-Clarke Correspondence*第77页。

156.约翰·萨利斯，*Force of Imagination: The Sense of the Elemental*（Bloomington: Indiana University Press, 2000）第134页。萨利斯参考莱布尼茨，“Lettre au Père Bouvet à Paris, 1697”见J.E.厄德曼辑*Opera Philosophica quae extant Latina, Gallica, Germanica Omnia*（Aalen, Germany: Scientia, 1959）第146页。

157.据安托纳扎，*Leibniz*, 52—53页的说法，这一明显的选择，为年轻的莱布尼茨引发了一场危机。

158.莱布尼茨，“Extrait d' une lettre”（1691），收入*Philosophischen Schriften*第4卷467页；见萨利斯，*Force of Imagination*第134页。

159.加伯，“Leibniz: Physics and Philosophy”第284页。

160.莱布尼茨，“Initia rerum mathematicarum metaphysica”（1715），收入C.I.格哈特辑*Mathematische Schriften*第7卷第17—29页（Hildesheim, Germany: Georg Olms, 1962）第7卷第18页；以及莱布尼茨，“Metaphysical Foundations of Mathematics”菲利普·P.维埃纳辑*Selections*（New York: Charles Scribner' s Sons, 1951）第202页。

161.莱布尼茨，“Initia rerum mathematicarum metaphysica”收入*Mathematische Schriften*第7卷第18页；以及莱布尼茨，*Selections*第202页。

162.莱布尼茨，“Initia rerum mathematicarum metaphysica”收入*Mathematische Schriften*第7卷第20—21页；以及莱布尼茨，*Selections*第206页。

163.丹尼斯·E.科斯格洛夫，“Images of Renaissance Cosmography, 1450–1650”收入大卫·伍德沃德辑*The History of Cartography*第3卷2部版*Cartography in the European Renaissance*第1部分第55—98页（Chicago: University of Chicago Press, 2007）第55页。

164.这篇文章的许多内容受到吉尔斯·德勒兹的*Le pli: Leibniz et le baroque*（Paris: Les Éditions de Minuit, 1984）影响。

165.昆汀·斯金纳，“The State”收入泰伦斯·波尔，詹姆斯·法尔与拉塞尔·L.汉森辑Political Innovation and Conceptual Change第90—131页（Cambridge: Cambridge University Press, 1989）第126页。

166.斯金纳，*Hobbes and Republican Liberty*第48页。

167.关于他解读的基本情况，见斯金纳，*Visions of Politics*第3卷第2章。

168.霍布斯，*Leviathan*第3部分第39页。见J.A.瓦特，“Spiritual and Temporal Powers”收入J.H.伯恩斯辑*The Cambridge History of Medieval Political Thought, c. 350–c. 1450*第367—423页（Cambridge: Cambridge University Press, 1988）第419页。

169.霍布斯，*Leviathan*第3部分第42页（315）。

170.霍布斯，*Leviathan*第4部分第44页（336）。

171.霍布斯，*Leviathan*第2部分第29页（171—72）。

172.斯金纳在*Visions of Politics*第3卷第19页强调了这一点。他引用的是*Leviathan*公开的信件和结论。

173.塔克，为霍布斯*Leviathan*所作的介绍第x页。

174.霍布斯，*Leviathan*第4部分第47页（386）。

175.霍布斯，De Cive第6部分第8页。十七世纪拉丁文和英文本的各种重要版本收入霍华德·沃伦德辑*De Cive: Latin Version*（Oxford: Clarendon Press, 1983）；以及霍华德·沃伦德辑*De Cive: English Version*（Oxford: Clarendon Press, 1983）；见理查德·塔克与迈克尔·西尔弗索恩辑*On the Citizen*（Cambridge: Cambridge University Press, 1998）。

176.霍布斯，*Leviathan*第4部第47页（386）。

177.关于这种联系，见帕特莉西娅·斯普林伯格，“Thomas Hobbes and Cardinal Bel-larmine: Leviathan and the ‘Ghost of the Roman Empire” *History of Political Thought* 16（1995）第503—31页。

178.罗伯托·贝拉米诺，*Disputationes*（Ingolstadt, Germany: Dauidis Sartorii, 1590）。

179.霍布斯，*Leviathan*第3部分第33页（206）。

180.霍布斯，*De Cive*第17部分第22页。

181.霍布斯，*Leviathan*第3部分第42页（302）。也可见第1部分第13页（60）：“the territories of other Christian princes。”

182.霍布斯，*Leviathan*第3部分第42页（314）。

183.霍布斯，*Leviathan*第3部分第42页（312）。

184.霍布斯，*Leviathan*第3部分第42页（297）。

185.霍布斯，*Leviathan*第3部分第42页（302）。

186.霍布斯，*Leviathan*第1部分第17页（87）。

187.见帕特莉西娅·斯普林伯格，“Hobbes’s Biblical Beasts: Leviathan and Behemoth” *Political Theory*23（1995）第353—75页。

188.事例见A.P.马蒂尼奇，*The Two Gods of Leviathan*（Cambridge: Cambridge University Press, 1992）第362—67页，以及昆汀·斯金纳，*Hobbes and Republican Liberty*（Cambridge: Cambridge University Press, 2008）第190—96页。

189.见贡纳·奥尔森，*Abysmal: A Critique of Cartographic Reason*（Chicago: University of Chicago Press, 2007）第233—35页。

190.这可以在*Leviathan*塔克版第2页找到。更知名的一段在XCIII页。对这些变体的简短讨论，还有对这幅画的作者的争议，见阿诺德·A.罗高，*Thomas Hobbes: Radical in the Service of Reaction*（New York: W. W. Norton, 1986）第156—60页；而更多详细内容，见基思·布朗"The Artist of the Leviathan Title Page" *British Library Journal* 4（1978）第24—36页。

191.马蒂尼奇，*Two Gods of Leviathan*第362—63页；以及布朗，"Artist of the Leviathan Title Page。"

192.霍布斯，*Leviathan*第1部分第20页（103）。

193.关于"trophy"的说法，见斯金纳，*Hobbes and Republican Liberty*第194页。

194.霍布斯，*Leviathan*第3部分第42页（279），见斯金纳，*Hobbes and Republican Liberty*第193—94页。

195.见罗高*Thomas Hobbes*第159页。

196.乔治·劳森原著，科纳尔·康德伦辑*Politica Sacra et Civilis*（Cambridge: Cambridge University Press, 1992）。关于他的著作，见科纳尔·康德伦，*George Lawson's Politica and the English Revolution*（Cambridge: Cambridge University Press, 1989）。

197.关于费尔默，见詹姆斯·戴利，*Sir Robert Filmer and English Political Thought*（Toronto: University of Toronto Press, 1979）。

198.罗伯特·费尔默，"The Necessity of the Absolute Power of all Kings: and in particular, of the King of England"收入约翰·索默维尔（Cambridge: Cambridge University Press, 1991）第172—83页。关于这种联系，见戴利，*Sir Robert Filmer and English Political Thought*第21—23页。

199.费尔默，"Observations upon Aristotles Politiques"收入*Patriarcha and Other Writings*, 第235—86页。

200.费尔默，*Patriarcha*第3部分第13页。

201.约翰·索默维尔，"The Authorship and Dating of Some Works"收入费尔默，*Patriarcha and Other Writings*第xxxii—xxxvii,xxxxii页。

202.费尔默，*Patriarcha*第1部分第10页。

203.费尔默，*Patriarcha*第1部分第10页。

204.爱德华·柯克，*The First Part of the Institutes of the Laws of England*（London: E. and R. Brooke, 1794）第9章第73节（fol. 58b）。

205.费尔默，*The Free-holders Grand Inquest*收入*Patriarcha and Other Writings*第81页。

206.费尔默，*Patriarcha*第1部分第7页。

207.约翰·洛克原著，彼得·拉斯莱特辑*First Treatise, in Two Treatises of Government*（1960；再版，Cambridge: Cambridge University Press, 1988）（引文参考1988版）第4部分第41页；第7部分第75页。

208.洛克，*First Treatise*第10部分第136页。

209.拉斯莱特，为洛克，*Two Treatises of Government*所作的介绍第34页。

210.拉斯莱特，为洛克，*Two Treatises of Government*所作的介绍第47页。

211.拉斯莱特，为洛克，*Two Treatises of Government*所作的介绍第61页。

212.斯金纳，*Foundations of Modern Political Thought*第2卷第239页。

213.关于这个主题，见J.W.高夫，*John Locke' s Political Philosophy: Eight Studies*（Oxford: Clarendon Press, 1950）第4章，以及C.B.麦克弗森，*The Political Theory of Possessive Individualism: Hobbes to Locke*（Oxford: Clarendon Press, 1962）第5章。

214.洛克，*Second Treatise*收入*Two Treatises of Government*第5部分26页。

215.洛克，*Second Treatise*收入*Two Treatises of Government*第5部分26页。

216.洛克，*Second Treatise*收入*Two Treatises of Government*第5部分27页。

217.洛克，*Second Treatise*收入*Two Treatises of Government*第5部分28页。

218.洛克，*Second Treatise*收入*Two Treatises of Government*第5部分28页。

219.麦克弗森，*Political Theory of Possessive Individualism*第215页。

220.洛克，*Second Treatise*第5部分第32页。

221.洛克，*Second Treatise*收入*Two Treatises of Government*第5部分32页。

222.洛克，*Second Treatise*收入*Two Treatises of Government*第5部分33页。

223.洛克，*Second Treatise*收入*Two Treatises of Government*第5部分38页。

224.洛克，*Second Treatise*收入*Two Treatises of Government*第5部分49页。

225.洛克，*Second Treatise*收入*Two Treatises of Government*第5部分41页。

226.麦克弗森，*Political Theory of Possessive Individualism*第212页。

227.洛克，*Second Treatise*第9部分124页。

228.洛克，*Second Treatise*收入*Two Treatises of Government*第5部分38页；见第5部分45页。

229.洛克，*Second Treatise*收入*Two Treatises of Government*第6部分73页。

230.洛克，*Second Treatise*收入*Two Treatises of Government*第8部分119页；见第8部分122页。

231.见该匿名文本，这份文本可能是詹姆斯·蒂雷尔所作——Patriarcha non Monarcha: *The Patriarch Unmonarch' d*（London: Richard Janeway, 1681），以及亨利·内维尔原著，卡洛琳·罗宾斯辑*Plato Redivivus, or, a Dialogue Concerning Government, in Two English Republican Tracts*第61—200页（Cambridge: Cambridge

University Press, 1969）。

232.昆汀·斯金纳，*Liberty before Liberalism*（Cambridge: Cambridge University Press, 1997）第15页。

233.詹姆斯·哈林顿原著，J.G.A.波科克辑The *Commonwealth of Oceana and A System of Politics*（Cambridge: Cambridge University Press, 1992）第43—44页，48—49页。见波科克，*Machiavellian Moment*第390—92页第12章。

234.哈林顿，*Commonwealth of Oceana*第86，107，234页。

235.哈林顿，*Commonwealth of Oceana*第11页。

236.也可见“A System of Politics”一文，收入哈林顿，*Commonwealth of Oceana*尤其是第271—72页。

237.关于这个主题，见乔治·盖尔，“John Locke on Territoriality: An Unnoticed Aspect of the Second Treatise” *Political Theory* 1（November 1973）第472—85页。盖尔认为是他，而不是洛克，将“领土性质”含蓄地，而不是确定地称为一个主题。对洛克论述的发展，见卡拉·奈恩，“A Lockean Theory of Territory” *Political Studies* 56（2008）第148—65页。

238.这两篇论文都收入洛克原著，马克·高尔代辑*Political Essays*（Cambridge: Cambridge University Press, 1997）。

239.约翰·洛克，“The Fundamental Constitutions of Carolina”收入*Political Essays*第161页。

240.西奥多·赖因金克（“莱金”的德文音译），*Tractatus de regimine saeculari et ecclesiastico*（1619年；再版，Marpurgi: Nicolai Hampelii and Johan Jacobi Genathi, 1632），1659年，这本著作已经修订到第6版（引文参考1632版）。见格罗斯，*Empire and Sovereignty*第200—201页。

241.赖因金克，*Tractatus de regimine saeculari et ecclesiastico*, I, v, i； see I, ii, ix。

242.赖因金克，*Tractatus de regimine saeculari et ecclesiastico*, I, v, iii–iv。

243.赖因金克，*Tractatus de regimine saeculari et ecclesiastico*, I, v, vi。

244.赖因金克，*Tractatus de regimine saeculari et ecclesiastico*, I, v, vi。

245.S.H.斯坦伯格，*The Thirty Years' War and the Conflict for European Hegemony, 1600–1660*（New York: W. W. Norton, 1966）。

246.见罗伯特·厄尔刚，*The Myth of the All-Destructive Fury of the Thirty Years' War*（Pocono Pines, PA: Craftsman, 1956）以及西奥多·K.拉布，“The Effects of the Thirty Years' War on the German Economy” *Journal of Modern History* 34（March 1962）第40—51页。如J.V.伯利森斯基在*War and Society in Europe, 1618–1648*（Cambridge: Cambridge University Press, 1978）第199页指出的那样，“关于这个‘前统计学’年代的各种概括总是存在风险的。”

247.彼得·H.威尔逊，*Europe' s Tragedy: A New History of the Thirty Years War*（London: Penguin, 2009）第9页；以及斯坦伯格，*Thirty Years' War*第2页。

248.斯图尔特，*Courtier and the Heretic*第40页。

249.事例见莱奥·格罗斯，"The Peace of Westphalia, 1648–1948" *American Journal of International Law* 42（1948）第20—41页；马丁·怀特原著，海德利·布尔辑*Systems of States*（Leicester, UK: Leicester University Press, 1977）；以及吉安弗朗克·波吉，*The Development of the Modern State: A Sociological Introduction*（Stanford, CA: Stanford University Press, 1978）。关于各种争议的调查情况，见詹姆斯·A.卡波拉索，"Changes in the Westphalian Order: Territory, Public Authority, and Sovereignty" *International Studies Review* 2（2000）第1—28页；以及讨论这个问题的所有文献。

250.事例见斯蒂芬·D.克拉斯纳，"Westphalia and All That" 收入朱迪思·高德斯坦与罗伯特·O.基欧汉，*Ideas and Foreign Policy: Beliefs, Institutions and Political Change,*（Ithaca, NY: Cornell University Press, 1993）第235—36页；以及他的"Compromising Westphalia" International Security 20（1995—96）第115—51页。也可见史特凡·比卢亚克，*The Power of Language in the Making of International Law: The Word Sovereignty in Bodin and Vattel and the Myth of* Westphalia（Leiden, Netherlands: Martinus Nijhoff, 2004）第5章。

251.威尔逊，*Europe' s Tragedy*第751，754页。

252.本诺·特施克，*The Myth of 1648: Class, Geopolitics and the Making of Modern International Relations*（London: Verso, 2003）第11页。

253.特施克，*Myth of 1648*第151，245页，可见事例。

254.特施克，*Myth of 1648*第245页。

255.特施克，*Myth of 1648*第230页。

256.特施克，*Myth of 1648*第230—31页，可见事例。

257.特施克，*Myth of 1648*第264—65页。

258.也可见本诺·特施克，"'The Metamorphoses of European Territoriality: A Historical Reconstruction'" 收入迈克尔·伯吉斯与汉斯·沃拉德辑*State Territoriality and European Integration*第37—67页（London: Routledge, 2006）。

259. 希波里瑟斯·阿·拉派德（博吉斯洛·菲利普·冯·开姆尼茨），*Dissertatio de ratione status in imperio nostro Romano-Germanico*（no place: no publisher, 1640）。

260.见福柯，*Sécurité, Territoire, Population*第245页。

261.见海因茨·H.F.欧劳，"Theories of Federalism under the Holy Roman Empire" *American Political Science Review* 35（1941）第643—64页。

262.弗雷德里希·梅内克原著，道格拉斯·斯科特译*Machiavellism: The*

Doctrine of Raison d' État and Its Place in Modern History（Boulder, CO: Westview, 1984）第134页。

263.鲁道夫·霍克，“Hippolithus a Lapide”收入诺特克·汉默施泰因等辑*Staatsdenker im 17. und 18. Jahrhundert: Reichspublizistik, Politik, Naturrecht*第118—28页（Frankfurt am Main: Metzner, 1977）第119页；以及R.莫斯尼尔“The Exponents and Critics of Absolutism”收入J.P.库珀辑*The New Cambridge Modern History*第4卷，*The Decline of Spain and the Thirty Years War*（Cambridge: Cambridge University Press, 1970）第110—11页。

264.福柯，*Sécurité, Territoire, Population*第246，296页。

265.“The Religious Peace of Augsburg, 1555” §§15–24，收入格哈德·贝内克，*Germany in the Thirty Years War*（London: Edward Arnold, 1978）第8—9页。

266.威尔逊，*Europe' s Tragedy*第41页。

267.约翰·鲁基，“Territoriality and Beyond: Problematizing Modernity in International Relations” *International Organization* 47（1993）第157页。

268.威尔逊，*Europe' s Tragedy*第42页。

269.威尔逊，*Europe' s Tragedy*第201，264页。

270.安德烈斯·奥西安德，“Sovereignty, International Relations, and the Westphalian Myth” *International Organization* 55（2001）第270—72页；见奥西安德，*The States System of Europe, 1640–1990: Peacemaking and the Conditions of European Stability*（Oxford: Clarendon Press, 1994）第12，40页。

271.加格利亚多，*Reich and Nation*第16页，引用康拉德·伯恩哈克，*Deutsche Verfas-sungsgeschichte vom westfälischen Frieden an*（Stuttgart, Germany: Ferdinand Enke, 1934）第 46—54页。

272.威尔逊，*Europe' s Tragedy*第758页。

273.威尔逊，*Europe' s Tragedy*第754页。

274.教皇英诺森十世，“Zelo domus Dei”收入D.卡尔·莫布特辑*Quellen zur Geschichte des Papsttums und des Römanischen Katholizismus*第4版*Quellen zur Geschichte des Papsttums und des Römanischen Katholizismus*（Tübingen, Germany: J. C. B. Mohr, 1924）第382—83页。见莫里茨·博施“Papal Policy 1590–1648”收入*The Cambridge Modern History*第4卷*The Thirty Years War*（New York: Macmillan, 1906）第688页。

275.威尔逊，*Europe' s Tragedy*第755页。

276.奥斯纳布吕克条约第8条第1款，见第4页；以及明斯特条约第64款，见67页。这两份条约都能在*Instrumentum Pacis Westphalicae / Die Westfälischen Friedensverträge 1648*拉丁文—德文对照版（Bern, Switzerland: Herbert Lang,

1949）中找到；以及克里夫·帕里辑，*The Consolidated Treaty Series, vol. 1, 1648–49*（Dobbs Ferry, NY: Oceana, 1969）（但是后一本著作中的引文有所不同）。

277.奥斯纳布吕克条约第5条，12（第30款）。

278.奥西安德，“Sovereignty, International Relations, and the Westphalian Myth”第272页。

279.加格利亚多，*Reich and Nation*第4页。

280.加格利亚多，*Reich and Nation*第13，227，296页；见特施克，Myth of 1648第242页。

281.格哈德·奥斯特雷希，布里吉塔·奥斯特雷希与H.G.克尼格斯伯格辑，大卫·麦克林托克译*Neostoicism and the Early Modern State*（Cambridge: Cambridge University Press, 1982）第245页。

282.乔治·帕吉斯，*La guerre de trente ans, 1618–1648*（Paris: Payot, 1939）第244页；见弗里茨·迪克曼，*Der Wastfälische Friede*第3版（Münster, Germany: Aschendorff, 1972）第129，133页。

283.奥斯纳布吕克条约第8条第1款；以及明斯特条约第64款。

284.约翰·雅各布·莫泽，*Grund-riss de heutigen Staats-Verfassung des Teutschen Reichs*第5版（Tübingen, Germany: Cotta, 1745）第492页；奥西安德的讨论，“Sovereignty, International Relations, and the Westphalian Myth”第272页。

285.奥西安德，“Sovereignty, International Relations, and the Westphalian Myth”第283页。

286.格罗斯，*Empire and Sovereignty*第293—94页，还有一则参考阿尔布雷希特·兰德尔卓夫尔，*Völkerrechtliche Aspekte des Heilige Römischen Reiches nach 1648*（Berlin: Duncker and Humblot, 1967）第166页。

287.加格利亚多，*Reich and Nation*第viii页。

288.帕克，*Thirty Years' War*第174页。

289.明斯特条约第65条。

290.威尔逊，*Europe's Tragedy*第776页。

291.这个问题如何发展的讨论，见珍妮丝·E.汤姆森，*Mercenaries, Pirates, and Sovereigns: State-Building and Extraterritorial Violence in Early Modern Europe*（Princeton, NJ: Princeton University Press, 1994）。

292.E.A.贝勒，“The Thirty Years' War”收入J.P.库珀辑*The New Cambridge Modern History*（Cambridge: Cambridge University Press, 1970）355。

293.各种简要的批评，见塞缪尔·普芬多夫，2卷本*Elementorum jurisprudentiae universalis*拉丁文-英文对照版（Oxford: Clarendon Press, 1931）I, def. 5，领土支配权的行使的论述，以及塞缪尔·普芬多夫原著，弗兰克·布赫林辑*De jure naturae* *et gentium, in Gesammelte Werke*第4卷（Berlin: Akademie Verlag, 1998）第7部分第2，20页。

294.赛弗利努斯·德·孟赞巴诺（塞缪尔·普芬多夫），*Moderni status imperii Romano-Germanici*（Utopiæ: Udonem Neminem, 1668）；迈克尔·J.赛德勒辑，埃德蒙·博恩译*The Present State of Germany*（Indianapolis: Liberty Fund, 2007）。关于普芬多夫的全面论述，见大卫·鲍彻尔，"*Resurrecting Pufendorf and Capturing the Westphalian Moment*" *Review of International Studies* 27（2001）第557—77页，以及塔克，*Rights of War and Peace*第5章。

295.塞缪尔·冯·普芬多夫原著，霍斯特，丹泽尔辑，拉丁文-德文对照版*Der statu imperii Germanici*, in *Die Verfassung des deutschen Reiches*（Stuttgart: Insel Verlag, 1994）第6部分第9页。相关讨论，见彼得·施罗德，"The Constitution of the Holy Roman Empire after 1648: Samuel Pufendorf' s Assessment in His *Monzambano*" *Historical Journal* 42（1999）第961—83页，以及彼得·H.威尔逊，"Still a Monstrosity? Some Reflections on Early Modern German Statehood" *Historical Journal* 49（2006）第565—76页。

296.普芬多夫，*Jus feciale divinum*（1695）收入德特莱夫·多林辑*Gesammelte Werke*第9卷（2004）第13部分24页。这篇文章是在他死后才出版的。

297.怀特，*Systems of States*第21页。也可见亨德里克·斯普鲁伊特，*The Sovereign State and Its Competitors: An Analysis of Systems Change*（Princeton, NJ: Princeton University Press, 1995）第205页。

298.特里·纳丁，*Law, Morality and the Relations of States*（Princeton, NJ: Princeton University Press, 1983）第57—58页。

299.事例可见，莱布尼茨，"In Severinum de Monzambano"（1668—72）*Schriften und Briefe,* ser. 4, 第1卷500—502页；"Monita Quædam as Samuelis Puffendorfii principia"收入L.德滕斯辑*Opera Omnia*（1768，再版，Hildesheim, Germany: Georg Olms, 1989）第6卷第3部分第275—84页（引文参考1989版）；以及"Opinion on the Principles of Pufendorf"（1706）收入*Political Writings*第65—75页。前者是*De statu imperii germanici*的注解，后者是*De officio hominis et civis*的注解。

300.关于他的政治思想的更广阔背景，见约翰·霍斯特勒，*Leibniz' s Moral Philosophy*（London: Duckworth, 1975）；格雷高利·布朗，"Leibniz' s Moral Philosophy"收入乔利，*Cambridge Companion to Leibniz*第411—41页，帕特里克·莱利，*Leibniz' Universal Jurisprudence: Justice as the Charity of the Wise*（Cambridge, MA: Harvard University Press, 1996）。关于"justice as the charity of the wise"这一短语，也可见安托格纳扎，*Leibniz*第259—60页。

301.尼古拉斯·乔利，为他本人辑的*Cambridge Companion to Leibniz*一书所作的介绍第1—17页（Cambridge: Cambridge University Press, 1995）第3—4页；以及罗杰·阿利尤，“G. W. Leibniz, Life and Works”收入乔利辑，*Cambridge Companion to Leibniz*第19—20页。

302.莱布尼茨1670年7月13/23日致霍布斯的信，收入霍布斯，*Correspondence*第2卷713页，第2卷716—17页；莱布尼茨1674年给霍布斯的信，收入第2卷第731，733页。

303.安托格纳扎，*Leibniz*第41页，指出当他不得不将父亲的图书馆卖掉时，阿尔瑟修斯的法学百科全书是他保留的很少的书籍之一。

304.莱布尼茨，“Specimen difficultatis in jure, seu Dissertatio Casibus perplexis”收入路德维希·德滕斯辑，6卷本*Opera Omnia*（Geneva: Fratres de Tournes, 1768）第4卷第3部分第45—158页。

305.特别要关注的是戈特弗里德·莱布尼茨，“Codex Iuris Gentium: Praefatio”（1693），收入*Sämliche Schriften und Briefe* ser. 4，第5卷第48—79页；收入*Political Writings*第165—76页的摘要。这是一份法律文书的汇编集，选自他为了汉诺威公爵对不伦瑞克家族历史的研究资料。相关讨论，见罗杰·博克维茨，*The Gift of Science: Leibniz and the Modern Legal Tradition*（Cambridge, MA: Harvard University Press, 2005）第1—3章；以及维尔纳·康泽，*Leibniz als Historiker*（Berlin: Walter de Gruyter, 1951）。

306.莱布尼茨，“Préceptes pour advancer les sciences”收入*Philosophischen Schriften*第7卷167页；见伊恩·哈金，*Thc Taming of Chancc*（Cambridge: Cambridge University Press, 1990）第86页。

307.哈金，*Taming of Chance*第185页。

308.哈金，*Taming of Chance*第18—19页。见莱布尼茨，“Entwurff gewißer Staats-Tafeln”（1680），收入*Sämliche Schriften und Briefe* ser. 4, 第3卷341—49页；这一卷§3.C；以及ser. 4,第4卷§7。相关讨论，见让—马克·罗巴塞尔与雅克·维龙，“Leibniz et la mortalité mesure des ‘apparences’ et calcul de la vie moyenne” *Population* 53, no. 2（1998）第29—44页；马修·L.琼斯，*The Good Life in the Scientific Revolution: Descartes, Pascal, Leibniz and the Cultivation of Virtue*（Chicago: University of Chicago Press, 2006）第5与第6章。

309.莱布尼茨1671年10月致汉诺威公爵的信，收入*Sämliche Schriften und Briefe*, ser. 2,第1卷第263页；见斯图尔特，*Courtier and the Heretic*第90页。

310.莱布尼茨原著，克劳丁·科恩与安德烈·威克菲尔德编译，拉丁文-英文对照版Protogaea（Chicago: University of Chicago Press, 2008）。

311.唐晨曦（Chenxi Tang音译），*The Geographical Imagination of Modernity: Geography, Literature, and Philosophy in German Romanticism*（Stanford, CA:

Stanford University Press, 2008）第140页。

312.卡尔·J.弗雷德里希，“Philosophical Reflections of Leibniz on Law, Politics, and the State”收入法兰克福辑*Leibniz*第48页。

313.莱利，为第2版所作的前言，收入莱布尼茨，*Political Writings*第ix页。

314.福柯，*Sécurité, Territoire, Population*第304页。见皮尔斯·科斯塔贝尔原著，R.E.W.麦迪逊译*Leibniz and Dynamics: The Texts of 1692*（Paris: Hermann, 1993）；以及安德烈·罗比内，*G. W. Leibniz: Le Meilleur des Mondes par la Balance de l' Europe*（Paris: PUF, 1973）。

315.莱布尼茨，“Vom Naturrecht”收入G.F.古豪尔，2卷本*Deutsche Schriften*（Berlin, 1838–40）第1卷414—16页；以及莱布尼茨，“On Natural Law”收入*Political Writings*第78页。

316.见莱利为*Political Writings*所作的注解，见第79页n1。

317.莱布尼茨，“Vom Naturrecht”收入*Deutsche Schriften*第1卷第416页；以及莱布尼茨，*Political Writings*第79页。

318.艾顿，*Leibniz*第74页；阿利尤，“G. W. Leibniz, Life and Works”第28页；以及安托格纳扎，莱布尼茨第7—8页，第116—17页。

319.安托格纳扎，*Leibniz*第204页。

320.见伊恩·亨特，“Conflicting Obligations: Pufendorf, Leibniz and Barbeyrac on Civil Authority”*History of Political Thought* 25（2004）第683页。

321.恺撒里努斯·福尔斯特纳留斯（莱布尼茨），“De Jure Suprematus ac Legationis Principum Germaniae”（1677—88）收入*Sämliche Schriften und Briefe,* ser. 4,第2卷第15—270页。一些简要摘录可见*Political Writings*第111—20页。

322.艾顿，*Leibniz*第75页。

323.莱布尼茨，“Entrétiens de Philarete et d' Eugène sur la question du temps agitée à Nimwègue touchant le droit d' ambassade des électeurs et princes de l' empire”（1677）收入*Sämliche Schriften und Briefe,* ser. 4,第2卷第289—338页。

324.艾顿，*Leibniz*第75页；以及安托格纳扎，*Leibniz*第205页。

325.安托格纳扎，*Leibniz*第206页。*Sämliche Schriften und Briefe*版研究报告提供了这篇文章的一个重要版本。

326.莱布尼茨，“De Jure Suprematus”第9部分；以及莱布尼茨，*Political Writings*第113页。

327.莱布尼茨，“De Jure Suprematus”第9部分；以及莱布尼茨，*Political Writings*第113页。

328.莱布尼茨，“De Jure Suprematus”第9部分；以及莱布尼茨，*Political Writings*第114页。

329.莱布尼茨，“De Jure Suprematus”第10部分；以及莱布尼茨，*Political Writings*第114页。

330.莱布尼茨，“De Jure Suprematus”第10部分；以及莱布尼茨，*Political Writings*第115页。

331.莱布尼茨，“De Jure Suprematus”第10部分；以及莱布尼茨，*Political Writings*第115页。

332.莱布尼茨，“De Jure Suprematus”第10部分；以及莱布尼茨，Political Writings第115—16页。见I:“quando Galli vocant *la souveraineté*, mihi Suprematum dicere fas sit”；*“Entrétiens de Philarete et d'Eugène”*第305页；以及“De Libero Territorio”（1682），*Sämliche Schriften und Briefe* ser. 4,第2卷第394—401页。

333.莱布尼茨，“De Jure Suprematus”第12部分。

334.莱布尼茨，“De Jure Suprematus”第9部分；以及莱布尼茨，*Political Writings*第114页。也可见“Codex Iuris Gentium: Praefatio”收入*Sämliche Schriften und Briefe,* ser. 4,第5卷第74页；以及莱布尼茨，*Political Writings*第175页。

335.弗雷德里希，“Philosophical Reflections of Leibniz on Law, Politics, and the State”第62页。

336.莱布尼茨，“Extrait d'une Lettre a l'Auteur du *Journal des Sçavans*”（1678），*Sämliche Schriften und Briefe,* ser. 4,第2卷第360页。

337.莱布尼茨，“Entrétiens de Philarete et d'Eugène”第305页。作者不认为我们可以从这种说法中推断出，在参加这段对话的人物中有一人说，莱布尼兹在君权，最高统治权与领土统治权之间进行了一分为三的划分，在效果上将前两者等同，而将最后一项边缘化的结论。见格罗斯，*Empire and Sovereignty*第343页；以及吉尔克，*Development of Political Theory*第220页n166。

338.见莱利，为莱布尼茨，*Political Writings*所作的介绍第26—28页；以及约翰·II.赫兹，“Rise and Demise of the Territorial State” *World Politics* 9（1957）第473—93页。

339.莱布尼茨，“De Jure Suprematus”第13部分。

340.莱利，*Leibniz' Universal Jurisprudence*第227页。

341.莱布尼茨，“De Jure Suprematus”前言，以及莱布尼茨，“Codex Iuris Gentium: Praefatio”第15部分。

342.弗雷德里希·赫兹，“Leibniz as a Political Thinker”收入胡果·汉特施与亚历山大·诺沃特尼辑*Festschrift für Heinrich Benedikt überreucht zum 70 Geburtstag*第26—38页（Vienna: Notring de wissenschaftlichen Verbände Österreichs, 1957）第28页。

343.斯图尔特，*Courtier and the Heretic*第80页。

344.莱布尼茨，“Mars Christianissimus”（1683）收入*Sämliche Schriften und Briefe,* ser. 4, 第2卷451—502页；以及莱布尼茨，*Political Writings*第121—45页。他为一部在1688—89年间写成的著作使用了同一个书名。

345.安托格纳扎，*Leibniz*第222—23页。

346.斯图尔特，*Courtier and the Heretic*第268—70页。

347.莱利，*Leibniz' Universal Jurisprudence*第2页。

348.莱布尼茨，“Preface de la seconde edition des entretiens sur le droit d' Ambassade des princes d' Allemagne”（1682）收入*Sämliche Schriften und Briefe,* ser. 4,第2卷第291页。

349.莱布尼茨，“De Jure Suprematus”第11部分；以及莱布尼茨，*Political Writings*第117页。

350.莱利，为莱布尼茨*Political Writings*所作的介绍第27页。

351.莱布尼茨，“Extrait d' une Lettre a l' Auteur du *Journal des Sçavans*”第2卷第360页。

352.莱布尼茨，“Preface de la seconde edition”第291页。见赫兹，“Rise and Demise of the Territorial State”第478页。

353.莱布尼茨，“Extrait d' une Lettre a l' Auteur du *Journal des Sçavans*”第2卷第360页。

354.在约翰内斯·赫尔修斯的作品当中，这些观点中的某一些已经发展形成了更为系统化的形式。见伊奥安尼斯·尼科莱·赫蒂，“Dissertatio de superioritate territoriali”（1682），以及“Dissertatio de subjectione territoriali”（1698），收入2卷本*Commentationum atque Opusculorum de selectis et rarioribus*（Frankfurt am Main: Ioh. Beniam. Andreae, 1737）第1卷第2部第127—257页，257—79页。

最终章注释

1.玛丽·福尔布鲁克，“Introduction: States, Nations and the Development of Europe”收入玛丽·福尔布鲁克辑*National Histories and European History*第1—17页（London: University College Londo00000..1 Press, 1993）第3页。

2.约翰·布鲁伊，“Sovereignty and Boundaries: Modern State Formation and National Identity in Germany”收入福尔布鲁克辑*National Histories and European History*第108页。

3.见*Scandinavian Journal of History* 10（1985）特刊。更全面的论述，见塞缪尔·克拉克，*State and Status: The Rise of the State and Aristocratic Power in Western Europe*（Cardiff: University of Wales Press, 1995）；以及查尔斯·蒂里，*Coercion, Capital and European States, AD 990–1992*（Oxford: Blackwell, 1992）。

4.见马克·拉艾夫，*The Well-Ordered Police State: Social and Institutional Change through Law in the Germanies and Russia, 1600–1800*（New Haven, CT: Yale Univer-sity Press, 1983）。

5.布鲁伊，“Sovereignty and Boundaries”第113页。

6.布鲁伊，“Sovereignty and Boundaries”第123—24页。

7.布鲁伊，“Sovereignty and Boundaries”第132页。

8.马赛罗·埃斯科勒，“Exploration, Cartography and Modernization”收入尼尔·布伦纳，鲍伯·杰索普，马丁·琼斯与戈登·麦克劳德辑*State/Space: A Reader*第29—52页（Oxford: Blackwell, 2002）第33页。

9.J.B.哈利原著，保罗·拉克斯顿辑*The New Nature of Maps: Essays in the History of Cartography*（Baltimore: Johns Hopkins University Press, 2001）第59页。

10.罗杰·J.P.凯恩与伊丽莎白·巴内特，*The Cadastral Map in the Service of the State: A History of Property Mapping*（Chicago: University of Chicago Press, 1992）第343页。

11.克里斯蒂安·雅各布原著，爱德华·H.达尔辑，汤姆·康利译*The Sovereign Map: Theoretical Approaches in Cartography throughout History*（Chicago: University of Chicago Press, 2006）第xviii页。

12.J.B.哈利，“Silences and Secrecy: The Hidden Agenda of Cartography in Early Modern Europe” *Imago Mundi* 40（1988）第59页。见大卫·贝瑟莱特辑，*Monarchs, Ministers and Maps: The Emergence of Cartography as a Tool of Government in Early Modern Europe*（Chicago: University of Chicago Press, 1992）。

13.查尔斯·W.J.威瑟斯，*Placing the Enlightenment: Thinking Geographically about the Age of Reason*（Chicago: University of Chicago Press, 2007）第97页；以及丹尼斯·科斯格洛夫，*Apollo' s Eye: A Cartographic Genealogy of the Earth in the Western Imagination*（Baltimore: Johns Hopkins University Press, 2001）第184页。

14.詹姆斯·斯科特，*Seeing Like a State: How Certain Schemes to Improve the Human Condition Have Failed*（New Haven, CT: Yale University Press, 1998）第2页。

15.杰普·斯特兰斯切格，*Territory, Globalization and International Relations: The Cartographic Reality of Space*（London: Palgrave Macmillan, 2010）。

16.马修·H.埃德尼，*Mapping an Empire: The Geographical Construction of British India, 1765–1843*（Chicago: University of Chicago Press, 1997）；以及桑杰伊·查图维蒂，“The Excess of Geopolitics: Partition of ‘British India,’”收入斯特法诺·比安奇尼，桑杰伊·查图维蒂，拉达·伊维科维奇与拉纳博·萨马达辑*Partitions: Reshaping States and Minds*第126—60页（Abingdon, UK: Frank Cass, 2005）。

17.雷蒙德·B.克雷布，*Cartographic Mexico: A History of State Fixations and Fugitive Landscapes*（Durham, NC: Duke University Press, 2004）。

18.约瑟夫·W.孔维茨，*Cartography in France, 1660–1848: Science, Engineering and Statecraft*（Chicago: University of Chicago Press, 1987）；汤姆·康利，*The Self-Made Map: Cartographic Writing in Early Modern France*（Minneapolis: University of Minnesota Press, 1996）；以及钱德拉·穆克吉，*Territorial Ambitions and the Garden of Versailles*（Cambridge: Cambridge University Press, 1997）。

19.弗雷德里希·克拉托齐威尔，“Of Systems, Boundaries and Territoriality: An Inquiry into the Formation of the State System” *World Politics* 39（October 1986）第33页。

20.见安妮·玛丽耶·克莱尔·高德勒夫斯卡，*Geography Unbound: French Geographic Science from Cassini to Humboldt*（Chicago: University of Chicago Press, 1999）特别是第27—28页，第66—86页；威瑟斯，*Placing the Enlightenment*第102—4页；大卫·N.利文斯通，*Putting Science in Its Place: Geographies of Scientific Knowledge*（Chicago: University of Chicago Press, 2003）第124页ff，以及科斯格洛夫，Apollo’s Eye第184，202页。

21.唐晨曦，*The Geographical Imagination of Modernity: Geography, Literature, and Philosophy in German Romanticism*（Stanford, CA: Stanford University Press, 2008）第134页。

22.威瑟斯，*Placing the Enlightenment*第29页。

23.布鲁伊，“Sovereignty and Boundaries”第109页。

24.亨利·勒费弗，*La production de l’espace*（Paris: Anthropos, 1974）第325页；以及亨利·勒费弗，*The Production of Space*, trans. Donald Nicholson-Smith（Oxford: Blackwell, 1991）第285页。

25.伊夫斯·拉科斯特，*La Géographie ça sert d’abord à faire la guerre*（Paris: Maspero, 1976）。

26.让·布德里亚，*Simulacres et simulation*（Paris: Galilée, 1981）第10页；以及詹姆斯·康纳，“The Agency of Mapping: Speculation, Critique and Invention”收入丹尼斯·科斯格洛夫辑*Mappings*第213—52页（London: Reaktion, 1999）第

222页。

27.约翰·皮克尔斯，*A History of Spaces: Cartographic Reason, Mapping and the Geo-Coded World*（London: Routledge, 2004）第31页；以及杰夫·金，*Mapping Reality: An Exploration of Cultural Cartographies*（London: Palgrave, 1996）第16—17页。

28.事例可见安德鲁·巴里，*Political Machines: Governing a Technological Society*（London: Athlone, 2001）；提摩西·米切尔，*Rule of Experts: Egypt, Techno-Politics, Modernity*（Berkeley: University of California Press, 2002）；以及乔·潘特尔，"Rethinking Territory" *Antipode* 42 （2010）第1090—1118页。

29.见贝特兰·巴迪耶原著，克劳迪娅·罗亚尔英译本The *Imported State: The Westernization of the Political Order*（Stanford, CA: Stanford University Press, 2000）。

30.博达·艾特迈德原著，安德雷娜·艾弗森英译本*Possessing the World: Taking the Measurements of Colonisation from the 18th to the 20th Century*（New York: Berghahn, 2007）；也可见约瑟·拉巴萨，*Writing Violence on the Northern Frontier: The Historiography of Sixteenth-Century New Mexico and Florida and the Legacy of Conquest*（Durham, NC: Duke University Press, 2000）。

31.可在一份篇幅较长的文献，丹尼斯·科斯格洛夫的"The Measures of America"中见到，这篇文章被收入詹姆斯·康纳与阿莱克斯·S.麦克莱恩辑*Taking Measures across the American Landscape*第3—19页（New Haven, CT: Yale University Press, 1996）；埃德温·丹森，*Drawing the Line: How Mason and Dixon Surveyed the Most Famous Border in America*（New York: John Wiley and Sons, 2001），威廉·D.帕蒂森，*Beginnings of the American Rectangular Land Survey System, 1784–1800*（Chicago: University of Chicago Press, 1957）；而更全面的说法，见马修·汉纳，*Governmentality and the Mastery of Territory in Nineteenth Century America*（Cambridge: Cambridge University Press, 2000）。关于杰弗逊的土地调查项目，见斯科特，*Seeing Like a State*第49—51页；丹尼斯·科斯格洛夫，*Geography & Vision: Seeing, Imagining and Representing the World*（London: I B. Tauris, 2008）第5章；爱德华·S.凯西*Representing Place: Landscape Painting and Maps*（Minneapolis: University of Minnesota Press, 2002），以及丹尼斯·科斯格洛夫，带新介绍的*Social Formation and Symbolic Landscape*（Madison: University of Wisconsin Press, 1998）第6章。

32.埃德蒙·冈特，*Use of the Sector, Crosse-Staffe, and Other Instruments*（1622，再版，London: Walter J. Johnson, 1971）（引文参考1971版）。

33.关于冈特的论述，见安德罗·林克莱特，*Measuring America: How the United States was Shaped by the Greatest Land Sale in History*（New York: Plume,

2003）；以及A.W.里奇森，*English Land Measuring to 1800: Instruments and Practices*（Cambridge, MA: Society for the History of Technology / MIT Press, 1966）。

34.保罗·埃利耶斯，*L' invention du territoire*（Grenoble: Presses Universitaires de Grenoble, 1980）第147，152页。勒费弗尔“空间产物”的概念与里斯·琼斯在*Peoples/States/Territories: The Political Geographies of British State Transformation*（Oxford: Blackwell, 2007）第33—34页提出的领土概念已经比较近似了。

35.埃利耶斯，*L' invention du territoire*第184页。

36.皮埃尔·多克斯，*L' espace dans la pensée économique du XVIe au XVIIIe siècle*（Paris: Flammarion, 1969）；弗兰克·斯威茨，*Capitalism and Arithmetic: The New Math of the 15th Century*（La Salle, IL: Open Court, 1987）；以及理查德·W.哈登，*On the Shoulders of Merchants: Exchange and the Mathematical Conception of Nature in Early Modern Europe*（Albany: State University of New York Press, 1994）。

37.卡尔·马克思原著，马丁·尼古劳斯英译本*Grundrisse: Foundations of the Critique of Political Economy* (Rough Draft)（Harmondsworth, UK: Penguin, 1973）第524，539页。

38.相关讨论，见昆汀·斯金纳，*Visions of Politics, vol. 3, Hobbes and Civil Science*（Cambridge: Cambridge University Press, 2002）第318—20页。

39.威廉·佩蒂原著，“Preface to Political Arithmetic”收入查尔斯·亨利·赫尔辑，两卷本*The Economic Writings of Sir William Petty*（Cambridge: Cambridge University Press, 1899）第1卷244页。关于佩蒂，也可见哈金，*Taming of Chance*第12章；朱莉·米卡南，“‘To Methodize and Regulate Them’: William Petty’s Governmental Science of Statistics”*History of the Human Sciences* 7（1994）第65—88页；大卫·N.利文斯通，*The Geographical Tradition: Episodes in the History of a Contested Enterprise*（Oxford: Blackwell, 1992）第90—94页；玛丽·普维，*A History of the Modern Fact: Problems of Knowledge in the Sciences of Wealth and Society*（Chicago: University of Chicago Press, 1998）；以及帕特里克·卡罗尔，*Science, Culture and Modern State Formation*（Berkeley: University of California Press, 2006）第3章。

40.这篇文章收入*Economic Writings of Sir William Petty*第2卷。见威瑟斯，*Placing the Enlightenment*第198页。关于政治算术更为基本的论述，见彼得·巴克，“Seventeenth-Century Political Arithmetic: Civil Strife and Vital Statistics”*Isis* 68（1977）第67—84页，以及安德烈·A.拉斯诺克，*Vital Accounts: Quantifying Health and Population in Eighteenth-Century England and France*（Cambridge:

Cambridge University Press, 2002）。

41.洛琳·达斯顿，*Classical Probability in the Enlightenment*（Princeton, NJ: Princeton University Press, 1988）；以及她的“*Enlightenment Calculations*” Critical Inquiry 21（1994）第182—202页；阿拉因·德罗西埃原著，卡米尔·纳什*The Politics of Large Numbers: A History of Statistical Reasoning*（Cambridge, MA: Harvard University Press, 1998）；托尔·弗朗斯米尔，J.L.海尔布罗恩与罗宾·E.莱德尔，*The Quantifying Spirit in the 18th Century*（Berkeley: University of California Press, 1990）；M.诺顿·怀斯辑，*The Values of Precision*（Princeton, NJ: Princeton University Press, 1995）；以及威廉·克拉克，简·高德林斯基与西蒙·谢弗辑，*The Sciences in Enlightened Europe*（Chicago: University of Chicago Press, 1999）。

42.马克斯·韦伯，“Politik als Beruf”收入约翰内斯·温克尔曼辑*Gesammelte Politische Schriften*（Tübingen, Germany: Mohr, 1988）第510—11页。

43.某些重要的摘录，见收入尼尔·布伦纳，鲍勃·杰索普，马丁·琼斯与戈登·麦克劳德辑*State/Space: A Reader*（Oxford: Blackwell, 2002）收入的论文集。

44.见亨德里克·斯普鲁伊特，*The Sovereign State and Its Competitors: An Analysis of Systems Change*（Princeton, NJ: Princeton University Press, 1995）。

45.昆汀·斯金纳，“Language and Political Change”收入泰伦斯·波尔，詹姆斯·法尔与拉塞尔·L.汉森第6—23页，*Political Innovation and Conceptual Change,*（Cambridge: Cambridge University Press, 1989）。

46.卢梭，*Du contract social, II*, 10.1，*Oeuvres complètes*第3卷；以及卢梭原著，维克多·古雷维奇编译英译本*The Social Contract and Other Later Political Writings*（Cambridge: Cambridge University Press, 1997）。

47.卢梭，*Sur l' économie politique*, 35，*Oeuvres complètes*第3卷；“Discourse on Political Economy”收入*Social Contract*中。

48.卢梭，*Du contract social*, II, 9.5。

49.卢梭，L' État de guerre第57页。法文本收入*Oeuvres complètes*第3卷。英文本“The State of War”收入*Social Contract*。

50.卢梭，*Du contract social*, I, 9.6–7。

51.卢梭，*Du contract social*, I, 9.5。

52.卢梭，*Du contract social*, I, 9.4。相关讨论，见威廉·E.康诺利，*The Ethos of Pluralization* （Minneapolis: University of Minnesota Press, 1995）第166—67页。

53.卢梭，*Du contract social*, IV, 3.6。

54.大卫·休谟原著，克努德·哈肯森辑*Political Essays*（Cambridge: Cambridge University Press, 1994）。

55.关于十八世纪末的理论家们的著作，对他们的这些问题的最详尽的讨论，可能就是丹尼尔·奈特尔布莱德的*Erörterungen einiger einzelner Lehren des teuschen Staatsrechtes*一文，收入克里斯蒂安·沃尔夫原著，博纳德·马丁·舍尔辑*Gesammelte Werke Materialien und Dokumente*第49卷（Hildesheim, Germany: Georg Olms, 1998）第258—81页。奈特尔布莱德坚决主张，只要没有违反帝国的各项法律，领土统治权与欧洲其他国家的权利相等。关于这一点的论述，见格罗斯，*Empire and Sovereignty*第422—26页。